古代中国人的生与死

刘文荣 著

文汇出版社

自　序

一

古人云："饮食男女，人之大欲存焉。死亡贫苦，人之大恶存焉。"我写此书，就是想说说古代中国人的饮食男女和死亡贫苦。而且，我认为，饮食男女不仅是"人之大欲"所在，更是"人之性命"所在——试想，没有饮食男女，人何以生、何以活？同样，死亡贫苦不仅是"人之大恶"所在，更是"人之宿命"所在——试想，人之一生，忙忙碌碌、辛辛苦苦，到头来，不是总不免一死？所以，此书取名为《古代中国人的生与死》。

这么大的题目，如何做呢？我想，我必须讲述古代人生中最重要的事情，而最重要的事情，就是最平常的事情，就是吃喝玩乐，就是生儿育女，就是生老病死。所以，此书就有了上、中、下三卷——上卷，饮食、娱乐；中卷，婚姻、家庭；下卷，养生、丧葬。

那么，如何讲述每一卷的内容呢？我想，我应该找到一些要点，并用一些关键词来代表这些要点。于是，我就把每卷分为十章，每章讲两个要点，并用两个关键词做标题。这样，就如你将在后面的目录中看到的，此书共有三十章，每章有两个关键词作为标题，代表两个要点。为什么说"代表"？因为每章内容并不受关键词限制，凡是与关键词相关的内容，只要我觉得有点意思，都可能涉及，所以是不太"严谨"的。也就是说，我是借六十个关键词"漫谈"而非"论述"古代中国人的生与死。

你知道，现在很少有书是这样写的，因为这很像古代的"类书"，而我也确实是受古代"类书"的启发才这么做的。我想尝试一下,把此书写成一本既不是专著又不是很散漫的"随笔集"。不知效果如何。

二

不管效果如何,反正,此书已经写好,我正在写序言——你知道,序言总是放在最前面,却往往是最后写的。

既然书已经写好,还有什么话可说?其实是无话可说了,但我必须无话找话,把此书的内容大概介绍一下——这是写序言的惯例,我姑且遵守之。

此书上卷,古代中国人的饮食和娱乐,不知你感兴趣否。譬如,古代中国人最初是吃米饭,还是吃面食,你知道否?古代中国人吃得最多的是猪肉,还是羊肉,你知道否?还有,古代中国人是怎样吃鸡鸭和鱼虾的,你知道否?再譬如,古代中国人吃辣吗?为什么现在有些地方吃辣,有些地方不吃辣,你知道否?你现在用碗筷吃饭,古代中国人也是这样吗?不,早先并不这样。为什么?还有,古代中国人吃饭,是不是和现在一样,一家人围在一起吃?不,早先并不这样。为什么?在此书中都会讲到。

除了吃,还有玩。你知道古代中国人是怎样消遣、怎样娱乐的吗?你知道什么叫"蹴鞠"、什么叫"投壶"?古代的秋千和风筝,和现在是一样的吗?不,不完全一样。为什么?古代中国人特别喜欢斗鸡、斗蟋蟀,你知道否?为什么?古代中国人什么时候开始打麻将的,你知道否?还有,什么叫"相扑",你知道否?在此书中都会讲到。

此书中卷,古代中国人的婚姻和家庭,我想,你会感兴趣的。譬如,你知道古代中国人结婚要"父母之命、媒妁之言",但你知道否,为什么要这样?古代中国人的婚姻到底是一夫一妻,还是一夫多妻,还是一夫多妾,你知道否?什么是妾?为何要娶妾?妾是从何而来的,你知道否?还有,什么叫"冲喜",什么叫"典妻"、什么叫"冥婚",你知道否?很荒唐,又很无奈。为什么?在此书中都会讲到。

除了婚姻,还有家庭。你知道古代中国人结婚成家是为了传宗接代,但他们是怎样求子的,你知道否?古代的产妇是怎样生孩子的,你知道否?还有，古代中国人为何要子女孝顺父母，而实际上，古代的子女是否真的都很孝顺父母，你知道否？同样，古代中国人为何要强调"夫为妻纲"，而实际上，古代的妻子是否真的都对丈夫唯命是从，你知道否？你知道古代的孩子会被父亲打屁股，古代的百姓会被官府打屁股，甚至古代的官员也会被皇上打屁股，但为何要打屁股，不打别处，你知道否？还有，你知道古代女子缠足，但为何要缠足，哪个朝代开始缠足，你知道否？在此书中都会讲到。

此书下卷，古代中国人的养生和丧葬，我想，你不一定感兴趣，但你应该知道。为什么？因为古代中国人的养生观念，迄今仍可能残存在你我的头脑中。譬如，你或许会朦朦胧胧、恍恍惚惚觉得，似乎真有某些奇妙的法术，可以使人百病不生。你为何会有这种朦胧而恍惚的感觉，你知道否？你或许常听人说，吃什么东西"大补"，甚至说，吃啥"补"啥，而且你还知道，市场上有许许多多所谓的"补品"。但是，这"补"是什么意思，或者说，到底"补"什么，你知道否？还有，你知道，今天仍有人练"气功"，以期强身健体、延年益寿。但是，何为"气功"，或者说，"气功"之说从何而来，你知道否？在此书中都会讲到。

至于古代中国人的丧葬，也值得了解，因为古代丧葬体现了古代中国人的生死观。譬如，儒家相信，仁者不仅可以长寿，死后还将永垂不朽，你知道否？道家相信，得道者可以长生不老，甚至可以升天成仙，你知道否？佛家相信，修行者可以跳出生死轮回而成佛，可以涅槃而入无生无灭之境，你知道否？所有这些，你都可以从古代中国人的丧葬中看出。此外，为何古代中国人不仅相信土葬，相信"入土为安"，还相信厚葬，尽可能多地把陪葬品放进棺材里或墓穴里？为何古人死了，家里人先要"招魂"，还要"居丧"三年？还有，古代中国人为何要用活人殉葬，这和他们的生死观有何关系？在此书中都会讲到。

好了，以上就是此书的大概内容。我无话找话，总算按惯例写完了序言。尽管这对于打算读完此书的人来说也许是多此一举，但对于不想读完此书的人来说，至少可以借此对全书有个大概了解。所以，我聊以自慰，这两千字大概也不算白写。

三

最后，再说几句。此书所写，只是我读了一些古书后的一些观感。也就是说，我在书中所说的每一句话，都是说说而已，并非要探讨什么问题、评判什么是非。书中内容，涉及古代中国人生活积极和消极的两面，相信读者自能鉴别。你若觉得有点意思，就读下去；你若觉得没啥意思，就把书放下；你若觉得全是胡说八道，就把书扔了——总之，书在你手里，是读、是扔，随你便吧！

刘文荣
2024 年 4 月于上海

目录

自序

上卷　饮食　娱乐

第一章　米饭　面饼　3
第二章　牛羊　犬豕　15
第三章　鸡鸭　鱼虾　39
第四章　果蔬　茶酒　56
第五章　油盐　碗筷　79
第六章　蹴鞠　投壶　93
第七章　秋千　风筝　108
第八章　斗鸡　斗虫　116
第九章　赌博　相扑　131
第十章　游玩　宴飨　149

中卷　婚姻　家庭

第一章　八字　六礼　169
第二章　夫妇　媵妾　185
第三章　入赘　养媳　209
第四章　冲喜　从良　226
第五章　外妻　悉报　243
第六章　典妻　冥婚　265
第七章　求嗣　生育　278
第八章　慈幼　蒙学　294

第九章　孝悌　贞节　307
第十章　笞尻　缠足　323

下卷　养生　丧葬

第一章　德寿　修身　341
第二章　炼丹　服饵　353
第三章　茹素　坐禅　380
第四章　药膳　方技　395
第五章　食补　偏方　414
第六章　天命　不朽　433
第七章　气数　冲举　444
第八章　投胎　解脱　462
第九章　殡葬　居丧　472
第十章　招魂　人殉　491

上卷

饮食·娱乐

第一章　米饭　面饼

中国人常说："民以食为天。"本书就从"食"开始。古代中国人和现代中国人一样，以米饭和面饼为主食。

一、米　饭

首先要知道，古代中国人食用哪些谷物，因为无论是米饭，还是面饼，都来自谷物。

那么，古代中国人食用哪些谷物？只能到古书中去找。好，我找来一本很古老的书，叫《黄帝内经》，大概是战国时的一本医书，后成历代医家经典，其中说道：

> 五谷为养，谓黍、稷、稻、麦、菽，以供养五藏之气。

意思是说，五谷，即黍、稷、稻、麦、菽，可以供养"五藏之气"。"五藏"即"五脏六腑"中的"五脏"。可见，这里的"五谷"是主食，吃了可以活命。只是，黍、稷、稻、麦、菽，其中的稻和麦，我们今天仍在吃，黍、稷、菽又是什么？其实，这三种东西我们并不陌生，黍就是黄米，稷就是小米，菽就是豆。看来，战国时代的中国人吃的主食，和今天没多大区别，也是那么几种。只是，他们的吃法，还有哪种吃得多、哪种吃得少，却和我们大不相同。不过，关于这些，我到后面再说。

现在来看另一本同样古老的书，叫《礼记》，相传是西汉时一个叫戴圣的人写的，还是儒家经典，其中写道：

> 饭：黍、稷、稻，粱、白黍、黄粱，稰[xū]、穛[zhuō]。

什么意思？他说：饭，也就是"黍、稷、稻，粱、白黍、黄粱，稰、穛"。和《黄帝内经》所说的"五谷"比较一下，你会发现，前面三种是一样的，都是黍、稷、稻，后面说到了粱，却没有了麦和菽。粱，也就是粟，一种上好的稷（小米），所以古书中有"膏粱子弟"一说，指的是吃着肥肉和细粮的富家子弟。至于后面的白黍、黄粱，并不是其他谷物，是指上好的黍和粱。至于稰和穛，按照为《礼记》作注的郑玄所说，"熟获曰稰，生获曰穛"，即：晚熟的谷物称作"稰"，早熟的谷物称作"穛"。也就是强调，无论是晚熟的，还是早熟的，都要用好的。为什么要这么说？因为《礼记》讲的是"礼"，它说到的"饭"，不是平时吃的饭，而是用来祭祀的饭。所以，要用好的黍、稷、稻。至于它为什么不提"五谷"中的麦和菽，那是因为麦和菽在当时很罕见，连诸侯也未必吃得到。请看《礼记》中的另一段话：

> 饭之品有黄黍、稷稻、白粱、白黍、黄粱……此诸侯之饭，天子又有麦与菰[gū]。

可见，麦和菰在当时弥足珍贵。那么，菰是什么？其实，菰是一种菽，就是茭白的种子，因为长得很小，很像米，所以被称作"菰米"或者"茭米"。

那么，黍、稷、稻在当时又是怎么吃的？告诉你，主要是蒸来吃的。这可以从一本叫《逸周书》的古书中得到证实：

> 黄帝作井，始灶，烹谷为粥，蒸谷为饭，燔[fán]肉为炙。

这里说，挖井、筑灶始于黄帝，说黄帝开始"烹谷为粥，蒸谷为饭"。"烹"，就是放在水里煮。"蒸"好像不用解释，其实，当时的蒸和后来的蒸是不一样的。当时还没有蒸锅和蒸笼，而是用一种叫"甑"的陶器来蒸饭的。关于这个甑，后面讲到锅灶时我会作详细说明。至于"燔肉为炙"——"燔"就是烤，"炙"就是熟肉——也等下面讲到肉食时再说。现在我们要说的是，古代中国人何时开始"烹谷为粥，蒸谷为饭"的。

其实，谁也说不清，因为谁也不知道"黄帝"究竟是何时之人，或许根本没有此人,只是"很久很久以前"的代名词而已。

不过,我们虽然不知道"很久很久以前"是怎样的,却知道后来怎样了——后来怎样了?没怎样,后来数百年间,古代中国人就一直"烹谷为粥,蒸谷为饭"。当然,在这期间,"蒸谷为饭"的方法一定是有所改进的,但我们无从得知,因为这期间的古书里没说。

直到东汉以后,西晋有个叫周处的大官,写了一本叫《风土记》的书,其中才写到如何"蒸谷为饭":

> 精折米,十取七八,取渐使青,蒸而饭,色乃紫绀。

文中的"米",是粟米,即小米。那么,什么叫"折米"?折米,就是淘米,去掉米中的杂质。文中说"十取七八",可见当时的米实在不怎么样,竟然要"折"掉四分之一。"取渐",即清洗。

周处是做大官的,肯定不会下厨做饭,他这段话,说不定是从哪里听来的,而且也太简单。所以,还得去找其他古书。

这一找,竟然找了二百多年,直到北魏期间,才找到有个叫贾思勰的地方官写的一本书,叫《齐民要术》,里面讲到"作粟飧[sūn]法",比较详细:

> 舂米欲细而不碎,碎则浊而不美。舂讫即炊,经宿则涩。淘必宜净,十遍以上弥佳。香浆和暖水浸,馈[fēn]少时,以手挼[ruó],无令有块。复小停,然后壮。凡停馈,冬宜久,夏少时,盖以人意消息之。若不停馈,则饭坚也。投飧时,先调浆,令甜酸适口。下热饭于浆中,尖出便止。宜少时住,勿使挠搅,待其自解散,然后捞盛,飧便滑美。

这段话,我只要对其中的有些词句稍做解释,你可能就看懂了。最冷僻的是"馈",意思就是蒸,而且是专指蒸饭。然后是"挼",就是揉。"复小停,然后壮",就是再等一等,然后"壮"(猛蒸)。"凡停馈,冬宜久,夏少时,盖以人意消息之",就是"停"和"馈"的时间,冬天长一点,夏天短一点,看情况而定。"投飧时"就是吃的时候。"浆"就是汤。"尖出"就是(饭从汤中)冒出。"宜少时住"就是最好再等一会儿,等饭粒自行"解散"后,再捞出来吃,吃起来"滑美"。

5

不知你注意到没有,那时的小米饭,其实是泡饭,而且是"甜酸"的。然而,在其后的数百年间,古代中国人就是吃这种饭的。所用的谷,主要是黍和稷,即黄米和小米。稻米吃得很少,因为在当时的"中国"(即中原诸国),天气较冷,水源较少,水稻种得很少,产量也不高。

不过,在西汉时还被认为是天子吃的"麦"与"菰",到了北魏(与东晋同时),好像已变得很平常了。因为我们在《齐民要术》中读到了"作面饭法"和"菰米饭法"。《齐民要术》旨在"齐民",显然是针对民间的。

魏晋之后,是南北朝。这期间,找不到任何关于"做饭"的记述。我们只能假定,情况没多大变化。于是,就到了唐朝。唐人固然也吃小米饭,偶尔也会吃稻米饭(当然都是蒸来吃的),但他们更喜欢吃"饼"——为什么"饼"字要加引号?我到后面讲到"饼"的时候再作解释——现在要讲的是"饭"。

那么,唐之后的宋人,吃的是什么饭?唐人喜欢吃"饼"。这吃"饼"习俗,无疑会传至宋代。不过,宋代人口比唐代多了许多,而且就是在宋代,汉族人口中有很大一部分人,也就是所谓南方人,是以米饭为主食的。其实,他们本来就是吃米饭的,只是在宋代之前,以吃"饼"为主的北方人一直把他们视为"南蛮"。

很可能,蒸饭变为煮饭,就发生在这一时期。因为很可能,那些"南蛮"本来就是把稻米煮来吃的,从未蒸过,也从未有过"甑"这种陶器。为什么说"很可能",因为学术界至今无法确定,古代中国人是何时改蒸饭为煮饭的。

如果这事发生在宋代,那么对于南下的中原人来说,放弃蒸饭而接受"南蛮"的煮饭,可能经历了很长一段时间。因为到了清朝的乾隆年间,我们仍从袁枚的《随园食单》中读到关于蒸饭和煮饭的议论:

《诗》称:"释之溲溲,蒸之浮浮。"是古人亦吃蒸饭。然终嫌米汁不在饭中。善煮饭者,虽煮如蒸,依旧颗粒分明,入口软糯。

看到没有?袁枚仍在蒸饭和煮饭之间"彷徨":蒸,有可能蒸不透;煮,有可能煮烂,要"善煮饭者",才能"虽煮如蒸""颗粒分明"。

我们知道,后来吃米饭的中国人几乎都是煮的,很少蒸。只有某些特殊的米,如糯米,有时会蒸,因为糯米很难煮,稍不慎就烂了。不管怎么说,中国人基本放弃蒸饭,以煮饭为主的历史并不长,因为就是袁枚所在的乾隆年间,距今也不到三百年。

说到乾隆,有件事正好在此一说。那就是,在乾隆年间,朝廷大力推广种植两种外来作物——红薯和玉米。红薯和玉米原产于美洲,由哥伦布在十六世纪初带回欧洲,再由欧洲传至非洲和亚洲。明朝万历年间,红薯被引入中国。大概情况,就如[清]陈世元在《金薯传习录》一书中所言:

> 按番薯种出海外吕宋。明万历年间闽人陈振龙贸易其地,得藤苗及栽种之法入中国。值闽中早饥。振龙子经纶,白于巡抚金学曾,令试为种时大有收获,可充谷食之半。

文中所说"番薯",即红薯。万历年间,由福建人陈振龙从吕宋(今菲律宾)引入,后陈振龙之子陈经纶,说服巡抚金学曾,令当地人种植,当年所收红薯,竟然"可充谷食之半"(可代替一半谷物)。于是,朝廷开始大力推广。尤其到了乾隆年间,由皇帝下旨,令民众开荒,大量种植红薯。至于玉米,也是明朝时引入的。不过,玉米来自中亚,是经由丝绸之路引进的。最初在广西种植,后经朝廷推广,从乾隆至道光年间,全国二十多个省,全都大面积种植了玉米。在许多地方,玉米甚至代替小麦和水稻,成了主食。据说,清朝人口大增,红薯和玉米功不可没。

二、面 饼

你也许没有忘记,我在前面说到过"饼",还说唐人喜欢吃"饼"。现在,就来说说这个"饼"。

为什么要在"饼"字上加引号?因为这个"饼"和我们现在说的饼不一样。现在说的饼,大概就是指烙饼或煎饼,即在铁板上干烙或放点油煎的饼。但是,"饼"字的原意却是指任何用面粉做的食物——也就是说,所有面食都称为"饼"。不信?看看古书是怎么说的。

最早定义"饼"的古书,是[东汉]刘熙《释名》。他在《释名·释饮食》中说:

> 饼,并也,溲[sōu]面使合并也。

"溲面",就是用水和[huó]面。从这条解释看,"饼"字最初是个动词,即"并面",也就是"和面"。后来,不知从何时起,"饼"又不作动词用了,而用作了名词,泛指所有面食。用火烤的面食,叫"烧饼"(这和今天一样);用水煮的面食,叫"汤饼"(参见[宋]吴处厚《青箱杂记》:"凡以面为食煮之,皆为汤饼。"今叫"面"或"面条");用蒸笼蒸的面食,叫"蒸饼",又叫"笼饼""炊饼"(今叫"馒头"),如此等等。

其实,"馒头"的叫法几乎和"蒸饼"一样古老。据[北宋]高承《事物纪原》一书考证,"馒头"似乎出自东汉末年,还和诸葛亮有关:

> 诸葛武侯之征孟获,人曰:"蛮地多邪术,须祷于神,假阴兵一以助之。然蛮俗必杀人,以其首祭之,神则向之,为出兵也。"武侯不从,因杂用羊豕之肉,而包之以面,象人头,以祠。神亦向焉,而为出兵。后人由此为"馒头"。

诸葛亮用"馒头"代替人头,最初应叫"蛮头"。里面还包了肉,今天似乎应叫"包子",若叫"馒头",北方人会觉得很可笑。但是,古人却是这么叫的,今天的南方人也这么叫。很奇怪,面食源自北方,承袭古称的竟是南方人。

那么,古人何时开始吃"饼"?先来看[西晋]束皙《饼赋》,其曰:

> 《礼》,仲春之月,天子食麦,而朝事之笾[biān],煮麦为𪎭[fēng]。《内则》诸馔不说饼。然则虽云食麦,而未有饼。饼之作也,其来近矣。

《礼》就是《礼记》,《内则》是《礼记》中的一篇,其中说到许多食物,即引文中所说的"诸馔"。确实,《内则》没有说到"饼"。这不是遗漏,而是当时还没有"饼"。所以,束皙说"饼之作也,其来近矣"("饼"是近来才有的东西)。那么,这个"其来近矣",究为何时?我们不妨来推断一下。

《礼记》是西汉宣帝时的"博士"戴圣所作,束皙则是西晋时的"尚书郎"。西汉和西晋之间隔着东汉,而在《释名》中说"饼,并也"的刘熙,是东汉建安年间的人。这么看来,"其来近矣"是指东汉?可是,却冒出个西汉成帝时的"大儒"——扬雄,其《方言》曰:

> 饼,谓之饨,或谓之𫗦[zhāng],或谓之馄。

尽管扬雄只注意"饼"的名称,并未对"饼"做什么解释,但"饼"至少已是当时的"方言"。既然有"言",肯定有"物"。更何况,他还说,"饼"也称作"饨",称作"𫗦",称作"餛"。这样一来,一下子把刘熙说的"饼,并也"推前了两百多年。也就是说,在汉成帝时,已经有"饼",而在此仅几十年前的汉宣帝时,"博士"戴圣尚不知饼为何物。由此推断,"饼"出现在西汉后期,也就是汉宣帝和汉成帝之间的汉元帝年间。

刘熙距束晳大概只有几十年,而扬雄距束晳却有两百七八十年。两百七八十年,能说"近矣"?看来,西晋时的"尚书郎"束晳,好像并不知道扬雄的《方言》,只看过刘熙的《释名》或[东汉]许慎的《说文解字》(其中有"释饼":饼,面糍也),所以,才会说"其来近矣"。

那么,在西汉前期,如《礼记》里说的"天子食麦",又是怎么回事呢?其实,自上古以来,中国人(中原人)就已"食麦"。为什么不食"饼"?因为,食"饼"需要先把麦粒磨成面粉,然后才能"并面"(和成面团),而要把麦粒磨成面粉,需要磨具,即石磨。然而,在西汉前期,中国人还不会制作石磨。所以,"天子食麦"是把麦粒蒸来吃,即吃麦饭,没有"饼"。

"饼"的出现,即表明中国人在西汉后期已学会制作石磨。怎么学会的?有人认为是张骞出使西域,带回西域的石磨后,中国人学会了仿制。但是,算一算时间,似乎不对。张骞出使西域,是在汉武帝时,而"饼"的出现,是在汉元帝年间,两者相距近百年。仿制石磨,需要百年?那也太慢了吧!

实际情况虽无确切的史料可考,但不难推测:石磨从西域传至中原的时间不是汉武帝时期,而是在汉宣帝年间。至于是怎么传过来的——不知道。

关于"饼",自西汉扬雄、东汉许慎、刘熙和西晋束晳之后,还有许多人在许多书里谈论(好像关于"饼"的定义历来有争议)。不过,若把这些议论在此罗列,不免繁复。好在南宋黄朝英在《靖康缃素杂记》里有一段概述,抄在下面(引文较长,但并不难懂,请耐心读之):

> 煮面谓之"汤饼",其来旧矣。按《后汉书·梁冀传》云:"进鸩,加煮饼。"《世说》载:"何平叔美姿容,面至白。魏文帝疑其傅粉,夏月令食汤饼,汗出,以巾拭之,转皎白也。"又按吴均称:"《饼德》曰:汤饼为最。"又《荆楚岁时记》云:"六月伏日并作汤饼,名为辟恶。"又齐高帝好食水引面,又《唐

书·王皇后传》云:"独不念阿忠脱紫半臂,易斗面为生日汤饼耶。"《倦游杂录》乃谓:"今人呼煮面为'汤饼',误矣。"《懒真子录》谓:"世之所谓'长命面',即汤饼也。"恐亦未当。余谓凡以面为食具者,皆谓之"饼"。故火烧而食者,呼为"烧饼"。水煮而食者,呼为"汤饼"。笼蒸而食者,呼为"蒸饼"。而馒头谓之"笼饼",宜矣。然张公所论市井有鬻胡饼者,不晓名之所谓,乃易其名为"炉饼",则又误矣。按《晋书》云:"王长文在市中吃胡饼。"又肃《宗实录》云:"杨国忠自入市,衣袖中盛胡饼。"安可易"胡"为"炉"也。盖胡饼者,以胡人所常食而得名也,故京都人转音呼"胡饼"。

文中说到,称煮面条为"汤饼"不合适,因为"汤饼"是指所有水煮的面食。还说"水煮而食者",呼为"汤饼";"笼蒸而食者",呼为"蒸饼"。这些,我在前文已经说了。值得注意的是,这里说到被人误称为"炉饼"的"胡饼",因为我接着就要讲到胡饼,以及唐人对胡饼的着迷。

胡饼,"以胡人所常食而得名也",即汉人对胡人常食之饼的称呼。胡人,即西北异族之总称。胡饼怎么做的?[南北朝]贾思勰《齐民要术》曰:

面一斗,羊肉二斤,葱白一合,豉[chǐ]汁及盐,熬令熟,炙之,面当令起。

[宋]王谠[dǎng]《唐语林》曰:

时豪家食次,起羊肉一斤,层布于巨饼,隔中以椒、豉,润以酥,入炉迫之,候肉半熟食之。

注意,按上述两种方法做出来的胡饼,是极品,是最上乘的,虽然那也不过是用葱、椒、豉、盐做配料烘烤而成的羊肉馅饼,但和普通的胡饼相比,已是非常考究。普通胡饼做起来简单得多,只是在面粉里拌上一些油脂,做成厚厚的饼状,然后在上面撒一层芝麻,放到炉中烤熟,即成。就如刘熙《释名》所云:

胡饼,作之大漫沍[hù]也,亦言以胡麻着上也。

"大漫冱",壮观貌。可见,胡饼很大。芝麻在古代叫"胡麻",和胡饼一样,也是从胡人那里传入中原的(参见沈括《梦溪笔谈》:"胡麻直是今油麻,汉使张骞始自大宛得油麻之种,古名胡麻。")。

按《齐民要术》的方法,做一次胡饼要用二斤羊肉。按《唐语林》的方法,也要用一斤羊肉。这么大的胡饼,吃的时候显然是要用刀切开的,就像现在街上仍有卖的"羌饼"那样。其实,羌饼也是胡饼,因为羌人是胡人中的一族,羌饼上面也有一层芝麻。稍不同的是,羌饼是烙饼(放在铁板上烙熟的),唐代的胡饼是烧饼(放在火上烤熟的)。

不知何故,就是这种今天看来仅供充饥的胡饼,竟然使古代中国人痴迷了上千年。尤其从东汉到大唐,胡饼每每还是皇家御馔。请看史书里说到的一些事例:

> 宣帝微时,每买饼,所从卖家,辄大售,亦以自怪。(《汉书》)

皇帝买饼吃,还常被卖家斩("辄大售",动辄涨价),还只好自认倒霉("亦以自怪"),真是奇了怪也。不过,这是皇帝落难时("微时")。

> 灵帝好胡饼,京师皆食胡饼。(《续汉书》)

皇帝喜欢吃胡饼,一班臣民跟着吃,以表忠心。

> 惠帝崩,由食饼也。(《晋阳秋》)

这位皇帝真是搞笑,吃饼吃到驾崩。

> 永明九年正月,诏太庙四时祭荐宣皇帝,面起饼。(《齐书》)

好家伙,这位皇帝竟然用饼来祭祖,要他的祖宗十八代也一起来吃饼。

> 武帝尝设大臣饼,(蔡)樽在坐,帝频呼其姓名,樽竟不答,食饼如故。(《梁书》)

梁武帝设宴招待大臣吃饼,有个叫蔡樽的大臣,竟然吃得把皇帝也忘了。

>　贵人御馔,尽供胡食。(《旧唐书》)

　　大唐宫廷,大吃西餐。"胡食"确是当时的西餐("西"来的"餐"),尤以胡饼为主。

>　至德元载,安史之乱,玄宗西幸,仓皇路途,至咸阳集贤宫,无可果腹。日向申,上犹未食,杨国忠自市胡饼以献。(《资治通鉴·玄宗纪》)

　　有意思,宫廷乱作一团,皇帝出逃,到了下午三点多("日向申")还饿着肚子没吃午饭,而街市上照样在卖胡饼。这"安史之乱"到底怎么乱法?叫人看不懂。还要皇帝的大舅子兼宰相(杨国忠)亲自到街上去买胡饼来给皇帝吃,真是狼狈之极。好在皇帝喜欢吃胡饼,否则真是难为他了。

　　确实,不仅大唐宫廷"尽供胡食",大唐臣民也食饼成风。这食饼之风,甚至连外国人也知道。譬如,唐武宗会昌年间,有个叫"圆仁"的日本僧人入长安,亲见京城胡饼盛行。回国后,作《入唐求法巡礼行记》。其中曰:

>　立春节,赐胡饼,寺粥。时行胡饼,俗家皆然。

　　立春那天,唐人互赠胡饼("赐胡饼"),寺庙里施粥("寺粥")。"时行胡饼,俗家皆然",意即人人吃胡饼,除了和尚(和尚当然不会吃,因为胡饼里有羊肉)。

　　这个日本僧人说得一点不错,唐人确实是把胡饼当作礼物送人的。白居易还曾写过一首题为《寄胡饼与杨万州》的诗:

>　胡麻饼样学京都,面脆油香新出炉。
>　寄与饥馋杨大使,尝看得似辅兴无。

　　杨万州即杨归厚,时任万州刺史,故称"杨万州"。白居易时任忠州刺史,可称"白忠州"。这白忠州为什么要写这首诗呢?因为他做了一次胡饼,而且是照京城里的做法做的,很得意,特地寄给老朋友尝尝。忠州离万州不远,都在四川,所以送饼是可行的。不然的话,古代没有快递,慢吞吞地半个月后才送到,那胡饼还能吃吗？最后一句"尝看得似辅兴无"是说，你看味道是不是很像辅兴坊的胡饼。"辅兴坊"是长安城里最有名的一家饼店。

那时的长安城里，有许多卖饼的胡人，这在读唐传奇时也能体会到。譬如，唐传奇《鬻[yù]饼胡》，其开篇曰：

> 有举人在京城，邻居有鬻饼胡。

"鬻饼胡"即卖饼的胡人。还有唐传奇《任氏》，其中曰：

> 既行，及里门，门扃未发。门旁有胡人鬻饼之舍，方张灯炽炉。

虽然传奇故事和胡饼没有直接关系，但作者时不时说到卖饼人，使我们得知，当时长安城里有许多卖饼人——既然有那么多卖饼人，肯定有更多吃饼人。

还有唐传奇《贺知章》，讲贺知章(是的，就是那个写"少小离家老大回"的贺知章)向一个老人求道的故事。其中讲到，贺知章为了请教那个老人，特意奉上自己珍藏的一颗明珠，可没想到：

> 老人即以明珠付童子，令市饼来。童子以珠易得三十余胡饼，遂延贺。

用珍贵的明珠去换胡饼，这使贺知章"意甚不快"。然而，这正是老人对他的教诲：要想得道，"当须深山穷谷，勤求致之，非市朝所授也"。这里，胡饼成了"市朝"的代表，可见胡饼在唐人生活中有多重要。

唐之后，胡饼渐渐式微，渐而由蒸饼(馒头)和汤饼(面条)取而代之。这一变化，发生在宋代。到了明清两代，胡饼依然有，但成了"点心"，馒头和面条成了北方中国人的主食(可能是因为蒸饼和汤饼做起来相对容易)。在南方，也有胡饼，但南方人只是偶尔才会尝尝。他们的主食，如前所述，是米饭。

此外，还有两种面食，虽不是主食，不会天天吃，但也经常吃。那就是南方人吃的馄饨和北方人吃的饺子。

其实，馄饨和饺子都是"饼"——汤饼，水煮的面食。还记得扬雄在《方言》中所说吗？"饼，谓之饨，或谓之饦，或谓之馄。"这里，姑且不去管它"饦"是什么

(也许是面条,因为右边是"长"字),至少我们读到了"饨"和"馄"两个字。只要把次序颠倒一下,就有了"馄饨"。按扬雄的意思,"馄"和"饨"都是"饼"。问题是,这种"饼"是蒸饼,还是汤饼?从我们今天吃的馄饨看,应该是汤饼。那为什么这种汤饼被称作"馄饨",而最常吃的一种汤饼又被直接称作"面"(古作"麵")?我想,区别大概在于:馄饨是有馅的,面是没馅的,只有面粉。

那么,"饺子"又是怎么回事?其实,饺子只是一种形状有点不同的馄饨。馄饨的形状,从西汉到清朝,一直是圆的,很像我们今天吃的汤团,就如[清]富察敦崇在《燕京岁时记》中所言:

夫馄饨之形有如鸡卵,颇似天地混沌之象,故于冬至日食之。

可见,到了清朝,馄饨仍是圆的。至于我们今天吃的元宝形馄饨,那是近代才有的一种"变形馄饨"。饺子的形状呢,是半圆形的,有两个角,所以刚出现的时候叫"角子"。据说,饺子是东汉名医张仲景发明的,他把羊肉、胡椒等剁碎后包在面皮中,然后下水煮,煮熟后就是一剂活血祛寒的良药,称作"祛寒娇耳汤"。也许是为了有别于平时吃的馄饨,他故意把它做成耳朵状,即半圆形的,并取名为"角子"。若真是这样,饺子最初是药,并不是食物。但不管怎样,这至少能解释饺子是怎么产生的。遗憾的是,这些都是后人编的故事,毫无根据。因为,东汉是否真有张仲景此人都很可疑。即使有,据说是张仲景写的那本《伤寒论》里,也没有"祛寒娇耳汤"。

那么,饺子究竟是怎么来的?可以肯定,饺子是从馄饨变形而来的。至于是什么时候、为什么会变成这种形状,那就不得而知了。

此外,还有一种主食,本应说一说的,但限于篇幅,只能在这儿提一下了。那就是粥。前面所引《逸周书》说:黄帝"烹谷为粥"。后来历朝历代,中国人从未停止喝粥。对许多穷人来说,粥可能还是他们唯一的主食,因为他们拥有的"谷"实在太少,若"蒸谷为饭",根本吃不饱。当然,历朝历代的达官贵人也喝粥,但他们是为了"养生"。所以,历朝历代的医书和笔记里充斥着各种各样的"养生粥",譬如"七宝粥""五味粥""茯苓粥""胡麻粥""羊肚粥""狗肾粥",甚至"人乳粥",形形色色、五花八门,不是说可以延年益寿,就是说可以补肾壮阳。至于到底有没有这样的奇效,那就只有天知道了。

第二章　牛羊　犬豕

五谷杂粮,只是填饱肚子而已,并不是什么美味。叫人流口水的是肉,那才是美味!下面,我们就来看看古代中国人怎样吃肉,吃些什么肉。《黄帝内经》曰:"五畜为益,谓牛、羊、犬、豕[shǐ]、鸡,为补益五藏者也。"意思就是,"五畜",即"牛、羊、犬、豕、鸡",食之有益,可滋补"五藏"(五脏)。《黄帝内经》是医书,当然只关心肉类的医用价值,但我在这里要讲的是日常饮食,所以我只关心历朝历代怎样吃肉。也就是说,我从这里看到的是,很久很久以前,古代中国人吃的肉类主要是"牛、羊、犬、豕、鸡"五种(现在稍有不同,但也大抵如此)。下面分而述之。

一、牛

你知道吗?古代中国人对牛的称呼有多少?请看下面:

犉(见《诗经》)、太牢(见《周礼》)、摩、犥、犦、犂、犩、犝、犄、犛、犦、牧、犍、犊、牸(见《尔雅》)、牻、犖、夒(见《山海经》)、特、犅、犙、犗、牷、莘、牴、犩(见《尔雅翼》)、牯、牺、犍、犏(见《本草纲目》)。

这还不是全部(如全部查出,可能还要翻一倍),其中有许多字,你肯定不识。但不必惭愧,百分之九十九点九的现代中国人都不识。我也不识,而且我也不想去查字典。我把它们罗列在这里,只是想让你知道,古代中国人对牛有多么重视(皇帝也没有那么多称呼)。

为什么?因为牛历来是天子、诸侯、大夫用来祭天、祭祖的。古代祭品称作"牺牲",而"牺牲"两字均为牛旁,可见"牺牲"以牛为本。而且,天子、诸侯、大夫祭祀，还不能用同一种牛。《礼记·曲礼》曰：

> 凡祭，天子以牺牛，诸侯以肥牛，大夫以索牛。

"牺牛""肥牛""索牛"，有何区别？为《礼记》作注的东汉人郑玄说：

> 牺，纯毛也。肥，养于涤也。索，求而得之。

什么意思？我的理解是：他说"牺牛"就是纯一毛色的牛（看来，那时的牛绝大多数毛色不纯），"肥牛"就是专门养来祭祀的牛（涤：原意干净，转义为养祭牲的地方），"索牛"就是普通的牛（"求而得之"即外面买得到的）。这样解释的话，这句话的意思就是："不管何种祭祀，天子用纯毛色的牛，诸侯用专门饲养的牛，大夫用普通的牛。"等级分明！顺便说一下，大夫之下是士、庶人，共为五等，而士和庶人是不可以用牛祭祀的。

那么，祭祀之后，那些牛怎么办呢？当然，分而食之。美味的牛肉，古人怎么舍得真让天神或祖宗带走！《礼记·曲礼》曰：

> 凡祭祀，共其享牛求牛，以授职人而刍之。凡宾客之事，共其牢礼积膳之牛，飨食宾射，共其膳羞之牛。军事，共其犒[kào]牛。丧事，共其奠牛。

看懂了吗？他说，祭天或祭祖用的牛，叫"享牛"或"求牛"，是参与祭祀的人共有的，所以要分给参与的人吃（"以授职人而刍之"）。重大迎宾礼用的牛，叫"积膳之牛"，要和宾客一起吃（"共其膳羞之牛"）。打仗前祭祀用的牛，叫"犒牛"，祭祀后分给将士们吃（"共其犒牛"）。办丧事（当然是天子、诸侯、大夫的丧事）用的牛，叫"奠牛"，祭拜后要分给吊丧的人吃（"共其奠牛"）。

可见，在古代，除了天子，诸侯也很少有机会吃到牛肉。《礼记·王制》曰：

> 诸侯无故不杀牛，大夫无故不杀羊，士无故不杀犬豕，庶人无故不食珍。

"无故"就是不祭天、不祭祖、没有贵宾、不打仗、不办丧事。没有这些事情，诸侯也不吃牛肉。大夫呢，连羊肉也不吃。士不要说牛肉和羊肉了，就是狗肉和猪肉都不吃。最惨的是平民百姓(庶人)，平时只吃蔬菜和杂粮，既不吃肉，也不吃鱼虾("不食珍"。珍：荤)。

所以，当你读《庄子》读到著名的"庖丁解牛"时，不要忘了庖丁是"为文惠君解牛"。文惠君即梁惠王，诸侯也。还有《左传》中说的那个颍考叔，身为大夫，一次去见郑庄公：

公赐之食。食舍肉。公问之，对曰："小人有母，皆尝小人之食矣，未尝君之羹，请以遗之。"

郑庄公请他吃饭。那时吃饭是分食的，颍考叔竟然不舍得吃肉，要带回去。郑庄公问他。他说："家里老母从未吃过您这儿的肉，请允许我带回去让她尝尝。"("未尝君之羹，请以遗之。")这里的"君之羹"，估计是羊肉羹，因为"大夫无故不杀羊"，颍考叔家里是没有羊肉吃的，更不要说牛肉了。

总之，上古只有天子食牛，诸侯、大夫只是偶尔尝尝，其他人是不吃的。原因有二：一是，牛为祭祀之物，有神圣之意，不能随便吃；二是，牛为有用之物，要用来拉车、耕地，而拉车、耕地之牛都嫌不够，怎能杀来吃？

那么，后来呢？后来好像也几乎不吃，因为不仅两汉的史料和辞赋中鲜有食牛之言，北魏的《齐民要术》里也只有养牛法，没有食牛法。当然，这只是间接证明，但直接证明呢，又没有。再后来呢，我为此查阅了我能找到的历代食谱和笔记。结果，无论在唐人段成式的《酉阳杂俎》中，还是在宋人浦江吴氏的《中馈录》和吴自牧的《梦粱录》中，都没有找到牛肉的吃法。元朝是蒙古人建立的朝代，我本以为元人会大吃牛肉。没想到，两部最有名的元代食谱，即无名氏的《居家必用事类全集》和倪瓒[zàn]的《云林堂饮食制度集》，里面也没有牛肉，只有牛乳的吃法。明清两代，食谱很多，我找来明人韩奕的《易牙遗意》、清人李渔的《闲情偶寄》、袁枚的《随园食单》和童岳荐的《调鼎集》，其中牛肉吃法极少。倒是在李渔的《闲情偶寄》中，读到这样一段话：

猪羊之后，当及牛犬，以二物有功于世，方劝人戒之不暇，尚忍为制酷刑乎？略此二物，遂及家禽，是亦以羊易牛之遗意也。

意思是：谈过猪羊，应当来谈谈牛犬，但是牛犬"二物有功于世"，得赶紧劝人勿食牛犬，哪能忍心将其杀戮？所以，"略此二物"(牛犬就不谈了)，直接来谈家禽，就像过去有人"以羊易牛"(用杀羊代替杀牛)。

很清楚，古代中国人不食牛肉是因为牛"有功于世"。要知道，古代只有耕牛，既没有奶牛，更没有专供食用的肉牛(此二物要到近代才从国外引入)。

那么，是不是除了天子和诸侯，古代中国人从不吃牛肉？其实也不是。这从李渔的话里即可看出。他说"方劝人戒之之不暇"。既然要"劝人戒之"，可见是有人吃的。因为耕牛会生病、会老，甚至会受伤。病牛、老牛、受伤的牛，就被斩杀而吃掉了。请注意，古代中国人不吃牛肉并不是"爱"牛，而是"惜"牛。当牛能为他们出苦力时，他们不舍得杀牛，而当牛没用时，他们就把牛吃掉。

不过，像《水浒传》里那样，动不动就说"小二，来两斤牛肉"，那也太夸张了。哪来那么多牛肉？要知道，在《水浒传》所说的宋朝，杀牛是朝廷明令禁止的。在北宋，按《宋刑统》：

诸故杀官私牛者，徒一年半。

故意杀死官府的牛或私人的牛，服徒刑一年半。到南宋，刑律更严：

诸故杀官私马牛，徒三年。

你看，刑期加倍。实际上，不要说杀牛吃了，即便是打伤自家的牛，被人告到官府，也要吃官司。

也许，正因为吃牛肉是犯法的，《水浒传》才故意这么说，为的是张扬梁山好汉的"造反精神"。也许，对于当代读者来说，梁山好汉吃什么肉都无所谓——吃牛肉又怎么了？不是很平常吗？——但是，对于明清两代的读者来说，那简直就是壮举！因为在明清两代，吃牛肉也是官府禁止的——至少，要有官府的许可，才能杀牛。

二、羊

是的，在古代，无论哪一朝代，都是不可以随便吃牛肉的。那么，羊肉呢？其实,在上古,羊肉也不是可以随便吃的。这倒不是羊肉有什么特殊含义,而是羊肉很宝贵。所以,就如前文所引——"大夫无故不杀羊"。可见,在上古,连大夫也不经常吃羊肉,大夫以下的士和庶人更是连羊肉气味也难得闻到。只有天子和诸侯经常吃羊肉。

羊在古书里也称作"羝"(见《易经》)"羊"(见《诗经》)"羚""羱""羒""羭""羖""羳""羷""羜""羬"(见《尔雅》)等。怎么吃法呢?《礼记·内则》里说了,但很简略:

羊炙,羊胾[zì]。羊宜黍。

"羊炙"就是烤羊肉,这种吃法是最古老的,前文已说过,黄帝"燔肉为炙"。"羊胾"就是大块的水煮羊肉,这种吃法是最简单的,就像现在的手抓羊肉。"羊宜黍"就是羊肉宜与"黍"(黄米)一起吃。郑玄注:"言其气味相成。"

还有就是生吃,见《礼记·少仪》:

牛与羊鱼之腥,聂而切之为脍。

腥:鱼和肉的总称,现称"荤腥"。聂:假借为"摄"[niè],握持。脍:生肉片。这里说,牛肉、羊肉、鱼肉都可以切成薄片生吃(三千年前的"刺身")。

还有所谓"捣珍",就是捣成肉酱,称为"醢[hǎi]"("醢"是肉酱的总称,无论什么肉,捣成酱都称"醢"),今称"肉糜"。

上古吃羊肉,就这么几种吃法。后来长达三百多年的两汉,可能有所增加。不过,这只是猜测,因为(至少我)没能在古籍中找到有关汉代如何吃羊肉的记载。

后来,又过了二百多年,到了南北朝时期的北魏。这时,吃羊肉好像不那么罕见了。因为在当时的《齐民要术》里可以读到好几种羊肉烹饪法,如"作羊蹄臛[huò]法""羊节解法""蒸羊法""灌肠法"等。其中,"蒸羊法"比较简单:

缕切羊肉一斤,豉汁和之,葱白一升著上,合蒸。熟,出,可食之。

"羊节解法"比较复杂:

羊肚一枚，以水杂生米三升，葱一虎口，煮之，令羊熟。取肥鸭肉一斤，羊肉一斤，猪肉半斤，合剉，作臛，下蜜令甜。以同熟羊肚投臛里，便煮，得两沸便熟。

逐字逐句作注太麻烦，我大概说一下"羊节解法"：羊腿一只，放锅里，加三升粟米，加水，加一段大葱，煮熟。另取肥鸭肉一斤、羊肉一斤、猪肉半斤，剁碎，搅和，做成肉羹，加入蜂蜜。然后把那只熟羊腿放在肉羹里煮，煮沸两次便熟，即可食。

这只和肥鸭肉、羊肉、猪肉一起煮的羊腿，你觉得会好吃吗？更怪异的是，他既不放盐，也不放酱，而是"下蜜令甜"。也就是说，这只羊腿是浸在甜滋滋、油腻腻的肥鸭肉、羊肉和猪肉糊糊里的。你吃得下吗？但是，那时的人肯定觉得这是美味。

好在，这只是当时的一种吃法，其他吃法可能不至于这样怪异。不过，下面这种吃法，不知你能不能接受。那是我在南朝一个叫虞悰[cóng]的人写的一本叫《食珍录》的书里读到的：

置鹅于羊中，内实粳米，五味全，熟之。

把整只鹅塞入整只羊的肚子里，再填满粳米，调料要"五味"俱全，即：又酸又甜又苦又辣又咸，然后——不知是煮熟，还是烤熟，反正把它弄熟后，即可食。

这道全鹅全羊的大餐，叫"浑羊设"，作者说"最为珍食"，是他这本《食珍录》里的名馔。对此，不知你作何感想？

南北朝之后是隋唐。隋朝短暂，姑且略过。大唐君臣，我们知道，喜欢吃胡食，尤其是胡饼。由此可以推想，大唐君臣肯定喜欢吃羊肉，因为胡食是以羊肉为主的。但遗憾的是，大唐很少有食谱流传于世。所以，我们很少知道，大唐君臣是如何吃羊肉的。为什么说"大唐君臣"？因为大唐黎民固然也喜欢吃羊肉，但大多只好流流口水，一辈子也吃不到几块羊肉。

既然说"大唐君臣"，那就不能不说到"烧尾宴"——唐代最上品的宴席。关于烧尾宴，唐人刘肃在《大唐新语》中称：

> 公卿大臣初拜命者,例许献食,号为烧尾。

宋人孔平仲在《孔氏谈苑》中言:

> 士人初登第,必展欢宴,谓之烧尾。

明人陈绛在《辨物小志》中说道:

> 唐自中宗朝,大臣初拜官,例献食于天子,名曰烧尾。

可见,所谓"烧尾宴",就是士人及第(或拜官)时,为感谢皇上恩典而举行的谢恩宴。为什么要叫"烧尾"?因为传说"鲤鱼烧尾而跃入龙门",故而以"烧尾"代指"成龙"。

烧尾宴盛行于唐中宗景龙年间至唐玄宗开元年间,但却没有一份完整的烧尾宴食单流传至今。我们今天知道的烧尾宴,只有一份不完整的食单,即宋人陶谷在《清异录》中抄录的三十几个馔名,据说是韦巨源官拜尚书令时举行的烧尾宴上的名馔。

不过,就是从这份不完整的烧尾宴食单中也能看出,唐代宴席是以羊肉为主的——至少,有好几道羊肉大菜,如"红羊枝杖"(陶谷注:"蹄上载一羊,得四事。"即烤全羊)、"逡巡酱鱼"(陶谷注:"羊体。"即把酱鱼放在羊肚里烤)、"升平炙"(陶谷注:"治羊鹿舌拌三百数。"即烤羊舌和烤鹿舌三百条)、"通花软牛肠"(陶谷注:"胎用羊羔髓。"即把羔羊骨髓塞入牛肠烹制)、"羊皮花丝"(陶谷注:"长及尺。"即切成将近一尺长的羊皮丝,一说羊肚丝),"遍地锦装"(陶谷注:"鳖,羊脂鸭卵副脂。"即羊油、鸭蛋炖甲鱼)、"五生盘"(陶谷注:"羊豕牛熊鹿并细治。"即生羊肉片、生猪肉片、生牛肉片、生熊肉片、生鹿肉片拼盘)。

大唐君臣大吃羊肉不足为奇,因为大唐皇室是鲜卑族胡人。但是,其后的大宋君臣为什么也会偏爱羊肉?是前朝食俗的延续?这很可能——毕竟,食俗不是政治,没必要、也不可能人为地改朝换代。不过,就大宋君臣而言,除了这一普遍原因,还有一个特殊原因,那就是开国皇帝赵匡胤的个人嗜好。

按古制,赵匡胤身为天子,是可以"食牛"的,但他却喜欢"食羊"。据宋人蔡绦在《铁围山丛谈》中说,宋初吴越王钱俶归降大宋,往汴梁拜见太祖赵匡胤。太祖命御厨烹羊以待,而御厨仓促之下,竟然"取羊为醢以献焉"。也就是说,招待吴越王吃了羊肉酱。

这其实是有失古礼的,帝王相见,理应用牛。然而,赵匡胤却有意为之。不仅如此,他还下诏:皇室御膳、宫廷大宴,"以羊为首"。这样,等太祖驾崩后,"以羊为首"便成了大宋皇室代代相传的"先祖遗诏"。也就是说,大宋君臣"奉先帝之诏"——吃羊肉。

据《宋史·食货志》,宋真宗年间,御厨每天宰羊三百(宫廷上下,皇子皇孙、公主太妃、宫女太监、禁军侍卫,都吃羊肉)。据《宋史·仁宗本纪》,宋仁宗"宫中夜饥,思膳烧羊"("烧羊",即烤羊肉)。据[北宋]魏泰《东轩笔录》,宋仁宗曾以羊肉充作官俸。据[北宋]陈师道《后山谈丛》,"御厨不登彘[zhì]肉"(皇室不吃猪肉。"彘"即猪)。

据[南宋]李焘《续资治通鉴长编》,辅臣吕大防曾告诫宋哲宗:

> 饮食不贵异品,御厨止用羊肉,此皆祖宗家法所以致太平者。

这里,"祖宗家法"能不能"致太平"与我们无关,我们关心的是羊肉。他说,皇家"不贵异品""止用羊肉"。由此可见,羊肉在宋朝不是什么稀有的高档食材。至少,在吕大防看来,皇家"止用羊肉"是很简朴的。

确实,从北宋到南宋,恭请皇帝的宴席也以羊肉为主。据[南宋]周密《武林旧事》,宋高宗亲临"清河郡王"张俊府邸,张府设宴迎驾,宴席上吃的是"烧羊""斩羊""羊舌托胎羹""铺羊粉饭"等,甚至连"烧羊头""羊头菜羹"也端了上来。还有宋孝宗,曾两次宴请太傅胡铨,第一次吃的是"鼎煮羊羔",第二次吃的是"胡椒醋羊头"和"坑羊炮饭"。

真是奇了怪也,这宋朝皇帝怎么都爱吃羊头?俗话说"三个肥羊头不抵一个瘦狗头",意即羊头没肉,一层皮而已。连老百姓都不屑的东西,怎么在大宋朝不仅可以请皇帝吃,皇帝也可以请你吃?是不是有什么深意?——没查到。至于"坑羊炮饭",那也不过是在羊肚子里塞满粳米,然后在土坑里烤熟,有点像现在的"八宝鸭"。

不管怎样,反正大宋皇帝都喜欢吃羊肉。于是,上行下效,整个大宋朝就像一个羊肉馆,不仅文武百官都吃羊肉,黎民百姓若有钱,也热衷于吃羊肉,不仅在家里吃,还会上街去吃。据[宋]孟元老《东京梦华录》,北宋开封府,"州桥夜市"有卖"旋煎羊""批切羊头",酒店里有卖"乳炊羊肫""羊闹厅""羊角""虚汁垂丝羊头""入炉羊头"。据[宋]吴自牧《梦粱录》,南宋都城临安,街上有"分茶酒店",天天供应"羊大骨""蒸软羊""鼎煮羊""羊四软""酒蒸羊""绣吹羊""五味杏酪羊""千里羊""羊杂""羊头元鱼""羊蹄笋""细抹羊生脍""改汁羊撺粉""细点羊头"等菜肴。

这样吃羊肉,以至于羊肉需要"进口"。据《辽史》,宋辽边境贸易,由于宋人过多购买,致使辽国限制出售胡羊。于是,宋人不得不和西夏做交易,用茶叶换胡羊。

尽管"御厨止用羊肉"可证皇家简朴,但对于黎民百姓来说,羊肉却是价格不菲。据《平江府志》,北宋元祐年间,苏州的羊肉每斤要九百钱,而黄河鲤鱼每斤才一百钱,上普通酒店吃一顿,只需十个钱就够了。羊肉如此之贵,以至于许多俸禄不高的小官也吃不起。譬如苏轼(子瞻),当时被贬惠州,俸禄减半,吃不起羊肉,只好吃羊脊骨。为此,他还写信给其弟苏辙(子由),说他如何吃羊脊骨。这封信写得很有趣,不妨看看:

> 惠州市井寥落,然犹日杀一羊。不敢与仕者争。买时,嘱屠者买其脊骨耳。骨间亦有微肉,熟煮热漉出。不乘热出,则抱水不干。渍酒中,点薄盐,炙微燋食之。终日抉剔,得铢两于肯綮[qìng]之间,意甚喜之,如食蟹螯。率数日辄一食,甚觉有补。子由三年食堂庖,所食刍豢,没齿而不得骨,岂复知此味乎?戏书此纸遗之,虽戏语,实可施用也。然此说行,则众狗不悦矣。

第一句就表明,羊肉在北宋有多贵重——"惠州市井寥落,然犹日杀一羊"(惠州小地方,竟然每天还杀一只羊)。一个州府,每天杀一只羊,竟然使他有点吃惊!那么,这只羊给谁吃?看第二句——"不敢与仕者争。"——可见,只有"仕者"(当官的)才买得起。他虽是贬官,但终究还是官,所以还买得起羊脊骨("买时,嘱屠者买其脊骨耳")。接着说他怎么烹制羊脊骨,大意是:先淖一下水,然后在酒里泡一下,抹点盐,用微火烤熟。接着,说他怎么吃羊脊骨——"终日抉剔,得铢两于肯綮之间"("铢两"即少量,一点点肉。"肯綮"即筋骨)——把骨头缝里的一点点肉挑出来吃,但却"意甚喜之,如食蟹螯"(就如吃螃蟹),这样隔几天吃一次,还觉得有补身体。接着他自我解嘲说,子由你三年来都在大户人家吃饭("食堂庖"),吃的肉

("所食刍豢")随便怎么咬也不会有骨头("没齿而不得骨"),怎能知道从骨头缝里挑肉吃的滋味呢?最后说笑,说这样吃骨头缝里的肉虽则不错,但狗会不高兴(因为把本该狗吃的一点点肉也吃了)。

关于大宋君臣"奉先帝之诏"吃羊肉,古书里还有许多有趣的事情,但限于篇幅,我不能说得太多,只好从略了。不过,有一件事,我在此先提一下,那就是在南宋时,有"一批"中国人,他们是不常吃羊肉的,而是以吃猪肉为主。为什么?等我讲到猪肉时再说。

现在来讲元朝。元朝是蒙古人建立的朝代,吃羊肉可想而知。不过,我若把元朝最全、最实用的食谱《居家必用事类全集》中的羊肉菜肴及其烹饪法统统罗列出来,会又长又乏味(喜欢美味的人很多,喜欢读菜谱的人恐怕不多)。所以,我只挑有元朝特色的几种羊肉吃法简单说一说。

除了有"千里肉""干醃豉""法煮羊头"等羊肉吃法,《居家必用事类全集》中最有特色的是吃羊肺,如"生肺""酥油肺""琉璃肺""法煮羊肺""灌肺""汤肺"等——没想到吧,羊肺在元朝是上等食材。其中三种,即"生肺""酥油肺""琉璃肺",是生吃的,做法和吃法大同小异。

"生肺"是把羊肺洗净后,灌入韭汁、蒜泥、生姜、盐等调料腌制,并"以湿布盖肺冰镇",到时整个儿端到席上割而食之。这道菜,原菜谱上还写着:"獐肺为上,兔肺次之。如无,山羊肺代之。"獐肺、兔肺,今天有谁吃?但元人不但吃,还认为比羊肺好吃,真可谓"吃肺高人"了。

"酥油肺"也是"用獐、兔肺,如无,羯[jié]羊肺亦可",不同的是灌入蜜酥、杏泥、生姜汁腌制,"布盖冰镇"后,"筵前割散"(切开后端上席)。想想看,用甜酥油、杏子酱腌制的生羊肺,什么味道?

"琉璃肺"据说是元代名菜,后来在明清两代也很流行。基于此,我把原文引出:

> 琉璃肺:用羖羊肺依上去血净。用杏泥四两、生姜汁四两、酥四两、蜜四两、薄荷叶汁二合、酪半斤、酒一盏、熟油二两。以上和匀,滤滓二三次。依前法灌至满,冰镇。就筵割散。

其实,这"琉璃肺"和"酥油肺"差不多,也是甜的,只是除了酥油味和杏子味,还有薄荷味、酒味和熟油味。不知为什么,这种生羊肺,竟会是相传几百年的名菜!

还有三种是熟吃的。"法煮羊肺",和"法煮羊头"一样,用砂锅,放入葱、姜、盐,加水"慢火煨"(所谓"法煮",就是水煮)。"灌肺"就是"用面粉半斤、豆粉半斤、香油四两、干姜末四两,共打成糊,煮熟,依法灌之,用慢火煮"。"汤肺",顾名思义,就是羊肺汤,做法是:羊肺切条或块,放锅中,加姜、杏泥、酱、盐,加肉汤淹没羊肺,猛火烧滚,即可。

除了《居家必用事类全集》中说到的各种羊肉吃法,还有"涮羊肉"也盛行于元朝。这种吃法其实很原始,早在"三国"时就有,但由于蒙古人把它当作皇家御膳,故而在元朝成了高档吃法。后来,到了明清两代,"涮羊肉"虽然一直有人吃,而且至今仍有人吃,但总的说来,北方人吃得更多些。

至于在赶走蒙古人后建立的明朝,好像羊肉也随蒙古人一起被打败了。至少,羊肉不再那么"猖獗"了,取而代之的是猪肉。其中原因,等我讲到猪肉时再说。现在要讲的是明朝人吃羊肉。

明朝人是吃羊肉的,但吃得并不多。我们不妨看看韩奕所编《易牙遗意》,这是一部很有名的明代食谱。找到"脯鲊类",里面讲的都是肉的吃法。其中只有两种,即"千里脯"("牛羊猪肉皆可")和"生烧猪羊肉法"中有羊肉,其他是猪肉、鸡、鸭、鹅、鱼、蟹等,尤以猪肉的吃法最多。韩奕编写《易牙遗意》是在明初,书中的各种烹饪法都是收集来的。可见,当时,至少汉族人已经多吃猪肉、少吃羊肉了。

那么,后来又来了北方的满洲人,建立了清朝,汉族人是不是又恢复了吃羊肉?好像没有。因为这不可能——哪来那么多羊?要知道,汉族的人口,在清初就已达天文数字。更何况,那时的汉族人已经养了大量的猪,吃猪肉已成习惯。

不信,来看看清代的食谱。先看李渔的《闲情偶寄·饮馔部》,其中的"肉食",第一就是猪肉,其次才是羊肉。由于李渔没有具体讲猪肉的吃法,再来看另一部同样有名的清代食谱——袁枚的《随园食单》。

找到书中的"杂牲单",里面是牛、羊、鹿"三牲"的吃法,其中羊肉的吃法仅五种,即:"煮羊头""煨羊蹄""羊羹""红煨羊肉""烧羊肉"。猪肉呢,书中有专门一"单",叫"特牲单",是专门讲猪肉吃法的。有多少?多达四十二种,如"猪头二法""猪蹄四法""红煨肉三法""干锅蒸肉""炒肉丝""炒肉片""酱肉""糟肉""家乡肉""蜜火腿",等等,可谓"猪天下"。

在[清]李化楠所编《醒园录》中,还有"腌猪肉法""酒炖肉法""火腿酱法""蒸猪头法""假火肉法""白煮肉法"等。

实际上,明清两代中国人的喜食猪肉,已接近现代中国人。换言之,现代中国人吃猪肉的"世界名声",实源于明清两代。

既然讲到猪,那就来看看历代吃猪肉的情况……哦,等等!这里窜出一只狗……哦,对了,我忘了……在讲猪之前,要先讲狗。为什么?因为按《黄帝内经》,"五畜"是"牛、羊、犬、豕、鸡"——"犬"在前,"豕"在后。这不是随便排列的,而是表明,在上古,人们吃狗肉多于吃猪肉。至少,在那时的人看来,狗肉是比猪肉更重要的肉食。

三、犬

在上古,狗也称作"尨""猃"(见《诗经》)"豻"(见《礼记》)"獀""獥""狣""獒"(见《尔雅》)等。当然,最多的是称作"犬"或"狗"。

关于吃狗肉,上古文献中讲得很简略,如《礼记·内则》曰:

折稌[tú],犬羹,兔羹。犬宜粱。

肝菺[liáo],取狗肝一,以其菺,濡炙之,举燋其菺,不蓼[liǎo]。

"折稌"即麦饭。"犬宜粱"即狗肉适宜和"粱"(黍米)一起吃。"菺"即油脂。"不蓼"即不用"蓼"("蓼"亦称"水蓼",茎叶味辛辣,上古常用作调味料)。又《礼记·乡饮酒义》曰:

烹狗于东方,祖阳气之发于东方也。

郑玄注:"烹狗以养,宾阳气,以养万物。故祖而法之,烹于东方焉。"意思是:"到东边去煮食狗肉,可以养生,因为阳气来自东方。"用今天的话来说就是,吃狗肉可以壮阳(对此,好像今天仍有不少人坚信不疑)。又《周礼·天官·食医》曰:

>凡食,膳食之宜,犬宜粱。

和《礼记》所言差不多,不知谁抄谁。

其后,就没人说吃狗肉的事了(至少,我没查到)——当然,不说不等于不吃。直到北魏,我才在《齐民要术》中读到"作犬牒法":

>犬肉三十斤,小麦六升,白酒六升,煮之令三沸。易汤,更以小麦、白酒各三升,煮令肉离骨,乃擘。鸡子三十枚著肉中,便裹肉,甑中蒸,令鸡子得干。以石迮[zé]之。一宿出,可食。名曰犬牒。

大意是:先把狗肉和小麦、白酒一起焯水("令三沸"),然后换清水,再把狗肉和小麦、白酒一起煮到"肉离骨"。把肉取出("乃擘")后,打三十个鸡蛋把肉裹住,放在"甑"(蒸锅)中蒸,蒸到鸡蛋干结。然后,用石头压在上面("以石迮之"),压一天后拿出来吃。

这"犬牒法",在今天看来也非同寻常,就如今天有人做"压猪头",即把煮烂的猪头肉去骨后,用磨盘压一夜后再吃。据说,"压猪头"味道不错,不知这"压狗肉"味道如何。

其后,好像又没人说吃狗肉的事了。偶尔在[唐]段成式《酉阳杂俎》中读到:

>犬悬蹄,肉有毒。

那不是说怎么吃狗肉,而是说有"悬蹄"的狗有毒,不能吃。"悬蹄"就是退化的脚趾,如牛、羊、猪、鹿等偶蹄目动物,都有"悬蹄"。狗一般没有,但偶尔也会有。说这种狗有毒,不知他验证过没有。按今天的看法,动物有没有毒,好像和脚趾没什么关系。

至于[宋]陆佃在《埤雅》中称:

>凡肉,豚宜炮,犬宜羹。

即猪肉适宜"炮"(烤),狗肉适宜"羹"(做浓汤),那是《礼记》中早就说过的,了无新意。

毫无疑问,在唐宋两代,吃狗肉仍然流行。为此,在宋代还曾有一番争议。据《宋史》,北宋崇宁初年,大臣范致虚以"十二宫神,狗居戌位,为陛下本命"(宋徽宗生肖属狗)为由,上奏宋徽宗曰:

京师有以屠狗为业者,宜行禁止。

宋徽宗准奏下诏:

因降指挥,禁天下杀狗。

然而,此举引来朝野一片哗然,尤其是众多书生,联名上奏:

朝廷事事绍述熙丰,神宗生戊子年,而当年未闻禁畜猫也。

意为:当今朝廷事事效仿先帝(神宗),而先帝属鼠,当年(熙丰年间)并未听说禁止民间养猫(猫捕鼠)。当然,书生上奏并不是想吃狗肉,而是"其忧有不可胜言者矣",担心朝廷为这种无聊的事情弄得民意沸腾。但是,皇帝已经下诏,不可改变,所以,"屠狗"还是被禁了。但并不严厉,而且没过多久,便不了了之。

实际上,到了北宋后期,吃狗肉固然很寻常,狗却早已不像上古如《史记·索隐》所言,被视为像牛或马一样的祭品或"牺牲":

盟之所用牲,贵贱不同。天子用牛及马,诸侯用犬及豭[jiā],大夫以下用鸡。

"犬及豭"(狗和猪)是诸侯缔结盟约时所用的祭品或"牺牲"。而且,不知何故(有人认为是南北朝时受了北方胡人的影响),从唐朝起,中原汉人,尤其是上层汉人,开始鄙视吃狗肉。譬如,唐诗中有许多写到食肉的诗,牛肉、羊肉、鹿肉都有,唯独没有狗肉。吃狗肉,被认为是粗俗的、下贱的。

不过,唐宋两代的上层汉人并不反对也不干涉下层民众吃狗肉。他们以清高、超然的态度对待粗俗、下贱的民众。他们自己不食狗肉,而且不写狗肉。看看宋代那部有名的笔记,即孟元老的《东京梦华录》,其中写到肉铺,写到鱼市,写到羊肉(甚至羊腰子),写到猪肉(甚至猪头肉),写到驴肉,写到鸡鸭,写到虾蟹,就是没有狗肉。是不是当时的京城里没有狗肉卖?是不是京城里的居民都不吃狗肉?根本不是。是孟元老故意不写。

那么,明清两代呢?明清两代的上层汉人继承唐宋遗风,同样不吃狗肉,同样鄙视吃狗肉。因此,无论在明清两代的哪本食谱中,无论在《易牙遗意》《闲情偶寄·饮馔部》《随园食单》中,还是在《醒园录》《食宪鸿秘》《调鼎集》中,都找不到狗肉。唯有在当时的一些医书中,可能会看到狗肉。譬如,在《本草纲目》中,你会读到:

> 脾胃虚冷,腹满刺痛。肥狗肉半斤,以水同盐、豉煮粥,频食一两顿。

> 虚寒疟疾。黄狗肉煮臛,入五味,食之。

> 气水鼓胀。狗肉一斤,切,和米煮粥,空腹食之。

> 浮肿尿涩。肥狗肉五斤,热蒸,空腹食之。

但那是把狗肉当药,并不是日常饮食中的肉食。至于这样的药方是否有效,与本题无关,不谈。

食谱中没有狗肉,不等于民间不食狗肉。看看明清小说就知道了。譬如《水浒传》,鲁智深在酒店里"用手扯狗肉,蘸着蒜泥吃"。还有《济公传》,济公常怀揣熟狗腿。甚至有些文人,为表示"不入俗流",特以"民间之俗"鄙视"官场之俗",吃狗肉。譬如郑板桥,据[清]孙静庵《栖霞阁野乘》载:

> 性奇怪,嗜食狗肉,谓其味特美。

鲁智深本是俗人,吃狗肉不足为奇。济公是装疯,吃狗肉是故意惊世骇俗。

郑板桥吃狗肉之所以为野史所载,正说明狗肉是乡野土人吃的,若有缙绅文人去吃,那真是——怪哉,怪哉!

可怜的狗,人们这是爱护你呢,还是鄙视你?——说来有点奇怪,人们喜欢狗,同时又喜欢用狗骂人,好像狗是最不堪的东西,如"狗娘养的""狗杂种""狗奴才"。为什么?一时还真说不清楚。

好了,关于吃狗肉,已经讲得够多了,因为狗肉毕竟不是古代中国人常吃的肉。所以,还是"弃狗从猪",来讲古代中国人吃猪肉吧。

四、豕

其实也一样,中国人喜欢吃猪肉,同时又把猪看作最低贱的东西,骂起人来总说:"你这个猪,看我宰了你!"吃猪肉总要先杀猪,这没错,可是吃羊肉也一样,为什么不说"你这个羊,看我宰了你"?也许,在"五畜"中,猪最难看、最肮脏?既然是最难看、最肮脏,又为什么要吃那么多呢?听我慢慢道来,这是有原因的。

最初,在上古,也就是先秦(秦之前),中原人(最初的中国人)就吃猪肉。那时,猪也叫"豝""豵""豜"(见《诗经》)、"豕""豚"(见《礼记》)、"豭""豣""特""豥"(见《尔雅》)、"豞"(见《山海经》)、"豝""豨""豯"(见《方言》)等。最初说到猪肉吃法的是《礼记·内则》:

豕炙,豕胾[zì]。豕宜稷。

和前面说到羊肉时一样,这里说的也是烤("炙")和水煮("胾")。"豕宜稷"即猪肉适宜和"稷"(小米)一起吃。

还有可能是生吃,见《史记·项羽本纪》:

于是张良至军门见樊哙。樊哙曰:"今日之事何如?"良曰:"甚急!今者项庄拔剑舞,其意常在沛公也。"哙曰:"此迫矣!臣请入,与之同命。"哙即带剑拥盾入军门。交戟之卫士欲止不内。樊哙侧其盾以撞,卫士仆地。哙遂入,披帷西向立,瞋目视项王,头发上指,目眦尽裂。项王按剑而跽曰:"客何为者?"张良曰:"沛公之参乘樊哙者也。"项王曰:"壮士!赐之卮酒。"

>则与斗卮酒。哙拜谢,起,立而饮之。项王曰:"赐之彘[zhì]肩。"则与一生彘肩。樊哙覆其盾于地,加彘肩上,拔剑切而啖之。

这是"鸿门宴"上的一幕:站在门外的樊哙看出,项庄剑舞,意在沛公,于是便闯了进去。项羽问:"这是谁?"张良说:"这是沛公的侍从樊哙。"项羽说:"壮士!赐酒。"樊哙拜谢后立饮。项羽说:"赐猪腿。"("赐之彘肩。")并给他一个生猪腿("生彘肩")。樊哙当下拔出剑来,割生猪腿吃。

是不是只有像樊哙这样的"壮士"才生吃猪腿,其他人大多是煮来吃的?不清楚。譬如,《晏子·杂上篇》里也讲到晏子吃猪腿:

>晏子之鲁朝,食进馈,膳有豚焉。晏子曰:"去其二肩,昼者进膳。"

晏子去鲁国,膳食由鲁国提供("食进馈"),而且有猪肉("膳有豚焉")。晏子说:"拿掉两只腿,留着明天吃。"("去其二肩,昼者进膳。")但这猪腿是生的还是熟的?不知道。奇怪的是,这鲁国国君给了他多少猪肉?半只猪?因为只有半只猪上才有"二肩"(应是前腿,后腿是不能叫"肩"的)。若是这样,"去其二肩"后,剩下的猪肉,晏子在一天里吃完?那时的猪究竟多大?是不是和狗差不多大?要不是,这鲁国国君给他的是半只乳猪?但是,乳猪在当时不应该叫"豚",是另有称呼的(应该叫"豯"[xī])。总之,令人费解。

不去管它!反正,根据这两段引文,可以看出,上古中国人是吃猪肉的,但猪肉好像很贵重:项王用它来"赏赐",鲁国国君用它来招待贵宾。由此推测,那时的"庶人"恐怕是很难有猪肉吃的。

据[西汉]桓宽《盐铁论》,当时的御史大夫桑弘羊曾指责说:

>今闾巷县佰,阡伯屠沽,无故烹杀,相聚野外。

为什么?因为猪肉很贵:

>夫一豕之肉,得中年之收,十五斗粟,当丁男半月之食。

据〔东汉〕王充《论衡》,当时全国牲口日屠宰量只有数千头:

> 海内屠肆,六畜死者日数千头。

注意,这数千头屠宰的牲口是"六畜"——牛、羊、猪等,都包括在内。其中猪有多少?就算有两千头吧。那么,当时的总人口是多少?大约四千万。四千万除以两千,两万人一头猪。就算这头猪有两百斤(实际上,东汉时期的猪是绝对长不到两百斤的),那也至多供四百人吃(每人半斤不到),也就是说,还有一万九千六百人是无肉可吃的——至少,无猪肉可吃。至于其他肉,也大抵如此,甚至更少。所以,那时的绝大多数中国人可说是基本不吃肉的,都是被迫蔬食的"素食主义者"。

就这样,日月如梭,光阴似箭,转眼两汉过去了。转眼,两晋也过去了。到了北魏,我们翻开那本《齐民要术》,突然发现,这时的中国人(当然,仍是少数人)竟然很会吃猪肉了。你看,书里有"炙猪法""白瀹[yuè]肫法""蒸肫法""蒸猪头法""作猪肉鲊[zhǎ]法""作猪蹄酸羹一斛法"等。其中,"炙猪法"和"白瀹肫法"是最古老的,就是火烤和水煮。其他,"蒸肫法"和"蒸猪头法",一看便知,是蒸猪肉。"作猪肉鲊法"和"作猪蹄酸羹一斛法"比较特别,我来解释一下。

所谓"作猪肉鲊法",就是像腌咸鱼那样(鲊:咸鱼),把猪肉腌成咸猪肉。不过,很奇怪,那时的咸猪肉不是生腌的,而是熟腌的,具体做法是:

> 用肥猪肉,净烂治讫,剔去骨,作条,广五寸。三分易水煮之,令熟为佳,勿令大烂。熟,出,待干,切如鲊脔,片之皆令带皮。炊粳米饭为糁,以茱萸子、白盐调和。布置一如鱼鲊法。

这样用米饭、茱萸子和白盐腌制的咸猪肉,和"鲊"一样,是熟的,直接吃。
所谓"作猪蹄酸羹一斛法",类似今天的炖猪蹄,具体做法是:

> 猪蹄三具,煮令烂,擘去大骨,乃下葱头、豉汁、苦酒、盐,口调其味。旧法用饧[táng]六斤,今除也。

他说的"猪蹄",可能和今天说的猪爪不同,是连着蹄髈的整条猪腿。不然的话,仅三个猪爪,按"旧法"要放六斤"饧"(饴糖),那也太多了吧!

如果说,在南北朝仍只有少数人能吃猪肉,那么到了大唐,吃的人就更少了。这倒不是大唐的达官贵人没猪肉吃——恰恰相反,他们是不屑吃猪肉,嫌猪又丑又脏,猪肉又腥又柴。不过,这还是其次。重要的是,我们知道,他们崇尚"胡食",而"胡食"里最多的是羊肉。

还是来看"烧尾宴食单"(没办法,唐人不编食谱,仅有这份偶然留存而且不全的"烧尾宴食单")。其中有猪肉吗?有,但只有一点点,仅有一道叫"西江料"的菜肴,是用猪肉做的,即粉蒸猪肩胛肉(即猪前腿肉)。其他呢,羊肉最多,有八道菜肴,不是纯羊肉的,就是有羊肉的。其次是鹿肉,有四道菜肴中有(如"升平炙",羊舌和鹿舌)。再其次是熊肉,有三道菜肴,一道是纯熊肉的(即"分装蒸腊熊"),两道是熊肉和其他肉的拼盘(如"五牲盘",是熊肉、鹿肉、羊肉、牛肉和兔肉的拼盘)。还有驴肉(如"暖寒花酿驴蒸",即花酒蒸驴肉)、蛙肉(如"雪婴儿",即裹精豆粉煎剥皮青蛙,形似婴儿,故称)、鹌鹑(如"箸头春",即烤鹌鹑)、鸡(如"葱醋鸡",这无须解释;"仙人脔",即人乳炖鸡,这是古代流行了上千年的滋补佳肴)、鱼(如"乳酿鱼",即羊奶烧整鱼;"吴兴连带酢",即生鱼片)、虾(如"光明虾炙",即活烤虾),以及"凤凰胎"(即从鸡腹中取出的蛋,"杀鸡取卵",还真有其事)等。

我在讲猪肉,竟然讲了那么多"非猪肉",似有离题之嫌。这虽可以使你了解大唐君臣的最高级宴席大概吃些什么,但还是回过头来讲猪肉吧。

大唐之后,大宋君臣还是不食猪肉。原因我在前面已经讲了,大宋"御厨止用羊肉",大宋君臣"奉先帝之诏"——吃羊肉。皇上不吃,臣民怎么会吃?要知道,在古代中国,皇帝历来是广大臣民的偶像——否则,他们怎么会唯皇帝是从,三呼万岁、磕头膜拜呢?

所以,苏东坡贬官黄州时写的那首打油诗《猪肉颂》,是有点"犯上作乱"意味的。你看他怎么写:

> 净洗锅,少着水,柴头罨烟焰不起。
> 待他自熟莫催他,火候足时他自美。
> 黄州好猪肉,价贱如泥土。
> 贵者不肯吃,贫者不解煮,
> 早晨起来打两碗,饱得自家君莫管。

他说,猪肉只要用温火慢慢煮烂,其实也很好吃,可笑的是"贵者不肯吃,贫者不解煮",那就让我一个人自得其乐吧——"早晨起来打两碗,饱得自家君莫管。"

这位东坡居士,身为朝廷命官,明知皇家不食猪肉,偏要以吃猪肉为乐,看似自嘲,实为牢骚,不是"犯上",是什么?——是的,在大宋,对大小官员来说,吃肉很可能是"政治问题",弄不好是会丢乌纱帽的。

不过,对大宋的广大"庶人"来说,就没那么讲究了。他们就算知道皇上不食猪肉,若有点钱,虽买不起羊肉,也可能买点猪肉吃。皇上对小老百姓是不会怪罪的。但问题是,就如东坡先生所言,他们往往"不解煮"。难得吃肉,当然不会煮。所以,在北宋,尽管猪肉"价贱如泥土",还是不大有人吃。

这可以从北宋的食谱中得到印证。譬如,郑望之的《膳夫录》中,没有一种菜肴是猪肉。就是所谓"五牲盘",也是"羊、兔、牛、熊、鹿并细治",即羊肉片、兔肉片、牛肉片、熊肉片和鹿肉片的拼盘。此外,还有"凉胡突""脍鳢[lǐ]鱼""臆连蒸""麞麞皮""索饼""上牢丸"等,所谓"衣冠之家名食",和大唐"烧尾宴食单"很相似,也均非猪肉。实际上,郑望之也确实提到了"烧尾宴食单",说"韦仆射巨源有烧尾宴食单"("韦仆射巨源",即韦巨源,"仆射"是对官长的尊称。现今所存,就是韦巨源的这份食单,我在前文已经引用过两次)。

北宋的情况大抵如此。那么,南宋呢?南宋发生了显著的变化。原因就在于南宋是"南迁"的"宋",失去了北方的半壁江山。虽然南宋常被史家蔑称为"小朝廷",但不要忘记,这个"小朝廷"延续了一百五十多年,比一些"大朝廷"的寿命都要长。而就在这一百五十多年间,古代中国人的饮食习俗发生了巨大变化。

还记得我在前面一节讲到的吃米饭的中国人吗?也许你想不起来了,那我就来引用一段(不知道自己引用自己是否有违写作规范,但我觉得有此需要,也就不管它规范不规范了):

……就是在宋朝,汉族人口中有很大一部分人,也就是所谓南方人,是以米饭为主食的。为什么?其实,他们本来就是吃米饭的,只是在宋朝之前,以吃"饼"为主的北方人一直把他们称为"南蛮"。

注意,这里说的"宋朝"就是南宋。为什么要把南蛮"纳入"汉族?因为南宋只有半个"宋",失去半壁江山即意味着失去大半人口(南迁的只是朝廷,随朝廷南迁的多为官吏,以土地为生的大多数百姓是不会南迁的)。于是,南宋朝廷便将南方"蛮族"统统"收编",直接受朝廷管辖,也就是说,都成了"宋人",而这部分吃米饭的"宋人",他们本来就是吃猪肉的(原因是南方适合养猪,不适合养牛羊)。这样一来,就肉食而言,在南宋就有了两种"宋人",即:吃牛羊肉的北方"宋人"和吃猪肉的南方"宋人"。这一区别,甚至持续至今:吃面食的北方中国人大凡喜欢吃牛羊肉,吃米饭的南方中国人大凡喜欢吃猪肉;北方菜肴大多以牛羊肉为主,南方菜肴大多以猪肉为主。

这就是发生在南宋的显著变化。自此以后,随着南方人口的不断增加,吃猪肉的中国人越来越多。而这,就发生在明清两代。原因据说是由于明朝时东南亚高产水稻的引入和逐渐普及,以及乾隆年间开始大量种植红薯和玉米(见前章)。至于明清两代吃猪肉的具体情况,我在前面以袁枚《随园食单》和李化楠《醒园录》为例已经作了说明,在此不必重复,只需再自引前文强调一下就行了:

现代中国人吃猪肉的"世界名声",实源于明清两代。

按理,讲完吃猪肉,这一节就该结束了。不过,我还要讲一点其他的"肉"(反正我也不怕画蛇添足,因为我本不是写论文,只是"漫谈"而已)。

你知道吗,除了牛、羊、犬、豕,古代中国人还吃什么肉?实际上,只要能吃的,他们都吃,百无禁忌。譬如,前文已提到过鹿、熊、驴等,在此不必说了。还有许多呢,我在下面引出来让你知道一下(不做太多解释,否则会没完没了)。

《周礼》曰:

兽人掌罟[gǔ]田兽,辨其名物。冬献狼,夏献麋,春秋献兽物。

看见了?这里有狼和麋(鹿的一种),还是献给天子吃的。"罟"即捕。
[汉]董仲舒《吕氏春秋》曰:

肉之美者,猩猩之唇、獾獾之炙、隽触之翠、旄[máo]象之约。

看见了？他们吃猩猩嘴唇、烤獾獾、天鹅尾肉("隽触之翠")、大象鼻子("旄象之约")。不是荒年没办法,而是"肉之美者",当作美味佳肴。

[汉]戴圣《礼记》曰:

　　狼去肠,狸去膌,兔去尻[kāo],狐去首。

看见了？他们吃狼、吃狸、吃兔、吃狐,还很考究,不吃狼肠,不吃狸膌,不吃兔尻(臀部),不吃狐首。

[汉]枚乘《七发》曰:

　　山梁之餐,豢豹之胎。

看见了？他们到山上去吃豹的胎儿,这豹称作"豢豹"("豢"即养),是不是怀孕的母豹？不知道。

[唐]段成式《酉阳杂俎》曰:

　　洪州有牛尾狸,肉甚美。

这"牛尾狸"和《礼记》所说的"狸"还不一样。

又曰:

　　鼠灾多起于鼠母,鼠母所至处,动成万万鼠,其肉极美。

天哪！鼠灾吃老鼠,还说"其肉极美"。

[宋]宋祁《益部方物略记》曰:

　　玃[jué],出邛[qióng]蜀间,与猿猱无异,但性不躁动,肌质丰腴。蜀人炮蒸,以为美味。

看见了？他们吃猴子。玃:一种猴子。炮蒸:烤和蒸。

[宋]范成大《桂海虞衡志》曰:

蚺蛇,大者如柱长。称之,其胆入药。南人腊其皮,刮去鳞,以鞔[mán]鼓。蛇常出逐鹿食,寨兵善捕之。数辈满头插花,趋赴蛇。蛇喜花,必驻视,渐近竞拊其首,大呼红娘子。蛇头益俯不动,壮士大刀断其首,众悉奔散,远伺之。有顷,蛇省觉,奋迅腾掷,傍小木尽拔,力竭乃毙。数十人舁[yú]之,一村饱其肉。

看见了?他们抓捕大蟒蛇,除了胆入药、剥皮做鼓("腊其皮,刮去鳞,以鞔鼓"),还几十人抬蛇("数十人舁之"),一村人饱吃一顿蛇肉("一村饱其肉")。

其实,东坡先生被贬到岭南时,除了"日啖荔枝三百颗",也吃蛇肉。他曾作诗《正月九日,有美堂饮,醉归径睡,五鼓方醒》,诗中曰:

平生嗜羊炙,识味肯轻饱,
烹蛇啖蛙蛤,颇讶能稍稍。

看见了?他"平生嗜羊炙",特别喜欢吃烤羊肉,味道好的甚至能吃到饱("识味肯轻饱")。所以,不要被他的《猪肉颂》骗了,以为他喜欢吃猪肉,那是苦中作乐。不过,这里该注意的是"烹蛇啖蛙蛤"。他不但"烹蛇",还吃青蛙和蛤蚧(大壁虎),虽有点惊讶,还是能吃一点的("颇讶能稍稍")。

[明]谢肇淛《五杂俎》曰:

陆佃《埤[pí]雅》云:"蜉蝣似天牛而小,有甲。角长三四寸,黄黑色。甲下有翅,能飞。烧而啖之,美于蝉也。据其形质,即是龙虱之类,古人以为口食久矣。"然蝉今人不闻有食者,而古人食之,又一新事也。

看见了?他们吃蜉蝣(一种有翅昆虫,和蜻蜓同类),还说比蝉(知了)好吃。文中所说"龙虱",俗称"水龟子",形似蟑螂。

又曰:

> 南人口食可谓不择之甚。岭南蚁卵、蚺蛇,皆为珍膳。水鸡、虾蟆,其实一类。闽有龙虱者,飞水田中,与灶虫分毫无别。又有泥笋者,全类蚯蚓。扩而充之,天下殆无不可食之物。燕齐之人,食蝎及蝗。余行部至安丘,一门人家,取草虫有子者,炸黄色入馔。余诧之,归语从吏,云:"此中珍品也,名蚰子。缙绅中尤雅嗜之。"然余终不敢食也。

好家伙,竟然连"蚁卵""虾蟆"(蛤蟆)、"泥笋"(一种粗壮的土黄色蚯蚓)、"蝎及蝗"(蝎子和蝗虫)都吃起来了(文中所说"灶虫",即蟑螂)。甚至把草丛里的"蚰子"(即蝈蝈)也炸来吃,不仅称之为"珍品",达官贵人还觉得吃这东西很有雅兴("缙绅中尤雅嗜之")——真是怪哉,怪哉!

好了,从吃肉一直说到吃虫了——就此打住!

第三章 鸡鸭 鱼虾

除了牛、羊、犬、豕,古代中国人当然也吃鸡、鸭、鱼、虾,但有些吃法很奇怪,今人也许难以下咽。

一、鸡

按古礼,鸡是唯一可用以祭祀的禽类。[汉]《礼记·曲礼》曰:

> 凡祭宗庙之礼,鸡曰翰音。

意为鸡用以"祭宗庙"时,叫"翰音"。郑玄注:"翰,声长也。"看来,做祭品的是公鸡,母鸡大概是不行的。

祭完宗庙后的鸡,当然是要吃的,不会一直恭奉在那里。怎么吃呢?《礼记·内则》曰:

> 麦食,脯羹,鸡羹。

意为吃麦饭时,辅之以"脯羹"(肉羹)和"鸡羹"。"鸡羹"的做法是:

> 濡鸡,醢酱,实蓼。

"濡"即汤煮。"醢酱"即加醢(肉糜)和酱。"实蓼"即在鸡肚子里塞入水蓼。但奇怪的是,接着说:

弗食鸡肝。

稍后还有人疏曰:"为不利人也。"为什么食鸡肝不利人?没人回答,信则信,不信拉倒(请注意,古书往往如此)。

还有更奇怪的,上古《逸周书》曰:

大寒之日,鸡始乳。鸡不始乳,淫女乱男。

为什么?没人回答,信则信,不信拉倒。

最奇怪的是魏晋时的《养生论》曰:

鸡肉不可食小儿,食令生蚘虫,又令消体瘦。鼠肉味甘,无毒,令小儿消杀,除寒热,炙食之,良也。

小儿不可食鸡肉,而要食鼠肉?为什么?据说是鸡"以其多食蚯蚓等虫也",故而"食令生蚘虫"。那么,老鼠"多食"的是什么?为什么"鼠肉味甘"?没人回答,信则信,不信拉倒。

区区一只鸡,古代中国人竟然弄出那么多令人意想不到的说法,真是奇了怪也。

不去管它!来看看古代到底有些什么鸡。[汉]《盐铁论》曰:

鸡有蜀、鲁、荆、越诸种,越鸡小,蜀鸡大,鲁鸡又其大者。

"蜀、鲁、荆、越"分别是指今天的四川一带、山东一带、湖北一带、浙江一带。那是在汉朝,他说浙江的鸡比较小,四川的鸡比较大,山东的鸡更大。相信在后来的两千多年间,鸡种不会有太大变化,所以到了明清两代,大概还是如此。

那么,古人吃鸡,是不是只会做"鸡羹"呢?这方面的变化倒是很大的。在北魏的《齐民要术》里,虽只有两种吃鸡蛋法(即"煮鸡子法"和"炒鸡子法"),没有"吃鸡法",但到了唐朝,我们便可以在"烧尾宴食单"中看到"炖鸡"和"葱醋鸡"(煮熟的鸡上面放葱和醋)。到了宋朝,我们在《吴氏中馈录》中又看到"炉焙鸡"。做法是:

> 用鸡一只,水煮八分熟,剁作小块。锅内放油少许,烧热,放鸡在内略炒,以碴子或碗盖定。烧及热,醋、酒相半,入盐少许,烹之。候干,再烹。如此数次,候十分酥熟取用。

这已经很像今天的炒鸡块了。所不同的是,它不是生炒的,而是先把鸡"水煮八分熟",再"剁作小块"炒。

再往后看,在元朝的《居家必用事类全集》里,有"川炒鸡"。做法是:

> 鸡一只洗净,剁作什件。炼香油三两,炒鸡肉。入葱丝、盐半两,炒七分熟。用酱一匙同研烂胡椒、川椒、茴香入水一大碗。下锅煮熟为度。加好酒少许为妙。

这也是炒鸡块,但已经是生炒了。文中"什件"即碎块。"香油"即麻油。在明清之前,古代中国人用的一直是麻油,或者动物油(称为"膏"),没有菜油、豆油、花生油等植物油,可能还不会从菜籽、大豆和花生中榨油(这到后面讲油盐时再细说)。

到了明清两代,鸡的吃法已经和今天无多差别了。家常吃法,可以从明代韩奕编的《易牙遗意》看到"炉焙鸡"和"水鸡干"。"炉焙鸡"显然是从宋代《吴氏中馈录》中抄来。"水鸡干"的做法是:

> 治大水鸡汤中煮,浮即捞起,以石压之,令十分干收。

就像"压猪头"一样,把煮熟的鸡放在大石头下压干了吃。这种吃法颇为奇特,今天大概不大有人这样吃了。不过,在[清]李化楠所编《醒园录》里,有两种家常吃鸡法,今人看了也很熟悉,即"新鲜盐白菜炒鸡法"和"封鸡法"(当然,还有蒸鸡、炖鸡、水煮鸡、炒鸡块等,那是不必说了,民间早已在吃)。"新鲜盐白菜炒鸡法"是:

> 肥嫩雌鸡，如法宰了，切成块子，先用荤油、椒料炒过，后加白水煨火炖之。临吃，下新鲜盐白菜，加酒少许。不可盖锅，盖则黄色不鲜。

是不是和今天差不多？"封鸡法"较为复杂，有点像今天的"酱鸡"（或"酱鸭"）：

> 将鸡宰洗干净，脚弯处用刀锯下，令筋略断，将脚顺转，插入屁股内。烘热，用甜酱擦遍，不滚油翻转烹之，俟皮赤红取起。下锅内，用水慢火先煮，至汤干鸡熟，乃下甜酒、清酱、椒角，再炖至极烂，加椒末、葱珠，用碗盛之，好吃。或将鸡砍作四块及小块皆可，然总不及整个之味全。

至于酒家宴席上的鸡，前面已说过"烧尾宴食单"中的"炖鸡"和"葱醋鸡"。那是在唐朝。后来呢？不太清楚，因为我没有翻遍宋朝、元朝和明朝的所有食谱。不过，在［清］童岳荐所编《调鼎集》第二卷"铺设戏席部"中，我看到有一大堆所谓"鸡菜"，而且显然是酒席上用的，其中有"酥鸡""荷叶包鸡""干炒鸡脯片""牛乳煨鸡""石耳煨搥鸡""鸡元饼""鸡三款""脍鸡脯"等。具体做法恕我不能逐一引出（太多了，你读了也会厌烦），仅以"干炒鸡脯片"为例：

> 配火腿、冬笋、青菜心，鸡汁作汤。鸡末入罐之先，用淡盐里外略略腌之，加酱油、甜酒。文火烤鸡片时，少加水煨之。

所谓"干炒"，并非今天所说的"炒"，而是"文火烤"。此外，还有所谓"鸡菜二十三款"，即含有鸡肉的菜肴，如"冬笋火腿煨鸡脯""鸡丁煨胡桃仁""冬笋煨野鸡块"等。加起来，清代的鸡肉菜肴好像比今天的大饭店里还要多。

以上，便是古代中国人吃鸡概况。接着来说吃鸭（顺便也说吃鹅）。

二、鸭

在古书中，鸭常称作"凫[fú]"，鹅常称作"雁"，而且在《诗经》中就已出现，如《郑风·鸡鸣》中有"将翱将翔，弋凫与雁"句，其中"弋"即"射"。射杀凫与雁，

当然是为了吃。可见,古代中国人很久以前就吃凫与雁了。后来,西汉的刘向在《说苑》中说:

> 齐景公凫雁食以菽粟。

齐景公以"凫雁"为菜,以"菽粟"为饭,以示他简朴。不信?请看[西汉]贾谊在《新书》中所说:

> 邹穆公有令,食凫雁者必以秕[bǐ],毋敢以粟。

邹穆公规定,以"凫雁"为菜,只能以"秕"(瘪谷)为饭。可见,当时的人是吃"凫雁"的(尽管"凫雁"被认为是劣等菜肴)。但是,吃凫与雁,不等于吃鸭与鹅,因为凫与雁是野鸭与野鹅,鸭与鹅是家养的凫与雁。

所以,我说,古代中国人其实很晚才吃鸭与鹅。为什么?因为我在前面引用过的几部重要典籍,无论是《黄帝内经》《周礼》《逸周书》,还是《礼记》,都没有说到吃鸭与鹅。虽然《礼记》里说:"弗食舒凫翠,弗食舒雁翠。"(其中的"翠"即禽鸟的尾肉),但其中的"舒凫"是指野鸭,"舒雁"是指野鹅(也称"鹜[wù]",即"落霞与孤鹜齐飞"中的"鹜"),而非家鸭与家鹅(当时还没有)。正因为凫与雁是野物,所以《周礼》和《礼记》都没有把它们设为祭祀物。也就是说,凫与雁是不能用来祭神或祭祖的,因为祭祀用的"牺牲",必须是家畜或者家禽(实际上,如前所述,家禽中仅有公鸡有此资格)。

当然,这是古礼。至于后来民间贫苦之人不得不用青菜萝卜祭神,有的皇帝甚至用烧饼祭祖(见前文),那也没人管——此一时、彼一时也。古代中国人从来不会过于认真。

那么,古代中国人是什么时候开始吃鸭与鹅的呢?或者说,凫与雁是什么时候变成鸭与鹅的呢?大约是在西晋,因为在现有史料中,最初提到鸭的饲养和食用的,是[西晋]周处《风土记》,其曰:

> 鸭,春季雏,至夏五月则任啖[dàn]。故俗五六月则烹食之。

他说小鸭子春天孵出,养到夏天就可以吃了("啖"即吃)。民俗"夏至吃鸭",一直流传至今。鹅的驯化大概也在此时。古书常以"凫雁"并举,正因这两种水禽时常混居,故而同时驯化。

其后,在南北朝北魏后期的《齐民要术》中,我们不仅读到"养鹅鸭法",还读到鹅与鸭的烹饪法。可见,在鹅与鸭被饲养了二百多年后,民间已有了成套的饲养法和成套的烹饪法(注意,《齐民要术》中的所有"要术"都是从民间收集来的,不可能是那个叫贾思勰的地方官一个人想出来的)。

对养鸭养鹅,我们不感兴趣。我们只想知道他们是怎么吃鸭吃鹅的。怎么吃法呢?有六种:一曰"作鸭臛法",一曰"腩炙法",一曰"作笋干鸭羹法",一曰"缹[fǒu]鹅法",一曰"捣炙法",一曰"衔炙法"。其中,"腩炙法""捣炙法"和"衔炙法"都是烤,即方法稍有不同的烤鸭烤鹅。"缹鹅法"即大锅炖鹅。"作笋干鸭羹法"就是把鸭和笋干一起煮烂,做成羹。有意思的是"作鸭臛法",今天的人见了会瞠目结舌:

作鸭臛法:用小鸭六头,羊肉二斤,大鸭五头。葱三升,芋二十株,橘皮三叶,木兰五寸,生姜十两,豉汁五合,米一升,口调其味,得臛一斗。先以八升酒煮鸭也。

首先,用六只小鸭、二斤羊肉、五只大鸭放一起煮,就令人瞠目——这算什么搭配?其次,除了放葱、姜、橘皮等,还要放"米一升",那不煮成鸭肉羊肉粥了吗?好,粥就粥吧。可还要倒入"八升酒"!天哪,真是令人结舌——这吃起来什么味道?不过,他们并不请你吃,你不必大惊小怪。

不管怎样,到了南北朝,古代中国人已经很会吃鸭吃鹅了。只是,后来的事实表明,鸭与鹅好像并不受上层人士的待见,被视为民间老百姓吃的东西,而民间老百姓呢,其实也很少吃鸭与鹅,要逢年过节才会吃一次。

我们来看看唐代的"烧尾宴",那是绝对上层的,是为皇帝举办的宴席。其食单上有没有鸭与鹅呢?几乎没有。"菜肴类"里仅有一道"八仙盘"(即烤鹅剔骨后摆成八种形状的冷盘),鸭根本没有,仅在"面点类"里有一道"生进鸭花汤饼"(即鸭肉汤面)。"烧尾宴"是羊肉大餐——唐朝皇帝喜食羊肉——哪里轮得到鸭与鹅!

这从段成式《酉阳杂俎》中也可看出端倪,他在《酉阳杂俎》第二卷"酒食"中列举了上百种美味佳肴,其中没有一种是鸭与鹅。猪还有一种(即"兜猪肉"),就是没有鸭与鹅。

大唐如此,那么大宋呢?不用我说你也知道,鸭与鹅在大宋一样不受待见,因为大宋天下也是"羊肉当道"。

那就直奔明清吧,看看明清两代的鸭与鹅有没有"高升"。先看明代的《易牙遗意》,其中只有"爊鸭羹"和"酸蒸鹅"两种,看上去也不是什么高档菜肴。再看清代的《调鼎集》第二卷,那里的菜肴都是办酒席用的,应该高档许多。但找了半天,只找到一种——"松菌烩鸭块"——是以鸭肉为主的。以鹅为主的,根本没有。其他地方出现的鸭与鹅,都是配菜,也就是作陪衬用的。

看来,在明清两代,鸭与鹅仍是不上台面的"俗菜"——有点钱的人可能平时都吃,贫苦百姓则可能过年过节才能吃点鸭头、鹅肠之类的东西。要知道,在古代中国,鸭与鹅也价格不菲,也不是普通百姓可以随便吃的。

既然是"俗菜",鸭与鹅的吃法在明清两代也无多变化。这从袁枚的《随园食单》中即可看出,无非就是"蒸鸭(鹅)""卤鸭(鹅)""鸭(鹅)脯""烧鸭(鹅)""烤鸭(鹅)"之类(其实,就是到了今天,也不过如此)。所以,再谈也无趣,还是谈点别的吧。

你知道吗,古代中国人除了吃鸡、鸭、鹅,也吃各种各样的鸟——当然,都是野生的。其中,吃得最多的是两种——鹌鹑与麻雀。

吃鹌鹑,上古就有。《礼记·内则》云:

鹑羹、鸡羹、鴽[rú],酿之蓼。

"鴽"即鹌鹑类的小鸟。其后,[东晋]王嘉《拾遗记》云:

宋景公之世,有善星文者,许以上大夫之位,处于层楼延阁之上,以望气象,设以珍食,施以宝衣,其食则有丛庭之鷃[yàn],蒸以蜜沫。

"善星文"(占星术)的高人,吃"丛庭之鷃"(草丛或庭院里的"鷃",即鹌鹑),还"蒸以蜜沫"。其后,[宋]陈岩肖《庚溪诗话》云:

45

> 蔡元长京,既贵,享用侈靡,喜食鹑。

"蔡元长京",即蔡京,字元长,北宋宰相,"享用侈靡",喜欢吃鹌鹑。看来,在古代,鹌鹑不是一般人能吃的。但不管怎么说,吃鹌鹑的历史可谓久矣。至今,鹌鹑仍是人们的盘中美食——不过,是养殖的。

至于吃麻雀,颇神奇,古人竟以为麻雀"淫荡"。譬如,[宋]吴淑《雀赋》称:

> 雀,物之淫者。

既然麻雀是"淫者",那么吃麻雀就能使人"善淫",即有壮阳之功效。故而,[明]李时珍《本草纲目》云:

> 《别录》曰:下气,男子阳痿不起,强之。令热,多精有子。陈藏器曰:冬三月食之,起阳道,令人有子。

《别录》乃汉代刘向所著,陈藏器乃唐人,著有《本草拾遗》,两人都说吃麻雀可使人"有子"。不过,食麻雀也要小心,弄不好会闯祸,如《本草纲目》云:

> 陶弘景曰:妊妇食雀肉饮酒,令子多淫。

陶弘景乃南朝人,著有《本草经集注》。他此话的意思是,麻雀只能男人吃,女人慎吃,尤其是孕妇,吃了会生出"西门庆"——好家伙,麻雀之淫力,竟然如此厉害!

但我想,古人在这件事情上好像很矛盾:一方面说,吃麻雀可"起阳道,令人有子"(是好事);一方面又说,吃麻雀会"令子多淫"(是坏事)。这"起阳道"和"多淫"有何区别?不是指同一件事吗?为什么一会儿是好事,一会儿又成了坏事?为什么古代中国人一面热衷于"壮阳",一面又说"万恶淫为首"?这不是自相矛盾吗?是的,是自相矛盾,但我想,古代中国人的"博大精深"往往就在于自相矛盾,而唯有自相矛盾才会"奥妙无穷"。

回头再说吃麻雀。既然学者、医家都说吃麻雀能"起阳道",使人"多精",所以,不难设想,历朝历代吃麻雀的男人何其多矣。好在麻雀繁殖力极强,才未被吃得精光。

三、鱼

说过天上飞的,接下说水里游的——鱼。原始人也可能吃鱼,所以,没必要问古代中国人何时开始吃鱼。较早说到吃鱼的古籍是《礼记》,其中曰:

> 凡祭宗庙之礼,槁鱼曰商祭,鲜鱼曰脡[tǐng]祭。

鱼是可以用来"祭宗庙"的,干鱼("槁鱼")称"商祭",鲜鱼称"脡祭"。《礼记》又曰:

> 庶人夏荐麦,麦以鱼。

普通人夏天用麦饭祭祀("荐"即祭),食麦饭配以鱼。看来,普通人也吃鱼。又曰:

> 酱,鱼脍。

> 濡鱼,卵酱,实蓼。

> 麋肤,鱼醢。鱼脍,芥酱。

这里说到鱼的三种吃法:一、鱼脍(生鱼片,蘸芥酱吃);二、濡鱼(水煮鱼,鱼子做酱,鱼腹塞入水蓼);三、鱼醢(鱼酱,用来蘸鹿肉吃)。

至于《礼记》中的其他一些说法,如"夏宜腒鱐[sù],膳膏臊""冬宜鲜羽,膳膏膻",不去管它,无非就是说,夏天吃干鱼"鱐",冬天吃鲜鱼"膻"(腥)。还有如"鱼去乙",什么是"鱼乙"?有人说是鱼鳃,有人说是鱼肠,有人说是鱼鳍,至今说不清楚。

还有《周礼·夏官》,也说到吃鱼,如:

大司马之职,大祭祀飨食,羞牲鱼,授其祭。

"羞牲鱼",什么意思?"羞"即"馐",食也。"牲"即畜,牛羊之类。"羞牲鱼"就是"吃鱼吃肉"的意思。从这里可以看出,"大司马"在"大祭祀"的时候也吃鱼,不仅仅是"庶人"吃鱼。由此看来,好像吃鱼和吃肉不同,自上古起,就没有什么等级之分。

那么,古代中国人吃鱼,是不是总是吃鱼干、鱼酱、水煮鱼或生鱼片呢?当然不是。后来的历朝历代有许多"吃鱼法",而且还开始养鱼。当然,所养的鱼种很少,没几种,数量也非常有限,吃鱼基本上还是要靠渔民在江河里捕捞野生鱼(顺便说一句,如今大量养鱼,市场上几乎都是养殖鱼,那是二十世纪八十年代以后的事)。

下面来看看历朝历代有些什么"吃鱼法"。

还是先看《齐民要术》,因为之前的古书好像都不屑讲"吃",就是《礼记》,也是为了讲"礼",才带出"吃"来的。

《齐民要术》中不仅有"养鱼法",还有"作䱥[zhú]鲗[yí]法""作裹鲊法""作鱼鲊法""作长沙蒲鲊法""作夏月鱼鲊法""作干鱼鲊法""裹蒸生鱼"等。引出原文还要解释词句,太麻烦,不如我直接说明一下,这是些什么"吃鱼法"。

所谓"作䱥鲗法",就是把石首鱼、鲨鱼和鳢鱼的鱼肠、鱼肚和鱼鳔腌制,密封半年后,拿出来拌上姜末,直接吃。所谓"作裹鲊法",就是把鱼切成小块后加盐,和饭拌在一起,然后包在荷叶里,压实,三天后拿出来吃。所谓"作鱼鲊法",就是先把鱼块腌一顿饭时间,然后洗净,包在饭团里吃。所谓"作长沙蒲鲊法""作夏月鱼鲊法""作干鱼鲊法",其实和"作鱼鲊法"差不多,只是"作长沙蒲鲊法"要用大鱼,"作夏月鱼鲊法"要放橘皮、姜和茱萸,"作干鱼鲊法"是用浸泡过的干鱼。

不知你发现没有,所有这些吃法都是生吃,而且都是裹在饭团里吃的,像不像日本的"寿司"?由此联想,日本人吃"寿司",是不是他们的"遣唐使"学会了"作鱼鲊法",回国后推广的?还有日本的"刺身",是不是也很像《礼记》中所说的"鱼脍"?不过,我没有证据,不敢乱下结论,只是"联想"而已。

最后一种"裹蒸生鱼",类似今天的清蒸鱼,所放作料也和今天差不多,生姜、橘皮、葱白、胡芹、小蒜、盐。不同的是,这道菜要把作料拌在"糁[shēn]"里,然后用"糁"裹住鱼,再蒸。"糁",就是捣碎的米。

再说一次,《齐民要术》是为民间庶人写的——当然,是为有点钱的庶人写的。否则的话,如若某庶人根本买不起鱼,那些"吃鱼法"对他又有何用?

再来看唐代的"烧尾宴食单"。其中有三道"鱼菜",即"乳酿鱼""吴兴连带鲊""丁子香淋脍"。所谓"乳酿鱼"就是羊奶烧鱼,所谓"吴兴连带鲊"一般认为是生鱼片配凉菜,所谓"丁子香淋脍"就是淋上丁香油的鱼脍。这里,除了羊奶烧鱼,另两道"鱼菜"和《齐民要术》所说的吃法基本相同。可见,到了唐代,鱼基本上仍是生吃的。

那么,后来呢?后来不知为何,直接生吃的鱼鲊和鱼脍渐渐从古代中国人的餐桌上消失了。譬如,到了宋代,人们已不吃"鱼鲊"(即饭包生鱼块)。"鱼脍"(即生鱼片)固然还有,但已淹没在各式各样的"鱼菜"中很不显眼。譬如,在[南宋]吴自牧《梦粱录》中,说到了几十种"鱼菜",如"赤鱼分明""姜燥子赤鱼""燥子沙鱼丝儿""清供沙鱼拂儿""清汁鳗鳔""酥骨鱼""酿鱼""两熟鲫鱼""酒蒸石首鱼、白鱼、时鱼""酒吹鱼""油炸春鱼、鲂鱼、石首鱼""鲤鱼兜子""银鱼炒鳝""鲈鱼清羹""鱼肚儿羹""满盒鳅""小鸡元鱼羹""荤素水龙白肉""水龙江鱼""儿江鱼炙""润江鱼咸豉""鱼头酱""白鱼干""金鱼干""梅鱼干""鲚鱼干""银鱼干""银鱼脯""科头掸鱼肉""炙鱼粉"等。这些"鱼菜",虽然今天已很难弄清楚具体是怎么做的,但可以肯定,都不是生吃的。相对于这么多熟吃的"鱼菜",生吃的"鱼脍"仅有六种,即"鱼鳔二色脍""海鲜脍""鲈鱼脍""鲤鱼脍""鲫鱼脍"和"群鲜脍"。

再譬如,在南宋有名的食谱《吴氏中馈录》中,有"炙鱼""水腌鱼""蒸鲥鱼""风鱼法""鱼酱法""煮鱼法"等,却只字未提"鱼脍"。可见,宋人已很少吃"鱼脍"。

后来,在元代食谱(譬如《居家必用事类全集》)中,固然还能找到"水晶脍"(即鲤鱼生鱼片),但到了明清两代,"鱼脍"便彻底退出了人们的餐桌。也就是说,古代中国人到了明朝就再也不吃生鱼了,所有的鱼都煮熟了吃。

是的,你有时还会在明代食谱(譬如《易牙遗意》)中读到"鱼鲊"两字,但一看解释就知道,那原来是指腌制的咸鱼(当然是要煮熟了吃的),并非"饭包生鱼块"。

四、虾

既然讲了吃鱼,就要讲吃虾,因为中国人习惯说"鱼虾",可见在中国人的餐桌上,虾是仅次于鱼的水产品,其他民族好像没有这么热衷于吃虾。

还是从头讲起吧。虾在上古称作"鱃[hào]""魵[fén]"(见《尔雅》)。不过,在像《礼记》和《周礼》这样的古籍里,根本就没有虾(古作"鰕")。看来,虾在上古只有乡野土人到河滩上去抓来吃,不要说天子诸侯,即便士大夫,也是不屑吃的。这可能是因为虾通常很小(中原地区不产大虾),样子难看(像虫一样,有许多脚),而且没什么肉。

那么,古代中国人何时开始热衷于吃虾的呢?这其实是和吃煮饭、吃猪肉一样,是在南宋时开始的。因为那时的"南蛮"被接纳,而"南蛮"本来就是吃煮饭、吃猪肉、吃虾的(因为南方的虾多,而且大)。后来,因为南方人口大增(原因前面已讲),给人的印象好像是中国人大多喜欢吃虾。其实,北方人并不怎么吃虾,至今好像还是如此。

所以,北人写的古书中说到吃虾,总把它看作南方蛮俗。譬如,[唐]段公路《北户录》称:

> 宁虾,大者亦首尾尺余,闽越率取其肉胸而为炙,又浑以盐藏。自然红色,谓之红虾。贡送白虾,肉薄而白莹如水精,广人遍食之,盖美而毒。询于闽川、吴中,悉无此类。

注意其中地名:闽、越、广、川、吴中,均南方。说到虾,有宁虾、红虾、白虾,还说白虾"广人遍食之,盖美而毒"(此处的"毒",应为味道"浓烈"之意)。

又如[唐]刘恂《岭表录异记》曰:

> 南人多买虾之细者,切香蓼等用浓酱醋,先泼活虾,以生菜覆其上。就食之,亦有跳出醋楪者,谓之虾生。鄙俚重之,以为异馔也。

这道菜其实今天仍有人吃,叫"满台飞",即"呛虾",典型的南方菜。但你看,当时的北人,嗤之以鼻,称其"鄙俚异馔"。

《北户录》和《岭表录异记》均为唐人笔记,可见唐朝时的中国人,尤其是那时有点身份的人,对吃虾是有点鄙视的。但请注意《北户录》中所说"贡送白虾"。"贡送"的意思就是进贡,即南方人把白虾当作贡品送给皇帝吃。要知道,大唐宫廷,"尽供胡食",谁会吃你的白虾?可怜哪,南方人自以为白虾珍贵,一片忠心,送至京城,殊不知最后很可能喂了猫与狗。

不过,也不尽然。就是在唐代,在"烧尾宴食单"中有一道(唯一的一道)"虾菜",即"光明虾炙",就是生烤大虾。不知这虾是什么虾,竟然上了皇家筵席。当然不可能是普通的河虾,很可能是明虾(也称"对虾")之类的海虾,产自山东沿海,历来是当作海鲜的。

顺便说一句,在南宋之前,身居中原的"中国人"极少吃海鱼和其他海产品,因为他们基本上属于内陆民族,海对他们来说是陌生的、好奇的。譬如秦始皇,譬如曹操,一登天下至尊之位,还要"东临碣石,以观沧海"。

还是来谈吃虾。如前所述,即便是身居中原的"中国人",也并非"上下均不食虾"。达官贵人固然鄙视吃虾,广大庶人还是把虾当作美味佳肴的。用今天的话来说,古代中国人的主要动物蛋白来源是鱼虾,因为不论在哪个朝代,鸡鸭、肉类都很贵,占人口大多数的穷人都是买不起的。

那就只能吃鱼虾了。怎么吃法呢?在《齐民要术》里,有"作虾酱法":

以虾一斗,饭三升为糁。盐二斤,水五升,和调,日中曝之,经春夏不败。

天哪!把虾(就算是剥了壳的虾仁)和饭、盐、水搅拌在一起,然后放在太阳底下晒。这样弄出来的虾酱,是什么味道!但那时的北方人就是这样吃虾的。

那么,宋朝以后的南方人又怎样吃虾?好像也是生吃为主。譬如,在[明]高濂《遵生八笺》里,有"酒腌虾法":

用大虾不见水洗,剪去须尾,每觔用盐五钱,淹半日沥干入瓶中。虾一层,椒三十粒,以椒多为妙。或用椒拌虾装入瓶中,亦妙。装完,每觔用盐三两,好酒化开,浇入瓶内,封好泥。头春秋五七日即好吃,冬月十日方好。

这其实就是"醉虾",后来传至清代(直至今天,南方仍有不少人这样吃)。不过,在[清]徐珂《清稗类钞》里,除了"醉虾""酒酶虾"这类生吃法,还有几种熟吃法,如:

> 虾球。用鲜虾仁若干,加入鸡蛋白二三枚,再加盐、酒少许,入石臼打烂成酱,用匙盛之,略成球形,置大盆,再盛再捏。及球作完,即蒸熟,或炒食,或制汤,均可。

> 虾饼。虾饼者,以虾捶烂,团而煎之。

> 煨虾圆。虾圆以鸡汤煨之,大概捶虾时不宜过细,恐失真味。或以紫菜入其中亦可。

> 面拖虾。面拖虾者,以生虾带壳加花椒、葱、盐、酒、水,和面而灼之。

五、蟹

既然讲到虾,就顺便讲讲蟹,因为中国人习惯说"虾蟹""虾兵蟹将",好像它们是亲兄弟,其实虾与蟹虽属同类,长相却天壤之别,这谁都知道。

蟹(今人称作"螃蟹")在古代也称作"蜅""蚌""蟧"(见《尔雅》)、"蛫"(见《博雅》、"蟛蚑"(见《古今注》)、"蟠蜂"(见《酉阳杂俎》)等。和虾一样,蟹在宋朝之前,中原人——至少是有身份的人——是不吃的。原因和虾一样,中原地区的蟹小且少,只有乡野土人才抓来吃。

尽管如此,《齐民要术》里仍有"藏蟹法",意在教庶人如何吃蟹:

> 先煮薄糖,着活蟹于冷糖瓮中一宿。着蓼汤,和白盐,特须极咸。待令瓮盛半汁,取糖中蟹,内着盐蓼汁中,便死。泥封。二十日,出之。

大意是:先把活蟹养在糖水中,一夜后,放入加了水蓼的浓盐汤中,然后密封,二十天后拿出来吃——这是现今所知最早的"吃蟹法",即:生吃咸蟹。

其后,至唐代,士大夫仍视蟹为新奇之物,如[唐]刘恂《岭表录异记》称:

> 蝤蛑[huá],吴人呼为蟛蜞。盖语讹也,足上无毛,堪食。

唐人称蟹为"蝤蛑"。"吴人"即南方人。南方蟹"足上无毛,堪食"。可见,北方蟹足上有毛(即小毛蟹),不"堪食"。

和吃虾一样,吃蟹之风也是在宋代由"南蛮"带入的。就像吃虾一样,南方土人本来就吃蟹,因为南方的蟹大且多。后来,至明清两代,随着南方人口大增,给人的印象似乎是,中国人大多喜欢吃蟹。殊不知,北方人之前不怎么吃蟹,一度还视蟹为贱民之食。

但在两宋时期,蟹却时不时会端上餐桌。这期间,甚至还有两位文人写了两部关于蟹的专著,即傅肱的《蟹谱》和高似孙的《蟹略》。其中傅肱的《蟹谱》,意欲写成"释蟹通论"。如其"序论"所言:

> 蟹之为物,虽非登俎豆之贵,然见于经,引于传,著于子史,志于隐逸,歌咏于诗人,杂出于小说,皆有意谓焉。故因益以今之所见闻,次而谱之,自总论而列为上下二篇,以叙其后,聊亦以补观览者所阙也。

为何迟至宋时,才由他来"以补观览者所阙也"?("阙"即缺)——因为之前无人重视也。

不过,真正的吃蟹之风是在明清两代由一些落拓文人刮起的。这些文人似乎都郁郁不得志,便称:吃喝玩乐,也不枉为一世人生,何必做官!他们谈吃、谈玩、谈养生、谈风月,而在谈吃中,谈得最起劲的就是谈吃蟹。其中,最出名的是明代的张岱和清代的李渔。

张岱《陶庵梦忆》中有《蟹会》一文,堪称食蟹名篇,不长,也不难解,抄在下面,以观全貌:

> 食品不加盐醋而五味全者,为蚶、为河蟹。河蟹至十月与稻粱俱肥,壳如盘大,坟起,而紫螯巨如拳,小脚肉出,油油如螾[yǐn]蜒。掀其壳,膏腻堆

积,如玉脂珀屑,团结不散,甘腴虽八珍不及。一到十月,余与友人兄弟辈立蟹会,期于午后至,煮蟹食之,人六只,恐冷腥,迭番煮之。从以肥腊鸭、牛乳酪。醉蚶如琥珀,以鸭汁煮白菜如玉版。果瓜以谢橘、以风栗、以风菱。饮以玉壶冰,蔬以兵坑笋,饭以新余杭白,漱以兰雪茶。由今思之,真如天厨仙供,酒醉饭饱,惭愧惭愧。

注意,他吃蟹是煮熟了吃的("煮蟹食之"),但不放盐,也不蘸醋,因为他认为河蟹天然味美("不加盐醋而五味全者")。

堪与《蟹会》媲美的是李渔《闲情偶寄》中的《蟹》一文,稍长,也不难解,尤因其中说到三种"吃蟹法",故也抄三段在下面,请耐心读之:

蟹之为物至美,而其味坏于食之之人。以之为羹者,鲜则鲜矣,而蟹之美质何在?以之为脍者,腻则腻矣,而蟹之真味不存。更可厌者,断为两截,和以油、盐、豆粉而煎之,使蟹之色、蟹之香与蟹之真味全失。此皆似嫉蟹之多味,忌蟹之美观,而多方蹂躏,使之泄气而变形者也。世间好物,利在孤行。蟹之鲜而肥,甘而腻,白似玉而黄似金,已造色香味三者之至极,更无一物可以上之。和以他味者,犹之以爝火助日,掬水益河,冀其有裨也,不亦难乎?

凡食蟹者,只合全其故体,蒸而熟之,贮以冰盘,列之几上,听客自取自食。剖一筐,食一筐,断一螯,食一螯,则气与味纤毫不漏。出于蟹之躯壳者,即入于人之口腹,饮食之三昧,再有深入于此者哉?凡治他具,皆可人任其劳,我享其逸,独蟹与瓜子、菱角三种,必须自任其劳。旋剥旋食则有味,人剥而我食之,不特味同嚼蜡,且似不成其为蟹与瓜子、菱角,而别是一物者。此与好香必须*,好茶必须自斟,僮仆虽多,不能任其力者,同出一理。讲饮食清供之道者,皆不可不知也。

……

瓮中取醉蟹,最忌用灯,灯光一照,则满瓮俱沙,此人人知忌者也。有法处之,则可任照不忌。初醉之时,不论昼夜,俱点油灯一盏,照之入瓮,则与灯光相习,不相忌而相能,任凭照取,永无变沙之患矣。此法都门有用之者。

文中说到的三种"吃蟹法"：一为"油酱蟹"，即把蟹"断为两截，和以油、盐、豆粉而煎之"(此种吃法至今仍常见)，但他认为此种吃法"使蟹之色、蟹之香与蟹之真味全失"。二为"蒸蟹"，即"只合全其故体，蒸而熟之"，这是他最得意的吃法(也是至今最常见的，即"清蒸大闸蟹")。三为"醉蟹"，这是古法，类似[明]高濂《遵生八笺》中的"酒腌虾法"，只是把虾换成蟹而已(此种吃法至今在江浙一带仍常见)。

最后，让我用《红楼梦》里的吃螃蟹来结束此文。《红楼梦》第三十八回"林潇湘魁夺菊花诗　薛蘅芜讽和螃蟹咏"写了大观园里的一场吃蟹咏诗会。不难看出，他们吃的是蒸蟹，而且是蘸醋吃的(这在李渔文中并未提到)。此外，大观园里吃螃蟹，你是否会觉得螃蟹在清朝是待客上品，可入贾府这样的大户人家？非也。他们之所以吃螃蟹，是因为史湘云做东，姑娘家拿不出大把银子摆排场，所以薛宝钗出主意说："……你如今且把诗社别提起，只管普通一请。等他们散了，咱们有多少诗作不得的。我和我哥哥说，要几篓极肥极大的螃蟹来，再往铺子里取上几坛好酒，再备上四五桌果碟，岂不又省事又大家热闹了。"还特意说："……你千万别多心，想着我小看了你，咱们两个就白好了。"可见，吃螃蟹是有点寒碜的，若换了贾府里的老爷请客，是绝不会吃螃蟹的——那会使贾府大失脸面。

然而，就是这些不免寒碜的螃蟹，也用了二十多两银子，吓得刘姥姥说："阿弥陀佛！这一顿的钱够我们庄稼人过一年了。"

第四章　果蔬　茶酒

果蔬，即瓜果与蔬菜，是人类最原始的食物。我们知道，猿类生活在树上，以树上的果实为主食。其后，猿类进化成类人猿，从树上下到地面，在好几万年间，以草类的根、茎、叶（即野生蔬菜）为主食，树上的果实成了副食。其后，又经过好几万年，类人猿进化成原始人，开始了人类的狩猎时代，在大约一万多年间，以雄性人类捕杀的猎物（也就是肉类）为主食，以雌性人类采集的果蔬为副食。其后，人类又开始以种植谷物为主食，肉类和果蔬都成了副食，那就是农耕时代。其实，就食物而言，现代人类仍处于这一时代，当今世界上几乎所有人依然以谷物为主食，以肉类和果蔬为副食。所以，当我讲到古代中国人吃果蔬时，你应该知道，他们和我们并没有多少区别。至于茶酒，两种其实没必要吃的东西，不仅古已有之，而且花样繁多。

一、果

自古以来，历朝历代，在吃的方面，贫富差异总表现在副食上。主食，大家都吃得差不多，谷物就那么几种，即便皇帝也特殊不到哪里去。况且，主食人人都得吃，不吃会饿死。副食则不然，有人有吃，有人没吃；有人多吃，有人少吃；有人吃得好，有人吃得差，因为副食的种类虽然繁多，数量却往往有限。

瓜果就是如此。在古代，瓜果通常是富人吃的，穷人几乎不吃，而富人中最富的，无疑是皇家。所以，可想而知，历朝历代的皇家肯定是瓜果不断。实际上，皇家还专设官职，负责供应瓜果。下面是从史书中查出来的相关记述，有劳一阅：

> 甸师，共野果蓏[luǒ]之荐。(《周礼·天官》)

周天子设有"甸师"(园林官)，以"共"(供)"果蓏"(瓜果)之"荐"(祭祀)。

> 元始元年，置少府海丞、果丞各一人。(《汉书·平帝本纪》)

"元始"，汉平帝年号。设一"海丞"(管理海事)，设一"果丞"(管理皇家果园)，在汉代人眼里，海洋和果园差不多重要(那时的中国人确实对海知之甚少)。

> 掌御饮食果丞一人。(《后汉书·百官志》)

这不用解释，意思和《汉书》差不多。

> 唐之官制，太宗定为七百三十员，司苑、典苑、掌苑各二人，掌园苑莳植蔬果。典苑以下分察之。果熟，进御。掌园三人，掌种植蔬果。上林署，令二人，从七品下；丞四人，从八品下。掌苑囿园池。植蔬果，以供朝会、祭祀及尚食诸司常料。京都诸宫苑总监，监各一人；副监各一人；丞各二人；主簿各二人。掌苑内宫馆、园池、禽鱼、果木。(《唐书·百官志》)

注意其中所说——"植蔬果，以供朝会、祭祀及尚食诸司常料。"原来，皇家种瓜果不仅仅为了平时食用，还要用来做祭品。

> 景祐三年，礼官、宗正条定：逐室时荐，以京都新物，略依时训，协用典章。请每岁春季月荐果以含桃，夏仲月荐果，以瓜以来禽，季月荐果，以芡以菱。秋孟月尝果尝穄，配以鸡，果以枣以梨，冬孟月果以栗。(《宋史·礼志》)

文中的"荐"，意同"祭"。不过，除了"荐"，还有"尝"，那就是吃了。吃法很讲究，"秋孟月尝果尝穄[jì]，配以鸡"(秋天吃瓜果、吃穄米，要和鸡搭配)。从这里还可看出，大宋皇室吃的水果是枣子、梨子和栗子(新鲜的枣子、栗子当水果吃，历来如此)——当然，还有桃子。这是不是有点寒碜？不，要知道，大宋天下只产此类水果。葡萄、香蕉、甘蔗等,均属非中原所产的"外来物种",那时即便已有,也不能用来"荐",因为那是古礼不允许的。

> 至元七年冬十月己丑,敕,来年太庙时,果勿市,取之内园。(《元史·世祖本纪》)

看来,按古礼,非但不能用"洋水果"祭太庙,最好还不要用市场上买来的水果("来年太庙时,果勿市"),要用自己种的,才显敬意。

不过,到了明代,好像不那么遵守古礼了:

> 孝宗弘治五年,更定进用果品顿放地。……凡日逐进用果品,弘治五年奏准,以东安门外保大坊,官房一所顿放。(《大明会典·上林苑》)

看到否,皇家"进用"果品,即果品由各地进贡,不再自己种了。也就是说,即便祭太庙,用的也是进贡来的果品。

同样,清代皇家所设"果房",也不是管理果园的衙门:

> 果房设管果首领、人役,收贮各园所送一应干鲜果品及支放筵宴所用干鲜果品。(《大清会典》)

看到否,"管果首领、人役"是负责"收贮各园所送"干鲜果品,而且干鲜果品主要是"筵宴所用"。

但不管怎么说,从这里可看出,从上古到大清,历朝历代都有专职官员负责皇家的"瓜果事项"。这很奇特,在全世界也许绝无仅有。

看完史书中透露的一点点关于历代皇家吃瓜果的信息,再来看看历代庶人吃什么瓜果。

前文已说,历代穷人是几乎不吃瓜果的,因为这东西不吃不会死,不像粮食,非吃不可。但是,庶人中也有不穷的人,如地主乡绅、坊长店主,他们多少也是会吃点瓜果的。

那么,这类庶人吃的是什么瓜果?当然,要想知道,也只能到书里去找。只是,你知道,在历代史书中,尤其是在正史《二十四史》中,只有帝王将相,没有平民百姓,因而只有找历代文人的笔记看看,或许会有所得。

但是,找了半天,很遗憾,只找到一本宋人笔记——吴自牧《梦粱录》,其中有一段说到了当时的瓜果。当然,其他各个朝代的文人笔记中也有说到瓜果的,但都零零星星,若要收集起来讲,须大费笔墨。所以,就将《梦粱录》中的这一大段全文抄在下面。只是,在你读这段引文之前,我先提请你注意,文中讲到的有些瓜果的品名或俗称(这些我都加了引号),不必管它;还有文中讲到的产地名(如"富阳王洲"等),也不必管它。

  果之品:橘,富阳王洲者佳。橙,有"脆""绵""木"。梅,有"消便""糖透""黄"。桃,有"金银""水蜜""红穰""细叶""红饼子"。李,有"透红""蜜明""紫色"。杏,有"金""麻"。柿,有"方顶""牛心""红柿""牛奶""水柿""火珠""步檐""面柿"。梨,有"雪糜""玉消""陈公莲蓬""赏花霄""砂烂"。枣,盐官者最佳。莲,湖中生者名"绣莲",尤佳。瓜,有青、白、黄等色,有名"金皮""沙皮""密瓮""银瓜"。藕,西湖下湖、仁和护安村,旧名"范堰",产扁眼者,味佳。菱,初生嫩者名"沙角",硬者名"馄饨",湖中有如栗子样,"古塘大红菱"。林檎,邬氏园名"花红",郭府园未熟时,以纸剪花样贴上,熟如花木瓜,尝进奉,其味蜜甜。枇杷,无核者名"椒子"。木瓜,青色而小,土人剪片爆熟,入香药货之,或糖煎,名"木瓜"。樱桃,有数名称之,淡黄者甜。石榴子,颗大而白,名"玉榴",红者次之。杨梅,亦有数种,紫者甜而颇佳。蒲萄,黄而莹白者,名"珠子",又名"水晶",最甜,紫而玛瑙色者,稍晚。鸡头,古名"芡",又名"鸡壅",钱塘梁诸头、仁和藕湖、临平湖俱产,独西湖生者佳,却产不多,可筛为粉。银杏、栗子。甘蔗,临平小林产,以土窖藏至春夏,味犹不变,小如芦者,名"荻蔗",亦甜。

我敢说,这是历代笔记中讲瓜果讲得最多的一段,大致能让你知道古代中国人所吃的瓜果,或者说,能让你知道哪些瓜果在中国是很古老的(要知道,这段文字是在南宋末年写的,距今已有八百多年)。这里讲到的瓜果,有的是中原本地产的,如橘、橙、梅、桃、李、杏、柿、梨、枣、莲、瓜、藕、菱、林檎(即花红)、枇杷、木瓜、樱桃、杨梅、鸡头(即芡实)等;有的是从境外(或西域、南洋)引入的,如蒲萄(葡萄,来自西域)、甘蔗(来自南洋)等。不知你注意到否,这里没有苹果和香蕉。可见,这两种今天最常见的水果是后来引入的,南宋末年,还没有。

不过,其中有些水果,显然已在中原吃了几千年。《逸周书》云:

夏食郁律、桃、李、杏、梅。秋食樝[zhā]、梨、橘、柚。冬食菱、藕。

其中"郁律"即桃子。"樝"即山楂。显然,桃、李、杏、梅、樝、梨、橘、柚、菱、藕,即中国最古老的水果。

以上所说,都是鲜果。既有鲜果,必有干果。干果除了晒干后直接吃(如红枣、柿饼),还可制成蜜饯。不过,关于古人吃干果,虽然历代笔记中零零星星有许多,但要在一段引文中看个大概,却很难找到。无奈之下,且将[宋]孟元老《东京梦华录》(卷二"饮食果子")中的一段引出,聊胜于无:

……又有托小盘卖干果子,乃旋炒银杏、栗子、河北鹅梨、梨条、梨干、梨肉、胶枣、枣圈、桃圈、核桃、肉牙枣、海红嘉庆子、林檎旋乌李、李子旋樱桃、煎西京雪梨、夫梨、甘棠梨、凤栖梨、镇府浊梨、河阴石榴、河阳查子、查条、沙苑榅桲、回马宇萄、西川乳糖、狮子糖、霜蜂儿、橄榄、温柑、绵枨[chéng]金桔、龙眼、荔枝、召白藕、甘蔗、漉梨、林檎干、枝头干、芭蕉干、人面子、马览子、榛子、榧子、虾具之类。诸般蜜煎香药、果子罐子、党梅、柿膏儿、香药、小元儿、小腊茶、鹏沙元之类。

古人称"干果子",就像今人说"糖果",不一定全是干果,有的是糖,如"西川乳糖""狮子糖";有的是炒货,如"榛子""榧子",甚至还有"虾具",还有"香药""小元儿""小腊茶""鹏沙元"等,也显然不是干果。不过,其中多数是干果或蜜饯。尤其是梨,特别多,如"梨条""梨干""梨肉""煎西京雪梨""夫梨""甘棠梨""凤栖梨""镇府浊梨"——看来,大宋天下,盛产梨子!

宋代的"干果子"大抵如此,后来的明清两代,当然还要多种多样。不过,再说一遍,无论在什么朝代,干果和鲜果一样,是绝大多数穷人几乎不吃的,只有富裕的或者比较富裕的庶人,才吃这种本不必吃的东西。

二、蔬

这是历朝历代穷人吃得最多的副食。尽管其他副食往往数量有限,轮不到穷人吃,但蔬菜好像从不短缺。原因很简单,所谓蔬菜,大多就是种植的草类。而且,当你连蔬菜也买不起或买不到时,还可以到荒地里去挖野菜。野菜就是可以吃的野生草类。古代穷人大多生活在乡间,挖野菜还是很方便的。

正因为蔬菜容易得到,自古以来,蔬菜一直被视为"草食"。所谓"饭粝茹蔬",意即穷人吃糙米和蔬菜。所以,当你在《周礼》或《礼记》这样的古籍中几乎找不到什么蔬菜时,不必惊讶,因为那里是在讲"礼",只是讲到祭礼时要有祭品,这才带出了鸡鸭鱼肉,而蔬菜,是不能用来祭神或祭祖的。

尽管如此,在《礼记·月令》中,在说到"仲秋之月"时,还是带出了"菜":

仲秋之月,乃命有司,趋民收敛,务畜菜,多积聚。

"有司"即主管。"趋民收敛"即督促民众收割与储存。"务畜菜,多积聚"即务必积蓄蔬菜,多多益善。为什么?准备过冬。可见,民众一年四季都吃"菜",鸡鸭鱼肉只是偶一尝之,不吃也罢。

既然蔬菜是平民百姓吃的,所以要到史书中去找关于蔬菜的信息,那一定是绝望的。你知道,史书里多帝王将相,几乎没有平民百姓。

难道说,帝王将相从不吃蔬菜?那也不是,他们肯定吃,原因虽不像我们知道蔬菜里有人体必需的叶绿素、维生素,但他们也会感觉到长期不吃蔬菜会不舒服。所以,他们还是会吃点蔬菜。但不会吃很多,史书也不会记载他们吃蔬菜。

如此说来,古代中国人到底吃些什么蔬菜已无从知晓?那也不是,从古书中零零星星地收集起来,还是可以大约知晓古代中国人几千年来主要吃的是哪些蔬菜。譬如,在上古的《诗经》中就可以读到这样的诗句:

关关雎鸠,在河之洲。窈窕淑女,君子好逑。
参差荇菜,左右流之。窈窕淑女,寤寐求之。

这里,"窈窕淑女"对我们毫无吸引力,我们关注的是"荇菜"。荇菜是一种野菜。据说,荇菜也叫"荇公须""厣子菜""金莲子",是一种水草。其实,不管是什么草,只要能吃,就是"菜"。

除了荇菜,《诗经》里出现的其他一些草类,可能也是"菜"。譬如:

于以采蘩[fán],于沼于沚。

这"蘩"就是白蒿,叶可食,也是一种野菜。再譬如:

谁谓荼[tú]苦,其甘如荠。

"荼"就是"苦菜",一种野菜。"荠"就是荠菜,几千年来都是野菜,直到最近几十年才种植,成了"家菜"。

《诗经》中说的"菜"都是野菜。不过,到了西汉,可以肯定,人们已经种菜了。因为我在《汉书·召信臣传》中读到:

信臣征为少府,太官园种冬生葱韭菜茹。

这里说,召信臣曾任职于"少府"(即主管皇家日常生活的内府),在太官园"种""冬生菜茹"(冬天也会长的蔬菜)葱和韭。可见,在西汉就已种植葱和韭菜。此外,据说张骞出使西域,带回了黄瓜、蒜、旱芹、香菜、蚕豆等蔬菜种子,应该在当时也已种植。

不过,我在这里要讲的是古代中国人"吃"蔬菜,不是"种"蔬菜。所以,还是来看看历代食谱中有哪些蔬菜和吃法。

宋之前的人如何吃蔬菜,后人知之甚少,料想不外乎蒸、煮、炒,要不,就是腌制、生吃——这在北魏的《齐民要术》中可以查到,即所谓"藏生菜法"。

好在,宋代至少有两部食谱,即林洪《山家清供》和陈达叟《本心斋蔬食谱》,可供一窥宋人的蔬食。只是,这两部食谱似乎都有点故作风雅,明明是食谱,偏要引来诗句,牵出名人。似乎只有这样,才可以避粗俗之嫌。

先来看《山家清供》。其中的蔬食,取名优雅,如"槐叶淘""傍林鲜""馎[bó]

金煮玉""柳叶韭""元修菜",其实呢——让我引两例,供你"欣赏":

> 夏初,林笋盛时,扫叶就竹边煨熟,其味甚鲜,名曰"傍林鲜"。文与可守临川,正与家人煨笋午饭,忽得东坡书,诗云:"料得清贫馋太守,渭滨千亩在胸中。"不觉喷饭满案,想作此供也。大凡笋贵甘鲜,不当与肉为友。今俗庖多杂以肉,不思才有小人,便坏君子。"若对此君成大嚼,世间哪有扬州鹤",东坡之意微矣。

明明一碗水煮竹笋,却要牵出文与可(即文同,北宋名画家),引出东坡诗,以示这碗水煮竹笋之风雅。但不管怎么说,从这里至少可以看出,宋人(尤其是南宋人)喜欢吃笋。原因前章已说,大宋朝廷南迁,致使大宋天下融入了许多本非宋人的南方人,而南方人本来就喜欢吃笋,因为南方多竹。实际上,笋在唐代还不多见,因为大唐天下以北方人为主,而北方少有竹林。

再看一例:

> 杜甫诗云:"青青高槐叶,采掇付中厨。新面来近市,汁滓宛相俱。入鼎资过熟,加餐愁欲无。"即此见其法,于夏采槐叶之高秀者,汤少瀹[yuè],研细滤清,和面作淘,乃以醯[xī]酱为熟齑[jī],簇细茵,以盘行之,取其碧鲜可爱也。末句云:"君王纳凉晚,此味亦时须。"不惟见诗人一食未尝忘君,且知贵为君王,亦珍此山林之味。旨哉诗乎!

"槐叶淘",其实就是用槐树叶煮汤淘面,源自杜甫的一首诗。不过,杜甫是自嘲——他穷得只能吃槐树叶了——而到这里,竟成了风雅的"山林之味"。还说杜甫要将此推荐给皇帝("君王纳凉晚,此味亦时须")。这明显是误读,不知是有意还是无意——杜甫的嘲讽竟变成了"一食未尝忘君"。

其他几种也都如此。所谓"煿金煮玉",其实就是面拖竹笋,却要引出济颠《笋疏》语:"拖油盘内煿黄金,和米铛中煮白玉。"所谓"柳叶韭",其实就是炒韭菜,却要引出杜甫诗句"夜雨剪春韭"。所谓"元修菜",其实就是炒豆苗,却要引出苏东坡"豆荚圆且小,槐芽细而丰"之句。这里意外看到"槐芽",想到前面杜甫所说"青青高槐叶",是不是唐人和宋人时不时都会吃槐树叶?为什么后来又不吃了？——不知道。

再来看《本心斋疏食谱》，另一种风雅，即：用仿古四言诗，将粗俗的蔬菜美化成珍馐佳肴，譬如：

> 荐韭。青春荐韭，钟乳草也。
> 四之日蚤，《豳[bīn]风》祭韭。我思古人，如兰其嗅。

"蚤"即早。《豳风》乃《诗经》十五"国风"之一。区区韭菜，他说，只要想到古人，闻起来香如兰花——这也太做作、太夸张了吧。再譬如：

> 甘荠。荠菜也，东坡有食荠法，且物为幽人山居之福。
> 谁谓荼苦，其甘如荠。天生此物，为山居赐。

称荠菜为山居仙人所食，可见荠菜在当时仍是野菜。至于"谁谓荼苦，其甘如荠"，直接抄自《诗经》，无非是说，荠菜味甘，但因《诗经》所说，高雅之致。再譬如：

> 玉延。山药也，炊熟，片切，渍以生蜜。
> 山有灵药，录于仙方。削数片玉，渍百花香。

炒山药片，竟然被说成是"仙方灵药"，切片时还花香四溢。其实，切山药时，并没有香味，倒会使人皮肤瘙痒。再譬如：

> 玉版。笋也，可羹可菹[zū]。
> 春风抽箨[tuò]，冬雪挑鞭。淇奥公族，孤竹君孙。

又是笋，称作"玉版"。这里，笋被誉为王孙公子（"君孙"）。"春风抽箨，冬雪挑鞭"，意为竹笋春天出土（"抽箨"），冬天长成（"挑鞭"）。不过，这里毕竟说到笋的两种吃法，"可羹可菹"——既可做汤，也可腌制。再譬如：

> 雪藕。莲根也，生熟皆可荐笾[biān]。
> 中虚七窍，不染一尘。岂但爽口，自可观心。

"可荐笾"意即可放入食篮，喻可吃。"不染一尘"（即"出淤泥而不染"）本是说莲花，这里被移到藕上来了。其实，藕挖出来时很脏，难道他不知？（就是莲花的所谓"不染"，也是溢美之词，谁见过哪种花开出来时带着淤泥？）至于说吃藕可以使人大彻大悟（"自可观心"），那大概和当时佛教盛行有关，因为莲花在佛教中有特殊的象征意义。

为什么要花这么多篇幅来讲宋代食谱中的蔬食？因为关于古代中国人吃蔬菜，这是最有话可讲的，即文人食蔬。否则的话，历代帝王将相很少食蔬，讲什么？历代穷苦百姓固然天天吃蔬菜，可有谁注意穷人？古书里没有，讲什么？所以，只能来讲文人食蔬，尽管他们食蔬更多是借蔬食来表现自己的清高。

还记得我在前章讲到明清文人吃蟹时说过的话吗？再说一遍："真正的吃蟹之风是在明清两代由一些落拓文人刮起的。这些文人似乎都郁郁不得志，便称：吃喝玩乐，也不枉为一世人生，何必做官！他们谈吃、谈玩、谈养生、谈风月，而在谈吃中，谈得最起劲的就是谈吃蟹。"（我又自我引用了。不过，只是为了省力，没有别的意思。）——其实，除了热衷于谈吃蟹，明清两代的文人也热衷于谈蔬食。只是，谈蔬食是继承了宋代文人的遗风。

所以，可想而知，要在明清两代找一些关于蔬食的食谱和笔记是很容易的。譬如，在王士雄的《随息居饮食谱》中，说到许多蔬菜及其吃法，如"黄矮菜""芜菁""芦菔""羊角菜""菠菜""蘋菜""苋""芹""荠""莴苣""苦菜""马兰""蒲""紫菜""发菜""苔菜""木耳""香蕈""蘑菇""茭白""茄""冬瓜""丝瓜""苦瓜""菜瓜"，等等，而且，他把蔬菜放在鸡鸭鱼肉前面，意为蔬食优先，以示崇尚清淡，口味高雅。

同样，在李渔的《闲情偶寄·饮馔部》中，也把蔬食列为第一，还称：

> 吾谓饮食之道，脍不如肉，肉不如蔬，亦以其渐近自然也。草衣木食，上古之风，人能疏远肥腻，食蔬蕨而甘之，腹中菜园，不使羊来踏破，是犹作羲皇之民，鼓唐虞之腹，与崇尚古玩同一致也。所怪于世者，弃美名不居，而故异端其说，谓佛法如是，是则谬矣。吾辑《饮馔》一卷，后肉食而首蔬菜，一以

崇俭,一以复古,至重宰割而惜生命,又其念兹在兹,而不忍或忘者矣。

当然,他说"草衣木食,上古之风"并不全对,上古的"庶人"固然"草衣木食",但上古的"天子、诸侯、大夫、士"却并非如此。这看看《礼记》便知,那里全是肉食。不过,这无关紧要,反正他"崇尚"蔬食。至于实际是否一日三餐吃蔬,那是另一回事。我在前章引用过他在这一卷里的《蟹》一文中的三段,但并未引用下面这一段:

> 予于饮食之美,无一物不能言之,且无一物不穷其想象,竭其幽渺而言之;独于蟹螯一物,心能嗜之,口能甘之,无论终身一日皆不能忘之,至其可嗜可甘与不可忘之故,则绝口不能形容之。此一事一物也者,在我则为饮食中痴情,在彼则为天地间之怪物矣。予嗜此一生。每岁于蟹之未出时,即储钱以待,因家人笑予以蟹为命,即自呼其钱为"买命钱"。

想想看,一个嗜蟹如命的人,会不会整日吃蔬? 看来,在书里大写蔬食、赞美蔬食,是明清文人的"写作道德",即:写作时必须以蔬食者(至少是赞同蔬食者)的面目出现,这样才不失文人的清高。

三、茶

茶可称为"国饮",中国人的"第一饮料",当然古已有之,而且历史悠久。

在上古,茶也称作"槚[jiǎ]"(见《尔雅》)或"蔎[shè]"(见《方言》)。《尔雅》注曰:

> 树小如栀[zhī]子,冬生,叶可煮作羹饮。今呼早采者为荼,晚取者为茗,一名荈[chuǎn],蜀人名之苦荼。

从中可知,茶最初是"煮"的,不是"泡"的,此其一。其二是,"荼"和"茗"原本不一样,并非"荼"就是"茗"。其三是,此处特意提到"蜀人",可能茶最初来自蜀地。

在周朝,周天子设有掌茶官,而按《尚书·周书·周官》:

  掌茶,掌以时聚茶,以共丧事。

  掌茶官的职责是到时候准备好茶水,以("共"即供)丧事之用。是不是说,死了人才喝茶?是的。那平时喝什么?喝掺水的酒。没错,那是[唐]皮日休在为陆羽《茶经》一书所撰的"序"中所言:

  案《周礼》:酒正之职,辨四饮之物。其三曰"浆",又浆人之职,供王之六饮,水、浆、醴[lǐ]、凉、医、酏[yǐ],入于酒府。郑司农云:"以水和酒也。"盖当时人率以酒醴为饮,谓乎"六浆"。

  看见否,郑玄云"以水和[huó]酒也",掺水的酒,而皮日休云:"当时人率以酒醴为饮。"(那时的人都以掺水的甜酒为饮料)。

  这就清楚了,在周朝,人们平时不喝茶,而是喝掺水的甜酒,只有在办丧事的时候才不喝酒,改为喝茶。没想到吧?所以,今天有人若想在喜庆宴席上以茶代酒的话,可要小心啰!你要把喜事当作丧事吗?真是晦气!——当然,这是说笑话。那是周礼,早就不流行了,甚至早就鲜为人知了。

  不过,至少到东汉末年,以茶代酒还是失礼的。如《三国志·吴志·韦曜传》云:

  孙皓每飨宴坐席,无不率以七胜为限。虽不尽入口,皆浇灌取尽曜[yào],饮酒不过二升。皓初礼异,密赐茶荈[chuǎn]以代酒。

  孙皓是"三国"东吴皇帝,他"密赐茶荈以代酒",史家仍称其为"礼异"。

  那么,茶是何时成为日常饮料的呢?答曰:不会早于唐朝。不信,不妨看看唐之前古书中出现的茶。

  先从一个侧面看。关于唐之前的朝廷征税,《古今治平略·历代茶榷》云:

  《周官》:掌茶,掌以时聚茶,以共丧事。盖未始取之以为利,如后世之不征茶而税其值也。嗣是汉魏以来，俱不入征。自唐德宗纳户部侍郎赵赞议，税天下茶、漆竹、木，十取一，以为常平本钱。

《古今治平略》虽为明人朱健所撰，但此处说的是唐之前的古事。他说，周朝就喝茶，但朝廷"未始取之以为利"，不征茶叶税。其后，"汉魏以来，俱不入征"。直到唐德宗时，户部侍郎赵赞才建议朝廷征收茶叶税（"自唐德宗纳户部侍郎赵赞议，税天下茶、漆竹、木"）。

为何唐之前从不征茶叶税？因为茶叶的销售量非常少，征不到多少税。这从侧面证明，茶在唐之前不是人们的日常饮料。

不是日常饮料，是什么？且看唐之前的古书所言：

茶茗久服，人有力悦志。（《神农食经》）

荆巴间采叶作饼，叶老者饼成，以米膏出之，欲煮茗饮，先炙令赤色，捣末，置瓷器中，以汤浇覆之，用葱姜橘子芼之，其饮醒酒，令人不眠。（《广雅》）

苦茶久食，益意思。（华佗《食论》）

夏侯恺因疾死，宗人字苟奴，察见鬼神，见恺来收马，并病其妻，着平上帻[zé]单衣入，坐生时西壁大床，就人觅茶饮。（干宝《搜神记》）

可以看出，那时的茶，与其说是饮料，不如说是药，既是提神药，如《神农食经》所云"久服，人有力悦志"；又是醒酒药，如《广雅》所云"其饮醒酒"；还是安神药，如《搜神记》所云"察见鬼神……就人觅茶饮"。也就是说，那时的茶叶，和黄芪、党参一样，是一味草药，不是饮料。

那么，唐德宗又为何要接受户部侍郎赵赞的建议，征收茶叶税呢？不说你也知道，因为茶叶的销售量已大到足以使朝廷"取之以为利"了。此时，茶叶固然仍可"入药"，但更多的是被当作日常饮料，成了风行天下的"大唐可口可乐"，有点钱的人都热衷于"喝茶"（原因有待查明，现在还不得而知）。

这样一来，就再也戒不掉了，因为今日所知，茶叶中的"咖啡因"是会使人上瘾的。也就是说,茶叶本质上和咖啡、烟草一样,是一种"兴奋剂"。古人当然不知道这些,但他们的感觉和我们是一样的。他们觉得喝茶"提神",一不喝就觉得浑身没劲。于是,几乎天天喝茶。就这样,一代接一代的中国人,直至今日,仍在喝。

喝茶是上瘾,并非人体必需。这显而易见,因为即便在中国,也有人从不喝茶,照样身体健康(或许,不喝茶更有利于健康)。但是,数千年的喝茶史,已使喝茶成了中国人的一大标志。其实,如前所述,唐之前的古代中国人绝大多数是不喝茶的,只喝水。

至于我前面所引唐之前关于喝茶的史料,无论是《尚书》也好,《周礼》也好,《三国志》也好,《搜神记》也好,那里讲到的只是极少数人。《尚书》中设"掌茶"的人、《周礼》中有"酒府"的人,是周天子,有几个?《三国志》中讲到的是吴国皇帝孙皓,而皇帝,上下五千年,据说总共只有三百多个。就是《搜神记》中讲到的那个夏侯恺及其"宗人",也非平民百姓。

那么,唐之后呢?当然,喝茶的人要多得多,但也不要认为几乎人人都喝茶。虽然总的说来,从唐宋到明清,喝茶的人越来越多,但无论在唐宋,还是在明清,茶叶从来都价格不菲,要有点钱的人才喝茶。穷人能果腹就不错了,哪有钱买茶叶?

至于为什么从唐宋到明清喝茶的人会越来越多,那不是有钱人越来越多,而是茶叶的价格相对来说越来越不那么昂贵了,原因是茶树的种植面积越来越大。尽管如此,乡野土人或城镇贫民喝的仍是水,至多喝点"大麦茶"。其实,"大麦茶"不是茶,是用炒焦的大麦粒煮出来的焦汤水。

不过,从唐宋到明清,所谓"茶艺""茶道",还是洋洋可观的,尽管这些东西仅与达官贵族、文人雅士有关。但是,我没有太多篇幅来谈论这些东西(因为我不能不成比例地把这一节写得特别长),再说,我也没必要大谈这些东西,因为它们其实并不是真正的"喝"茶,而是"玩"茶。这不是我在此要关心的。

那就简单说一下吧。"茶艺""茶道"之类,初见于唐代,原因即当时的中上层士人热衷于"喝茶",致使无数文人著文谈茶。其中,陆羽《茶经》、张又新《煎茶水记》和苏廙[yì]《十六汤品》,可谓佼佼者。

陆羽《茶经》,据作序者皮日休称,"自周以降,及于国朝茶事,竟陵子陆季疵,言之详矣"。"竟陵子陆季疵"即陆羽(字季疵,竟陵人)。确实,这是有史以来第一部全面论述"茶之道"的书,共有十章,分别是"茶之源""茶之具""茶之造"

"茶之器""茶之煮""茶之饮""茶之事""茶之出""茶之略"和"茶之图"。但是，仔细想想，写这么一部洋洋大作来谈论一种树叶，是不是有点过分？就因为许多人喜欢用这种树叶煮汤喝？那五谷杂粮人人都吃，为什么没人写《稷经》《麦经》？我想不通，只能留给你自己去想了。

陆羽《茶经》，不管怎么说还算有点实用价值，张又新《煎茶水记》则更加过分。他在文中谈论煮茶用的水，而用各地不同的水煮茶，优劣竟然有二十等！我不嫌麻烦，把它罗列出来，不知你读了会不会厌烦：

庐山康王谷水帘水，第一。无锡县惠山寺石泉水，第二。蕲[qí]州兰溪石下水，第三。峡州扇子山下有泄水，独清冷，状如龟形，俗云虾蟆水，第四。苏州虎丘寺石泉水，第五。庐山招贤寺下方桥潭水，第六。扬子江南零水，第七。洪州西山西东瀑布泉，第八。唐州柏岩县淮水源，第九（淮水亦佳）；庐州龙池山岭水，第十。丹阳县观音寺水，第十一。扬州大明寺水，第十二。汉江金州上游中零水，第十三。归州玉虚洞下香溪水，第十四。商州武关西洛水，第十五。吴淞江水，第十六。天台山西南峰千丈瀑布水，第十七。柳州圆泉水，第十八。桐庐严陵滩水，第十九。雪水，第二十（用雪不可太冷）。

为了煮一种树叶，有必要这么讲究吗？而他竟说："此二十水，余尝试之，非系茶之精粗过此，不之知也。"——佩服，佩服！这就是文人雅士的所谓"精致"。

同样，苏廙的《十六汤品》也很"精致"。他说的"汤"，也即煮茶用的水，共有十六"品"。恕我不能在此罗列，只能用他的一段话，概而述之：

汤者，茶之司命，若名茶而滥汤，则与凡末同调矣。煎以老嫩言者，凡三品。注以缓急言者，凡三品。以器标者，共五品。以薪论者，共五品。

所谓"十六汤品"，即：用以煮老嫩不同茶叶的有三品，用以慢煮或急煮的有三品，用以不同器具的有五品，用以不同柴火的有五品。概言之，不同茶叶用不同的水，不同时间用不同的水，不同茶壶用不同的水，不同柴火用不同的水。

老嫩茶叶用不同的水，或许有点道理。慢煮或急煮用不同的水，可能也有点道理。但是，用不同的茶壶、不同的柴火，这和水有何相干？是不是有点故弄玄虚？

好了,关于唐代的"茶艺""茶道",我已经说得太多了,若这样再讲宋代、明代和清代,这一节会写得长而又长。所以,关于宋代的"茶艺""茶道",我只能列出一些书名,同时稍作说明。

宋代,有蔡襄的《茶录》(含"茶论"和"器论")、子安的《试茶录》(含"焙名""茶名""采茶"等)、宋徽宗的《大观茶论》(这位皇帝好性情,竟然花那么多时间关心喝茶,还洋洋洒洒写了一本书,大谈茶叶的"地产""天时""采择""蒸压""制造""鉴辨""藏焙""品名",喝茶用的"碾""盏""筅""瓶""杓",以及茶的"味""香""色")、熊蕃的《宣和北苑贡茶录》(各地进贡茶品的名录)、黄儒的《品茶要录》(共十章,"采造过时""白合盗叶""入杂""蒸不熟""过熟""焦釜""压黄""渍膏""伤焙""辨壑源沙溪")和无名氏的《北苑别录》(录有诸多名茶,如"龙团""胜雪""御苑玉芽""万寿龙芽""上林第一""乙夜清供""承平雅玩""龙凤英华""万春银叶""宜年宝玉""玉清庆云""无疆寿龙""玉叶长春""瑞云翔龙",等等)。

至于明清两代,其"茶艺""茶道",较之唐宋,有过之而无不及。但我只能列出一些书名,说明也免了(因为这些所谓"茶谱""茶录"之类,说来说去都差不多,无非就是茶要怎么采、怎么藏、怎么煮、怎么喝,茶中名品有哪些)。

明代有陆树声的《茶寮记》、顾元庆的《茶谱》、冯时可的《茶录》、熊明遇的《罗茶疏》、许次纾的《茶疏》、闻龙的《茶笺》、罗廪的《茶解》等。清代有包世臣的《茶谱》、陆廷灿的《续茶经》、陈鉴的《虎丘茶经注补》、张源长的《茶史》、冒襄的《岕茶汇钞》、程雨亭的《整饬皖茶文牍》等。

关于古代中国人喝茶,至此,我把该讲的好像都讲到了。不过,最后还有一个问题(这问题其实前面已经提到过),那就是古代中国人喝茶几乎都是煮的。那么,何时改煮为泡的?因为现代中国人喝茶几乎都是泡的,极少煮。

关于这一问题,没有史料可以直接佐证而予以回答,只能根据某些记述加以推测。根据我的推测,可能是在清朝后期的道光、咸丰年间。为什么?因为我在清人沈复的《浮生六记》中看到这样一段文字:

> 苏城有南园、北园二处,菜花黄时,苦无酒家小饮。携榼[kē]而往,对花冷饮,殊无意味。或议就近觅饮者,或议看花归饮者,终不如对花热饮为快。众议未定。芸笑曰:"明日但各出杖头钱,我自担炉火来。"众笑曰:"诺。"众去,余问曰:"卿果自往乎?"芸曰:"非也,妾见市中卖馄饨者,其担锅灶无不备,盍雇之而往?妾先烹调端整,到彼处再一下锅,茶酒两便。"余曰:"酒菜

固便矣,茶乏烹具。"芸曰:"携一砂罐去,以铁叉串罐柄,去其锅,悬于行灶中,加柴火煎茶,不亦便乎?"余鼓掌称善。街头有鲍姓者,卖馄饨为业,以百钱雇其担,约以明日午后。鲍欣然允议。明日看花者至,余告以故,众咸叹服。饭后同往,并带席垫,至南园,择柳阴下团坐。先烹茗,饮毕,然后暖酒烹肴。是时风和日丽,遍地黄金,青衫红袖,越阡度陌,蝶蜂乱飞,令人不饮自醉。既而酒肴俱熟,坐地大嚼,担者颇不俗,拉与同饮。游人见之莫不美为奇想。杯盘狼藉,各已陶然,或坐或卧,或歌或啸。红日将颓,余思粥,担者即为买米煮之,果腹而归。芸曰:"今日之游,乐乎?"众曰:"非夫人之力不及此。"大笑而散。

注意,其中有"茶乏烹具""加柴火煎茶""先烹茗"等字句。显然,茶是"烹"或"煎"的。"烹""煎",原意均为水煮(如"煎药")。《浮生六记》的作者沈复生于乾隆二十八年,写这段文字时,大约是乾隆五十年左右。也就是说,在乾隆年间,古代中国人喝茶仍是煮的。所以我推测,改煮为泡,很可能是在乾隆之后的嘉庆、道光或咸丰年间,甚至更晚。

至于为什么要改煮为泡,肯定事出有因,但遗憾的是,无从查证。

四、酒

不知何时,不知为何,人类开始喝酒,而且还非常喜欢喝。然而,现在我们知道,酒的主要成分是酒精,一种人体根本不需要,甚至对人体有害的化学物质。不过,这种化学物质会麻醉人的神经——也许,这就是人类喜欢喝酒的原因。

古代中国人当然也喝酒。按理说,古人应该是偶然喝到天然的酒,然后才有意识酿酒的。然而,关于古人最初是怎么学会酿酒的,你最好不要问,因为没人回答你。因为即便翻开最古老的古书,你看到古人就已经会酿酒了。譬如《诗经》,很古老,其中说:

十月获稻,为此春酒。

显然,他们已经会用稻米酿酒了。还有《周礼》,也很古老,其中说:

酒正,中士四人,下士八人,府二人,史八人,胥八人,徒八十人。

不仅会酿酒,而且周天子还有"酒正"——掌酒官,及其下属"中士""下士""府""史""胥""徒"共一百十人。

这"酒正",是管天子一家的祭祀用酒、宴席用酒和日常用酒呢,还是管天下所有酒事?这一点,为《周礼》作注的郑玄没有说明,所以不得而知。我想,应该是管天子、诸侯和士大夫的酒事,因为《周礼》所言之"礼",是天子、诸侯和士大夫的行为准则,不包括庶人,即所谓"礼不下庶人"。管庶人的不是"礼",而是"刑",即所谓"刑不上大夫"。

这是"双标",但却是天下庶人都乐意的。因为没有"礼",庶人酿酒、喝酒无拘无束,只要不酒后闹事,也不会招来"刑"。

不过,查阅史书你会发现,历代朝廷屡屡禁酒,禁止民间酿酒、喝酒,有时某地禁,有时全天下禁。下面是从史书中查出的一些事例:

顺帝汉安二年冬十月丙午,禁沽酒。(《后汉书·顺帝本纪》)

时年饥兵兴,曹操表制酒禁。(《后汉书·孔融传》)

时天旱禁酒,酿者有刑。(《三国志·简雍传》)

安帝隆安五年,以岁饥禁酒。(《晋书·安帝本纪》)

元嘉二十一年春正月己亥,南徐、南豫州、扬州之浙江西,并禁酒。(《南史·宋书·文帝本纪》)

武帝保定二年二月癸丑,以久不雨京城三十里内禁酒。(《北史·周书·武帝本纪》)

咸亨元年八月庚戌,以谷贵禁酒。(《唐书·高宗本纪》)

英宗治平四年,诏,蠲[juān]酒户逋[bū]曲钱,禁酒场强率人酤酒。(《宋

史·英宗本纪》)

嘉定四年夏四月甲申,禁两浙、福建州县科折盐酒。(《宋史·宁宗本纪》)

天会十三年正月庚午,熙宗即位。甲戌,诏,中外公私禁酒。(《金史·熙宗本纪》)

世宗大定二年,梁肃请禁天下酒曲,不报。(《金史·梁肃传》)

至元二十三年八月辛酉,甘州饥,禁酒。(《元史·世祖本纪》)

二十年夏四月甲午,申严酒禁,有私造者,财产、女子没官,犯人配役。(《元史·世祖本纪》)

六年春正月丙午,陕西谷贵,禁民酿酒。十一月庚戌,禁和林军酿酒。十二月辛酉,御史台臣,复请禁诸路酿酒。(《元史·成宗本纪》)

至正四年十一月戊申,河南民饥,禁酒。(《元史·顺帝本纪》)

至正六年五月壬午,陕西饥,禁酒。(《元史·顺帝本纪》)

至正八年五月丁巳,四川旱,饥,禁酒。(《元史·顺帝本纪》)

至正十四年九月,禁河南、淮南酒。(《元史·顺帝本纪》)

至正十五年闰月,上都路饥,诏,严酒禁。(《元史·顺帝本纪》)

以上事例,随手所记,远非全部,但从中足以看出,朝廷禁酒大部分是因为"天旱""岁饥""谷贵",即灾荒或歉收。是的,饥民无粮果腹,怎么还能用粮食去酿酒?故而朝廷及时禁酒,以免饿殍遍野。

当然,灾年禁酒还有另一层意思。你知道,在古代中国,天下大事都由皇上一人大包大揽。遇到丰年,那是皇上的功德,天下臣民无不歌功颂德;遇到灾年,那是皇上的过失。此时,天下臣民固然不敢公开责问皇上,但皇上自己心中有数,也会承担"罪责"。怎么承担?一是下"罪己诏",公开自责,"有失仁德,致遭天罚";一是以身作则,节衣缩食,以谢天下。既然要节衣缩食,又怎能喝酒?所以,皇上发誓,灾情不减,滴酒不沾——真是,遇到灾年,连皇上也要倒霉!既然皇上自我禁酒,别人怎能再喝?于是,天下禁酒。

好在,"天旱""岁饥""谷贵"或兵荒马乱,毕竟不是常态,大部分年代还是国泰民安的。在这样的年代,可想而知,像喝茶一样,文人雅士喝酒也一定会喝出许多名堂来。这些,从历代文人雅士写的奇文名篇中即可看出。只可惜,我限于篇幅,只能从汗牛充栋的历代"酒文"中挑几篇最有名来说一说。

先来看魏晋的"酒圣"刘伶,他那篇《酒德颂》被称为"千古绝唱",其实是一篇仅二百多字的短文,抄在下面,以观全貌:

> 有大人先生,以天地为一朝,万期为须臾,日月为扃[jiōng]牖[yǒu],八荒为庭衢。行无辙迹,居无室庐,幕天席地,纵意所如。止则操卮执觚,动则挈榼提壶。唯酒是务,焉知其余?有贵介公子、缙绅处士,闻吾风声,议其所以,乃奋袂扬襟,怒目切齿,陈说礼法,是非蜂起。先生于是捧罂承槽,衔杯漱醪,奋髯箕踞,枕曲藉糟,无思无虑,其乐陶陶。兀然而醉,豁然而醒,静听不闻雷霆之声,熟视不睹泰山之形,不觉寒暑之切肌,利欲之感情。俯观万物扰扰焉,若江海之载浮萍;二豪侍侧焉,如蜾蠃之与螟蛉。

看懂否?我来大概解释一下:有位大人先生,把天地当作一朝,将万年视为一瞬,把日月当作门窗,将荒野视作庭院,居无定所,席地而睡,手拿酒壶,摇摇晃晃,只知喝酒,不知其他。有身份的体面人,见他这模样,愤怒指责,而他却全不理会,时醉时醒,即便是地动山摇,也无知无觉,视而不见,真是豪情万丈!相比之下,那些体面人呢,畏畏缩缩,就像可怜虫一样。

这就是《酒德颂》,歌颂酒的伟大,因为酒可以使人忘记一切、无视一切,不怕天、不怕地,老子天下第一!——这不分明是酒鬼、醉汉的豪情和勇气吗?但是,你知道,历代许多落魄文人就是以此来自慰和壮胆的,以此掩饰自己的失落和寂寞。这可说是文人雅士喝酒喝出来的第一种名堂——喝酒可以解愁。

再来看苏轼的《饮酒说》,只有一百多字,而且不太难懂,也抄在下面:

> 嗜饮酒人,一日无酒则病,一旦断酒,酒病皆作。谓酒不可断也,则死于酒而已。断酒而病,病有时已,常饮而不病,一病则死矣。吾平生常服热药,饮酒虽不多,然未尝一日不把盏。自去年来,不服热药,今年饮酒至少,日日病,虽不为大害,然不似饮酒服热药时无病也。今日眼痛,静思其理,岂或然耶?

你看,东坡先生说,喝惯酒的人,一旦不喝,就会生病。他还现身说法,说他往年天天喝酒,今年喝得少了,天天生病。虽是小病,无甚大碍,但往年喝酒,却是从不生病的。这可说是文人雅士喝酒喝出来的第二种名堂——喝酒可以防病。

不过,东坡先生的弟弟苏辙(子由)却和他唱反调。子由先生在《既醉备五福论》一文中写道:

> 今夫养生之人,深自覆护拥闭,无战斗危亡之患,然而常至于不寿者,何耶?是酒夺之也。力田之人,仓廪富矣,俄而至于饥寒者,何耶?是酒困之也。服食之人,乳药饵石,无风雨暴露之苦,而常至于不宁者,何耶?是酒病之也。修身之人,带钩蹈矩,不敢妄行,而常至于失德者,何耶?是酒乱之也。

你看,子由先生说,那些注重养生的人常常短寿,为什么?因为喝酒。那些家有田亩的人突然败落,为什么?因为喝酒。那些炼丹服饵的人常常疾病缠身,为什么?因为喝酒。那些修身养性的人常常做出失德之事,为什么?因为喝酒。——可见,子由先生知道,喝酒不但不能防病,反而会致病。

这"兄弟之争",孰是孰非?我觉得子由先生说得有道理,但东坡先生名气大,相信他的人肯定更多。再说,子由先生也没有坚持到底,就在这篇《既醉备五福论》的结尾处,他说,不管怎么说,喝酒还是大有好处的。什么好处?且听他说:

> 然而,曰五福备于既醉者,何也?愚固言之矣。百姓相与欢乐于下,而后君臣乃相与偕醉于上。醉而愈恭,和而有礼。心和气平,无悖逆暴戾之气

干于其间,而寿不可胜计也。用财有节,御己有度,而富不可胜用也。寿命长永,而又加之以富,则非安宁而何?既寿而富,且身安矣,而无所用其心,则非好德而何?富寿而安,且有德,以不朽于后也。

子由先生不敢断然说,喝酒有百害而无一利,因为不仅满朝文武都喝酒,而且皇上也喝,还常常"赐御酒"。所以,子由先生不得不用上面这段官样文章结束他的《既醉备五福论》。

其实,《既醉备五福论》的主旨就是"醉酒可得五福"。哪五福?一、醉而有"礼";二、醉而有"寿";三、醉而有"富";四、醉而有"安";五、醉而有"德"。这可说是文人雅士喝酒喝出来的第三种名堂——喝酒可以得福。

当然,除了这三种,喝酒的名堂还有许许多多。但我不能多说,最后只能简单说一下袁宏道的那篇《觞政》,明代的"酒文"之最。

所谓"觞政",意即"酒之政",就是用衙门里的事情来形容饮酒的方方面面。且看文中的十六个小标题:"一之吏""二之徒""三之容""四之宜""五之遇""六之候""七之战""八之祭""九之典刑""十之掌故""十一之刑书""十二之品第""十三之杯杓""十四之饮储""十五之饮饰""十六之欢具"。这里的名堂实在太多。譬如"五之遇",其中所谓"五合",就是五种令人开心的饮酒;所谓"十乖",就是十种令人不开心的饮酒:

饮有五合,有十乖。凉风好月,快雨时雪,一合也。花开酿熟,二合也。偶而欲饮,三合也。小饮成狂,四合也。初郁后畅,五合也。日炙风燥,一乖也。神情索莫,二乖也。特地排档,饮户不畅,三乖也。宾主牵率,四乖也。草草应付,如恐不竟,五乖也。强颜为欢,六乖也。草履板折,谑言往复,七乖也。刻期登临,浓阴恶雨,八乖也。饮场远缓,迫暮思归,九乖也。客佳而有他期,妓欢而有别促,酒醇而易,炙美而冷,十乖也。

此外,《觞政》中还有十五种名堂,我虽不能逐一介绍,但仍想引出其中的"十之掌故",以此作为本文的结束语:

凡《六经》《语》《孟》所言饮式,皆酒经也。其下,则汝阳王《甘露经》

《酒谱》、王绩《酒经》、刘炫《酒孝经》《贞元饮略》、窦子野《酒谱》、朱翼中《酒经》、李保《续北山酒经》、胡氏《醉乡小略》、皇甫崧《醉乡日月》、侯白《酒律》,诸饮流所著记传赋诵等为内典。《蒙庄》《离骚》《史》《汉》《南北史》《古今逸史》《世说》《颜氏家训》,陶靖节、李、杜、白香山、苏玉局、陆放翁诸集为外典。诗余则柳舍人、辛稼轩等,乐府则董解元、王实甫、马东篱、高则诚等,传奇则《水浒传》《金瓶梅》等为逸典。不熟此典者,保面瓮肠,非饮徒也。

你看,几乎整部中国古代文学史都在这儿了,可见饮酒有多么重要!

第五章　油盐　碗筷

油盐是做菜必备的调料,碗筷是吃饭必须的餐具,当然古已有之。但你也许不知,古代中国人曾用过哪些油盐?碗筷是何时开始用来吃饭的?本章将为你逐一道来。

一、油

在古代,油除了用于吃,还用于点灯。最初,食用油就是点灯油。后来,随着油的种类增多,有些油只用来吃,有些油只用来点灯。

关于油的获取与使用,古书记载甚少。我能依据的,仅有四部古书,即上古的《周礼》、西汉戴圣的《礼记》、宋代庄绰的《鸡肋编》和明代宋应星的《天工开物》。不过,依据这四部古书,大致也能寻出从上古到明清的三千年"油迹"。

先来看《周礼·天官》,其曰:

> 春行羔豚,膳膏香。夏行腒[jū]鱐[sù],膳膏臊。秋行犊麛[mí],膳膏腥。冬行鲜羽,膳膏膻。

文中反复出现的"膳",指天子用膳。文中反复出现的"膏",即油。这是古书中最早讲到油,显然是动物油——"羔豚"即羊与猪,"腒鱐"即腌鸟与腌鱼,"犊麛"即小牛与小鹿,"鲜羽"即活鱼和活禽。至于文中说什么"香"、什么"臊"、什么"腥"、什么"膻",那不用管它。这些字的含义显然和今天不一样,如说小牛、小鹿"腥",活鱼、活禽"膻",现在正好倒过来。

再来看《礼记·内则》,其曰:

> 脂用葱,膏用薤[xiè]。

这里的"脂"和"膏",后人注:"肥凝者为脂,释者为膏。"也不用管它,反正是油。又曰:

> 为稻粉,糔[xiǔ]溲之,以为酏[yǐ],以付豚,煎诸膏,膏必灭之。

后人注:"以稻米为粉,滫[xiǔ]溲之为粥,若豚,则以此粥敷其外;若羊,则解析其肉,以此粥和之,而俱煎以膏灭没也,谓所用膏没,此豚与羊也。"什么意思?前半句讲用稻米和猪肉煮粥(即"酏"),后半句讲,若把猪油或羊油熬出来放入粥里,油就没了("膏必灭之")。这是古书中最早讲到熬油——熬猪油或羊油。

不仅熬猪油或羊油,这部儒家经典中还讲到熬狗油:

> 肝膋[liáo],取狗肝一,幪[méng]之以其膋,濡炙之,举燋[jiāo]其膋,不蓼。

"膋",后人注:肠间脂(今称"网油")。"幪"即蒙,就是用狗肚子里的网油包住狗肝,然后煮熟,再熬(即"燋")。"不蓼"即不要放水蓼(一种类似葱和薤的辛辣佐料,当时尚无蒜)。据说,这还是上古"八珍"之一。

不仅讲到熬狗油,甚至还讲到用狼油熬粥:

> 取稻米,举糔溲之,小切狼臅[chù]膏,以与稻米为酏。

后人注:"狼臅膏,臆中膏也,以煎稻米,则似今膏矣,此周礼酏食也。""臅"即腹腔,也即"臆中"。"臆中膏"即板油。全句意为:把稻米淘洗好,把狼的板油切成小块,和稻米一起熬粥("为酏")。

你看,这位戴圣先生也真是的,事无巨细,写堂堂《礼记》,竟然把狗肝、狼油也写了进去!不过,幸亏他事无巨细,否则我们还真不会知道,原来狗肝和狼油曾是古人的美味佳肴。

接下来,就找不到关于油的史料了,至多只能看到有些史书里讲火攻时提到油,如《三国志·魏志·夏侯尚传》云:"尚夜多持油船,将步骑万余人,于下流潜渡,攻瑾诸军,夹江烧其舟船,水陆并攻,破之。"说夏侯尚用"油船"火攻诸葛瑾。又如《旧唐书·朱泚[cǐ]传》云:"泚僭,即帝位。僧法坚,为泚造云梯。临城东北隅。浑碱纵火焚其梯,益薪泼油,风吹俱炽,须臾云梯与凶党同为灰烬。"说法坚和尚为朱泚造云梯,浑碱"益薪泼油",烧了那云梯。

直到北宋,才在庄绰的《鸡肋编》里看到一段关于油的记述。由于这方面的史料少而宝贵,我把这一段全部抄在下面,请耐心读之:

> 油通四方可食与燃者,无如胡麻为上,俗呼芝麻,言其性有八拗,谓雨旸[yáng]时薄收,大旱方大熟,开花向下,结子向上,炒焦压榨才得生油,榼车则滑钻针,乃涩也。而河东食大麻油,气臭与茬子,皆堪作雨衣。陕西又食杏仁、红蓝花、子蔓菁,子油亦以作灯,但粥以蔓,菁[jīng]子熏目致失明,今不问为患山东,亦以苍耳子作油,此当治风有益。江湖小胡麻多以桐油为灯,但烟浓污,物画像之类,尤畏之污,衣不可洗,以冬瓜涤之,乃可去色,青而味甘,误食之令人吐痢,饮酒或茶皆能荡涤,盖南方酒中多灰尔。尝有妇人误以膏发,粘结如椎,百治不能解,竟髡[kūn]去之。又有旁毗子油,其根即乌药,村落人家以作膏火,其烟尤臭,故城市罕用。乌柏[jiù]子油如此,可灌烛,广南皆用处婺州,亦有频州。食鱼油颇腥气。宣和中,京西大歉,人相食,炼脑为油,以食贩于四方,莫能辨也。

读懂否?是的,其中有好多地方讲的都不是吃,这些你都不用管。需要注意的是,这里提到十来种油,其中可食的,是芝麻油、大麻油、杏仁油、红蓝花油、子蔓菁油、鱼油,还有人脑油(当然,这是猎奇而已,荒年的特殊个别现象);不可食的,是桐油、旁毗子油、乌柏子油。一下子出来了那么多油,可见,从西汉到北宋的一千多年间,古代中国人积累了诸多食油和用油的经验。

还需要注意的是,这里提到的油,如大麻油,为河东人所食;杏仁油、红蓝花油、子蔓菁油,为陕西人所食。由此可见,在这一千多年间,不同地方的人食用不同的油。但唯有芝麻油，没说是何地人所食，而是说"通四方"且"为上"。为什么？因为芝麻油不是中国原产，而是从胡地引进的。芝麻原称"胡麻"，即是明证（至于胡麻是何时引入中原的，我在第一章里讲到胡饼时已说过）。

这样，那一千多年间的情况似乎依稀可辨了，即：各地的人利用本地作物榨油，如河东人用大麻，陕西人用杏仁、红蓝花、子蔓菁等，而在各种各样的"国产油"之上，有一种"高级进口油"——芝麻油。

这芝麻油肯定深得古人喜爱，如[宋]沈括《梦溪笔谈》称：

今之北方人，喜用麻油煎物，不问何物，皆用油煎。

沈括比庄绰年长四十多岁，几乎是同时代人。他说的"北方人"，当然是指有钱人，或者做官的，否则是不可能"不问何物，皆用油煎"的。要知道，在北宋，油价很贵，贫苦百姓很少用油，通常是水煮。更何况，是用芝麻油，那就更加贵得令人咋舌了。

说到这里，你也许会问："为什么不见今天吃得最多的大豆油和花生油？"不知道，那要去问沈括和庄绰了，他们为什么不说。只有两种可能：一是他们太熟悉，觉得不必说；二是他们从未听说过，所以说不出。我觉得，后面一种可能性更大，即：当时还没有大豆油和花生油。

这样，又过了五百多年，到了明朝末年，可在宋应星《天工开物·油品》中读到：

凡油供馔食用者，胡麻、莱菔子、黄豆、菘菜子为上，苏麻、芸薹[tái]子次之，茶子次之，苋[xiàn]菜子次之，大麻仁为下。

看见否？这里出现了"黄豆""菘菜子""苋菜子"等。也就是说，明朝除了有芝麻油、大麻油，还有大豆油和菜籽油。这一点，[明]李豫亨《推篷寤语》有同样说法：

油，乃菜、豆、柏、麻，草木之液；蜡，鱼、羊、牛，禽虫之膏，皆火之类。

这里所谓"油"，是植物油；所谓"蜡"，是动物油。虽说是"皆火之类"，是用来点灯的，但也间接表明，当时除了古已有之的芝麻油、大麻油，还有菜籽油和大豆油。至于动物油,本文一开始就说了,那是最古老的油。

但是,仍不见花生油。那是当然的,原因是:野生的花生固然古已有之,但种植花生却要到明末清初。所以,就如北宋的沈括和庄绰不知大豆油为何物,明末的李豫亨和宋应星也不知花生油为何物。

实际上,大豆油和花生油要到乾隆年间才逐渐普及,逐渐成为古代中国人较常用的食用油,而最常用的,其实是菜籽油。时至今日,依然如此,城里人大多用大豆油和花生油,乡下人大多用菜籽油,而乡下人要比城里人多得多。至于芝麻油,依然有,但没有人会像沈括所说的北宋人那样,用来"煎物",而是用作调味料,放一点点而已。

既然在说油,有一件事非说不可,因为这是中国人饮食中的大事,甚至是中式菜肴的一大特色。那就是炒菜。炒菜必用油,所以放在这里讲。

古代中国人是何时开始炒菜的？说来话长,但我篇幅有限,只能长话短说。你知道,炒菜除了需要油,还需要铁锅,而铁锅并不是上古就有的,也不是两汉魏晋就有的,甚至也不是大唐就有的。为什么？因为,古人虽然很早就知道炼铁,但要大量炼铁却很难。不仅铁矿难找,炼铁用的煤也一样难得。用稻草、麦秆、树枝是不能炼铁的。少量的铁,很宝贵,通常用作制作兵器和工具,哪能用来做铁锅？所以,一直要到宋朝,人们才找到较多铁矿和煤矿,铁和铁制品才逐渐多起来,铁锅才逐渐得以普及。

为什么非要有铁锅才能炒菜？因为炒菜前烧热的油,温度高,用古代的砂锅炒是不行的。砂锅会爆裂。那么,没有铁锅,难道不能用铜锅吗？当然可以。实际上,在贾思勰《齐民要术》中就有"炒鸡子法"(即炒鸡蛋):

(鸡蛋)打破,着铜铛中,搅令黄白相杂,细擘葱白,下盐米、浑豉[chǐ]、麻油炒之,甚香美。

这和现在的"香葱炒鸡蛋"几乎没什么两样。稍有不同的是,用麻油放在"铜铛"(即铜锅)里炒。但是,即便到了大唐、大宋,乃至大明、大清,除了大户人家,谁家会有"铜铛"？要知道,铜在古代是贵金属,是用来做铜钱的,哪能大量用来做"铜铛"？所以,只有当人们有了相当数量的铁,才会有相当数量的铁锅,才会有相当数量的人炒菜。

那么，为什么要炒菜？有人说炒菜好吃，这种回答太主观。你吃惯了炒菜，当然觉得炒菜好吃，但从未吃过炒菜的人，很可能觉得炒菜难以下咽。既然这样，那当初为什么要炒菜？而且，到了后来，炒菜还成了中式菜肴的一大特色。

有一种解释，虽然没什么证据，但我觉得比较合理。那就是，在古代中国，柴火一直是一个家庭的一笔不小的开支。尤其是到了宋代，随着人口增长，特别是城镇人口的增加，柴火越来越贵。于是，有人发现，用油炒，比用水煮或用火烤，菜更容易熟，所需时间少，因而省柴火。也许，就是因为这样，为了省柴火，人们越来越多地炒菜。

二、盐

人为什么要吃盐？一般解释是，原始人在狩猎时期生吃动物肉，而动物的血液中是含有盐分的。久而久之，原始人吃惯了这种有点咸的食物。所以，等他们后来吃淡而无味的谷物和蔬菜时，便有意加入了盐。

正因为原始人就已吃盐，所以，即便是最古老的典籍中说到吃盐，也是不作任何解释的，视为理所当然。譬如，《尚书》云：

若作和[huó]羹，尔惟盐梅。

"和羹"就是做羹。羹是春秋战国时期的中原人常做的一种菜肴，很简单，就是把肉或蔬菜剁烂后，放在水里煮成糊状。不过，这里须注意的是后半句"尔惟盐梅"，意即：那全靠盐梅。全句意为：就如做羹，(味道)全靠盐梅。这是古籍中最早提到的盐。顺便也让我们知道，那时的人除了用盐，也用梅子调味，即：所做的羹，又咸又酸。

同样，[秦]《吕氏春秋》云：

和之美者，大夏之盐。

意思差不多。只是，这"大夏之盐"究竟是什么盐，现已不可考了。

还有如汉《礼记》云：

  功衰,食菜果,饮水浆,无盐酪。不能食食,盐酪可也。

  这是说居丧时,只吃果蔬,喝清水,菜里不放"盐酪"。实在吃不下去,可放点"盐酪"。"盐酪"就是盐和酪。
  至于上古《管子》云:

  十口之家,十人食盐。百口之家,百人食盐。终月,大男食盐五升少半,大女食盐三升少半。吾子食盐二升少半。此其大历也。

  那是说当时男男女女的食盐量。有人推算,"终月,大男食盐五升少半",差不多一天要吃一两盐。难道那时的人吃得那么咸?其实,这里问题多多。首先,那时的"一升",到底是多少?不知道。其次,那时的盐,究竟有多咸?不知道。所以,从这里我们只能得知,男人吃盐多,女人吃盐少,小孩吃盐更少,如此而已。
  那么,古人吃的是什么盐?来自何处?汉《史记·货殖列传》云:

  山东食海盐,山西食盐卤,领南、沙北固往往出盐,大体如此矣。

  这里说到"海盐"和"盐卤","山东"和"山西"。至于"领南""沙北固"出什么盐,不清楚。另据[东汉]王充《论衡》所言:

  润下作咸,水之滋味也。东海水咸,流广大也;西川盐井,源泉深也。

  大体可知,古人吃的主要是两种盐:海盐和井盐,分别来自"东海"和"西川"。这里的"东海"和"西川"是泛指,也就是说,盐来自东边海域和西边山区。换言之,中原地区不产盐——即使有,也微不足道。
  正因为中原地区不产盐,所以自西汉起,历代朝廷都有"盐政""盐法",即规定:盐业一律由官府经营(即"官盐"),私人经营盐业(即"私盐")均属犯法,一旦查获,严刑处之。可见,"盐的问题"在历史上有多"严重"!下面是从史书中查出的一些事例:
  汉代,据《汉书·昭帝本纪》:

始元六年春二月,诏有司,问郡国所举贤良文学,民所疾苦,罢盐铁榷酤。

汉昭帝诏"有司"(官员),与"贤良文学"(名流学者)商议"盐铁榷酤"(盐铁专卖),结果是朝廷设置"盐铁官"(主管盐铁专卖的行政官)。商议的记录由参与商议的官员桓宽整理后颁布,即著名的《盐铁论》。另据《汉书·宣帝本纪》:

　　四年九月,诏曰:盐,民之食,而贾[jià]咸贵,众庶重困,其减天下盐贾。

"贾":古同"价"。"咸":全,都。汉宣帝下诏,因为盐价普遍过高,故而令全国减价("减天下盐贾")。你看,盐价要皇帝亲自过问,可见盐之重要。

唐代,据《唐书·太宗本纪》:

　　太宗贞观十二年二月丁卯,观盐池。

唐太宗李世民亲身去视察"盐池"(即存放盐水的池子,制盐的重要设施)。另据《唐书·食货志》:

　　文宗太和二年,禁烧水柏灰煎盐,犯者论罪。

唐文宗下诏,严禁民间"私盐"(因当时有人发现,将水柏树的树枝烧成灰,再将这"水柏灰"放水里煮,最终可煮出少量盐,于是便有人以此为业,制"私盐"售卖)。

宋代,据《宋史·太祖本纪》:

　　太祖建隆二年,班易盐货,给两池盐定官盐阑入之法。

宋太祖赵匡胤登基第二年,就整顿盐业,对两大盐池出产的盐制定"官盐"经营法规("给两池盐定官盐阑入之法")。另据《宋史·食货志》:

　　绍圣三年,禁陕西民炼朴硝乱解盐者。

"朴硝",一种矿石,味咸,微苦。当时陕西民间有人用朴硝制盐,但此种盐有毒。故而,宋哲宗下诏,严禁乱用朴硝制盐("禁炼朴硝乱解盐者")。

元代,据《元史·食货志》:

> 太宗二年,始行盐法,又立诸路盐场税课。

"税课"即税收。盐场是官营的,一般属地方官府,朝廷有时收盐税,有时免盐税(为降盐价)。此处称,元太宗二年,朝廷开始征收盐税。

明代,据李东阳《大明会典》:

> 两淮都转运盐使司,洪武初置。

"洪武"是朱元璋的年号,即朱元璋设置"转运盐使司",一个专门管理转运食盐事务的衙门。"两淮都"即淮南、淮北和京都(南京),为什么要特设"两淮都"盐官?因为当时南北运盐主要靠运河(也称"漕"),而运往京都的盐主要靠淮南、淮北的运河。

清代,据伊桑阿《大清会典》:

> 户部课程盐法:国朝盐政,其在盛京者,属府尹兼理。在直省者,差御史四员,分巡督谋。

"课程"即制定。盐法由户部制定,而非工部制定,即见盐与民生之间的重大关系。京城盐政由"府尹"兼理,即由"市长"亲自过问。"直省"(也称"直隶")即京城所在的直辖省,由朝廷派四名官员("差御史四员"),负责巡察和监督("分巡督谋"),非常重视,不敢疏忽。

以上事例,九牛一毛,但也足见盐在历朝历代都是朝廷大事。遗憾的是,尽管有皇上亲自过问,盐还是太少。所以,历朝历代,盐在民间都不是可以随便吃的,因为盐价很贵。

王公贵族、富翁土豪,当然无所谓。普通人家,就需掂量掂量,省着吃。穷苦人家,则往往买不起盐。于是,就想出一些变通方法。譬如,有一种叫"盐布"的东西,在古代是穷人常用来代替盐的。实际上,"盐布"就是晒干的海带,嚼起来是有点咸的。

当然,缺盐的程度各地不一样,总的来说,北方比较缺盐,南方则要好一些;内地比较缺盐,沿海要好得多。还有,各个朝代也有所不同,总的说来,唐、宋、元、明、清,越到后来,盐的来源越多,盐的紧缺状况越有所缓解。譬如,据明末的《天工开物》,当时的盐产有"海水盐""池盐""井盐""末盐""崖盐"等。其中,"池盐"就是烧干咸水湖水得到的盐;"末盐"就是用盐碱地里的泥土熬出来的盐;"崖盐"就是"岩穴自生盐,色如红土,恣人刮取,不假煎炼"。不过,这些虽然都是盐,吃起来却很不一样,如"末盐"和"崖盐",呈黑色和红色,咸而苦,所以比较便宜,大凡就是穷人吃的。"海水盐"洁白、纯咸,价贵,有钱人才吃得起。

大概就是因为长期缺盐的缘故,内地人先是用醋代替盐,即:以酸代咸。后来,大概是在明代,辣椒从墨西哥经中亚(即西域)传入中原,并在内地大量种植。于是,内地人就以辣椒代替盐,即:以辣代咸。这吃酸吃辣,尤其是吃辣,原本是因为缺盐,但时间一久,竟然吃惯了,成了一种食俗。

所以,至今你仍能看到,沿海地区的中国人,如江苏、浙江、福建、广东一带的人,一般都不怎么吃辣,但吃得比较咸,因为他们的祖先并不怎么缺盐。相反,内地的中国人,如河北、河南、湖北、湖南、江西、四川甚至广西一带的人,他们吃得不咸,但非常辣,原因就是他们的祖先缺盐,长期少放盐,多放辣椒。这样代代相传,结果,成就了世界上独有的"吃辣一族"。

三、碗 筷

把碗筷放在一起讲,是因为筷的功能改变,决定了碗的角色变化。不过,在讲古代餐具前,先插入一点古代炊具,即古人是用什么东西做饭的。

上古炊具有鼎、镬[huò]、甑[zèng]、甗[yǎn]、鬲[lì]等。不过,不要被这些古怪的文字迷惑了,错以为它们是复杂之物。其实,上古几近于原始,哪来复杂?说白了,上古炊具就是鼎,所谓镬、甑、甗、鬲,不过是一些稍有一点变化的鼎。

那么,什么是鼎?不要被你在博物馆里看到的青铜鼎迷惑了。那是礼器,不是做饭用的,只是样子做得有点像做饭用的陶鼎,即有四条鼎腿,撑着一个鼎肚。为什么要有腿?因为那时还没有炉灶,只有一堆火,鼎是直接放在火上烧的,所以要有四条腿。

镬、甑、甗、鬲，其实都是鼎，都是陶器。所谓"镬"，就是用来煮肉的鼎，比较大，腿短而粗。所谓"甑"，就是用来蒸饭的鼎，鼎底有孔，但就如蒸笼，甑不能单独用，要在下面放一个鬲，鬲里放水，才能蒸，而所谓"甗"，就是一只"甑"加一只"鬲"的合称。

后来，随着炉灶的出现和使用，所有鼎，无论是镬、甑，还是甗、鬲，都统统被淘汰，代之以锅、壶等"新一代"炊具。

现在来讲碗。《说文解字》曰：

碗，小盂也。

又曰：

盂，饮器也。

可见，碗最初不是用来盛饭的，而是用来饮酒喝茶的。那么，最初是用什么盛饭的？是盆，不是碗。那么，为什么后来要用碗来盛饭？这和筷有关。

筷在古书中称"箸"，如《礼记》曰：

饭黍无以箸。

这里的"饭"是动词，意为吃"黍"（小米饭）不用筷。筷子不是用来吃饭的，那是干什么的？是用来捞菜的。要知道，上古做菜简单，绝大多数是水煮，吃的时候连汤一起盛在一个小陶罐里，用两根小竹棒把菜从汤里捞出来吃。那两根小竹棒，就是"箸"或者"筷"。

那么，盛在盆里的饭，是怎么吃的？当然用勺。勺在古书中称作"匕"，也称作"匙"（至于"调羹"一词，则至清代才有）。匕最初是一小截一头削扁的棘树枝，即所谓"以棘为匕"。

现在想象一下当时的人吃饭时的情景：面前放好一盆饭和一陶罐连汤带水的菜，手边放好一把勺和一双筷；然后，拿起勺，从盆里舀一勺饭，放进嘴里；然后,放下勺,拿起筷,从小陶罐里捞出一点菜,放进嘴里;然后,放下筷,再拿起勺,再从盆里舀一勺饭……就这样,吃饭和吃菜交替进行,直到吃完。

一口饭,一口菜,中国人吃饭,不是至今还是这样吗?是的,这样至少吃了三千年。然而,不知何时,不知何故,其间发生了一点小小的变化。什么变化?那就是勺和筷的角色互换。本来,勺是用来舀饭的,筷是用来捞菜的;后来,筷被用来扒饭,勺被用来舀汤,菜呢,用筷子夹(这时的菜,已经不像过去那样连汤带水了)。

与此同时,盛饭的盆被改成了碗。为什么要改用碗?因为,你想,用筷子吃饭,怎么吃?筷子是舀不起饭的,必须把饭端到嘴边才能用筷子把饭扒进嘴里,是不是?也就是说,为了用筷子吃饭,就得一手把饭端起来,把嘴凑上去才能吃到,然而,过去盛饭用的盆,是扁平的,要一手端起来凑到嘴边,既麻烦又别扭,而且,往嘴里扒饭也不方便,因为饭在盆里是平摊的。所以,盆就被淘汰,取而代之的是碗。碗本是饮酒喝茶用的,便于端到嘴边。只要端到嘴边,就可用筷子把碗里成团的饭扒进嘴里。

请注意,上古时的中国人是吃饭的,不吃面。就是麦子,也是用麦粒蒸麦饭吃。原因我在第一章里就已讲了,那时还不会制作石磨,还不能把麦粒磨成面粉。至于后来有了石磨,有了面粉,面条(还有馒头)成了北方人的主食时,碗已取代了盆。所以,面条一开始就是盛在碗里吃的。区别是:吃面时不把碗端起来放到嘴边,而是用筷子把面从汤里捞出来放进嘴里。这时,筷子似乎又神奇地恢复了它的原始功能,从汤里捞东西,而不是扒饭和夹菜。

既然说到碗筷,有两件和吃饭有关的事,若在此一说,大概也不算离题太远。一是,古代中国人一日吃几餐?二是,古代中国人吃饭,是分食制,还是合食制?关于这两个问题,没有直接可资佐证的史料可查,只能根据一些旁证材料予以推断。

先说一日几餐。据《左传·成公二年》:

    齐侯曰:余姑翦灭此而朝食。

此处说到"朝食",显然,即早饭。在古书中,"朝食"也称"饔[yōng]",即一日中的第一餐。

又据《左传·僖公二十五年》:

> 昔赵衰以壶飧[sūn]径从,馁而弗食。

说昔日赵衰曾带着剩饭赶路,饿了还不舍得吃。这里说到"壶飧",即放在土罐里的饭。"飧"也称"铺食",即一日中的第二餐。

再据《说文解字》:

> 飧,申时食也。

"申时"即下午三时至五时。可见,"飧"是晚饭。也就是说,古人曾一日两餐,"朝食"和"铺食"。

那么,从何时起,古人开始一日三餐?其实,并不统一。有些地方,不知何时,改为一日三餐了,而有些地方,仍一日两餐。

这种情况,至少延续到民国初年。下面引文,引自[清]徐珂《清稗类钞》:

> 我国人日食之次数,南方普通日三次,北方普通日二次。日食三次者,约午前八时至九时为早餐,十二时至一时为午餐,午后六时至七时为晚餐。朝餐恒用粥与点心,午餐较丰,肉类为多,晚餐较淡泊。而昼长之时,中等以上之人家,又有于午后三四时进点心者,其点心为糕饼等物。日食二次者,朝餐约在十时前后,晚餐则在六时前后。朝餐多肉类,晚餐亦较淡泊。而早间起床后及朝晚餐之中,亦进点心,多用饼、面及茶。普通饭食,半皆一次面饭一次米饭。商店有日食三次者,则无点心。至富贵之家,迟起晏寝,有日食四次而在半夜犹进食者,则为闲食之习惯,非普通之风俗矣。

徐珂说的肯定是清末民初时(也就是十九世纪末、二十世纪初)的情况,因为他是清末民初之人(1869—1928)。

不知现在是否仍有地方一日两餐?肯定有,但较少见,故而给人的印象是,好像现在全都一日三餐了。

再来说分食制和合食制(不好意思,这里本是讲碗筷,这些都是加出来的,所以我不能讲太多,引文也都免了)。所谓"分食制",就是一个家庭或一群人一起吃饭,习惯把食物分而食之。所谓"合食制",就是一个家庭或一群人一起吃饭,习惯围着一堆食物,各人取而食之。现代中国人的就餐习惯,通常被称为"合食制"。

那么,古代中国人吃饭,是不是也这样?答曰:不全是。实际上,直至唐代,古代中国人从来就是分食的。原因可能你意想不到,是因为唐之前没有桌子和凳子(包括椅子),只有"几"(如"茶几")和"榻"(如"卧榻"),平时要坐,就席地而坐(其实,更像是跪),即跪坐在地上(当然,下面有一块垫子)。

那么,为什么唐之前的古人不做桌子和凳子这两种如今最常用的家具?是做不出来?不是,他们房子都能造,怎么会做不出桌子和凳子?那是什么原因?说出来,你也许不信,是因为他们不会做裤子。

这事说来话长。简单说来,唐之前的古人不是不穿裤子,而是他们的裤子大多没有裤裆,仅是两块缝在一起的布,束在腰间,就如裙子,说是"裤筒"更为合适(其实,裙子就是最原始的裤子,后来女人一直穿着)。那么,裤子没有裤裆,和分食有何关系?是这样的:没有裤裆,即意味着他们的"裤筒"稍有掀起,下体就有可能被对面的人看到。所以,当他们坐下时,必须一坐到底,即坐在地上,不能半蹲式的坐在一块大石头或什么东西上,而凳子,就如一块大石头,坐在上面是半蹲式的。所以,凳子是无用的。无用的东西,他们当然不会做。

没有凳子,坐在地上,面前就只能放一只矮小的"几",不可能放高大的"桌"。所以,桌子也是无用的。没有高大的"桌",只有矮小的"几",人又坐在地上,怎能合食?所以,他们只能一人一"几",分食。

那么,唐代为什么就有了裤裆?不知道,反正从有些唐代绘画(如《韩熙载夜宴图》)中可以看到,里面的人坐在凳子上。既然坐在凳子上,即表明他们的裤子有了裤裆。有了裤裆,就会有凳子;有了凳子,就会有桌子;有了桌子,才能合食。

实际情况也正是这样。在唐代,分食制和合食制是共存的,这是过渡阶段。到了宋代,合食制即全面取代了分食制。自此以后,古代中国人(乃至现代中国人)就一直习惯于合食。

你或许又会问,有了桌子就会合食,那欧洲人有桌子,为什么至今仍习惯于分食?其实,桌子固然是合食的必要条件,但不是唯一条件,决定分食还是合食的因素,有许许多多。欧洲人确实有桌子,但他们的餐具,即刀叉,却不便于合食。这还只是一个因素,其他还有种种因素,决定了他们至今习惯于分食。

总之,分食也好,合食也好,只是习惯不同而已,并无优劣之分。

第六章 蹴鞠 投壶

前面五章,讲古代中国人的饮食,这一章及后面四章,要讲古代中国人的娱乐。然而,古代中国人的娱乐何其多矣,要在这五章里面面俱到、一网打尽,那就只能蜻蜓点水似地点一下了。所以,不如择其重要的述之,可较为详尽。结果,就是这十种我以为比较重要的古代娱乐,即:蹴[cù]鞠[jū]、投壶、秋千、风筝、斗鸡、斗虫、赌博、相扑、游玩和宴飨。当然,这次序是我随意排列的,既无时间先后,也无轻重之分,只是为了叙述方便而已。

一、蹴 鞠

蹴鞠,即踢球,古书里也称"蹹鞠""蹴球""蹴圆""筑球""踢圆"等,一种古老且相传两千多年的娱乐。

先来说说,这蹴鞠是怎么"蹴"的。不过,在讲"蹴"之前,先要讲"鞠"。"鞠"是球,没错。可那是什么球?据[西汉]扬雄《法言》称:

挽[wán]革为鞠。

"鞠"似乎是把皮革刮薄后卷成的团("挽"即刮)。但据[唐]徐坚《初学记》言:

今蹴鞠曰戏球。古用毛纤结之,今用皮,以胞为里,嘘气闭而蹴之。

似乎是,"鞠"原是用"毛纤"结成的团,后用皮,里面有"胞",吹气封闭而成。这"胞"是什么?可能是猪或羊的膀胱(牛的膀胱太大,不太可能)。他说"今用皮,以胞为里"肯定不会错,但他说"古用毛纤结之"则可能有点片面。最初的"鞠"应该是"挽革"而成的,不然这"鞠"字怎会是"革"字旁?可能后来改为"用毛纤结之"了,而他只知这一种,故称"古用毛纤结之"。但不管怎么说,由此可知,从上古到唐代,"鞠"至少有三种:最初是"挽革"而成的实心球,后来是"用毛纤结之"的实心球,再后来是"以胞为里"的空心球。

这空心球的出现是个大变革,怪不得唐人那么热衷于蹴鞠,原因就是空心球的弹力远胜实心球,踢起来有趣多了。不过,关于唐人踢球,我到后面再说,现在要回答另一个问题:"蹴鞠"起源于何时?

[西汉]刘向《别录》称:

蹙鞠,黄帝作,盖因娱戏,以练武士。

"蹙"即蹴。至于"黄帝",古人不知从何而来便称"始于黄帝",反正谁也不知这"黄帝"究竟是何时之人。所以,这里仍未说出蹴鞠起源于何时,只是说"很久很久以前"就有了。不过,这里倒提供了一个信息:蹴鞠最初是"以练武士"的"娱戏",即军中的一种娱乐。

那么,这军中娱乐,何时传到民间的呢?不得而知,但肯定很早就传到了民间。因为在《史记·苏秦传》中就能读到:

临菑富而实,其民无不吹竽、鼓瑟、弹琴、击筑、斗鸡、走狗、六博、蹋鞠者。

"临菑[zī]"是古地名(在今山东淄博市东北处)。这里说的是苏秦(即战国)时的临菑之民。那时,至少在临菑民间,除了"吹竽、鼓瑟、弹琴、击筑、斗鸡、走狗、六博",还有"蹋鞠"。可见,蹴鞠早已传入民间。

那么,这蹴鞠究竟是怎么"蹴"的?若要详说,需要写一本书,而实际上,古代早就有关于蹴鞠的专著,还不止一本,其中最详尽的,无疑是明代汪云程所撰《蹴鞠谱》。

关于这本《蹴鞠谱》，我无法用几句话把它的内容概括出来，所以只能把它的小标题罗列在这里，让你感受一下，这本书读起来会有多麻烦：

球门社规、球门式、球门物色、球门人数、下场口诀、一人场户、二人场户、三人场户、健色名、踢搭名色、打揎诀、下截解数、中截解数、上截解数、成套解数、坐地解数、禁踢诀、那展侧脚诀、取样跷踢侧脚捷诀、官场下作、输赢筹数、锦语、不踢诀。

我也不解释这些小标题了，反正都是关于蹴鞠的各种设施、规则与技巧，用的又是明代术语，要充分理解它，得大大下一番功夫。所以，我仅在这里引一条文字上比较易解的踢法，"那展侧脚诀"，让你稍微了解一下：

那脚即是入步侧脚，须当步稳，务要随身倒，步不可乱，那动脚如踢气球，只可说，不可踢，若踢动一踢，都不是。须要明师开发，亲手撇出教一踢。有一踢撇一踢得一踢，休想场户上寻得。一踢来如泛在右肷上，来就将右脚向右边，却使左肷如泛在左肷上，来就将左脚向左，使右肷如左上泛，短先入右脚，却使左踢搭，如右上泛，短先入左脚，却使右踢搭，如右上泛深用左脚向后，却使右脚踢搭，如左上泛深，使右脚。向后，却使左踢搭，如右上泛深阔，使左脚去右脚根，后使右踢搭，如左上泛深阔，使右脚去左脚根，后使左脚踢搭，或抄或拿两踢或蹬或锁腰或披肩，并以高为易，以低为难也。

看得都头晕了，是不是？不要说踢了。不过，不要误以为蹴鞠本来就是这么"蹴"的。不是的，原初的军中蹴鞠或民间蹴鞠肯定没有这么复杂。简单说来，蹴鞠就是一个人或两个人或几个人用脚把一个球往上踢，使球保持在空中，不落到地上，就像后来的小孩子踢毽子（其实，踢毽子就是从蹴鞠演变而来，我在后面还会说到）。之所以会弄出那么多花样，乃是因为蹴鞠曾一度成了王公贵族的娱乐，甚至是宫廷娱乐，连皇帝本人也热衷于此，这才使蹴鞠像喝茶、饮酒一样，有了许许多多名堂。

实际上，早在西汉，蹴鞠就已身价百倍。《汉书·东方朔传》云：

> 董君贵宠,天下莫不闻。郡国走马蹴鞠,剑客辐辏董氏。

"董君"是谁,不去管他!"剑客辐辏董氏"(天下剑客都来投靠董氏)也不是我们关心的。我们这里关心的是"走马蹴鞠"。他说,董君得宠,显赫一时,在自己的封地里"走马蹴鞠"(即:骑着马蹴鞠)。

这里有个问题:"走马蹴鞠"是不是用脚踢球?好像不是。骑在马背上,怎么踢?所以,这里的"蹴鞠"应该不是踢球,而是有点像现代马球,用棒或杆击球。也就是说,蹴鞠既是足球,也是马球。但是,不知何故,作为马球的蹴鞠,竟毫无史料可寻。古书中说到这种蹴鞠时(如后面将引用的史料),也不加说明。既然如此,我只能自我界定:凡单独出现的蹴鞠,是用脚"踢"球;凡和马或驴同时出现的蹴鞠,是用棒或杆"击"球(准确地讲,这种蹴鞠应称"击鞠")。

再来看[西汉]刘歆的《西京杂记》,其曰:

> 成帝好[hào]蹴鞠,群臣以蹴鞠为劳体,非至尊所宜。帝曰:"朕好之,可择似而不劳者奏之。"家君作弹棋以献。

原来,宠信董君的汉成帝"好蹴鞠",难怪董君要蹴鞠了(这是高级马屁)。至于大臣们生怕皇上蹴鞠劳累伤体,让他去玩"弹棋"(用一颗棋子击中另一颗棋子的游戏,就如后来男孩们常玩的打玻璃弹子),我们就不去管它了。

再往下看,三国《魏略》曰:

> 孔桂字叔林,性便妍,好蹴鞠,故太祖爱之,每在左右。

这孔桂堪称高俅的前辈,球踢得好,使"太祖"(曹操)"爱之"。可见,曹操也喜欢踢球。

再往下看,唐代的《薛仁贵传》曰:

> 仁贵子讷,讷生子嵩,嵩相卫洺[míng]邢等州节度使,好蹴鞠。隐士刘钢劝止曰:"为乐甚众,何必乘危,邀晷[guǐ]刻欢。"嵩悦,图其形坐右。

现在到了大唐,薛仁贵的孙子薛嵩,三州节度使,喜欢踢球。隐士刘钢说:"好玩的东西多了,何必冒摔跤之险,贪图踢球的一时之快。"薛嵩觉得他说得好,特把他请来,尊为座上宾("图其形坐右")。

再看《唐书·郭知运传》,其曰:

> 知运子英杰、英乂[yì],英乂封定襄郡王,拜剑南节度使,教女伎乘驴击球,钿鞍宝勒及他服用,日无虑万数。

郭知运的小儿子郭英乂,定襄郡王、剑南节度使,自己踢球,还令女伎骑着驴子"击球"(即"击鞠"),驴子上还用"钿鞍宝勒",不在乎每日开销数万钱("日无虑万数")。

再看《唐书·宦者传》,其曰:

> 敬宗善击球,于是陶元皓、靳遂良、赵士则、李公定、石定宽以球工得见便殿。

唐敬宗喜欢踢球,于是陶元皓、靳遂良、赵士则、李公定、石定宽等一班太监,都因球踢得好而受唐敬宗召见。

再看[唐]裴庭裕《东观奏记》,其曰:

> 上敦睦九族,于诸侯王,尤尽友爱。即位后,于十六宅起雍和殿,每月三两幸,与诸侯王击鞠,合乐,锡赉[lài]有差。

这里的"上"应是唐武宗,他专门造了雍和殿,每月两三次去和诸侯王一起踢球,踢得高兴,还各有赏赐("锡赉有差")。

再看五代时的《唐摭言》,其曰:

> 咸通中,新进士集月灯阁,为蹴鞠会,四面看棚栉比。

"咸通"是唐懿宗年号。新科进士在月灯阁举行踢球会,周围还搭了许多观众席("看棚")。你看,进士登第后的第一件事,就是踢球。看来,唐代进士应该人人会踢球。

再看[宋]司马光《资治通鉴》,其曰:

> 唐僖宗广明元年二月,杀左拾遗侯昌业。昌业以上专务游戏,上疏极谏。上大怒,召昌业至内侍省,赐死。上好蹴鞠、斗鸡,尤善击球,尝谓优人石野猪曰:"朕若应击球进士举,须为状元。"对曰:"若遇尧舜作礼部侍郎,恐陛下不免驳放。"上笑而已。

你看,这个唐僖宗,踢球、斗鸡,不务正业,大臣侯昌业"上疏极谏",他竟"大怒",把侯昌业杀了。他还曾对太监石野猪自夸说:"我若凭踢球去应科举,肯定是头名状元。"石野猪说:"那要是遇到尧舜做礼部侍郎呢,恐怕陛下您也要被流放。"他听了,竟然一笑了之,真是昏君啊,昏君!

我为何要引那么多《唐书》?因为"蹴鞠"虽古已有之,风靡一时却在唐代。只要看看大唐君臣如此热衷于蹴鞠,便不难想象,唐代民间的蹴鞠之风该有多么兴旺。

那么,大唐之后呢?《五代史·庄宗本纪》曰:

> 同光三年春正月庚子,如东京,毁即位坛为鞠场。二月己巳,聚鞠于新场。

"同光"是后唐李存勖[xù]年号。你看,这个后唐庄宗李存勖,为了踢球,不惜把皇帝登基用的"即位坛"拆了,改为球场。看来,大唐蹴鞠,遗风犹存。

那么,大宋一统天下后,又怎样?可以说,蹴鞠之风,不减当年!不过,关于大宋蹴鞠,我只能说得简单一点——反正就是,《宋史》一次次记述,大宋君臣热衷于蹴鞠。不过,宋太祖赵匡胤,倒是头脑清醒的,他喜欢"击鞠",但并不沉溺于此。据《宋史·郭从义传》:

> 从义以左金吾卫上将军致仕,善击球。尝侍太祖于便殿,命击之。从义易衣跨驴,驰骤殿庭,周旋击拂,曲尽其妙。既罢,上赐坐,谓之曰:"卿技固

精矣,然非将相所为。"从义大惭。

郭从义,时任左金吾卫上将军,善击球,赵匡胤命他表演。他的球艺果然精湛,但赵匡胤却对他说:"卿技固精矣,然非将相所为。"郭从义听了,大为惭愧。

然而,赵匡胤之弟、宋太宗赵光义,好像就不那么清醒了。《宋史·礼志》中有一大段文字,记述他有一次在大明殿"打球"(即"击鞠")。如此详细记述皇帝"击鞠",实为史书中罕见,故将全文抄在下面,请耐心读之(为方便阅读,我把它分成了数段):

打球,本军中戏。太宗令有司详定其仪。三月,会鞠大明殿。有司除地,竖木东西为球门,高丈余,首刻金龙,下施石莲花坐,加以采缋[huì]。左右分明主之,以承旨二人守门。卫士二人持小红旗唱筹,御龙官锦绣衣持哥舒棒,周卫球场。

殿阶下,东西建日月旗。教坊设龟兹部鼓乐于两廊,鼓各五。又于东西球门旗下各设鼓五。合门豫定,分朋状取裁。

亲王、近臣、节度观察防御团练使、刺史、驸马都尉、诸使司副使、供奉官、殿直悉预。其两朋官,宗室、节度以下服异色绣衣,左朋黄襕[lán];右朋紫襕打球供奉官左朋服紫绣,右朋服绯绣,乌皮靴,冠以华插脚折上巾。天厩院供驯习马并鞍勒。

帝乘马出,教坊大合《凉州曲》,诸司使以下前导,从臣奉迎。既御殿,群臣谢,宣召以次上马,马皆结尾,分朋自两厢入,序立于西厢。

帝乘马当庭西南驻。内侍发金合,出朱漆球掷殿前。通事舍人奏云:"御朋打东门。"帝击球,教坊作乐奏鼓。球既度,飐旗、鸣钲[zhēng]、止鼓。

帝回马,从臣捧觞上寿,贡物以贺。赐酒,即列拜,饮毕上马。帝再击之,始命诸王大臣驰马争击。

旗下擂鼓。将及门,逐厢急鼓。球度,杀鼓三通。球门两傍置绣旗二十四,而设虚架于殿东西阶下。每朋得筹,即插一旗架上以识之。

帝得筹,乐少止,从官呼万岁。群臣得筹则唱好,得筹者下马称谢。凡三筹毕,乃御殿召从臣饮。又有步击者、乘驴骡击者,时令供奉者朋戏以为乐云。

99

你只要大概读懂就可以了，因为它讲的不过是一次皇帝"击鞠"，只是兴师动众、大张旗鼓而已。不过，我觉得有趣的倒是，这段文字似乎有点背离正史言简意赅的风格，读来令人想起《水浒传》。

想起《水浒传》，当然就会想起那个"蹴鞠粉"宋徽宗，想起那个高俅因为"善蹴鞠"而步步高升。是的，《水浒传》里有许多虚构，但宋徽宗喜欢踢球并非虚构，而是确有其事。这位大宋皇帝不仅喜欢蹴鞠，还喜欢看"击鞠"。譬如，孟元老《东京梦华录》中有这样一段文字：

驾登宝津楼，诸军呈百戏，先设彩结小球门于殿前，有花装男子百余人，皆裹角子向后拳。曲花幞[què]头，半着红，半着青锦袄。子义栏，束带丝鞋，各跨雕鞍花鞯。驴子分为两队，各有朋头一名，各执彩画球。杖谓之"小打"。一朋头用杖击弄球子如缀，球子方坠地，两朋争占，供与朋头。左朋击球子过门入盂为胜。右朋向前争占，不令入盂，互相追逐。得筹，谢恩而退。

文中的"驾"即指宋徽宗（孟元老就是他的臣民，写的当然是他）。"驴子分为两队"，可见是骑驴子"击鞠"。击球用的"杖"叫"小打"。"击鞠"者分"左朋"和"右朋"（即左右两队），还有"朋头"（队长），然后争球打门。不过，只有一个门，而且门内有一个"盂"（陶罐）。"左朋"以击球入"盂"为胜，"右朋"以阻止"左朋"击球入"盂"为胜。显然，这是比赛，而且很像现代马球赛。

既然皇上那么喜欢踢球和击球，大宋臣民便纷纷仿效，并视蹴鞠为高级娱乐，以至于陆游《春晚感事》诗曰：

寒食梁州十万家，秋千蹴鞠尚豪华。

不过，这种沉溺于蹴鞠的风气，时不时也有人出来阻止。譬如，宋亡之后的元朝，虽是蒙古人建立的朝代，蹴鞠之风却一如大宋。据《元史·阿沙不花传》：

不花平章政事，有近臣蹴鞠帝前，帝即命，出钞十五万贯赐之。阿沙不花顿首言曰："以蹴鞠而受上赏，则奇技淫巧之人日进而贤者日退矣，将如国家何，臣死不敢奉诏。"乃止。

阿沙不花是元武宗的中书右丞相,这样进谏,确是贤相,而元武宗听了阿沙不花的进谏,"乃止"——随即改过——应该说,还算圣明。

元武宗重赏蹴鞠之人固然不妥,但这并不妨碍元朝宫廷里的击鞠之乐。据陶宗仪《元氏掖庭记》:

> 嫔妃浴澡之余,则骑以为戏,或执兰蕙,或击球筑,谓之水上迎祥之乐。

可以想象,元朝宫廷里的那些嫔妃,都是体格壮硕的蒙古少女。她们骑马击球,不是再自然不过了?

其实,何止蒙古嫔妃以击鞠为乐,即便在宋代,也有女子蹴鞠高手。据[宋]周密《武林旧事》,当时民间有"齐云社""圆社"等球社;据[宋]灌圃耐得翁《都城纪胜》,还有"蹴鞠打球社"等,都是从事蹴鞠表演的班子,其中不仅有男高手,还有女高手,称为"女校尉",如[元]马端临《文献通考》称:

> (女校尉)衣四色,绣罗宽衫,系锦带,踢绣球,球不离足,足不离球,华庭观赏,万人瞻仰。

至于在元朝,甚至青楼女子也常常蹴鞠,还很得一班风流客的欣赏,为此作赋写诗。譬如,萨都剌[là],元朝大诗人、大画家,就曾写过一组"散曲",题为《妓女蹴鞠》,其中有"绝色婵娟,毕罢了歌舞花前宴,习学成齐云天下圆"之句。还有风流才子邓玉宾,更是以青楼女子踢球为题,写有一组称作《仕女圆社气球双关》的散曲,其"尾声"云:

> 解卸了一团儿娇,稍遍起浑身儿俏。
> 似这般女校尉从来较少。
> 随圆社常将蹴鞠抱抛,占场儿陪伴了些英豪。
> 那丰标!体态妖娆。
> 错认范的郎君他跟前入一脚,
> 点着范轻轻的过了,打重他微微含笑。
> 那姐姐见球来忙把脚儿跷。

语意双关,既在说青楼女子踢球,又在说青楼女子接客,如"解卸了一团儿娇,稍遍起浑身儿俏",是准备去踢球,还是准备去接客?两种意思都有。又如"错认范的郎君他跟前入一脚,点着范轻轻的过了,打重他微微含笑",是写踢球,还是写打情骂俏?两种意思都有。

然而,热闹了上千年的蹴鞠,到了明朝,却被朱元璋一纸诏书、明令禁止。按《大明律》:

　　凡蹴鞠者,卸足。

踢球要被砍掉双脚!如此严刑,谁还敢踢?不过,此严刑是针对大小官员的,平民百姓不在此例。所以,在明清两代,民间还是有人踢球的。只是,由于朝廷厌恶踢球,蹴鞠在民间也就成了低级娱乐,被视为只有两种人才会玩:一是贫家小儿;二是风尘女子。

贫家小儿踢球,往往连球也没有。于是,"鞠"变成了"毽"。按明人徐炬《事物原始》:

　　今时小儿,以铅锡为钱,装以鸡羽,呼为"箭子",三四成群走踢,有"里、外、廉、拖、抢""笔膝""突肚""佛顶珠""剪刀""拐子"名色,亦"蹴鞠"之遗意也。

"箭子"即毽子的最初名称。踢毽子,以代踢球。换言之,踢毽子源自蹴鞠。但有时,可能连毽子也没有。于是,就踢石子。按[清]富察敦崇《燕京岁时记》:

　　十月以后,寒贱之子,琢石为球,以足蹴之,前后交击为胜。盖京师多寒,足指疮冻,儿童踢弄之,足以活血御寒,亦"蹴鞠"之类也。

可见,蹴鞠在明清两代变成了踢毽子和踢石子,而且是小儿游戏,大人是不踢的。

不过,仍有一种人按古法蹴鞠。那就是妓院里的妓女。为什么妓女要蹴鞠?大概是为了逗客人开心。踢上几脚球,客人开始兴奋了。不过,妓女如果踢球踢

得太累,客人也会不高兴的。且看[清]褚人获《坚瓠集》里的一首诗,题为《美人踢球》:

> 蹴鞠当场二月天,香风吹下两婵娟。
> 汗沾粉面花含露,尘拂蛾眉柳带烟。
> 翠袖低垂笼玉笋,红裙曳起露金莲。
> 几回踢罢娇无力,恨杀长安美少年。

真有意思,据说是"黄帝作"的蹴鞠,在唐宋两代是皇家娱乐,到了明清两代,竟变成了这样。

二、投 壶

投壶原先不是娱乐,而是一种礼仪。《周礼》所称"六艺",即"礼、乐、射、御、书、数",其中的"射",即是投壶的前身。

"射"既是"艺"(武艺),又是"礼"(迎宾之礼)。上古文武不分,天子、诸侯迎接贵宾,要行射礼,即宾主先后射箭,以示尊意。后来,文武逐渐分离,不会射箭的文臣、文人越来越多,于是就以投壶代替射礼,即如《礼记》所言:

> 投壶,射之细也。

这里的"细"即文雅的意思。投壶,即文雅的射礼。

那么,投壶怎么投呢?简单得很,就是把箭(后来改为竹签)一支支投到一个壶里。但是,又复杂得很。因为,你知道,凡是王公贵族的事情,没有什么是简单的——再简单的事情,也会有许多名堂。就如喝茶有茶道,饮酒有酒经,投壶也有投壶之礼。

那么,如何行投壶之礼?这在《礼记》中说得很详细,如一开始:

> 主人奉矢,司射奉中,使人执壶。主人请曰:"某有枉矢哨壶,请以乐宾。"宾曰:"子有旨酒嘉肴,某既赐矣,又重以乐,敢辞。"主人曰:"枉矢哨

壶,不足辞也,敢固以请。"宾曰:"某既赐矣,又重以乐,敢固辞。"主人曰:"枉矢哨壶,不足辞也,敢固以请。"宾曰:"某固辞不得命,敢不敬从?"

"主人奉矢"即主人捧着箭。"司射奉中"即主持投壶之礼的人捧着"中"(即筹码,就如麻将台上用以记分的筹码)。后面主宾的对言,无非是客套,简单地说就是,主人说:"请投壶。"客人说:"不敢。"主人再说:"请投壶。"客人说:"不敢。"主人再说:"请投壶。"于是,客人说:"敬从。"——这就是所谓"三请"。

客人接受"三请"、拿好箭后,跟随主人进屋入席:

已拜受矢。进,即两楹间,退反位,揖宾就筵。

这里的"退反位"就是主人进去后,再反身退回、作揖,请宾客入席("揖宾就筵")。然后,司射尺量放"壶"的位置:

司射进度壶,间以二矢半,反位,设中东面,执八算,兴。

"二矢半"即两支半箭的距离。上古的箭多长?鬼知道!就算它两三米吧,再远了谁也投不进,岂不尴尬?"八算"就是前面说的"中"(筹码),"兴"就是宣布开始。

接着,就是宾主轮流投壶、记分,名目繁多。我不再引用,因为投壶之礼并非本文要点。不过,正因为投壶之礼名目繁多,它后来才被当作一种娱乐,因为你知道,娱乐就是要名目繁多,若简简单单,娱乐就不娱乐了。

在两汉,投壶之礼仍是庄重的古礼,如《后汉书·祭遵传》曰:

遵为将军,取士皆用儒术,对酒设乐,必雅歌、投壶。

但是到了西晋,投壶好像就不是什么"礼"了,如《晋书·石崇传》曰:

石崇有妓善投壶,隔屏风投之。

石崇是西晋大臣,不会不知古礼。然而,连他的家妓也"善投壶",可见投壶之礼早已式微,投壶成了一种游戏。

到了唐代,唐人讲到投壶时,则把它当作一种高雅娱乐,与书法、弹琴、博弈等相提并论。如《唐书·裴宽传》云:

> 宽,性通敏,工骑射、弹棋、投壶。

又如[唐]刘肃《大唐新语》云:

> 卢藏用博学,工文章,善草隶、投壶、弹琴,莫不尽妙。

又如[唐]韩愈《郑儋神道碑》云:

> 郑公与宾客朋游,饮酒必极醉,投壶、博弈,穷日夜而不厌。

到了宋代,也大抵如此。不过,宋代理学盛行,投壶也染上了理学色彩,如司马光在其《投壶新格》一书的序言中称:

> 是故投壶可以治心,可以修身,可以为国,可以观人。何以言之?夫投壶者,不使之过亦不使之不及,所以为中也。不使之偏颇流散,所以为正也。中正,道之根柢也。

为何说投壶"不使之过亦不使之不及""不使之偏颇流散"?即投出去的箭,既不能超过壶口,也不能不到达壶口,既不能偏左,也不能偏右,要正正好好投入壶口。他认为,做人也是如此,不能"过",也不能"不及",不能有失偏颇,要"中"而"正"。

不过,即使在宋代,投壶也不过是娱乐。既然是娱乐,总要有个玩法。那么,投壶怎么投法呢?主要有三种:

一称"三教同流",即:三人按"品"字形就座,每人带四支箭。三人各依所坐位置,分别向壶口、左右壶耳投掷。投入者获胜,不入者告负。若坐在左右两边的人把箭投入右左两边的壶耳,视为犯规。负者、犯规者皆罚酒一杯。

二称"蛇入燕巢",即:把壶放倒在平地上。然后,投掷者在规定距离外,俯身,在离地面数寸的高度将箭掷出。投入壶中者为胜,未投入或投入左右壶耳者,均判负,依例罚酒。

三称"备用兵机",即:两人在距壶八尺处,背朝壶而坐,然后把箭向肩后投出,投入壶口、壶耳者均为胜,不入者为负。负者罚酒一杯。

当然,这些是宋代的玩法。到了明代,也许是人们觉得古人用的壶太容易投,于是就做出难度较大的"秋千壶"和"丈二壶"等,用以投壶。所谓"秋千壶",就是把壶做成烛台状,细长的壶颈上置一横条,横条上置一大二小三个铁环。当箭投入壶口或壶耳时,三个铁环就会像秋千一样前后晃动,故称"秋千壶"。所谓"丈二壶",就是把壶做得很高,以增加投入难度——当然,"丈二"是夸张说法,就如"丈二和尚摸不着头脑"中的"丈二",即今四米。哪有那么高的和尚?哪有那么高的壶?

与此同时,明人投壶的名目也越来越多,就如[明]谢肇淛《五杂俎》所言:

> 今之投壶名最多,有春睡、听琴、倒插、卷帘、雁衔芦、翻蝴蝶等项,不下三十余种。

然而,对这些使投壶进一步娱乐化的做法,当时就有人表示不满,原因就在于投壶的"高贵出身"。譬如,[明]陆容在《菽园杂记》中写道:

> 投壶,射礼之变也。虽主乐宾,而观德之意在焉。后世若司马公图格,虽非古制,犹有古人遗意。近时投壶者,则淫巧百出,略无古意。如常格之外,有投小字、川字、画卦、过桥、隔山、斜插花、一把莲之类,是以壶矢为戏具耳。……近见镇江一处有铁投壶,状类烛檠[qíng],身为竹节梃[tǐng],下分三足,上分两岐,横置一铁条,贯以三圈,为壶口耳。皆有机,发矢触之,则旋转不定。转定复平,投矢其中。昔孔子叹觚[gū]不觚,其所感者大矣。今壶而不壶,能无感乎?盖世之炫奇弄巧,废坏古制,至此极矣,岂但投壶之非礼而已哉!

文中说"司马公图格",即指司马光的《投壶新格》。文中所说"镇江一处有铁投壶",即指"秋千壶"。至于说"昔孔子叹觚不觚,其所感者大矣。今壶而不壶,能无感乎",那是借孔子"上纲上线",称世人"炫奇弄巧,废坏古制"。

其实,哪有那么严重!区区一投壶,早就不是什么"古制"了。可能他不知道,一千多年前的西晋大臣石崇家里,就有一个家妓把投壶当游戏了。

可叹的倒是,明代还有人"炫奇弄巧",玩投壶,到了清代,甚至连"炫奇弄巧"的人也没有了。投壶销声匿迹了。

在清代,没有人玩投壶,甚至没有人提起投壶,多数人可能根本不知道投壶为何物。譬如,在颇接地气的沈复《浮生六记》里,你能看到清代的各种吃喝玩乐,但就是没有投壶。同样,在百科全书式的《红楼梦》里,也没有投壶。按理,《红楼梦》写的好像不是清代的人和事,那应该是有投壶的,因为清之前的各朝各代都有投壶,为什么拥有百科全书式头脑的《红楼梦》作者偏偏不写?原因可能是,连这位作者对投壶大概也不甚了了。

第七章　秋千　风筝

前章所说的两种古代娱乐,蹴鞠与投壶,已随古人而去,如今难觅踪迹。本章要讲的两种古代娱乐,秋千与风筝,竟然历经沧桑、流传至今。

一、秋　千

秋千,古书写作"鞦韆",最早见于南北朝时宗懔的《荆楚岁时记》:

> 春时悬长绳于高木,士女衣彩服,坐于其上而推引之,名曰"打鞦韆"。

后来,唐代高无际作《汉武帝后庭鞦韆赋》称,似乎汉武帝时就有秋千,但他此说无凭无据,似有凭空杜撰之嫌(当然,他是作赋,并非修史,凭空杜撰也无可厚非)。其实,无论是在《史记》中,还是在《汉书》中,均无"鞦韆"二字。当然,史书没有记载不等于没有此物,但因为没有记载,你若问:"秋千起于何时?"我只能回答:"不知道。"

那么,你若问:"秋千起于何地?"又如何回答?〔北宋〕高承《事物纪原》这样答道:

> 《古今艺术图》曰:北方戎狄,爱习轻巧之能,每至寒食为之,后中国女子学之,乃以彩绳悬树立架,谓之"秋千"。或曰:本山戎之戏也,自齐桓公北伐山戎,此戏始传中国。一云正作"秋千",字为"秋迁",非也,本出自汉

宫祝寿词也,后世语倒为"秋千"耳。

他说秋千来自"北方戎狄"或"山戎",齐桓公时传入中国。又说"秋千"本作"千秋",原是"汉宫祝寿词",后"倒为'秋千'"。但这些都是传说而已,没有确凿依据。他所引《古今艺术图》所言,乃是孤证,没有其他史料佐证,仅供参考,不足为凭。

由此看来,秋千起于何时何地,均不得而知。毕竟,玩具一件,不被注意也属正常。好在,秋千至今仍有,而且无大变化,因而我也就无须说明秋千何等模样、怎么玩法了。

那么,秋千在古代是不是人人都玩?当然不是。从前面所引高承《事物纪原》即知,是"中国女子学之",也就是女人玩的,男人不玩(至少在"中国"是这样)。什么时候玩呢?《事物纪原》说"北方戎狄"是"每至寒食为之",即每年寒食节时玩秋千(男人玩?还是女人玩?还是男女都玩?没说)。《荆楚岁时记》说是"春时"。这就对了。寒食节即清明时节,在"春时"。也就是说,秋千原本不是一件常备的玩具,而是在清明时节临时弄出来的,很简单,就是把一根绳子的两头系在两根树枝上,人坐在绳子上前后摇荡,故而也叫"荡秋千"。

为什么"春时"要"荡秋千"?为什么是女人"荡"?关于这个问题,没有一本书里有明确答案。但是,琢磨一些古代笔记和诗词,隐约可见,"春时"女人"荡秋千"似乎有某种情色意味。来看几个例子,先看五代时王仁裕《开元天宝遗事》:

天宝宫中,至寒食节,竞竖鞦韆,令宫嫔辈戏笑,以为宴乐。帝呼为半仙之戏,都中士民因而呼之。

把荡秋千称作"半仙之戏",意指荡秋千的女子似乎在空中飞,衣裙飘起,令人心动。再看[唐]王建《鞦韆词》:

长长丝绳紫复碧,袅袅横枝高百尺。
少年儿女重鞦韆,盘巾结带分两边。
身轻裙薄易生力,双手向空如鸟翼。
下来立定重系衣,复畏斜风高不得。

> 傍人送上那足贵,终睹鸣珰斗自起。
> 回回若与高树齐,头上宝钗从堕地。
> 眼前争胜难为休,足踏平地看始愁。

你看,"少年儿女重鞦韆""身轻裙薄易生力,双手向空如鸟翼""下来立定重系衣,复畏斜风高不得",关键是荡秋千时女子的衣裙会掀起,飘飘如仙。再看[元]萨都剌《鞦韆谣》:

> 寒梅零落春雪洒,萧郎腰瘦无一把。
> 澹黄杨柳未成阴,何人已系青骢马。
> 画楼深处迎春归,鞦韆影里红杏肥。
> 濛濛花气湿人面,东风吹冷轻罗衣。
> 衣上粉珠流不歇,暗解翠裙花下折。
> 殷勤莫遣燕子知,会向人间报风月。

你看,仍是衣裙惹人注意,"东风吹冷轻罗衣""衣上粉珠流不歇,暗解翠裙花下折"。最后还挑明,他心动了,"殷勤莫遣燕子知,会向人间报风月"。"风月"是男女之事的隐晦语。再看[明]周复俊《鞦韆咏》序:

> 昔人赋《丽人行》而近世学士亦有鞦韆之作,其思一也。惜词谢雅驯、情流绮靡,君子讥之。余乃借反骚以见志,而率道之以正焉。

他要"借反骚以见志,而率道之以正",是因为"鞦韆之作,情流绮靡",因为太长,不便全引,仅引出其中几句以见一斑:

> 闺中少女怯春眠,日日行游玉砌偏。
> ……
> 彩丝荡颭浑无迹,绣柱萦纡会有缘。
> ……
> 丹榕一任丹霞落,翠带双飘翠叶搴。

>　　绝伎渐惊凌幻化,纤肢宜妒为婵娟。
>　　……

你看,这里又是"春眠",又是"有缘",又是"丹襟",又是"翠带",尤其是"纤肢宜妒为婵娟","纤肢"像月色("婵娟")一样皎洁,看得人心里发痒("宜妒")。这还不算"情流绮靡"？再看［明］马臻《鞦韆》：

>　　绿窗美人闭深院,燕语莺啼春事半。
>　　画栏睡足四无人,空与东君说幽怨。
>　　彩绳袅袅挂青烟,罗袜纤纤翩翠袖。
>　　红妆高出墙头花,绣带斜飞亭际柳。
>　　香风荡漾春谁主,愿学飞仙飞不去。
>　　黄昏溪月浸梨花,背立鞦韆悄无语。

一首题为《鞦韆》的闺怨诗。可恨"闭深院""四无人",于是就去荡秋千。然而"香风荡漾春谁主,愿学飞仙飞不去",最后只好暗自作罢,"背立鞦韆悄无语"。再看［明］蔡羽《鞦韆怨》：

>　　丹楯朱干傍花砌,青丝流苏两头系。
>　　葡萄结束相思带,玉钗斜挽盘龙髻。
>　　对对来寻花下绳,双双去作云间戏。
>　　难消寂寂玉楼情,可惜青青芳草地。

所以,真正的大家闺秀,如《红楼梦》里的"金陵十二钗",如林黛玉、薛宝钗等,是断不会去荡秋千的。

所以,不妨大胆猜测(因为很难考证),当初在"北方戎狄"那里,荡秋千本是女人挑逗男人的一种游戏。

后来,"中国女子学之"。为什么是"女子学之"？显然,只有女子才荡秋千,而且是荡给男子看的——至少,最初的荡秋千是如此。

当然,后来也有几个女子一起荡秋千,甚至一个女子单独荡,没有男子在场。

那就纯粹是玩乐了。只是,由前面引出的历代"秋千诗"看来,荡秋千似乎总和男女有关——至少,在古代是如此。

二、风　筝

在古代,只有小家碧玉或青楼女子才荡秋千,大家闺秀不会荡,村妇贫女也不会荡。但是,放风筝好像没有等级区别,也没有男女之分,不论贫富贵贱、男女老少,似乎都放风筝。其实,并不是一开始就是这样的,风筝并不是一开始就在民间放的。

那么,民间放风筝始于何时?你往下看就知道了。现在可确定两点:一、风筝也称"纸鸱[chī]""纸鸢[yuān]""纸鹞",因而要有造纸术,才会有风筝;二、风筝传入民间后,不仅仅是为了玩,还是一种民间巫器,即:放风筝祛邪祈福。

先说第一点,"纸鸱""纸鸢""纸鹞"。首先,[元]林坤在《诚斋杂记》中所言:

>韩信约陈豨[xī]从中起,乃作纸鸢放之,以量未央宫远近,欲穿地入宫中。

肯定是错的。说纸鸢是韩信为侦察未央宫所作,怎么可能?纸要到东汉蔡伦造纸才有,西汉的韩信用什么作"纸"鸢?

那么,纸鸢起于何时?据[宋]司马光《资治通鉴》:

>梁武帝太清三年,有羊车儿献策,作纸鸱系以长绳,写敕于内,放以从风,冀达众军,题云"得鸱送援军,赏银百两"。

这里的"纸鸱"显然是梁武帝时的叫法,因为[元]胡三省注曰:"纸鸱,即纸鸢也,今俗谓之纸鹞。"可见,到了元代,"纸鸱"的叫法已相当陌生,需要加注,而"纸鸢"好像是通常称呼,"纸鹞"则是俗称。

这里说到"梁武帝",即表明,那是南北朝,还说到一个"作纸鸱"的创始人——"羊车儿"。那可不可以说,放风筝始于南北朝?可以这么说,但并不准确,因为这里说到的"作纸鸥"是宫廷密谋,与民间的"放风筝"相去甚远。

其后,我们知道,唐代的唐采和杨誉都曾作过《纸鸢赋》,还有司空曙和高骈都曾写过《风筝》诗。但是,唐采、杨誉笔下的"纸鸢",和羊车儿的"纸鸥"一样,是一种神奇的飞行物,并非后来民间的风筝。至于司空曙、高骈写的《风筝》诗,其实写的是风声,称风声和筝的声音一样动听。所以,作为民间活动的"放风筝",确切的起始时间还得考察。

据[明]陈沂《询刍录》所言:

> 五代李邺于宫中作纸鸢,引线乘风戏。后于鸢首,以竹为笛,使风入竹,如鸣筝,故名风筝。

这五代时李邺的"纸鸢",不同于此前如羊车儿的"纸鸥",没有其他目的,只是"引线乘风戏"(好玩而已)。还有一点值得注意,这里的"纸鸢"和羊车儿的"纸鸥"显然不同,是有声音的。羊车儿的"纸鸥"肯定没有声音(所以,不能叫"风筝"),因为那是梁武帝用以通风报信的"间谍",怎么会呀呀作响?不过,即便是李邺的这种"纸鸢",也仅在宫中放,是一种宫廷娱乐,而非民间活动。

那么,这种宫廷娱乐是何时传到民间的?至少在五代时还没有。在其后的北宋,好像也没有,因为在[南宋]王明清的《挥麈后录》中,有这样一则与放纸鸢有关的记述:

> 徽宗初践祚,曾文肃公当国。禁中放纸鸢,落人间,有以为公言者。公翌日奏其事。上曰:"初无之,传者之妄也。当令诘治所从来。"公从容进曰:"陛下即位之初,春秋方壮,罢朝余暇,偶以为戏,未为深失。然恐一从诘问,有司观望,使臣下诬服,则恐天下向风而靡,实将有损于圣德。"上深惮服,然失眷始于此也。

这里说的是曾文肃因纸鸢之事而失宠。怎么回事呢?"禁中"(宫中)放纸鸢,落到了宫外,有人说这是曾文肃在搞什么事。曾文肃第二天便向宋徽宗奏明此事。宋徽宗说:"此事与你无关,是有人诬蔑你。应该下令查明此事。"曾文肃坦然说:"宫中放纸鸢,本是区区小事,但要一追查此事,反而让人觉得我好像有可疑之处。这样传出去,传得飞飞扬扬,恐怕有损陛下用人不疑的圣德。"宋徽宗听了,不得不服,但也开始不喜欢曾文肃了。

其实,曾文肃失宠不失宠,跟我们有何相干?我们关注的是纸鸢。我们看到,那时"禁中放纸鸢",而且是"偶以为戏"。也就是说,在北宋末年,放纸鸢还仅是一种宫中娱乐,而非民间活动。否则,宫中纸鸢落到宫外,何必大惊小怪?

然而,我却读到[南宋]陆游的一首诗:

雨余溪水掠堤平,闲看村童谢晚晴。
竹马踉跄冲淖去,纸鸢跋扈挟风鸣。
三冬暂就儒生学,千耦还从父老耕。
识字粗堪供赋役,不须辛苦慕公卿。

此诗题为《观村童戏溪上》,其中第四句,请注意:"纸鸢跋扈挟风鸣。"这大概不会是虚构吧,他说他看到"村童"在放纸鸢,而且那纸鸢还有声音——"挟风鸣"。也就是说,那时的风筝还真是风"筝",和陈沂在《询刍录》中所说的一样,会发出筝声。那时,仅为南宋,与北宋末代皇帝宋徽宗相隔仅几十年(宋徽宗,1082—1135。陆游,1125—1210)。也就是说,仅仅在几十年间,纸鸢不仅从宫中传到民间,还成了"村童"的玩具?是的,就是这样!很可能是因为大宋朝廷南迁,纸鸢流落到了民间。

关于风筝的起源和流变,大体考证下来就是这样。最初的"纸鸱"是南北朝梁武帝宫中的一项"发明",为的是秘密传递情报。后来五代时李邺所作的"纸鸢",是名副其实的"风筝",是有声音的,但这种"纸鸢",自五代到北宋末年,一直是一种宫廷玩具。至南宋初期,这种宫廷玩具从宫中流出,成了民间玩具。

正因为这种"纸鸢"(或"风筝")是从宫廷流传到民间的,所以其制作也就越来越简单。最明显的变化是,民间的风筝渐渐变得没有声音了,但依然名不副实地叫"风筝",一直叫到今天。

那么,当初在南宋短短几十年间,为何风筝在民间会普及得那么快?这就是我要说的第二点:人们赋予了风筝新的功能,即:除了玩,放风筝还可以祛邪祈福。

不过,并不是任何时候放风筝都可以祛邪祈福的,要到清明节放,才会有此功效。也就是说,从南宋的某个时期开始,民间逐渐形成了清明节放风筝的习俗。后来,这一习俗在元、明、清三代一直流传。直到今天,可能有些地方仍有这一习俗的遗痕。

就以距今最近的清代为例,诸多清人笔记提及清明节放风筝。譬如,潘荣陛《帝京岁时纪胜》曰:

> 清明扫墓,倾城男女,纷出四郊,提酮挈盒,轮毂相望。各携纸鸢线轴,祭扫毕,即于坟前施放较胜。

扫墓时在坟前放风筝,当然有特殊含义,而且,那是真正的"放"风筝,即:等风筝上天后,剪断风筝线,让风筝随风飘走,就如顾禄《清嘉录》所言:

> 春之风自下而上,纸鸢因之而起,故有"清明放断鹞"之谚。

为何要"放断鹞",把风筝"放"了?因为那风筝上写着祛邪祈福的词语,人们希望它会带走晦气、厄运和疾病。

这在《红楼梦》里也能看到。林黛玉多病,李纨劝她说:"放风筝,图的就是这一乐,所以叫放晦气,你该多放些,把病根儿带去就好了。"这是放掉自己的晦气。而当紫鹃想去捡别人的一个断线风筝时,探春忙阻止她说:"拾人走了的,也不嫌个忌讳?"这是不能捡别人的晦气。可见,清明节放的风筝,浑身都是晦气。

不过,我得赶紧打住。不然,你会说:"你讲放风筝是讲古人娱乐,怎么尽讲些多病啦、晦气啦,这是娱乐吗?"对!对!我应该讲作为纯粹娱乐的放风筝。

实际上,除了清明节放风筝有祛邪祈福之意,其他任何时候放风筝都只是为了娱乐。也就是说,在古代,风筝通常是一种玩具,一年只有一次充当一下祛邪祈福的巫器。不过,即便是清明节放风筝,祛邪、祛晦气,你以为人们是愁眉苦脸的吗?不是的,他们照样嘻嘻哈哈、高高兴兴。他们是觉得,既能玩,又能祛晦气,何乐而不为?——古代中国人,精明得很!

第八章　斗鸡　斗虫

就像古罗马人以斗兽为乐，古代中国人以斗禽、斗虫为乐。只要会斗的禽类，古人都拿来斗，如斗鸡、斗鸭、斗鹅、斗鹌鹑；只要会斗的虫类，古人也都捉来斗，如斗蟋蟀、斗蚂蚁、斗蝈蝈、斗黄铃，甚至还有斗鱼、斗乌龟、斗刺猬。在所有斗禽、斗虫中，作为古人一大娱乐的是斗鸡，还有斗蟋蟀。其他，则是偶一为之。

一、斗　鸡

鸡在前面第三章中已讲过，那是鸡的"主业"——供人吃。现在要讲的是鸡的"副业"——供人玩。也就是说，在古代中国，鸡不但是食物，还是玩具。

早在春秋时，就有斗鸡，见《春秋左传·昭公二十五年》：

> 季郈[hòu]之鸡斗。季氏介其鸡，郈氏为之金距。平子怒，益宫于郈氏，且让之。故郈昭伯亦怨平子。

《春秋左传》很难懂，若要逐字解释，既麻烦又需篇幅，好在［西汉］刘安《淮南子》对此作过一番"演义"，抄在下面，你大概能看懂，而且比我做解释要有趣得多：

> 鲁季氏与郈氏斗鸡，郈氏介其鸡，而季氏为之金距。季氏之鸡不胜，季平子怒，因侵郈氏之宫而筑之，郈昭伯怒，伤之鲁昭公曰："祷于襄公之庙，舞

者二人而已,其余尽舞于季氏。季氏之无道无上久矣,弗诛,必危社稷。"公以告子家驹。子家驹曰:"季氏之得众,三家为一。其德厚,其威强,君胡得之!"昭公弗听,使邱昭伯将卒以攻之。仲孙氏、叔孙氏相与谋曰:"无季氏,死亡无日矣。"遂兴兵以救之。邱昭伯不胜而死,鲁昭公出奔齐。

看出来了吗,发生了什么事?很荒唐,这鲁国的季家与邱家两大豪门,斗鸡相互作弊,一个在鸡身上涂泥巴("介其鸡"),一个在鸡脚上装钩子("为之金距"),结果邱家的鸡赢了,季家不服,告之国君鲁昭公。鲁昭公与谋士子家驹商量,子家驹称,季家势众,应该帮季家。鲁昭公不听,反而鼓动邱家兴兵去打季家。此时,另两家,仲孙家和叔孙家,见此商量,认为季家若败,他们也会倒霉,于是就兴兵去救季家。结果呢,邱家大败,家父邱昭伯死,鲁昭公逃往齐国。

用现在的话来说,这是三方联合的一场"军事政变",而且成功了,迫使执政者流亡国外。然而,导致这场军事政变的原因,竟是斗鸡作弊!你说荒唐不荒唐?幼稚不幼稚?不过,上古乃中国之幼年,幼稚、荒唐也属正常。

春秋时大概只有像季氏与邱氏这样的豪门才有条件斗鸡,因为要拥有一只会斗的公鸡,对于那时的庶人来说,简直想都不敢想。但是,到了战国时,好像就有地方也有庶人以斗鸡为乐。《史记·苏秦传》曰:

> 临菑甚富而实,其民无不吹竽、鼓瑟、弹琴、击筑、斗鸡、走狗、六博、蹴鞠者。

既然在堂堂《史记》中特别指出,临菑这地方的庶人也有娱乐,可见这非同寻常。寻常情况则可从《庄子》中看出,那里有一段记述,说的正是养斗鸡:

> 纪渻[shěng]子为周宣王养斗鸡。十日而问:"鸡已乎?"曰:"未也,方虚骄而恃气。"十日又问,曰:"未也,犹应向景。"十日又问,曰:"未也,犹疾视而盛气。"十日又问,曰:"几矣。鸡虽有鸣者,已无变矣,望之似木鸡矣,其德全矣,异鸡无敢应者,反走矣。"

看见否,纪渻子为"周宣王"养斗鸡。这里的"养",从后文看,意为"驯"。也就是说,只有天子、诸侯才拥有斗鸡,而且斗鸡是有专人驯养的,并非随便抓两只公鸡来就叫斗鸡。至于后面说驯斗鸡怎样怎样,你若看不懂也无所谓,这无关紧要。

反正,在春秋战国时,斗鸡一开始就是诸侯豪门的高级娱乐。后来呢?到了汉朝,除了"诸王",不乏皇帝、高官重臣跻身斗鸡之列。《汉书·宣帝纪》云:

> (宣帝早年)受《诗》于东海澓[fú]中翁,高材好学,然亦喜游侠,斗鸡、走马,具知闾里奸邪、吏治得失。

汉宣帝刘询,年轻时随"东海澓中翁"习读《诗经》,但也喜欢游侠、斗鸡、赛马,故而"闾里奸邪、吏治得失"无所不知。这里似乎隐含斗鸡、赛马和"闾里"相关的意思,也就是说,当时民间流行斗鸡、赛马?有可能。

至于"诸王"热衷于斗鸡,就如[汉]刘歆《西京杂记》所云:

> 鲁恭王好斗鸡、鸭及鹅、雁,养孔雀、鵁[jiāo]鶄[jī],俸谷一年费二千石。

这里可见,在汉代,不仅有斗鸡,还有斗鸭、斗鹅、斗雁,而这位鲁恭王,显然是"禽类爱好者",不是喜欢"吃",而是喜欢"斗"。

高官重臣,沉迷于斗鸡,大多是因为官场失意,自暴自弃,如《史记·袁盎晁错列传》所言:

> 吴楚已破,上更以元王子平陆侯礼为楚王,袁盎为楚相。尝上书有所言,不用。袁盎病免居家,与闾里浮沉,相随行,斗鸡、走狗。

袁盎为楚相,上书不为所用,称病辞官,在家里和一帮平民百姓混在一起,斗鸡、赛狗。这里证实了,早在西汉时,斗鸡就已从宫廷传入民间,不仅是宫廷娱乐,也是民间娱乐。

不过,也早在西汉,朝廷就曾整治过民间的"斗鸡之风"。《汉书·食货志下》云:

所忠言："世家子弟富人或斗鸡、走狗马、弋猎博戏，乱齐民。"乃征诸犯令，相引数千人，名曰株送徒。

所忠是汉武帝宠信的太监，他举报说："富家子弟沉溺于斗鸡、赛马、赛狗之类，易乱民心。"于是，汉武帝下令，抓捕声色犬马的富家子弟，抓到一个，要他供出同伙。这样一连抓到几千个（"株送徒"）。可见，当时奢靡之风之盛行，而其中，就包括斗鸡。

然而，即便是朝廷也只能压制一下民间的"斗鸡之风"。斗鸡是禁止不了的。这样到了魏晋南北朝，不仅宫廷和民间时不时有人以斗鸡为乐，还时不时有文人骚客，赋诗题词，歌咏斗鸡之精彩。如"三国"时的刘桢、曹植这样的大诗人，也曾写过"斗鸡诗"。

刘桢的《斗鸡诗》云：

丹鸡被华采，双距如锋芒。
愿一扬炎威，会战此中唐。
利爪探玉除，瞋目含火光。
长翘惊风起，劲翮正敷张。
轻举奋勾喙，电击复还翔。

今天看来，真有点叫人想不明白。成年人，看两只公鸡打架，看得津津有味，已属无聊，还要这么豪言壮语地写出来，有意思吗？不过，说不定他另有所指，是借斗鸡写出自己的心情、自己的抱负？若这样，那就高深莫测了——吾等俗人，不配欣赏。

曹植的《斗鸡诗》云：

游目极妙伎，清听厌宫商。
主人寂无为，众宾进乐方。
长筵坐戏客，斗鸡间观房。
群雄正翕赫，双翘自飞扬。
挥羽激清风，悍目发朱光。

觜落轻毛散,严距往往伤。
长鸣入青云,扇翼独翱翔。
愿蒙狸膏助,常得擅此场。

这倒写得不无讽意,说主人无聊("寂无为"),邀客人看斗鸡,而且他最后歌咏的是失败者——那只被打败的鸡——"长鸣入青云,扇翼独翱翔"。也许是暗指他自己吧,因为我们知道,这曹子建虽然贵为王子、声名显赫,写起诗来却往往黯然神伤。

在西晋,有傅玄的《斗鸡赋》,其意和刘桢的《斗鸡诗》差不多,如开头写斗鸡的羽毛:

始玄羽黝而含曜兮,素毛颖而扬精,红缥侧于微黄兮,翠彩蔚而流青。五色错而成文兮,质光丽而丰盈。

至于南北朝的"斗鸡诗",有[梁]简文帝的《斗鸡诗》和[陈]褚玠的《斗鸡东郊道诗》等,但都是步刘桢和曹植的后尘,无多新意。

所以,我们直接跳到唐朝,看史书如何记载唐人斗鸡。《新唐书·王勃传》云:

(王勃)年未及冠,授朝散郎,数献颂阙下。沛王闻其名,召署府修撰,论次《平台秘略》。书成,王爱重之。是时,诸王斗鸡,勃戏为文《檄英王鸡》。高宗怒曰:"是且交构。"斥出府。

王勃二十岁不到("年未及冠")就做官("授朝散郎"),很幸运。但马上就倒霉,遭贬逐("斥出府")。原因是他技痒,写《檄英王鸡》一文,无意间介入了诸王纷争。

不过,王勃倒不倒霉不关我们的事,我们注意到的是,唐高宗时,"诸王斗鸡"。你看,"诸王",即唐高宗的亲弟堂兄、叔父侄儿,都喜欢斗鸡,可见斗鸡是唐高宗时的皇家娱乐。然而,这并不是唐代的"斗鸡鼎盛期"。真正斗鸡斗得热火朝天的,是唐玄宗开元年间。看看下面《旧唐书》的记载:

> 玄宗即位,召拜殿中少监,数召入卧内,命之舍敬,曲侍宴私,与后妃连榻,间以击球、斗鸡,常呼之为姜七而不名也。(《旧唐书·姜皎传》)
>
> 玄宗好斗鸡,贵臣、外戚皆尚之。(《旧唐书·五行志》)
>
> 开元十年……王铼之子准,为卫尉少卿,出入宫中,以斗鸡侍帝左右。(《旧唐书·列传第一百四十一》)

你看,一个姜皎,一个王准,都因为会斗鸡而得宠于唐玄宗。这可谓"志同道合"。正因为"玄宗好斗鸡",宫廷大臣、皇亲国戚都纷纷效仿,一时间:

> 诸王日朝侧门,既归,即具乐,纵饮、击毬、斗鸡、驰鹰犬为乐,如是岁月不绝。(《新唐书·三宗诸子让皇帝宪传》)

你看,那时的大唐皇室,全是"具乐"高手,早上去见过皇上后,回来就"纵饮、击毬、斗鸡、驰鹰犬",一个个声色犬马、尽情享受。

据说,唐玄宗开元年间是继"贞观之治"后的又一个"盛世",史称"开元之治",物产丰饶、国泰民安——也许是吧,不然的话,若是内忧外患、民不聊生,那就是皇亲国戚、六部九卿,大概也没有那么多闲情逸致,寻欢作乐、斗鸡走狗。

既然是上行下效,那么不难推测,唐玄宗开元年间的大唐民间,也一定是斗鸡成风。为什么要"推测"?因为,你知道,"二十四史"中几乎没有民间事。既然无据可查,那就只能推测。好在除了"二十四史",还有许多野史稗说,虽不足为凭,但也并非空穴来风、一派胡言,至少可作一旁证。譬如,[宋]李昉《太平广记》中收有一篇传奇小说,题为《东城老父传》,又称《贾昌传》,唐人陈鸿祖所作。此小说所写,即开元年间,长安宣阳里出了一个"神鸡童",叫贾昌,因善于驯养斗鸡而得宠于唐玄宗,从此飞黄腾达。小说中称:

> 玄宗在藩邸时,乐民间清明节斗鸡戏。及即位,治鸡坊于两宫间。索长安雄鸡,金毫铁距、高冠昂尾千数,养于鸡坊。选六军小儿五百人,使驯扰教饲。上之好之,民风尤甚。

这不会是小说家的虚构,否则会贻笑大方。其中说,唐玄宗还是藩王时,就喜欢"民间清明节斗鸡戏"。可见,在唐朝,民间清明节流行斗鸡。又说,唐玄宗登基后,在宫内修筑"鸡坊",饲养斗鸡"千数",故而要派"五百"士兵负责照管。又说,"上之好之,民风尤甚"。民间斗鸡热,较之于宫廷,有过之而无不及。

这就是唐玄宗开元年间的大唐,上至宫廷,下至民间,一派盛世景象——斗鸡。那么,后来呢?后来虽没有那么热闹,但遗风犹存,斗鸡仍是宫廷与民间的爱好。可以说,整个大唐二百九十年,斗鸡之声从未平息过。

正因为如此,如果你在《全唐诗》中看到有许多"斗鸡诗",那是不足为奇的。譬如,杜甫有《斗鸡》一诗,李白《古风》中有"路逢斗鸡者,冠盖何辉赫"句,韩愈和孟郊有《斗鸡联句》,杜淹有《咏寒食斗鸡》,韩偓有《观斗鸡偶作》,等等。

然而,奇怪的是,从西汉一直延续至唐代的宫廷斗鸡娱乐,突然在大宋宫廷中消失了。在《宋史》中,找不到任何与大宋君臣斗鸡有关的记述,那只能说大宋皇室从不斗鸡。原因何在?这大概和大宋皇室不食牛肉一样,和赵匡胤有关,但又找不到赵匡胤禁止宫内斗鸡的任何证据。反正,大宋皇帝(如前所述)喜欢蹴鞠(踢球),不喜欢斗鸡(原因待考)。

皇帝不斗鸡,内宫和廷臣当然不会有此娱乐(至少不会公开有,偷偷地搞,那又何从得知?史书不会记载)。但这不等于民间也不斗鸡。事实上,无论在宋代,还是在其后的元、明、清三代,斗鸡就像赌博一样,一直是民间的热门娱乐。

正因为斗鸡仅是民间娱乐,因而在宋史中,只有在记述皇帝出巡、百姓庆贺时,才会提到斗鸡。如《宋史·礼志》言:

> (皇帝)由乾元门西偏门出至门外,马技骑士五十人,枪牌步兵六十人,教坊乐工六十五人,及百戏、蹴鞠、斗鸡、角抵次第迎引,左右军巡使具军容前导,至本宫。

这是皇帝出宫巡幸时的情形:宫廷仪仗,雄壮威武,以示皇家尊严;黎民百姓,以"百戏、蹴鞠、斗鸡、角抵"相迎,以示民间安乐。从这里可看出,"蹴鞠、斗鸡、角抵"是当时民间的三大娱乐(至于"百戏",是各种娱乐的总称。古人行文,往往不太严谨)。

还有在宋人笔记中,记述某节庆日的民间活动时,也会提到斗鸡,如《东京梦华录》言：

> 自早,呈拽[zhuài]百戏,如上竿、趯[yuè]弄、跳索、相扑、鼓板、小唱、斗鸡、说诨话、杂扮、商谜、合笙、乔筋骨、乔相扑、浪子、杂剧、叫果子、学像生、倬[zhuō]刀、装鬼、砑[yà]鼓、牌棒、道术之类,色色有之。

这是记述"六月六日崔府君生日、二十四日神保观神生日"时说到的。"崔府君"即崔子玉,唐人,唐太宗贞观年间长子县县令,传说他"昼理阳事、夜断阴府",死后被玉帝封为土地神,等等。所以,到了宋代,民间为他建祠祀之,并将他的生日定为节日(就如宋人包拯,生前并不神奇,苏东坡认识他,范仲淹还曾是他的上司,但到了明代,所谓"包公""包青天",越说越神,民间还为他建祠祀之)。至于"神保观神",不知何方神圣,有人说是"二郎神"……

但这和斗鸡有何相干?是的,离题了!回头来说斗鸡。这里的"百戏",表述得较合逻辑,是总称。后面一长串,就是宋朝的各种民间娱乐,其中除了斗鸡,还有我在下一章要讲到的相扑,其他真不知道是些什么玩意儿!

还有[南宋]耐得翁的《都城纪胜》,在说到都城里的"闲人"时,提到了斗鸡：

> 又有专为棚头,又谓之"习闲",凡擎鹰、驾鹞、调鹁鸽、养鹌鹑、斗鸡、赌博、落生之类。

这位耐得翁(显然是笔名,不知是谁)好像对斗鸡大不以为意,说斗鸡、养鹌鹑、赌博之类,是那些"棚头"、那些"习闲"(闲惯之人)的恶俗娱乐。"棚头",顾名思义,就是"棚里的头头",就是那些专事斗鸡、逐兔、赌博并以此为业的人。

还有[南宋]吴自牧的《梦粱录》,和耐得翁的《都城纪胜》很相似,也有"闲人"一节,其中说到斗鸡：

> 又有专为棚头,斗黄头,养百虫蚁、促织儿,又谓之"闲汉",凡擎鹰、架鹞、调鹁鸽、斗鹌鹑、斗鸡、赌博、落生之类。

这不是抄袭吗？稍稍改了几个字而已。但到底是吴自牧抄袭耐得翁，还是耐得翁抄袭吴自牧，却很难判断。因为没人知道吴自牧的生卒年，而耐得翁到底是谁，都没人知道，只知道他们都是南宋人。不过，凭我的语感，我觉得抄袭者是吴自牧。他在耐得翁的那句话里加了"斗黄头，养百虫蚁、促织儿"几个字，又把"习闲"改为"闲汉"，把"养鹌鹑"改为"斗鹌鹑"，如此而已——当然，这是我的个人感觉，不足为凭，说说而已。

不管怎样，我们知道，斗鸡到了宋朝已从宫廷娱乐"沦落"到了民间娱乐，而且在当时就有人鄙视它，认为那是"闲汉"的粗俗娱乐，文人雅士断不会去看公鸡打架的。

那么，后来呢？后来就到了明朝。明人谢肇淛写《五杂俎》，其中曰：

古人有斗鸭之戏，今家鸭岂解斗耶？斗鸡则有之矣。江北有斗鹌鹑，其鸟小而驯，出入怀袖，视斗鸡又似近雅。

注意他说"斗鸡则有之矣"，又说斗鹌鹑"视斗鸡又似近雅"。看来，斗鸡从唐朝宫廷流落到宋朝民间，现在到了明朝，虽然仍"有之"，但在谢肇淛这样的文人看来，还不及斗鹌鹑来得文雅一点。换言之，斗鸡在他看来实在粗俗不堪。

然而，天下终究是粗人多、俗人多，明朝仍有许多如耐得翁所说的"棚头"，或如吴自牧所说的"闲汉"，热衷于斗鸡，如［明］袁宏道《山居斗鸡记》里所述，即是。尤其是在明熹宗天启年间，甚至有许多富家子弟、读书人，也以斗鸡为乐，而且以此赌博。譬如，张岱，既是富家子弟，又是读书人，就曾混迹于一帮纨绔子弟间，斗鸡、赌博。但后来，他忏悔了，并在《陶庵梦忆》中写了《斗鸡社》一文：

天启壬戌间好斗鸡，设斗鸡社于龙山下，仿王勃《斗鸡檄》，檄同社。仲叔秦一生日，携古董、书画、文锦、川扇等物与余博，余鸡屡胜之。仲叔忿懑，金其距，介其羽，凡足以助其膼[bì]脖敠[duō]咪[zhòu]者，无遗策。又不胜。人有言，徐州武阳侯樊哙子孙，斗鸡雄天下，长颈乌喙，能于高桌上啄粟。仲叔心动，密遣使访之，又不得，益忿懑。一日，余阅稗史，有言唐玄宗以酉年酉月生，好斗鸡而亡其国。余亦酉年酉月生，遂止。

你看,这帮膏粱子弟,设所谓"斗鸡社",其实就是聚众赌博,赌资竟然是"古董、书画、文锦、川扇",还想方设法作弊,"金其距,介其羽",连《春秋左传》里"季郈斗鸡"的那一套也用上了。当然,他说唐玄宗因"好斗鸡"而亡国是言过其实,倒是因为他也是"酉年酉月生",所以怕了,不敢斗鸡了。怕什么?他又无国可亡。也许,是怕像唐玄宗痛失杨贵妃那样,失去爱妾——因为他一生所爱,除了玩,就是妾。

既然斗鸡弄得像犯罪一样,接着还有什么好说呢?斗鸡的名声越来越坏。到了清代,不仅读书人不屑斗鸡,连城里人也不再斗鸡。或许,某些乡下土财主还会弄几只好斗的公鸡来斗一斗,乐一乐;或许,某些乡下小儿还会把自己家里养的公鸡抱出来斗着玩,文人雅士却是连提都不会提。所以,我在清代文人笔记中查找有关斗鸡的记述,结果一无所获。

二、斗蟋蟀

古代中国人的这种娱乐,可谓全世界绝无仅有。蟋蟀,一种小昆虫,中国原产,因好斗而在历史上盛行了八百年之久。

蟋蟀在古书中的名称之多,堪与牛相比。下面列举,只是一部分:

莎鸡(见《诗经》)、螽、蟖、天鸡、樗鸡、酸鸡(见《尔雅疏》)、蜻蛚(见《方言》)、促织、络纬、促机、纺绩、吟蛩、蛩秋(见《古今注》)、灶马(见《酉阳杂俎》)、梭鸡、马蠽(见《尔雅翼》)。

这些不同的名称,有些是不同时代的不同叫法,有些则可能是古代方言,因蟋蟀分布甚广,几乎各地都有,所以在方言中有不同叫法,古书杂乱采用,故而其名甚多。

那么,何时斗蟋蟀的呢?其实,蟋蟀虽常见于先秦古书,如:

立秋,蜻蛚[liè]鸣白露下,蜻蛚上堂。(《易经》)

立秋促织鸣,女工急促之。(《诗经》)

蟋蟀来,天子无远兵。(《春秋》)

> 澹容与而独倚兮,蟋蟀鸣于西堂。(《楚辞》)

但都只是说到蟋蟀,并未说把蟋蟀抓来"斗"。可见,上古时的中国人不斗蟋蟀。

那么,后来呢?后来如[西汉]刘安《淮南子》云:

> 季夏之月,凉风始至,蟋蟀居奥。

说夏末天气变凉,蟋蟀躲在隐秘处("居奥"),没说"斗"。又如[东汉]王充《论衡》云:

> 夏末蜻蚓鸣、寒螀啼,感阴气也。

也没说"斗"。可见,两汉时的中国人也不斗蟋蟀。那么,后来呢?后来如[西晋]卢谌《蟋蟀赋》云:

> 何兹虫之资生,亦灵智之攸援。享神气之分眇,体形容之微陋。于时,微凉既成,大火告去。元乙辞宇,翔鸿南顾。风泠泠而动,柯零零而陨。……

只是借蟋蟀说秋天,也没说"斗"。又如[东晋]干宝《搜神记》云:

> 腐草之为萤也,朽苇之为蛬[qióng]也。

生在腐草中为"萤"(萤火虫),生在朽苇中为"蛬"(蟋蟀)。古人以为"萤"和"蛬"是同一种虫,那当然是错的,但这里至少说到了"蛬"(蟋蟀),也没说"斗"。即便是五代时期王仁裕《开元天宝遗事》,其中云:

> 每至秋时,宫中妃妾辈皆以小金笼捉蟋蟀,闭于笼中,置之枕函畔,夜听其声。庶民之家皆效之也。

也只是说,把蟋蟀抓来"闭于笼中""夜听其声"。可见,在唐代,蟋蟀仍不是用来"斗"的。虽然,后来[南宋]顾文荐在《负暄杂录》中称:

> 闻斗蛰亦始于天宝间,长安富人镂象牙为笼而畜之,以万金之资,付之一啄,其来往矣。

但他显然是把唐人抓蟋蟀来"夜听其声"误认为"斗蟋蟀"了。那么,何时斗蟋蟀的呢?据我所查,最初记述斗蟋蟀的是《宋史·贾似道传》,其中云:

> 襄阳围已急,似道日坐葛岭,起楼阁亭榭,取宫人、娼尼有美色者为妾,日淫乐其中。惟故博徒,日至纵博,人无敢窥其第者。其妾有兄来,立府门,若将入者,似道见之,缚投火中。尝与群妾踞地斗蟋蟀,所狎客人戏之曰:"此军国重事邪。"

这贾似道显然是个十足的混蛋。然而,就是这个贾似道,却是南宋宝祐、德祐年间的朝廷重臣,官至"太师""平章军国重事",即宰相。其时,蒙古军南下,贾似道率军抗蒙。贾似道是怎么做的呢,他"尝与群妾踞地斗蟋蟀"(和一群女人一起趴在地上斗蟋蟀)。这算什么宰相?

那么,斗蟋蟀是不是贾似道"发明"的?当然不是。实际上,当时杭州城里,民间以斗蟋蟀为乐已有多年,且有专门售卖蟋蟀的市场,就如署名"西湖老人"的南宋《繁胜录》所言:

> 促织盛出,都民好养,或用银丝为笼,或作楼台为笼,或黑退光笼,或瓦盆竹笼,或金漆笼,板笼甚多。每日早辰,多于官巷南北作市,常有三五十火斗者,乡民争捉,入城货卖,斗赢三两个,便望卖一两贯钱。若生得大,更会斗,便有一两银卖。每日如此。九月尽,天寒方休。

但是,这民间斗蟋蟀起于何时,你知道,实难考证(应该不会早于南宋,因无证据表明北宋有人斗蟋蟀)。所以,要找个有名有姓的"鼻祖",就非贾似道莫属了。

贾似道不仅热衷于斗蟋蟀,还编写了第一部"蟋蟀专著"——《促织经》。这

《促织经》五万余字,在古书中实属篇幅不小——要知道,《论语》仅一万多字。所以,即使要概述该书内容,在此也要占用过多篇幅;再说,我也不想冒充"蟋蟀专家"。无奈,我只能以最小篇幅抄录其目录于下,供你大致了解一下,该书大概讲了些什么:

  卷之上 论赋(促织论、蟋蟀论、月夜闻虫赋、促织歌)、捉促织法、收买秘诀(看法、早秋看法、中秋看法、晚秋看法)、论形(观促织形像、头色美者、头色恶者、各色不看、论头、论脸、论顶、论翅、论腿、论肉、论蝴蜂形、论蟋蝈形、论蜘蛛形、论螳螂形、论玉蜂形、论枣核形、论灶鸡形、论蟑螂形、论蝴蝶形、论虾脊龟形、论龟鹤形、论土狗形、论土蜂形、论枣枝形、论蟹踞形、论虾青形)。

  卷之下 论色(总论看法色样有五等、论真红色、论真青色、论真黄色、论真黑色、论真白色、论真紫色、论水红色、论深青色、论淡青色、论紫青色、论灰青色、论淡黄色、论河蟹色、论虾青色、论油丹色、论乌鸦色、青麻头、白麻头、白牙膏、拖肚黄、红头、虾青、蟹青、青麻、青金翅、真黄、红黄、紫黄、深黄、淡黄、狗蝇黄、真紫、红头紫、纯红、深紫、黑紫、淡紫、紫麻、紫金翅、纯白、淡白、白麻头、乌青、乌麻、乌头金翅、红麻头、黄麻头、紫麻头、乌麻头、黑色白)、杂相(锦蓑衣、肉锄头、金束带、齐膂翅、梅花翅、琵琶翅、长衣、青黄白、油纸灯、阴阳牙、真三段、草三段、三段锦、两头抢、绣花针、红头颤、红铃月头颤、香师肩铃、月头线额、红铃、阔翅、独脚、残疾、呆物、滑紫三呼、淡黄白、飞促织)、论养(养法十二条)、论斗(斗法八条)、论病(蛩有四病、治虫身热、医伤损方、去飞翅法)。

  真难以想象,一国宰相,在敌国兵临城下之际,还会花那么多工夫去研究那么一只小昆虫,而其目的也不过是为了斗着玩——真有"定力"!真有"修养"!

  后来,你也知道,南宋亡了,但民间斗蟋蟀之风却不减当年。蒙古人建立的元朝廷对此不加干预,尽管蒙古人自己是不斗蟋蟀的(不知蒙古草原上有没有蟋蟀,反正他们没有开发出此项娱乐)。后来,你知道,短短的不到一百年,蒙古人就被赶走了,大明朝一统天下。

  一如既往,大明朝继续以斗蟋蟀为乐,不仅民间乐此不疲,文人学士也每每有此"雅兴"。如袁宏道,文坛"公安派"领袖,不知他斗不斗蟋蟀,反正他仿效贾似道,写有《促织志》,其开头云:

> 京师人至七八月,家家皆养促织。余每至郊野,见健夫、小儿群聚草间,侧耳往来,面貌兀兀,若有所失者。至于溷[hùn]厕污垣之中,一闻其声,踊身疾趋,如馋猫见鼠。瓦盆泥罐,遍市井皆是。不论老幼男女,皆引斗以为乐。

其后云:

> 尝观贾秋壑《促织经》,其略谓,虫生于草土者,其身软;生于砖石者,其体刚;生于浅草、瘠土、砖石、深坑、向阳之地者,其性劣。

"贾秋壑"即贾似道。姑且不管他说生在草土间的蟋蟀身体软,生在砖石间的蟋蟀身体硬,是否有道理,这里值得注意的是,袁宏道把《促织经》引为经典。一个大学者、文坛领袖,为何要把这种"玩意儿"捧得那么高?由此不难推测,即便在当时的文坛上,斗蟋蟀也能抬高一个人的身价。

为什么?因为皇帝沉迷于斗蟋蟀,群臣效之,文人慕之。譬如,明宣宗朱瞻基,据[明]吕毖《明朝小史》所言:

> 帝酷好促织之戏,遣取之江南,其价腾贵,至十数金。时枫桥一粮长,以郡督遣,觅得其最良者,用所乘骏马易之。妻妾以为骏马易虫,必异,窃视之,乃跃去。妻惧,自经死。夫归,伤其妻,且畏法,亦经焉。

你看,这个明宣宗,竟然派遣官吏到民间寻觅蟋蟀。这成何体统?更可悲的是,有官吏为了一只蟋蟀,竟然夫妻双双"自经死"(上吊自杀)。

有一个相同的故事,你也许在[清]蒲松龄《聊斋志异》中读到过。是的,就是那篇《促织》,说官府驱使乡民去捉蟋蟀,以献给皇上,有个乡民捉到一只上等蟋蟀,但被儿子不小心弄死了。这下闯了大祸,儿子害怕得投井自杀,灵魂化作一只超级凶猛的蟋蟀。献给皇上后,官府和他父亲均得重赏。这个故事,其实就是从上面这段引文"演义"而来,如小说开头说:"宣德间,宫中尚促织之戏,岁征民间。"宣德,即明宣宗朱瞻基年号。

《促织》所写,自然是明朝故事。那么,斗蟋蟀在清朝是否也一样风行?是的,一点不错,清人也喜欢斗蟋蟀。[清]潘荣陛《帝京岁时纪胜》云:

都人好畜蟋蟀，秋日贮以精瓷盆盂，赌斗角胜。有价值数十金者，为市易之。

［清］富察敦崇《燕京岁时记》云：

永定门外五里胡家村产促织，善斗，胜他产。促织者，感秋而生，其音商，其性胜。今都人能种之，留其鸣深冬。其法实土于盆养之，虫生子土中，入冬，以其土置暖炕，日水洒，绵覆之。伏五六日上蠕蠕动，又伏七八日如蛆然。置子蔬叶，仍洒覆之，足翅成，渐以黑，匝月则鸣，细于秋，入春反僵也。促织即蟋蟀别种，有三：肥大而色泽如油者曰油壶卢，首大者曰梆子头，锐喙者曰老米嘴云云。总而言之，促织、蟋蟀、蛐蛐儿之正名；络纬，聒聒儿之正名。或又谓聒聒儿者即螌蝈也。

实际上，清人除了斗蟋蟀，还斗刺猬、迭乌龟、玩蛤蟆，甚至驯蚂蚁。［清］褚人获《坚瓠集》云：

以二刺猬对打，既合节奏，又中章程。《辍耕录》载，杭州有弄百禽者，蓄龟七枚，大小凡七等。置龟几上，击鼓以使之，则最大者，先至几心伏定。第二等者从而登其背，直至第七等最小者登第六等之背，乃竖身直伸其尾向上，宛如小塔状，谓之"乌龟迭塔"。又见术者，蓄虾蟆九枚，先置小椅桌于席中，最大者乃踞坐之，余八小者，乃左右对列，大者作一声，众亦作一声，大者作数声，众亦作数声，既而小者一一至大者前，点首作声，如作礼状而退，谓之"虾蟆说法"。又王兆云《湖海搜奇》载，京师教坊，有以赤黑蚁子列阵，能合鼓进金退之节，无一混淆者，乃知乌衔牌、乌龟算命、鼠跳圈、猴做戏，又不足异也。

真是形形色色、千奇百怪！但所有这些都只是民间娱乐，不登大雅，怪异而已。

第九章　赌博　相扑

除了斗鸡、斗蟋蟀，古代中国人还自己斗，以为娱乐。那就是赌博和相扑。赌博是"文斗"，相扑是"武斗"。

一、赌　博

赌博在古书中称作"博"或"博戏"。按［西汉］扬雄《方言》：

> 簙谓之蔽，或谓之箘［jùn］，秦晋之间谓之簙。吴楚间或谓之蔽，或谓之箭里，或谓之簙毒，或谓之夗［wǎn］专，或谓之璇，或谓之棋。所以，投簙谓之枰，或谓之广平。所以，行棋谓之局，或谓之曲道。

什么意思？他说"簙"（即"博"）有各种不同称呼，秦晋之间称作"簙"，是正式叫法，其他叫法，如"蔽""箘""箭里""璇""棋"等，均是方言。

注意，他用的"簙"字是有竹字头的。显然，最初的"博"与"竹"有关。还有，这里说到的"棋"是方言，然而恰恰是这个方言词，今天仍保持其原意，而且是通用词。

再按［东汉］许慎《说文解字》：

> 博，局戏，六箸十二棋也。古者乌曹作博。

什么意思？他说，"博"就是对局，就是下"六箸十二棋"，"博"是古人乌曹发明的。

那么,这"六箸十二棋"怎么下法?从字面看,"六箸十二棋"就是两个人各用六根筷子(这就解释了扬雄《方言》里的"簙"为什么是有竹字头的)当作十二枚棋子。后来,筷子由专门的棋子取代,称为"六博"。后来,又有"双陆",意即"双六博"("陆"即"六")。至于这"六博""双六博"究竟怎么下法,后人众说纷纭,但没人真正说得清。

那么,这"乌曹"又是何许人也?天知道,只是说说罢了——就像"黄帝"一样,古人不知道从何而来,就说"始于黄帝""黄帝作"。

不过,按司马迁《史记》,"博"好像很久以前就有了。《史记·殷本纪》曰:

> 帝武乙无道,为偶人,谓之天神。与之博,令人为行。天神不胜,乃僇[lù]辱之。

武乙是商朝的第二十七位君主,大概比司马迁大一千五百岁。也就是说,司马迁在写上面这些话的时候,他是在谈论一个老而又老的老祖宗。但他对这位老祖宗好像很不敬,说他"无道"。这"无道",用今天的话来说,就是"无脑"。怎么"无脑"?他说,这个武乙,做了个木头人,称为"天神",然后和那"天神"相"博"。那木头人"天神"不会动,武乙就叫人帮它。结果,木头人"天神"输了,武乙就揍它,羞辱它。不管司马迁说这件事想表示什么,我们注意到的是,在武乙的时候,就有"博"。只是,这武乙和那木头人"天神"是怎么"博"的,他没说,我们不得而知。但有一点可以肯定,是下棋,而且和现在一样,是两个人轮流下子。请看《史记·宋世家》:

> 十一年秋,闵公与南宫万猎,因博争行,闵公怒,辱之曰:"始吾敬若,今若鲁虏也。"万有力,病此言,遂以局杀闵公于蒙泽。

这是春秋时,两个大人物,一个是宋国国君宋闵公,一个是宋国大将南宫万,一起打猎时,竟然"因博争行",而且,南宫万最后还杀了宋闵公。"因博争行"什么意思?就是下棋时一个说"该我下",另一个说"该我下",于是吵了起来。这在今天,是幼儿园里才有的事情,竟然发生在国君和大将之间。这是真的吗?若是真的,那也太弱智了,是不是？要不,是史家故意把他们"弱智化"了？若是这样,这史家不可能是司马迁,很可能是左丘明,因为司马迁不可能自己想出这些事来,很可能是从《春秋左传》里看来的。不过,这不关我们什么事——我们在说赌博。

现在清楚了,最古老的赌博是下棋。当然,这里说的"赌博"是原义,即:有输赢的游戏,不一定和钱有关。若是用钱表示输赢的游戏,准确地说,是"赌钱"——赌博中的一种（这我到后面会讲到）。显然,武乙和"偶人"之"博"并不是赌钱,宋闵公和南宫万之"博"也不是赌钱。

那么,除了下棋,在古代中国,不赌钱但有输赢的"博戏"还有多少？多了去了！实际上,只要不是一个人玩的游戏,任何游戏在古代中国人那里都可能是"博戏"。譬如,前面讲过的蹴鞠、投壶、斗鸡、斗蟋蟀,其实都是"博戏",有时还可能赌钱。其他,无论是吟诗作画、弹琴吹箫,还是饮酒喝茶、骑马驾车,都有可能临时变成"博戏"。

这种临时的"博戏",用今天的话来说,就是"比试"或"竞赛"。找个例子来说明一下吧。譬如,在[清]沈复《浮生六记》里,几个年轻读书人在玩这样一种"博戏"：

> 长夏无事,考对为会。每会八人,每人各携青蚨[fú]二百。先拈阄,得第一者为主考,关防别座；第二者为誊录,亦就座；余作举子,各于誊录处取纸一条,盖用印章。主考出五七言各一句,刻香为限,行立构思,不准交头私语。对就后投入一匦,方许就座。各人交卷毕,誊录启匦,并录一册,转呈主考,以杜徇私。十六对中取七言三联,五言三联。六联中取第一者即为后任主考,第二者为誊录。每人有两联不取者罚钱二十文,取一联者免罚十文,过限者倍罚。一场,主考得香钱百文。一日可十场,积钱千文,酒资大畅矣。

文中"青蚨"即铜钱的别称。文中所说的这种"博戏",称为"考对",即"对诗比赛"。所谓"对诗",就是两人轮流即兴吟诗（甲先吟一句,乙"对"一句；甲再吟一句,乙再"对"一句）,因为古诗有固定格律,诗句合格律,称为"对",不合格律,便是"不对"（如今我们还在说的"对"与"不对",就源于此）。不过,他们并不是两人一组"对诗",而是由一个"主考"出题,由其余"考生"（即文中"举子"）来"对"。"主考"出的题,即"五七言各一句",就是一句五言诗和一句七言诗,由"考生"相应地"对"出一句五言诗和一句七言诗。然后,由"主考"定输赢。输的人罚钱,但不是奖给赢的人,所以不是赌钱。罚来的钱,大家一起沽酒畅饮。

饮酒时,有文化的古代中国人最常玩的"博戏",就是所谓"酒令",即于席间推举一人为"令官",余者听令,轮流说诗词、联语或其他类似游戏,违令者或负者,罚酒。

"酒令"据说西周时就有,但在隋唐时特别流行。饮酒行令,几乎是唐代士大夫的惯例,而当时的"酒令"名目之多,也令人炫目,如"历日令""罨头令""瞻相令""巢云令""手势令""旗幡令""拆字令""不语令""急口令""四字令""言小字令""雅令""招手令""骰子令""鞍马令""抛打令",等等。实际上,任何题目,只要酒席上有人提出,都可成为"酒令"。这在唐代如此,后来也是如此。

譬如,《红楼梦》第二十八回,冯紫英叫贾宝玉到他家里去喝酒。贾宝玉去了,"只见薛蟠早已在那里久候,还有许多唱曲儿的小厮并唱小旦的蒋玉菡,锦香院的妓女云儿",于是喝酒:

> 宝玉笑道:"听我说来,如此滥饮,易醉而无味,我先喝一大海,发一新令,有不遵者,连罚十大海,逐出席外与人斟酒。"冯紫英、蒋玉菡等都道:"有理,有理。"宝玉拿起海来一气饮干,说道:"如今要说悲、愁、喜、乐四字,却要说出女儿来,还要注明这四字原故。说完了,饮门杯,酒面要唱一个新鲜时样曲子,酒底要席上生风一样东西,或古诗、旧对、四书、五经、成语。"

你看,若在粗人那里,这就是喝酒谈女人,而在雅人这里,却是文绉绉的"女儿酒令"。当然,薛蟠是粗人,这他自己也知道,所以马上说:"我不来,别算我。这竟是捉弄我呢!"起身要走,却被云儿拖住。不得已,只好行这"女儿酒令"。结果呢?行出的"女儿酒令"竟是"女儿悲,嫁了个男人是乌龟"之类,听得众人捧腹大笑。

是的,历朝历代,粗人、俗人、穷人是不玩"酒令"的。那玩什么呢?我不说你也知道,就是"划拳",就是两个人一边快速伸手,一边嘴里喊:"一定终呀,两相好呀,三元郎呀,四发财呀,五经魁呀,六六顺呀,七巧图呀,八匹马呀,九久长呀,全家福呀。"若两人伸出的手指数之和,正好同于嘴里喊的那个数,后伸手的人就赢了,输的人罚酒。

不过,即便是划拳,由于历史悠久,也有许多名堂,如"空拳""内拳""五毒拳""五行生克""七星赶月""一月三捷",等等。据[清]朗廷极《胜饮篇》:

> 皇甫嵩手势酒令,五指与手掌节指有名,通吁五指为五峰,则知豁拳之戏由来已久。

皇甫嵩是东汉末年名将,也就是说,东汉末年,就有"豁拳"(即划拳)。但不管怎样,"划拳"毕竟不及"酒令"那样受人重视。关于"划拳"的书,历史上是一本也没有的,但关于"酒令"的书,仅《古今说部丛书》所收,就有十多部,其中有[唐]皇甫松《醉乡日月》、[宋]李廌《罚爵典故》、[宋]赵与时《觞政录》、[元]曹绍《安雅堂觥律》、[明]巢玉庵《嘉宾心令》、[明]汪道昆《楚骚品》、[明]田艺衡《醉乡律令》、[清]金昭鉴《酒箴》、[清]沈中楹《觞政》和[清]张潮《饮中八仙令》等。此外,还有[清]佚名《唐诗酒筹》、[清]佚名《西厢记酒令》、[清]莲海居士《红楼梦觥史》等。可以说,古代中国人对"酒令"的热衷,仅次于"牌戏",而"牌戏",堪称古代"博戏"之首。

为何"牌戏"堪称古代"博戏"之首?因为"牌戏"历来就是赌钱,而赌钱历来是受古代中国人喜爱的。所谓"牌戏",顾名思义,就是打牌。但说到打牌,请不要想到现今的"打扑克",古代的"牌戏"和现今的"打扑克"毫无关系。扑克牌是近代从欧美传入的,至今只有一百多年,而古代的"牌戏",少说也有一千五百年历史。不过,"牌戏"虽和"打扑克"无关,却和现今仍非常流行的一种"博戏"关系密切,那就是"打麻将"。实际上,"打麻将"是从古代"牌戏"演变而来的。

那么,"牌戏"是如何演变成"打麻将"的呢?说来话长,而我只能长话短说。你知道,"打麻将"需要两种东西:一是麻将牌,二是骰子。既然有两种东西,就有两个来源。但问题是,这两个来源并不明确,有多种说法。关于这些说法,我没必要逐一介绍,因为我不是写论文专题研究麻将牌。所以,只要选其中我认为最有道理的一种说法就可以了。按这种说法,麻将牌源于古代的"叶子戏",骰子源于古代的"摴[chū]蒱[pú]"。那么,什么是"叶子戏"?什么是"摴蒱"?这需要分开来讲,因为它们本是互不相干的两种东西。

先讲"摴蒱",一种古老的赌博。"摴蒱"中的"摴",提手旁,显然是动词,意

为"舒",和"撒"近义。"蒲"是一种木头。所以,"摴蒲"的意思就是"撒小木块"。见南朝时刘义庆《世说新语》:

> 桓宣武与袁彦道摴蒲,袁彦道齿不合,遂厉色掷去五木。

桓宣武要与袁彦道"摴蒲",袁彦道骂骂咧咧("齿不合"),愤怒地"掷"出"五木"。显然,这"五木"就是"蒲",而"摴"在这里被直接说作"掷"。可见,"摴蒲"就是掷骰子。只不过,这骰子是五块木头。据说,"蒲"都是两头圆、中间平(就如棱角被磨圆的小木板),因而只有正反两面,一面涂黑,一面涂白(就如骰子六个面上的不同点数),共有五块,掷出去后,有的黑在上,有的白在上,于是就根据几块黑、几块白(当然都有名称,就如掷骰子掷出的不同点数各有名称),论大小、定胜负。

再讲"叶子戏"。"叶子戏"最初见于史料,是[唐]苏鹗《同昌公主传》,其中云:

> 韦氏诸宗,好为叶子戏,夜则公主以红琉璃盛光珠,令僧祁捧之堂中,而光明如昼焉。

因而暂时认定,"叶子戏"起始于唐代。"叶子"就是纸牌,"叶子戏"就是"打纸牌"。纸牌数各个朝代是不同的,如明代四十张、清代六十张,之前唐宋两代是多少张,不得而知,但推测不会多于四十张,可能是二十张、三十张。

纸牌上印着不同的图像,代表大小。当然,各个朝代都不一样,甚至有几种不同图像的纸牌同时流行也有可能。下面这种,见于[明]陆容《菽园杂记》:

> 斗叶子之戏,吾昆城上自士夫下至僮仆皆能这。予游昆痒八年,独不解此。人以拙嗤之。近得阅其形制,一钱至九钱各一叶,一百至九百各一叶,自万贯以上皆图人形,万万贯呼保义宋江,千万贯行者武松,百万贯阮小五,九十万贯活阎罗阮小七,八十万贯混江龙李进,七十万贯病尉迟孙立,六十万贯铁鞭呼延绰,五十万贯花和尚鲁智深,四十万贯赛关索杨雄,三十万贯青面兽杨志,二十万贯一丈青张横,九万贯插翅虎雷横,八万贯急先锋索超,七万贯霹雳火秦明,六万贯混江龙李海,五万贯黑旋风李逵,四万贯小旋风

柴进,三万贯大刀关胜,二万贯小李广花荣,一万贯浪子燕青。或谓赌博以胜人为强,故叶子所图,皆才力绝伦之人。非也。盖宋江等皆大盗,详见《宣和遗事》及《癸辛杂识》。作此者,盖以赌博如群盗劫夺之行,故以此警世。而人为利所迷,自不悟耳。记此,庶吾后之人知所以自重云。

把水浒人物画在纸牌上以表示大小,可见关于梁山泊一百零八将的故事,在明代家喻户晓、妇孺皆知,尽管陆容对此大不以为意,还说这是为了警示人们:赌博之恶劣,就如宋江等"大盗"——这不免有点牵强。

不过,这里值得注意的是,他说"斗叶子之戏,吾昆城上自士夫下至僮仆皆能这"。可见,在明代,上自官府下至村落,几乎人人都打纸牌,而打纸牌,从他的"或谓赌博以胜人为强"之语中便知,就是赌博。

那么,纸牌又是何时变为竹牌、骨牌,"叶子戏"(打纸牌)和"挗捕"(掷骰子)又何时合二为一,变为打麻将的呢?据[清]徐珂《清稗类钞》:

> 麻雀,马吊之音之转也。吴人呼禽类如刁,去声读,不知何义,则麻雀之为马吊,已确而有征矣。宋名儒杨大年著《马吊经》,其书久佚,是马吊固始于宋也。

他说的"麻雀",即麻将,也称"马吊"。其实,麻将、"马吊"都是江浙方言,一个意思,即麻雀(江浙方言,雀作"将",鸟作"吊")。他又说[宋]杨大年著《马吊经》,故而打麻将始于宋代。但是,据[清]李邺嗣《马吊说》:

> 马吊戏者,起于天启时。以四人相角,用俗所斗纸牌宋江四十叶,而以法行之。

他说打麻将"起于天启时"。这里的"天启",是明熹宗朱由校的年号,即指明熹宗天启年间。也就是说,他认为打麻将始于明代。

一个说始于宋代,一个说始于明代,孰是孰非?其实,前者仅凭一本"久佚"的书为据,后者无凭无据,严格地讲,两者都不能成立。但是,像"打麻将始于何时"这种事:一、本来就无多史料可据;二、论者往往根据旁证予以推测,甚至臆测。如杨大年的《马吊经》，就是旁证。问题是，这本书"久佚"，甚至，到底有没有过这本书，仍是疑问。所以，由此推测，说麻将始于宋代，并不合理。至于说始于明代，李邺嗣是纯属臆测，因为他没有提供任何证据。不过，我倒可以为他提供一则旁证，那就是冯梦龙的《马吊脚例》。此书现存，而冯梦龙是明代崇祯年间之人，因而说麻将始于崇祯之前的天启年间，应是合理推测。

那么，最初的麻将牌是怎样的呢？仍据[清]徐珂《清稗类钞》：

麻雀亦叶子之一，以之为博，曰叉麻雀。凡一百三十六，曰筒，曰索，曰万，曰东南西北，曰龙凤白，亦作中发白。始于浙之宁波，其后不胫而走，遂徧[biàn]南北。

他说一副麻将牌一百三十六张，现今是一百四十四张，那多出的八张，是近代加入的花牌和百搭。至于打法，他没说，估计和现今大同小异。他还说打麻将"始于浙之宁波"。宁波是麻将的发源地？另据[清]胡思敬《国闻备乘》：

麻雀之风起自宁波沿海一带，后渐染于各省，近数年来京师遍地皆是。

他说是"宁波沿海一带"，范围大了一点，不仅仅是宁波，还包括沿海一带。再据[清]王士禛《分甘余话》：

余常不解吴俗好尚有三：斗马吊牌、吃河豚鱼、敬畏五通邪神，虽士大夫不能免。

他说打麻将是"吴俗"，"吴"即江浙一带，范围又大了许多。看来，麻将的发源地应是浙江，后传至江苏、安徽等地。

那么，在明清两代，麻将之风究竟有多盛呢？明亡之际，吴伟业在《绥寇纪略》中哀叹：

明之亡，亡于马吊！

把明之亡归咎于打麻将,固然有点夸张,但从中可看出,明朝末年,人们多么沉迷于打麻将!李邺嗣在《马吊说》中言道:

> 吴中士大夫嗜此戏者,至忘寝食,渐行于京师。

胡思敬在《国闻备乘》中言道:

> 薪俸既丰,司员衙散辄相聚开赌,以此为日行常课,肃亲王善耆、贝子载振,皆以叉麻雀自豪。

你看,官员、亲王也"相聚开赌,以叉麻雀自豪"。还有王士禛也在《分甘余话》中言道:

> 近马吊渐及北方,又加以混江、游湖种种诸戏,吾里缙绅子弟,多废学竞为之,不数年而赀产荡尽,至有父母之殡在堂而第宅已鬻他姓者,终不悔也。

你看,"缙绅子弟"沉迷于打麻将,荒废学业不说,甚至弄得倾家荡产、家破人亡!

那么,如此猖獗的赌博之风,难道朝廷放任不管吗?怎么会不管?管!事实上,历朝历代,朝廷都严禁赌博。譬如,早在秦朝,朝廷就立法:官民设赌,一律"刺黥",重者"挞其股"。"刺黥"即脸上烙印。"挞股"即"笞尻"(打屁股)。

在汉朝,按法典,官吏"博戏"财物者,罢黜官职,"籍其财",即:官员赌博,削去官职,抄家籍没。譬如,汉武帝时的黄遂,身为王爷,也因赌博而判役刑。还有王爷张拾、蔡辟方,也因赌博而削去爵位。

在唐朝,按《唐律》,设赌被抓,"杖一百,并没收家籍浮财",即:赌博者罚打一百大板,同时没收家里除生活费用外的所有财产。

在宋朝,按《宋刑》,赌博"轻者罚金配遣,重者处斩"。另据《宋史·太宗纪》:"淳化二年闰二月己丑,诏,京城蒲博者(即赌博者),开封府捕之,犯者斩。"

在明朝,按《大明律》:"凡犯赌博者,一律砍手,官吏参与赌博者,罪加一等。"

在清朝,按《大清律》,官吏赌博,"革职,永不录用"。康熙、雍正两朝还严禁民间赌博,"莅位之初,即用为大禁"。乾隆年间,朝廷又在民间立禁赌碑,以示"永禁赌博"。还编制"戒赌歌",在民间传唱,以期民众戒赌。

然而,正所谓"法不责众",所有这些朝廷立法,实际上都是一纸空文。你想,朝廷能把百分之七十的官员"革职查办"吗?朝廷能把百分之八十的民众抓来"挞股""砍手""处斩"吗?赌博者太多了,不仅家里赌,衙门里赌,街上还有赌台、赌场,而且总是赌客盈门、热闹非凡。这使朝廷、使皇上也束手无策,只好跺脚。

是的,天下臣民无不敬奉皇上,无不三呼万岁,但不知何故,天下臣民好像更敬奉赌神。只要赌神一显灵,他们就连皇上也不顾了。结果呢,上下三千年,赌风一直不断。历代朝廷呢,只好睁只眼、闭只眼。禁赌之法是有的,但从未真正执行过。当然,有时"赌风太盛、有损社稷"时,朝廷也会大开杀戒,斩杀赌徒,但那是一事一时。过后,故态复萌、赌风依旧。

事实就是如此,古代中国人太喜欢"挎蒲"、太喜欢"牌戏"、太喜欢"马吊"了。不过,他们虽然喜欢赌钱,却并非可恶的赌徒。赌得倾家荡产之人固然有之,欺诈骗赌之人固然有之,但那毕竟是少数,绝大多数古代中国人只是把"挎蒲"、把"牌戏"、把"马吊"、把赌钱当作一种娱乐,一种在他们看来无伤大雅的娱乐——如此而已。

二、相 扑

古代的相扑,类似现在的摔跤,即两人徒手扭打,以摔倒对手为胜。在古代,相扑也称为"角力"或"角抵"。按[北宋]高承《事物纪原》:

> 角抵,今相扑也。《汉武故事》曰:"角抵,昔六国时所造。"《史记》:"秦二世在甘泉宫作乐角抵。"注云:"战国时,增讲武,以为戏乐,相夸角其材力,以相抵,两两相当也。汉武帝好之。"白居易《六帖》曰:"角抵之斗戏,汉武始作,相当角力也。"误矣。

据此可知:一、相扑在《汉武故事》和《史记》中都称作"角抵",后不知何时,至少在北宋时,已改称为"相扑"("角抵,今相扑也")。二、按《汉武故事》,相扑始于战国时("昔六国时所造")。三、相扑最初是军中娱乐("战国时,增讲武,以为戏乐")。四、[唐]白居易仍称相扑为"角抵"("角抵之斗戏,汉武始作"),可见"相扑"是唐之后才有的称呼(至于白居易认为角抵始于汉武帝,那只能说明他没看过《汉武故事》)。

同样在北宋,有人还写了一部相扑专著——《角力记》。这是史上第一部,署名"调露子",显然不是真名。此书以"述旨""名目""考古""出处""杂说"五部分详述相扑的方方面面,因而仅据此书,即可知相扑在宋之前的来龙去脉。

其"述旨"曰:

夫角力者,宣勇气、量巧智也。

说相扑是斗智斗勇。又曰:

此角力,是两徒搏也。且虎有爪牙之利,故以器仗格之,则非徒搏也。人彼此皆空相击,可云徒搏也。

强调相扑是徒手相搏,而非"以器仗格之"(用武器格斗)。
其"名目"曰:

相扑,盖取其见交分胜负之名,则取扑倒为名故也。

"相扑"的意思就是"见交分胜负"("交"即跤,摔倒),"取扑倒为名"(即扑倒对手之意)。
其"考古"曰:

若稽诸古,《左传》有"晋侯梦与楚子搏",《谷梁》有"公子季友与莒拏搏",又秦堇父与叔梁纥以力相高,皆角力之意也,其来尚矣。西汉作角抵戏,皆其始也,以西汉则盛行矣。

他说相扑在春秋时就有,但《春秋左传》所言"晋侯梦与楚子搏"中的"搏",

141

是不是相扑,应存疑。那可能是打架,不是相扑。相扑是游戏,是有规则的,打架则没有规则,乱打乱踢、乱撕乱咬都可以。不过,他说相扑盛行于西汉,大概不会有错。

又曰:

晋庚东者,阐之父也。武帝时,西域健胡趫[qiáo]捷无敌,晋人莫能校力。帝募勇士,惟东应选,遂扑杀之,名振殊俗。

晋武帝招募相扑好手庾东,扑杀"西域健胡"(番邦健将),使庾东"名振殊俗"(名震世间)。相扑不仅是娱乐,还用来比武。

又曰:

北齐南阳王绰字通,以五月五日生,为性凶悖。文宣又无道,奏蝎蛆,置浴斛,令宫人裸露卧中,帝、绰同观而笑噱。后韩长鸾诬告绰反,后主不忍显戮,使宠胡何猥萨,于后园与绰相扑,因格而杀之。

这北齐文宣帝和大臣王绰,真是一对"宝货",叫宫女一丝不挂躺在浴盆中,他们看着宫女的裸体,觉得很刺激。一个皇帝,一个大臣,竟然像现在有些年轻人一样看"三级片"!不过,重要的是后面。韩长鸾告发王绰谋反,文宣帝不想当面诛杀("不忍显戮")王绰,就叫他信宠的胡人何猥萨,和王绰相扑,并在相扑时杀了王绰。你看,相扑还可用作谋杀手段。

又曰:

《隋书》:柳彧[yù]字幼文,事后周,入隋为侍郎,上疏云:"见近代以来,都邑百姓每至正月十五日,作角抵戏,递相夸竞,至于糜费。请禁之。"

柳彧是后周旧臣,后周亡于隋,柳彧便为隋臣,上书称:"近来京城百姓每到正月十五就热衷于相扑,相互争胜,以至于不务正业("至于糜费")。奏请皇上禁止相扑。"后来是否禁止,不得而知。但由此可见,相扑曾是民间热门娱乐。

又曰:

> 唐宝历中,敬宗御三殿,观两军教坊内园分朋驴鞠、角抵。

唐敬宗李湛,曾在两军教坊内园观看"分朋驴鞠""角抵"。"分朋驴鞠"前面第六章讲蹴鞠时讲过,即分队骑驴击球。"角抵"即相扑。你看,相扑又曾是皇家娱乐。

又曰:

> 文宗开成中寒食节,御勤政楼,观角抵。

意思和前面一样,唐文宗李昂在开成年间寒食节到勤政楼看相扑。

又曰:

> 《吴兴杂录》云:七月中元节,俗好角力、相扑,云秋瘴气也。

看来,柳彧上奏请禁民间相扑无效。即使隋代禁了,到唐代又蔚然成风。

那么,其后呢?宋代是否盛行?《角力记》未说,因为作者是宋人——当代之事,人人见之,何必多说?不过,《宋史》中确有不少关于相扑的记载,只是在此引述,实在麻烦,读来也颇吃力。所以,还不如到别处去引一段有趣一点的。

《水浒传》第一百零四回"段家庄重招新女婿　房山寨双并旧强人",其中有一大段描写男女相扑的文字——是的,女人和男人相扑:

> 只见人丛里闪出一个女子来,大喝道:"那厮不得无礼,有我在此!"王庆看那女子,生的如何?眼大露凶光,眉粗横杀气。腰肢坌蠢,全无袅娜风情。面皮顽厚,惟赖粉脂铺翳。异样钗枪插一头,时兴钏镯露双臂。频搬石臼,笑他人气喘急促。常掇井栏,夸自己膂力不费。针线不知如何拈,拽腿牵拳是长技。
>
> 那女子有二十四五年纪。他脱了外面衫子,卷做一团,丢在一个桌上,里面是箭杆小袖,紧身鹦哥绿短袄,下穿一条大裆紫夹绸裤儿,踏步上前,提起拳头,望王庆打来。王庆见他是女子,又见他起拳便有破绽,有意要他。故意不用快跌,也拽双拳,吐个门户,摆开解数,与那女子相扑。但见:拽开

143

大四平,踢起双飞脚。仙人指路,老子骑鹤。拗鸾肘出近前心,当头炮热侵额角。翘跟淬地龙,扭腕擎天橐[tuó]。这边女子使个盖顶撒花,这里男儿,耍个绕腰贯索。两个似迎风贴扇儿,无移时急雨催花落。

  那时粉头已上台做笑乐院本。众人见这边男女相扑,一齐走拢来,把两人围在圈子中看。那女子见王庆只办得架隔遮拦,没本事钻进来,他便觑个空,使个黑虎偷心势,一拳望王庆劈心打来。王庆将身一侧,那女子打个空,收拳不迭。被王庆就势扭捽定,只一交,把女子撇翻。刚刚着地,顺手儿又抱起来。这个势叫做虎抱头。王庆道:"莫污了衣服,休怪俺冲撞。你自来寻俺。"那女子毫无羞怒之色,倒把王庆赞道:"啧,啧!好拳腿!果是筋节。"

你或许会问,在北宋,难道会有这样的女子?这会不会是明代说书先生凭空杜撰的?是的,是杜撰,但不是"凭空"杜撰。《水浒传》中确有许多东西是凭空杜撰的,但像这样公开与男人相扑的女子,在北宋即使没有实例,也是有可能的。

为什么?因为宋代确有女子相扑。不过,北宋女子相扑不同于男子相扑。男子相扑虽然也用于观赏,但主要是男子自身的娱乐;女子相扑则相反,虽然也有女子偶然以此为娱乐,但主要用于观赏——供男人观赏。这在北宋早年特别流行,每到逢年过节或有庆典,众技百艺,纷纷上场,其中就有女子相扑,观众多为男子。

这种以观看女子相扑为乐,在北宋之前的民间是否有,不得而知。或许有,只是史书没有记载。但作为宫廷娱乐,女子相扑至少早在"三国"时就有。据《三国志·吴书·妃嫔传》裴松之注,引《江表传》:

  皓以张布女为美人,有宠。皓问曰:"汝父所在?"答曰:"贼以杀之。"皓大怒,棒杀之。后思其颜色,使巧工刻木作美人形象,恒置座侧。问左右:"布复有女否?"答曰:"布大女适故卫尉冯朝子纯。"即夺纯妻入宫,大有宠,拜为左夫人,昼夜与夫人房宴,不听朝政。使尚方以金作华燧、步摇、假髻以千数,令宫人著以相扑。朝成夕败,辄出更作,工匠因缘偷盗,府藏为空。

张布的两个女儿,实在倒霉!这吴后主孙皓,好色、残暴、变态,杀了张布,抓来他的小女儿,宠为美人,问其父,张布小女儿如实答之:"为贼所杀。"孙皓怒,将其打死。接着问左右:"张布还有女儿吗?"左右答:"有大女儿,嫁给了已故将军冯朝的儿子冯纯。"这孙皓竟然派人把冯纯的妻子抢来,"拜为左夫人,昼夜与夫人房宴,不听朝政",还叫人做了各种金银首饰,叫宫女戴着首饰相互扑打,以此为乐。首饰经常弄坏,要重新做,工匠因此偷盗,"府藏为空"。这孙皓是色情狂、虐待狂,不去管他,我们在此注意到是"令宫人著以相扑"。女子相扑本是宫廷娱乐,孙皓只是别出心裁,叫她们戴着首饰相扑。

再来看五代时期王仁裕的《开元天宝遗事》:

> 明皇与贵妃每至酒酣,使妃子统宫妓百余人,帝统小中贵百余人,排两阵于掖庭中,目为风流阵。以霞被锦被张之,为旗帜攻击相斗。败者罚之巨觥[gōng]以戏笑。

你看,这唐明皇和杨贵妃比孙皓会玩多了。杨贵妃"统宫妓百余人",唐明皇"统小中贵百余人"("小中贵"即"中小贵人",等级稍高于宫妓的宫女),两百多个女人,排成"两大阵势",披锦张旗,捉对相扑,称为"风流阵"。唐明皇和杨贵妃当然在一旁"观战"。最后,无论是"贵妃军"输了,还是"明皇军"输了;无论是贵妃罚酒,还是明皇罚酒,两人都开怀一乐。唐宫中本有女子相扑,这是唐明皇和杨贵妃玩出来的新花样,是不是比孙皓有趣多了?

这里顺便说一句,唐宫中的女子相扑,甚至传到了日本。这大概是那时的日本"遣唐使"回国向他们的天皇禀报的,于是天皇连这个也要学。据《日本书纪·雄略天皇》:

> (天皇)乃令宫女脱其衣,去其裙,著以兜挡,令相扑之。

那么,唐宫中的女子相扑,有没有传到唐之后的北宋宫中?好像没有。为什么?因为我们发现,北宋的仁宗皇帝,经常跑到民间去看女子相扑——如果宫中有,何必光顾民间?

仁宗皇帝去看女子相扑,《宋史》当然"不载"。那我们是怎么知道的呢?是从《司马光集》中看到的,那里有一篇《论上元令妇人相扑状》,即司马光写的一份奏章,其首句曰:

> 臣窃闻今月十八日,圣驾御宣德门,召诸色艺人,各进技艺,赐与银绢,内有妇人相扑者,亦被赏赉。

注意,圣驾(即仁宗皇帝)到宣德门"召诸色艺人,各进技艺"(皇帝要看表演,当然不会挤在人群中看,都是专场表演),"内有妇人相扑者",这是司马光写此奏章的原因。因为他认为:

> 今上有天子之尊,下有万民之众,后妃侍旁、命妇纵观,而使妇人裸戏于前,殆非所以隆礼法、示四方也。

一句话,就是皇帝公开观看"妇人裸戏",不合"礼法"。后面,他又讲了古礼圣训,以此"教导"皇上。接着呢?他说:

> 伏望陛下因此斥去,仍诏有司,严加禁约,令妇人不得于街市以此聚众为戏。

宋仁宗十二岁继任皇位,那时还四十不到,色欲正旺,而司马光那时还不满三十,血气方刚。按理,宋仁宗御览此奏章,只要说一声:"大胆!"司马光照例只好磕头认罪。然而,仁宗皇帝终究是"仁宗",竟然默认了司马光的"揭丑",此后不再去看女子相扑了。但他有没有准奏下诏,"令妇人不得于街市以此聚众为戏"?不得而知。但依我看,好像没有。为什么?因为我在[宋]吴自牧的《梦粱录》里读到,好像到了北宋末年,民间仍有女子相扑:

> 瓦市相扑者,乃路岐人聚,集一等伴侣,以图手之资。先以女数对,打套子,令人观睹,然后以膂力者争交。

"瓦市"即瓦砾场,城中供集市演艺用的场地,铺有碎石子,故称。《梦粱录》写于南宋初年。此处所说,是当年的民间相扑表演,即一群来自各地的人聚在一起,以相扑吸引看客,然后讨点赏钱。请注意,这里说"先以女数对,打套子,令人观睹",就是先表演女子相扑,引人注意。

女子相扑肯定不及男子相扑来得激烈,为什么能引人注意?只要看看司马光把女子相扑称作什么,就知道了。他把女子相扑称作"妇人裸戏"(显然,他曾去看过,否则他怎么知道是"裸戏"?)。是的,女子相扑之所以引人注意,不是相扑,而是"裸"。

其实,这个"裸",用现代眼光来看根本算不了什么,不要说不会像现代脱衣舞一样脱得一丝不挂,甚至比现代女运动员穿得还要多一点。但古人比今人敏感得多,因为少见,所以多怪,看到几个只穿内衣的女人,也会激动不已,甚至想入非非。正因为如此,像司马光这样的正人君子才要"伏望陛下因此斥去",恳请皇帝下诏,禁止女子相扑,因为这"有伤风化"。

不过,不管仁宗皇帝有没有下诏禁止女子相扑,有两点是可以肯定的:一、在北宋,女子相扑已被逐出宫廷,不再是宫廷娱乐;二、在北宋,不管是女子相扑,还是男子相扑,在民间都很流行,是当时常见的民间娱乐。

那么,后来呢?后来似乎令人有点茫然。为什么?因为后来的明清两代,无论是正史、野史,还是文人笔记,提到相扑,似乎都有"那是古人的玩意儿"之意,当时的人似乎不屑于这种粗野的娱乐。他们好像觉得,两个男人赤膊扭打在一起就令人恶心,还要两个女人穿着内衣打架,那更加不可忍受了。

所以,我觉得,相扑作为一种娱乐,在明清两代似乎已经被人抛弃。为什么?因为在明清两代的史料文献和辞赋小说中,我都很难找到有关相扑的词语。既然明清两代的古代中国人都不再以相扑为乐,我在这里也就无话可说了。

然而,偶尔在[清]沈复《浮生六记》中看到"相扑"二字,我才想到,相扑在明清两代其实并未绝迹,而是沦落了,沦落到只有乡野土人才玩的游戏。《浮生六记》卷四"浪游记快"中说到,他受友人夏揖山之邀,到东海永泰沙去收租,因为夏揖山在那里有地产。那是个什么地方?还是让沈复自己来说吧(他的话你应该听得懂,不用我翻译):

秋八月,邀余同往东海永泰沙勘收花息。沙隶崇明。出刘河口,航海百余里。新沙初辟,尚无街市。茫茫芦荻,绝少人烟,仅有同业丁氏仓库数十椽,四面掘沟河,筑堤栽柳绕于外。

那是大清乾隆年间,永泰沙是长江口的一个小岛(大概就是现在的长兴岛),属崇明管辖(那时的崇明是长江上的一个小县,和上海县一样,隶属于松江府),你看,那几乎是一个荒岛,大概仅有几十个人住在上面。接着呢,他说:

> 丁字实初,家于崇,为一沙之首户;司会计者姓王,俱家爽好客,不拘礼节,与余乍见即同故交。宰猪为饷,倾瓮为饮。令则拇战,不知诗文;歌则号呶,不讲音律。酒酣,挥工人舞拳、相扑为戏。

这个丁实初是"一沙之首户",即夏揖山的租户,当然要招待他们。宰猪、喝酒,然后就是我注意到的——"酒酣,挥工人舞拳、相扑为戏。"是不是到了大清乾隆年间,仍有相扑?可是,谁在相扑?乡野土人。

两千多年来,相扑曾是战国时的诸侯戏乐,曾是汉武帝的所好,曾是大唐的宫廷娱乐、大宋的民间技艺,最后在明清两代的数百年间,逐渐沦落于荒郊僻壤,成了乡野土人的肉搏打斗——简单说来,相扑的历史就是如此。

第十章　游玩　宴飨

前几章所讲古代中国人的各种娱乐,现代中国人大多不玩了。就是秋千和风筝,虽则现在仍有,但也只是儿童玩具,极少有成年人玩这种东西。唯有赌博,仍是不少现代人的所爱。不过,本章要讲的两种娱乐,却是古往今来几乎人人喜欢的,那就是游玩和宴飨。

一、游　玩

游玩,你知道,有远游和近游。远游,用现在的话来说,就是旅游;近游,用现在的话来说,就是闲逛。

在古代,从上古到晚清,其实是没有人把远游当作娱乐的,除了帝王。为什么?因为古代交通不便,旅行非常困难,除了骑马、坐马车或乘帆船,只能步行,而骑马、坐马车或乘帆船,费用非常之高。所以,除非不得已(如官员要赴任、商人要购货、游子要奔丧),古代中国人是不远游的。

当然,有时因悲愤而只身出走,如屈原《远游》所言:

悲时俗之迫阨[è]兮,愿轻举而远游。

那虽是远游,但并非娱乐。还有求道者寻仙、求学者寻师,也不是娱乐。所以,真正能把远游当作娱乐的古代中国人,只有历代帝王。因为只有帝王才有可能把高昂的"旅行费"作为"娱乐费"。其他人,即便是宫廷大臣,也往往只能"公费旅游"，即趁外出办理公事之机，游览某一名胜，寻访某一古迹。

那么，关于历代帝王远游，我们知道多少？其实并不多。原因有二：一是有些帝王从来不远游，蜗居皇宫一辈子，驾崩后才被人抬出宫；二是有些帝王虽常远游，但史官认为此乃皇上私事，往往一笔带过，后人知之甚少。譬如，大名鼎鼎的秦始皇"巡游"，《史记·秦始皇本纪》虽然记了五次，即：

> 二十七年，始皇巡陇西、北地，出鸡头山，过回中。
> 二十八年，始皇东行郡县，上邹峄山。
> 二十九年，始皇东游。
> 三十二年，始皇之碣石。
> 三十七年十月癸丑，始皇出游。

其实都不是远游，而是巡视，所做之事，就是到处立碑，"刻石颂秦德"。说白了，这是始皇帝的"公事"，即要让天下人知道，大秦已一统天下。

还有汉武帝的"七登泰山，六出萧关，北抵崆峒，南达寻阳"也是如此，都是办公事，根本没玩，不能视为远游。

正史记载的帝王远游，其实只有两次：一是《隋书》记隋炀帝"东西游幸"，二是《清史稿》记乾隆帝"巡幸江南"。

据《隋书·炀帝纪》：

> （炀帝）东西游幸，靡有定居，每以供费不给，逆收数年之赋。所至唯与后宫流连耽湎。惟日不足，招迎姥媪，朝夕共肆丑言。又引少年，令与宫人秽乱，不轨不逊，以为娱乐。

正史大多在本纪中是不写帝王私事的，这是少有的几个例外之一。不过，这隋炀帝远游，趣味实在低下，只知道玩女人，还很变态，着实令人不齿。

乾隆"巡幸江南"共有六次，都不是单纯的远游，但他确实是为游玩而去的。只是，在像《清史稿》这样的正史中是不会直接写到皇帝游玩的。不过，稍加辨析，还是可看出其游玩的本意。如第三次"巡幸江南"，按《清史稿·高宗本纪》：

  二十七年春正月丙午,上奉皇太后南巡,发京师……三月甲午朔,上奉皇太后临幸杭州府。乙未,上幸海宁阅海塘……壬寅,上幸观潮楼……癸卯,上奉皇太后临视织造机房……

  文中的省略号是我加入的,省略的是乾隆办的公事。你看,乾隆是带着皇太后南巡的。若仅为视察,带着皇太后干吗?皇太后不干朝政,何必视察?其实,带着皇太后是要人知道皇上是"带母亲出来玩玩",表明皇上是个"孝子",所以说"上'奉'皇太后南巡",皇上陪皇太后南巡("奉"即陪),好像是皇太后要南巡。这样,那班谏臣也就无话可说了。要知道,像乾隆这样精明的帝王是不会明目张胆地胡作非为的。此外,从"上幸海宁阅海塘""上幸观潮楼""上奉皇太后临视织造机房"中也可隐约看出,皇上是用皇太后作挡箭牌,外出游玩。

  你知道,所谓"隋炀皇帝游江都""乾隆皇帝下江南",是民间最津津乐道的帝王轶事,由此产生的野史小说,可谓多矣。譬如,唐代就有《大业拾遗记》《海山记》《迷楼记》等炀帝野史,明代还有《隋炀帝逸游召谴》(见《醒世恒言》)等炀帝小说,都说隋炀帝如何奢侈糜烂,如何荒淫无度。不过,这类野史小说,传奇居多,大凡夸张,乃至虚构。说实话,就是魏征等人编撰的正史《隋书》,关于隋炀帝的那段记述(见上文),读来也令人生疑。为什么?因为细节太多,如"招迎姥媪""共肆丑言""又引少年""令与宫人秽乱",他们怎么知道的?当然,不是对隋炀帝的荒淫有怀疑,隋炀帝肯定荒淫,但怎么荒淫法,史家只能知道大概,不可能知道细节。如若细节太多,便有"演义"之嫌,令人怀疑。

  同样,关于"乾隆皇帝下江南",一开始民间就有许多传说,后来越传越多、越传越离奇。有说乾隆原是汉人、有说乾隆下江南为找生母、有说乾隆有情人在江南,甚至有一部晚清小说《乾隆巡幸江南记》,把乾隆说成侠客,下江南是为了行侠——如此等等,五花八门、乱七八糟,民间娱乐而已。看来,帝王一游玩,就会被民间"演义",就会生出许许多多闲言碎语、轶闻趣事来。

  那么,民间又如何游玩?前文已说,古代民间是不远游的,出远门是不得已,没人为了游玩而出远门。但是,虽不远游,却每年都要近游。这是古代风俗,历史悠久,即:每年的春游和秋游。

  春游在古代称作"踏青"。在上古,春游是为了寻偶与野合(那时尚无婚配,男女野合而生育),如《诗经·出其东门》云:

> 出其东门,有女如云。

又如《诗经·溱洧》云:

> 士与女,殷其盈矣。

说的都是春游,即男女寻偶与野合。后来,大概在西周,虽天子、诸侯、士大夫已有最初的婚配(比较固定的夫妻关系),但庶人依然是野合而生育(不固定的夫妻关系)。按《周礼·地官媒氏》:

> 仲春之月,令会男女。于是时也,奔者不禁。若无故而不用令者,罚之。

也就是说,西周民间,男女必须春游(寻偶与野合),这是天子之令,违者罚。文中的"奔"字,即后来所说"私奔"中的"奔",本义就是野合(看字形便知:上面是张开双腿的人,下面是草。至于"奔"字的"张开双腿快速跑"之义,那是后来的转义)。

不过,大概到了东周,婚配渐渐普及于庶人,野合渐渐地不合法,春游也就渐渐地和生育无关了。所以,《论语》中说到的春游,只是游玩而已:

> 暮春者,春服既成,冠者五六人,童子六七人,浴乎沂,风乎舞雩,咏而归。

就这样,春游习俗开始代代相传。春游既然是近游,大凡就是步行到郊野去逛逛而已,至多唱唱歌、吃吃零食。所以,历朝历代,春游都是差不多的。只是,宋朝之前,人们习惯在上巳节(农历三月初三)去踏青。到了宋朝,好像没有上巳节了,是清明节(也是农历三月初)去踏青,而清明节要扫墓,所以,往往是既扫墓,又踏青。下面,就让古人直接跟你说说踏青之事吧,我只做少许解释(可能也未必需要)。

[唐]李淖《秦中岁时记》云:

> 上巳,赐宴曲江。都人于江头禊饮。践踏青草,谓之"踏青履"。

"赐宴曲江"即唐德宗曲江赐宴,君臣同饮。"都人"即京都之人。"禊饮"即流觞曲水,一种饮酒仪式。踏过青的鞋称作"踏青履",有吉祥之意。

五代时王仁裕《开元天宝遗事》云:

> 长安士女,游春野步,遇名花则设席藉草,以红裙递相插挂,以为宴幄,其奢逸如此也!

看来,唐朝不讲什么"女德"。你看长安这些男女,春游时看到名花异草,就在旁边铺上席子,女的还把身上的裙子脱下来,一条条挂在那里当帷幕,然后在帷幕后面吃吃喝喝。这也太过分了!看得这位王老先生摇头直呼:"奢逸如此也!"

[宋]孟元老《东京梦华录》云:

> 寒食第三节,即清明日矣,凡新坟皆用此日拜扫。都城人出郊。禁中前半月发宫人车马朝陵,宗室南班近亲,亦分遣诣诸陵坟享祀,从人皆紫衫、白绢三角子、青行缠,皆系官给。节日亦禁中出车马,诣奉先寺道者,院祀诸宫人坟,莫非金装绀幰[xiǎn]、锦额珠帘、绣扇双遮、纱笼前导。士庶阗[tián]塞诸门,纸马铺路,皆于当街用纸衮叠成楼阁之状。四野如市,往往就芳树之下,或园囿之间,罗列杯盘、互相劝酬。

这里主要是说清明扫墓,而且说的是"禁中"(即宫中)的人外出祭祀。但也说到了春游:"四野如市,往往就芳树之下,或园囿之间,罗列杯盘、互相劝酬。"你看,和唐朝一样,宋朝的春游也包括野餐。

[宋]李之彦《东谷所见》云:

> 拜扫了事,而后与兄弟、妻子、亲戚、契交放情游览,尽欢而归。

这儿说得直截了当,扫墓之后,一家人,还有亲戚朋友,一起去春游。

[明]刘侗《帝王景物略》云:

> 清明日，都人踏青，舆者、骑者、步者，游人以万计。

这已是明代，和唐宋差不多，有人乘车（"舆者"）、有人骑马或骑驴（"骑者"）、有人步行（"步者"），出城踏青。"游人以万计"，这可不得了，明朝京城里总共不过十来万人，竟然出来了几万！这北京城外的草地不是真要被"踏"平？其实，在唐代或许还真的"踏青"，到了明代早就成了郊游，根本不会真的去踏草，都是在路上走走而已。

秋游在古代称作"登高"。这也是上古就有的习俗，《礼记》云：

> 仲夏之月，可以远眺望，可以升山陵。

如果说，"踏青"是平民百姓的习俗，那么，"登高"则是帝王将相、文人墨客的习俗。"踏青"比较俗，"登高"比较雅。

那么，为什么登高要在秋季？其实，《礼记》中说的是"仲夏之月"，并非秋季。那又何时改为秋季的？大概是在东汉末年、"三国"之际。据《魏文帝集·九月与钟繇书》：

> 岁往月来，忽复九月九日。九为阳数，而日月并应，俗嘉其名，以为宜与长久，故以享宴高会。

这说起来有点玄乎。《易经》把"六"定为阴数，把"九"定为阳数，故而"九为老阳，阳极必变"。九月九日，双九重合，为老阳之数，此为不吉。为何？因重九之时，天气降，地气升，天地二气相交，邪气弥漫，故须登高，以避重九之厄。

不过，你是现代中国人，对古代中国人的这套东西知道就行，不必太当真。总之，古人九月九日重阳节去登高，最初是为避"邪气"，后来成了习俗，后来成了一种节日娱乐，如此而已。

[晋]葛洪《西京杂记》云：

> 三月上巳[sì]，九月重阳，士女游戏，就此祓[fú]禊[xì]、登高。

你看,早在晋代,上巳节踏青、重阳节登高就已是"游戏"——节日娱乐。文中"祓禊",意为戒浴,曾是踏青时所做的祭祀,后因改为清明节扫墓时踏青,故为墓前祭拜所取代。

又《旧唐书·本纪第十三·德宗下》云:

> 四序嘉辰,历代增置,汉崇上巳,晋纪重阳。或说禳[ráng]除,虽因旧俗,与众共乐,咸合当时。

这是唐德宗语录。注意他说的"汉崇上巳,晋纪重阳",意即:汉代重视上巳节,晋代重视重阳节。也就是说,在魏文帝曹丕写给钟繇的信中说"宜与长久,故以享宴高会"时,重阳节登高还很严肃,还是一种避邪的道术。使重阳节登高成为习俗的,是"三国"后的晋代,而且,也就是在晋代,登高还成了"游戏"(葛洪语)。所以,唐德宗提到它时说"或说禳除"(据说是避邪)。可见,他是不相信的。接着,他说:"与众共乐,咸合当时。"(借此大家娱乐一下,还是可以的。)

登高也属近游,通常是登上附近的某座小山或者土丘。真的崇山峻岭,那是没人敢去登的。不过,即便是登上一座小山,古人也会诗兴大发。尤其在唐代,九月九日登高吟诗,蔚然成风,《全唐诗》中的"登高诗"多得不计其数。譬如,王维《九月九日忆山东兄弟》:

> 独在异乡为异客,每逢佳节倍思亲。
> 遥知兄弟登高处,遍插茱萸少一人。

再譬如,王勃《九日登高》:

> 九月九日望乡台,他席他乡送客杯。
> 人情已厌南中苦,鸿雁那从北地来。

再譬如,岑参《行军九日思长安故园》:

> 强欲登高去,无人送酒来。

遥怜故园菊,应傍战场开。

　　登高而思乡、思亲,这是唐人的"钟情"。然而,这也是一种娱乐,一种"诗人娱乐"——忧郁而苦涩的娱乐。
　　其实,除了九月九日登高,古人平时也以登高台为娱乐,唐代尤甚,特别是唐代诗人,登高台而抒怀,几成惯例。几乎每个唐代诗人都写过"登台诗"。譬如,李白《登金陵凤凰台》:

　　凤凰台上凤凰游,凤去台空江自流。
　　吴宫花草埋幽径,晋代衣冠成古丘。
　　三山半落青天外,二水中分白鹭洲。
　　总为浮云能蔽日,长安不见使人愁。

　　再譬如,杜甫《登高》:

　　风急天高猿啸哀,渚清沙白鸟飞回。
　　无边落木萧萧下,不尽长江滚滚来。
　　万里悲秋常作客,百年多病独登台。
　　艰难苦恨繁霜鬓,潦倒新停浊酒杯。

　　身站高台,遥望天际,发思古之幽情、叹人生之无常,这也是一种娱乐,一种"诗人娱乐"——深沉而悲怆的娱乐。
　　除了九月九日重阳节登高,还有一种节日娱乐就是中秋节登楼赏月。这一节日娱乐与重阳节登高不同,不仅限于帝王将相、文人墨客,而是上自王孙公子、下至贫苦之人,都会以此为乐,故而既不雅,也不俗,可谓"天上月亮,雅俗共赏"。下面这段记述,引自[南宋]吴自牧《梦粱录》:

　　八月十五日中秋节,此日三秋恰半,故谓之"中秋"。此夜月色,倍明于常时,又谓之"月夕"。此际金风荐爽、玉露生凉、丹桂香飘、银蟾光满,王孙公子、富家巨室,莫不登危楼,临轩玩月,或开广榭、玳筵罗列、琴瑟铿锵、酌酒高歌,以卜竟夕之欢。至如铺席之家,亦登小小月台,安排家宴,团子女,以酬佳节。虽陋巷贫窭之人,解衣市酒、勉强迎欢,不肯虚度。此夜天街卖买,直到五鼓,玩月游人,婆娑于市,至晚不绝。盖金吾不禁故也。

此段文字并非文言,而是宋代白话,故而只需解释个别词语即可。"危楼"即高楼,莫以为是危房,哪有住危房的王孙公子?不过,宋代的高楼至多也就三层。"铺席之家"即小康之家。"金吾不禁"即不行宵禁("金吾"乃城官别称。行不行宵禁,通常由城官决定,故言),言下之意,平时要宵禁(关城门、关店铺,市民不得出门)。

以上所讲,春游、秋游,均为节日之游。那么,平时游不游玩呢?平时,有些人(当然是做官的,或有钱人,或秀才之类的读书人)以"游园"为乐,就像今人逛公园。不过,古代没有公园,游的大多是达官富豪的私家花园。当然,还有寺庙禅院、废墟残园,也是读书人所好,往往会前往一游。

游园好像也是唐人的"发明",因为唐之前,"游园诗"并不多见,而在《全唐诗》里,却有许许多多,如王勃《春日宴乐游园赋韵得接字》、杜甫《乐游园歌》、张九龄《酬王履震游园林见贻》、杨凭《乐游园望月》、张说《恩赐乐游园宴》、白居易《立秋日登乐游园》、元稹《酬乐天登乐游园见忆》、裴度《至日登乐游园》、王翰《奉和圣制同二相已下群官乐游园宴》,等等。可见,唐人经常游园。

这种游园之乐,后来在宋代、明代,乃至清代,一直是读书人的高雅娱乐。通常是三五知己,相约游园,其间饮酒赋诗,不胜快哉。

据我所知,记游园最详尽者,沈复《浮生六记》也。其中"浪游记快",多次记述游园,最详尽一次,即与吴云客、毛忆香、王星灿等人同游"西山小静室"。若将此次游园全文引述在此,太长,有两千多字,故而只能引其中"游无隐禅院"一段于下:

> 度岭南行里许,渐觉竹树丛杂,四山环绕,径满绿茵,已无人迹。竹逸(和尚兼导游)徘徊四顾曰:"似在斯,而径不可辨,奈何?"余乃蹲身细瞩,于千竿竹中隐隐见乱石墙舍,径拨丛竹间,横穿入觅之,始得一门,曰"无隐禅院,某年月日南园老人彭某重修"。众喜曰:"非君则武陵源矣!"山门紧闭,敲良久,无应者。忽旁开一门,呀然有声,一鹑衣少年出,面有菜色,足无完履,问曰:"客何为者?"竹逸稽首曰:"慕此幽静,特来瞻仰。"少年曰:"如此穷

山,僧散无人接待,请觅他游。"言已,闭门欲进。云客急止之,许以启门放游,必当酬谢。少年笑曰:"茶叶俱无,恐慢客耳,岂望酬耶?"山门一启,即见佛面,金光与绿阴相映,庭阶石础苔积如绣,殿后台级如墙,石栏绕之。循台而西,有石形如馒头,高二丈许,细竹环其趾。再西折北,由斜廊蹑级而登,客堂三卷楹紧对大石。石下凿一小月池,清泉一派,荇藻交横。堂东即正殿,殿左西向为僧房厨灶,殿后临峭壁,树杂阴浓,仰不见天。星灿力疲,就池边小憩,余从之。将启盒小酌,忽闻忆香音在树杪,呼曰:"三白(沈复字三白)速来,此间有妙境!"仰而视之,不见其人,因与星灿循声觅之。由东厢出一小门,折北,有石蹬如梯,约数十级,于竹坞中瞥见一楼。又梯而上,八窗洞然,额曰"飞云阁"。四山抱列如城,缺西南一角,遥见一水浸天,风帆隐隐,即太湖也。倚窗俯视,风动竹梢,如翻麦浪。忆香曰:"何如?"余曰:"此妙境也。"忽又闻云客于楼西呼曰:"忆香速来,此地更有妙境!"因又下楼,折而西,十余级,忽豁然开朗,平坦如台。度其地,已在殿后峭壁之上,残砖缺础尚存,盖亦昔日之殿基也。周望环山,较阁更畅。忆香对太湖长啸一声,则群山齐应。乃席地开樽,忽愁柈腹。少年欲烹焦饭代茶,随令改茶为粥,邀与同啖。询其何以冷落至此,曰:"四无居邻,夜多暴客,积粮时来强窃,即植蔬果,亦半为樵子所有。此为崇宁寺下院,长厨中月送饭干一石、盐菜一坛而已。某为彭姓裔,暂居看守,行将归去,不久当无人迹矣。"云客谢以番银一圆。

这一段也够长了。然而,古代读书人游园之兴、之情、之景,历历在目,读之并不枉然。

最后要说的一种游玩,即"夜游",有两种;一是文人夜游,一是民间夜游。古代文人夜游,其兴致不逊于游园。最有意思的是即兴夜游,如苏东坡《记承天寺夜游》所言:

  元丰六年十月十二日夜,解衣欲睡,月色入户,欣然起行。念无与为乐者,遂至承天寺寻张怀民。怀民亦未寝,相与步于中庭。庭下如积水空明,水中藻荇交横,盖竹柏影也。何夜无月?何处无竹柏?但少闲人如吾两人者耳。

彻夜不眠而闲步中庭,此亦一乐。有何之乐?乐闲也。此是真乐,还是牢骚?只有东坡先生自己知道。

民间夜游,即上元节灯会,类似清明节踏青、重阳节登高,同属节日娱乐。上元节即今元宵节,即所谓"十五上灯""闹元宵"。此习俗始于隋唐,据《隋书·柳彧传》:

> 每以正月望夜,充街塞陌,聚戏朋游。鸣鼓聒天,燎炬照地。人戴兽面,男为女服。倡优杂技,诡状异形……内外共观,曾不相避。高棚跨路,广幕陵云。袨服靓妆,车马填噎。肴醑肆陈,丝竹繁会。

另据[明]蒋一葵《尧山堂外纪》所记,武则天、唐中宗年间上元节灯会盛景:

> 神龙时,上元节许三夜夜行,金吾不禁。士女无不出游,车马塞路,有足不蹑地浮行数十步者。王公家皆数百骑行歌。苏味道诗云:"火树银花合,星桥铁锁开。暗尘随马去,明月逐人来。游伎皆秾李,行歌尽落梅。金吾不禁夜,玉漏莫相催。"郭利贞诗曰:"九陌连灯影,千门度月华。倾城出宝骑,匝路转香车。烂熳唯愁晓,周旋不问家。更逢清管发,处处落梅花。"一时文士赋诗以纪其事者数百人,唯二诗为绝唱。

上元节可谓中国"古代狂欢节"。朝廷特许,三夜不行宵禁。民众尽情出游,城里彻夜锣鼓喧天、火光照地。这是一年中最热闹的三天,也是古代中国人尽情玩乐的三天。然而,三天之后,一切又将归于沉寂。

二、宴 飨

所谓"宴飨",就是以吃喝为娱乐,有两种:一是某人请客,二是多人聚餐。不管是某人请客,还是多人聚餐,都有两个目的:一是尽兴,二是交际。实际上,任何一种多人娱乐都是如此(就是赌博,若不是以赢钱为目的,也一样),只是宴飨的这种目的比较明确罢了。

在现代中国人的生活中,你知道,几乎人人都会请客吃饭。虽然世界各地的人也都请客,但中国人特别热衷于此项娱乐,是不是?为什么?因为此项娱乐在中国有着悠久的历史,现已成了一种传统。

古代中国人,上自帝王,下至庶人,无不请客吃饭,只是请的"客"不同、吃的"饭"不同而已。帝王固然至尊,但帝王也是人,也有七情六欲,也要吃喝拉撒。所以,帝王也请客吃饭。

我料想,如果真有"三皇五帝",他们也一定会请客吃饭。实际上,若按《大戴礼记》(即戴圣之叔戴德所作,故称),"五帝"是指黄帝、颛顼、帝喾、尧、舜的话,那么按《路史》,尧和舜还真的相互请客吃饭:

帝尧馆舜于贰室,舜亦飨帝,迭为宾主。

只是,《路史》为南宋人罗泌所撰,是不大可信的。但不管怎样,天子请客吃饭,在《诗经》里就有,这大概不会错,如《诗经·小雅·湛露》,历来被认为是天子宴请诸侯之诗,其中曰:

湛湛露斯,匪阳不晞。厌厌夜饮,不醉无归。

遗憾的是,不管《诗经》也好,《左传》也好,还是《汉书》也好,《北史》也好,讲到帝王请客吃饭,都语焉不详,提及而已,如《左传》曰:

庄公二十年,冬,王子颓飨五大夫,乐及遍舞。

僖公二十五年,晋侯朝王,王飨醴。

文公四年,卫宁武子来聘,公与之宴。

襄公四年,穆叔如晋,晋侯飨之。

昭公二十五年,宋公飨昭子,赋新宫,昭子赋车辖。明日宴,饮酒乐。

昭公二十七年,冬,公如齐,齐侯请飨之。

如《汉书·高帝本纪》曰：

> 五年,帝置酒雒阳南宫。

如《北史·文宣帝本纪》曰：

> 帝常于东山游宴。

如《北史·武帝本纪》曰：

> 帝每宴会将士,必自执杯劝酒,或手付赐物。

直到《隋书》之后,正史对帝王宴飨的记载才比较详细。如《隋书·炀帝本纪》曰：

> 大业三年夏四月,北巡。六月戊子,次榆林郡。甲辰,上御北楼,观渔于河,以宴百寮。秋七月甲寅,上于郡城东御大帐,其下备仪卫,建旌旗,宴启民及其部落三千五百人,奏百戏之乐。八月壬午,车驾发榆林。乙酉,启民饰庐清道,以候乘舆。帝幸其帐,启民奉觞上寿,宴赐极厚。九月己未,次济源。幸御史大夫张衡宅,宴飨极欢。

隋炀帝请客吃饭,大讲排场,可想而知。这里,不仅隋炀帝宴请"百寮"(即百官。"寮"即僚),"百寮"中也有人宴请隋炀帝,而且是在家里("幸御史大夫张衡宅")。皇帝到大臣家里做客,没想到吧？

相比隋炀帝,唐高祖武德三年四次请客吃饭,就没有那么兴师动众,尽管其中两次请的还是"外宾"——突厥使臣。关于这四次请客吃饭,《唐书·高祖本纪》不载,按北宋《册府元龟》：

> 武德三年正月甲午,宴突厥,奏九部乐于庭,赐綵有差。四月壬戌,秦王平并州,悉复故地。帝大悦,置酒含章殿,宴群臣,极欢。遣入御府,赐缯

[zēng]缯[cǎi]彩，皆尽重而出。五月庚午，宴突厥使，奏九部乐于庭，赐帛有差。辛卯，秦王平并州凯旋，献捷于太庙，帝置酒高会，极欢而罢。六月丁酉，宴东征官寮，奏九合乐。帝亲举酒以属百官，极欢而罢。

同样，唐太宗贞观三年两次宴请群臣，也没有兴师动众。按《册府元龟》：

> 贞观三年正月甲子，宴群臣，奏九部乐，歌太平，舞狮子于庭。赐帛有差。三月甲辰，赐群臣大射于元德门。十一月戊辰，宴五品以上于内殿。帝谓群臣曰："李靖奋义忠勇，长驱深入，颉利奔窜，天下无事，岂不乐哉。"于是极欢而罢。

顺便提一下，相比唐太宗，唐玄宗更喜欢请众妃子吃饭。吃完饭后，还有一名妃子有幸侍寝。按五代王仁裕《开元天宝遗事》：

> 开元末，明皇每至春时旦暮，宴于宫中，使妃嫔争插艳花，帝亲捉粉蝶放之，随蝶所止，幸之。后因杨妃专宠，遂不复此戏也。

妃子争宠，抢着侍寝，这是历代宫中常事，历代皇帝对此都很头痛。你看这唐玄宗李隆基，还真有办法，等于是让众妃子掷骰子定侍寝——谁的运气好，谁上床！反正他这时已喝得醉醺醺，谁来都无所谓。不过，他后来有所谓了，只让杨贵妃一人侍寝，其他妃子全部"失业"。

再来看宋朝。宋朝皇帝当然也请客吃饭，就以宋太宗赵光义为例吧，因为《宋史·礼志》记述了他在太平兴国九年十二月一连三次请客吃饭：

> 二十一日，御丹凤楼观酺，召侍臣赐饮。自楼前至朱雀门张乐，作山车、旱船，往来御道。又集开封府诸县及诸军乐人列于御街，音乐杂发，观者溢道，纵士庶游观，迁市肆百货于道之左右。召畿甸耆老列坐楼下，赐之酒食。明日，赐群臣宴于尚书省，仍作诗以赐。明日，又宴群臣，献歌、诗、赋、颂者数十人。

再看明朝。就以明宣宗朱瞻基为例吧,按[明]王圻《续文献通考》:

> 宣德六年二月,万寿圣节,上御制诗一章,赐尚书蹇义、胡濙、大学士杨士奇、杨荣,且曰:"朕茂膺天眷,惟尔四人赞翊之功。"赐宴,尽欢而罢。

这个朱瞻基太谦卑了,身为帝王,请大臣吃饭,还当面称谢:"鄙人有今天,全凭诸位帮忙!"没想到吧?

没想到的还有。据[明]陆深《金台纪闻》:

> 廷宴余物怀归,起于唐宣宗。时宴百官,罢拜舞。遗下果物,怪问,咸曰:"归献父母及遗小儿。"上敕太官,今后大宴,文武官给食,两分与父母,别给果子与男女。所食余者,听以帕子怀归。今此制尚存,然有以怀归不尽而获罪者。

"廷宴余物怀归",什么意思?就是皇帝请客吃饭后,把剩菜打包回家。而且,自唐宣宗起,直到明朝,历朝历代都这样。没想到吧?按陆深的说法,唐宣宗请百官吃饭,免掉了跪拜和歌舞("罢拜舞"),饭后剩下的菜肴干点("果物"),问百官怎么办,百官都说,带回去给父母儿女吃。于是,唐宣宗令宫中太监,以后宴请百官,除一人一份酒菜外,再每人给两份带回去给父母吃,另外再给干点("果子")带回去给儿女吃。注意,那时吃饭,是分食制,所谓"食余者",是指每人自己那份中没吃完的。这没吃完的,可以用块布包起来带回去("听以帕子怀归")。后来,这成了规矩,吃剩不带回去的,反而获罪。

不过,不要以为这是"惜物"。不是的,这是"惜恩",是对皇上恩典表示珍惜。而皇上另给酒菜让他们带回去,则更加彰显"皇恩浩荡"。

也许,关于帝王宴飨,我讲得太多了。但没办法,你知道,正史记述最多的,是帝王将相。换言之,对帝王将相的宴飨,我还能说出一些东西,对其他人的宴飨,我就不甚了了了。所以,下面讲到民间宴飨,就只能说个大概,因为可找到的史料非常有限,只有在"五代"以及之后的几本文人笔记中略有提到。

其实,关于民间宴飨,能从文人笔记中查到的也仅是民间富裕人家的宴飨。至于众多贫寒之家,当然也有亲友,也请吃饭,但至多杀只鸡或买条鱼,就算请客了。虽然这也是宴飨,也以尽兴和交际为目的,和帝王的宴飨是一样的——但是,这有什么好说?

那么,富裕人家的宴飨又怎样呢?这在各个朝代都不一样,甚至在一个朝代的不同年代也不一样,这是可想而知的。只是,并非各个朝代的文人都会在笔记中记述请客吃饭,我仅在王仁裕的《开元天宝遗事》、[宋]耐得翁的《都城纪胜》、[元]无名氏的《比事摘录》和[明]范弘嗣的《范竹溪集》中读到少许记述。所以,就宴飨而言,这些史料可谓弥足珍贵。故而抄录于下(其实加起来也不过几百字),读之或许会使你对唐、宋、元、明四代的富家宴飨有少许了解(只能说少许):

先看王仁裕《开元天宝遗事》:

> 巨豪王元宝,每至冬月大雪之际,令仆夫自本家坊巷口扫雪为迳路,躬亲立于坊巷前,迎揖宾客,就本家具酒炙,宴乐之,为暖寒之会。

这是唐代。富豪王元宝,出身贫寒,原名"二狗",据说他得天之助,成为长安城首富。据[唐]李亢《独异志》:

> 开元间,有长安贩夫王二狗者,尝往返淄郡贩丝,微利也。一日,孤馆遇盗,财物尽失。二狗叹曰:'天不助我。'遂悬梁欲自尽。冥冥中见一老者,锦衣玉带,头戴朝冠,身穿红袍,白脸长须,温文尔雅,左手'如意',右手'元宝',高祖赐封财帛星君李相公是也。星君曰:'尔当大富贵,岂可轻生!不闻淄州出琉璃乎?'又舍元宝一枚,乃去。二狗遂贩琉璃,成长安首富。又感念星君所赐,易名元宝。

王元宝贩卖琉璃,一夜暴富(当然,"冥冥中见一老者"之类,纯属昏话,意在糊弄。古人常说"贵人天相""富人天助",说这是天注定的,免得旁人眼红)。王元宝的宴飨,可想而知。

不过,王仁裕在《开元天宝遗事》中只说到王元宝冬天叫仆人"自本家坊巷口扫雪为迳路",自己站在家坊巷口迎接宾客。可见,大雪封路,也阻挡不了富豪家的"酒炙宴乐"。注意,那是"巨豪王元宝",别人是不会这样的。

再看[宋]耐得翁《都城纪胜》:

> 官府贵家置四司六局，各有所掌，故筵席排当，凡事整齐。都下街市亦有之。常时人户，每遇礼席，以钱倩之，皆可办也。帐设司，专掌仰尘、缴壁、桌帏、搭席、帘幕、罘、屏风、绣额、书画、簇子之类。厨司，专掌打料、批切、烹炮、下食、调和节次。茶酒司，专掌宾客茶汤、荡筛酒、请坐谘席、开盏歇坐、揭席迎送、应干节次。台盘司，专掌托盘、打送、贵擎、劝酒、出食、接盏等事。果子局，专掌装簇、盘碟、看果、时果、准备劝酒。蜜煎局，专掌糖蜜花果、咸酸劝酒之属。菜蔬局，专掌瓯茁、菜蔬、糟藏之属。油烛局，专掌灯火照耀、立台剪烛、壁灯烛笼、装香簇炭之类。香药局，专掌药碟、香球、火箱、香饼、听候索唤、诸般奇香及醒酒汤药之类。排办局，专掌挂画、插花、扫洒、打渲、拭抹、供过之事。凡四司六局人，祗应惯熟，便省宾主一半力。

这是北宋末年。文中"四司六局"即为"官府贵家"（宋代称"皇家"为"官家"）操办宴飨之事的所谓"内府"。"官家"有"四司六局"当然不稀奇，稀奇的是当时的"都下"（京都汴梁）有专门为人操办宴飨之事的商家。这些商家，内有专为客户布置客厅的"帐设司"、专为客户做菜的"厨司"、专为客户上茶斟酒的"茶酒司"、专为客户送菜接盘的"台盘司"、专为客户准备水果和干果的"果子局"、专为客户准备蔬菜、腌腊之类的"菜蔬局"、专为客户准备灯火照明的"油烛局"、专为客户焚香、醒酒的"香药局"和专为客户打扫拭抹的"排办局"，等等。客户只要"以钱倩之，皆可办也"。有这样的商家，即表明：一、富人家经常办宴席，故而才有此需求；二、富人家的宴飨很讲排场，故而要有专人负责。看来，在宋代，宴飨吃喝，蔚然成风。不过，这奢靡之风其实在宋神宗熙宁年间才开始盛行，此前好像并非如此。见司马光《训俭示康》：

> 先公为郡牧判官，时客至，未尝不置酒，或三行，或五行，不过七行，酒沽市，果止梨栗枣柿，肴止脯醢，菜羹器用磁漆，当时士大夫皆然，人不相非也。会数而礼勤，物薄而情厚。近日士夫家，酒非内法、果非远方珍异、食非多品、器皿非满案，不敢作会。尝数日营聚，然后敢发书。苟或不然，人争非之，以为鄙吝。故不随俗奢靡者，鲜矣。风俗颓弊如是，居位者忍助之乎？

司马光写《训俭示康》即在宋神宗熙宁年间，他说他父亲生前，身为郡牧判官,请客吃饭并不讲究,酒是街上买来的普通酒,水果是普通的梨、栗、枣、柿,菜肴仅是肉脯和肉酱,杯盘也是普通的瓷器和漆器,当时的士大夫家都这样,别人也不说什么。可是,近日士大夫家,酒若不是特酿的,水果若不是奇异珍品,菜肴若不是样样都有,杯盘碗碟若不是堆满桌子,都不敢请客。请客要准备数日才敢发请帖,若不这样,别人就会说你小气。所以,很少有人不随俗,不奢靡。这样的颓弊风俗,有担当的人怎么能同流合污、推波助澜?

然而,司马光也只能感叹而已,因为从《都城纪胜》所言即知,这种宴飨风俗显然延续到了北宋末年。那么,后来呢?后来也没有多大变化,既成风俗,就会代代相传。

果不其然,看[元]无名氏《比事摘录》:

> 今人饮馔,务尚丰腴,一筵之设,水陆毕具,宾客入口无几,堆盘累碟,深杯大瓢,衹以厌饫,诸仆从耳,不知此何益也。

显然,元人秉承了南宋的宴飨风俗,而这位写《比事摘录》的无名氏,也只能像司马光一样感叹:"不知此何益也。"那么,后来呢?后来是明代,看[明]范弘嗣《范竹溪集》:

> 迩来酒席太奢,一几而罗水陆之珍,一宴而预半月之办,靡费金铢,暴殄天物。殊甚然,不过一饱而止。满桌尽是剩余,何不为惜福计也?

你看,差不多的宴飨风俗,差不多的奢靡,差不多的感叹!那么,后来呢?后来……我想,我也不必再去找清代的什么笔记了,后来肯定没变,再后来也没变。因为,时至今日,请客吃饭不是依然盛行?酒席不是依然讲究丰盛?对此,不是依然有人感叹?——看来,古已有之的宴飨之乐,既成风俗,难以改变!

中卷

婚姻・家庭

第一章　八字　六礼

　　古代中国人的婚姻,本质上不同于现代婚姻。现代婚姻是一男一女的结合,古代婚姻则是两个家庭的联姻,一男一女只是充当"代表"而已。正因为是两个家庭的联姻,古代婚姻要比现代婚姻复杂得多。譬如,定亲和婚礼就很复杂,首先要"门当户对",其次要"八字相配",最后还要"三书六礼"。"门当户对",即男女两家的社会地位和经济地位相当,也就是男女两家贵贱相当、贫富相当——其实,这并非专属于古代婚姻,现代婚姻亦然(现代婚姻虽不注重"门户",但一男一女自身的贵贱贫富,仍是婚姻的一大前提),所以,此处从略,径直讲"八字相配"。

一、八　字

　　请记住,古代中国人谈婚论嫁,是一户人家和另一户人家谈婚论嫁,不是一男一女谈婚论嫁——这在前面已说过,为什么要重复? 因为后面有许多东西与此有关,我不可能一遍又一遍提醒你。

　　那么,为何要一户人家和另一户人家谈婚论嫁,而不是一男一女谈婚论嫁? 原因是,古代中国人早婚,尤其是秦汉以后。按《周礼·地官》:

　　　　令男三十而娶,女二十而嫁。

　　最晚,男子三十岁、女子二十岁成婚。可见,上古时的婚龄还不算太小。但到了秦汉,婚龄(尤其是女子婚龄)竟提前了五岁。按《汉书·惠帝纪》:

女子年十五以上至三十不嫁,五算。

"五算"即缴纳五倍人头税。女子最晚十五岁就应出嫁。为什么?因为古代以农耕为主,女子除了生育,别无多大用处,在家不能担重活,为国不能服徭役,所以应尽早出嫁,尽早生育。再按《晋书·武帝纪》:

冬十月辛巳,制女年十七父母不嫁者,使长吏配之。

晋武帝令,女子十七岁未嫁者,由"长吏"(官府)许配于人。再按《唐书·太宗本纪》:

诏,民男二十、女十五以上无夫家者,州县以礼聘娶。

唐太宗令,男子二十、女子十五未婚者,由"州县"(官府)为其聘娶。再按宋代《名公书判清明集》:

在法:男年十五,女年十三以上,并听婚嫁。

宋代的婚龄甚至比唐代还早,男十五、女十三就要婚嫁。再按《明史·嘉礼三》:

凡庶人娶妇,男年十六,女年十四以上,并听婚娶。

再按清乾隆时颁布《钦定大清通礼》:

许男十六以上,女年十四以上,皆可行右议婚。

明清两代一模一样,婚龄均是男十六、女十四。请想想,十六七岁的男孩、十四五岁的女孩,要婚配,叫他们怎么寻偶、择偶?他们甚至对男女之事还朦朦胧胧。所以,婚姻就由父母包办,即俗语所说"包办婚姻",或文言所谓"父母之命、媒妁之言"。这是古代中国人几千年来的婚姻形式,历朝历代,无一例外。

那么,包办婚姻、"父母之命、媒妁之言",和"八字"有何关系?这说来话长。所谓"八字",即"生辰八字"的简称。何为"生辰八字"?用现在的话来说,就是生日的年、月、日、时。不过,在古代,不是用数字而是用"天干地支"表示年、月、日、时。所谓"天干",就是指定并固定排列的十个字,即:甲、乙、丙、丁、戊、己、庚、辛、壬、癸;所谓"地支",就是指定并固定排列的十二个字,即:子、丑、寅、卯、辰、巳、午、未、申、酉、戌、亥(其实,"天干"用红、黄、蓝、白、黑……代之,"地支"用赵、钱、孙、李、周、吴、郑、王……代之,亦可,符号而已)。所谓"天干地支",就是"天干"与"地支"相对应,如下:

甲	乙	丙	丁	戊	己	庚	辛	壬	癸	(甲)	(乙)
子	丑	寅	卯	辰	巳	午	未	申	酉	戌	亥

上下一对一,就有甲子、乙丑、丙寅、丁卯、戊辰、己巳、庚午、辛未、壬申、癸酉,十对。由于地支多戌、亥两字,再对,就有甲戌、乙亥、丙子、丁丑、戊寅、己卯、庚辰、辛巳、壬午、癸未,十对。这样对下来,地支便多申、酉、戌、亥四字,再对,就有甲申、乙酉、丙戌、丁亥、戊子、己丑、庚寅、辛卯、壬辰、癸巳,十对。此时,地支多出八字,再对……就这样,对过六次后,第七次回到甲子、乙丑、丙寅、丁卯……也就是说,共有六十对"天干地支"。这六十对"天干地支",其实是表示一至六十,六十个数字而已。所谓"六十年风水轮流转",意即"天干地支,六十循环"。

生日的年、月、日、时,有四个数字,也就是有四对"天干地支"。四对"天干地支",共八个字,故称"生辰八字",如:甲子(年)、丙寅(月)、己巳(日)、戊寅(时)。

那么,为什么不用数字?用数字不是简便得多吗?如一六三二(年)五(月)七(日)十二(时)。古代中国人有数字,别处用,此处为何不用?是的,古书中经常有"五月"或"七日"等,年份也有"贞观六年"或"万历十八年"等。但是,正规的"年庚",即出生的年、月、日、时,却一定要用"天干地支"。为什么?因为在古代中国人心目中,"天干地支"具有特定含义,并非只代表数字。

什么特定含义?这又说来话长。简单地说,古代中国人的基本理念是"阴阳五行",即视万事万物都有"阴阳"两面,同时又视万事万物都属"五行"(即五种属性):金、木、水、火、土。这"五行"各有阴阳,所以是"相生相克"的,即:金生水、

171

水生木、木生火、火生土、土生金(和"天干地支"一样,是循环的);金克木、木克土、土克水、水克火、火克金(也是循环的)。

既然万事万物都有"金、木、水、火、土"五种属性,"生辰八字"中的"天干地支"当然也一样,如下表:

甲子、甲午、壬申、壬寅等	属金
壬午、壬子、庚寅、庚申等	属木
丙子、丙午、甲申、甲寅等	属水
戊子、戊午、丙寅、丙申等	属火
庚午、庚子、戊寅、戊申等	属土

这就是古代中国人所谓的"命",即"金命""木命""水命""火命""土命",是由"生辰八字"所决定,即所谓"命中注定"。

在民间,"生辰八字"通常以"十二生肖"代之,因为在古代民间,绝大多数人是文盲,目不识丁,不识"甲、乙、丙、丁",也不识"子、丑、寅、卯",故而用"鼠、牛、虎、兔"代之。"十二生肖"仅表示"年",省略了"月、日、时",即用"鼠、牛、虎、兔、龙、蛇、马、羊、猴、鸡、狗、猪"代替"子、丑、寅、卯、辰、巳、午、未、申、酉、戌、亥",通俗易记。

"十二生肖"即"地支",当然有"金、木、水、火、土"属性:猴、鸡,属"金";虎、兔,属"木";鼠、猪,属"水";蛇、马,属"火";牛、龙、羊、狗,属"土",见下表:

属猴、属鸡	金命
属虎、属兔	木命
属鼠、属猪	水命
属蛇、属马	火命
属牛、属龙、属羊、属狗	土命

既然"生辰八字"有"金、木、水、火、土"属性,那么,它们肯定是相生相克的。是的,相生如下:

甲子、甲午等,与丙子、丙午等	相生,即"金生水"
丙子、丙午等,与壬午、壬子等	相生,即"水生木"
壬午、壬子等,与戊子、戊午等	相生,即"木生火"
戊子、戊午等,与庚午、庚子等	相生,即"火生土"
庚午、庚子等,与甲子、甲午等	相生,即"土生金"

相克如下:

甲子、甲午等,与壬午、壬子等	相克,即"金克木"
壬午、壬子等,与庚午、庚子等	相克,即"木克土"
庚午、庚子等,与丙子、丙午等	相克,即"土克水"
丙子、丙午等,与戊子、戊午等	相克,即"水克火"
戊子、戊午等,与甲子、甲午等	相克,即"火克金"

换成"十二生肖",相生如下:

属猴、属鸡(金命)和属鼠、属猪(水命)	相生
属鼠、属猪(水命)和属虎、属兔(木命)	相生
属虎、属兔(木命)和属蛇、属马(火命)	相生
属蛇、属马(火命)和属牛、属龙、属羊、属狗(土命)	相生
属牛、属龙、属羊、属狗(土命)和属猴、属鸡(金命)	相生

相克如下:

属猴、属鸡(金命)和属虎、属兔(木命)	相克
属虎、属兔(木命)和属牛、属龙、属羊、属狗(土命)	相克
属牛、属龙、属羊、属狗(土命)和属鼠、属猪(水命)	相克
属鼠、属猪(水命)和属蛇、属马(火命)	相克
属蛇、属马(火命)和属猴、属鸡(金命)	相克

既然各人的生辰八字或"命"是相生相克的,那么,婚配前就先要知道男女双方的"命"是相生,还是相克。如果是相生的,婚配才会圆满;如果是相克的,婚配就不会圆满,应避免。

然而,要想知道两个人的"命"是相生还是相克,对一个十六七岁的男孩和一个十四五岁的女孩来说,谈何容易,甚至不太可能。所以,婚配要由父母包办,即所谓"父母之命"。然而,父母实际上也未必弄得清生辰八字的相生相克,所以要有人相助,那就是请媒人,即所谓"媒妁之言"。

当然,除了八字合婚,造成婚姻由父母包办的其他原因还有许多。譬如,婚嫁所需的费用都由双方父母承担。双方父母承担了全部费用,却又不想做主,这可能吗?再譬如,新婚夫妇通常要住在男家。这就使男家父母势必要想让一个可以使自己放心的女孩住进来,女家父母势必要想让女儿住到一个可以使自己满意的人家去。也就是说,这是两户人家的事,不是一男一女的事。既然这样,婚姻怎么可能不由双方家长做主?怎么可能不由父母包办?然而,所有这一切的根本原因,是早婚,而早婚,前面已经说过,在古代中国几乎是必然的——如果你是古代中国人,也只能如此。

不过,全世界的古代民族都早婚,这一点,古代中国人并不特殊。特殊的,是八字合婚,这才是古代中国人特有的婚姻观,即:相信姻缘,相信婚姻前定。

你或许会问:一个人的生日有那么重要吗?难道婚姻,乃至命运,都是由生日决定的?你是现代中国人,当然不会相信你的婚姻、你的命运在你出生时就已注定。但是,古代中国人相信,他们就是这么看待婚姻的,称婚姻为"前世姻缘"。

人有"前世"吗?你或许又不相信了。但是,古代中国人相信,尤其是信佛之人。佛教认为有"生死轮回",人有"前世""现世"和"来世",而古代中国人大多相信这一说法。佛教虽来自印度,但到了中国后,很大程度上中国化了。"前世姻缘",就是佛教轮回说和八字合婚的混合物。

反正,不管你相信不相信,古代中国人是一直相信前世姻缘的。不仅相信,还以无数传奇故事,传唱和感叹这前世姻缘。不妨看看古代戏曲小说,前世姻缘比比皆是、随处可见。有人说,古代戏曲小说,最多的是"私定终身后花园,落难公子中状元";有人说,古代戏曲小说,最多的是"有情人终成眷属"。但是,"私定终身"也好,"有情人"也好,你去看,最后都是因为他们前世有缘。倘若前世无缘,就不会私定终身,就不会有情——有也没用!这是古代中国人的"信念"。

举例来说吧,"但愿相思莫相负,牡丹亭上三生路",《牡丹亭》太有名,我不好意思以它为例。那柳梦梅和杜丽娘,可谓典型的前世姻缘。那么,"苦绛珠魂归离恨天,病神瑛泪洒相思地"呢?那贾宝玉和林黛玉,因前世无缘,再怎么有情,结果也是一场空。不过,《红楼梦》太有名,我也不好意思以它为例。那就引不太有名的[清]澹园《燕子笺》中的一段:

天地间,惟婚姻一道,总由天定,莫可人为也。有三媒六妁,得就姻缘的;也有始散终成,才全匹配的;更有那东床坦腹,择婿眼高的;屏风射雀,宿缘暗合的;还有那红叶流水,竟结丝萝,纤衣题诗,终成眷属的。自古及今,难以枚举。独有才子佳人,凑合最难,往往经多少离合悲欢,历无限是非口舌,才能完聚。总而言之,须得月下老人婚姻簿上注了姓名,虽然受些险阻,到底全美。我故说:"婚姻一道,总由天定,莫可人为也。"

这一百多字,把古代中国人的种种择偶、婚配几乎全都说到了。最后,一句话,婚姻天定,尽管这"天定",其实是古代中国人自己搞出来的一套所谓"生辰八字"。

二、六 礼

婚姻虽然天定,婚礼还是要人来操办的。这就有了"六礼"。所谓"六礼",其实是"三书六礼",即古代中国人在整个婚配过程中要做的九件事,由于"三书"是为"六礼"准备的,故而简称"六礼"。

不过,"三书六礼"只是对历代婚礼的一种概括,实际上,历朝历代的婚礼并非一模一样——几千年历史,怎么可能一模一样?

还有,"三书六礼"其实只是对古代士族婚礼的一种概括。天子、公侯的婚礼,庶人、贫民的婚礼,都可能与此不同。但是,同一民族、同一文化,又不可能有天壤之别。天子、公侯的婚礼繁复而隆重,庶人、贫民的婚礼简单而寒酸,但婚礼的基本步骤却是差不多的。所以,通常以士族婚礼,即"三书六礼",作为古代婚礼的范本。

我之所以这么啰唆,是想一开始就提醒你,不要误以为古代中国人都是按

"三书六礼"成婚的。哪里!"三书六礼"不过是一种"标准格式",具体做起来可能五花八门。不说帝王和贫民的婚礼,即便士族的婚礼,也未必时时、处处遵照这一"标准格式"。但是,既然有这"标准格式",就得说说这是怎样一种"格式"。

先说"三书"。其实,查两大古代礼仪经典——《周礼》和《礼记》——都无"三书"之说。这"三书"之说不知始于何时。不过,"三书"是《周礼》和《礼记》所说婚仪的书面化,这是毫无疑问的。所谓"三书",即"聘书""礼书"和"迎书"。

"聘书"是男家提亲时交给女家的文书,有如"意向书",如女家接受聘书,即表示同意订婚;否则,拒收聘书,即表示不接受男家意向。

"礼书"是女家接受聘书后,男家送聘礼时交给女家的文书,有如"付款单",说明付了多少"款"。如女家接受礼书,即表示对聘礼无异议;否则,拒收礼书,即表示不接受男家聘礼。不过,一般不会,因为聘礼多少,在女家接受聘书时已经讲好,除非男家失信,否则女家不会拒收。若是男家失信,少送聘礼,女家不仅可以拒收,还可以告官。同样,若是女家无故变卦,拒收聘礼,即为"赖婚",男家可以告官。在明清两代,"赖婚"是重罪,当事人(女家父)要判杖刑或徒刑。

"迎书"是女家接受礼书后,男家迎娶新娘时交给女家的文书,有如"提货单",表明男家"已经提货"。如女家接受迎书,即会"发货",送新娘上轿;否则,拒收迎书,即表示不接受男家"提货"。不过,这和拒收聘礼一样,属"赖婚",男家可以告官。若告成,女家不但要退还聘礼,家父还要判杖刑或徒刑。

再说"六礼"。其实,"六礼"就是"三书"的具体执行。这是古老的婚礼,形成于上古,正式表述于西汉的《礼记》:

> 婚有六礼,纳采、问名、纳吉、纳征、请期、亲迎。

其中"纳采"和"问名",就是男家媒人带着聘书到女家去提亲,女家若有意,媒人就递交聘书,同时询问待嫁女的名和年庚(待嫁女有"名"无"字",故待嫁也称"待字",出嫁后才有"字"。"年庚"即生辰八字)。

"纳吉"和"纳征",就是男家父母得知待嫁女的名和年庚后,要看看和自家儿子的名字和年庚是相生呢,还是相克。这通常要请测字先生或算命先生推算,还要到寺庙拜佛求签。若是相生、吉利,就由媒人带着礼书,到女家去送聘礼,即钱与物。女家若对聘礼满意,就收下礼书。

"请期"和"亲迎",就是男家选定婚期并告知女家,若女家无异议,到期便由新郎带着迎书,到女家迎娶新娘。若女家收下迎书,便让新郎带走新娘。然后,拜堂成亲。

不难看出,"三书"中最要紧的是"礼书"——付款单;"六礼"中最要紧的是"纳征"——付款。"货"能不能"发",取决于"付"了多少"款"。这不是做买卖吗?一手交钱,一手交货?是的,至少在形式上,古代婚姻很像做买卖。所以,有人说,古代婚姻是"包办婚姻"加上"买卖婚姻"。其实,这不用说。既然是"包办",一定是"买卖"。为什么?因为那是两户人家之间的事,两户人家都要考虑自家的利益,而最能体现自家利益的,就是钱。你能要求两户人家之间有"爱情"吗?爱情只有一男一女之间才有。

但是,话得说回来,古今中外,父母之爱都是一样的。古代父母也爱子女,"包办婚姻""买卖婚姻"其实并非我们想象的那么"残忍"。譬如,男家父母在叫媒人送聘书前,会把女家的情况告诉儿子,还会设法让儿子看一看那家的女儿,然后问儿子,想不想要。倘若儿子坚决不要,大多数父母尽管有些失望,通常也不会强迫儿子。同样,女家父母在接受聘书前,也会把男家的情况告诉女儿,也会设法让女儿看一看那家的儿子,然后问女儿,要不要。倘若女儿坚决不要,他们大多也不会强逼女儿。这和现代父母是一样的。要知道,在现代中国,"包办婚姻""买卖婚姻"并未绝迹。

但是,话又得说回来,"温柔的残忍"才是真正的残忍。父母之爱固然温柔,婚姻的要素却是男女之爱。这是人性使然,而人性并无古今之别。古代婚姻固然不乏父母之爱,不乏亲情、不乏关爱,但唯独没有男女之爱。也就是说,一男一女没有爱意,甚至都不太熟悉,却要天天同床共寝,还要生儿育女,这确实有点"残忍"。

但是(又是"但是"!是的,没有"但是",没法写文章),话还得说回来,古代少男少女年幼无知,对此稀里糊涂。他们的父母呢,也浑然不晓。所以,对他们来说,无所谓"残忍"不"残忍",世世代代都这样,似乎天经地义、理所当然。

是的,古代中国人世世代代都这样婚配——议价、付款、提货。男家是"娶",女家是"嫁"(英语中就无此区别,男女婚配,均称"marry")。男女两家,一进一出,一个是"买家",一个是"卖家",两家都要遵守规矩。这规矩,就是"三书六礼"。

至此,我已把"三书六礼"解释完了。既然是解释,不免会空洞。所以,下面就从古书中找一些实例,具体看一看,历代婚礼,有何异同。

《史记·补三皇本纪》云:

> 太皞庖牺氏始制嫁娶,以俪皮为礼。

说"嫁娶"始于"太皞庖牺氏",你不必当真,这"太皞庖牺氏"就像"黄帝"一样,不过是"很久很久以前"的代名词。再说,"嫁娶"也不可能始于某人,应该是在上古逐渐形成的。不过,这里说"以俪[lí]皮为礼",倒让我们知道,上古"嫁娶"就要送礼。"俪"即一双、一对,也就是说,最早的聘礼是两张"皮"。什么皮?兽皮?羊皮?牛皮?不得而知。

那么,何时用钱作聘礼的?至少在春秋战国时还没有。《周礼·地官》云:

> 凡嫁子娶妻,入币纯帛,无过五两。

此处的"子"是"女子"。显然,春秋战国时已不用"皮"做聘礼,而是改为"纯、帛",两种织物。"入币"即赠送。"五两"即两个"五"。"无过五两"意为不超过两个五(件)。

情况好像是,在汉之前,娶妻要有聘礼虽是通例,但聘礼似乎是象征性的,并非重礼。然而,就是从汉代始,娶妻变成了"重礼聘妇"。这可从史书记载的帝王婚事中看出。据[唐]杜佑《通典》:

> 汉惠帝纳后,纳采雁璧、乘马束帛,聘黄金二万斤、马十二匹。

"纳采雁璧,乘马束帛"是排场,"黄金二万斤、马十二匹"是聘礼。当然,这里的"斤"不是现在的"斤",若按现在的"斤"算,"二万斤"就是一万公斤,就是十吨。这可能吗?会不会是"百"误写为"万"?杜佑《通典》中的此则史料,显然来自《后汉书》。据《后汉书·桓帝懿献梁皇后纪》:

> 悉依孝惠皇帝纳后故事,聘黄金二万斤,纳采雁璧、乘马束帛,一如旧典。

这是建和元年秋,汉桓帝纳梁氏为后的聘礼。汉桓帝仿效汉惠帝纳后"故事"(往事),也是"重金纳后"。此处确说"二万斤",杜佑《通典》照抄不误。是不是《后汉书》误写了?还是汉代的"斤"不是现在的"斤"?都有可能。好在此事对我们来说并不重要,反正汉惠帝、汉桓帝"重金纳后"是确凿无疑的,否则不会见于史书。

再按《后汉书·献穆皇后纪》:

> 后讳节,曹操之中女也。建安十八年,操进三女宪、节、华为夫人,聘以束帛元纁五万匹。小者待年于国。十九年,并拜为贵人。

"献穆皇后"即曹节,曹操之女。曹操有三女,即曹宪、曹节、曹华。建安十八年,曹操把三女一起"进献"给汉献帝为"夫人"。名为"进献",实质是要汉献帝将其三女都立为皇后。当时曹华年幼,未至婚龄,故而"小者待年于国",但第二年就"拜为贵人"。此处的"夫人""贵人",均为汉宫嫔妃名,而按汉制,皇帝可立多名嫔妃为后。

不过,我们关注的是"聘以束帛元纁[xūn]五万匹"("束帛元纁"即"绫罗锦缎")。其实,这仅是聘礼中最重要部分,其他还有许多东西。按杜佑《通典》,后汉"六礼"大体因袭"周制":

> 礼物按以元纁、羊、雁、清酒、白酒、粳米、稷米、蒲、苇、卷柏、嘉禾、长命缕、胶、漆、五色丝、合欢铃、九子墨、金钱、禄得香草、凤凰、舍利兽、鸳鸯、受福兽、鱼、鹿、乌、九子妇、阳燧、占言物之所象者。

你看,这都是些什么东西?乱七八糟!什么都可以当聘礼送。其中"凤凰、舍利兽、鸳鸯、受福兽、鱼、鹿",可能是摆设或玩具,肯定不会是真的。哪有真的凤凰?"舍利兽、鸳鸯、受福兽、鱼、鹿"若是真的,那不是送礼,简直是开动物园了。还有,这里说到的"金钱"也不是现在说的"金钱",据前"九子墨"、后"禄得香草"两物,可能是某种小玩意儿,也可能是某种植物。

不管怎么说,汉代"纳征"虽不送钱,但聘礼多而且贵重。可见,"重礼聘妇"始于汉代。为何始于汉代?因为"包办婚姻""买卖婚姻"始于汉代。为何"包办婚姻""买卖婚姻"始于汉代？因为早婚始于汉代。

再引两条史料予以佐证。按杜佑《通典》：

> 魏制，天子册后，以皮马庭实，加谷圭。齐王正始四年，立后甄氏，其仪不存。

这是说"三国"时的曹魏。"皮马庭实"就是以"皮"和"马"为聘礼（庭实：列于朝堂的贡献物品）。"谷圭"即璧，头等玉石。齐王即曹芳，曹操的曾孙。魏明帝曹睿死后，曹芳即位，后来册封甄氏为皇后时，未以皮、马、璧为聘礼，故言"其仪不存"。

杜佑《通典》又言：

> 诸侯娶妃，以皮马为庭实，加以大璋。王娶妃、公主嫁，五礼，用绢百九十匹。

"大璋"即二等玉石。这里说的仍是曹魏，但"六礼"变成了"五礼"，不知去掉了哪一"礼"。还有，这里说"王娶妃、公主嫁"，聘礼"用绢百九十匹"。这就奇怪了，当初曹操进献三女时，汉献帝出的聘礼是"束帛元纁五万匹"，怎么"五万匹"突然降到了"百九十匹"？这真使人怀疑，汉代的"万"到底是多少？是不是十千？也许，要少得多？由此言之，赤壁之战，曹操的数十万大军也可能不是现在意义上的数十万，要少得多？但是，又无证据证明汉代的"万"不同于现在的"万"。所以，只好存疑。好在，不管怎么说，这些都足以说明"重礼聘妇"始于汉代。

那么，聘礼送钱，又始于何时？按《晋书·礼志》：

> 太康八年，有司奏：婚纳征，大婚用元纁束帛，加圭，马二驷。王侯，元纁束帛，加璧，乘马。大夫用元纁束帛，加羊。古者以皮马为庭实，天子加以谷圭，诸侯加大璋，可依周礼，改璧用璋，其羊雁酒米元纁如故。诸侯婚礼，加纳采、告期、亲迎各帛五匹，及纳征，马四匹，皆令夫家自备，惟璋，官为具致之。尚书朱整议：按魏氏故事，王娶妃、公主嫁之礼，天子诸侯以皮马为

庭实,天子加以谷圭,诸侯加以大璋。汉高后制聘,后黄金二百斤,马十二匹。夫人金五十斤,马四匹。魏氏王娶妃、公主嫁之礼,用绢百九十匹。晋兴,故事用绢三百匹。诏曰:"公主嫁,由夫氏。不宜皆为备物,赐钱使足而已。"

显然,这是晋武帝的朝廷在讨论"婚纳征"问题。"有司"(相关部门)提出了关于天子纳征、王侯纳征、大夫纳征的方案,并以"故事"(往事)为依据。对此,尚书朱整又作了补充,提到"公主嫁妆"问题。最后,晋武帝下诏:"公主嫁,由夫氏。不宜皆为备物,赐钱使足而已。"什么意思?他说:"公主出嫁,聘礼由夫家准备。嫁妆不必样样具备,给足钱就可以了。"

聘礼送钱,大概就是从这时开始的。既然皇上说,嫁妆可以用钱代物,聘礼又何尝不可?要知道,在古代中国,君、臣、民,三位一体,君为臣纲,臣为民纲。庶民婚事,效仿大臣;大臣婚事,效仿君王。不仅婚事如此,其实事事如此。中国人至今还说:"上梁不正下梁歪。"民众生来是"下梁",他们的"正"或"歪",取决于"上梁"。既然如此,你完全可以想象,晋代民间"纳征",很快就以钱代物甚至以钱为主了。既然晋代如此,后来的唐、宋、元、明、清,也就代代相传,成了一种历史悠久的"传统"。

以钱代物,其实也是出于无奈。为什么?因为到了汉末,如前所述,"纳征"所需礼品多得令人厌烦,要用一大堆"货物"去"换"某家的某个女儿。若某家地位显赫,那"货物"更是多得无处堆放。"门第"越高,所需礼品越多。同样,女家的嫁妆也多得令人厌烦,也是"门第"越高,嫁妆越多。大概就是这个缘故吧,晋武帝才说:"不宜皆为备物,赐钱使足而已。"此话别人是不敢说的——谁敢"篡改"古礼?但是,只要帝王愿意,完全可以"篡改"。实际上,古代中国人从来就是"厚今薄古"的。所谓"尊古",那是帝王要尊古,臣民是"奉旨"尊古,尊的不是"古"本身,而是帝王之旨——当今皇上的"圣旨"。

所以,晋武帝此举,将"纳征"的"征"改成了钱,把原本的遮遮掩掩全剥掉了。"征"的意思是"表征",即以物表意。在上古,"征"还是男家送给女家的一点礼物,只是"表表心意"。但到了汉代,这"心意"变得越来越"实惠",以至于到了晋代,晋武帝干脆将其挑明——送钱就是了,免得麻烦!

就这样,"六礼"中的一"礼",即"纳征",成了"六礼"的核心。既然有了核心,其他诸"礼"就相对不那么重要了。实际情况是,晋之后,南北朝和唐朝,婚嫁娶妻,虽仍行"六礼",但关键是"纳征",其他诸"礼",只是"礼节"而已。以至于,到了宋代,有人干脆把"六礼"改成了"三礼"。这个人不是别人,就是朱文公——朱熹。按《朱子家礼》:

> 纳采,纳其采择之礼,即今世俗所谓言定也。

"纳采"是"六礼"中的第一礼,也就是俗话说的"定亲",被保留了。

> 纳币,古礼有问名、纳吉,今不能尽用,止用纳采、纳币,以从简便。

他把"六礼"中的"问名、纳吉"取消了,又把"纳征"改为"纳币"。"纳币"较"纳征"具体一点,但也不是直接指送钱。"币"即"色缯",就是印花布,古人常用来做赠品或与人交换物品,常与"钱"并称,即所谓"钱币"。所以,这里的"纳币",表面意思为"赠送印花布",实质是"付钱"。

> 亲迎之礼,恐从伊川之说为是,近则迎于其国,远则迎于其馆。今妻家远,要行礼,一则,令妻家就近处设一处,却就彼往,迎归馆行礼;一则,妻家出至一处,婿则就彼迎归,至家成礼。

"亲迎"是"六礼"的最后一礼,即新郎要亲自去迎接新娘,就是天子纳后,也要亲往,不可差人代办。这一"礼"也被保留,但取消了"请期"。文中所说"伊川",即程伊川(程颐),北宋大学者,官至西京国子监教授。所谓"近则迎于其国,远则迎于其馆",这里的"远近"不是指路程,而是指男女两家的关系。"迎于其国"和"迎于其馆"是春秋战国时诸侯迎亲的古礼,国与国关系亲近,"迎于其国";关系疏远,"迎于其馆",诸侯本人不会"入其国"。换之常人,"国"就是家,"馆"就是客栈。这是古代两家联姻常有的情况:男女两家从无往来,只是通过"纳采"(媒人的撮合)定的亲,最后"亲迎"时,新郎不便进入新娘家,要在半路上迎接新娘。

当然,这是"朱子家礼",仅一家之礼。但问题是,若"六礼"被严肃对待,朝廷岂能容忍这一家之礼？你朱熹再有名望，也不能无视"国礼"啊！可见，南宋朝廷并不认为"六礼"是"神圣不可侵犯"的，此其一。其二是，这"朱子家礼"很快传入民间，许多乡绅人家纷纷效仿这简化版"六礼"，官府也不予制止。

就这样，到了明代，开国皇帝朱元璋登基后，干脆明确规定：君、臣、民，行三种婚礼。按［明］李东阳《大明会典》：

> 天子纳后，先遣官祭告天地、宗庙。天子临轩，命使行六礼。
> 品官婚娶，为子聘妇，先遣媒氏通书，次遣使行六礼。
> 庶人纳妇，凡男十六、女十四以上，听婚娶。先遣媒氏通言，女氏许之，次命媒氏纳采、纳币。至期，婿盛服亲迎，主婚者礼宾。

也就是说，"天子纳后""品官婚娶"，仍行"六礼"，以示庄重；"庶人纳妇"，则行"三礼"，简易方便。当然，不管是"六礼"，还是"三礼"，核心都是"纳征"或"纳币"。

明朝如此，清朝就不用说了。因为满清入关，为安抚民心，袭用明制，一切照旧，婚礼也不例外。甚至，满清天子、品官，婚礼也行"六礼"。实际上，满洲人在入关前，其婚嫁礼仪就和"六礼"大同小异。按［清］徐珂《清稗类钞》：

> 满洲氏族，皆年及冠笄始相聘问。男家主妇至女家问名，相女年貌，意既洽，赠如意或钗钏等物，以为定礼，名曰"小定"。择吉日，男家集宗族亲友偕新婿往女家问名，女家亦集宗族等迎之中庭，位左右设，男族入，趋右位。有年长者致词曰："某家男某虽不肖，今已及冠，愿聘妇为继续计。闻尊室女贤淑著令名，愿聘主中馈，以光敝族。"女族致谦词以谢。若是者再，始定婚，令新婿入拜神位前及外舅父母如仪。既进茶，女族趋右位，男族据宾筵，或设酒宴以贺。改月择吉，男家下聘，有酒筵、羊鹅、衣服、绸缎诸物，曰"过礼"。女家款待如仪。男家赠银于女家，令跳神以志喜。既定，婚期前一日，女家赠妆奁嫁资，视其家之贫富，婿策骑往谢。五鼓，鼓乐，娶妇至男家，竟夜笙歌不绝，谓之"响房"。新妇盼至，新婿以弓矢对舆射之。新妇怀抱宝瓶入坐，向吉方。及吉时，宗老吉服致祭于中庭，奠羊酒诸物，以刀割肉，致吉词。礼毕，新婿新妇登床，行合卺礼。次晨五鼓兴，始拜天地、神像、宗祠，翁

姑坐而受礼，宗族尊长卑幼以次拜谒。三日或五日，妇归宁，省父母，婿随至女家，宴享如仪。满月，妇复归宁，数日始返，于是婚礼毕。

这是满族婚礼，是不是和"六礼"大同小异？既然这样，我也无须再对汉族婚礼多加描述了。

第二章　夫妇　媵妾

前文所讲,可见古代中国人的婚礼烦琐复杂。然而,古代中国人的婚后生活更加烦琐复杂。为夫的,不仅要供养妻儿,还要孝顺父母、尊重翁姑、照应舅姨。为妻的,不仅要侍候丈夫、抚育儿女,还要孝顺公婆、照应叔姑。最为复杂的是,古代中国人的婚姻实质上是一夫多"妻"——丈夫可以纳妾。妾虽不同于妻,但只是家庭地位不同而已,在和丈夫的性关系方面,妾和妻同属丈夫的配偶,并无本质区别。这样,又为婚姻生活增添了无数纷争。

一、夫　妇

我在前章中说过:"古代中国人的基本理念是'阴阳五行',即视万事万物都有'阴阳'两面。"夫妇,当然也有"阴阳"两面。最初对此做出解释的,是西汉董仲舒,其《春秋繁露》以"阴阳"解释君臣、父子和夫妇,曰:

> 君为阳,臣为阴。父为阳,子为阴。夫为阳,妻为阴。是故,臣兼功于君,子兼功于父,妻兼功于夫,阴兼功于阳,地兼功于天。……阳为夫而生之,阴为妇而助之。

"阴阳"或"主副",是古代中国人最基本的思维模式。故而,夫为"主",妇为"副",即:"阳为夫而生之,阴为妇而助之。"什么意思？我的解释是:丈夫"主"生孩子,妻子"助"生孩子。古代中国人确实是这么认为的:孩子是男人生的,女人只是帮助男人生孩子。直观也确实如此,男人把精液射入女人体内,过一段时间,女人便会生出孩子。这一点,古人知道得清清楚楚:没有男人,女人是不会生孩子的。但女人仅仅是一个容器吗?殊不知,女人体内有卵子,孩子是受精后的卵子"变"的,其主体是卵子。也就是说,是妻子"主"生孩子,丈夫"助"生孩子。不过,这一点古代中国人当然是不知道的。所以,在这件事上,男女颠倒了数千年。

当然,除了对生育的"无知"(这"无知"如同儿童无知,是必然的,不是知而不知),孩子出生后要靠父亲养活,也坚定了古人"夫为主、妇为助"的信念。实际上,妻子也是靠丈夫养活的。既然这样,所谓"父为子纲、夫为妻纲"也就被视为理所当然了。

这"夫为妻纲",最初出自[东汉]班固的《白虎通义》:

夫为妻纲。夫妇者何谓也?夫者,扶也,以道扶接也。妇者,服也,以礼屈服也。

什么意思?我不说你大概也看懂了。丈夫"以道扶接",妻子"以礼屈服",意即:丈夫在道义上要管好妻子,妻子在礼数上要服从丈夫。一个是尊"道",一个是守"礼"。

稍后,班固的妹妹、人称"曹大家[gū]"的班昭,在《女诫》中又重申:

夫不贤,则无以御妇。妇不贤,则无以事夫。夫不御妇,则威仪废缺。妇不事夫,则义理堕阙。

女人自己也说,丈夫应该"驾御"妻子,妻子应该"事从"丈夫。丈夫要有"威仪",妻子要知"义理"。所以,"夫为妻纲"在古代是"男女共识"。

你或许会说,那会不会是班家兄妹的"个人观点"?哪里!你知道《白虎通义》和《女诫》是怎样的两本书吗?我来稍稍解释一下。

东汉建初四年,汉章帝下诏,命朝廷大臣(其中包括经学家魏应、淳于恭、贾逵、班固、杨终等人)聚会皇宫白虎观,辨析"古文经学"与"今文经学"之异同,并予以贯通而定论。经议,大臣们将定论写成奏章(即《白虎议奏》),上奏汉章帝。汉章帝准奏后,又命班固将《白虎议奏》书写成册,取名《白虎通义》,颁布天下。你看,《白虎通义》是班固的"个人观点"吗?

  班固写《汉书》,未竟而病故。此时,汉章帝也已驾崩,汉和帝继位后,遂下诏,命班固之妹班昭入宫续写《汉书》。班昭因嫁曹世叔为妻,入宫时已有年岁,故而称为"曹大家"(即"曹大姑")。班昭续完《汉书》,深得邓太后欣赏。邓太后临朝听政时,召其入宫参政。班昭写《七诫》,就在此时。《七诫》原是私书,为家中女眷而写,但班昭病故后,邓太后御览《七诫》,深感此书可养"匹妇之德",故而下诏,将《七诫》改名为《女诫》,颁布天下。你看,《女诫》是班昭的"个人观点"吗?

  实际上,无论是《白虎通义》的"夫为妻纲",还是《女诫》的"匹妇之德",都源于孔子。据《汉书·艺文志》所载《孔子家语》云:

> 女子者,顺男子之教而长其理者也。是故无专制之义,而有三从之道:幼从父兄,既嫁从夫,夫死从子。言无再醮[jiào]之端,教令不出于闺门,事在供酒食而已,无闻[kǔn]外之非仪也。不越境而奔丧,事无擅为,行无独成,参知而后动,可验而后言,昼不游庭,夜行以火,所以效匹妇之德也。

你看,"顺男子之教而长其理",不是"夫为妻纲"吗?后面所说"无专制之义,而有三从之道",亦即《仪礼》所言:"妇人有三从之义,无专用之道。"用白话说,就是:女人没有什么特别的道义,只要三从就可以了。至于后面说"言无再醮之端,教令不出于闺门……",亦即《周礼》所言:"九嫔掌妇学之法,以九教御,妇德、妇言、妇容、妇功。"即所谓"四德"。这在《女诫》中说得比较具体:

> 夫云妇德,不必才明绝异也。妇言,不必辩口利辞也。妇容,不必颜色美丽也。妇功,不必工巧过人也。清闲贞静,守节整齐,行己有耻,动静有法,是谓妇德。择辞而说,不道恶语,时然后言,不厌于人,是谓妇言。盥浣尘秽,服饰鲜洁,沐浴以时,身不垢辱,是谓妇容。专心纺织,不好戏笑,洁斋酒食,以奉宾客,是谓妇功。此四者,女人之大德,而不可乏之者也。

  一言以蔽之,做女人要低调。为何要低调?因为就如《春秋繁露》所言:"夫为阳,妻为阴。"妻阴,更显夫阳,亦即"妻兼功于夫",妻子彰显丈夫。因为万事万物都有阴阳之分、主副之别,天地有阴阳,天为阳,地为阴;日月有阴阳,日为阳,月为阴;山河有阴阳,山为阳,河为阴。故而,夫为阳,妻为阴,天经地义;夫为妻纲,天经地义;三从四德,天经地义。

你或许会问:天地有阴阳,难道是天为地纲吗?日月有阴阳,难道是日为月纲吗?山河有阴阳,难道是山为河纲吗?好像都不是,那为什么偏偏是夫为妻纲?问得好!但没必要问。为什么?因为你知道的"天"是宇宙,你知道的"地"不过是宇宙中的一颗称作"地球"的行星,两者并不对称;你知道的"日"是一颗恒星,你知道的"月"只是地球的一颗卫星,也不对称;你知道的"山"是隆起的地壳,你知道的"河"是集聚而流动的雨水,更不对称。但是,绝大多数古代中国人并不知道,也不可能知道。为什么?因为你知道的"天地"是从宇宙飞船上看到的天地,古代中国人知道的"天地"是在村口路边看到的天地,不一样。你知道的"日月山河"是天文学和地理学上的日月山河,古代中国人知道的"日月山河"是仅凭一双肉眼看到的日月山河,也不一样。所以,古代中国人还真相信天为地纲、日为月纲、山为河纲。

同样,古代中国人说"夫为妻纲",也是因为他们知道的"男女"和你知道的"男女"并不一样。你知道的"男女"是现代解剖学上的男女,但古代中国人知道的"男女"是床上炕上的男女。你知道女人体内有卵子,婴儿由受精卵发育而成,但古代中国人不知道,只知道女人本不会生孩子,是男人使女人生孩子的。所以,孩子是男人的孩子,不是女人的孩子,女人只是"帮"男人生孩子。也就是说,生孩子这件事,以丈夫为"主",妻子为"副"。既然夫妇间最重要的这件事由丈夫"做主",其他事,当然不能与此相悖,所以说,"夫为妻纲"。

不过,"夫为妻纲"也好,"三从四德"也好,只是古代中国人对夫妇生活所做的"规范",或者说,只是一种"理想"。实际上呢,你知道,现实和理想总有差距——这是必然的,任何理想都是如此。

那么,古代中国人实际上的夫妇生活是怎样的呢?别急,听我慢慢道来。先看[西汉]戴圣《礼记·昏(婚)义》所言:

> 敬慎重正,而后亲之,礼之大体,而所以成男女之别,而立夫妇之义也。男女有别,而后夫妇有义。

这是对"夫妇之礼"的总论，其中的关键词，是"男女有别"。后世常说的夫妻"相敬如宾"，大概就出典于此。实际上，古代的"夫"与"妇"也真是"主"与"宾"。要知道，他们根本就不熟悉，一对陌生男女，是他们两家把他们撮合在一起，要他们生儿育女、传宗接代。这真的很尴尬，因为性羞耻是动物本能，连狗都有，何况是人？所以，他们都有点"难为情"，不会像现代情人那样"无耻"。于是，他们就客客气气、各守本分，妻子做女人该做的，丈夫做男人该做的。按我的理解，这就是"男女有别""夫妇之义"，因为古代婚姻是"包办婚姻"，最理想的夫妇，就是床上"尽心尽职"，床下"相敬如宾"。

那么，如何"相敬如宾"呢？再看《礼记·内则》所言：

男子居外，女子居内，深宫固门，阍[hūn]寺守之。男不入，女不出。男女不同椸[yí]枷，不敢悬于夫之楎[huī]椸，不敢藏于夫之箧[qiè]笥[sì]，不敢共湢[bì]浴。夫不在，敛枕箧、簟席、襡器而藏之。少事长、贱事贵，咸如之。夫妇之礼，唯及七十，同藏无间。

这儿说得很细，说丈夫的居室在外，妻子的居室在内，当中还要有人把守，丈夫不入妻子的居室，妻子轻易不出居室。夫妻不共用"椸枷"（衣架），妻子的衣服不挂在丈夫的"楎椸"（衣架）上，东西不放在丈夫的"箧笥"（竹笼）里，不和丈夫"共湢浴"（合用一间浴室）。丈夫不在时，要把床上用的东西（"枕箧、簟席、襡器"）收藏起来。按夫妇之礼，要年到七十，两人的东西才放在一起（"同藏无间"）。

这就是"男女有别""夫妇之义"的具体做法。想象一下，这对夫妇其实是分居的，仅在床上相会。但问题是，要有两个条件：一是住房要足够大，才能"深宫固门"，才能"不敢共湢浴"；二是家里要有足够多的男女仆人，才能"阍寺守之"，才能"女不出"。谁有这样的条件？在上古，不是天子，就是诸侯，或者大夫。不过，《礼记》讲的就是天子之礼、诸侯之礼和大夫之礼，庶人是不包括在内的，即所谓"礼不下庶人，刑不上大夫"。

那么，庶人夫妇又如何呢？先看[西汉]贾谊《新书》所言：

夫和妻柔，姑慈妇听，礼之至也。夫和则义，妻柔则正，姑慈则从，妇听则婉，礼之质也。

这里讲的是庶人之礼。因为到了汉代,"礼"逐渐"庶人化",即:庶人也要守礼(当然,"刑"也逐渐"大夫化",即:大夫也要服刑)。这里的"夫和妻柔",即丈夫和气、妻子温柔;"姑慈妇听",即婆婆慈爱、媳妇听从。这是庶人夫妇的理想状况,其中并无"深宫固门""女不出"之类的要求(那是绝大多数庶人做不到的)。

那么,是不是历朝历代的庶人夫妇都是"夫为妻纲""夫和妻柔""三从四德"?哪里!你只要看看历朝历代都在宣扬"夫为妻纲""夫和妻柔""三从四德",便可知晓,历朝历代都有妻不认夫为"纲",都有夫不"和"、妻不"柔",都有不"三从"、无"四德",而且不在少数。否则,又何必大肆宣扬?

你若不信,我找来如下证据。[北齐]颜之推《家训》(即《颜氏家训》)云:

> 邺下风俗,专以妇持门户。争讼曲直、造请逢迎;车乘填街衢、绮罗盈府寺;代子求官、为夫诉曲,此乃恒代之遗风乎。

这是南北朝。你看,邺下这地方,历来都是女人当家("专以妇持门户")。吵架("争讼曲直")、请客("造请逢迎"),女人出面。上街("车乘填街衢")、购物("绮罗盈府寺"),是女人。"代子求官、为夫诉曲",也是女人。这哪里是"夫为妻纲""夫和妻柔""三从四德"?

还有[唐]宋若莘、宋若昭姐妹所著《女论语》,其"事夫章"云:

> 女子出嫁,夫主为亲。前生缘分,今世婚姻。
> 将夫比天,其义匪轻。夫刚妻柔,恩爱相因。
>
> 居家相待,敬重如宾。夫有言语,侧耳详听。
> 夫有恶事,劝谏谆谆。莫学愚妇,惹祸临身。
>
> 夫若外出,须记途程。黄昏未返,瞻望思寻。
> 停灯温饭,等候敲门。莫学懒妇,先自安身。
>
> 夫如有病,终日劳心。多方问药,遍处求神。
> 百般治疗,愿得长生。莫学懒妇,全不忧心。

> 夫若发怒，不可生嗔。退身相让，忍气低声。
> 莫学泼妇，斗闹频频。
>
> 粗丝细葛，熨帖缝纫。莫教寒冷，冻损夫身。
> 家常茶饭，供待慇勤。莫教饥渴，瘦瘠苦辛。
>
> 同甘同苦，同富同贫。死同棺椁，生共衣衾。
> 莫学泼妇，巧口花唇。
>
> 能依此语，和乐瑟琴。如此之女，贤德声闻。

这是唐朝。请注意，宋若莘、宋若昭两姐妹要天下妇人"一心事夫"，告诫说，"莫学愚妇""莫学懒妇""莫学泼妇"。可见，当时天下，有的是"愚妇""懒妇""泼妇"。这些"妇"，在宋氏两姐妹看来，"惹祸临身""先自安身""全不忧心""斗闹频频""巧口花唇"。到底是不是这样，不知道。但这些"妇"不认"夫"为"纲"，不"柔"，不"三从四德"，是肯定的。

还有[宋]范致明《岳阳风土记》，其中云：

> 江西妇人，皆习男事，采薪负重，往往力胜男子，设或不能，则阴相诋诮。衣服之上，以帛为带，交结胸前后，富者至用锦绣，其实便操作也，而自以为礼服。其事甚著，皆云："武侯(即诸葛亮)擒纵时所结，人畏其威，不敢辄去，因以成俗。"巴陵(即今湖南岳阳)、江西华容之民间，犹如此，鼎、澧(即今湖南常德、澧县)亦然。

这是宋朝。你看，这些江西妇人，还有湖南妇人，胸前绑着布条，和男人一样砍树枝、扛木头，力气比男人还大。不然的话，还要被人嘲笑。这样的妇人，你想，会"柔"吗？会"三从四德"吗？

还有[明]徐三重《明善全编》，其"家则"云：

> 妇人贤明者稀，况不读书，寡见大义，其嚚以成家者，或昧大体，而乐于

时俗者,尤难执德。要在男子,随事据理,一一明白开导之。若复溺于衽席、苟阿其意,彼遂习与相安、恬然自信,此非独彼妇之过,而其夫实成之也。

这是明朝。你看,"妇人贤明者稀"(女人明白事理的很少),而且"乐于时俗者,尤难执德"(乐于随俗的女人,尤其难有德性)。由此可见:一、明朝妇人大多不懂"夫为妻纲""夫和妻柔""三从四德";二、明朝时俗与"夫为妻纲""夫和妻柔""三从四德"大相径庭,所以,随俗的妇人,"尤难执德"。所以,徐三重先生忧心忡忡,要丈夫"开导"妻子。但是,明朝的丈夫看来并不怎么胜任,往往与妻子"习与相安,恬然自信"。这样一来,"夫为妻纲""夫和妻柔""三从四德",岂不呜呼哀哉!

事实就是这样,历朝历代的庶人夫妇和《白虎通义》《女诫》所言"夫妇之道"不无差距,而且差距还不小。对此,你或许会问:"你前面不是说'夫为妻纲'在古代是'男女共识'吗?现在又说'不无差距',这不是自相矛盾吗?"

让我来解释一下。"男女共识"和"不无差距"其实并不矛盾。要知道,在古代中国,凡是朝廷圣意,都是"男女共识",没有人会反对。但是,如何贯彻朝廷圣意,就是另一回事了。没有"叛逆者",但有许多"落后分子"。他们不反对,但不积极,甚至我行我素。既然他们不反对,甚至口头上还拥护,你就不能对他们"严厉打击"。你知道,在古代中国,历来是"言"重于"行"的,从来都说"祸从口出",没人说"祸从手出"。说错话往往比做错事后果要严重,所以有头脑的古代中国人都知道,做错事不要紧,可以辩解,甚至没人注意,但千万不要说错话,那是要杀头的!这是古代中国人最大的"智慧",有人(如林语堂先生)说是"圆滑",有人(如胡适之先生)说,这是古代中国人最高明的处世之道——阳奉阴违。是的,历代有许多男人,如所谓"名士",如所谓"山人",就是如此。历代有许多女人,如宋氏两姐妹在《女论语》中所说的"愚妇""懒妇""泼妇",也是如此。这些"妇"并不反对"夫为妻纲""夫和妻柔""三从四德"——否则,妇女解放运动从唐朝就开始了——但她们对"夫为妻纲""夫和妻柔""三从四德"不理不睬,甚至自我贬低说,她们不配做贤妻良母。对此,你除了摇头,还有什么办法?

好了,关于古代夫妇,我讲得够多了。所以,接下来要讲古代夫妇与父母的关系,就只能讲得简单一点了。

因为是"包办婚姻",是两家联姻,不是一男一女的婚姻,古代夫妇势必要与父母同住。既然这样,如何对待父母,我不说你也应该知道了。如你原本是个孝子,为你娶妻后,你依然要做孝子,即:父母第一、妻子第二。即使有了孩子,还是父母第一。也就是说,你婚后依然是家里的儿子,要等父母俱亡后,才真正成为丈夫和父亲。妻子也一样,要等公婆俱亡后,才真正成为妻子和母亲。这是古代夫妇和现代夫妇的最大区别。孰优孰劣?怎么说呢?婚姻不能脱离现实来谈论。所以,我只能说,在古代,父母包办婚姻,一直包办到父母俱亡,可能是最好的选择。为什么?因为早婚——儿女刚成年就已婚配,叫他们怎么自立?要知道,古代中国人并不傻,绝不会做明显对自己不利的事情。那么,为什么要早婚?这事关朝廷的大事,说来就更不简单了。反正,朝廷提倡早婚,自有朝廷的道理。朝廷也不傻,也不会做明显对社稷民生不利的事情。

正因为这样,正因为古代夫妇婚后要与父母同住,于是就会有一件我们在古代戏曲小说中常看到的事情——妇姑勃豀(婆媳纠纷)。这是必然的。因为婆婆和媳妇不是自家人,早先又不熟悉,难免会相互嫌弃。但婆婆是强势一方,媳妇是弱势一方,所以古代戏曲小说总把同情放在媳妇一方。殊不知,婆婆当年也是媳妇,当年这个家也不是她的家,甚至都不是她丈夫的家,而是她公婆的家,一切都要听从公婆。现在,公婆俱亡,她成了婆婆,当然一切要听从她。这就是所谓"二十年媳妇熬成婆"——古代女子的终极理想。

所以,戏曲小说中的婆婆多半是恶婆婆,媳妇多半是好媳妇。生活中真是这样吗?当然不是。你知道,戏曲小说到了剧终或末章,好媳妇仍然可以是好媳妇,但在生活中,好媳妇再好,若有儿子,也会成为婆婆,而且,很可能是恶婆婆——媳妇眼里的恶婆婆。

其实,妇姑勃豀、婆媳纠纷,往往是两人脾气不合,并非善恶之争、是非之辩。然而,即便是脾气不合,也会导致两家联姻的终结——男家休妻。

休妻也称"去妻"。关于去妻,历来有"七去三不去"之说。《大戴礼记》云:

> 妇有七去:不顺父母,去。无子,去。淫,去。妒,去。有恶疾,去。多言,去。窃盗,去。

这是"七去"。你看,第一"去",就是"不顺父母"。这"父母",即公婆。至于顺不顺,由公婆说了算,说你"不顺"就是不顺,不容争辩。后面六项,也有一半是公婆说了算的。说你"淫"就是淫,说你"妒"就是妒,说你"多言"就是多言,不容争辩。实际上,公婆要休掉儿媳妇,只要说一声"我讨厌"就可以了。

倘若现在的公婆仍有此种权力,不用说,肯定有百分之九十九的儿媳妇会被休掉。为什么?因为儿媳妇是儿子找的,公婆会喜欢吗?但是,在古代,公婆虽然很容易休掉儿媳妇,却很少这么做。为什么?因为包办婚姻,儿媳妇是公婆自己找的,不是儿子找的。当初你们找了这样一个儿媳妇,现在又要休掉她,岂不是自扇耳光吗?要点面子的公婆,会这么做吗?实际上,有些儿媳妇确实"不顺父母"、确实"无子"、确实"淫"、确实"妒"、确实"有恶疾"、确实"多言"、确实"窃盗",公婆非但没有休,还要掩饰,不让外人知道。为什么?要面子。你知道,古代中国人把"面子"看得有多重!

除了要面子,休妻还有一些法定的障碍,那就是"三不去"。《大戴礼记》云:

妇有三不去:有所娶无所归,不去。与更三年丧,不去。前贫贱后富贵,不去。

"有所娶无所归,不去",即:所娶儿媳妇若已没有了娘家,不可休,因为她被休后没处可去。其实,这种可能性很小,早婚的儿媳妇等到没有了娘家(即没有了父母),公婆大概也都死了,还谈什么休不休?"与更三年丧,不去",即:媳妇为公婆服过三年丧,不可休。这其实是说,父母死后,儿子没有休妻权,因为公婆去世,儿媳妇通常都要服丧。"前贫贱后富贵,不去",即:娶儿媳妇时家贫,后来富了,不可休掉儿媳妇。这一条实在是为了凑数。难道家里富了,儿媳妇就可以"不顺父母"、可以"淫"、可以"妒"、可以"多言"、可以"窃盗"?当然,暴富之家未必都会休掉儿媳妇,但是,当初"门当户对"、现在"门不当、户不对"的儿媳妇不想要了,也是人之常情,就像现在出了名或发了财的人,往往会离婚。

看来,"七去"是实实在在的,"三不去"是摆摆样子的。古代儿媳妇之所以没有被大量休掉,原因还在于包办婚姻,在于公婆为了面子不愿意那么做。要知道,不管出于什么原因,休掉儿媳妇总是不光彩的"家丑"。

你或许会发现,接着会问:"你说休妻,怎么老说'休儿媳妇'?家里的儿子在哪里?儿媳妇不是他妻子吗?他怎么一声不吭?"是的,家里的儿子除非大逆不道,否则是不可出声的。《礼记》云:

> 子甚宜其妻,父母不悦,出。子不宜其妻,父母曰:"是善事我。"子行夫妇之礼焉,没身不衰。

你看,儿子再怎么喜欢妻子,父母不喜欢,休!儿子再怎么不喜欢妻子,父母说:"我们觉得很好。"儿子就要和妻子以礼相待,而且到死都要这样。这就叫"孝",古代中国人最讲究的两种美德之一。另一种美德叫"忠"。其实,忠孝是一回事:忠,即朝廷上的孝;孝,即家里的忠。不过,关于忠孝,我在后面的某一章里会详说,此处按下不提。

为了面子,古代公婆是不会轻易休掉儿媳妇的,但这并不是说古代儿媳妇从不被休。实际上,儿媳妇被休之事历朝历代都有。其中最有名的,大概就是汉代小吏焦仲卿妻刘兰芝为焦仲卿母所休。这本是小人物、小事情,但被写成乐府诗《孔雀东南飞》,竟然流传千古。其序曰:

> 汉末建安中,庐江府小吏焦仲卿妻刘氏,为仲卿母所遣,自誓不嫁。其家逼之,乃投水而死。仲卿闻之,亦自缢于庭树。时人伤之,为诗云尔。

总之,公婆在世,儿媳妇必须时时小心、事事谨慎。那么,等到公婆去世,儿媳妇终于熬成了婆,总可以自在一点了吧?哪里!这时,她又会遇到一件麻烦事——丈夫要纳妾。

二、媵 妾

纳妾,亦称"娶小",俗称"讨小老婆"。不过,最初的小老婆,古书称作"媵[yìng]",并不叫"妾"。媵与妾,既不同、又相关,故而常合称为"媵妾"。那么,何为媵?何为妾?大概说来是这样的:

媵与妾,两者原不同义。春秋时,诸侯与诸侯联姻,不是一家一子娶一家一女,而是一家一子娶一家几女,其中以一女为主嫁,其他为陪嫁,即"媵",如《春秋左传·成公八年》所言:

> 凡诸侯嫁女,同姓媵之,异姓则否。

这是说陪嫁女要和出嫁女同姓（即亲姐妹或堂姐妹）。这些陪嫁女，也就是"媵"，可谓最古老的第一代小老婆。

显然，"媵"这种婚配形式仍带有原始部落群婚的遗痕。不过，即便是这种原始婚配，如前章所说，当时也仅在诸侯之间、士大夫之间才有，庶人之间还没有婚配（无固定配偶），仍是原始的野合（即男女临时交配）生育后代。

至于"妾"，最初是指可以买卖的女奴（女犯或女俘）。后来，大约在春秋后期，婚配逐渐"庶人化"（即庶人也有固定配偶）。与此同时，诸侯婚配中的"媵"逐渐由亲姐妹改用女奴充当陪嫁女，于是"妾"替代"媵"成为第二代小老婆。此后，小老婆一直称作"妾"。

至秦汉时期，古代中国人的婚配形式基本定型，即前章所说的"六礼"，也就是父母包办婚姻。你知道，包办婚姻实质是买卖婚姻，"六礼"中最重要的一"礼"是"纳征"——接受聘礼。也就是说，有没有聘礼，是婚配是否正式的标志。此外，还要男女双方都有媒人，是有媒人为证的两家联姻，即所谓"明媒正娶"。若无媒人，又无聘礼，两家（或两人）也可联姻，但不是正式娶妻，只能说娶妾。此即《礼记·内则》所言：

聘则为妻，奔则为妾。

意即：有媒人做媒并得到聘礼后出嫁的女人，为"妻"；没有媒人、没有聘礼而与某男同居的女人，为"妾"。无"聘"，即"奔"（前章已解释过，"奔"即野合），"奔则为妾"。这是第三代小老婆。

再后来，大概是在魏晋南北朝，已婚男子可以"买"妾，原因是魏晋南北朝特别讲究门第。为高攀门第，低门第人家宁愿把女儿卖入高门第人家为妾，也不愿与同门第人家联姻为妻。这是第四代小老婆。

再后来，大约是唐宋，和已婚男子私通姘居的女人被称为"外妾"。这是第五代小老婆。这种妾，也叫"外室"，我将在后面第五章详说，此处从略。

以上五代小老婆，除了第一代"媵"为"妾"所取代，其余四代不是取代，而是递增，即：妾的"种类"越来越多。也就是说，到了明清，一个男人想纳妾，至少有四种女人可纳：一是纳家里的丫鬟为妾（即婢为妾）；二是纳红颜知己为妾（即奔为妾）；三是纳穷人家的女儿为妾（即穷为妾）；四是纳姘妇为妾（即奸为妾）。

当然，还有一种女人也可纳为妾，那就是青楼女子。纳青楼女子为妾(即妓为妾)，叫"赎身"，也叫"从良"，我将在后面第四章详说，此处从略。

那么，古代中国人纳妾，目的为何？首先是身份显示，拥有财富的人应该拥有更多女人，以示其富有，因为女人也是一种"财富"，拥有越多，越荣耀。其次是生育，拥有财富的人应该拥有更多子女，而要有更多子女，必须有更多女人。最后是色欲，因为包办婚姻，正妻往往不合丈夫的色欲(用现在的话来说，就是"没有性魅力")，故而丈夫只好另觅所爱(用现在的话来说，就是"寻找真正的性爱对象")，最合法的途径，就是纳妾。

既然这样，可想而知，历朝历代纳妾最多的，一定是帝王。确实如此，帝王富有天下，当然要拥有最多女人，以显示帝王身份。帝王贵为天子，当然要广衍龙种，有最多子女，故而应有最多女人。此外，帝王的正妻(即皇后)也由父母选定，未必合帝王之意，故而帝王也要寻觅可意女子，以享床笫之乐。

不过，帝王纳妾，不叫"纳妾"，叫"纳妃"("妾"太难听)。"妃"是帝王之妾的专称和统称。"妃"不仅人数众多，还分三六九等，有高有低、有贵有贱，各个朝代的叫法还不一样，说出来令人厌烦。所以，我仅以唐朝为例：

唐朝的"妃"有四等，分别称为"夫人""嫔""世妇""御妻"。第一等，"夫人"，又分四级(四人)，分别为"贵妃""淑妃""德妃""贤妃"。第二等，"嫔"，又分九级(九人，故而也称"九嫔")，分别为"昭仪""昭容""昭媛""修仪""修容""修媛""充仪""充容""充媛"。第三等，"世妇"，又分三级(二十七人，故而也称"二十七世妇")，分别为"婕妤"(九人)、"美人"(九人)、"才人"(九人)。第四等，"御妻"，共三级(八十一人，故而也称"八十一御妻")，分别为"宝林"(二十七人)、"御女"(二十七人)、"采女"(二十七人)。

"四妃"加"九嫔"加"二十七世妇"加"八十一御妻"，共一百二十一个女人，是皇帝的"妾"。再加上一个"妻"(即皇后)，皇帝共有妻妾一百二十二人。这显然是为了助长皇帝的威风，要让天下百姓心生敬意、大声感叹："皇上真伟男子也！"实际上，一个男人要和一百二十二个女人(恕我不敬)"交配"，肯定有违人性，有违人类生理和心理常规。就是养马场里的种马，养马人也不会把它和一百二十二匹母马配种——那不是要弄死它吗？所以，我想，这一百二十一个"妃"，顶多只有二十一个"有用"，其余一百个大概只是摆摆样子，"没用"！否则，皇上仅为此事就会忙得焦头烂额，还有什么工夫做一国之君？遗憾的是，历代帝王到底是如何"御"、如何"幸"这些"妃"的，我们知之甚少——那倒也是，皇上也有隐私。皇上的隐私权,我们也应尊重!

不过,帝王毕竟不是常人,他们的隐私权远远少于常人。即便是他们的床笫之事,历代礼仪书、史书乃至文人笔记,也时有议论,虽则零零星星,但聊胜于无,可使后人略知一二。如《礼记》云:

> 古者天子后立六宫,三夫人、九嫔、二十七世妇、八十一御妻。

按东汉郑玄注:"路寝一,小寝五,是天子六寝也。""路寝"即正(寝)宫,即皇后宫,仅一;"小寝"即副(寝)宫,即妃子宫,有五,故总称"六寝",即六宫。这六宫如何"侍寝"? 按[元]陈澔[hào]注:

> 天子之御妻八十一人,当九夕。世妇二十七人,当三夕。九嫔九人当一夕。三夫人当一夕。后当一夕。

半月一轮,即:八十一御妻九夜(每夜九御妻),二十七世妇三夜(每夜九世妇),九嫔一夜,三夫人一夜,皇后一夜,正好十五天。这样的侍寝法,不知这个陈澔是从哪本古书里看来的,还是他自己这样以为的。这可能吗? 难道他真相信"古者天子"有金刚不坏之身?

实际上,对这一说法,早在宋代就有人质疑,如[南宋]魏了翁《古今考》云:

> 天子一夜御九女,虽金石之躯,不足支也!

除了《礼记》,还有如[汉]卫宏《汉旧仪》,其中也有一段关于"帝王御妃"的文字:

> 掖庭令,昼漏未尽八刻,庐监以茵次上婕妤以下至后庭,访白录所录,所推当御见。刻尽,去簪珥,蒙被入宫中。五刻罢,即留女御长入,扶以出。御幸,赐银指环,令书得环数,计月日。无子罢废,不得复御。

汉代文字难读,好在此处不必字字弄清楚,知道大意就可以了。大意是:后宫规矩,到了晚上,"茵次"以上、"婕妤"以下的妃子,要集中于后庭接受询问(大概是月经情况),然后选定某妃子,取下头钗耳环(安全起见),蒙上被子,送入宫中。过几个小时,"留女御长"(皇上御女负责人)入宫,将该妃子扶出。若皇上已"御"该妃子,就赐予银指环,并记下环数,以计算时日。若该妃子没有怀孕,便罢废,此后不得再"御"。

看来,汉宫中的中等妃子仅负责生育,而且还要有点运气,要一次受孕,否则就完了。其实,你知道,受孕不受孕和排卵期有关,一次不受孕不等于不孕。古人不懂,就这么认定这个妃子不会生育,就把她罢废了。不过,皇上多的是妃子——再说,罢废了还可以补充,无所谓!

汉之后,《晋书·后妃传》云:

> 武帝常乘羊车,恣其所之,至便宴寝。宫人乃取竹叶插户,以盐汁洒地,而引帝车。

此即有名的"羊车御妃",晋武帝所创。为什么是"羊车",《释名》曰:"羊车:羊,祥也;祥,善也。善饰之车。"

看来,晋武帝御妃,是随意的。他坐着羊车在后宫逛,逛到哪一宫不想逛了,就停下来"宴寝"。何谓"宴寝"?"宴"就是摆酒席吃喝,"寝"就是睡觉。你知道,皇帝睡觉是要有人"侍寝"的。谁"侍寝"?就是那一宫的妃子。也就是说,那一宫的妃子有"幸"被"御"了。所以,各宫的妃子都在宫门上插满竹叶,用盐水把宫里的地砖洗得干干净净,时刻期盼着"羊车"的到来。

晋武帝开创的"羊车御妃",不仅是西晋和东晋皇帝的"御妃"惯例,还为后来的唐宋两代乃至明清两代的皇帝所效仿,只是形式有所不同,不是坐羊车,而是用其他方式。譬如,据[五代]王仁裕《开元天宝遗事》:

> 开元末,明皇每至春时旦暮,宴于宫中,使妃嫔争插艳花,帝亲捉粉蝶放之,随蝶所止,幸之。后因杨妃专宠,遂不复此戏也。

这是唐明皇(即唐玄宗李隆基)的"粉蝶御妃",即:先把众妃子召来,叫她们各插一株花。然后,唐明皇抓一只粉蝶再放掉,看粉蝶最后停在哪株花上,插哪株花的妃子便"幸之"。只是,后来冒出个杨贵妃,把唐明皇迷住了,于是"万千宠爱在一身",唐明皇只"幸"这个胖美人,其他妃子一律不"幸"了,大概连皇后也只好"守活寡"。

唐明皇的"粉蝶御妃"等于抓阄,而他之前还真的让妃子掷过骰子。据[宋]陶谷《清异录》:

> 开元中,后宫繁众,侍御寝者,难以取舍,为彩局儿以定之。集宫嫔,用骰子掷,最胜一人乃得专夜。宦珰私号骰子为"剉角媒人"。

"粉蝶御妃"是在"开元末",这儿说的是"开元中"。你看,"集宫嫔,用骰子掷,最胜一人乃得专夜"。这唐明皇大概也没办法,因为"后宫繁众,侍御寝者,难以取舍"——谁都当仁不让,叫谁上呢?所以,只能出此下策,叫她们掷骰子定胜负,胜者有一夜之"幸"。帝王之"幸",竟成了妃子们的赌注,真叫人哭笑不得。难怪"宦珰"(太监)都在窃窃私语,说骰子是皇上的"剉角媒人"(骰子有角,故称)。

不过,遇到这种尴尬事的,好像也只有唐明皇。这个风流天子太喜欢女人,在一大群女人面前,竟然要哪个女人来"侍寝"也拿不定主意,生怕哪个女人不高兴。但后来,有了杨贵妃,他又变了个人,毅然决然舍弃了所有女人,天天搂着胖乎乎的杨玉环就心满意足了。

其他皇帝好像没有那么怪。他们不是定下规矩,就是随兴所至、随意而"御"。据叶子奇《草木子》:

> (元代)自正后之下,复立两宫,其称亦曰"二宫皇后""三宫皇后",三日一轮。幸,即书宣以召之,苟有子,则为验。遵大金之遗制也,与赵宋之法不一样。宋后宫无三日之制,但遇幸者,皆内朝之,时则所幸者,具礼衣谢恩。掌宫者即书其名字,改日有子认为验。

叶子奇是元末明初人,这里说到了宋、金、元三代的"御幸法"。元朝毕竟是蒙古人的朝代,皇后竟然也有一正二副,就如军中的将领。那两个"副皇后",其实就是贵妃。皇帝"三日一轮",下旨"召之"而"幸"之,这是规矩。不过,皇帝三天轮"幸"三皇后,是不是说,没有其他妃子了?怎么可能?实际上,那两个副皇后是经常换的。这听来是不是很新鲜？表面上，元朝皇帝没有嫔妃，只有一正二副三个皇后，实际上呢，他有无数副皇后。叶子奇说，这是"遵大金之遗制"（元朝皇帝是学金朝皇帝），和宋朝不一样。

那么，宋朝怎样？他说，"宋后宫无三日之制"，即：宋朝皇帝没有三日"幸"皇后的规矩，也没有承诺，哪些妃子，皇帝一定会召来"幸"。那么，宋朝皇帝是怎么"幸"的？是他自己到后宫去"幸"，想"幸"哪个妃子就"幸"哪个妃子，"幸"完走人。

那不是把后宫当青楼吗？不能这么说，因为后宫众妃，均是皇上合法的"妾"，本是他的配偶，皇上是在尽丈夫之责。再说，青楼是要付钱的，皇上去后宫不付钱。相反，"遇幸者"随后要穿好礼服，到内殿叩谢皇恩。这时，"掌宫者"（宫廷内官）会记下她的名字，过一段时间后，再查验她有没有怀孕。

宋朝是这样。那么，明朝呢？和宋朝差不多。据[清]王誉昌《崇祯宫词》，其中有注云：

>每日暮，各宫门挂红纱灯笼二。圣驾临幸某宫，则宫门之灯先卸。东西巡街者，即传各宫，俱卸灯寝息。

傍晚时，每个妃子的门前都要挂两盏红灯笼。若皇上到了某妃子那里，该妃子门前的灯笼率先撤下，以示皇上今日"幸"该妃子。接着，巡视后宫的差人便会通知其他妃子，撤下灯笼睡觉吧，没事了！

那么，清朝呢？和明朝差不多，也是"圣驾临幸某宫"，但有一点不同，据清末编撰的《清朝野史大观》：

>宫禁故事，皇帝欲行幸诸妃嫔宫，先时由皇后传谕某妃嫔，赐令服侍，然后大驾始迁往。谕必钤皇后玺，若未传谕，或有谕而未钤玺，大驾虽至，诸妃嫔得拒弗纳。

"故事"即往事。皇上要"幸"某妃子，须由皇后先传谕该妃子，而且谕书上要有皇后盖章。若没有皇后谕书，或谕书上没有皇后盖章，即便皇上到了妃子那里，妃子也会将皇上拒之门外。

嗬！这是哪朝哪代的规矩？过去从未有过！哪有这种事？丈夫要和小老婆睡，非得经过大老婆同意？这丈夫也太窝囊了吧？

别急，这是清朝刚开始的时候，是"故事"（往事），后来就不一样了。据［清］坐观老人《清代野记》，后来的清朝皇帝"幸妃"，不是到后宫去"幸"，而是"叫外卖"，叫太监把妃子背到皇帝的寝宫里来"幸"：

> 敬事房太监之职务敬事房太监者，专司皇帝交媾之事者也。帝与后交，敬事房则第记其年月日时于册，以便受孕之证而已。若幸妃之例则不然，每日晚膳时，凡妃子之备幸者，皆有一绿头牌，书姓名于牌面，式与京外官引见之牌同。或十余牌，或数十牌，敬事房太监举而置之大银盘中，备晚膳时呈进，亦谓之"膳牌"。帝食毕，太监举盘跪帝前，若无所幸则曰"去"；若有属意，则取牌翻转之，以背向上。太监下，则摘取此牌又交一太监，乃专以驼妃子入帝榻者。届时，帝先卧，被不覆脚。驼妇者脱妃上下衣皆净，以大氅裹之，背至帝榻前，去氅，妃子赤身由被脚逆爬而上，与帝交焉。敬事房总管与驼妃之太监皆立候于窗外。如时过久，则总管必高唱曰："是时候了。"帝不应，则再唱，如是者三。帝命之入，则妃子从帝脚后拖而出，驼妃者仍以氅裹之，驼而去。去后，总管必跪而请命曰："留不留？"帝曰"不留"，则总管至妃子后股穴道微按之，则龙精皆流出矣。曰"留"，则笔之于册曰"某月某日某时皇帝幸某妃"，亦所以备受孕之证也。

这个署名"坐观老人"的人（不知是谁）以第一现场旁观者的视角细致讲述皇上"幸妃"，连"帝先卧，被不覆脚。驼妇者脱妃上下衣皆净，以大氅裹之，背至帝榻前，去氅。妃子赤身由被脚逆爬而上，与帝交"也讲到了。这些细节，他是怎么知道的？据他自己说，是一个叫"觉罗炳"的人告诉他的。那么，觉罗炳又是怎么知道的？是不是那几个"专司皇帝交媾之事"的太监中的某一个告诉他的？不知道。但不管怎样，他说得并不离谱，好像不是编造的。为什么？因为有先例。什么先例？还记得前文引用的卫宏《汉旧仪》中的那段文字吗？其中说，选定妃子后，"蒙被入宫中"（蒙上被子送入宫中），和这里说的"以大氅裹之，背至帝榻前"，几乎一模一样。看来，清宫用的是汉宫的御幸法，那可是两千多年前的古法啊！

关于历代皇帝的御妃、幸妃，我们所知道的，大概就这些，聊胜于无。好在，皇帝也是人，做这件事情，想必也出奇不到哪里去。就算是隋炀帝，被说成"历代淫乱第一帝"，按唐代的《海山记》《迷楼记》，也不过是"诏定西苑十六院""皆择宫中佳丽，谨厚有容色美人实之"；其"御妃新招"，也不过是挂"士女会合图"，旁置"乌铜屏"（大铜镜），御妃时看着"乌铜屏"，对照"士女会合图"。这算什么？不过是道教的"采阴术"而已。"士女会合图"本是道士所绘。隋炀帝显然是道教信徒，在按图练习"采阴术"。

说完了历代帝王"纳妃"，再来讲历代臣民"纳妾"。不过，我只能讲得简单一点，不能像前面那样。否则，这一章会长而又长，太长了。

关于古人纳妾，也就是"讨小老婆"，我想，你肯定在古代戏曲小说中看到过不少。所以，我只挑一点你可能不知道的事情说一说（当然，你也可能知道，但我不知道你知道，只能假设你不知道）。

那就开始吧。按《周礼》：

> 天子一取十二女，象十二月，三夫人、九嫔。诸侯一取九女，象九州，一妻八妾。卿大夫一妻二妾，士一妻一妾。

"取"即娶。"象"即象征。"天子一取十二女"——怎么？天子的妻妾只有十二个？是的，三个"夫人"（即"后"）、九个"嫔"（即"妃"）。不是说一百二十二个吗？那是《礼记·昏义》的说法。只是，后世都以《礼记》为准，就如《金史·后妃传序》所言：

> 《昏义》称后立六宫、三夫人、九嫔、二十七世妇、八十一御妻，不与《春秋》《周礼》合，后世因仍其说，后宫遂至数千。

你看，《春秋》《周礼》根本没说什么"二十七世妇、八十一御妻"，这《礼记》不知从哪里弄出来那么多妃子，而后世竟然稀里糊涂以它为准——也许，不是"稀里糊涂"，而是有意为之，为的是彰显帝王的"阳刚之气"。

再看后面——"诸侯一取九女。"这"诸侯"，你知道，春秋战国时有，秦始皇改"分封"为"郡县"后，就没有了。但天子仍有家人，即皇亲国戚，即"诸侯"。按《周礼》，皇亲国戚可"一妻八妾"。再看后面——"卿大夫一妻二妾，士一妻一妾。"这"卿大夫",本是指春秋战国时诸侯的家人或幕僚,后世也没有了,代之以朝廷命官。所以,按《周礼》,朝廷命官可"一妻二妾"。这"士",本是指春秋战国时卿大夫的家人或幕僚,后世也没有了,代之以有身价、无官职的乡绅(即地主)。按《周礼》,乡绅可"一妻一妾"。除去这三类人,其他人均为"庶人",也就是后世所说的"黎民百姓"。这里,《周礼》未提"庶人"。可见,按《周礼》,黎民百姓不可纳妾,仅一妻而已。

但是,你知道吗?古代中国人的最大特色,就是"所说"不等于"所做"。为什么?因为从来都是一部分人管"说",大部分人管"做";管"说"的只说不做,管"做"的只做不说,"说"和"做"势必会脱节。还有一个原因是,古代中国的历史太长,一两千年前的人"所说"和一两千年后的人"所做",也势必会脱节。

所以,《周礼》说"诸侯一取九女""卿大夫一妻二妾,士一妻一妾",你不要以为后人都是这么做的。哪里!在汉朝,也许还有人遵守周礼。汉之后,尤其是到了唐宋,朝廷立法,对臣民纳妾之事已经不做数量上的规定,唯有皇帝纳后、纳妃,仍要遵守古礼,以示庄重。因为时到唐宋,纳妾已经不像上古那样是一种"政治权利",而是变成了一种"经济活动",即:所谓"纳妾",其实就是"买妾",只要两相情愿,一个愿买,一个愿卖,即可成交。只要不违禁,如不买"犯女"(有罪在身的女人)为妾,不买"同姓女"(和你同姓的女人)为妾,你要买多少妾,只有你家里人会管,朝廷不管"这种事儿"。

然而,纳妾"买卖化"和"自由化"造成的一个后果,却又是朝廷不得不管的。那就是,妻妾不分而造成的家庭混乱。因为包办婚姻即买卖婚姻,"妻"实际上也是买来的,现在又买入"妾"——"妻"和"妾",有何区别?若无区别,谁听谁的?要知道,"谁听谁的"是古代中国人的"大原则",因为历来以等级为重,若"谁听谁的"分不清,那不是一切都乱套了?所以,自唐朝起,历代朝廷都立法规定,"妻"高于"妾",以此维护"妻"的地位,维护家庭秩序。若有人违反此规定,刑法处之。譬如,按《唐律》:

> 诸以妻为妾、以婢为妻者,徒二年。以妾及客女为妻、以婢为妾者,徒一年半。各还正之。

这是说,"以妻为妾"(把妻当作妾)又"以婢为妾"(把婢女当作妾)的丈夫,判处徒刑两年。这位老兄也太超前了,妻、妾、婢,竟然一视同仁,统统当作妾。这还了得!吃两年官司!"以妾及客女为妻",即把妾和"客女"(即介于妾与婢之间的"侍妾")当作妻,又"以婢为妾"的丈夫,判处徒刑一年半。为何少半年?因为这位老兄没有贬低"妻"的地位,只是不适当地抬高了"妾"和"婢"的地位,所以饶他半年。

按《宋刑统》:

> 诸以妻为妾、以婢为妻者,徒二年。以妾及客女为妻、以婢为妾者,徒一年半。各还正之。若婢有子及经放为良者,听为妾。

与《唐律》一模一样,只是后面加了一条:"若婢有子及经放为良者,听为妾。"什么意思?就是:如果婢女已生子而且"经放为良"(已赎身),听任其纳为妾(不追究)。为什么要赎身?因为婢女都是富人家从穷人家买来的女孩,即所谓"奴婢"——男孩卖身为奴,女孩卖身为婢——但可以赎身,或他人出钱,或自己出钱。赎身后乃为"良人",否则就是"部曲"(家奴)。"部曲"不可为妾。为什么?因为你已经卖了,怎么可以卖第二次?

再按《大明律例》:

> 凡以妻为妾者,杖一百。妻在,以妾为妻者,杖九十,并改正。若有妻更娶妻者,亦杖九十,离异。其民年四十以上无子者,方听娶妾。违者,笞四十。

这是明朝,对犯有"妻妾罪"的人,刑罚好像要轻一点。当然,这是我的主观臆断,因为我觉得"杖一百"比"徒二年"好像要轻一点。你愿意被打一百大板,还是愿意做两年苦役?就是不知道当时的"杖"怎么打法。若是往死里打,那一百"杖"打下来,也差不多了,不等于死刑吗?还有"笞"[chī],打屁股,这是一种独特的刑罚。用今天的话来说,这种刑罚"伤害性不大,侮辱性极强"。一个大男人,为人之夫、为人之父,被官老爷当众扒下裤子,按在地上打屁股,若他的妻儿看到了,不知作何感想!(关于"笞",我将在后面第十章详说。)

再按《大清律例》:

> 妻妾失序。凡以妻为妾者，杖一百。妻在，以妾为妻者，杖九十，并改正。若有妻更娶妻者，亦杖九十，后娶之妻，离异归宗。

和《大明律例》一样，"以妻为妾者"最严重，"以妾为妻者"次之，但即便是"次之"，也和"有妻更娶妻者"（即今"重婚"）同罪。

可见，明清两代的律法（唐宋两代其实也一样）都旨在维护"妻"的地位，而且强调一家只能有"一妻"。所以，从法律上讲，古代中国人并非多妻，从来就是一夫一妻的。因为"妾"在法律上不是"妻"，无所谓"多妻制"。即便是皇帝，有一百二十一个"妃"（妾），但仅有一个"后"（妻），也是一夫一妻。

然而，这样的法律只关注婚姻关系中的社会性而忽略了婚姻关系中的生物性。从社会性上讲，"妻"和"妾"不可混淆，似乎是一夫一妻。但从生物性上讲，"妻"和"妾"其实是一回事，其主要职责都是生儿育女，而生儿育女是婚姻的首要目的，这是毋庸置疑的。所以，古代中国人的一夫一妻——怎么说呢？——只能说是名义上。实质上，是一夫多妻（这个"妻"，是指和某个男人生孩子的女人，不是指为某个男人主管家务的女人）。

回头再来讲"纳妾"。至少在明代（其他朝代未查，可能也一样），有明文规定，地方官员不得在当地娶妻纳妾。据《大明律例》：

> 凡府、州、县亲民官，任内娶部民妇女为妻妾者，杖八十。

这是因为，你是知府或知县，娶你辖区内的某民女为妻，或纳某民女为妾，不管你多么诚心诚意，都有"利用职务之便"的嫌疑。"部民"（当地居民）当然是不敢说什么的，但朝廷不允许。你若知法犯法，打你八十大板！弄不好，连乌纱帽也给你摘了。

那么，那些"亲民官"怕不怕朝廷？当然怕，谁不怕掉脑袋？但有办法，而且十拿九稳。譬如，既然不能娶"部民妇女"，我若把看中的女人迁出本地，不就成了"非部民妇女"？再说，我就是娶了"部民妇女"，朝廷也未必知道，除非同僚揭发，但一般不会（所谓"官官相护"，自有道理）。至于"部民"，他们根本不知道什么《大明律例》，根本不知道朝廷还有"不可娶部民妇女"的规定，怎么会去揭发？更何况，做官的看中"部民妇女"，大凡是"部民妇女"屁颠屁颠送上门去都来不

及,怎么还会去告发?所以,我再次自我引述一下我在前文所说:

> 古代中国人的最大特色,就是"所说"不等于"所做"。

不过,我说,古代中国人的生活"有趣"就"有趣"在这里。你总有一些空子可钻,遇事总可以捣捣糨糊、打打哈哈——"彼此彼此、难得糊涂""大事化小、小事化了"。你总会听人说:"先生之言有理,然则言者言也,行者行也,岂可一也。"但不会有人说:"既有理,必行之。"因为这么说会被人笑为"书呆子",而连读书人也怕做"书呆子",何况其他人?

另据《大清律例》,官吏不得娶"乐人"(即艺伎)为妻妾:

> 凡官吏娶乐人为妻妾者,杖六十,并离异。若官员子孙娶者,罪亦如之。

好家伙!不仅是官吏,连官吏的子孙也在此例。大清律例,果真严明!确实,"乐人"大凡不正不经,为官之人,不可与之亲近。不过,我料想,此条律例从未使用过。为什么?因为从未查获过有违此条律例的人。真的吗?哪里!实际上,不是"从未查获过",而是"从未查过"。不"查",当然无"获"。那么,为何不查?因为查官吏的人也是官吏,大官查小官,而若大小官吏都讨厌此条律例,大官固然不会说不查,但总说查而无获,那是肯定的。这个——你懂的!

标准总是很高,要求总是很严,实际上呢,总是"通融通融""何必认真""何必弄得鸡飞狗跳"——不仅大小官员如此,黎民百姓也是如此;不仅娶妻纳妾之事如此,其他事情也是如此;不仅清朝如此,其他朝代也是如此。

譬如,《礼记》曰:

> 妾虽老,年未满五十,必与五日之御。

这高标准、严要求,在哪个朝代有哪个男人真做到过?妾在五十岁前,丈夫每隔五天要和她行房一次。假如某位老兄有三个妾,那就是五天之内,要轮流"御妾"三次,每隔一天就有一次,其间还要"御妻",几乎天天有"任务"。或许,在他三十岁前后还行,代价是白天浑身乏力、昏昏欲睡。但问题是,通常(有些朝代还有明文规定)男人要四十岁后才纳妾,而妾通常不到二十岁(再大没人要了)。也就是说,妾四十五岁时,再年轻的丈夫也有六十五岁。这六十五岁的老头,妻大概是不用"御"了,因为此时的妻也六十多岁了,但四十五岁、四十三岁、四十二岁的三个妾,按《礼记》,还要"五日之御",能行吗?即使行,这老头还想"御"吗?这时若有个妙龄少女(古代叫"黄花闺女"),他或许还会兴致勃勃,但四十几岁的老妾,还要他隔三岔五"御",多乏味!所以,《礼记》所说,是"御妾劳动模范",常人未必做得到——当然,你应该努力,不能"浪费"妾。这谁也不会反对。

是的,妾不能乱娶,此其一;娶了之后要"五日之御",此其二。但是,很奇怪,无论是"法",还是"礼",都不曾禁止把妾送人——这真有意思!在古代中国,做大丈夫真是爽!朋友够义气,送你一妾:"拿去吧!回去享受享受!"

拿自己吃过的东西送人?这合"礼"吗?确实,吃过的东西不可送人,但古代中国人好像并不嫌弃甚至还很感激有人送他"二手妾"。毕竟,买妾很贵,二手的也不便宜。譬如,我在[清]沈复《浮生六记》中读到,这个沈三白,丧妻后,穷愁潦倒,只好投靠同乡朋友石琢堂。石琢堂是朝廷命官,要受遣赴任。千里迢迢,他也相随而行。在去四川途中,他获悉儿子死讯,悲痛欲绝。

> 琢堂闻之,亦为之浩叹,赠余一妾,重入春梦。从此扰扰攘攘,又不知梦醒何时耳。

这是《浮生六记》第三卷"坎坷记愁"的结果语。我想,石琢堂是朝廷命官,知礼懂法,他会背礼违法,把妾送人吗?显然不会。那只能说,把妾送人,至少在清朝,既不违法,也不背礼。

第三章　入赘　养媳

你知道,古代中国人的婚姻是两家联姻,是两个家庭之间的姻亲,不是一男一女的婚约。这种两家联姻,最常见的就是明媒正娶,即男家为其子娶女家之女为媳。不过,两家联姻有两种并不罕见的变通法:一是女家之女不出嫁,招男家之子为婿;二是女家之女未适婚龄,男家先养之,待适龄后,再娶为媳,或者,男家之子未适婚龄,男家先养女家之女,待其子适龄后,再娶为媳。这两种变通法,一种叫"入赘",一种叫"养媳"。

一、入　赘

先来看一段很难懂的古文。《书经·尧典》曰:

> 帝曰:"咨,四岳,朕在位七十载,汝能庸命,巽[xùn]朕位。"岳曰:"否德,忝帝位。"帝曰:"明明扬侧陋。"师锡帝曰:"有鳏在下,曰虞舜。"帝曰:"俞,予闻,如何。"岳曰:"瞽[gǔ]子。父顽、母嚚[yín]、象傲。克谐以孝,烝[zhēng]烝乂[yì],不格奸。"帝曰:"我其试哉。女于时,观厥刑于二女。"厘降二女于妫汭[ruì],嫔于虞。帝曰:"钦哉。"

这段文字,甚至对孟子来说也是古文,对我们来说更是"古古文"了。在《孟子·万章下》中,孟子是这样概述此段"古古文"的大意的:

> 尧之于舜也,使其子九男事之,二女女焉,百官、牛羊、仓廪备,以养舜于畎亩之中,后举而加诸上位。

这就是后世所谓的"舜从妻居",即有记载的、最早的"入赘"。其根据就是《书经·尧典》中的"厘降二女于妫汭,嫔于虞"("妫汭"是地名。"嫔"即嫁)和《孟子·万章下》中的"二女女焉"(第二个"女"作动词,意为嫁)。你或许会说:"把女儿嫁给他,不一定是入赘。说不定,他们自立门户。"没有。首先,舜不可能是明媒正娶尧之二女。为什么?你看,舜是瞽的儿子("瞽子"),这一家是个什么样子?——"父顽、母嚚、象傲"("象"即弟),舜不可能把妻娶回家。再说,那个瞽也没有请媒人到尧家去为儿子"纳采"(暂且不管可不可以到帝王家去"纳采")。嫁二女于舜,完全是尧一人为之。所以,舜娶尧之二女,不可能是明媒正娶。其次,舜娶尧之二女后,没有自立门户。理由是,舜离家来见尧,之后一直住在尧家,就如《孟子·万章下》所言:

> 舜尚见帝,帝馆甥于贰室,亦飨舜,迭为宾主。

此处的"贰室",即副宫,或偏房。"馆甥于贰室":像对待姊妹之子(外甥)一样让他住在家里的偏房内。"亦飨舜":还宴请舜。可见,舜几乎就像尧收留的一个孤儿,只是尧特别器重这个"孤儿"罢了——不仅把两个女儿嫁给他,还把帝位也让给了他。

既然舜住在尧家,"从妻居",那便是"入赘"无疑了。不过,我想,在尧舜时代,其实也无所谓入赘不入赘。为什么?因为那时还没有"六礼",还不讲究什么"男家女家",婚配还很原始,即男女交媾后,男的不离开,认女的所生为自己的后代,如此而已(这种原始婚配,在有些动物那里也有)。至于夫妻住在哪里,那是无所谓的。

但后来,斗转星移、春去秋来,到了几百年后的春秋战国时代,就不一样了。那时,"六礼"(古代中国人的标准婚配形式)已逐渐确定,凡不合"六礼"的婚配,越来越遭人鄙视,入赘当然也在其中。

譬如,淳于髡[kūn],战国时的齐国名相,却常常遭人嘲笑。不是因为他长得矮小难看,而是因为他是"赘婿"(入赘之婿)。如《史记·滑稽传》云:

> 淳于髡者,齐之赘婿也。

介绍一国名相,别的不说,先说人家是"赘婿",好像这是奇耻大辱。司马迁尚却如此,后世为《史记》作注的人,就更加肆无忌惮了,说"赘婿"就像家里的一个瘤,是多余的东西。如[唐]司马贞《史记索隐》曰:

> 赘婿,女之夫也,比于子,如人疣赘,是余剩之物也。

这不仅因为入赘不合"六礼",还因为入赘的往往是贫家之子。按[西汉]贾谊《新书·时变》:

> 商君违礼义、弃伦理,并心于进取行之二岁,秦俗日败。秦人有子,家富子壮则出分,家贫子壮则出赘。

他说,商鞅执意变法两年,"违礼义、弃伦理",致使"秦俗日败"。怎么败法? 富家子成年后就"出分"(与父母分家),贫家子成年后就"出赘"(到富家做"赘婿")。

这"出赘"之风出自秦国,后遍及六国,以致秦始皇一统天下后,发现赘婿之多,实为累赘。于是,便召集起来,发往边疆,充当戍卒。据《史记·秦始皇本纪》:

> 三十三年,发诸尝逋亡人、赘婿、贾人略取陆梁地,为桂林、象郡、南海,以适遣戍。

当时肯定兵员不足,只好派逃犯("尝逋亡人")、赘婿和商贩("贾人")去攻打蛮族之地("陆梁地")桂林、象郡和南海,然后又命他们戍边("以适遣戍")。

秦始皇有没有兵,和我们无关,我们注意到的是:当时有三种人,即逃犯、赘婿和商贩,特别多,而且特别低贱,只配发派到蛮荒之地去打仗。

到了汉代,进而又有所谓"七科谪"。何谓"七科谪"? 那就是七种谪贬之人,或者说,七种贱民。哪七种? 据《汉书·晁错传》:

错复言守边备塞、劝农力本,当世急务二事,曰:"臣闻秦时北攻胡貉,筑塞河上,南攻杨粤,置戍卒焉。……先发吏有谪及赘婿、贾人,后以尝有市籍者,又后以大父母、父母尝有市籍者……"

这里说到"吏有谪""赘婿""贾人",三种;"尝有市籍者""大父母、父母尝有市籍者",三种。其实只有六种。"吏有谪"就是被撤职的官吏;"贾人"即商贩;"尝有市籍者"即曾经登记在册的商贩(汉代做买卖的人须到官府登记,称为"市籍");"大父母"即祖父母。这后面四种人,其实就是:现商贩、曾经做过商贩、祖父母做过商贩、父母做过商贩。为什么汉代对商贩如此鄙视?好像做买卖犯了弥天大罪,不仅当时做买卖的人,就是曾经做过买卖的人,甚至他的父母、祖父母做过买卖的人,均被视为贱民。真是可怜啊,汉代的商贩!

不过,现在不是可怜汉代商贩的时候,我们关注的是汉代赘婿,在说"七科谪"。据《汉书·武帝纪》:

天汉四年,发天下七科谪及勇敢士等,出朔方,击匈奴。

这里直接出现了"七科谪"。据[唐]颜师古注(引张晏)曰:

吏有罪一,亡命二,赘婿三,贾人四,故有市籍五,父母有市籍六,大父母有市籍七,凡七科也。

这里多了"亡命",故谓"七科谪"。何谓"亡命"?其实就是《史记·秦始皇本纪》所言"尝逋亡人"(逃犯),如盗亡者、囚亡者、兵士亡者、服徭役亡者,等等。

想想看,秦汉时的赘婿多倒霉!就因为住在妻家,就被视为和逃犯同类!为什么?我想,秦汉朝廷这么认为肯定有其理由。什么理由?不知道。因为在现存古籍中找不到秦汉人自己的解释(至少我没找到)。至于后世的解释,尤其是现代学者的解释,虽铺天盖地,那不过是后人的推测而已,可参考,但不足为凭。

不管怎样,秦汉时的赘婿多而贱,这大概是真的。秦汉朝廷均把赘婿视为罪人、征为戍卒,这大概也是真的。那么,后来呢?后来的魏晋南北朝,赘婿的遭遇如何?很遗憾,不知道。当然,是我不知道,因为我读过的魏晋南北朝的古籍中,好像没人谈论赘婿。不过,我想,魏晋南北朝的赘婿大概不像秦汉时那么多,对朝廷来说没多大用处,故而著书立说者也就不谈论了。要知道,古代中国人著书立说,十有八九是为了朝廷、为了皇上。凡与朝廷无关、与皇上无关的事情,在古代中国人看来,均属无关紧要。

那么,再后来呢?后来的唐宋两代,人们又如何看待赘婿?《新唐书·北狄传》云:

> 室韦嫁娶,则男先佣女家,三岁而后分以产,与妻共载,鼓舞而还。

"室韦"是地名,即今内蒙古呼伦贝尔,唐时称北狄之地。这是说,室韦地方的北狄人嫁娶,是男的先到女家去干活,三年后女家分给他财产,他可带着财产和妻子高高兴兴地回家。这是北狄人的婚俗,有点像汉族的入赘,但不一样。若汉族的入赘也是这样,《新唐书》就没必要说了。

唐代肯定有入赘,这是不用说的。要说的是,到了唐代,入赘做赘婿似乎不像秦汉时那么低贱了。为什么这么说?因为我在李白的一封信(即《上安州裴长史书》)中读到:

> 许相公家见招,妻以孙女,便憩迹于此,至移三岁矣。

他对裴长史说,许相公家招他做女婿,把孙女嫁给他,他在那里住了三年。显然,这是入赘。在唐代,入赘好像并不羞于与人说。若在秦汉,大概是不会说的,甚至都没资格给像裴长史这样的官长写信。至于他说他在那里住了三年,并非唐代赘婿三年或五年后可以离开妻家。不是的。他之所以离开,是许相公的那个孙女,即他的妻子,死了。看来,在唐代,赘婿若妻亡,是可以离开妻家的(是不是必须离开,那就不得而知了)。

不管怎么说,入赘,做招女婿,总不是一件光彩的事。因为历来以女从男为正道,入赘乃反其道而行之,岂不谬哉!然而,历朝历代总有人入赘,这是为什么?穷,这是原因之一。还有一些原因,有的可理解,有的甚至难以理解。这在宋代特别明显,如[宋]洪迈《夷坚志》云:

> 宜黄詹庆者,初业伶伦,深村人也。贫甚,兄嫂稍赡足,不肯相容,乃谋往郡下,其居距城五十里。……自是以技得名,渐亦温饱。取陶氏女为妻,而赘居其家。……驯致富,教子读书,且假儒衣冠。

这个叫詹庆的人,"初业伶伦"(原是个乐师),穷得连兄嫂都不肯相容,后来他学了一门手艺,"渐亦温饱"。这不就好了吗?但他却入赘陶家。为什么?因为他不满足于做手艺人,要做读书人。陶家女可能很丑,但他不在乎。毫无疑问,陶家是书香门第,而且很富有。这样,他便"驯致富"(跟着富有了),不仅"教子读书",还"假儒衣冠"(像模像样一身儒生穿戴)。这是用入赘来改变身份,可以理解。但有的就很难理解,如[宋]范致明《岳阳风土记》云:

> 湖湘之民,生男往往多作赘,生女反招婿舍。居然男子为其妇家承门户,不惮劳苦,无复怨悔,俗之移人有如此者。

真没想到,在宋代的湖南,婚俗竟然还和中原(真正的"中国")如此不同。中原婚俗,最看重的是子子孙孙、传宗接代,而这"湖湘之民",生了儿子竟然去"为其妇家承门户"(为妻家传宗接代),岂不怪哉!想来也是,"湖湘"原为楚地,春秋战国时,楚国乃异邦,非"中国"也。然而其婚俗历千年仍不同于"中国",可见婚俗犹如食俗,不易改也。难怪宋人范致明叹曰:"俗之移人有如此者。"

宋元之间,按[元]徐元瑞《吏学指南》所言,招赘婿有四种:

> 赘婿今有四等焉。一曰养老,谓终于妻家聚活者。二曰年限,谓约以年限与妇归宗者。三曰出舍,谓与妻家析居者。四曰归宗,谓年限已满,或妻亡,并离异归宗者。

第一种,"养老赘婿"。这是因为妻家无子,故而招婿养老。也就是说,这位老兄要等丈人、丈母娘死了之后才能离开妻家,而等丈人、丈母娘都死了,妻家即成他的家,他也就没必要离开了——除非妻子"坚决履行合同",要他"滚"。

第二种,"年限赘婿"。这是入赘前约定,入赘三年或五年。期满,这位老兄即可带着妻子回老家。这很像前面所引《新唐书·北狄传》中的"室韦嫁娶"。

第三种,"出舍赘婿"。这很奇怪,既招女婿,又让女婿带着妻子住在别处。那还是赘婿吗?是的。为什么?因为所生孩子均属妻家后代,姓妻家的姓。此种人家,大凡穷而无子,要续香火,只能如此——招一个更穷的女婿。也就是说,这位老兄要以自家的姓为代价,换取一个老婆。

第四种,"归宗赘婿"。这和"年限赘婿"有重叠处,即期满归宗(回老家),但还包括妻亡归宗和离异归宗,即:期未满,妻子死了,这位老兄只能含泪回老家;或,期未满,妻子和他吵得不可开交而分开,这位老兄也只好愤然回老家。

徐元瑞能归纳出四种招赘婿,可见宋元时期招婿婚盛行。正因如此,元世祖忽必烈至元八年颁布的《至元婚礼》承认了招婿婚:

> 窃见自今作赘召婿之家,往往盖是贫穷不能娶妇,故使作赘。虽非古礼,亦难拟革。此等之家,拟合今权依时俗见行之礼而行。

你看,招婿"虽非古礼,亦难拟革"——承认招婿禁不了。那怎么办?"权依时俗见行之礼而行"(权且依照时下通行的婚配之礼办理)。也就是说,招婿和娶媳一样,要明媒正"招",即:要遵守通行之礼。什么通行之礼?你知道(我在本卷第一章里已说了),宋元时"六礼"已简化,通行的是"三礼"——纳采、纳币、迎亲——直截了当,问价、付款、提货,而且要像正式做买卖一样,要有证书(即婚书)和证人(即媒人):

> 但为婚姻,须立婚书,明白该写元议、聘财。若招女婿,指定养老或出舍年限,其主婚、保亲、媒妁人等画字,依理成其亲,庶免争讼。

尽管如此,实际上招婿和娶妻还是不能等同。毕竟男女有别:儿媳出逃之事少有发生,而赘婿出逃之事却是屡见不鲜,以至于《元典章·户部四》还有专门处理赘婿出逃的条例"女婿在逃依婚书断离",即:赘婿出逃,依照婚书判离异(如退还聘礼等)。不过,该条例还是给予出逃赘婿悔过自新的机会:

> 如有女婿在逃等事,仍令有司常切,教谕为婚之人,依理守慎,各务本业,如有游手好闲非理在逃人等,就便严行断遣实行。

"有司常切"(即管理此类事务的官吏)要"教谕"相关人员。首先当然是"教谕"出逃赘婿;其次是"教谕"女家,因为赘婿出逃,女家可能也有过错。

为何要叫官吏"做思想工作"?显然,此类案件太多,一概"断离",岂不有损大元圣朝之安康?不过,我们对大元圣朝安康不安康毫无兴趣,我们在说入赘,在说"招女婿"。何况,转眼之间,大元就变成了大明。

毫无疑问,大明朝继续"招女婿",但好像少了许多。何以见得?按[明]沈德符《万历野获编》:

> 榜下脔[luán]婿,古已有之。至元时贵戚家,遂以成俗,故有《琵琶记》牛丞相招婿事,亦讥当时风向也。至国朝则少见,如程篁墩学士之婿于李文达,则未第时事,而识者犹议之。

"榜下脔婿"即科举榜下所择之婿(脔:切成小块的肉,今"小鲜肉"之古称)。他说,达官贵人招刚及第的"小鲜肉"为赘婿,古已有之。元朝初年,"遂以成俗"(逐渐成了一种风气)。不过,到了当朝,这种事很少见,学士程篁墩到李文达家做招女婿,是在他未及第的时候,但知道的人还是议论纷纷。

看来,明代书生入赘,或者说,明代官员招婿,确实很少见。那么,民间又如何呢?你知道,历代史书甚至文人笔记,都很少讲民间事。好在明代有许多戏曲小说,其中讲到的大凡是民间之事。所以,不妨来看看,那里讲到的"招女婿"到底多不多。

不太多,但也不少。举例来说,首先,《水浒传》《三国演义》和《西游记》中都有"招女婿",但这些讲的都是历史故事,不算也罢。《金瓶梅》总不见得是历史故事吧,虽说是宋代,那是假托,讲的其实是明代的人和事。其中,至少有两个赘婿——蒋竹山和陈敬济。

至于《三言两拍》,共两百个故事,其中大多是明朝故事。其余一些,开头虽有"话说宋乾道年间"之类的字样,但不应视为宋朝或其他什么朝的故事,因为故事中尽是明朝的风土人情。这样的话,有多少故事讲到了入赘和赘婿?粗粗估算,大概有十个,分别是:《喻世明言》中的《金玉奴棒打薄情郎》《杨八老越国奇逢》《月明和尚度柳翠》;《警世通言》中的《计押番金鳗产祸》《宋小官团圆破毡笠》;《醒世恒言》中的《李玉英狱中讼冤》;《初刻拍案惊奇》中的《盐官邑老魔魅

色 会骸山大士诛邪》《占家财狠婿妒侄 廷亲脉孝女藏儿》;《二刻拍案惊奇》中的《李将军错认舅 刘氏女诡从夫》《赠芝麻识破假形 撷草药巧谐真偶》。

二十分之一,多不多? 不多。少不少? 不少。所以,就民间而言,明朝的"招女婿"并不像沈德符在《万历野获编》中所言"至国朝则少见"。他说的是科考榜上的及第才子,并非乡野市井中的芸芸众生。

明代既然如此,清代也不会有太多变化。为什么? 因为满清朝廷为安人心,有意"沿用明制",只改了汉人的服饰和发型。

所以,你若查阅《大清律例》中的招婿条例,依然可以读到:

> 招婿须凭媒约,明立婚书,开写养老或出舍年限。

这条例初见于元代《至元婚礼》,后为《大明律例》沿用,现为《大清律例》沿用。

至于清代赘婿多不多,只要看看[清]徐珂在《清稗类钞》中记载了多少清代官员招婿,大概就有数了。全部引出太多,仅引几例,如下:

> 长沙赵永怀,字念昔,为工部尚书开心孙,工诗。少时流寓江都,吴园次太守绮爱其才,以女赘之,晚岁始归长沙。

赵永怀,工部尚书赵开心的孙子,会写诗,江都太守吴园次爱其才,招为赘婿。

> 船山初赘于成都盐茶道署。

张船山是清代书画大家,官至江南道监察御史、吏部郎中,年轻时曾在成都做盐茶道署(盐茶总管)家的"招女婿"。

> 桐庐袁忠节公昶[chǎng],少极贫,尝肄业杭州东城讲舍。时掌教为闽县高伯平,怜而教之,所学具有师法,又为之延誉于"尊经书院"全椒薛慰农"山长"时雨。慰农乃以兄子妻之,侍御淮生女也。遂赘于薛,居全椒数年。

袁昶,清末大臣,官至太常寺卿,谥"忠节",人称"袁忠节公",年轻时曾到安徽全椒"尊经书院"求教"山长"薛时雨(字慰农)。薛时雨爱其才,将其姪女(即其兄长、朝廷侍御薛淮生之女)嫁给他,袁昶赘居薛家数年。

显然,清代官员招婿要比明代多得多。由此推断,清代民间招婿一定不会少。不过,关于历代入赘与招婿,我已经讲得够多了——毕竟,本章还要讲古代婚配的另一种变通法。

二、养　媳

较之于招女婿,童养媳(书面称"养媳")可谓"其生亦晚矣",大概到宋代才有。尽管《三国志·东夷传》有言:

> 沃沮国女,至十岁,婿家即迎之长养为媳。

但那是说东夷沃沮国,非"中国"也。还有《陈书·张贵妃传》有言:

> 张贵妃名丽华,兵家女也,父兄以织席为业。后主为太子,以选入宫,侍龚贵嫔为良娣。贵妃年十岁,为之给使。后主见而悦之,因得幸,遂有娠,生太子深。

说陈后主陈叔宝,做太子时就选张丽华入宫,放在龚贵嫔那里做"良娣",但陈叔宝忍不住,不久便"幸"了年方十岁的张丽华,使其怀孕,生了后来的太子陈深。

十岁的幼女会不会怀孕,姑且不去管它,需注意的是张丽华并非(如有人所说的)童养媳。理由一:未"养"。要知道,童养媳是不能"幸"的,要"养"在那里待来日"纳"了之后再"幸"。你还未"纳",怎么就"幸"了?这算什么童养媳?理由二:非"媳"。就是后来"纳"了,也未"纳后",而是"纳妃"。要知道,"媳"即妻,非妾。所以,张丽华至多是"童养妾"。至于陈叔宝使其怀孕,就算是真的,也只能说是"奸淫幼女",和童养媳毫不相干。

还有[清]袁枚《随园随笔》云:

今人有养媳,始于春秋待年之女,而有类于六朝拜时之说。按《隐公七年》"叔姬归于杞",《公羊》注:"伯姬娣也,待年于父母之国。"许慎曰:"娣年十五以上,能共事君子,可以往。二十而御。"拜时者,东汉以后权宜之制,其礼以纱蒙女首,送往夫家而夫发之,因拜舅姑,便成妇道,无六礼,不合卺。张华谓拜时之妇成礼于舅姑,三日之婚,成吉于夫氏。山涛以拜时为重、成吉为轻,引不庙见而女死仍葬女氏之党为证。或云,拜时者,礼毕即归,今之养媳,竟依夫氏,亦微有不同。

其实,这里说的"待年之女"和"拜时之妇"都不是童养媳。你看,所谓"春秋待年之女",即指《春秋左传·隐公七年》所说的叔姬,说她"归于杞"。叔姬是"媵",即其姊伯姬的陪嫁女,因年幼,婚礼之后返回了娘家。此即《春秋公羊传》所说:"伯姬娣也,待年于父母之国。"(叔姬是伯姬的妹妹,在父母家中等待)。东汉许慎的解释稍详细一些,说叔姬已年过十五,可以随其姊伯姬一起前往夫家,但要到二十岁才能"御"(所以婚礼后返回了娘家)。这是童养媳吗?显然不是。童养媳是,人过去了,但不成婚,而叔姬正好相反,成了婚,人返回了娘家——根本未"养",何谓"养媳"?

再来看"拜时之妇"。所谓"拜时",即东汉之后流行的一种"权宜之制",即:女家将女蒙上头纱,送往男家,男家之子揭开头纱,与女一起拜见父母,就算成婚,"无六礼,不合卺"。然后,此女在男家住三天,与丈夫同房。三天后,返回娘家。后面应该还有事——若此女怀孕了,怎么办?未怀孕,怎么办?——但这里没说。张华只说"三日之婚,成吉于夫氏"("成吉",说得文绉绉的,其实就是"交媾")。山涛则是"引不庙见而女死仍葬女氏之党为证"(这在下文还要讲到,即新嫁女要在三十天内祭祀夫家祖先,若在此之前死了,仍未正式成婚,所以不能葬在夫家,而要归葬娘家),说"拜时为重、成吉为轻",即:此女有没有拜过公婆是关键,有没有和丈夫同房倒是无所谓的。这山涛先生也太迂腐了!人家弄一个媳妇来,为什么?不就是娶媳生子吗?你倒好,叫人家拜拜堂就可以了,不同房也罢。拜堂会怀孕吗?拜堂会生子吗?——不过,这不关我们什么事,我们要说的是,"拜时之妇"显然不是童养媳。一是此女非"童",二是男家未"养",三天后就回娘家了。应该说,这是"出租媳",即男家"租用"女家之女三天为媳。所以,袁枚不得不说:"或云,拜时者,礼毕即归,今之养媳,竟依夫氏,亦微有不同。"其实,哪是"微有不同",根本

219

就是截然不同。

真正的童养媳,据我所知,正史中最早讲到的,是《宋史·杜纮[hóng]传》,其曰:

> 民间有女,幼许嫁,未行而养于婿氏。婿氏杀以诬人,吏当如婚法。纮曰:"礼,妇三月而庙见,未庙见而死,则归葬于家,示未成妇也。律,定婚而夫犯,论同凡人。养妇虽非礼律,然未成妇,则一也。"议乃定。

这是关于一桩罕见刑事案的议论。一女家把未成年幼女许配给男家,未行婚礼,而是养在男家。后来,男家女婿将此幼女杀了,用以诬陷他人。办案官员认为,此案应按婚法论处(即杀妻罪),但杜纮说:"按礼仪,新婚妇要在三月内去祭祀男家祖先,如还未去祭祀就死了,要归葬于娘家,以此表示她还未成为男家媳妇。按律法,定婚而未正式成婚的未婚夫,若侵犯未婚妻,如同常人处理。童养媳虽不合礼仪,也不合律法,但童养媳不是男家的正式媳妇,这一点是一样的。"就此议定(以杀人罪论处)。

为什么他们要议论这是杀妻罪,还是杀人罪?杀了人,不都是杀人罪吗?我来解释一下,虽然这和本题无关,有离题之嫌。

是的,按现代法律,不管你是谁,不管你杀了谁,均以杀人罪论处。但是,古代律法对"谁杀谁"却是分别论处的。丈夫杀妻子和杀其他人是有区别的。同样,王爷杀奴仆和奴仆杀王爷也是有区别的。倒不是说丈夫杀妻子、王爷杀奴仆无罪,而是对罪的处罚有所不同。为什么?因为古代中国人和现代中国人不一样,并不认为所有人的命都是等值的。王爷杀奴仆,处罚可能是王爷必须赔偿奴仆的家人多少银子;奴仆杀王爷,处罚可能是奴仆连同他的家人一起统统问斩。同样,丈夫杀妻子,处罚可能是丈夫必须服刑,而若杀的不是妻子,而是一个还未和他成婚的女人,处罚就是——这谁都知道——杀人偿命。为什么对杀妻者的处罚要轻于一般杀人犯?因为在古人看来,妻子是丈夫的"所有物",你杀了"自己的"妻子,损失的是你自己。所以,罪要轻一点。

显然,杜纮认为,童养媳不是妻子,还"未成妇",因而那位老兄犯的是杀人罪,不是杀妻罪。那么,为什么这种事还要杜纮这个聪明人来论断,那些办案官员竟然一点不懂?是的,因为他们从未遇到过这种事,因为童养媳在当时还刚刚有。那是在北宋。

那么,北宋之后呢?毫无疑问,童养媳越来越多。因为这对穷人家来说,是一种不错的变通之法。按理,女家要把女儿养到适婚年龄,才能出嫁;男家要出大笔聘礼,才能娶媳。然而,有些穷人家很难把女儿养到适婚年龄;有些穷人家很难为娶媳拿出大笔聘礼。于是,两家合计,女家的幼女由男家养到适婚年龄,以此抵消(或部分抵消)男家应出的聘礼。这样,两家都满意:女家不用再养女儿;男家不用再准备聘礼。

说穿了,童养媳的应运而生,全是为了钱。是的,穷人整天想着钱,因为钱对穷人来说可能就是命——没钱,可能就没命。为了活命,还顾得上什么?——礼义廉耻?能让人活命吗?

不过,童养媳虽是穷人家的"创举",到后来,就连有些富人家也觉得此举不错,也有童养媳。何以见得?按《元史·刑法志》:

> 诸以童养未成婚男妇转配其奴者,笞五十七,妇归宗,不追聘财。

"童养未成婚男妇"即童养媳。"转配其奴"即把童养媳转许配给自家的下人(奴仆)。你看,有奴仆的人家,总不是穷人家吧?也有童养媳。只是,这条刑法规定:不得把童养媳转配给自家的下人,否则,"笞五十七"("笞"即笞尻[kāo],打屁股),"妇归宗"(童养媳回娘家),"不追聘财"(当初男家给女家的聘礼不得追回)。

那么,能不能把童养媳转卖给其他人家?那大概要和女家商议,还要看童养媳本人肯不肯。古代中国人就是这样,他们做的有些事情,在现代中国人看来好像很恶心,但他们并不是蛮不讲理的。在古代中国,有些人确实可以被买来卖去,但他们并不是真正的奴隶,人们在买卖他们时,首先会想到他们自己肯不肯。若他们自己不肯,买卖就不会成交。只是,被买卖的人也会想到,不听从主人,主人肯定会不高兴,这对他们没什么好处。这就是古代中国,很奇特,一个既有家奴、又有"人情"的国度。童养媳当然不是家奴,因为童养媳是未来的儿媳妇,将来还要当婆婆,怎么会是家奴?但是,在童养媳未成为儿媳妇之前,仍有可能被卖掉,倘若她自己和她的家人都同意(或不得不同意)的话。

那么,童养媳在夫家,是不是苦不堪言?有可能,但多数不是。实际上,童养媳与未来婆婆的关系,和正式媳妇与婆婆的关系是一样的。我在前章中讲到婆

媳关系时说(不好意思,我又要自我引述了):

> 正因为古代夫妇婚后要与父母同住,于是就会有一件我们在古代戏曲小说中经常看到的事情——妇姑勃豀(婆媳纠纷)。这是必然的。因为婆婆、媳妇不是自家人,早先又不熟悉,难免会相互嫌弃。但婆婆是强势一方,媳妇是弱势一方,所以古代戏曲小说总把同情放在媳妇一方。

童养媳由于年幼,更加弱势,因而更加令人同情,因而在古代文人笔下有更多为童养媳诉苦的诗文。譬如,[清]郑板桥《姑恶》一诗,很有名,但很长,我只能节选几段:

> 小妇年十二,辞家事翁姑。
> ……
> 今日肆詈辱,明日鞭挞俱。
> 五日无完衣,十日无完肤。
> 吞声向暗壁,啾唧微叹吁。
> 姑云是诅咒,执杖持刀铻。
> ……
> 嗟嗟贫家女,何不投江湖?
> 江湖饱鱼鳖,免此受毒茶。
> 嗟彼天听卑,岂不闻怨呼?
> 人间为小妇,沉痛结冤诬。
> 饱食偿一刀,愿作牛羊猪。
> 岂无父母来,洗泪饰欢娱。
> 岂无兄弟问,忍痛称姑劬。
> 疤痕掩破襟,秃发云病疏。
> 一言及姑恶,生命无须臾。

像这样的童养媳,有吗?有。但不会很多。为什么?因为天下没有那么多恶婆婆,故意和未来的儿媳妇作对,除非她非常不喜欢自己的儿子,而不喜欢儿子的母亲,天下有几个?

实际上,古代诗文中不仅写到恶婆婆,也写过恶媳妇。譬如,[宋]邵定的《姑恶》一诗,也很有名,不太长,抄在下面:

> 姑恶,姑恶。姑不恶,新妇恶。
> 不闻姑声骂妇错,但闻妇声数姑虐。
> 汝夫汝夫汝所严,汝姑又知天之天。
> 高高在上胡可言,纵有可言当自冤。
> 以天感天天自还,姜归愈敬姑复怜。
> 胡愤而死鱼龙渊,至今谇语春风前。
> 姑恶鸟,家私休与外人道。
> 道与外人人转疑,去归何尝说姑好。

像这样的恶媳妇,有吗?有。但不会很多。为什么?因为天下没有那么多恶女子,做了人家的媳妇还那么专横跋扈,除非她娘家有财有势,她自己又天性恶劣。但这种情况很少有。为什么?因为古代婚姻注重门当户对,儿媳妇不太可能倚仗娘家的势力在婆家作威作福(婆家也有势力,不是好惹的)。至于天性恶劣的女子,其实很少见。

实际上,不论是郑板桥的《姑恶》,还是邵定的《姑恶》,写的都是极端事例。那么,大多数婆婆和大多数童养媳又是怎样的呢?这要举例说明,倒有点难。姑且以[元]关汉卿的《窦娥冤》和[清]沈复的《浮生六记》为例吧。

《感天动地窦娥冤》(这是全名)是这样开始的:

> [楔子](卜儿、蔡婆上,诗云)花有重开日,人无再少年。不须长富贵,安乐是神仙。老身蔡婆婆是也。楚州人氏,嫡亲三口儿家属。不幸夫主亡逝已过,止有一个孩儿,年长八岁。俺娘儿两个,过其日月。家中颇有些钱财。这里一个窦秀才,从去年问我借了二十两银子,如今本利该银四十两。我数次索取,那窦秀才只说贫难,没得还我。他有一个女儿,今年七岁,生得可喜,长得可爱。我有心看上他,与我家做个媳妇,就准了这四十两银子,岂不两得其便! ……

那窦秀才七岁的女儿,就是窦娥,蔡婆的童养媳。这是古代很常见的一种童养媳,即父亲还不起债,因债主欢喜他女儿,于是就将女儿抵债,做了童养媳。或者说,古代大多数童养媳就像窦娥,是婆婆看中的、喜欢的。既然是婆婆自己看中的,会虐待吗?一般不会。但是,婆婆却不是童养媳看中的,会喜欢吗?不一定。窦娥固然孝顺婆婆,但她喜欢婆婆吗?不知道。但是,如若婆婆一直是喜欢她的,她会怨恨婆婆吗?一般也不会。

大多数婆婆、大多数童养媳就是这样,平平淡淡,既无大爱,也无大恨,做婆婆的,知道爱幼;做媳妇的,知道尊老,各守本分、相安无事。那是古代中国人的一种生活常态。至于尊老爱幼是不是诚心诚意,是不是全心全意,那就是另一回事了。所以,时不时会有妇姑勃谿、婆媳纠纷,那也是一种常态。

再来看沈复的《浮生六记》(第三卷"坎坷记愁"),其中说:

芸生一女,名青君,时年十四,颇知书,且极贤能。

沈复的妻子陈芸,"生一女,名青君",年十四,颇知书达理,又极为能干。可是,陈芸一直患有"血疾",此次复发,需外出养病。临行前,夫妻俩商量如何安置女儿青君:

时余有表兄王荩[jìn]臣一子名韫石,愿得青君为媳妇。芸曰:"闻王郎懦弱无能,不过守成之子,而王又无成可守。幸诗礼之家,且又独子,许之可也。"余谓荩臣曰:"吾父与君有渭阳之谊,欲媳青君,谅无不允。但待长而嫁,势所不能。余夫妇往锡山后,君即禀知堂上,先为童媳,何如?"荩臣喜曰:"谨如命。"

你看,那王荩臣是沈复的表兄,但要把女儿送到王家去做童养媳,沈复夫妇还是经过一番考虑的。王荩臣虽不富裕,其子王韫石也"懦弱无能",但王家毕竟是"诗礼之家"(世代都是读书人),王韫石又是独子,青君到王家去做童养媳,想必王家不会亏待她。

这也是古代常见的一种童养媳,即父母有难,亲戚家又想娶其女儿为媳,但女儿尚小,于是就"先为童媳",到时再行婚娶。

是的,大多数童养媳都是因为父母有各种各样的难处而提前把她们送入了婆家。这在古代很正常,因为古代婚姻本来就是两家联姻,由父母做主,儿女只要听命即可。已成年的儿女,如前文所说,父母或许还会让他们对未来的妻子或丈夫有所了解,但童养媳就没必要了,因为她们太小,根本不懂。

所以,我想,当初窦秀才肯定没跟窦娥说,蔡婆是个怎样的女人,更不会问她愿不愿意到蔡婆那里去,因为那时的窦娥只有七岁。青君比窦娥大一倍,十四岁,沈复夫妇也没有问她愿不愿意到王家去做童养媳。我们也不知道(因为他没说)青君到底认识不认识王荩臣的儿子王韫石。就算七岁的窦娥什么都不懂,十四岁的青君还不是很懂,但随着年龄的增长,她们最后还是会懂的。这时,她们会发现,自己的一生早在混沌朦胧之时就被注定了。这时,她们会作何感想?

这在现代中国人看来,大概就是古代童养媳的"残忍"之处。然而,在古代中国人自己看来,这不过是"权宜之制",有何"残忍"?

第四章 冲喜 从良

本章要讲的是两种奇怪的婚姻,一种出自古代中国人的某种奇怪的观念,一种出自古代中国人的某种奇怪的兴趣。这两种奇怪的婚姻,一种叫"冲喜",一种叫"从良"。

一、冲 喜

前文说过,古代中国人的基本观念是"阴阳五行",即视万事万物都有"阴阳"两面,同时又视万事万物都属"五行"(即五种属性)——金、木、水、火、土。这"五行"各有阴阳,所以是"相生相克"的,即:金生水、水生木、木生火、火生土、土生金;金克木、木克土、土克水、水克火、火克金。中国古代医学,即建立在此种观念之上,即认为:百病均源于邪气,而邪气属于阴气。所以,需用阳气与之对冲,病才可愈。

基于这种观念,民间有一种习俗,即当未婚之子久病不起时,父母会为他娶妻,因为他们认为,婚娶之喜会带来阳气,会冲掉儿子身上的阴气——儿子的病会因此而愈。这种用结婚来治病的习俗,就叫"冲喜"。

据我所知,冲喜习俗好像只有明清两代才有——之前,无论是唐宋、魏晋南北朝,还是秦汉、春秋战国,均无冲喜之说。尽管"阴阳五行"历来是古代中国人的基本观念,但明清之前的历代中国人好像并不知道婚娶还有如此妙用——唯有明清两代的人,知道而且相信,婚娶之阳可以祛除百病之阴。

不过,不要误会,这婚娶时的阳气是一种神秘之气,并不是真要生病的儿子在洞房里雄赳赳、气昂昂地大展阳刚之气。那是不可能的,古人也知道。所以,冲喜时,新郎至多和新娘拜个堂,就算完婚,入洞房的——按理——只有新娘一人。为什么说"按理"?因为实际上,往往不是新娘一人。新郎若有未婚姐妹,通常会有一人去和刚入门的新娘同睡。这样,一直等到新郎病愈,才与新娘同房。

这么说,冲喜真的很神奇?是的,有些新郎真的病愈了。不过,我们知道,古人不知道,有些病是会自愈的。还有,我们知道,古人不知道,有些新郎可能根本未病,只是情绪低落,看上去病恹恹的。父母着急,为他娶妻,等于给他服了兴奋剂。所以,他的"病"也因为冲喜而痊愈了。除了这两种可能,冲喜还能治好其他什么病?不知道。如果你想知道,不妨试试。

接下来我要讲的,是冲喜时发生的一个"事故"。这"事故"很好笑,也表明冲喜往往很好笑。怎么回事呢?请看[明]冯梦龙《情史·昆山民》:

> 嘉靖间,昆山民为子聘妇,而子得瘤疾。民信俗有冲喜之说,遣媒议娶。女家度婿且死,不从。强之,乃饰其少子为女归焉,将以为旬日计。既草率成礼,父母谓子病不当近色,命其幼女伴嫂寝,而二人竟私为夫妇矣。逾月,子疾渐瘳[chōu]。女家恐事败,给以他故,邀假女去,事寂无知者。因女有娠,父母穷问得之。讼之官,狱连年不解。有叶御史者判牒云:"嫁女得媳,娶妇得婿,颠之倒之,左右一义。"遂听为夫妇焉。

此处有时间、有地点,看来是真人真事。昆山一小民,其子有瘤疾,便依冲喜习俗,为其子遣媒娶妻。女家得知其子病将死,不肯嫁。他强求之,女家便将其幼子男扮女装,冒充其姊出嫁。男家因其子病重不可同房,于是拜堂后,便叫其幼女代兄与嫂同睡。殊不知,其嫂乃一少男。于是,少男少女,一夜便成好事。一个月后,其子病渐愈。女家怕男扮女装之事败露,便找个借口将其幼子叫回,以为天衣无缝、无人知晓。然而,女家幼女却身已有孕,父母追问之下,不得不将真相告之。女家随即告官,案子却一拖几年,无法判断。最后,有个叶御史,断案称:"嫁女得媳,娶妇得婿,虽颠来倒去,但谁也不吃亏。"于是,便任其配对成婚。

你若读过冯梦龙的《三言》,马上就会看出,这是《醒世恒言》第八卷(或《今古奇观》第二十八卷)《乔太守乱点鸳鸯谱》的原型。此处的昆山民,即小说中的杭州府刘秉义;此处的其子,即刘秉义之子刘璞;此处的其幼女,即刘秉义之女惠娘;

此处的女家,即小说中的孙寡妇;此处的女家之女,即孙寡妇的女儿珠宜;此处的女家少子,即孙寡妇的幼子玉郎;此处的叶御史,即小说中的乔太守。只是,此处的"嘉靖间",在小说中被改成了"景祐年间"——明朝变成了宋朝。其实,宋代民俗并无冲喜之说。看来,冯梦龙并不知晓冲喜之说始于何时,以为自古就有。

更有意思的是,到了清代,褚人获在《坚瓠集》中把冯梦龙的《情史·昆山民》和《乔太守乱点鸳鸯谱》捏在一起,又讲了一遍:

> 有刘璞者,其妹已许裴九之子裴政矣。璞所聘孙氏,其弟润,亦已聘徐雅之女,而璞以抱疴[kē]。俗有冲喜之说,父母择吉完姻。妇翁以婿方病,润以少俊,乃饰为女妆,代姊过门,将以为旬日计。草率成礼,父母谓子病不当近色,命其幼女伴嫂,而二人竟私为夫妇。逾月,子病渐瘳。女家恐事败,绐以他故,邀假女去,事寂无知者。因女有娠,父母穷问得之。讼之官。官乃使孙刘为配,而以孙所聘徐氏偿裴,具判牒云:"弟代姊嫁,姑伴嫂眠,爱女爱子,情在理中。一雌一雄,变出意外,移干柴近烈火,无怪其燃。以美玉配明珠,适获其偶。孙氏子因姊而得妇,搂处子不用逾墙。刘氏女因嫂而得夫,怀吉士初非炫玉。相悦为婚,礼以义起。所厚者薄,事可权宜。使徐推别婿裴九之儿,许裴政改娶孙郎之配。夺人妇人亦夺其妇,两家恩怨,总息风波。独乐,乐不若与人乐。三对夫妻,各谐鱼水。人虽兑换,十六两原只一斤。亲是文门,五百年必非错配。以爱及爱,伊父母自作冰人。非亲是亲,我官长权为月老。已经明断,各赴良期。命黄堂舆从,送归私第。"

你看,此处的人名与《乔太守乱点鸳鸯谱》同,而其叙事所用字句,则几乎照抄《情史·昆山民》。同时,既去掉了"叶御史",又去掉了"乔太守",代之以笼而统之的"官"。不知情者,还以为这是记述清代之事,殊不知,此事半真半假,而且全来自冯梦龙。

不过,褚人获在《坚瓠续集》(卷一)中说到的另一种冲喜,还是值得注意一下的:

> 世俗以父母死不得成亲,而于垂死之日先行亲迎之礼,谓之冲喜。

他说，按自古以来的习俗，父或母去世，子女三年内不可成亲，所以，有人趁父或母临死之际，先把婚事办了，这叫"冲喜"。我想，褚人获好像搞错了，冲喜不是急匆匆办喜事。父或母病重，子女办喜事，不是因为"父母死不得成亲"，而是想用喜庆带来的阳气，"冲掉"疾病固有的阴气，是指望父或母能病愈康复。这和儿子病重，父母为其娶妻冲喜是一样的。

是的，冲喜是为了治病救人。只是，男家的愿望固然美好，女家未必愿意让自家的女儿充当"药物"。所以，说服女家是重中之重。譬如《红楼梦》第九十六回，贾宝玉病重，其父贾政想为他娶亲冲喜：

> 贾政诸人商议给宝玉娶亲时，贾母道："你若给他办呢，我自然有个道理，包管都碍不着。姨太太那边，我和你媳妇亲自过去求他。蟠儿那里，我央蚌儿去告诉他，说是要救宝玉的命，诸事将就，自然应的。若说服里娶亲，当真使不得，况且宝玉病着，也不可叫他成亲，不过是冲冲喜。我们两家愿意，孩子们又有金玉的道理，婚是不用合的了，即挑了好日子，按着咱们家分儿过了礼。趁着挑个娶亲日子，一概鼓乐不用，倒按宫里的样子，用十二对提灯、一乘八人轿子抬了来，照南边规矩拜了堂，一样坐床撒帐，可不是算娶了亲了么？宝丫头心地明白，是不用虑的。"

你看，要把薛宝钗娶来为贾宝玉冲喜，首先要说服薛宝钗的母亲薛姨妈，其次要说服薛宝钗的哥哥薛蟠，还要薛宝钗自己愿意。这中间，只要有一人不肯，冲喜就会泡汤。

好在薛家和贾府是亲戚，"宝丫头心地明白"，所以贾母才敢对贾政说："你若给他办呢，我自然有个道理，包管都碍不着。"——可见，古代虽有冲喜习俗，但也不是想冲喜就能冲喜的。

二、从　良

先来解释一下，什么叫"从良"。不过，要解释"从良"，还需从古代户籍制度说起。这说来话长，而我只能长话短说。

简单说来，所谓"户籍"，就是把一户人家登记在册。这种"登记"，从上古周代起就有,其目的就是把人分成不同的等级,使人有贵贱之分,继而各守本分、相安无事。具体分几等,各个朝代略有不同,但大体分为五等,即五种"籍",由上而下,分别是:贵籍、良籍、商籍、奴籍和贱籍。这"五籍"和上古"五等",即天子、诸侯、大夫、士、庶人,大体相符,见下表:

贵籍	即上古"天子、诸侯、大夫",后世:皇帝、皇亲国戚、朝廷命官。
良籍	即上古"士",后世:乡绅(地主)、农户(自耕农)、工匠、士兵等。
商籍	即上古"庶人",后世:店主、摊贩等。
奴籍	即上古"庶人",后世:家丁、仆人、女佣、丫鬟等。
贱籍	即上古"庶人",后世:卖艺人、乞丐、娼妓等。

从良,也称"脱籍",意即:原属奴籍或贱籍之人脱离原籍,从属良籍(简称"从良")。实际上,良籍之人若中榜做官,也是"脱籍",即由良籍变为贵籍;或者,店主攒了钱,买地自耕,成了农户,也是"从良",即脱离商籍从属良籍,但从不这么说。"脱籍""从良"是专指奴籍或贱籍之人的脱籍从良。

奴籍从良,即奴婢或役满,或赎身,变为良民。如唐传奇《霍小玉传》云:

长安有媒鲍十一娘者,故薛驸马家青衣也,折券从良,十余年矣。

长安城里的媒婆鲍十一娘,曾卖身到薛驸马家做"青衣"(婢女),后"折券"(赎回卖身契)从良,已有十多年了。

贱籍从良——实际上,卖艺人买地自耕,或乞丐当兵,也是"从良",但从不这么说。"从良"一词,是专指妓女赎身——赎身后,或归家,或嫁人。

既然说到妓女,本应说明一下古代娼妓制。是的,我没写错,是娼妓"制",是朝廷设立的"制度",不是私娼——私自卖淫,这在历朝历代都是严令禁止的。但就是简单说明一下古代"国营妓院"的来龙去脉,也要用很长篇幅。无奈,只能引用袁枚《随园随笔》里的一段议论,聊胜于无。该议论可称为"妓女不始于管仲论":

人皆称《管子》"女闾三百,以待天下之贤者"为妓之始。余按鲁庄公时南宫万奔陈,陈使妇人饮之酒而裹之,此妇人即妓也,不然良家女岂肯侍人饮酒耶?《国语》越王罢女为士缝衽,子夏论乐称"犹杂子女"。《史记》"赵王,其母倡也",皆妓之滥觞。薛综《西京赋》注云:"洪崖者,三皇时妓人也。"《康熙字典》引之,而又云见《万物原始》。又《汉武外传》云:"武帝置营妓,以待军士之无妻者。"《易·蒙卦》六三爻[yáo]"见金夫,不有躬",程传谓"见人多金,悦而从之,不能保有其躬",疑即倡妓之类,而周公爻词已有其象矣。

他说,一般认为,春秋时的齐国国相管仲所设"女闾三百"(有三百个妓女的妓院),是"妓之始"。他则认为,"妓"不仅仅始于管仲,譬如鲁庄公时的南宫万逃到陈国,陈国国君"使妇人饮之酒而裹之"(遣美女敬酒,且与其同被而睡),譬如《国语》说越王"罢女为士缝衽"(贬谪宫女为将士"缝衽"——陪睡。缝衽者,妻也;妻者,同睡之人也),譬如《史记》称"赵王,其母倡也","倡"即娼——这些都是"妓之始"。还有《西京赋》称"洪崖者,三皇时妓人也",《汉武外传》云"武帝置营妓",显然是"妓"。还有《易经》"六三爻"称"见金夫"(见钱就"夫",与之交媾),可能也是"妓"。

我来评论一下。袁枚说得没错,管仲设"女闾三百"之前,肯定已有"妓",尽管他举的例子并不十分贴切,譬如"陈使妇人饮之酒而裹之",该"妇人"不一定是"妓",很可能是陈国国君的"妃"。为什么?因为国君的宫殿里有的是女人,何必还要出钱到外面去招一个"妓"来呢?——注意:判定是不是"妓",出不出钱是要点。不出钱而交媾,与你交媾的,可以是任何一种女人,唯独不是"妓"。也就是说,"妓"只为钱而交媾。所以,他说的越王"罢女为士缝衽",也不是"妓",因为那些"士"并没有付钱。但是,不管怎么说,他说"妓"(私娼)早于管仲的"女闾三百",还是对的。只是,管仲的"女闾三百"并非私娼,而是后世所说的"官妓"(或"营妓")。这种"官妓"是合法的"妓",其之始,应该是管仲的"女闾三百"。

自管仲的"女闾三百"后,历朝历代都有"官妓",直到清朝才被废除。也就是说,唯有清朝的妓院是民营的,之前的妓院均为国营,就像盐和铁一样,由专职衙门负责经营,朝廷派专职官员负责监管。至于历代妓院的名称,各有不同,正式称呼为"教坊""乐府""教司",等等;民间称之为"青楼""勾栏""窑子""瓦舍",等等。妓院里除了色妓(卖淫女),还有艺妓、歌妓、舞妓,等等,若用现在的话来说,可谓"综合性娱乐场所"。

前文已说,妓女赎身从良后,有两个去处:一是归家,一是嫁人。本卷旨在讲述古代中国人的婚姻与家庭,所以,关注的是妓女嫁人。

然而,关于妓女嫁人,你知道,史书中是不会有什么记述的——要知道,妓女属于贱籍,是贱民,而史书所记,多为贵籍之人,连良籍之人也甚少提到,怎会记述贱籍之人?所以,我只能根据历代诗文、笔记、小说中的只言片语加以推测,大致拼凑出一幅模模糊糊的古代妓女从良图。

最早说到的妓女从良的古书,据我查找,是《汉乐府》。此书中的《古诗十九首》,有一首名曰《青青河畔草》,其开首唱道:

> 青青河畔草,郁郁园中柳。
> 盈盈楼上女,皎皎当窗牖。
> 娥娥红粉妆,纤纤出素手。
> 昔为倡家女,今为荡子妇。
> 荡子行不归,空床难独守。
> ……

你看,这位"盈盈楼上女",说她"昔为倡家女"。可见,她曾是妓女。但是,"今为荡子妇"——显然,已经嫁人了,也就是从良了。我们从中得知,汉代就有妓女从良,而且很平常,并未遭到什么歧视——否则,一个从良的妓女,她的寂寞惆怅,又何必写成诗句供人吟唱?

实际上,在东汉末、"三国"初,还有妓女当上了皇太后、太皇太后。这个妓女,就是曹操的妻子卞氏。据《三国志·魏书·后妃传》:

> 武宣卞皇后,琅邪开阳人,文帝母也。本倡家,年二十,太祖于谯纳后为妾。后随太祖至洛。……二十四年,拜为王后,策曰:"夫人卞氏,抚养诸子,有母仪之德。今进位王后,太子诸侯陪位,群卿上寿。减国内死罪一等。"二十五年,太祖崩,文帝即王位,尊后曰"王太后"。及践阼,尊后曰"皇太后",称永寿宫。明帝即位,尊太后曰"太皇太后"。

这是我从正史中找到的绝无仅有的一则与从良有关的史料,其实只有三个字——"本倡家"(原是娼妓)。卞氏,即魏文帝曹丕的生母,二十岁时,曹操在于谯将其纳为妾,后带回洛阳。后来,汉献帝建安二十四年,"拜为王后"(扶为正妻。因曹操未称帝,其妻称"王后",不称"皇后")。建安二十四年,曹操死,其子曹丕继王位,尊其母卞氏为"王太后"。后来,曹丕称帝,尊其母为"皇太后"。后来,曹丕死,其子曹叡继帝位,称明帝,尊其祖母卞氏为"太皇太后"。中国历史上最显赫的"倡家",大概就是这个卞氏了。

显然,卞氏是由曹操为其赎身从良的。真不知,像曹操这样的大人物,为何要纳一个妓女为妾?我想,有两种可能:一是卞氏容貌出众且是当时的名妓;二是当时纳妾只能是妓女(或孀妇),良家女子是不为人妾的。这两种可能,都无法证实,但好像第一种可能更有可能。为什么?因为曹操曾几次纳他人孀妇为妾(如张济之妻邹氏),想来曹操极可能是个好色之徒,酷爱美色,是"孀"是"妓",他是不在乎的。故而,卞氏虽为"倡家",他也照纳不误。

至于卞氏后来"拜为王后",扶正为妻,那可能是她运气好。一是她生下了曹操的第一个儿子曹丕,一是曹操的原配妻没有生子而且此时正好死了。这样,正妻之位也就非她莫属了。不过,我们从中看到的却是,在汉代,即便是妓妾,也可扶正为妻,不像后来的有些朝代,妻妾分明,妻是妻,妾是妾;妻亡必须再娶,妾不可扶正为妻——至少,明文是这么规定的。实际如何,不得而知。

继续来讲从良。关于古代妓院,唐之前,我们几乎一无所知,唯有到了唐代,我们才有所知晓。原因是有个叫孙棨[qǐ]的唐人,写了一本叫《北里志》的书(唐代妓院在长安城北平康里,故称《北里志》)。这是一本为平康里诸妓立传的奇书,突显唐人的落拓不羁之风。书中虽未讲到妓女从良,但其序言中的一段话,颇可为从良做铺垫:

> 诸妓居平康里,举子、新及第进士、三司幕府,但未通朝籍、未直馆殿者,咸可就诣。如不諲[yīn]所费,则下车水陆备矣。其中诸妓,多能谈吐、颇有知书言话者。自公卿以降,皆以表德呼之。其分别品流、衡尺人物、应对非次,良不可及。

你看,到平康里去访妓的,是哪些人?"举子""新及第进士""三司幕府"(科场考生、刚中榜的进士、各部门的幕僚），只要"未通朝籍、未直馆殿"（还未有官职、还未正式上任），"咸可就诣"（都可前去探访）——显然，到平康里去的都是涉足官场的男子。那么，"诸妓"又是何等样人呢？她们通常是"卖艺不卖身"的艺妓，"多能谈吐、颇有知书言话者"，而且都很亲昵，"自公卿以降"（宰相大臣以下的人），她们"皆以表德呼之"（均以小名相称）。至于"分别品流、衡尺人物、应对非次"，她们更是"良不可及"（再擅长不过了）——显然，平康里的妓女都是聪明伶俐的女子。

涉足官场的男子，遇到聪明伶俐的女子，不是很容易男欢女爱、一拍即合吗？这不是为日后的从良做了铺垫吗？虽然大唐律法禁止官员纳"教坊女"（女伎）为妾，但这很容易规避。譬如，先请年长亲族将该女子从教坊中赎出，并认作"义女"，然后，便可堂而皇之地纳为妾（甚至娶为妻）了。当然，无论是纳妾，还是娶妻，都要父母同意，而且，至少表面上要由父母做主。若父母双亡，由亲族中的长辈充当，如叔父、舅父等。

那么，唐代官员纳教坊女为妾的，多不多呢？不太清楚，因为那些史书留名的官员，其妻，可能还会在其"传"中一提，其妾，除非出了大事，否则是只字不提的。好在，唐代官员中颇多诗人，有人史书不见其名，其诗却流传千古，且有历代"诗话"为其立传。譬如，读杜牧《张好好诗》，知其与教坊女张好好有染。何以见得？有此诗前言为证：

> 牧大和三年佐故吏部沈公江西幕。好好年十三，始以善歌来乐籍中。后一岁，公移镇宣城，复置好好于宣城籍中。后二岁，为沈著作以双鬟纳之。后二岁，于洛阳东城重睹好好，感旧伤怀，故题诗赠之。

他说，大和三年，那时他在江西，在已故吏部沈公（即沈著作）府中做幕僚。张好好十三岁时因"善歌"而"来乐籍"（入籍为歌妓）。一年后，沈著作调任宣城，把张好好安置在"宣城籍中"（宣城的教坊内）。两年后，沈著作把张好好纳为"双鬟"（丫鬟）。又两年后，他在洛阳东城再次见到张好好，"感旧伤怀，故题诗赠之"。

为什么要题诗给原主人家的一个原是歌妓的丫鬟？毫无疑问，他和张好好曾是"相好"。你看，他在诗中怎么说：

> 自此每相见，三日已为疏。

> 玉质随月满,艳态逐春舒。

几乎天天见面,而且还不止见面。是不是上过床,不敢妄言,但至少,张好好在他面前脱过衣服、撒过娇——否则,他怎么知道张好好"玉质随月满,艳态逐春舒"?

那么,他想不想帮张好好从良呢?当然想,而且想得很美好:

> 聘之碧瑶佩,载以紫云车。
> 洞闭水声远,月高蟾影孤。

用"碧瑶佩"作聘礼,用"紫云车"把张好好娶来。然后呢?啊!多么美好的两人世界!——"洞闭水声远,月高蟾影孤"。然而:

> 尔来未几岁,散尽高阳徒。

没过几年,大家就散伙了。为什么?因为沈著作死了,幕僚、丫鬟均作鸟兽散。那么,这时他为什么不帮张好好从良呢?不知道。可能是没钱。要知道,即便要帮一个丫鬟从良,也要花不少钱为她赎身,而他的"聘之碧瑶佩,载以紫云车",不过是想想而已。

其实,不仅想想而已,他还常常说说而已。"十年一觉扬州梦,赢得青楼薄幸名"——对青楼女,有什么可"薄幸"的?完事、付钱、走人,不就是了?肯定是,这位老兄做完事后,付不出钱,于是骗那小娘说:"我俩一夜情深,我要为你赎身。这次的钱么,你先帮我垫一垫。"可怜哪,人家小娘提供服务,还自掏服务费,就等着有一天他来为她赎身。可是等啊等,他永远没了踪影。那小娘上当了,肯定在骂他"流氓、骗子"。好在,他还算老实,写诗的时候总算承认自己"薄幸"。

像杜牧这样的穷书生,结识妓女而又无力为其赎身,在唐代其实并不罕见。据[元]辛文房《唐才子传》,罗隐也是如此:

> 隐初贫,来赴举,过钟陵,见营妓云英有才思。后一纪,下第过之,英曰:

"罗秀才尚未脱白。"隐赠诗云:"钟陵醉别十余春,重见云英掌上身。我未成名卿未嫁,可能俱是不如人。"

你看,这位罗秀才"见营妓云英有才思",想娶为妻,可到了"后一纪"(好多年后),仍"下第"(未及第),"过之"(去看望云英),云英说:"罗秀才尚未脱白(脱去白衣。古称未及第者为'白衣人')。"对他有点不屑。有意思的是,这位罗秀才还反唇相讥,写首诗说:"我未成名卿未嫁,可能俱是不如人。"——我未及第,你也未嫁(没人要),你我半斤八两。

还有一个叫张又新的,正好相反,不是未及第,而是中了状元,做了大官,却又一贬再贬。为什么?因为:

其淫荡之行,卒见于篇。尝曰:"我少年擅美名,意不欲仕宦,惟得美妻,平生足矣。"娶杨虔州女,有德无色,殊怏怏。后过淮南,李绅筵上得一歌姬,与之偕老,其狂斐类此。

原来,这张状元好色贪淫,娶了杨虔州的女儿,嫌其"无色"(不好看),宁愿要李绅家的一名"歌姬"("姬"即妓),"与之偕老"。李绅何人?就是那个写"谁知盘中餐,粒粒皆辛苦"的老兄,可他却是当朝宰相,家里大办筵席,席上还有歌姬助兴!有一歌姬被张状元看中,想来一定美若天仙,但不知是张状元出钱为其赎身呢,还是李宰相免费送给他的——反正,这名歌姬从良了。

唐才子如此,宋才子又如何呢?有过之而无不及。如写《岳阳楼记》的范仲淹,据[清]李宗孔《宋稗类钞》:

范文正公守鄱阳郡,创庆朔堂。妓籍中有小鬟者,尚幼,公颇属意。既去职,以诗寄魏介云:"庆朔堂前花日栽,便辞官去未曾开。年年长有别离恨,已托东风干当来。"介因鬻以赠公。

没想到吧?自称"先天下之忧而忧,后天下之乐而乐"的范文正公,在任鄱阳郡太守时,还开设过一家名叫"庆朔堂"的官营妓院!不仅开设妓院,还对"妓籍中有小鬟者,尚幼"(妓女中一个叫"小鬟"的雏妓,年幼)"颇属意"(颇有兴趣)。只是,还未得手,"既去职"(离职了),没法营私舞弊,把"单位"里的雏妓据为己有。但他仍不甘心,写一首诗寄给后任魏介,隐隐约约地说:"庆朔堂前花日栽(意即他曾在庆朔堂栽了一枝花,以此暗示有一妓女),便辞官去未曾开(意即他离职时那枝花还未开,以此暗示那个妓女是雏妓)。年年长有别离恨(意即他离职后一直耿耿于怀,以此暗示很想要那雏妓),已托东风干当来(意即他已托了东风,想必东风会来吹开那枝花,以此暗示魏介,快把那雏妓给我弄来)。"魏介是什么人?当然心领神会,随即"鬻以赠公"(出钱赎出小鬟,送给德高望重的范文正公)。

此中,我们注意到的是,古代中国人,即便是有学识、有地位、有名望,甚至是有把年纪的人,也对妓女特别感兴趣。为什么?因为古代中国人的婚姻是包办婚姻,是由父母做主撮合的婚姻,满足的是父母的愿望,根本不考虑一男一女之间有没有"性趣向"。因此,婚后的"性趣向"往往不在夫妻之间,而是转向他人。这个"他人",对丈夫来说,不是妾,就是妓,或者女仆、丫鬟,甚至嫂嫂、弟媳,甚至儿媳。对妻子来说,这个"他人",通常是男家的其他男人,如丈夫的亲兄弟、堂兄弟、表兄弟,甚至男仆,甚至舅翁(即"公公",丈夫的父亲)。所以,在古代,叔嫂通奸、主仆通奸,甚至翁媳通奸(俗称"扒灰"),可谓层出不穷。这是包办婚姻的必然后果。相比之下,宿妓嫖娼还是最"正当"、最"无害"的。

也许就是基于这一事实,历朝历代从不禁娼。禁赌、禁酒,许多朝代施行过,但未闻何朝何代禁过娼。实际上,如前文所说,娼业就如盐业,历来都由官府经营(至少,由官府控制),一是因为娼业如盐业,不可取消;二是因为娼业如盐业,利润巨大,可充国库。

既然娼业兴隆,就有众多从业者。既然有众多从业者,就有众多从良者。为什么?因为"妓"是"妾"的主要来源。纳"妾"往往就是纳"妓"。换言之,"妾"就是家里的"妓",只接待一个"嫖客"的"妓"。

不过,不管怎样,做只接待一个"嫖客"的"妓",总比做"人皆可夫"的"妓"要好得多。所以,对众多风尘女来说,从良为妾,可说是人生的最好归宿。若有才干,运气又好的话,说不定还能尊为人妻,甚至还能夫荣妻贵。

是不是真有这样的风尘女?有,就在宋代,韩世忠妻梁红玉,便是。据[宋]罗大经《鹤林玉露》:

> 韩蕲王之夫人,京口娼也。尝五更入府,伺候贺朔。忽于庙柱下见一虎

卧,鼻息齁齁然,惊骇巫走出,不敢言。已而人至者众,复往视之,乃一卒也。因蹴之起,问其姓名,为韩世忠。心异之,密告其母,谓此卒定非凡人。及邀至其家,具酒食,卜夜尽欢,深相结纳,资以金帛,约为夫妇。蕲王后立殊功,为中兴名将,遂封两国夫人。

"韩蕲王之夫人"即梁红玉,原是京口营妓。韩世忠当初仅是一小卒,梁红玉偶尔遇见,便与其母一起认定"此卒定非凡人",于是"约为夫妇"。其实,韩世忠已婚,原配白氏,梁红玉不过是其情妇,连妾也不是。后来,韩世忠拜将,赎梁红玉为妾。后来,韩世忠"立殊功,为中兴名将"。此间,梁红玉随夫出征,也屡立战功。后来,韩世忠原配白氏死,韩世忠立梁红玉为正妻,尽管按《大宋律例》:

以妾为妻、以婢为妾者,徒一年半,各还正之。

你看,依法,以妾为妻,不仅要"还正",还要判一年半徒刑。不过,对于功臣名将,大概是可以网开一面的。不仅如此,后来韩世忠亡故,朝廷还封梁红玉为"两国夫人"。中国历史上最荣耀的风尘女,大概就是这个梁红玉了。

那么,大多数青楼女从良后,结局如何呢?很难查证。下面仅据[元]夏庭芝《青楼集》中的几例,略见一斑:

李真童,张奔儿之女也,十余岁即名动江浙,色艺无比,举止温雅,语不伤气,绰有闺阁风致。达天山检校浙省,一见遂属意焉。周旋三载,达秩满赴都,且约以明年相会。李遂为女道士,杜门谢客,日以梵诵为事。至期,达授诸暨州同知而来备礼娶之。后达没,复为道士,节行愈励云。

此女从良,是由诸暨州同知(元代官名)、蒙古人达天山纳为妾,无子。达天山死后,出家为女道士。

汪怜怜,湖州角妓。美姿容,善杂剧。涅古伯经历,甚属意焉。汪曰:"若不弃寒微,当以侧室处我。"涅遂备礼纳之。克尽妇道,人无间言。数年涅没,汪髡发为尼。公卿士夫多访之,汪毁其形,以绝众之狂念,而终身焉。

此女从良,是由蒙古人涅古伯纳为"侧室"(即妾)。涅古伯死后,削发做了尼姑。

王金带,姓张氏,行第六,色艺无双。邓州王同知娶之,生子矣。

此女从良,是由邓州王同知(不知是不是蒙古人)"娶之"(应为妾),还生了儿子。

王巧儿,歌舞颜色,称于京师。陈云峤与之狎,王欲嫁之。其母密遣其流辈开喻曰:"陈公之妻,乃铁太师女,妒悍不可言。尔若归其家,必遭凌辱矣。"王曰:"巧儿一贱倡,蒙陈公厚眷,得侍巾栉,虽死无憾。"母知其志不可夺,潜挈家僻所,陈不知也。旬日后,王密遣人谓陈曰:"母氏设计,置我某所,有富商约某日来,君当图之,不然,恐无及矣!"至期,商果至,王辞以疾,悲啼宛转,饮至夜分,商欲就寝。王搯其肌肤皆损,遂不及乱。既五鼓,陈宿构忽剌罕赤闼,缚商欲赴刑部处置。商大惧,告陈公曰:"某初不知,幸寝其事,愿献钱二百缗,以助财礼之费。"陈笑曰:"不须也。"遂厚遗其母,携王归江南。陈卒,王与正室铁皆能守其家业,人多所称述云。

此女从良,坎坷曲折,最终由铁太师(元朝太师,当然是蒙古人)的女婿陈云峤纳为妾。陈云峤死后,与陈云峤正妻铁皆能一起同守家业。

杨买奴,杨驹儿之女也,美姿容,善讴唱,公卿士夫,翕然加爱。性嗜酒,后嫁乐人"查查鬼"张四为妻,憔悴而死。

此女竟是明媒正娶为"妻",但却不是从良。为什么?因为她属贱籍,所嫁之人,"乐人"张四,也属贱籍——贱籍嫁贱籍,还是贱籍,并未"脱籍",并未"从属良籍"。

顾山山,行第四,人以"顾四姐"呼之。本良家子,因父而俱失身。资性明慧,技艺绝伦。始嫁乐人李小大,李没,华亭县长哈剌不花置于侧室,凡十二年。后复居乐籍,至今老于松江,而花旦杂剧,犹少年时体态,后辈且蒙其指教,人多称赏之。

此女和前面的那个杨买奴一样,也嫁了"乐人",也未从良。不同的是,她没有"憔悴而死",而是丈夫死了。也许是因为她"技艺绝伦",华亭县长、蒙古人哈剌不花将她"置于侧室"(纳为妾),这才从良。但十二年后,不知何故(也许是哈剌不花死了),她又重操旧业。但不是接客,而是唱戏,还收了不少学徒。

看以上六例,青楼女从良为妾的结局似乎都波澜不惊、平淡无奇,和其他妾(如贫家女为妾、孀妇为妾等)并无多大区别。是的,大概就是这样。不过,要知道,这些被写进《青楼集》的青楼女都是"名妓",不是常见的"小娘",而且她们的从良是以纳妾者的眼光看待的。所以,她们就像一件件商品,只是等着有人前来购买,自身似乎都漠然处之、无动于衷。

其实,并非如此。小娘们的从良,说来还形形色色、五花八门。这不用我来陈述,[明]冯梦龙《醒世恒言》卷三《卖油郎独占花魁》中有个鸨母,已为我们做了归纳:

> 刘四妈道:"我儿,从良是个有志气的事,怎么说道不该!只是从良也有几等不同。"美娘道:"从良有甚不同之处?"刘四妈道:"有个真从良,有个假从良;有个苦从良,有个乐从良;有个趁好的从良,有个没奈何的从良;有个了从良,有个不了的从良。我儿耐心听我分说。
>
> "如何叫做真从良?大凡才子必须佳人,佳人必须才子,方成佳配。然而好事多磨,往往求之不得。幸然两下相逢,你贪我爱,割舍不下,一个愿讨,一个愿嫁,好像捉对的蚕蛾,死也不放。这个谓之真从良。
>
> "怎么叫做假从良?有等子弟爱着小娘,小娘却不爱那子弟。本心不愿嫁他,只把个嫁字儿哄他心热,撒漫银钱。比及成交,却又推故不就。又有一等痴心的子弟,晓得小娘心肠不对他,偏要娶他回去。拼着一主大钱,动了妈儿的火,不怕小娘不肯。勉强进门,心中不顺,故意不守家规,小则撒泼放肆,大则公然偷汉。人家容留不得,多则一年,少则半载,依旧放他出来,为娼接客。把从良二字,只当个赚钱的题目。这个谓之假从良。
>
> "如何叫做苦从良?一般样子弟爱小娘,小娘不爱那子弟,却被他以势凌之。妈儿惧祸,已自许了。做小娘的,身不由主,含泪而行。一入侯门,如

海之深,家法又严,抬头不得。半妾半婢、忍死度日。这个谓之苦从良。

"如何叫做乐从良?做小娘的,正当择人之际,偶然相交个子弟,见他情性温和,家道富足,又且大娘子乐善,无男无女,指望他日过门,与他生育,就有主母之分。以此嫁他,图个日前安逸,日后出身。这个谓之乐从良。

"如何叫做趁好的从良?做小娘的,风花雪月,受用已够,趁这盛名之下,求之者众,任我拣择个十分满意的嫁他,急流勇退,及早回头,不致受人怠慢。这个谓之趁好的从良。

"如何叫做没奈何的从良?做小娘的,原无从良之意,或因官司逼迫,或因强横欺瞒,又或因债负太多,将来赔偿不起,憋口气,不论好歹,得嫁便嫁,买静求安,藏身之法。这谓之没奈何的从良。

"如何叫做了从良?小娘半老之际,风波历尽,刚好遇个老成的孤老,两下志同道合,收绳卷索,白头到老。这个谓之了从良。

"如何叫做不了的从良?一般你贪我爱,火热的跟他,却是一时之兴,没有个长算。或者尊长不容,或者大娘妒忌,闹了几场,发回妈家,追取原价。又有个家道凋零,养他不活,苦守不过,依旧出来赶趁。这谓之不了的从良。"

八种不同的从良,名副其实的"五花八门"。这是明代小说家借鸨母之口,对明代妓女从良的一个总结。其实,何止明代,其他朝代也大抵如此。只是,这八种从良并不是平分均等的,有的很少见,有的很多见。如"真从良",才子佳人,一见钟情、至死不渝,这在戏曲小说中很常见,就因为现世间很少见(若多见,也就没必要写成戏文小说了)。还有如"乐从良",也很少见。哪有那么幸运?正当你要从良,来了个多情温雅的富家公子,还一眼看上你,家里的大娘子还乐善好施,还无男无女,等着你去生育一男半女,稳得主母之分?多见的是,如"苦从良",被人看上,自己不愿,但那男的有财有势,鸨母不敢得罪,小娘身不由己,只好入豪门为妾,从此"抬不得头,半妾半婢、忍死度日"。还有如"了从良",也很多见。小娘半老,客人见少,鸨母嫌弃,于是嫁个略有家产的孤老,非妻非妾,或半妻半妾,相伴到老。

大多数从良的青楼女,不是入富家为妾,就是随孤老为伴。但就是这样,也只是少数。绝大多数青楼女都接客接到无人光顾。此时,她若仍然无钱赎身,就在青楼里做女佣,或为客人端茶倒水,或为小娘梳头洗脸,而等她做这些事也嫌老时,青楼就会"释放"她,让她去挑菜卖葱,勉强度日。

最后说一下,青楼女赎身从良,赎金是多少。这在各朝代都不同,各个青楼女都不同,主要看她当初被卖入青楼时,青楼付了多少钱。也就是说,她"欠"青楼多少钱,就得用多少钱来"赎"。但也有例外,她若成了名妓,不仅"缠头"(收费)高得惊人,赎金更是贵得离谱。这样的名妓,若她自赎,当然也按她当初卖入青楼时的"身价"赎出,但若是有人来为她赎身,青楼就会开出高价。譬如,明代名妓王月,崇祯十三年由蔡如蘅赎出而纳为妾,赎金是白银三千两。还有陈圆圆,由吴三桂赎出,赎金是白银二千两。

三千两白银,什么概念?按《明史》,七品知县,年俸,白银四十五两;一品大员,年俸,白银二百三十两。也就是说,仅靠"死工资",三千两白银,是七品知县六十六年的年俸;就是一品大员,也要十三年,才有三千两。王月这小娘,真贵啊!谁买得起?——是的,王月是顶级豪华版"劳斯莱斯",你不是蔡如蘅,当然买不起。但普通的"丰田"并不贵,顶多三十两。你若买辆助动车,三两银子就够了!

第五章　外妻　烝报

在古代中国,还有两种胡乱的婚姻,一种是偷偷摸摸的,一种是黏黏糊糊的。这两种胡乱的婚姻,一种叫"外妻",一种叫"烝报"。

一、外　妻

外妻,也称"外妇""别妇""小妻""外室"等,即已婚男子背着妻子在外养的人之妻。不同于养在家里的"妾",外妻不用服从"妻"的管束,不用遵守"妾"的规矩。从表面上看,待遇几乎与"妻"无异。

不过,叫"外妻"其实是不成立的。律法和礼法上承认的妻只有一个,所以我说,这是胡乱的婚姻。

请注意,娶外妻不是通奸。"通奸"是现代"婚外恋"的古代称呼。婚外恋在现代并不违法,但通奸在古代是违法的,而娶外妻,正好相反,在现代是违法的,称作"重婚罪",但在古代并不违法——虽然在有些朝代,如在唐代,朝廷禁止官员娶外妻,那也仅限于官员,而且几乎无效。

娶外妻在古代不仅不违法,历代史书中还堂而皇之地提到,甚至墓志铭中也不回避墓主曾娶外妻。其实,丈夫娶外妻,唯一要隐瞒的人,仅妻子而已,因为唯有妻子在乎,别人是无所谓的。

然而,即便是妻子,古人也认为不应该为此妒性大发。贤妻不妒,就如[西汉]刘向《列女传》中所说的宋鲍女宗:

> 女宗者,宋鲍苏之妻也。养姑甚谨。鲍苏仕卫三年而娶外妻,女宗养姑愈敬。因往来者请问,其夫赂遗外妻甚厚。女宗姒谓曰:"可以去矣。"女宗曰:"何故?"姒曰:"夫人既有所好,子何留乎?"女宗曰:"妇人一醮不改,夫死不嫁。……以专一为贞,以善从为顺。岂以专夫室之爱为善哉!若其以淫意为心,而扼夫室之好,吾未知其善也。……"遂不听,事姑愈谨。宋公闻之,表其闾,号曰女宗。

你看,被称为"女宗"(女子楷模)的宋国鲍苏之妻,丈夫在卫国任职三年而娶外妻,她在家里赡养婆婆愈加恭敬。后来从往来者嘴里得知,丈夫把大笔的钱用在外妻身上。她姐姐对她说:"你可以离开了。"她说:"为什么?"她姐姐说:"你丈夫既有所爱之人,你何必留在这里?"她说:"女人从一而终,嫁了人,就是丈夫死了也不改嫁。……专一就是贞洁,和善就是顺从。怎么可以独占丈夫之爱!如果一心想着床笫之事,不让丈夫喜欢别的女人,我认为那不是好事。……"不听她姐姐所说,照顾婆婆更加周到。宋国国君听说此事,表彰他们一家,并给予她"女宗"称号。

如果是现代中国人,而且有点脾气的话,你或许会骂娘:"妈的,这算什么女宗!不就是一只女乌龟吗!"是的,古代中国人就是这么认为的,男人绝不能做乌龟,但女人要善于做乌龟,以忍气吞声为荣,这叫"不妒",这叫"贤惠"。

不过,不愿忍气吞声的古代女人也是有的,我在后面会讲到。现在我要讲的是,也许正因为那时外妻太多,刘向才要在《列女传》中表彰宋鲍女宗,告诫妻子们不要闹事。你若不信,我引两条史料供你参考。一条引自《史记·齐悼惠王世家》:

> 刘肥者,高祖长庶男也。其母,外妇也,曰曹氏。

同一内容,引自《汉书·高五王传第八》:

> 齐悼惠王肥,其母,高祖微时外妇也。

既然《史记》和《汉书》都这么说了,大概不会有误。刘肥是刘邦"微时"(还未显赫时)所生的长子。刘邦称帝后,封刘肥为"齐倬惠王"。刘肥的生母曹氏,是刘邦的"外妇"。

你看,当时刘邦只是一个小小的亭长,也有"外妇"。看来,那时并不只有达官贵人才娶外妻,小官吏、小土豪时不时也会搞个外室,你说还会少吗?

还有一条,引自《汉书·枚乘传》:

> 皋字少孺,乘在梁时,娶皋母为小妻。乘之东归也,皋母不肯随乘。乘怒,分皋数千钱,留与母居。

枚皋是枚乘的儿子,枚乘当初在梁地时,娶枚皋的生母为"小妻"(即外妻)。后来枚乘要东归,这个小妻不肯随他而行,枚乘很生气,给了枚皋一些钱,让他留下来陪着他母亲。

我们知道,当初枚乘离开梁地时,也是小人物一个,尚未发迹,可他也有小妻。像这样的小人物也娶小妻,不说小妻遍地都是,至少也是屡见不鲜的。

前文说,古代也有不愿忍气吞声的妻子,现在就来看看这些所谓的"妒妇"。据[南北朝]虞通之《妒记》:

> 桓大司马平蜀,以李势女为妾。桓妻南郡主凶妒,不即知之,后知乃拔刀率数十婢往李所,因欲斫之,见李在窗前梳头,发垂委地,姿貌绝丽,乃徐下地结发,敛手向主曰:"国破家亡,无心以至今日;若能见杀,实犹生之年。"神色闲正,辞气凄惋。主乃掷刀,前抱之曰:"阿姊见汝,不能不怜。我见犹怜,何况老奴。"遂善遇之。

"桓大司马"即东晋大将军桓温,平定西蜀后,纳西蜀末代皇帝李势的女儿为妾。桓温的妻子南郡主(帝王的妃子所生女儿,通常封为郡主)凶悍而且好妒,但没有马上知晓。等她知晓后,就拿着刀,带着数十个婢女,来到李女的住所。正当她要砍死李女时,只见李女在窗前梳头,长发垂地,姿貌绝丽,而且慢慢走下窗台,结好长发,拱拱手对她说:"国破家亡,我苟且活到今天,你若杀了我,正合我复生之愿。"见李女神情坦然,语气凄惋,她扔下刀,上前抱住李女说:"为姐的(古代妻妾以姐妹相称)看见你,不能不爱怜。我见了都爱怜,何况我老公。"于是两人相好。

成语"我见犹怜"就出典于此。显然,这位南郡主是个不愿做女乌龟的古代妻子。但她心慈手软,见李女可怜巴巴,不仅下不了手,连瞒着她在外面娶妾的老公,也一并不追究了。

又:

> 王丞相曹夫人,性甚忌,禁制丞相,不得有侍御。时有妍少,必加诮责。王公不能久堪,乃密营别馆,众妾罗列,男女成行。

"王丞相"即王导,东晋名臣,其妻曹夫人"性甚忌",连"侍御"(使女)都不许有,看到家里有漂亮一点的婢女,也要喝退。这个曹夫人,也是个不愿做女乌龟的古代妻子,弄得堂堂丞相王导,也只好偷偷摸摸在外面娶外妻。

又:

> 谢太傅刘夫人,不令公有别房宠。公既深好声乐,不能令节,遂颇欲立妓妾。兄子及外生等,微达此旨,共问讯刘夫人。因方便,称《关雎》《螽斯》有不忌之德。夫人知以讽己,乃问:"谁撰此诗?"答云周公。夫人曰:"周公是男子,乃相为尔。若使周姥撰诗,当无此语也。"

"谢太傅"即东晋名臣谢安,其妻刘夫人,不许他"有别房宠"(娶外妻),而谢安"深好声乐",难以克制,所以想娶乐妓为妾。他的侄子和外甥得知他的意思,便去询问刘夫人,顺便还提到《诗经》,说《关雎》和《螽斯》两诗所讲,就是女人应该有"不忌之德"。刘夫人知道他们在说她,就问他们:"那是谁写的诗?"他们说是周公写的。刘夫人说:"周公是男人,所以才这么写。如果换了周夫人来写,她是不会说这种话的。"

好个刘夫人,谢安之妻,堪称一千七百年前的"女权论者"!在她看来,《诗经》是男人写的,女人并不认可!由此推论,《四书》《五经》也是男人写的,和女人有何相干?什么"男尊女卑""夫为妻纲""三从四德",都是男人搞出来的,女人可从未承认过!我想,她心里一定是这么想的,只是没有说出来而已。可惜,像这样"超时代"的女性,在古代中国实在太少太少。

你或许会说:"你举的怎么都是东晋的例子?在陶渊明那个时代,蛮横的女人确实很多,这从晋人的笔记中也可以看出,但后来就不一样了。"是吗？后来就不一样了吗？不妨看看[唐]张文成《朝野佥载》中的一例：

> 唐宜城公主驸马裴巽,有外宠一人。公主遣阉人执之,截其耳鼻,剥其阴皮,漫驸马面上。并截其发,令厅上判事,集僚吏共观之。驸马、公主一时皆被奏降,公主为郡主,驸马左迁也。

"宜城公主"是唐中宗的女儿,其丈夫(即驸马)裴巽有一"外宠"。这个"宜城公主"是够狠毒的,她不能容忍驸马另有所爱,杀了驸马的"外宠"仍不解气,还要剪掉驸马的头发,公开审讯,而且叫文武百官都来看——这太过分了。所以,唐中宗不能容忍女儿这样胡作非为,随即将公主、驸马一并处罚：公主降为郡主,驸马"左迁"(贬官降职)。

其实,妒妇悍妻,历朝历代都有,而且并不少见。为什么？因为不管男女,总有个性,有人天生凶悍,有人天生懦弱。古代社会虽然总的来说是"男尊女卑",但具体到个人,并非个个男人都"尊",个个女人都"卑",就如男人总的来说身材高于女人,但并非个个男人都比女人高,个个女人都比男人矮——有些女人比有些男人高,但大多数女人比大多数男人矮,这才是事实。所以,即便在"男尊女卑"的古代中国,"惧内"(怕老婆)的男人也为数不少。这在很大程度上是由个性造成的,不管你讲"男尊女卑",还是讲"女尊男卑",还是讲"男女平等",都与此无关。有些男人生来就在女人面前显得特别懦弱。为什么？因为不管哪个男人,都是由母亲养大的,而母亲是女人。若母亲很凶悍(母亲和幼儿,即便在古代中国,大概也没法"男尊女卑",总得"母尊子卑"了吧？),儿子日后就有可能对女人有某种莫名的畏惧。这其实无所谓古代、现代、中国、外国,古今中外都一样。

前文说,唐代禁止官员娶外妻。确实如此,据[唐]张廷珪《论别宅妇女入宫第二表》,贞观、永徽年间,凡通奸官员,"杖六十",到武则天年间,除奸夫"杖六十",淫妇还要没入后宫为奴。另据《全唐文》卷二十一《禁畜别宅妇人制》：唐玄宗宽容为怀,不再将淫妇没入后宫为奴,而是择人另嫁,同时明令,凡置外室者,视同通奸：

> 纵是媵妾亦不得别处安置,即为常式。

什么意思？意即：就是正式的妾，若"别处安置"，视同外妻，视同通奸。好家伙！王法是够严明的。但实际如何呢？且看《旧唐书·李义府传》：

> 有洛州妇人淳于氏，坐奸系于大理。义府闻其姿色，嘱大理丞毕正义，求为别宅妇，特为雪其罪。

你看，当朝宰相李义府，竟然徇私枉法到如此地步！见女犯人淳于氏长得漂亮，吩咐"大理丞"（司法部长）毕正义说，这个女人我要纳为"别宅妇"（外妻），你要设法为其脱罪。

别的我们不管，我们只看到，大唐朝廷不准官员娶外妻的禁令，其实不过是废纸一张，连宰相也将其置之脑后。不知皇上得知后，作何感想？

再举一例。据《旧唐书·杨恭仁传》：

> （杨恭仁）子思训，袭爵。显庆中，历右屯卫将军。时右卫大将军慕容宝节，有爱妾，置于别宅，尝邀思训就之宴乐。思训深责宝节与其妻隔绝。妾等怒，密以毒药置酒，思训饮尽便死。

一起谋杀案。堂堂宰相杨恭仁的儿子杨思训，承袭父爵，身为观国公，就因为责备右卫大将军慕容宝节"与其妻隔绝"（和妻子分居），竟然被慕容宝节的爱妾下毒致死。

不过，杨思训之死与我们无关，我们注意到的是，右卫大将军慕容宝节"有爱妾，置于别宅"。"有爱妾"无妨，"置于别宅"（安置在别的住宅里）就是外妻，却是有违朝廷禁令的，而杨思训"深责"慕容宝节，也不是指责他违反禁令，只是说他不该和妻子分居。你看，连这些朝廷一品大员也都不把朝廷禁令当一回事，何况下面多如牛毛的六品、七品芝麻官？

再举一例。据《全唐文》（卷五百九十），其中有《太府李卿外妇马淑志》一文，即为一个叫"马淑"的女人写的墓志铭。你看，堂而皇之地称其为"外妇"，要知道，这是在禁止娶外妻的唐朝！此墓志铭的作者是大名鼎鼎的柳宗元。既然是出自文豪之手的大作，全引如下：

氏曰马,字曰淑,生广陵。母曰刘,客倡也。淑之父曰总,既孕而卒,故淑为南康讴者。李君为睦州,诋狂寇见诬,左官为循州录,过而慕焉,纳为外妇,偕窜南海上。及移永州,州之骚人多李之旧,日载酒往焉。闻其操鸣弦为新声,抚节而歌,莫不感动其音,美其容,以忘其居之远而名之辱,方幸其若是也。元和五年五月十九日,积疾卒于湘水之东,葬东冈之北垂,年二十四。铭曰:容之丰兮艺之工,隐忧以舒和乐雍,佳冶雕殒逝安穷。谐鼓瑟兮湘之浒,嗣灵音兮永终古。

这个女人姓氏是马(古代女人不称姓,称"氏"),字"淑"(古代女人出嫁后才有"字",故待嫁也称"待字"),年仅二十四岁就"积疾"而死。这也只有古代才有,二十四岁就已"积疾"——其实,林黛玉还要年轻,十七岁就"积疾"而死了。

不过,我们没时间为她们哀悼,我们得赶紧注意,文中有个"李君",即"太府李卿"("太府"是官名)。这个"李卿",本"为睦州"(任睦州太守),"诋狂寇见诬"(怒骂不法之徒而遭诬陷),"左官为循州录"(降职为循州录事),"过而慕焉,纳为外妇"(见到[马淑]很赏识,娶其为外妻),而且"偕窜南海上"(双双游荡于南海),还挺浪漫!

显然,"太府"是大官,李卿是柳宗元的朋友——否则,柳宗元怎么会为他的一个"外妇"写墓志铭?不过,这不重要,重要的是李卿娶外妻时,只是循州录事。一个小小的循州录事,也不把朝廷禁令放在眼里,公然娶外妻,不怕被视为奸夫而"杖六十"吗?好像全然不怕。实际上也安然无恙,而且还迅速升迁,没几年就做上了"太府"。你算算,马淑死的时候二十四岁,做李卿外妻时,至少也有十七岁吧。这短短七年间,李卿就从"循州录事"升到了"太府"。看来,他虽痛失爱妻,仕途却很通达。

大唐官员尚且如此,富家子弟更是不在话下。如[唐]房千里《杨娼传》云:

　　杨娼者,长安里中之殊色也。态度甚都,复以冶容自喜。……长安诸儿,一造其室,殆至亡生破产而不悔。由是,娼之名冠诸籍中,大售于时矣。岭南帅甲,贵游子也。妻本戚里女,遇帅甚悍。先约,设有异志者,当取死白刃下。帅幼贵,喜淫,内苦其妻,莫之措意。乃隐出重赂,削去娼之籍而携之南海,馆之他舍。……

我先把这段文字的大意说一下：有个杨姓的娼妇，是长安平康里的绝色美女，仪态优雅，又喜欢打扮。长安的许多男人，只要一造访她的住所，就是赔了性命、赔了家产，也不后悔。所以，杨娟在诸妓中名列第一，一时名声大作。岭南有个帅某人，富贵人家的浪荡子。妻子本是亲戚家的女儿，对帅某人很凶，而且婚前就和帅某人约定，若帅某人婚后有异心，就割颈自杀。帅某人从小娇生惯养，又喜淫好色，在家里苦于妻子凶悍，没办法惹草拈花。于是，就暗中出重金，帮杨娟脱籍从良，并带至南海，金屋藏娇。

这个"帅甲"（帅某人）只是唐代许多富家子弟中的一个，他为什么不把杨娟堂而皇之纳为妾，而要偷偷摸摸"携之南海，馆之他舍"？除了妻子凶悍，还有一个原因是他娶的外妻是一娼妓。娶娼妓为妾，并不是每个人家都能接受的。很可能，除了妻子，父母也会反对。所以，只能娶为外妻，在外面"馆之他舍"。

不仅富家子弟会娶娼妓为外妻，官吏也有可能，甚至还会在外面偷偷生子，如〔北宋〕孙光宪《北梦琐言》云：

> 唐张褐[ù]尚书，典晋州，名贮所，爱营妓，生一子。其内子，号尘外，妒忌。不敢娶归，乃与所善张处士为子，居江津间，常致书题，问其存亡，资以钱帛。

张褐是唐代乾符年间的检校吏部尚书，曾主管晋州，置寓所，养营妓（军中官妓），生一子。其"内子"（妻子）苏氏，生性妒忌，所以，张褐不敢将外妻娶回，就让好友张处士将其子认作义子，居住在江津间，常写书信询问其子安危，并资助钱物。

《北梦琐言》又云：

> 唐女道鱼玄机，字蕙兰，甚有才思。咸通中，为李亿补阙执箕帚。后爱衰，下山隶咸宜观为女道士。

鱼玄机原名鱼幼薇，字蕙兰，唐代青楼才女。唐懿宗咸通年间，"为李亿补阙执箕帚"（"补阙"：唐官名。"执箕帚"：原意为拿着簸箕和笤帚，代指妻室，此处为外妻）。后来，李亿对她渐渐冷淡，她下山到咸宜观做了女道士，改名"鱼玄机"。

又如《太平广记·冥音录》云：

> 庐江尉李侃者,陇西人,家于洛之河南。太和初,卒于官,有外妇崔氏,本广陵倡家,生二女,既孤且幼,孀母抚之以道,近于成人,因寓家庐江。……

庐江太尉李侃,老家在河南。唐文宗太和初年,死于任职期间,有外妻崔氏,原是广陵(扬州)娼妓,生有二女。此二女"既孤且幼"(既无父又年幼),由其孀母抚养,几近成年,因而一直住在庐江。

你看这个李侃,老家有妻室,在外做官,娶娼妓为外妻,还生有二女(注:唐朝地方官,可留家眷于原籍,亦可携家眷上任,但携家眷上任,朝廷并无津贴。故而,只有较大的地方官才会携家眷上任,因其俸禄较多,可支家用)。他死后,他的外妻也不去找他的家人,独自将二女养大。这种内外两妻、互不相干的婚姻,在唐代并不少见——实际上,历朝历代都有。

关于唐人娶外妻,我已说得太多了。所以,关于宋人,我只能举一例,以证宋代娶外妻为朝廷所容。据《宋史·李清臣传》：

> 上幸楚王第,有狂妇人遮道叫呼,告清臣谋反。嘱吏捕治,本澶[chán]州娼而为清臣姑子田氏外妇者。清臣不能引去,用御史言,以大学士知河南,寻落职知真定府。

此处的"上",即宋哲宗赵煦。李清臣是欧阳修、苏轼的同僚,时任尚书左丞。此处所说,是宋哲宗在去楚王府邸途中,遇一狂妇人拦道告状,告李清臣谋反。宋哲宗命官吏把那妇人带来询问。原来,她是澶州娼妓,李清臣"姑子"(姑母之子,即表兄弟)田某的外妻。结果,李清臣虽未被革职,但宋哲宗听御史之言(没听李清臣言),命大学士到河南府任知府,找刚离职的官员到真定府任知府。

李清臣有没有谋反不关我们的事,我们注意到的是,一个"外妇",竟然可以到皇帝那儿告御状。由此可见,在宋代,皇帝、朝廷对臣民娶外妻是认可的。若换了在唐代,虽然娶外妻者其实比比皆是,但外妻若到皇帝那儿去告御状,那皇帝肯定是先把她和她丈夫抓起来再说,因为不管她告谁,她和她丈夫已有罪在先。

那么,明清两代呢?可不可以娶外妻?当然可以,没人追究。若正妻发现丈夫还有"外妻",要闹也只能在家里闹,告到官府是没用的。因为官府认为,这是"家事",而"清官难断家务事",所以——"这种事,咱老爷是不管的!"

也就是说,明清两代继宋代之后依然娶外妻成风,而且没有法律限制。最好的例子,就是娶外妻"大户"戚继光。这位明代抗倭英雄,在家里是个懦夫。据冯梦龙《情史》:

> 大将军戚公继光,其夫人威猛,晓畅军机,常分麾佐公成功。止生长嗣一人,亦善战,置在前队。军法,反顾者斩。偶与敌战败,反顾,公即斩之。于是将士胆落,殊死战,复大胜。夫人以是不无少恚,而妒亦天性。公每入幕,目无旁瞩。或教以置妾别业者,果匿数姬,生三子。夫人每握刀突至其地,绝无影响,盖于曲房通别室,其扉墙砖,巧于合缝,见墙不见扉,惟公独入之耳。久之,以一子托言某孝廉子,丐为继嗣,即令孝廉处以西席。夫人大安之。一日念无子,涕出,有小妮子发前事,夫人大怒,纳兵往攻之,而一卒不令出,恐有泄者。孝廉急嘱一卒,逾重墙报公。公召诸将问计,或曰:"愿以死迎敌。"或曰:"早避之便。"公曰:"皆非也。"乃自袒跣,跪迎夫人。诸姬披发席藁,各抱其子请死,而请以子尝刃。夫人令抱儿起,皆送还家,曰:"首祸是老奴。"令杖之。公即伏受,杖数十,门外将卒喊声大举,乃已。箠挞诸姬最毒,罢归。由是公不得轻出,既与姬绝,令尽箧其所有,各从所适。诸姬计曰:"弃妾非主人意,何忍违之。"乃轻装适他郡,披剃为尼,匿女僧家,梵诵至十余年。夫人殁,始归,各拥其子。然诸姬子,夫人皆子之,亡恙。

戚继光之妻王氏,是"万户南溪将军"王栋之女,威猛而性妒。王氏生有一子,长成亦善战,但因一次战败而被斩首。有人劝戚继光纳妾生子,戚继光一连纳三妾,生三子,但不敢娶回家,全都安置在外面,而且很隐秘,正妻王氏难以发现。但有一次,王氏从一丫鬟口中得知此事,欲兴师问罪。其继子见状,偷偷去告知戚大将军。戚大将军召集众将,问有何良策。有人说,死拼到底;有人说,还是走为上计。戚大将军却说:"都不行。"于是,脱袜赤足(古代谢罪礼),跪迎夫人。三个小妾更是披头散发坐草席上(古代伏罪礼),各自抱着儿子,请夫人将其母子一并处死。然而,王氏却叫人把三个小儿送回家,说:"最可恶的是那个老头子。"叫人用棍棒打。戚大将军被打数十棍,直到门外士兵忍不住大声喊叫起来,这才住手。然后,王氏又叫人把那三个小妾狠狠鞭打一顿,这才回去。之后,王氏不许戚大将军出门,还要他赶走那三个小妾,叫她们收拾行李滚蛋。那三个小妾商量说:"赶走我们的不是主人,我们怎能忍心离开他呢?"于是只带几件衣服到了别的郡县,剃发做尼姑,隐居在寺庙里,念经拜佛十余年。直到王氏去世后,她们才回来,各认自己的儿子。好在三个小妾的儿子,王氏都像自己的儿子一样对待,所以三个小妾也就不怪罪她了。

这三个小妾,在冯梦龙《情史》中被称作"诸姬",实质应称作"诸外妻",因为戚继光并没有把她们娶回家,更没有得到正妻王氏的承认,是不能称为"妾"或"姬"的。当然,冯梦龙的《情史》是小说,不严谨不足怪。

所以,为严谨起见,再来看看戚继光的墓志铭。其中曰:

> 一品鸷而张,先后有子皆不禄。少保阴纳陈姬,举祚国、安国、报国,沈姬举昌国,杨姬举辅国。

此段文字引自[明]汪道昆所写《孟诸戚公墓志铭》,应该是真实而严谨的。其中"一品"即指戚继光正妻王氏(因戚继光受封"光禄大夫少保",其妻王氏封为"一品夫人",故称)。"鸷而张"即凶猛且张狂。"不禄"即亡故。"少保"即戚继光。"阴纳"即偷娶。"举"即生养。"祚国、安国、报国"即戚祚国、戚安国、戚报国,"陈姬"所生三子。"沈姬举昌国,杨姬举辅国",即沈姬生戚昌国,杨姬生戚辅国。

由此看来,说王氏只生一长子,后被斩首云云,可能是冯梦龙《情史》的虚构。但戚继光有三个外妻,分别是陈氏、沈氏和杨氏,是真的。三个外妻,其实共生五子,并非冯梦龙《情史》所说"生三子"。至于其他,如戚继光藏外妻于暗室、王氏棒打戚继光、鞭挞诸外妻云云,是真是假,对我们来说并不重要。我们只需知道,戚继光无妾,但有三个外妻,就可以了——确实,外妻往往就是正妻不肯接纳的妾。

不过,还有一种外妻,却不是正妻不肯接纳的妾,而是女方不愿做妾,于是男方就另立妻室。这种外妻,在清代特别多,称作"平妻",俗称"两头大",意即:两边都是大老婆。说实话,这才是真正的多妻、真正的重婚、真正胡乱的婚姻,即一个男人有两个甚至三个、四个家庭——这些家庭,算什么关系?不伦不类,故称"胡乱"。

正因为"胡乱",这种所谓的"平妻""两头大",即便是正妻不知不晓,也不一定有始有终。如[清]珠泉居士《续板桥杂记》云:

> 施四,苏州人,窈窕秀弱,眉目含情,唇一点小于桃英,趾双翘瘦于莲瓣。年虽稍长,调笑无双,殆《疑雨集》所咏"丰容工泥夜,情味胜雏年"者也。松陵某尹,昵宠之,携居胥江别馆,欲置为侧室不果,三载后复归秦淮。

你看,苏州名妓施四,"窈窕秀弱,眉目含情",松陵"某尹"(某官员)将其"携居胥江别馆"(带至胥江而同居),后"欲置为侧室"(想娶她为偏房,即平妻),"不果"(未成),与他同居三年的施四,"复归秦淮"(回妓院去了)。

又如[清]吴宓《自编年谱》云:

> 秋季宏道开学前,宓先至三原县北城徐妗婆家住数日。其子徐振谦,宓以"舅"称呼之,佻[tiāo]荡无行,在西安另娶一妻,先秘之,后携归三原家中,与王氏舅母平等,俗称"两大"而同居。不久,被遣去。

这个徐振谦,在西安娶了外妻,"先秘之"(先保密),后带至家中,与其正妻王氏同为平妻,即"两大"(两个大老婆)。但不久,即"被遣去"(被赶走了)。

你看,正妻即便愿意接纳外妻为平妻,最终还是无法同处的。所以,对外妻来说,最好还是安心做"野妻",要想和正妻平起平坐,即便不是绝对不可能,也是难而又难的。

二、烝 报

烝[zhēng]报,全称"上烝下报",所谓"上烝",就是晚辈男子与长辈女子通婚或通奸;所谓"下报",就是长辈男子与晚辈女子通婚或通奸,用今天的话来说,就是"乱伦"。然而,在上古春秋时,"上烝下报"却是屡见不鲜。原因是,那时的古代中国人虽然已有婚配,但尚无明确的婚配礼仪和婚配禁忌。所以,烝报多见于

上古史书,如《春秋左传·桓公十六年》曰:

> 初,卫宣公烝于夷姜,生急子,属诸右公子。为之娶于齐,而美,公娶之,生寿及朔,属寿于左公子。夷姜缢。

这个卫宣公,当初"烝于夷姜"(娶庶母[即父亲的妾]夷姜为妻),生了大儿子急子,立为"右公子"(大公子)。后为大公子娶齐国女,见齐国女长得漂亮,便自己娶了,生寿和朔两个儿子,立为"左公子"(次公子)。为此,夷姜自缢身死。不过,不要以为她是因为丈夫娶儿媳妇而感到羞耻,无颜为人——不是的,这在当时没什么可羞耻的。她是因为失宠而自尽。

又如《庄公二十八年》曰:

> 晋献公娶于贾,无子,烝于齐姜,生秦穆夫人及大子申生。

和卫宣公一样,这个晋献公"烝于齐姜"(娶庶母齐姜为妻),生女儿(后为秦穆夫人[秦穆公妻])和大儿子申生。

又如《僖公十五年》曰:

> 晋侯之入也,秦穆姬属贾君焉,且曰:"尽纳群公子。"晋侯烝于贾君,又不纳群公子,是以穆姬怨之。

这个"晋侯",即晋惠公夷吾,晋献公的第九子,回晋国继位(因他的兄长均亡故),临行前,他的姐姐秦穆姬(即秦穆夫人)把大弟申生的妾贾君(即晋惠公的庶嫂)托付给他,并对他说:"要接纳众侄子。"没想到,这个晋惠公"烝于贾君"(娶了兄嫂贾君),却不接纳众侄子,所以秦穆夫人怨恨他。

又如《宣公三年》曰:

> 文公报郑子之妃,曰陈妫[guī],生子华、子臧。

这个郑文公,竟然"报郑子之妃"(娶了儿子的妃[即儿媳])。这个儿媳叫"陈妫",后生两子,即子华、子臧。

你看,娶庶母有之、娶兄嫂有之、娶儿媳有之,春秋时的婚姻,可谓混乱。至于同辈亲属间的通奸,那更是数不胜数,如《桓公十八年》曰:

> 公会齐侯于泺[luò],遂及文姜如齐。齐侯通焉,公谪之。

鲁桓公去齐国都城泺会见齐襄公,携妻子文姜一起到了齐国。齐襄公竟与文姜私通,鲁桓公怒责两人。要知道,齐襄公是文姜的同父异母之兄。此是兄妹通奸。

又如《闵公二年》曰:

> 共仲通于哀姜,哀姜欲立之。

共仲与哀姜私通,哀姜欲立共仲为鲁国君。这个共仲,即"庆父不死,鲁难未已"中的庆父,鲁庄公的胞弟,而哀姜,则是鲁庄公之妻,即共仲的兄嫂。此是叔嫂通奸。

又如《僖公二十四年》曰:

> 昭公奔齐,王复之,又通于隗氏。王替隗氏。

甘昭公,周王子,周襄王之弟。隗[kuí]氏,周襄王之王后。"替"即废。此亦是叔嫂通奸。

又如《成公四年》曰:

> 晋赵婴通于赵庄姬。

晋国的赵婴与赵庄姬通奸。赵婴是晋国权臣赵盾的异母弟,赵庄姬是赵盾之子赵朔的妻。此是叔侄媳通奸。

还有如《襄公三十年》曰:

> 蔡景侯为太子般娶于楚,通焉。太子弑景侯。

蔡国国君蔡景侯,为太子般娶妻于楚国,竟与儿媳通奸。为父不仁,为子不义,太子般杀了蔡景侯。此是翁媳通奸。

甚至还有祖母欲与孙子通奸。如《文公十六年》曰:

> 公子鲍,美而艳,襄夫人欲通之。

公子鲍是襄夫人的孙子,襄夫人见孙子"美而艳",竟然"欲通之"。此是……什么?祖孙通奸?——这说得出口吗?

然而,上烝下报,或曰"乱伦",在上古春秋时,其实不足为奇。左丘明在为《春秋》作传时,已是东周列国,此时已有某些婚配禁忌,所以他才会用"春秋笔法"针砭春秋时的上烝下报。但是,在上古春秋时,上烝下报其实并非不道德。为什么?因为当时还几乎没有(或者说还只有一点点)后来所谓的"伦理"。既然没有"伦理规范",也就无所谓"乱伦"。

那么,东周列国之后,到了汉代,古代中国人的"伦理规范"基本确立,上烝下报是不是就此绝迹了呢?没有,就像偷盗、抢劫一样,只能说已大大减少,但没有绝迹。时不时地,仍会有上烝下报之事,尤其是在皇家,稍不谨慎,就会乱伦。原因有三:一是因为古代婚配要门当户对,皇家的择偶范围特别狭隘,往往只能近亲择偶;二是皇家嫔妃众多,后嗣成群,近亲择偶时很容易搞错辈分,以致乱伦;三是皇家无人监督,即便有乱伦之嫌,也不受法律制裁或道德谴责。

譬如,《汉书》中就记载了好几例皇家乱伦,如《汉书·惠帝纪》曰:

> 四年冬十月壬寅,立皇后张氏。

《汉书·高后纪》曰:

> 惠帝即位,尊吕后为太后。太后立帝姊鲁元公主女为皇后。

两处说的是同一件事,即:刘邦死后,其子刘盈继位,即为惠帝,尊其母吕雉为皇太后,吕雉把刘盈的姐姐鲁元公主之女张氏立为皇后。姐姐的女儿,即外甥女。也就是说,刘盈是舅舅,娶了外甥女张氏为妻。此曰"报",长辈娶晚辈。

还有在《三国志》中,也有皇家乱伦的事例,如《三国志·吴书·妃嫔传》曰:

> 孙休朱夫人,朱据女,休姊公主所生也。赤乌末,权为休纳以为妃。

《三国志·吴书·三嗣主传》曰:

> 五年八月壬午,大雨震电,水泉涌溢。乙酉,立皇后朱氏。

两处说的是同一件事,即:孙权之子孙休,其夫人朱氏是朱据的女儿,而朱氏则是孙休的姐姐所生;也就是说,孙休是朱氏的舅舅。但在赤乌年间,孙权却将朱氏纳为孙休的"妃"。孙休继位后,即为吴景帝,又于永安五年八月,立朱氏为"后"。此亦曰"报",长辈娶晚辈。

不过,需要说明的是,古代中国人并不认为这是乱伦。因为在他们看来,只有同姓亲属间的通婚(或通奸)才是乱伦,异姓亲属间的通婚称作"亲上亲"。

当然,像[南朝宋]孝武帝刘骏的那等事,还是令当时的人也毛骨悚然。据《宋书·列传第一·后妃》:

> 太后居显阳殿,上于闱房之内,礼敬甚寡,有所御幸,或留止太后房内。故民间喧然,咸有丑声。宫掖事秘,莫能辨也。

文中的"上"即孝武帝刘骏,"太后"即其母路氏。成年儿子随便进出母亲的卧室,即使在民间也是有所忌讳的,何况是皇家?甚至还在太后房中留宿,那就更加不成体统了。难怪"民间喧然",说宫中母子乱伦。

其实,宫中母子乱伦何其多矣。只是,此母非那母——那母是生母,此母是后母——故而,似乎不那么令人震惊。譬如,《隋书》就记有隋炀帝纳其父隋文帝二妃之事。据《隋书·列传第一·后妃》:

> 宣华夫人陈氏,陈宣帝之女也。性聪慧,姿貌无双。及陈灭,配掖庭,后

选入宫为嫔。

灭陈朝的是谁？杨坚，即隋文帝，他将陈宣帝之女陈氏纳为"嫔"（即妾）。然后呢？

> 上寝疾于仁寿宫也，夫人与皇太子同侍疾。平旦出更衣，为太子所逼，夫人拒之得免，归于上所。

隋文帝卧病于仁寿宫，陈氏和太子杨广（即隋炀帝）一起侍候。清晨陈氏出去更衣，杨广跟出去，逼陈氏与其相好。陈氏拒之，逃回隋文帝病室。但是，杨广不会罢休，等父亲一死，马上就送同心结（男女调情之物）给陈氏，逼陈氏就范：

> 陈氏恚[huì]而却坐，不肯致谢。诸宫人共逼之，乃拜使者。其夜，太子烝焉。

尽管陈氏很恼怒，但没办法，在宫女们的逼迫下只好谢恩，以示顺从。当夜，杨广就急吼吼地把这个年仅二十岁的后母给"烝"了。

除了这个宣华夫人，还有一个容华夫人，也是杨广的后母：

> 容华夫人蔡氏，丹阳人也。陈灭之后，以选入宫，为世妇，容仪婉嫕[yì]，上甚悦之。……上崩后，自请言事，亦为炀帝所烝。

灭了陈朝后，杨坚不仅纳了陈宣帝的女儿陈氏，连陈宣帝的嫔妃也一并纳了。这容华夫人蔡氏，就是陈宣帝的嫔妃之一，因"容仪婉嫕"，深得杨坚喜欢。但是，等杨坚一死，她就"自请言事"。其实，杨广知道，"言事"只是借口，她是自请侍寝，于是把她也"烝"了。

我想，最容易使皇家乱伦的，也许就是父皇的嫔妃。按伦理，这些嫔妃是父皇的配偶、太子的长辈，但实际上，这些嫔妃往往比太子还年轻，而且只是父皇的"床上玩偶"而已。这一点，历朝历代的太子都心知肚明。所以，等父皇驾崩，太子继位后，该不该继承父皇的这些"玩偶"呢？这在历朝历代都没有任何规定（谁能规定皇家？只有皇家规定天下），而由太子自行决定。有些太子继位后会把父皇的嫔妃遣返原籍（有子女的除外），但大多数太子继位后，会留下父皇的这些"玩偶"，养在宫里。至于他会不会"玩"，那就要看他的兴趣了。若他去"玩"，甚至纳为自己的嫔妃放在身边天天"玩"，也无妨。不管大臣也好，还是大儒也好，都不会有任何异议——谁敢说皇上乱伦？你有几个脑袋？

譬如，唐高宗李治不仅留下了父皇李世民的"玩偶"武媚娘（武则天），还立为皇后。唐玄宗李隆基则是把皇儿李瑁的妻子杨玉环纳入自己的后宫，还封为贵妃。这大唐皇帝，从太祖李渊起，就是如此。李渊杀了堂兄李瑗，还把李瑗的妻子纳入后宫。就是所谓"一代明君"李世民，杀了其弟李元吉后，也把弟媳杨氏纳为妃子，而所谓"一代贤相"魏征，好像也没有进谏，告诫皇上不可"污媳"——尽管是弟媳，也不可"污"——大概是因为"皇上私事，为臣不敢妄言"吧？这些，稍有点历史知识的人都知道，所以，我在这里只需提一下就可以了。

也许是因为大唐皇家特别"不伦"，大宋皇家就特别注重"伦常"。所以，史书中找不到有关大宋皇家有违伦常的说三道四——至少，我没找到。其后的明朝，也是如此。这显然和宋明两代推崇"理学"、强化"礼教"有关，但我在此不能多说——不为别的，只为本章不能写得太长。

到了清朝，皇家又盛行近亲婚配，烝报之事又层出不穷。譬如，清太宗皇太极，立博尔济锦氏为皇后，而博尔济锦氏，按辈分，是皇太极的姑妈。后来，皇太极又册封博尔济锦家族的五个女子为"五宫后妃"，而这五个后妃中，有三个是皇后博尔济锦氏的侄女。也就是说，姑妈嫁给了侄子，侄女嫁给了叔叔——上烝下报，都有了。再譬如，清世祖顺治皇帝，立孝庄太后的一个侄女为皇后，纳另一个侄女和侄孙女为妃。也就是说，顺治皇帝是表哥，娶了两个表妹；同时，他又是表叔，娶了一个表侄女。再譬如，清圣祖康熙皇帝，曾立过好几个皇后，其中如赫舍里氏，是他的表妹；还有几个，不是他的表侄女，就是他的外甥女。此外，康熙皇帝所纳的嫔妃中，至少有四对亲姐妹。

讲完了宫廷乱伦，来讲民间乱伦。其实，民间和宫廷是一样的，宫廷里有上烝下报，民间也一定会有，只是，民间比宫廷要少得多？为什么？一是因为民间妻妾远不像皇家那样三宫六院、九嫔十二妃，而大多是一妻一妾，即便是富豪人家，大凡也就是一妻三妾、一妻四妾，所以，伦理辈分出现混乱的可能性要小得多。二是因为民间受到律法的限制和官府的监视，一旦违法，要受惩罚。譬如，按《大清律例》：

> 凡收伯叔兄弟妾者，即照奸伯叔兄弟妾律，杖一百，流三千里。

意即：堂兄堂弟的妾，你不能纳为自己的妾，否则，按通奸罪论处，打一百大板，流放三千里。但对于皇家来说，律法是不适用的，因为律法是皇家用以约束百姓的"王法"，不是皇家用以自律的家法。也就是说，皇家高于王法，怎么会受王法的约束呢？不要说"收伯叔兄弟妾"，就是父皇的妾（妃），也照纳不误，不是吗？

不过，历代民间的乱伦虽然少于历代皇家，有一种不无乱伦之嫌的民间婚配，却是历代皇家很少有的。那就是"叔接嫂"，也称"接枝""转房"。

你知道，"叔"（或"小叔"）即妻子对丈夫之弟的称谓；"嫂"（或"嫂嫂"）即弟弟对兄长之妻的称谓（有些地方称"嫂"为"姐"），"叔接嫂"的意思，就是弟娶兄之妻——当然，通常是兄已亡故。

为什么说"叔接嫂"不无乱伦之嫌？因为，"叔""嫂"虽是平辈，似乎并不乱"伦"，但到了下一代，却"乱"了。试想，一人有一妻一子，此人死了，其弟娶其妻又生一子。这二子是堂兄弟吗？不是，因为他们是同母。是亲兄弟吗？也不是，因为他们是异父。那是什么？不知道，因为他们"不伦不类"。还有，这二子如何称呼其母？称"母亲"，还是称"伯母"？称"婶婶"？都是，又都不是。这算什么？全乱套了，所以说不无"乱伦"之嫌。

此处说明一下（也许是多余的），我要讲的是"叔接嫂"，一种不伦的婚配，不是"叔恋嫂"，一种不伦的奸情。你知道，"叔恋嫂"历来就有，诗文、戏曲、小说中随处可见——最优雅的"叔恋嫂"，也许是曹植因恋其嫂甄氏而写《洛神赋》，真是感天动地；最恶心的"叔恋嫂"，也许是《红楼梦》里的贾瑞想着嫂嫂王熙凤，结果被浇了一头粪水——但"叔接嫂"却不是历来就有的。为什么？因为自上古以来，这就为圣道礼义所不容。《礼记·大传》曰：

> 昆弟之妻，夫之昆弟，不相为服，不成其亲也。

什么意思？后人疏曰：

> 若男女尊卑隔绝,相服成亲,义无混杂。此兄弟之妻,己之伦列,若其成亲为服,则数相聚见,奸乱易生,故令之无服,所以疏远之。

你大概看懂了,不用我解释,就是兄与弟各有妻的话,不应该过往甚密,否则"奸乱易生"。显然,这是防"叔恋嫂"。既然"叔恋嫂"也要防,"叔接嫂"就更是在禁之列了。虽然"叔恋嫂"其实很难防,如前文所说,历朝历代都有,但自上古以来,无论秦汉、魏晋,还是唐宋,都没有"叔接嫂"这种婚俗。所以,历代律法中也没有关于"叔接嫂"的律例——人们不会做的事情,立法去禁止,不是多此一举?

那么,"叔接嫂"何时才有?应该始于元代。按[明]吕毖《明朝小史》:

> 自宋祚倾移,元以北狄入主中国,四海内外,罔不臣服。此岂人力,实乃天授。然达人志士,尚有冠履倒置之叹。自是以后,废坏纲常,至于弟收兄妻、子烝父妾,上下相习,恬不为怪,其于父子、君臣、夫妇、长幼之伦渎乱甚矣。

心平气和地说,既然臣服于蒙古人,接受蒙古婚俗也是理所当然的。"弟收兄妻"(即"叔接嫂")就是蒙古婚俗之一。这可以引一本外国古书即《马可·波罗游记》为证。十三世纪意大利商人马可·波罗到达中国时,正是元代。关于蒙古人的婚俗,他在书中写道:

> 鞑靼的男子可以随意娶妻。……父亲死后,儿子可以将父亲遗留下的妻子作为自己的妻子,只有他的生母例外。他们不能娶自己的姊妹为妻,但他们的兄弟死后,可以娶嫂子或弟妇为妻。

古代西方人把中亚一带的人都称为"鞑靼",这里显然是指蒙古人。既然蒙古人"可以娶嫂子或弟妇为妻","叔接嫂"在元代一时成风也不为过。

这样到了明代,朝廷不得不严令禁止"叔接嫂"。按《明律集解·户婚》:

> 兄亡收嫂,弟亡收弟妇者,皆绞。

好家伙！和亲爱的嫂嫂结婚(或和亲爱的弟媳结婚)，要判绞刑！想来，谁还敢？但实际上，这条律例从未真正生效，官府从未真的绞死过"娶嫂犯"。为什么？因为法不责众，犯法的人太多了，法就会失效。那么，为什么会有那么多"叔接嫂"？因为，撇开伦理问题，"叔接嫂"其实是诸多穷苦人家传宗接代的好办法。

你知道，穷苦人家娶妻不易，好不容易为大儿子娶了妻，刚有孙子，大儿子死了，那媳妇怎么办？让她回娘家？那不是白娶了吗？更为难的是，媳妇走了，孙子怎么办？不是没娘了吗？让媳妇带走？那还传什么宗、接什么代？所以，最好的办法，就是让小儿子接替大儿子，娶嫂为妻。这样一举两得：媳妇、孙子有人养，小儿子也算有了妻室——本来，家里就无力为小儿子娶妻了，这样正好！

要知道，古代中国人的婚姻是包办婚姻，是为一个家庭或一个家族着想的。做丈夫也好，做妻子也好，都是为一个家庭或一个家族的延续而努力。为此，舍弃个人好恶，服从长辈，即为"孝"。也就是说，你为你的长辈而活着——同样，你的后代也将为你而活着。

所以，在元代已流行开来的"叔接嫂"，到明代想加以禁止，又谈何容易？当然，朝廷旨在维护伦理，没错！但百姓旨在传宗接代，也没错！我想，朝廷为彰显圣道礼义，是不得不立法禁止，而百姓为传宗接代，也是不得不抗旨违法。不过，最后调和这两者的，是地方官府。

此话怎讲？你想，百姓通常并不知晓律法，而"叔接嫂"纯粹是家务事，通常不会有人举报。没人举报，官府不知，当然也就不会查办。其实，即使地方官府有所听闻，也都装聋作哑，当作没事。这样一来，地方官府既没有冒犯朝廷的威严，也没有干预百姓的家事，"叔接嫂"照"接"不误。我想，在古代中国，有许多事情大概都这样——否则，很难解释，为何朝廷律法和民间实情往往差距甚大。

在有明令禁止的明代，"叔接嫂"都未有所"收敛"，到了清代，变成是朝廷默许的，亦即：合情合理的。

既然是合情合理的，我也就无话可说了。所以，最后只能引两段清人笔记，供你一览大清朝的某些怪异婚俗——其中都有"叔接嫂"。

[清]赵翼《檐曝杂记》云：

> 甘省多男少女，故男女之事颇阔略。兄死妻嫂，弟死妻其妇，比比皆是。同姓惟同祖以下不婚，过此则不论也。有兄弟数人合娶一妻者，或轮夕而

宿；或白昼有事，辄悬一裙于房门，即知回避。生子则长者予兄，以次及诸弟云。其有不能娶而望子者，则租他人妻，立券书期限，或二年，或三年，或以得子为限，过期则原夫促回，不能一日留也。客游其地者，亦租以消旅况。立券书限，即宿其夫之家。限内客至，其夫辄避去。限外，无论夫不许，即其妻素与客最笃者，亦坚拒不纳。欲续好，则更出租价乃可。

"甘省"即甘肃。你看，"兄死妻嫂，弟死妻其妇，比比皆是"。还有"兄弟数人合娶一妻"，还有"不能娶而望子者，则租他人妻"——此即"典妻"，我将在下章详述。至于"客游其地者，亦租以消旅况"，即把妻子租给旅客"消旅况"（消解旅途烦闷），其实就是纵妻卖淫。不过，从中也可看出，其地有允许丈夫以妻牟利的婚俗。

又［清］徐珂《清稗类钞》云：

吴西春官云南之维西，曾得一讼牍，其词云："某家生子四人，皆已婚娶，不幸某年长子死，某年四子之妻又死。理宜以第四子续配长媳，但年齿相悬，恐枯杨不复生梯。特与三党同议，将长子之妻配与二子，二子之妻配与三子，三子之妻配与四子，一转移间，年皆相若，可无怨旷之虞，极为允协，恳求俯准。"吴大怒，拍案。吏请曰："此间习俗如是，愿无拂其意。"乃准之。

这是吴西春在云南维西做官时遇到的一件事：一家有四子，均已婚配。不幸，长子死了，四子妻也死了。欲以四子娶大嫂，年龄不相配。于是，"三党同议"（"三党"即三族：父族、母族、妻族），将大嫂配于次子、二嫂配于三子、三嫂配于四子，请官府批准。吴西春大怒，拍案，但身边的幕僚对他说："这是当地习俗，最好不要干预。"吴西春只好摇着头，批准了这一"超级叔接嫂"。

第六章 典妻 冥婚

在古代中国，还有两种荒唐的婚姻，一种是因为穷困而荒唐，一种是因为迷信而荒唐。这两种荒唐的婚姻，一种叫"典妻"，一种叫"冥婚"。

一、典 妻

所谓"典妻"，就是出租妻子，供他人交媾而生育。所以，典妻也叫"租妻"。为什么要出租妻子？因为穷，养不活妻儿。那么，他人为什么要租用妻子？也是因为穷，娶不起妻子，只能租一个，就如买不起车，只能到租车行去租一辆——因为没有"租妻行"，只能从某个丈夫那里租一个。

你或许会说："讨不起老婆，那就算了！为什么还要去租一个？"因为古代中国人和现代中国人不一样，把生育后代看作人生的首要目的，即所谓"不孝有三，无后为大"。也就是说，在古代中国人看来，一个男人若没有生育后代，那他不仅白活了，甚至是有罪的。所以，典妻、租妻，是穷人帮穷人免于"无后"，是以生育为目的的。所以，我将其视为一种婚姻——尽管荒唐，但不是卖淫嫖娼。

那么，租妻怎么租法？〔清〕赵翼《檐曝杂记》云：

> 有不能娶而望子者，则租他人妻，立券书期限，或二年，或三年，或以得子为限，过期则原夫促回，不能一日留也。

注意，租妻是要"立券书期限"的——用现在的话来说，就是要签订合同、设定期限,还要讲好价钱和付款方式,等等。其实,和租房是一样的,房客付房租,房东收房租,期限一到,房东收回房子——这里是租用妻者付租金,出租妻者收租金,期限一到,出租妻者收回妻子。

当然,还不止这些,还有一些事情也要在合同中预先议定。为直观起见,我把清末民初的一份"租妻券书"直接抄在下面,你一看就明白了,不用我啰里啰唆地解释:

> 赵喜堂因手中空乏,难以度日,进退两难,出其无奈,实事无法,情愿出于本身,于结发妻,送于张慕氏家中营业为主。同更言明,使国票六百元整,当面交足,并不短少,定期八年为满。如要到期,将自己妻领回。倘有八年以里,有天灾病孽,各凭天命。于有逃走,两家同找,如找不着,一家失人一家失钱。期满,赵喜堂领人,不如张慕氏相干。恐后无凭,立租字人为证。

一个人若穷得只能把自己住的房子租出去,已经够狼狈了,现在要把自己的妻子租出去,确实是羞愧难当、无地自容。所以,写这份"券书"的人还是很照顾"赵喜堂"这个丈夫的面子,含糊其词地说他情愿把结发妻"送于张慕氏家中营业为主"。"营业为主"即为主人"营业"。"营"什么"业"?双方心中有数就行了。

此外,我们还看到,这"张慕氏"一次性付款国票六百元,租用赵喜堂的妻子八年。这八年内,赵喜堂的妻子或张慕氏若有"天灾病孽",双方互不负责,"各凭天命"。若赵喜堂的妻子逃走,赵喜堂要协助张慕氏寻找。若找不到,双方互不追究,赵喜堂不向张慕氏要人,张慕氏不向赵喜堂要回租金。

你或许会说:"这赵喜堂的妻子哪像个人,不像条狗吗?"是的,人穷了,确实会不像人,男女都一样。

你或许会说:"这赵喜堂夫妻俩真可怜!"殊不知,这对夫妻说不定早就商量好,等妻子到了张慕氏家,丈夫就想法帮妻子逃走,然后装模作样地找,找来找去找不到,最后倒霉的是张慕氏。这并不是什么新鲜事。是的,人穷了,什么事都做得出来,男女都一样。不过,这种事不会太多。

在漫长的历史长河中,确实有无数妻子被实实在在地租了出去。譬如,《韩非子》曰:

> 温衣美食者,必是家也,相怜以衣食,相惠以佚乐。天饥岁荒,嫁妻卖子者,必是家也。

这里说到的"嫁妻",可能是卖妻,也可能是典妻、租妻。反正,在古代中国,在贫苦的黎民百姓中,妻与子往往是夫与父的最后一点财产,万不得已时,可以卖掉,或出租。如《汉书·贾捐之传》曰:

> 嫁妻卖子,法不能禁,义不能止。

嫁妻卖子,无论是朝廷律法,还是圣道礼义,都没法禁止。为什么? 因为穷人太多,而且穷得简直不像人,你还跟他讲什么律法? 讲什么礼义? 你要么杀了他,要么别管他!

实际上,汉之后,无论是魏晋南北朝,还是隋唐、两宋,朝廷、官府对民间典妻也一直是不闻不问的,似乎这是一桩平常的买卖,只要两相情愿,与朝廷何干? 与官府何干?

所以,典妻卖子,历代史书、公文、笔记中时有提到。譬如,《魏书·薛野䐗传》曰:

> 去年征责不备,或有货易田宅、质妻卖子,呻吟道路,不可忍闻。

你看,这里的"质(典)妻卖子"是与"货易田宅"相提并论的。也就是说,出租妻子、卖掉儿子,在古代中国人看来,和出租房子、卖掉田地是一样的,并无区别。

又如《南齐书·王敬则传》曰:

> 建元初,狡勇游魂,军用殷广。浙江五郡,丁税一千,乃有质卖妻儿,以充此限。道路愁穷,不可闻见。

这里说,建元初,土匪横行,朝廷需用军费,于是增税,导致民间有人"质卖妻儿",用以交税。

又如[唐]韩愈《应所在典贴良人男女等状》曰:

267

> 臣往任袁州刺史日，检责州界内，得七百三十一人，并是良人男女。准律、计佣、折直，一时放免。原其本末，或因水旱不熟，或因公私债负，遂相典贴，渐以成风。

韩愈说，他在任袁州刺史的时候，曾在州内检查七百三十一人，有男有女，都是良民。查明他们没有犯法，就统统放了。为什么要查他们呢？因为他们"或因水旱不熟，或因公私债负，遂相典贴（典妻还债）"。可见，在唐朝，典妻还债的人多了，固然会惊动官府，但典妻还债本身并不犯法。

但有时，并非因为贫困，而是出于友情，也可把自己的妾借给朋友"用一用"。如 [宋] 周密《齐东野语》曰：

> 陈了翁之父尚书，与潘良贵义荣之父情好甚密。潘一日谓陈曰："吾二人官职年齿种种相似，独有一事不如公，甚以为恨。"陈问之，潘曰："公有三子，我乃无之。"陈曰："我有一婢已生子矣，当以奉借。它日生子即见还。"即而遣至，即了翁之母也。

这里说，陈了翁的父亲陈尚书和潘义荣的父亲潘良贵是好友。一天，潘良贵对陈尚书说："我俩官职、年龄都不相上下，只有一件事我不如你，心有不甘。"陈尚书问什么事，潘良贵说："你有三个儿子，我一个也没有。"陈尚书说："我有一个女人已经生过儿子，不妨借给你。等她为你生了儿子后，你再把她还给我好了。"于是，就把那个女人送到了潘良贵家里。那个女人，就是陈了翁的母亲。

请注意，文中"我有一婢"中的"婢"，是谦词，是指他的妾，不是婢女。若是婢女，和她生子，那这个陈尚书不仅要丢官，弄不好还要掉脑袋。因为在宋代，婢女属奴籍，而陈尚书是朝廷命官，属贵籍，是严禁与奴籍之女生子的。但是，陈尚书可以把自己的妾借给同籍的潘良贵用，这并不犯法，就如他把自己的马借给潘良贵骑，没人管。既然像陈尚书这样的朝廷命官都可以出借自己的妾，那么，可想而知，黎民百姓若是典妻、租妻，那肯定是畅通无阻的。

令人颇感意外的是，竟然是在元代，开始禁止典妻。据《元典章》称：

> 吴越之风，典妻、雇子，成俗久矣，前代未尝禁止。……其妻既入典雇之

家,公然得为夫妇或婢妾,往往又有所出。三年五年限满之日,虽曰归还本主,或典主贪爱妇之姿色,再舍钱财。

此处的"吴越"泛指南宋疆域(蒙古人灭南宋而立元)。"前代"即指南宋。"雇子"即租用他家"女子"(女儿)为妻或妾。"有所出"意为"有所生育"。租用他家妻子或女儿,若期满,只要加钱,还可以续租。

对此,元朝廷予以明令禁止。据《元史·刑法志》:

诸以女子典雇于人及典雇人之子女者,并禁止之。若已典雇,愿以婚嫁之礼为妻妾者,听。诸受钱典雇妻妾者,禁。其妇同雇而不相离者,听。

什么意思?就是说,凡是把女儿租借给他人为妻妾和租借他人女儿为妻妾者,一并禁止。若已租借,愿意正式行婚嫁之礼而成为妻妾者,听任。凡是接受钱财而出租妻妾者,禁止。出租的妻妾若与租赁者不再分离者,听任。

典妻(当然,还有典女)就此被禁。但是,你知道,制定律法是朝廷刑部之事;执行律法是各级官府之事;遵守律法是黎民百姓之事,三者之间往往差距甚大。朝廷可以立法,官府可以执法,但民间照样可以典妻、典女。原因就如前章所说的"叔接嫂"一样,因为穷人太多,地方官府承受不起执法的后果,所以只能有法不执——老古话不是说"不怕凶、只怕穷"吗?

那么,后来到了明清两代,又怎样?回答是:又能怎样?还不是那样。按《大明律》:

凡将妻妾受财典雇与人为妻妾者,杖八十;典雇女者,杖六十。

朝廷有令:典妻者,"杖八十"(打八十大板);典女者,"杖六十"(打六十大板)。但是,民间有个冯梦龙(是的,就是编著《三言》的那个人),却在《寿宁待志》中写道:

此间百姓,或有急需,典卖其妻,不以为讳,或赁与他人生子,岁仅一金,三周而满,满则归迎。

你看,民间典妻卖妻,照样热闹,而且价廉物美,租一个妻子生儿子,一年的租金"仅一金"(一两黄金,即十两白银),租满"三周"(三周年),归还原主。若三年里生了儿子,皆大欢喜;若没生儿子,也算了——"这女人大概生不出儿子了,还是换一个吧!"

同样,按《大清律例》:

> 凡将妻妾受财、立约、出典、验日暂雇与人为妻妾者,本夫杖八十;典雇女者,父杖六十。

这《大清律例》,还有《大明律》也一样,好像和《元史·刑法志》所说有点不一样。按《元史·刑法志》:"诸以女子典雇于人及典雇人之子女者,并禁止之。"似乎有点啰唆,出租妻女者禁止了,哪里还有租用他人妻女者?不是多此一"句"?其实不然。其意实质是,出租妻女者和租用他人妻女者,两者都要受罚(禁,即意味着罚)。但是,无论按《大清律例》,还是按《大明律》,只有出租妻女者要受罚,租用他人妻女者似乎不在此例。也就是说,租用他人妻女,在元代是有罪的,在明清两代是无罪的。很奇怪,为什么明清两代只惩罚出租妻女者,而要赦免租用他人妻女者?不知道,你说呢?

不过,《元史·刑法志》也好,《大清律例》也好,《大明律》也好,我说,其实都是一纸空文。所以,惩罚也好,赦免也好,其实都是废话。实际上,清代和明代一样,如前文所引[清]赵翼《檐曝杂记》云:

> 有不能娶而望子者,则租他人妻,立券书期限,或二年,或三年,或以得子为限。

又如[清]徐珂《清稗类钞》云:

> 浙江宁、绍、台各属,常有典妻之风。以妻典与人,期以十年五年,满期则纳资取赎。为之妻者,或生育男女于外,几不明其孰为本夫也。

此处的典妻,还真是典当,即把妻子作抵押,借一笔钱,十年或五年后"纳资取赎"——把妻子赎回去。你或许会问:"这作为抵押品的妻子在人家那里,难道人家就养着她?"哪里! 当然是要用的。用来做啥? 这个你知道,女人最大的用处是啥。或者债主自己用,或者借给别人用。所以,这个妻子"或生育男女于外,几不明其孰为本夫也"——生了一大堆孩子,几乎不知是和哪个男人生的。

总之,不管多么荒唐,不管朝廷禁不禁,反正历朝历代都一样,典妻、典女,比比皆是、屡见不鲜。

二、冥 婚

冥婚,也叫"鬼婚""阴婚""配阴婚",比典妻更加荒唐。典妻只是做法荒唐,目的一点也不荒唐。出典妻子之人需要钱,入典他人妻子之人需要生儿子传宗接代,都很实际,而且,时常是如愿以偿的。然而,冥婚却是彻头彻尾的荒唐,不仅做法荒唐,目的也荒唐。其做法是,把一男一女两个未婚死者的骨骸合葬在一起,令其婚配;其目的是,满足父母为子女择偶婚娶的愿望。

显然,冥婚出自两个原因:一是古代中国人绝大多数相信鬼神,相信人死后会变鬼,而且变鬼后还会和人间有所交往;二是古代中国人的婚姻是父母包办婚姻,若子女未婚配而早亡,做父母的会觉得非常遗憾,于是就以幻想代替现实,在幻想中满足这种愿望。

当然,这在今天,在当代中国人看来,两者都很荒唐。但是,古代中国人不是现在的中国人,他们真的相信鬼神,甚至什么事情都用鬼神来解释——这是原始人遗留下来的原始思维残骸,西方学者称之为"万物有灵论"。不仅如此——也许是正因为如此——在绝大多数古代中国人的头脑中,幻想和现实的界限相当模糊,以至于,他们可以,甚至善于在幻想中得到满足。

相信鬼神,今人称之为"迷信",但古代并无此说。古人信以为真,何"迷"之有? 实际上,历朝历代,天子也好,诸侯也好,大夫也好,士也好,庶人也好,都相信鬼神。只是,程度有所不同。儒家所说"敬鬼神而远之",也没有否认鬼神,只不过是不用鬼神解释事物。

有意思的是,古书中最早提到冥婚的,是对冥婚的一条禁令,即《周礼·地官》曰:

>禁迁葬者与嫁殇者。

"迁葬""嫁殇"是一回事,即冥婚,就如[东汉]郑玄所注:

>迁葬,谓生时非夫妇,死既葬,迁之,使相从也。殇,十九以下未嫁而死者。生不以礼相接,死而合之,是亦乱人伦者也。

即女家把女儿的骨骸迁至男家儿子的墓中,以示女儿嫁入男家。这在周朝是违禁的,郑玄谓之"乱人伦"。但是,尽管《周礼》中明明白白地写着"禁",实际上呢,冥婚从来都禁而不止。甚至有些地位显赫之人,也搞这种荒唐之事。如《三国志·魏书·武文世王公传》曰:

>(曹冲)年十三,建安十三年疾病,太祖亲为请命。及亡,哀甚。文帝宽喻太祖。太祖曰:"此我之不幸,而汝曹之幸也。"言则流涕,为聘甄氏亡女与合葬。

曹冲(是的,就是那个据说会称象的神童)是曹操的幼子,十三岁时病重,曹操亲自为其"请命"(求天续命),但还是死了,曹操哀痛不已。曹丕(曹操长子,即后魏文帝)安慰父亲。曹操说:"这是我的不幸,却是你们的有幸。"说着痛哭流涕,为曹冲聘甄氏亡女与之合葬。

其实,曹操最初为曹冲选择的女家,不是甄家,而是邴[bǐng]家。据《三国志·魏书·邴原传》:

>原女早亡,时太祖爱子仓舒亦没。太祖欲求合葬,原辞曰:"合葬,非礼也。原之所以自容于明公,公之所以待原者,以能守训典而不易也。若听明公之命,则是凡庸也。明公焉以为哉?"太祖乃止,徙署丞相征事。

"仓舒"即曹冲,字仓舒。邴原之女早亡,曹操求与曹冲合葬,邴原不仅拒绝,还直言不讳地说:"曹公一向能守训典,所以我才服你,如若我答应你这种事,那也太庸俗了,曹公以为如何?"可见,在汉末之时,冥婚仍是"非礼"的,为士大夫所不齿,唯有凡俗愚民才做这种事。

不过,这曹操也真有意思,听邴原这么说,不仅不生气,还提升邴原为丞相征事。显然,他很赏识邴原的守礼和耿直。但冥婚呢,他还是照搞不误,聘甄氏亡女与曹冲合葬。有人说,从中可见曹操"识才";有人说,从中可见曹操之"奸"。不过,此事与我们无关,略过不表。

三国之后是魏晋南北朝。此时,冥婚不仅充斥北魏、两晋,充斥南朝、北朝,还常为当时的小说家津津乐道。譬如,[东晋]干宝的《搜神记》,志怪小说的鼻祖,其中至少有四篇,即《紫玉》《驸马都尉》《谈生》《崔少府墓》,讲的是冥婚故事。这种冥婚故事,我若在此复述,你会觉得无趣。所以,不如抄一篇在下面,或许还值得你一读——当然,你也可以不读,直接跳过去,那也无妨。

紫　玉

吴王夫差小女名曰紫玉,年十八,才貌俱美。童子韩重,年十九,有道术。女悦之,私交信问,许为之妻。重学于齐鲁之间,临去,嘱其父母使求婚。王怒,不与女。玉结气死,葬阊门之外。三年,重归,诘其父母,父母曰:"王大怒,女结气死,已葬矣。"

重哭泣哀恸,具牲币往吊于墓前。玉魂从墓出,见重流涕,谓曰:"昔尔行之后,令二亲从王相求,度必克从大愿,不图别后遭命奈何!"玉乃左顾宛颈而歌曰:"南山有鸟,北山张罗,鸟既高飞,罗将奈何!意欲从君,谗言孔多。悲结生疾,没命黄垆。命之不造,冤如之何!羽族之长,名为凤凰。一日失雄,三年感伤,虽有众鸟,不为匹双。故见鄙姿,逢君辉光,身远心近,何当暂忘!"歌毕,歔欷流涕,要重还冢。重曰:"死生异路,惧有尤愆,不敢承命。"玉曰:"死生异路,吾亦知之,然今一别,永无后期,子将畏我为鬼而祸子乎?欲诚所奉,宁不相信?"重感其言,送之还冢。玉与之饮宴,留三日三夜,尽夫妇之礼。临出,取径寸明珠以送重,曰:"既毁其名,又绝其愿,复何言哉!时节自爱。若至吾家,致敬大王。"

重既出,遂诣王自说其事。王大怒曰:"吾女既死,而重造讹言,以玷秽亡灵。此不过发冢取物,托以鬼神。"趣收重。重走脱,至玉墓所诉之。玉曰:"无忧!今归白王。"王妆梳,忽见玉,惊愕悲喜。问曰:"尔缘何生?"玉跪而言曰:"昔诸生韩重来求玉,大王不许。玉名毁义绝,自致身亡。重从远还,闻玉已死,故赍牲币诣冢吊唁。感其笃终,辄与相见,因以珠遗之,不为发冢,愿勿推治。"夫人闻之,出而抱之,玉如烟然。(录自《搜神记》卷十六)

如果你没读,听我说几句。这是假托春秋时吴王夫差之女紫玉与童子韩重之事,其实就是魏晋时常见的冥婚,只是"神话化"了(此书叫《搜神记》,讲的当然都是神话故事)。紫玉与韩重情投意合。韩重外出,嘱父母去求婚,但吴王不允。紫玉郁闷而死。韩重归,恸哭,吊丧于紫玉墓前。紫玉从墓中出,与韩重结为夫妇。临别,紫玉送一明珠给韩重,让他去见她父亲,要父亲认可他们的婚事。但吴王夫差听后大怒,说韩重一派胡言。无奈,紫玉只好自己去见父亲。吴王夫差还以为女儿死而复生,但当夫人出来想抱女儿时,紫玉却像云烟般消失了。

这种冥婚,是活人和死人的婚配,和前面说的"迁葬"(即死人和死人婚配)稍有不同,但历朝历代也都有,如后来[清]梁绍壬《两般秋雨庵随笔》所言:

今俗,男已聘未婚而死者,女或抱主成亲,男或迎框归葬。

何谓"抱主成亲"?即抱着死者牌位,表示已嫁死者。何谓"迎框归葬"?即下葬前将棺材抬至女家门前对着门框,表示已娶此家之女。这样,此女就一辈子不再嫁人了,因为她"已婚"。

魏晋南北朝之后是唐宋,如何呢?且看《旧唐书·萧至忠传》:

韦庶人又为亡弟赠汝南王洵与至忠女为冥婚合葬。及韦氏败,至忠发墓,持其女柩归。

怎么回事呢?这个韦庶人,就是唐中宗李显的第二任皇后韦氏,后被唐中宗废黜,贬为庶人,故而史书称其为"韦庶人"。说她为亡弟"赠汝南王"韦洵与萧至忠之女冥婚合葬,那是在她未被废黜前,曾连同唐中宗一起,被武则天废黜,其弟韦洵,未婚而死。等武则天驾崩,唐中宗复辟,她要酂[zàn]国公萧至忠将其亡女的灵柩迁至韦洵墓中合葬。当时,她是皇后,萧至忠当然乐意从命。但她不久便被唐中宗废黜,萧至忠不敢再与她沾亲带故,于是挖开韦洵的坟墓,把女儿的灵柩迁回原墓。实际上,韦氏还不止为其亡弟韦洵冥婚萧至忠的亡女,还曾为其亡弟韦洞冥婚太子家令崔道猷[yóu]的亡女。

你看,堂堂皇家,无视圣道礼义,做这种荒唐之事。那民间呢,当然不用说了。像[唐]戴孚《广异记》中说的那种事,肯定比比皆是:

> 长洲县压陆,某女年十五六,投井而死。后一岁许,有临顿李,十八卒,便将女与李为冥婚。

长洲县的压陆,有一女死。过了一年多,长洲县的临顿,有一李姓男死,于是两家行冥婚,将其两人配为夫妇,两家结为亲家。

再说一遍(因为我在前面已说过),古代中国人之所以热衷于冥婚,两大原因之一就是,古代婚姻是父母包办婚姻,是两家之事,不是两人之事,因而两家父母出于自身需要,往往以子女的婚姻谋利。即便是已经死去的子女,也可以用来联姻而两家互利。

其实,关于冥婚,也就这么回事,重要的,我都说了。所以,后面引述的宋代以及元、明、清的冥婚,不过是多了一些细节而已。譬如,在宋代,如[宋]康誉之《昨梦录》云:

> 北俗,男女年当嫁娶未婚而死者,两家命媒互求之谓之"鬼媒"。人通家状细帖各以父母命祷而卜之,得卜,即制冥衣。男冠带、女裙帔等毕备。媒者就男墓备酒果祭以合婚。设二座相并,各立小幡长尺余者于座后,其未奠也,二幡凝然直垂不动。奠毕,祝请男女相就,若合卺焉。其相喜者,则二幡微动,以致相合若一。不喜者,幡不为动且合也。又有虑男女年幼,或未闻教训,男即取先生已死者,书其姓名生时,以荐之使受教;女即作冥器,充保母使婢之属。既已,成婚,则或梦新妇谒翁姑,婿谒外舅也。不如是,则男女或作祟,见秽恶之迹,谓之"男祥女祥鬼"。两家亦薄以币帛酬"鬼媒"。"鬼媒"每岁察乡里男女之死者,而议资以养生焉。

这里说的是如何为鬼做媒(还有专门为鬼做媒以谋生的"鬼媒"),如何为鬼举行婚礼,等等。有趣的是,他们还生怕一对男女之鬼"年幼",不懂夫妇之道,还要请鬼先生教之,还要做纸保姆、纸婢女助之——真有意思,难道鬼夫妇还要生儿育女不成?

至于元代，如《元史·列女传》云：

子弟死而无妻者，或求亡女骨合葬之。

说得比较笼统，但可用一本外国古书即《马可·波罗游记》中的相关记述作为注释（马可·波罗到达中国时，正是元代）：

当某个鞑靼人有一个儿子，而另一家有个女儿时，虽然儿女们可能都已死去多时，但他们的家长仍可以替他们订立婚约。同时在纸片上画一些侍从、马和其他动物以及各种衣服、金钱、日用器具。家长们将这些纸连同正式订下的婚约付之一炬，以便送到阴间供自己的儿女享用，并让他们彼此正式结成夫妇。双方的家长在举行过这个仪式后，也就视为亲戚，和儿女们在世上真正结婚一样。

文中"鞑靼人"即指元代蒙古人。蒙古人如此，在其治下的汉人，会与之大不同吗？显然不会。

那么，明代呢？明人虽然赶走了蒙古人，但是明代诸多风俗承袭于元代。所以，不足为奇，[明]陆容《菽园杂记》云：

凡男子未娶而死，其父母俟乡人有女死，必求以配之，议婚、定礼、纳币，率如生者。葬日亦复宴会亲戚。女死，父母欲为赘婿，礼亦如之。

像为活人一样，为死人大办婚事。不仅要议婚、定礼、纳币，还要大宴亲戚——把丧事办成了喜事。有趣的是，女家还可以为亡女招婿。我想，大概是把男家亡子的灵柩迁至女家亡女墓中，以示男家亡子入赘女家。

既然明代如此，清代就不必说了。满洲人入关建立大清，为服汉人，多用明制。所以，也不足为奇，[清]徐珂《清稗类钞》云：

俗有所谓冥婚者，凡男女未婚嫁而夭者，为之择配，且此男不必已聘此女，此女不必已字此男，固皆死后相配者耳。男家具饼食，女家备奁具。娶日,纸扎男女各一,置之彩舆,由男家迎归,行结婚礼。此事富家多行之,盖男家贪女家之奁赠也。此风以山右为盛,凡男女纳采后,若有夭殇,则行冥婚之礼。女死,归于婿茔[yíng]。男死而女改字者,别觅殇女结为婚姻,陬[zōu]吉合葬。冥衣、楮[chǔ]镪[qiǎng](纸钱),备极经营,若婚嫁然。

文中"山右"即山西。这里说到两种冥婚:一种是"凡男女纳采后,若有夭殇,则行冥婚之礼。女死,归于婿茔",即:订婚后,男死,行冥婚之礼(活女与死男行婚礼),即成夫妻,等妻死后,葬入夫婿墓中。另一种是"男死而女改字者,别觅殇女结为婚姻",即订婚后,男死,女不愿行冥婚之礼,而是毁约另嫁,男家就找某家亡女与其亡子成亲,即亡女出嫁,即《周礼》所言"嫁殇"。

最后,请看《清稗类钞》里的一个小故事:

孟县李某夜行,为群鬼所缠,惧甚。见前途有灯光,趋赴之,则小屋三间,中有一女,谓之曰:"君如畏鬼,可止宿此门外,即无伤矣。男女有别,不敢请入室也。"李从之,遂卧于地。女又谓之曰:"至晓,君当行,一朝有事,幸毋相扰。"及天明,视之,在一小冢侧,无屋也。俄有数人来发冢,抬其棺去。问之,曰:"棺中乃某氏处女,未嫁而死,今其父母用嫁殇之法,与某氏子为冥婚,故迁其棺与合葬也。"李乃悟一朝有事之说,感其与己有恩,买纸钱焚与之。

看完这个小故事,不妨想一想,古代中国人是如何看待生与死的。

第七章　求嗣　生育

对古代中国人来说,婚配的目的就是要有后嗣,即:传宗接代。所以,婚配后的第一件事,就是求嗣。其后,就是生育,包括怀孕、分娩、坐月等。本章所讲,即求嗣与生育。

一、求　嗣

既然婚配的目的是传宗接代,因而古代中国人一结婚,就希望生育。最好是新婚当夜就怀孕,即所谓"坐床喜"——意即:新婚当夜,按婚礼程序,新郎、新娘"坐床"(并排坐在床沿上),新娘就有"喜"了。当然,谁都知道,这是不可能的。实际上,是新婚第一次同房,新娘就怀孕了。

不过,这样的巧事毕竟很少。所以,婚后求嗣,即祈求生子,是绝大多数家庭的一件大事——不仅是新婚夫妇的大事,也是男女两家的大事。即便是皇家,也是如此。按《礼记·月令》:

> 是月也,玄鸟至。至之日,以太牢祀于高禖[méi]。天子亲往,后妃率九嫔御,乃礼天子所御,带以弓韣[dú],授以弓矢于高禖之前。

此即天子求嗣。"是月"即此月,即仲春之月(农历二月)。"太牢"即牛、羊、豕三牲(祭品)。"高禖"即高丘密厓。"弓韣"即弓袋。按郑玄注:

> 天子所御,谓今有娠者。于大祝酌酒,饮于高禖之庭,以神惠显之也。带以弓韣,授以弓矢,求男之祥也。

什么意思？就是说,天子的后妃若有孕,天子就率众前往高丘密庡,祝酒祭神。带着弓袋、祭献弓箭,是求神赐予儿子。

此种天子求嗣仪式始于上古,后世历代帝王大多继承。如《后汉书·礼仪志》云：

> 仲春之月,立高禖祠于城南,祀以特牲。

还有如《宋史·礼志》《明史·礼志》《金史·礼志》等,也都有帝王"高禖求嗣"的记载。

至于民间求嗣,那就五花八门了。但限于篇幅,我只能略选三五,简约述之。先看[唐]封演《闻见记》所云：

> 流俗,妇人多于孔庙祈子,殊为亵慢,有露形登夫子之榻者。

这是"尊孔求嗣",和儒家在民间的影响有关。不过,到孔庙求子其实很荒唐,因为儒家从不认为孔子是神(孔庙也不是真的"庙",用今天的话来说,不过是"纪念馆"而已)。至于"露形登夫子之榻"(赤身裸体爬到孔子像前),虽然这对孔子来说是"亵慢",但却是远古"野合求嗣"的残留,其原始做法不仅要"露形",还要到某个据信有神灵保佑的地方——或某个山坡上,或某个河滩上——去交媾,以求生子。也就是说,唐朝女人求子,还有"野合求嗣"的残留——脱光衣服。但也仅此而已,简化了,只是脱光衣服,并不真的交媾。

再看[明]沈榜《宛署杂记》所云：

> 京城有娘娘庙,所供碧霞元君塑像,如妇人育婴之状。俗传四月八日,娘娘神降生,妇人难子者,宜以是日乞灵。滥觞遂至,倾城妇女,无长少,竞往游之。各携酒果音乐,杂坐河之两岸,或解裙系柳为围,妆点红绿,千态万状,至暮乃罢。

这是"崇道求嗣",和道教在民间的影响有关。碧霞元君是道教供奉的"真人"(即仙人),到她那里求子,只要你相信,当然可以。不过,我注意到的是,这里说那些去娘娘庙求子的妇人"或解裙系柳为围"(有的脱下裙子挂在柳树上围成一圈)。这是什么?这是远古"野合求嗣"的再简化。也就是说,明朝女人用"解裙"代替了唐朝女人的"露形"——只是脱下裙子而已,并不脱光。

再看[清]曼陀罗室主人《观音菩萨传奇》所云:

寻常求福求寿的,供着白衣观音;求子的,供着送子观音。

这是"拜佛求嗣",和佛教在民间的影响有关。至此,即到了清朝,求子不再"解裙",更不用"露形",因为此时大多人求子,求的是送子观音——外来的菩萨,和本土的"野合求嗣"当然毫不相干。这送子观音,可能早在晋代就有,但她真正成为"送子大户",却是在清代。

当然,除了这三种分别和儒、道、佛相关的求嗣法,历代民间还有各种各样的"奇物""巫技""偏方",等等。如《后汉书·郡国志》云:

乞子石,在马湖南岸,东石腹中出一小石,西石腹中怀一小石,故僰人乞子于此有验,因号"乞子石"。

一块大石头里掉出一块小石头,一块大石头里嵌着一块小石头,"僰[bó]人"(土人,当地人)将此联想为女人怀孕和产子,于是就向这两块石头乞求生子,还真有人"有验"。

还有如[元]李东有《古杭杂记》云:

净慈寺,乃祖宗功德院。侧有五百尊罗汉,别创一田字殿安顿,装塑雄伟。殿中有千手千眼观音一位,尤为精制。其第四百二十二位阿湿毗尊者,独设一龛,用黄罗为幕,幕之旁置签筒一座。其像侧身偃蹇,便腹斜目,觑人而笑。临安妇人祈嗣者,必诣此炷香点祷,以手摩其腹,云有感应。日积月久,汗手加于泥粉之上,其腹黑光可鉴。

这好像也是拜佛求嗣,但和拜"送子观音"不同,这里除了拜"罗汉阿湿毗",还要摸他的肚皮——若不摸,就无灵验。所以,这实质上是一种民间"偏方",只是借用了佛像而已。

还有如[清]赵翼《檐曝杂记》云:

> 求子之法:妇人服四子汤,男子服四物汤。候月经净后入房,左手足用力。精过后,令女人亦侧左身而睡。盖男血女气常各不足,故各补其所亏也。

这"四子汤"和"四物汤"是否有助孕效果,不得而知。但他说"候月经净后入房",我们知道,月经刚过不但不是最佳受孕期,甚至是"安全期",因为此时很可能还未排卵(当然,"安全期"并非绝对安全),但清朝的这位老先生哪知道这些,所以想当然地这么说了。至于行房时"左手足用力",还有"精过后,令女人亦侧左身而睡",那纯属古人的奇思异想,尽管他还解释说"男血女气常各不足"云云。

其实,赵翼说的"候月经净后入房"并非其创见,而是古法,是古代中国人一开始谈论"妇人受精"时就有的"见解"。早的不说,就说[唐]王焘的《外台秘要》,其中就有此法,而且说得更为玄乎,其曰:

> 凡男女受胎,皆以妇人经绝一日三日五日为男,仍遇男宿在贵宿日,又以夜半后生气时泻精者,有子皆男,必寿而贤明高爵也。若以经绝后二日四日六日泻精者,有子皆女。过六日,皆不成子。

大意是:妇人经绝后,一日、三日、五日与之交媾且泻精,怀胎皆为男;二日、四日、六日与之交媾且泻精,怀胎皆为女;六日后与之交媾,即便泻精,"皆不成子"(不会怀胎)。

可悲啊,他们选的经绝后的这六天,现在我们知道,恰恰是尚未排卵的"安全期",受孕率极低——简直是反其道而行之!

还有偏方,如《檐曝杂记》所云:

> 魏象枢无子，或教以每晨空心服建莲子，遂生子。李奉倩亦服此，有效。

他说，魏象枢没有儿子，有人教他每天清晨空腹吃"建莲子"，于是就生了儿子。他还言之凿凿地说，李奉倩也用这个偏方，也有效。那"建莲子"是什么？就是莲子，乡下孩子常采来当零食吃的。大概"莲子"与"连子"谐音，于是就被认为有生子功效。那如果我说"莲子"与"敛子"谐音，那不就没了生子功效？当人怀有强烈愿望时，往往会在幻想中实现愿望，而古代中国人的生子愿望，无论你说它有多强烈，都不会过。

还有——哦，太多了，我只能简单提一下——譬如，[唐]孙思邈《备急千金要方》中即有求子药方十五种、灸法六种，还有三种可以使女胎变成男胎的"妙法"（至于怎么识别女胎和男胎，说出来你肯定会觉得匪夷所思，但我没有篇幅说这些）。

又譬如，[宋]刘昉《幼幼新书》称，欲求子，夫妇交合时要避大风、大雨、大雾、大寒、大暑，"又避日月星辰、火光之下、神庙佛寺之中、井灶圊[qīng]厕之侧、冢墓尸柩之傍"。

又譬如，[明]洪基《继嗣珍宝》中有"种子法""调经法""续嗣降生丹""续嗣方"，等等。

又譬如，[明]俞桥《广嗣要语》中有"求子秘方"，如"秘传金锁思仙丹""玉钥启荣丸"，一是男用，一是女用。

又譬如，[明]贾铭《饮食须知》称，妇人不生育者，饮立春节雨水易得孕，"取其发育万物之义也"。

总之，只要你敢说，说出来总会有人信，因为人们太想生子了。即使你信口开河，说"吃土可以生子，取其孕育草木之义也"，照样也有人"宁可信其有，不可信其无"。

二、生　育

当然，不管你求不求子，大多数女人婚后总会生子或生女。不管你对生育多么一窍不通，只要你一次次和女人同房，女人就可能怀孕。然而，古代中国人好像并没有完全认定，只有男人才会使女人怀孕。所以，关于怀孕，历代都有一些稀奇古怪的说法。譬如，《史记·周本纪》曰：

> 姜嫄[yuán]出野，见巨人迹，心忻然悦，欲践之。践之而身动如孕者。

姜嫄是帝喾[kù]之妻，后稷之母。有一次，姜嫄在野外，看见巨人脚印，突然心动，踩了这脚印。之后，她身体里就有东西在动，就这样怀孕（而生下后稷）——踩脚印会怀孕？这在今天大概只好骗骗三岁小孩，但却是堂堂《史记》里说的。

又譬如，《史记·殷本纪》曰：

> 简狄为帝喾[kù]次妃。见玄鸟堕其卵，简狄取吞之，因孕生契。

帝喾的"次妃"简狄，因吃了一个鸟蛋而怀孕并生下契——这和踩脚印一样离奇，也是堂堂《史记》里说的。

又譬如，《史记·高祖本纪》曰：

> 其先刘媪尝息大泽之陂，梦与神通。是时雷电晦冥，太公往视，则见蛟龙于其上。已而，有身。

刘媪即指刘邦生母，曾在大泽旁歇息，梦见与神交媾。此时雷电交加、天昏地暗，刘太公前去寻找，只见一条蛟龙伏在刘媪身上。不久，刘媪"有身"（怀孕）——这"蛟龙"是什么？至今不知为何物，竟然还会使女人怀孕？显然，此乃神话也，但却是堂堂《史记》里说的。

不仅《史记》里有这种稀奇古怪的说法，《后汉书》里也有。譬如，《后汉书·鲜卑传》曰：

> 桓帝时，鲜卑檀石槐者，其父投鹿侯，初从匈奴军三年，其妻在家生子。投鹿侯归，怪欲杀之。妻言尝昼行闻雷震，仰天视而雹入其口，因吞之，遂妊身，十月而产，此子必有奇异，且宜长视。

檀石槐的父亲投鹿侯，从军三年未回家，妻子竟然在家里生了儿子。投鹿侯回家，要杀妻子。妻子说，那是有一天，白天打雷，她仰天观望，有一颗冰雹落在她嘴里，因为她把那颗冰雹吞了下去，于是就有了身孕，十月后产子，此子肯定不同寻常,将来你会看到——冰雹会使女人怀孕,你信吗?但那个投鹿侯信了,而且古人几乎全都信了。

还有,《晋书》里也有。譬如,《晋书·载记第十三》曰:

> 苻坚,其母苟氏尝游漳水,祈子于西门豹祠。其夜,梦与神交,因而有孕。

苻坚是十六国时前秦的国君,其母苟氏,曾到漳水边的西门豹祠去求子,夜里做梦与神交媾,于是怀孕(生下了苻坚)——做个梦也会怀孕?你会说,谁信!但是在古代,人们虽然知道女人怀孕是因为男精注入了女体(否则,也不会有父系观念、父系家族),但他们相信也好,出于某种目的也好,感觉好像还有其他什么东西,也会神奇地使女人怀孕。

[五代]王仁裕《开元天宝遗事》言:

> 杨国忠出使于江浙,其妻思念至深,荏苒成疾,忽昼梦与国忠交,因而有孕,后生男名朏。洎至国忠使归,其妻具述梦中之事。国忠曰:"此盖夫妻相念情感所致。"

杨国忠是杨贵妃的堂兄,开元、天宝年间的朝廷重臣,出使江浙多年,其妻在家思念丈夫,忧郁成疾。忽一日,其妻白天做梦,仿佛与丈夫交媾,于是有了身孕,生一子,名杨朏。后来,杨国忠回家,其妻把梦中之事告诉了他。杨国忠说:"这是因为夫妻情深而怀的孕啊。"

你相信杨国忠之妻编的故事吗?你相信杨国忠真的相信其妻编的故事吗?可能,他是真的相信。但更有可能,是不相信而装相信。为什么?因为他要掩盖妻子与人私通的真相。因为,这种丑事张扬出去,对他这个有头有脸的人来说,特别不利。而其妻呢,很可能就是因为知道丈夫不敢揭露真相,所以才这样公然撒谎。不过,不管怎么说,写《开元天宝遗事》的王仁裕好像是相信的。

除了相信女人会"因天意"而受孕,古代中国人还相信"胎教",即对胎儿施与道德感化。其实,不管是"天孕",还是"胎教",都源于远古巫风,即相信神秘的"天人感应"。

你或许会问:"胎儿懂道德吗?"那是因为你知道,个人道德是后天养成的,不是先天的。但是,古人似乎觉得,一个人的善恶,好像是在冥冥中在娘胎里决定的。所以,在胎儿还未出生前,周围的人,特别是孕妇,要对胎儿加以"感化"。

那么,具体怎么做呢?说来可以写一大本书,但我只能简单地举一两个例子。譬如《周礼》,譬如《大戴礼记》,譬如《贾谊新书》,都讲到"胎教",但我不说了(因为文字艰涩,需要注释),仅以《博物志》和《名医类案》为例。[晋]张华《博物志》曰:

> 妇人妊娠,不欲令见丑恶物、异类鸟兽,食当避其异常味,不欲令见熊黑虎豹,及射鸟射雉。食牛心、白犬肉、鲤鱼头。席不正不坐,割不正不食,听诵诗书讽咏之音,不听淫声,不视邪色。以此产子,必贤明端正寿考。所谓父母胎教之法。故古者妇人妊娠,必慎所感,感于善则善,恶则恶矣。妊娠者不可啖兔肉,又不可见兔,令儿唇缺。又不可啖生姜,令儿多指。

注意,他说"古者妇人妊娠,必慎所感,感于善则善,恶则恶矣",意即:孕妇若有善感,胎儿即善;孕妇若有恶感,胎儿即恶。也就是说,孕妇若心怀善意,胎儿出生后将是善人;孕妇若心生恶念,胎儿出生后将是恶人。是这样吗?不知道,因为要查明一个杀人犯的母亲当初怀孕时有没有心生恶念,是不可能的。所以,此话纯属臆测,不讲也罢。但他说孕妇吃兔肉或看兔子,生出儿子(或女儿)会"唇缺"(即兔唇);吃生姜,生出儿子(或女儿)会"多指"(十一或十二个手指),倒是可以查证的,甚至可以做实验。会不会呢?你若有兴趣,不妨试试。

张华是晋代人,距今亦远矣,今人已将其《博物志》视为"神话志怪小说",那就算他是说着玩的吧(其实,从晋代到清代,《博物志》从来就是经典,极少有人怀疑其真实性)。那么,明代人江瓘[guàn],距今不远矣,其《名医类案》是正儿八经的医书,不是什么"神话志怪小说",其中又是怎么说的呢?其曰:

> 矾昌高八舍家,轩墀间畜龟,数年生育至百余。其家产子四五人,皆龟胸伛偻。盖孕妇感其气所致。

他说,矾昌地方有个叫高八舍的人,家里养了很多乌龟,生出来的儿女,一个个都是龟胸驼背,这是他妻子怀孕时感受龟气所致——哈哈!

又曰:

> 至正末,越有夫妇二人,于大善寺金刚神侧,缚苇而居。其妇产一子,首两肉角,鼻孔昂缩,类所谓夜叉形。盖产妇依止土偶,便禀得此形。古人胎教,不可不谨。

他说,至正年间,浙江有一对夫妇在大善寺金刚神旁边搭了一间茅屋居住,那妇人生下一个儿子,头上有角,鼻孔朝天,长相如鬼样,这是因为产妇住在鬼怪神像旁边,胎儿受鬼气熏染而致。还说,古人所说"胎教",不可不听啊!

又曰:

> 胎妇饮食忌:鸡肉合糯米食,令子生寸白虫。食犬肉,令子无声。鲙鲤同鸡子食,令子生疳多疮。兔肉食之,令子缺唇。羊肝令子多厄难。鳖肉令子短颈。鸭子与桑葚同食,令子倒生心寒。鳝鱼同田鸡食,令子喑痖。雀肉合豆酱同食,令子面生雀斑黑子。食螃蟹横生。食子姜,令子多指生疮。食水浆冷,绝产。食雀肉饮酒,令子多淫无耻。食茨菰,消胎气。干姜、蒜、鸡,毒胎无益。黏腻难化伤胎。食山羊肉,子多病。无鳞鱼勿食。菌有大毒,食之令子风而夭。食雀脑,令子雀目。

这里所说,不用我解释,你也看得懂。反正是说,孕妇吃什么,胎儿就会像什么。好在,他总算没说"食馒头,令子成疙瘩"或"食米饭,令子成碎屑"——否则,孕妇非饿死不可。

不管怎样,如若没有流产,孕妇总要分娩,总要成为产妇。那么,古代产妇是怎么分娩的?这其实没什么好说的,古代产妇和现代产妇一样分娩,就是用力把胎儿从产道(即阴道)中挤出,如此而已。但是,人们是怎样对待产妇分娩的,则不仅古今大不同,历代也有所不同。

先说分娩前。《礼记·内则》曰:

> 妻将生子,及月辰,居侧室。夫使人日再问之,作而自问之。妻不敢见,

使姆衣服而对。至于子生,夫复使人日再问之。夫齐,则不入侧室之门。

这里的要点是:妻子临产前,必须和丈夫分开,不仅要居住在侧室内,还不可和丈夫见面,只能"使姆衣服而对"(叫保姆穿着她的衣服代她去见丈夫)。

为什么产妇要和家人分开?因为古代中国人认为产妇"不洁",产时会有"血光之灾"。这好像很奇怪:一方面,他们渴望生子;一方面,他们又认为分娩会有灾难。这是为什么?因为,古代产妇分娩,极其危险,常常伴随着死亡,这令家人恐惧而忌惮——因惧怕产妇死亡而忌惮死亡——所以,他们要避开产妇。

你或许会说:"这也太自私了吧?"是的,很自私。但也很无奈,因为分娩带着死亡的阴影,而再好的丈夫,也没法代替妻子分娩。

至于怎样避开产妇,各朝各代都不一样。譬如,在远古,产妇要到野地里去分娩;在上古,如《礼记》所说,要"居侧室";在秦汉,要在路边搭一临时产房;在唐宋,士大夫之家依古法,辟某房为"侧室",农家产妇则在柴房里产子;在明清,和唐宋差不多——反正,产妇不能在家里(至少,不能在客堂、卧房里)分娩,而且,不能和家人见面。

再说分娩。在远古,产妇分娩无人助产,就如野生动物产崽,一切由母兽独自完成。但自上古时代起,古代中国女人产子就有人助产——最少一人,最多可能几十人,由产妇的地位而定。最重要的助产人,是"产婆"(也叫"稳婆""接生婆"),通常是产过子的中年女人。至于产婆如何接生,大体可以参照农家为母牛接生。区别是古代女子远远不及母牛健壮,故而死亡率远远高于母牛。特别是(我们现在知道的)产后感染,因古人既不知细菌为何物,更不知抗生素,故而产妇一旦感染,十有九死。

由于没有一本古籍写到产妇的分娩过程(原因是古代产妇分娩时不可能有男人在场,而写书是男人的事),所以,我只能根据那时接生所用的一些物品,大概猜测一下当时的某些情况。据[宋]陈自明《妇人大全良方》,宋朝人家需为产妇预备如下物品:

好醋、白米、煎药炉、铫子、煮粥沙瓶、滤药帛、醋炭盆、小石一二十颗、汤瓶、软硬炭、干柴茅、暖水釜、洗儿肥皂、头发、断脐线及剪刀、干蓐草、卧交椅、软厚毡、灯笼、火把、缴巾、油烛、发烛、灯心。

其中的"好醋"和"醋炭盆",我想,大概是用来烟熏产房的。但不要以为这是"杀菌",古人根本不知有"菌",可能是"祛邪"。"灯笼""火把发烛""灯心"之类,是用来照明的,可能在接生时,产婆和其他帮手会把门窗紧闭,屋内漆黑一片。"断脐线及剪刀"显然是先用断脐线扎紧胎儿的脐带,然后剪断。还有一些东西,"白米""煎药炉""煮粥沙瓶""暖水釜"等,用处可想而知。至于"干蓐草""卧交椅""软厚毡",可能是用来让产妇坐在上面分娩。这可据[宋]杨康侯《十产论》所述予以印证:

儿将欲生,其母疲倦,久坐椅褥,抵其生路。须用手巾一条,拴系高处。令母用手攀之,轻轻屈足作坐状,产户舒张,儿即生下,名"坐产"。

这是杨康侯建议的一种"姿势",即产妇坐在椅子上,张开双腿,双臂高举,双手紧抓头顶上悬下的一条手巾,使臀部提起,从而"产户舒张,儿即生下"。

不过,尽管陈自明《妇人大全良方》和杨康侯《十产论》说到的都是"坐产",而实际上,更多的可能是"盆产",即产妇坐在一个木盆上分娩,因而分娩也称作"临盆""坐盆"。此外,还有"立产",即产妇叉开双腿直立,背后有一壮妇将其拦腰抱住,产婆蹲在其胯下接生。

再说分娩后。胎儿出来后,洗净,用布包好,称作"婴儿"。此时,产妇该怎么办呢?按陈自明《妇人大全良方》:

凡妇人生产毕,且令饮童子小便一盏,不得便卧,且宜闭目而坐,须臾方可扶上床仰卧,不得侧卧,宜立膝,未可伸足。高倚床头,厚铺茵褥。遮围四壁,使无孔隙,免被贼风。兼时时令人以物从心擀至脐下,使恶露不滞,如此三日可止。

首先要喝一碗"童子小便"。喝尿?是的,这是古法。虽不知皇后产后喝不喝,但民间产妇几乎都喝,因为几乎所有的医书上都是这么说的。然后,扶产妇上床仰卧,但不可伸直双腿,要"立膝",即耸起双膝。此外,还要用枕头之类的东西由上至下挤压产妇的肚皮,"使恶露不滞"。

接着,就是哺乳和坐月。关于哺乳,可说的,除了古代有"治妇人乳无汁方"

和"鲫鱼汤"(均见[唐]孙思邈《备急千金要方》)之类的"妇人良方",还有就是历朝历代都有数不尽的"奶娘"。为什么？因为古代中国人忌讳哺乳,如[汉]王充《论衡》所言：

> 讳妇人乳子,以为不吉。

所以,首先是历代皇家,无论是皇后,还是嫔妃,产后都不哺乳,均由奶娘代劳。《礼记·内则》曰：

> 国君世子生,卜士之妻、大夫之妾,使食子。

国君生子,占卜,占出某士人之妻,或某大夫之妾,命其为国君之子哺乳。但是,你知道,那要某士人之妻或某大夫之妾也正好生子——否则,哪来乳？所以,占卜只是摆摆样子而已,实际就是命令同时生子的某士人之妻或某大夫之妾为国君之子哺乳。至于皇后、嫔妃为何不哺乳,据说,一是因为哺乳有伤产妇元气,不易恢复体形；一是因为哺乳有增母子感情,易使皇子过于依恋母后而疏远父皇,这于皇家、于江山社稷不利。

其次是,达官贵人之家,妻妾生子,通常都仿效皇家,延请奶娘,如《礼记·内则》曰：

> 大夫之子有食母(奶妈)。

再次是,乡绅小康人家,妻妾生子,虽《礼记·内则》曰：

> 士之妻自养其子。

但若产妇乳水不足,或产妇不愿哺乳,也会叫来奶娘。所以,历朝历代,皇宫内、府邸间、庭院里,到处都有奶娘的身影。上等人家的孩子,都是由奶娘养大的。

至于请奶娘时还有许多讲究和禁忌,譬如奶娘与婴儿的生辰八字相生相克之类,大多烦琐而无聊,我就不说了。仅有一点,再说几句。奶娘不是奶牛,不生子不会产奶。既然有那么多奶娘,那就意味着有那么多庶人之妻,生子后要去为大夫之子或士之子哺乳;也即意味着,有那么多庶人之子,若不是一出生就被溺亡或者抛弃(关于溺婴和弃婴,我在后面会讲到),就是只用米汤或面糊喂养,结果不是夭折,就是体弱多病,其命亦不长矣。

再说坐月。坐月俗称"坐月子",就是产妇分娩后要在床上"坐"一个月。这个"坐",就是《妇人大全良方》所说是"高倚床头,厚铺茵褥"(半躺床上,厚垫厚被)。至于坐月有哪些须知、那些禁忌,就如其他民俗一样,各朝各代、各方各地有所不同。但有一些是一样的。譬如,坐月时不可着风,如[明]徐春甫《古今医统大全》所言:

产妇房中不宜有隙,邪风射入为害。卧床四壁,宜浓褥围之。

产房四周的所有缝隙都要封堵,以免"邪风"吹入。床的四周,还要用被褥围起来。注意,避风不是避冷,而是避邪。所以,即便在夏天,产妇也不可着风。可想而知,一定有不少产妇死于中暑。

再譬如,坐月时不可洗澡。如《古今医统大全》所言:

产后七日内不可洗,七日外方可温水洗。若沐洗,须是一月之外。

七日之内,什么都不可以洗。请想想,分娩时留在下身的血污怎么办?产婆可能会帮产妇擦掉,但擦得干净吗?这样七天后,一定有产妇下身已经感染,而这种感染,就是可怕的产后感染,死亡率极高。至于一个月不洗澡,若在夏天,一定有不少产妇浑身长满痱子,其痒难忍。

再譬如,坐月时不可走动,更不可做事。如《古今医统大全》所言:

一百二十日内,不可作劳。

古代中国人向来崇尚"静",轻视"动",所谓"以静制动",所谓"静思""静观""静修",都表明古代中国人相信"一动不如一静"。"静"就是什么也不做,就是"无为而无不为"。所以,对于产妇,也是如此,叫产妇一动不动,即所谓"静养",即可安然无恙。殊不知,这样只会使产妇更加虚弱。但古人不知"生命在于运动"——不知者无罪!

好在,古代中国人大多是穷人。穷人家的产妇,怎能一百二十天内不劳作?很可能,产后没过几天,就去干活了,而这却意外地"拯救"了她们——她们没有变得虚弱不堪。

最后,说一件古代最可怕的事——溺婴,即把刚出生的婴儿,特别是女婴,按入水盆中淹死。为什么?因为古人认为,女孩是家里的累赘。如[南北朝]颜之推《家训》(即《颜氏家训》)曰:

> 太公曰"养女太多,一费也",陈蕃曰"盗不过五女之门",女之为累,亦以深矣。然天生蓄民,先人传体,其如之何?世人多不举女,贼行骨肉,岂当如此而望福于天乎?吾有疏亲,家饶妓媵,诞育将及,便遣阍[hūn]竖守之。体有不安,窥窗倚户。若生女者,辄持将去。母随号泣,使人不忍闻也。

大意是:姜太公说"养女太多,太费钱财",陈蕃(后汉大臣)说"盗贼不偷有五女之家"(太穷),女儿确是累赘。但是,天生庶民,祖传其人,那又为什么呢?现在有许多人不愿养女儿,残害骨肉,这样能祈福于天吗?我有远亲,家里有妓妾甚多,每当有生育,他就派仆人守着。临产时,在窗外窥视。若生女婴,夺之便走。其母随即大哭,令人不忍听闻——看来,颜之推是不赞成溺杀女婴的,但"世人多不举女",他也无可奈何。

其实,不仅仅南北朝,世人溺杀女婴,之前历朝历代就如此,后来历朝历代也如此。如[宋]赵善燎《自警编》曰:

> 民生子必纳丁钱,岁额百万。民贫无以输官,故生子皆溺死。

又如[宋]苏轼《与朱鄂州书》曰:

> 岳鄂间,田野小人,例只养二男一女,过此辄杀之,尤讳养女,以故民间少女,多鳏夫。初生,辄以冷水浸杀,其父母亦不忍,率常闭目背面,以手按之水盆中,咿嘤良久乃死。

"岳鄂"即岳州、鄂州(今湖南、湖北)。"田野小人"即农户。"民间少女,多鳏夫"意即民间女少,鳏夫(独身男)多。

还有如清代各地县志所录:

> 漳州俗,多溺女。(乾隆《尤溪县志》)

> 福建尤溪俗,生女多不育,相效淹溺。(乾隆《尤溪县志》)

> 铜陵旧习,产女有勿举者,近严溺女之禁。(乾隆《铜陵县志》)

> 乐平,生女辄溺之。永康俗,产女多溺。(嘉庆《松江府志》)

> 石城溺女,邻邑皆然,石为甚。(道光《石城县志》)

> 徽州府俗,多溺女。(道光《徽州府志》)

> 兴国溺女之俗,由来已久。(同治《兴国县志》)

> 江西于都,溺女相沿已久,皆以为当然。(同治《雩都县志》)

> 古田其俗,溺女。(同治《上元、江宁两县志》)

> 永嘉奁资盛而女溺。(光绪《永嘉县志》)

> 长兴俗,多溺女。(光绪《锡金县志》)

> 宁国府俗,多溺女。(光绪《嘉定县志》)

> 江苏句容,产女者多溺之。(光绪《句容县志》)

> 苏州府吴俗,溺女火葬。(光绪《锡金县志》)

> 高淳溺女风习之酷烈,无如淳者。(光绪《高淳县志》)

你看,溺杀女婴几乎是全天下的民俗。尽管历代朝廷都严禁溺婴,但数千年来,始终禁而不止。实际上,不仅女婴,有时男婴也难逃此劫。如一对赤贫夫妇,生下男婴,显然无力养活,只能一溺了之。如一对迷信夫妇,生下男婴,算命说将克父克母,于是就一溺了之。还有如一对狠心夫妇,生下男婴,见其双腿畸形,或有其他什么缺陷,也会一溺了之。

不过,男婴虽也可能被溺杀,更多的却是被抛弃,即被弃于田头路边,希望有人收养。女婴即便不溺杀,就是弃于闹市也无生路——极少有人愿意收养女婴。

这种弃婴,虽然历代都有,但在宋代好像特别严重,称为"不举子"或"生子不举"("举"即养)——此语屡屡见于《宋史》与宋人笔记。如《宋史·范如圭传》曰:

> 东南不举子之俗,伤绝人理。

如《东坡志林》曰:

> 黄州小民,贫者生子多不举。

对此,南宋朝廷还颁布过法令:

> 禁贫民不举子,其不能育者,给钱养之。

朝廷固然有此法令,地方官府却难以"给钱养之"。贫民实在太多了。实际情况是,官府确实有济贫措施,甚至民间也有,但都是杯水车薪、十贫一济而已。所以,无论是宋代也好,还是后来的元、明、清也好,既然贫民比比皆是,弃婴自然屡见不鲜。

第八章　慈幼　蒙学

　　虽然历朝历代都有溺婴与弃婴，但大多数婴儿还是由父母养大。喂养幼儿，古人称作"慈幼"。养至五六岁，若是百姓人家，幼儿除了玩耍，就是帮父母做事——男孩跟着父亲下地、放牛、打杂；女孩跟着母亲缝补、做饭、打扫。若是官宦人家或乡绅人家，男孩要聘师授教，女孩要随母习红，即今所说"小学"，古人称作"蒙学"（启蒙之学）。本章所讲，即慈幼与蒙学。

一、慈　幼

　　"慈幼"一语，最初出自《周礼·地官》，其曰：

　　　　以保息六，养万民：一曰慈幼，二曰养老，三曰振穷，四曰恤贫，五曰宽疾，六曰安富。

　　所谓"保息"，按郑玄注："保息，谓安之使蕃息也。"所谓"慈幼"，按郑玄注："慈幼，谓爱幼少也。"其后，《孟子·告子下》曰：

　　　　敬老慈幼，无忘宾旅。

　　"宾旅"，即羁旅之人。其后，《礼记·祭义》曰：

> 先王之所以治天下者五：贵有德、贵贵、贵老、敬长、慈幼。

无论是《周礼》《孟子》，还是《礼记》，都把慈幼和养老、敬老、敬长相提并论，《礼记》还将其列为"治天下者"之一，可见上古中国人对慈幼之重视。

确实，没有后代，谈何治天下？然而，进食、穿衣更为重要，为何不列为"治天下者"？因为那是为人者自然而然会做的事，不必强调。那么，养育后代，难道不是为人者自然而然会做之事？还需强调？是的，因为上古时的中国人已非自然之人。

你知道，在自然状态，养育后代乃为母者之事，非为父者之事，如兽类、鸟类，大多如此。因为在自然状态下，为母者足以独自育儿，无需为父者帮助。然而，人则不然，为母者已无力独自育儿，须有为父者鼎力相助，方能养育后代。这是人类走上文明之路的必然结果，全世界都一样。

换言之，慈幼对女人来说其实是废话，你不说，她也会慈幼，这是她的天性。但对男人来说，则不然，他们虽有生育的冲动，却无育儿的天性。在自然状态下，女人一旦怀孕，男人即已完成使命。但文明不是自然。在文明状态下，男人必须克服其原始天性，担负起育儿的职责。这就是上古礼义之书要强调慈幼的原因所在，因为上古时期是中国文明的发端期。换句话说，《周礼》也好，《孟子》也好，《礼记》也好，它们讲慈幼，是讲给男人听的，不是讲给女人听的——其实，我说这些，是现代人类学常识，或许是多余的。但已经说了，我也不想收回了。

下面就直接来讲古代中国人如何育儿。你知道，这种事情，查阅历代史书或文人笔记是没用的。没有史家或文人对这种事情感兴趣。那怎么办呢？我只能去查阅医书。因为我想，医家、郎中虽不接生，但对育儿一定会有说法。了解这些说法，或许可以间接推知古人是怎样育儿的。譬如，关于哺乳，[唐] 孙思邈《备急千金要方》曰：

> 凡新生小儿，一月内常饮猪乳，大佳。

[宋]《小儿卫生总微论方》虽作者不详，但由太医局何大任作序，堪称经典，亦曰：

> 凡儿自初生至满月,宜常常时取猪乳汁滴儿口中,令咽,最为之妙。

为什么要喝猪奶?他们都没有解释(古人说事,很少解释,因为不解释也几乎人人会信)。我想,在古代,至少在唐宋两代,一定有许多婴儿喝过猪奶(不知煮过没有。若没煮,那很危险,因为猪身上有很多细菌,但古人不知)。

再譬如,关于穿衣,[隋]巢元方《诸病源候论》曰:

> 小儿始生,肌肤未成,不可暖衣,暖衣则令筋骨缓弱。

《小儿卫生总微论方》亦曰:

> 凡儿常令薄衣,虽冬月,但令著两夹衣,及内衣之类。若极寒,即渐加旧絮衣。人家多务爱惜,乃以新绵厚衣,温养过宜,适以为害。

婴儿不可穿得暖和,要受点冻(有俗语也称:"要使小儿安,常带三分饥和寒。"),理由是穿得暖和,"令筋骨缓弱"。筋骨强弱,和冷暖有关?冷,会使筋骨强?暖,会使筋骨弱?

再譬如,《小儿卫生总微论方》曰:

> 凡儿生肌肉未成,不可与暖厚新棉之衣,当与故絮,非乃恶于新袄,亦资父母之余气,以致养焉。

这是说,幼儿的棉衣不可用新棉花做,要用父母穿过的旧棉衣里的旧棉絮,理由是旧棉絮里有父母的"余气",可以保养幼儿。我们知道,旧棉絮里除了有细菌不会有什么东西。但古人不知细菌,却相信神奇的"余气"。

再譬如,关于沐浴,《备急千金要方》曰:

> 凡儿冬不可久浴,浴久则伤寒。夏不可久浴,浴久则伤热。

冬天,婴儿不可"久浴"(沐浴时间长),容易"伤寒"。夏天,婴儿也不可"久浴",容易"伤热"。冬天不可"久浴",还有点道理,因为古代没有空调,可能会着凉。但夏天不可"久浴",就没啥道理了,只要水温适宜,哪有什么"伤热"(中暑?)。总之,他是说,不管春夏秋冬,给婴儿洗澡,要快。但真的是这样吗?

又曰:

> 新生浴儿者,以猪胆一枚,取汁投汤中,以浴儿,终身不患疮疥。

在婴儿的洗澡水里放入猪胆汁,可使婴儿"终身不患疮疥"。这在今天看来也很古怪。猪胆汁即便有消毒杀菌作用(其实没有),也不能保证"终身"不生疮疥。

当然,古代医书上并非全是奇谈怪论,有些是显而易见的常理或常识。譬如,《备急千金要方》曰:

> 儿若卧,乳母当以臂枕之,令乳与儿头平,乃乳之,令儿不噎。母欲寐,则夺其乳,恐填口鼻,又不知饥饱也。

又譬如,《小儿卫生总微论方》曰:

> 凡乳母慎护养儿,乳哺欲其有节,襁褓欲其有宜,达其饥饱,察其强弱,适其厚薄,循其寒热,盖自有道,不可不知也。

不管怎么说,古代中国人育儿,还是非常用心的,虽然有不少奇谈怪论和荒唐做法,但婴儿成活率仍在百分之五十以上。这在古代,就全世界来说,一点也不低,甚至是很高的。

不过,我这里说的仅是小康之家的育儿,至于大量的乡野农户和城镇贫民,他们是怎样育儿的,那就不得而知了。我们只知道,历朝历代都有大量的弃婴和孤儿来自乡野农户和城镇贫民。

这些弃婴和孤儿,有些会被某些小康之家收养,有些会被某些民间慈善家收养,有些会被寺院收养(佛家以慈悲为怀,寺院往往是穷途末路之人的最后避难所)。还有一些,则会被官府收养。官府也收养弃婴和孤儿?是的,自秦汉起,历朝历代的官府其实都收养弃婴和孤儿。此可称作"官府慈幼"。至于效果如何,那就另当别论了。

据《汉书》和《后汉书》,秦汉朝廷和官府就有"收恤孤独"之举,即"赐粟""给帛",以使"老者以寿终,幼孤得遂长"。

至南北朝,梁武帝除了指令各郡县"赡老恤孤",还在京城建康设立"孤独园"。据《梁书·本纪》:

> 凡民有单老孤稚不能自存,主者郡县咸加收养,赡给衣食,每令周足,以终其身。又于京师置孤独园,孤幼有归,华发不匮,若终年命,厚加料理。

"孤独园"可谓史上最早的养老院和孤儿院。只是,不知收养了多少孤老和孤儿,可能真是一项"惠民工程",也可能只是帝王的"面子工程",摆摆样子而已,仅供文人墨客借此歌功颂德。不过,即便是摆摆样子,至少也是从无到有——至少表明,慈幼恤孤,乃帝王之责。

所以,自南北朝之后,无论是唐宋,还是明清,朝廷都有类似的慈幼举措。譬如,在唐代,起于武则天的武周时期,长安、洛阳及地方各道、各州都有朝廷出资、寺院主办的"福田院"和"悲田坊",收养孤老和孤儿。后因唐武宗"会昌废佛",寺院被关闭,僧尼被遣散,一度废弛。但不久,唐武宗驾崩,唐宣宗继位,重拾佛教、敕复寺院,"福田院"和"悲田坊"又得以恢复。

至于宋代,一方面是丁税繁重、民生艰难,以致"生子不举",屡见不鲜;一方面是朝廷广施仁政、慈幼恤孤,设"慈幼局""居养院"等,收养弃婴与孤儿。据《宋史》,至和二年,宋仁宗曾下诏:

> 访闻饥民流移,有男女或遗弃道路,令开封府、京东、京西、京畿转运司,应有流民雇卖男女,许诸色人及臣僚之家收买,或遗弃道路者,亦听收养。

宋仁宗允许民间买卖儿女,允许民间收养弃儿,实属无奈。不然,这些儿女,这些弃儿,必死无疑。

继宋仁宗后,宋神宗"准京师福田院收养弃儿",自此"慈幼之政渐兴"。如苏轼《与朱鄂州书》言:

> 轼向在密州,遇饥年,民多弃子,因盘量劝诱米,得出剩数百石,别储之,专以收养弃儿。

苏轼时任密州太守,令官府"盘量劝诱米"(尽量买入粟米),多买"数百石",另外放置,"专以收养弃儿"。

后来,元符元年,宋哲宗下"居养令",敕令各州县设置官屋,收养孤老与弃儿。后崇宁年间,宋徽宗建"慈幼局"和"居养院",专以收容弃儿,居养费为成人一半,每日"钱五文,粳米、粟米半升"。据[宋]吴自牧《梦粱录》言:

> 有局名慈幼,官给钱,典顾乳妇,养在局中。如陋巷贫穷之家,或男女幼而失母,或无力抚养,抛弃于街坊,官收归局养之,月给钱米绢布,使其饱暖,养育成人,听其自便生理,官无所拘。若民间之人,愿收养者听,官仍月给钱一贯、米三斗,以三年住支。

宋室南渡后,慈幼之政未废。宋高宗绍兴五年,地处京畿的临安、绍兴等府,率先重建慈幼局。其后,南宋朝廷稍得安定,又在江南各地广施慈幼之政,或称"慈幼局""慈幼庄",或称"婴儿局""举子仓",虽名称不一,均"为贫而弃子者设"。此政即便到了元代,仍有元人郑元祐在《山樵杂录》中称:

> 宋京畿各郡有慈幼局……局设乳媪,鞠育之。岁栞,子女多入慈幼局,故道无抛弃子女,信乎恩泽之周也。

说南宋"道无抛弃子女"当然是溢美之词,那是不可能的。但南宋确有慈幼之政,官府确实收容过不少弃婴和孤儿。要知道,南宋自始至终都有外敌,边塞战火时起,军费年年见涨,若遇灾年,还要赈灾,再要拨款慈幼,朝廷、官府可谓精疲力竭了。

实际上,从南北朝到宋朝,官府慈幼并不是持续不断的,而是时有时无的。因为弃婴孤儿时多时少。如若弃婴孤儿不多,或者弃婴孤儿足有殷实人家收养,或者民间慈善业足以应对,朝廷、官府的慈幼之政就会形同虚设。

譬如,明朝就是如此,早期国泰民安,少有弃婴孤儿;后期因连年受灾,弃婴孤儿大增，但大多由民间慈善家应对，如万历年间的周孔教、崇祯年间的蔡琏，募资在苏州和扬州设立育婴社，收养弃婴孤儿。故而，朝廷、官府虽设立慈幼局，也仅为育婴社提供部分资金，并不直接收容弃婴孤儿。

入清后，开始也是如此。据《清史稿》，顺治十二年、十三年，扬州府的江都、高邮两地，由绅商捐助集资，设立育婴堂，收养弃婴孤儿。直到雍正帝继位后，才下诏：

> 养少、存孤与恤老，同为世间善举，希倡率资助，使之益加鼓励，再行文各省督抚，转饬有司，劝募好善之人于通都大邑、人烟稠集之处，照京师例，推而行之。

这个雍正帝的做法，和明朝万历帝、崇祯帝正好相反。万历帝、崇祯帝是给钱，让民间慈善家去办育婴社，而这个雍正帝是要民间"好善之人"捐钱，供官府来办育婴堂。

既然皇上亲自募捐，大清朝的富人谁敢不捐？于是乎，各州各县先后办起了育婴堂，有的叫"救婴堂"，有的叫"保婴局"，有的是"恤婴会"，有的叫"接婴所"，有的叫"保赤局"，有的叫"六文会"，名目繁多。但不管叫什么，收养婴儿的方式都一样，分三种：一是"堂养"，即把弃婴直接收入育婴堂喂养；二是"寄养"，即育婴堂出钱把弃婴寄养于某乳母家喂养、三是"自养"，即育婴堂资助穷困产妇自行喂养婴儿。

之所以要"寄养""自养"，就是因为育婴堂没有足够的地方，也没有足够的钱，往往捉襟见肘。所以，育婴堂是否真能把所有收养的婴儿都养大，是很可疑的。不妨看看[清]欧阳兆熊《水窗春呓》所言：

> 吾邑育婴堂，向雇乳媪百余人，经费既已不赀，而乳媪皆有子女，仍乳其所生者，而私以饭汁饲所养婴儿。予见其面黄肌瘦，声嘶啼哭不止，不久即当就毙。

他说，他家乡的育婴堂需要雇用一百多个"乳媪"（奶妈），"经费既已不赀"（经费已经不足）。言下之意，只能少雇奶妈，而少雇奶妈，即意味着婴儿吃不饱。

再加上那些奶妈都有自己的婴儿要喂奶,往往会"私以饭汁饲所养婴儿"(偷偷用粥汤喂养那些婴儿),所以那些婴儿"面黄肌瘦,声嘶啼哭",看来是活不长的。

是的,不难料想,官府慈幼,无论在唐宋,还是在明清,其婴儿死亡率都可能高得惊人。原因很简单:既然有那么多弃婴,即表明百姓已穷得连孩子也养不活了;既然百姓穷得连孩子也养不活了,朝廷大概也富不到哪里去(朝廷之富,源于百姓);既然朝廷也富不到哪里去,官府慈幼,往往是心有余而力不足,只能眼巴巴地看着那些婴儿刚被救起,又遭厄运。

不过,救,总比不救好,即便是九死一生,也总有命大的婴儿会活下来——你说是不是?

二、蒙 学

首先要明确,古代没有"义务教育",蒙学是家庭教育的一部分。其次要明确,古代家庭绝大多数是下层百姓人家,而百姓人家的家庭教育,就是简单粗暴的"棍棒教育",主要靠打骂,使孩子"听话",无所谓"蒙学";也就是说,蒙学是指古代中上层人家的家庭教育的一部分。再次要明确,即便是古代中上层人家,也仅有男孩才有蒙学,不包括女孩;也就是说,蒙学只是指古代中上层人家的男孩的启蒙之学——请记住这一点,因为我在后面引述古书时,不可能时时提醒你说:"不要误认为他们是在谈论'全民教育',他们只是在谈论某些家庭中的男孩应该如何教育。"

"蒙学"一词虽然在宋朝才出现,但这并不表明宋朝之前没有类似于蒙学的家庭教育。实际上,《礼记·内则》里就有"六年教之数与方名"(孩子六岁时教他数一二三四……和东南西北)"九年教之数日"(九岁时教他数初一、初二、初三……)"十年学书计"(十岁时学写字和算术)的说法。《汉书·食货志》里也说:"八岁入小学,学六甲、五方、书计之事。"这里的"小学",类似蒙学。

至于孔子曾说"夫孝,德之本也,教之所由生也",以及《礼记》所称"夏后氏大学为东序,小学为西序",前者泛指"德教",后者泛指上古"诸侯之教",并非家庭教育中的蒙学。

孩子从小就教之以行为规范,好像始于南北朝。有颜之推《家训》(即《颜氏家训》)为证,其曰:

> 生子孩提，师保固明孝仁礼义，导习之矣。凡庶纵不能尔，当及婴稚，识人颜色，知人喜怒，便加教诲，使为则为，使止则止。比及数岁，可省笞罚。父母威严而有慈，则子女畏慎而生孝矣。吾见世间，无教而有爱，每不能然，饮食运为，恣其所欲。宜诫翻奖，应呵反笑。至有识知，谓法当尔。骄慢已习，方复制之，捶挞至死而无威，忿怒日隆而增怨。逮于成长，终为败德。孔子云"少成若天性，习惯如自然"是也。俗谚曰："教妇初来，教儿婴孩。"诚哉斯语！

他说，太子幼小时，太师、太保就以孝仁礼义引导之。凡庶之人，固然做不到，但也应该教孩子懂得别人的喜怒哀乐，懂得听话，叫他做才做，叫他不要做就不做，这样教他几年，不用打骂，他也能学会。父母威严而慈爱，子女才会敬畏而生孝心。我看世间有些父母，不教孩子，只知宠爱，孩子往往就不是这样，而是饮食起居、言行举止，为所欲为。本该训诫的，父母反而奖励，本该呵责的，父母反而一笑了之。这样等孩子懂事后，就会认为理所当然。骄横轻慢的习性一旦养成，父母再想制止，就是打死他无以立威，他反而会越来越憎恨父母。这样等孩子成年后，肯定道德败坏。这就是孔子所说的"少成若天性，习惯如自然"。俗话说："教妇初来，教儿婴孩。"（教育媳妇要在她刚来之时，教育孩子要在他还是婴儿之时。）这话说得不无道理！

这可说是宋朝蒙学的前身。此外，还有如［三国］诸葛亮《诫子书》、［东晋］陶渊明《命子十章》、［南北朝］孙谦《戒外孙书》、［南北朝］魏收《枕中篇》等，也堪称宋朝蒙学的先声。我在故纸堆里翻找时，基本没找到唐朝有人谈论此类话题，也几乎没找到什么"家训""教化"之类的东西。我想，也许正是因为唐朝不怎么重视这一块，宋朝才那么注重家训、那么注重教化、那么注重德行。要知道，当朝往往是前朝的校正。

当然，这不过是我的猜测，因为我在写本文时找不到唐朝的相关材料，所以才这么说的。至于对不对，不去管它。反正，接着就来讲宋朝的蒙学。

宋人周辉《清波杂志》曰：

> 或谓童稚发蒙之师不必妙选，然先入者为之至，亦岂宜阔略？世谓幼学记为终身记，盖亦此意。

此处,蒙学被称作"幼学",且说"世谓幼学记为终身记"(世人把幼学的记忆称为终身的记忆)。为什么?因为"先入者为之至"(先学的东西影响最大)。显然,宋人充分意识到了蒙学的重要,所以才不遗余力地推行蒙学。

那么,具体说来,宋朝的蒙学包括哪些方面?对此,若想把宋朝的蒙学加以概括,虽不难,但颇费周章,因为宋朝的许多大儒,譬如司马光、程颢、程颐、朱熹、陈淳等,都曾就蒙学发过声。所以,为简便起见,我仅以朱熹为例,略见一斑。因为朱熹写过一篇蒙学专论,题为《童蒙须知》(亦称《训学斋规》),堪称宋朝以及后世的"蒙学大纲"。

《童蒙须知》序曰:

> 夫童蒙之学,始于衣服冠履,次及言语步趋,次及洒扫涓洁,次及读书写文字,及有杂细事宜,皆所当知。今逐目条列,名曰童蒙须知。若其修身、治心、事亲、接物,与夫穷理尽性之要,自有圣贤典训,昭然可考。

童蒙之学,依次为"衣服冠履""言语步趋""洒扫涓洁""读书写字""杂细事宜",即:先学穿衣戴帽,再学说话走路,再学打扫整理,再学读书写字,再学各类杂事。

为何要先学穿衣戴帽?《童蒙须知》"衣服冠履第一"曰:

> 大抵为人,先要身体端整。自冠巾、衣服、鞋袜,皆须收拾爱护,常令洁净整齐。

是的,为人端正,先须穿着端整。未见正人君子,衣衫不整。那么,为何要学说话走路?《童蒙须知》"言语步趋第二"曰:

> 凡为人子弟,须是常低声下气,语言详缓,不可高言喧闹,浮言戏笑。……凡行步趋跄,须是端正,不可疾走跳踯。

是的,为学之人,说话要慢条斯理,走路要大大方方。未见正人君子,喧哗戏闹,蹦蹦跳跳。那么,为何要学打扫整理?《童蒙须知》"洒扫涓洁第三"曰:

凡为人子弟,当洒扫居处之地,拂拭几案,当令洁净。文字笔砚,凡百器用,皆当严肃整齐,顿放有常处。

是的,为学之人,居处要经常打扫,书桌椅子,擦拭洁净,笔砚器用,安放整齐。未见正人君子,居处凌乱邋遢、乱七八糟。那么,读书写字有何要学?《童蒙须知》"读书写字第四"曰:

凡读书,须整顿几案,令洁净端正,将书册整齐顿放,正身体,对书册,详缓看字,仔细分明读之。……凡写字,未问写得工拙如何,且要一笔一画,严正分明,不可潦草。

是的,为学之人,读书要端坐桌前、细心阅读,写字要一笔一画、认认真真。未见正人君子,读书时歪斜倚躺,写字时潦草涂鸦。那么,为何要学各类杂事?《童蒙须知》"杂细事宜第五"曰:

凡喧哄争斗之处不可近,无益之事不可为。凡饮食,有则食之,无则不可思索,但粥饭充饥不可缺。凡出外及归,必于长上前作揖,虽暂出亦然。凡饮食之物,勿争较多少美恶。凡饮酒,不可令至醉。凡入厕,必却外衣,下必盥手。凡待婢仆,必端严,勿得与之戏笑。凡道路遇长者,必正立拱手,疾趋而揖。杂细事宜,品目甚多,姑举其略,然大概具矣。

是的,为学之人,处处都要谨言慎行、规规矩矩。未见正人君子,日常小事,随随便便、莽莽撞撞。

那么,古代蒙学,有没有教材呢?大体说来,在宋明之前,没有专用教材,而是把某些较浅显的公文用作幼儿识字课本。譬如,在秦朝,朝廷推行"以吏为师""以法为教",幼儿识字课本是丞相李斯的《仓颉篇》,其开篇曰:

苍颉作书,以教后嗣。幼子承诏,谨慎敬戒。

还有丞相赵高的《爰历篇》,现已佚(大概是这位老兄"指鹿为马",为后世所憎恨,故而其文不传)。

在西汉,除李斯的《仓颉篇》,还有史游的《急就篇》和司马相如的《凡将篇》,也常用作幼儿识字课本。尤其是《急就篇》,其中分述人名、饮食、衣服、臣民、器物、虫鱼、宫室、药品、官职、地理,等等,又以三、五、七字韵文写成,如开篇曰:

宋延年,郑子方。卫益寿,史步昌。

适合幼儿诵读,故而最多为人所用。后来在南北朝,员外散骑侍郎周兴,奉诏撰写《千字文》,供诸皇儿诵读。其开篇曰:

天地玄黄,宇宙洪荒。日月盈昃,辰宿列张。

和《仓颉篇》差不多。但大概由于《千字文》为皇家所用,不久后传入民间,便逐渐取代《仓颉篇》《急就篇》和《凡将篇》,成为宋朝之前最常用的幼儿识字课本。其实,在北宋时,幼儿诵读的仍是《千字文》。不过,此时有不知何人所撰《百家姓》,其开篇曰:

赵钱孙李,周吴郑王。冯陈褚卫,蒋沈韩杨。

据明代有人考证,《百家姓》可能由北宋初年某个小民所撰。理由是,《百家姓》中的第一姓"赵"是大宋皇室的姓,放在首位,可见《百家姓》写于北宋年间。但其后的姓,毫无秩序,是撰者任意排列的。如第二姓"钱",可能是撰者自己的姓。至于后面的"孙、李、周、吴、郑、王"之类,可能是撰者的亲朋好友的姓。总之,《百家姓》纯属游戏,毫无意义。然而,就是这样一篇游戏之作,也许就是因为它毫无意义,只有一个一个字、一个一个音,从北宋年间起就成了一本纯粹用以识字的幼儿读本。

后来到了南宋,又出现了一本专为幼儿编写的《三字经》,其开篇曰:

人之初,性本善。性相近,习相远。

《三字经》中含有"经、史、子、集"诸方面常识。据说,《三字经》是礼部尚书王应麟所作,但正史不载,当是野史所说。不管怎样,自南宋起,《三字经》就成了历代最热门的幼儿启蒙读本。

当然,除了《三字经》《百家姓》《千字文》,到明清两代,还有《增广贤文》《龙文鞭影》《幼学琼林》《文字蒙求》《弟子规》等多种蒙学教材。其中,《文字蒙求》是识字课本;《龙文鞭影》是历史人物典故读本;《幼学琼林》是成语典故读本;《弟子规》是儒家圣训的简易读本。至于《增广贤文》,收集了数百条处世格言,是为即将成年的少年人编撰的励志读本。

但是,《增广贤文》中的处世格言,多有相互矛盾之处。譬如,前面有格言说:"钱财如粪土,仁义值千金。"后面又有格言说:"贫居闹市无人问,富在深山有远亲。"到底要少年人轻财,还是重财?又譬如,前面有格言说:"生死有命,富贵在天。"后面又有格言说:"富贵非关天地,祸福不是鬼神。"富贵到底在不在天?再譬如,前面有格言说:"少壮不努力,老大徒伤悲。"后面又有格言说:"万事前身定,浮生空自忙。"少壮到底要不要努力?再譬如,前面有格言说:"万事劝人休瞒昧,举头三尺有神明。"后面又有格言说:"逢人且说三分话,未可全抛一片心。"到底要不要诚心待人?

我想,这些处世格言之所以流传久远,大概就是因为其"公说公有理,婆说婆有理"。

第九章　孝悌　贞节

古代中国人的家庭,就长辈而言,讲究父严母慈;就小辈而言,讲究子孝女贞。所谓"子孝女贞",就是儿子要懂孝悌[tì],女儿要懂贞节。这是古代中国人家庭中的大义大德。

一、孝　悌

所谓"孝悌",即"孝"与"悌"的合称。那么,何谓"孝"?《尔雅》曰:

> 善父母为孝。

《释名》曰:

> 孝,好也,爱好父母,如所悦好也。

译成现代汉语:孝,就是热爱父母,就是处处取悦父母。那么,何谓"悌"?《说文》曰:

> 悌,善兄弟也。

《白虎通》曰:

> 弟者,悌也,心顺行笃也。

译成现代汉语:悌,就是热爱兄弟,就是处处与兄弟同心同德。既然孝与悌不一样,那就先讲孝,再讲悌。《孝经》曰:

> 夫孝,天之经也,地之义也,民之行也。

可见,古代中国人把"孝"看作天经地义、万民必行的大事。至于为什么,我到后面再说,先来看怎样行"孝"。《曾子》曰:

> 孝体有三:大孝尊亲,其次弗辱,其下能养。

最大的孝是"尊亲"(遵从父母,即:处处服从父母的旨意),其次是"弗辱"(勿使父母蒙羞,即:不做会使父母丢脸的事),再次是"能养"(这是最起码的,即:能赡养父母)。《论语》曰:

> 孟懿子问孝,子曰:"无违。"樊迟曰:"何谓也?"子曰:"生,事之以礼。死,葬之以礼,祭之以礼。"

孟懿子问孔子,什么是孝,孔子说:"不违礼制。"樊迟说:"此话怎讲?"孔子说:"父母活着,以礼侍奉。父母死,以礼殡葬,以礼祭拜。"——那么,如何"事之以礼"?如何"葬之以礼,祭之以礼"?关于死,关于丧葬,将在本书下卷予以详说,此处暂且不表,仅就"事之以礼"略说一二。

此处所说"事之以礼",即《曾子》所说"尊亲",即"大孝"。如何行之?《礼记·曲礼》有详解。如其曰:

> 为人子者,居不主奥,坐不中席,行不中道,立不中门。食飨不为概,祭祀不为尸。听于无声,视于无形。不登高、不临深、不苟訾、不苟笑。

大意是:做儿子的,不住正房,不坐主席,不走路中央,不站门当中。吃饭不掌勺，祭拜不做主。不用父母说，心中已有数，不用父母教，自己就明白。不登高处、不临深坑（因为有危险，使父母担忧）、不骂人、不嬉笑。又曰：

  夫为人子者，出必告，返必面，所游必有常，所习必有业，恒言不称老。

  大意是：做儿子的，出门前要告知父母，回家后要见父母。出游要有常规，所学要有用，平时说话不说"老"字（因为家有父母，说"老"不吉利）。又曰：

  夫为人子者，见父之执，不谓之进，不敢进；不谓之退，不敢退；不问不敢对。此孝子之行也。

  大意是：做儿子的，见到父亲的朋友，父亲不叫过来见，不上前；父亲不叫退下，不退下；若不问，不说话。这是孝子的举止。又曰：

  孝子不服暗，不登危，惧辱亲也。父母存，不许友以死，不有私财。

  大意是：孝子不去暗处，不去危险处，恐有人说父母不管教儿子。父母健在，孝子不承诺为友舍命，也不蓄私财。又曰：

  为人子者，父母存，冠衣不纯素。

  大意是：做儿子的，父母健在，不戴白帽，不穿白衣（因为白帽、白衣如丧服，不吉利）。又曰：

  父母有疾，冠者不栉，行不翔，言不惰，琴瑟不御，食肉不至变味，饮酒不至变貌，笑不至矧，怒不至詈。疾止复故。

  大意是：父母生病，儿子不梳理头发，走路不甩双臂，不多说话，不弹琴，吃肉只吃一点点，喝酒不喝到脸红，笑不出声，怒不骂人。要到父母病愈，才复常态。

那么，如何使子女有孝心呢？《颜氏家训·教子》曰：

父母威严而有慈，则子女畏慎而生孝矣。

意即：父严母慈、软硬兼施，使子女畏惧而处处小心，于是就会"生孝"（生出孝心，顺从而听话）。又曰：

父子之严，不可以狎[xiá]。骨肉之爱，不可以简。简则慈孝不接，狎则怠慢生焉。

意即：父子要严肃，不可以亲昵。骨肉要相爱，不可以冷淡。冷淡会使父母不慈、子女不孝；亲昵则会使子女不把父母当回事。

那么，何谓"不孝"？《孟子·离娄下》曰：

世俗所谓不孝者五：惰其四肢，不顾父母之养，一不孝也。博弈好饮酒，不顾父母之养，二不孝也。好货财，私妻子，不顾父母之养，三不孝也。从耳目之欲，以为父母戮，四不孝也。好勇斗狠，以危父母，五不孝也。

此即所谓"五不孝"。一是懒惰，不养父母；二是赌博酗酒，不养父母；三是吝啬，只顾妻儿，不养父母；四是纵情声色，使父母蒙羞；五是逞勇好斗，危及父母。

不过，"不孝"不仅仅危害父母，还不利于江山社稷。为什么？因为历代帝王都"以孝治天下"。何谓"以孝治天下"？《吕氏春秋·孝行》曰：

凡理国家者，必先务本。务本莫过于孝。夫孝，三皇五帝之本务，而万事之纲纪也。执一术而百善至。

你看，自三皇五帝起，孝就是"一术"——治民术。道理很简单，就如《礼记·祭义》所言：

立爱自亲始，教民睦也；立敬自长始，教民顺也。教以慈睦，而民贵有亲;教以敬长,而民贵用命。孝以事亲,顺以听命。措诸天下,无所不行。

你看,以"爱亲"(爱双亲),"教民睦";以"敬长"(敬长辈),"教民顺"。教民众"慈睦",民众"贵有亲"(尊重双亲);教民众"敬长",民众"贵用命"(遵从命令)。"爱亲""敬长"就是孝。民众对双亲有孝心,就会顺从而"听命"。这样治天下,没什么做不到的。

这一点,《孝经·开宗明义章》说得更明确:

> 君子之事亲孝,故忠可移于君;事兄悌,故顺可移于长。居家理,故治可移于官。是以行成于内,而名立于后世矣。

你看,民众对双亲"孝",就会对君王"忠";对兄长"悌",就会对长官"顺"。民众家中有"理"(条理),官府就可"治"(统治)。所以,孝行一旦深入人心,其影响可及千秋万代。

是的,对古代中国人来说,国就是家的扩大,皇上就是父母(民间称皇上为"皇帝老子",就是这个意思),官府就是兄长(俗称官府为"官老爷",也是这个意思);对皇上的"孝",称作"忠";对官府的"悌",称作"顺"。所以,历朝历代,朝廷也好,官府也好,都大力倡导"孝",都要"举孝廉",以示表彰。所谓"孝乃德之本",所谓"百善孝为先",所谓"求忠于孝,移孝作忠",历朝历代,不绝于耳。

特别是在明清两代,不但朝廷提倡孝道,民间还有所谓"二十四孝",即以历代二十四个孝子的孝行作为孝的典范。这"二十四孝"出自《全相二十四孝诗选集》(据说是元代郭守正所撰),分别是:虞舜(上古)、曾参、闵损、仲由、郯子、老莱子(春秋)、汉文帝、董永、蔡顺、黄香、姜诗、丁兰(汉朝)、陆绩、孟宗(三国)、吴猛、王祥、郭巨、杨香、王裒(晋朝)、江革、庾黔娄(南朝)、唐夫人(唐朝)、朱寿昌、黄庭坚(宋朝)。这二十四人,历史上确实有,但他们的孝行却是夸大的,甚至是虚构的,并无根据。

当然,明清两代的人是深信不疑的。但在今天看来,有的不免做作。譬如,"老莱子戏彩娱亲":

> 周老莱子,至孝,奉二亲,极其甘脆,行年七十,言不称老,常着五色斑斓

之衣,为婴儿戏于亲侧,又尝取水上堂,诈跌卧地,作婴儿啼,以娱亲意。

老莱子七十岁还作婴儿状取悦双亲。这可能吗？就算可能,在东周,七十岁的老人居然还双亲俱在,这也不太可能。要知道,东周人的平均寿命只有三十来岁,哪来那么高寿之人？即便到了明清两代,也是人称"人过五旬,不算夭折"(活过五十岁,就不算短命了),可见寿命也就五十左右。

有的孝子,甚至不免残忍。譬如,"郭巨埋儿奉母":

> 汉郭巨,家贫,有子三岁,母尝减食与之。巨谓妻曰:"贫乏不能供母,子又分母之食,盍埋此子？儿可再有,母不可复得。"妻不敢违。巨遂掘坑三尺余,忽见黄金一釜,上云:"天赐孝子郭巨,官不得取,民不得夺。"

编造这种故事,不仅残忍,而且荒唐。为了让老母吃饱,要活埋自己的儿子,这郭巨就算是孝子,那算什么父亲？至于埋儿竟然挖出"黄金一釜",上面还写着"天赐孝子郭巨",那简直和《封神榜》差不多。这种东西,难道明清两代的人也会相信？真是奇了怪也。

然而,明清两代的中国人不仅对"二十四孝"深信不疑、津津乐道,甚至还仿效《全相二十四孝诗选集》,编制出《女二十四孝》《男女二十四孝》《百孝图说》《二十四孝史》等所谓"劝孝书"。[清] 王中书还写有广为人知的《劝孝歌》,很长,我只能引其首句和末句:

> 孝为百行首,诗书不胜录。
> ……
> 万善孝为先,信奉添福禄

只要对父母(进而把皇上当作父母)百依百顺,你就会有福有禄、万事大吉。这确实是自孔夫子以来就有的贤言圣道。

但在古代中国,确实也时常会有振聋发聩的超世之言。《荀子·子道篇》曰:

> 入孝出悌,人之小行也。上顺下笃,人之中行也。从道不从君,从义不

从父,人之大行也。

什么意思?他说,在家孝悌,不过是"人之小行"(对待家庭琐事)。处世安分,也只是"人之中行"(对待人际交往)。"人之大行"(对待大是大非)是,听从道与义,不听君与父。

也就是说,当君与父有悖于道与义时,取道义而弃君父。这就是常说的"大义灭亲",或也可说,"大道灭君"。只可惜,在古代中国,有此"大行"之人,实在太少了!太多的是愚忠之臣和愚孝之子——要不,就是毫无道义可言的乱臣贼子。

实际上,历代朝廷之所以大肆张扬孝道,就是因为不孝之子为数不少——否则,何必大肆张扬?贤言圣道,"言"与"道"而已,只是一种要求、一种准则,事实往往与此大相径庭。不仅"孝"是如此,"悌"也同样如此。《孝经》曰:

教以孝,所以敬天下之为人父者也。教以悌,所以敬天下之为人兄者也。

请注意:孝,不仅是孝敬自己的父亲,还要"敬天下之为人父者",即他人的父亲,你也要孝敬。悌,不仅是尊敬自己的兄长,还要"敬天下之为人兄者",即他人的兄长,你也要尊敬。

当然,说是"天下",实际上是指同等级的"为人父者"和"为人兄者"。若某诸侯之子,他要孝敬某大夫之父吗?当然不需要。若某大夫之子,他要尊敬某庶人之兄吗?当然也不需要。因为等级大于孝悌,或者说,孝悌是等级之下的又一"等级"。你知道,古代中国人最讲究的,就是等级。

《论语》曰:

其为人也孝弟,而好犯上者,鲜矣。不好犯上而好作乱者,未之有也。

此话似乎有同语重复之嫌。"孝悌"就是"不犯上","不犯上"就是"不作乱",还说"鲜矣""未之有也",不是多此一举吗?不过,古代文言中常有这种同语重复,如"甘者,甜也""辛者,苦也",看似废话,其实是文言文的一种修辞法,用以强调。

那好,这是强调,孝悌就是不犯上、不作乱。孝,就是不犯父母;悌,就是不犯兄长,就是兄弟友爱。但是,"悌"和"孝"一样,也只是古人的一种道德理想,事实与此也往往大相径庭。

那么,事实如何呢?你知道,历代史书极少言及民间之事,因而关于历代民间是否悌行成风、兄弟友爱,(至少我)不得而知。但据我所知,历代史书言及诸多皇家兄弟相害之事,不妨略举几例。譬如,《史记·李斯列传》曰:

> 于是乃相与谋,诈为受始皇诏丞相,立子胡亥为太子,更为书赐长子扶苏曰:"朕巡天下,祷祠名山诸神以延寿命。今扶苏与将军蒙恬将师数十万以屯边,十有余年矣,不能进而前,士卒多耗,无尺寸之功,乃反数上书直言诽谤我所为,以不得罢归为太子,日夜怨望。扶苏为人子不孝,其赐剑以自裁!将军恬与扶苏居外,不匡正,宜知其谋。为人臣不忠,其赐死,以兵属裨将王离。"封其书以皇帝玺,遣胡亥客奉书赐扶苏于上郡。使者至,发书,扶苏泣,入内舍,欲自杀。蒙恬止扶苏曰:"陛下居外,未立太子,使臣将三十万众守边,公子为监,此天下重任也。今一使者来,即自杀,安知其非诈?请复请,复请而后死,未暮也。"使者数趣之。扶苏为人仁,谓蒙恬曰:"父而赐子死,尚安复请!"即自杀。

此是秦始皇次子胡亥伙同李斯,伪造秦始皇诏书,加害其兄扶苏。再譬如,《隋书·列传》曰:

> 高祖寝疾于仁寿宫,征皇太子入侍医药,而奸乱宫闱,事闻于高祖。高祖抵床曰:"枉废我儿!"因遣追勇。未及发使,高祖暴崩,秘不发丧。遽收柳述、元岩,系于大理狱。伪为高祖敕书,赐庶人死。

此是隋高祖文帝(即隋文帝)次子杨广(即隋炀帝)伪造高祖敕书,加害其兄杨勇。文中"皇太子"即杨广(隋文帝废长子杨勇,立次子杨广为太子,临死后悔,已晚)。柳述、元岩:隋文帝两大臣,一文一武。文中"庶人"即指杨勇(被废太子而贬为庶人)。再譬如,《新唐书·太宗本纪》曰:

> 初,高祖起太原非其本意,而事出太宗。及取天下,破宋金刚、王世充、窦建德等,太宗功益高,而高祖屡许以为太子。太子建成惧废,与齐王元吉谋害太宗,未发。九年六月,太宗以兵入玄武门,杀太子建成及齐王元吉。高祖大惊,乃以太宗为皇太子。八月甲子,即皇帝位于东宫。

此是唐高祖李渊的次子李世民(即后来的唐太宗)公然兵入玄武门(史称"玄武门之变"),杀其兄太子李建成和其弟齐王李元吉(据说,是因为李建成和李元吉想杀他,但这很可能是李世民找的借口)。这把唐高祖李渊吓坏了(生怕儿子连其父也照杀不误),赶紧立李世民为太子,而且马上让位给他。再譬如,《明史·本纪·成祖》曰:

> 己巳,王谒孝陵。群臣备法驾,奉宝玺,迎呼万岁。王升辇,诣奉天殿即皇帝位。复周王橚[sù]、齐王榑[fú]爵。壬申,葬建文皇帝。

此是燕王朱棣(即后来的明成祖,也称"永乐大帝")发动"靖难之役"征讨其侄子建文帝朱允炆后,进京称帝。朱棣是朱元璋第四子。朱允炆是太子朱标的次子、朱元璋的孙子,朱棣为其叔父。朱元璋传位于孙子朱允炆,是因为太子朱标已亡故。但他大概没想到,这在他死后导致了叔侄争位。朱棣带兵进京称帝后,"复周王橚、齐王榑爵"(恢复被建文帝所废的周王朱橚、齐王朱榑的爵位)。其后,《明史》不言建文帝何以会死,仅记朱棣"葬建文皇帝"。朱允炆之死,至今是谜。但就算不是朱棣所杀,也是为朱棣所逼而不得不死。

当然,并非历代皇家都兄弟相害、叔侄争位,但这种事屡屡发生,由此推测,民间兄弟争财、手足相残之事,大概也不会少吧。

二、贞　节

所谓"贞节",即"贞"与"节"的合称。用于女子,"贞"即婚前守身,曰贞女;"节"即婚后守身,曰节妇。贞节女子,即婚前贞洁,婚后节烈。所谓"女德",即以贞节为重。

不过,贞节仅指男女之事,故而在讲贞节之前,先要讲一下古代女子的婚前生活。《礼记·内则》曰:

女子十年不出,姆教婉娩听从,执麻枲、治丝茧,织纴、组紃,学女事以共衣服,观于祭祀,纳酒浆、笾[biān]豆、菹[zū]醢[hǎi],礼相助奠。十有五年而笄[jī],二十而嫁;有故,二十三年而嫁。

这短短七八十字,就把女子的婚前生活讲完了,可见古代女子婚前生活极其简单,即:听从"姆教"(长辈妇女的教诲),执麻治丝、织布缝纫,学做衣服;还有就是,家里祭祀时,帮忙"纳酒浆、笾豆、菹醢"(即准备祭品)。"十有五年而笄",即十五岁束发插笄(以示成年)。"二十而嫁",此是东周时的婚龄,秦汉以后,婚龄逐渐提前,至明清时,女子婚龄为十五六岁。又[汉]班昭《女诫》曰:

古者生女,三日,卧之床下,弄之瓦砖,而斋告焉。

古时女孩出生,三天后,就让她躺在床下,给她纺锤,并斋告先祖。又曰:

卧之床下,明其卑弱,主下人也。弄之瓦砖、明其习劳,主执勤也。斋告先君,明当主继祭祀也。三者盖女人之常道,礼法之典教矣。

躺在床下,以表明她的卑弱,地位低下。给她纺锤砖石,以表明她应该学习劳作家务。斋告先祖,以表明她要祭祀祖宗。三者都是做女人的寻常道理,礼法的经典教训。

"男尊女卑"就出典于此。后来将近两千年间,"女子"一词,在古代中国人的观念中一直是卑弱、驯服的代名词。如至明代,仁孝文皇后徐氏所撰《内训》仍曰:

贞静幽闲,端庄诚一,女子之德性也。

为何要女子"贞静端庄"?说实在的,古代中国人其实很害怕女子。为什么?因为男人经不起女色诱惑,因为男人常常会为女色而相互残杀,即所谓"女祸"。所以,历朝历代的圣徒贤士都要做两件事:一是告诫女士,要"贞静端庄",不可诱惑男士;一是告诫男士,要"清静寡欲",不可迷恋女士。

但仅仅告诫,不一定有用。所以,历朝历代,朝廷和民间都有人设法管住女士、镇住男士。如何管住女士,我到后面再说。如何镇住男士,大凡就是恐吓,宣称女色之可怕。如佛教有《菩萨诃色欲法》,其曰:

> 女色者,世间之枷锁,凡夫恋者,不能自拔。女色者,世间之重患,凡夫困之,至死不免。女色者,世章之衰祸,凡夫道之,无厄不至。

女色是"枷锁",是"重患",是"衰祸",一旦迷恋,"不能自拔""至死不免""无厄不至",你怕不怕?又曰:

> 女人之相,其言如蜜,而其心如毒。譬如停渊澄镜,而蛟龙居之;金山宝窟,而狮子处之。当知此害,不可暂近。室家不和,妇人之由;毁宗败族,妇人之罪。……是以智者,知而远之,不受其害;恶而秽之,不为此物之所惑也。

女人看似美好,实质恶毒,就如平静之湖,内有恶龙;华丽之殿,内有猛狮。若知其害,一刻也不可靠近。家人不和,都由女人挑起;家族衰败,都因女人之过。所以,有识之士,远离女人,免受其害;鄙视女人,不为"此物"所迷惑。

那么,如何管住女士,使其贞静端庄呢?首先,历朝历代都有"贞节旌表",即以朝廷名义,表彰贞女节妇,作为天下女子的楷模。譬如,据[汉]刘向《列女传》,春秋时的楚国就曾有"贞姜""贞姬"的封号,用以表彰贞节女子。其后,秦始皇曾为一守节寡妇筑台,以奖其贞节。其后,据《汉书》《后汉书》,汉宣帝、汉平帝、汉安帝、汉顺帝、汉桓帝,无不颁诏,赏赐各地"贞妇顺女"。其后,按《唐书》《宋史》,在唐宋两代,"贞节旌表"正式见于典章制度;据《唐典章》,"孝子、顺孙、义夫、节妇,并免课役";据《宋典章》,表彰贞女节妇,除了赏赐、免役,还要"旌表门闾"(即在其家大门上挂"贞节牌",以示家族荣耀)。其后,明袭宋制、清袭明制,明清两代不仅把宋代的"贞节牌"发扬光大为"贞节牌坊",更是"封爵赠号、立祠祭祀、墓上表记",令人对贞女节妇肃然起敬,以期天下女子个个贞静端庄。

其次,就不怎么荣耀了,那就是源远流长的"守宫"或"守宫砂"。所谓"守宫",最初见于《汉书·东方朔传》:

> 上尝使诸数家射覆,置守宫盂下,射之皆不能中。

这里只是说,把"守宫"放在射覆盆下,射覆就射不中。不管这种说法对不对,反正和女子贞节毫不相干。但颜师古注曰:

> 守宫,虫名也。术家云,以器养之,食之丹砂,满七斤,捣治万杵,以点女人体,终身不灭,若有房室之事则灭矣。言可以防闲淫逸,故谓之守宫也。

他说,"守宫"是"虫名"。什么虫,他没说,只说用七斤"丹砂"喂养这种虫之后,将其捣成糊状,涂在女子身体上永远不会褪色,但该女子若有"房室之事"(与男人交媾),颜色就会褪掉。所以,可用来监测女子是否"闲淫逸"(私下与人交媾)。

那么,颜师古所说"术家",指谁?可能是[汉]刘安,其《淮南万毕术》曰:

> 守宫饰女,臂有纹章。取守宫新合阴阳者牝牡各一,藏之瓮中,阴干百日,以饰女臂,则生纹章,与男子合阳阴,辄灭去。

说把"守宫"置于女子臂上,会有"纹章"(痕迹),还说要用"守宫新合阴阳者牝牡各一"(刚交配过的雌雄一对"守宫"),若女子与男子"合阳阴"(交媾),痕迹就会褪去。

那么,颜师古所说"虫名",究竟是什么虫?[晋]张华《博物志》曰:

> 蜥蜴或蝘[yǎn]蜓[ting],以器养之,食以朱砂,体尽赤,所食满七斤,捣万杵,以点女人肢体,终身不灭,故号曰守宫。

"蜥蜴"或"蝘蜓",是什么?即今所称"壁虎""蜥蜴""蝾螈"等爬虫。后来,[南朝]陶弘景《神农本草经》亦曰:

> 蝘蜓喜缘篱壁间,以朱饲之,满三斤,杀干末,以涂女人身,有交接事便脱,不尔如赤志,故名守宫。

后来,在隋代,有无名氏《乐辞·防闲托守宫》流传,辞曰:

> 绣幕围香风,耳节朱丝桐。
> 不知理何事,浅立经营中。
> 爱惜加穷袴,防闲托守宫。

后来,在宋明两代,无论是[宋]李昉《太平御览》《太平广记》等类书,还是[宋]罗愿《尔雅翼》、[宋]陆佃《埤雅》等训诂书,都有《淮南万毕术》《博物志》所言"守宫术"的辑录,还有[宋]彭乘《墨客挥犀》、[宋]陈元靓《岁时广记》、[明]郎瑛《七修类稿》、[明]张岱《夜航船》等文人笔记,也都有记述。

由此可见,"守宫术"自汉代起,代代相传,一直流传至明清。不过,其间也有人表示怀疑,如[唐]苏敬、李绩等人修撰之《唐本草》云:

> 以其常在屋壁,故名守宫,亦名辟宫,未必如术饲朱点妇人也,此皆假释尔。又云朱饲满三斤,殊为谬矣。

又如[明]李时珍《本草纲目》云:

> 点臂之说,《淮南万毕术》、张华《博物志》、彭乘《墨客挥犀》皆有其法,大抵不真。

不过,只要女士相信(其实只要半信半疑),就可以了。当守宫砂点在她手臂上时,她即使水性杨花,也只好贞静端庄——不然,万一守宫砂真有灵验,她将生不如死。所以,还是忍一忍,算了吧!

除了守宫砂,还有一法,即所谓"穷袴[kù]"。何谓"穷袴"?[清]褚人获《坚瓠集》云:

> 袴,即裤也。古人袴皆无裆,女人所用有裆者,其制起自汉昭帝时。上官皇后为霍光外孙,欲坛宠有子,虽宫人使令,皆为有裆之袴,多其带,令不得交通,名曰穷袴,乐府所云"爱惜加穷袴,防闲托守宫"是也。今男女皆服之矣。

关于"古人袴皆无裆",我在上卷第五章里已讲到过,不妨再自我引用一次:

> 唐之前的古人不是不穿裤子,而是他们的裤子大多没有裤裆,仅是两块缝在一起的布,束在腰间,就如裙子,说是"裤筒"更为合适(其实,裙子就是最原始的裤子,后来女人一直穿着)。

关于"女人所用有裆者,其制起自汉昭帝时",有《汉书·外戚传上·孝昭上官皇后》为证:

> 光欲皇后擅宠有子。帝时体不安,左右及医皆阿意,言宜禁内,虽宫人使令皆为穷绔,多其带。

颜师古注曰:

> 服虔曰:"穷绔有前后裆,不得交通也。"使令,所使之人也。绔,古袴字也。穷绔,即今之绲[gǔn]裆袴也。

服虔,东汉灵帝时经学家。颜师古是唐代人,其言"穷绔,即今之绲裆袴也",即表明唐之前的袴皆无裆,唯穷袴有裆。而穷袴,始于汉昭帝时,初为宫女所穿,意在使其"不得交通"(无法交媾)。为何要使宫女"不得交通"?因为汉昭帝的孝昭上官皇后是大将军霍光的外孙女,而此时霍光揽权,欲使皇后生下太子,故而使众宫女皆"不得"与汉昭帝"交通",仅皇后与之"交通"。

此即穷袴的来历,因其可使女士"不得交通",故而后世用以保障女士的贞节。那么,为何穷袴可使女士"不得交通"?对此,所有的古书都未作解释,《汉书·外戚传上·孝昭上官皇后》仅称"多其带"(有许多裤带)。为何"多其带"就"不得交通"?是不是这些带都打了解不开的死结?但是,谁都知道,没有真正的死结,能结总能解,只是很麻烦。但有麻烦,就不"交通"了?汉昭帝可能会嫌麻烦,可能会说"算了,朕不想干了",但后世的"奸夫淫妇"会嫌麻烦吗?看来,不仅仅是麻烦。

那还有什么?我想(既然古人没说,我就只能胡思乱想了),在给穷袴打结时,打结人一定还会留下某种记号,一旦结被解开,记号就会改变,就如守宫砂一样,甚至比守宫砂更可信。否则,我想来想去想不明白,为什么穿上穷裤的女士就"不得交通"?

还有(当然,也是我的胡思乱想),穿上穷裤的女士,既然不可脱下,那她怎么排便?我好像在哪里读到过,欧洲古代曾有一种"贞洁带",类似穷裤,也是用来阻止女士"交通"的。但他们的那玩意儿,是用皮革甚至金属做的,而且有锁,前面开一个小孔,供女士小便,后面开一个大孔,供女士大便。穷裤是用布做的,是否也是前面开一小孔,后面开一大孔?没试过,不知行不行。我想,古人一定是有办法的,只是他们羞于说,所以我们不知道。

然而,不管怎样,不管道德家也好,还是法师术士也好,要想镇住男士、管住女士,实非易事。不管"菩萨诃色欲法"也好,"贞节旌表"也好,还是守宫砂也好,穷裤也好,其效微乎其微。有目共睹的是,历朝历代,"女祸"不断——妲己、褒姒、夏姬、西施、赵飞燕、貂蝉、杨玉环——古人眼中的"妖女"何其多矣!就是一个唐朝,即如《唐书·玄宗本纪赞》所叹:

>呜呼,女子之祸于人者,甚矣!自高祖至于中宗,数十年间,再罹女祸。唐祚既绝而复续,中宗不免其身,韦氏遂以灭族。玄宗亲平其乱,可以鉴矣,而又败以女子。

所谓"再罹女祸",即武则天篡位。所谓"韦氏遂以灭族",即唐中宗时,皇后韦氏篡权,毒死唐中宗,几使李唐皇室灭族。所谓"玄宗……又败以女子",即唐玄宗宠幸杨贵妃,导致"安史之乱"。

历代宫廷如此,民间呢?虽没有史料可考,但看看历代传奇、戏曲、小说,大概也可知一二。你知道,历代传奇、戏曲、小说中,多的是偷情、私通、私奔。譬如,唐传奇《非烟传》中,官家小妾步非烟偷情邻家公子赵象;《虬髯客传》中,家妓红拂女私奔布衣书生李靖;《莺莺传》中,大家闺秀崔莺莺私通贫寒书生张君瑞。又譬如,宋话本《碾玉观音》中,贫家女璩秀秀私奔碾玉匠崔宁;元杂剧《墙头马上》中,李家小姐李千金私奔裴家公子裴少俊;明小说《水浒传》中,武大妻潘金莲私通西门大官人、杨雄妻潘巧云偷情和尚裴如海;清小说《红楼梦》中,儿媳秦可卿私通家翁贾珍、尤二姐偷情贾二舍、表妹司棋私奔表哥潘又安——如此等等,举不胜举。

是的,传奇、戏曲、小说多有虚构。但是,若无与之相对应的实情而凭空虚构,则为荒诞不经,则会遭人唾弃。上述传奇、戏曲、小说,问世之时未遭唾弃,即其并非凭空虚构,而有实情与之相对应。

由此可见,贞节和孝悌一样,仅是古代中国人的道德理想。

第十章　笞尻　缠足

古代中国人的家教,即训导男孩须孝悌,女孩须贞节,而为了使家教切实有效,还有所谓的"家法",即家长迫使子女服从家教的惩罚手段。其中,最常用的就是笞尻,通常由为父者用于子辈。对女孩,做母亲的固然也会打骂,但有一种能使女孩更为卑弱温驯的手段,就是缠足。

一、笞　尻

所谓"笞[chī]尻[kāo]",就是用竹板(或鞭子、或棍棒)打屁股。《说文》曰:"笞,击也。尻,脽[shuí]也。"脽,髋[kuān]也,臀也。

古代中国人认为,教育子女,非打不可,即所谓"不打不成材"。此话源自《墨子·鲁问》:

> 譬有人于此,其子强梁不材,故其父笞之。

"强梁不材"即倔强不服。又有俗话说:"棒头上出孝子。"此话源自《礼记·内则》:

> 父母怒不悦,而挞之流血,不敢疾怨,起敬起孝。

父母怒而暴打儿子,打到他服帖,不敢怨恨父母,这样他才会敬畏父母、孝顺父母。

《史记·律书》曰：

> 故教笞不可废于家，刑罚不可捐于国。

"教笞"即笞教，以笞教之（当然，还有言教与身教）。"捐"即弃。此话意为，笞教就是家里的刑罚，不可没有。言下之意，不听话的子女，就是家里的罪犯。

《颜氏家训·教子》曰：

> 凡人不能教子女者，亦非欲陷其罪恶，但重于呵怒，伤其颜色，不忍楚挞，惨其肌肤耳。当以疾病为谕，安得不用汤药针艾救之哉？又宜思勤督训者，可愿苛虐于骨肉乎？诚不得已也！

其意是：大凡教子无方者，并非有多大罪恶，只是一味呵斥，使其丢脸，而不忍心"楚挞"（用竹板打。楚：竹），怕伤其身体。这可用生病作比喻，不用汤药针艾，能治病吗？再说，经常教训子女的父母，谁愿意虐待自己的孩子？实在是不得已啊！

自上古至明清，古代中国人就是这样教育子女的，除了言教、身教，还有笞教。举个熟悉的例子。《红楼梦》里的荣国府，堂堂国戚、富贵之家；一家之主贾政，官职工部员外郎，知书达理、知法守职；其子贾宝玉，聪明伶俐、能言善辩，但当贾政听信误传，以为儿子私藏戏子、奸淫丫鬟时，像他这样一位文质彬彬的父亲，也照样会动手打儿子——这是必须的。见《红楼梦》第三十三回"手足耽耽小动唇舌 不肖种种大承笞挞"，其中写道：

> 宝玉急的跺脚，正没抓寻处，只见贾政的小厮走来，逼着他出去了。贾政一见，眼都红紫了，也不暇问他在外流荡优伶、表赠私物，在家荒疏学业、淫辱母婢等语，只喝令"堵起嘴来，着实打死"！小厮们不敢违拗，只得将宝玉按在凳上，举起大板打了十来下。贾政犹嫌打轻了，一脚踢开掌板的，自己夺过来，咬着牙狠命盖了三四十下。众门客见打的不祥了，忙上前夺劝。贾政那里肯听，说道："你们问问他干的勾当可饶不可饶！素日皆是你们这

些人把他酿坏了,到这步田地还来解劝。明日酿到他弑君杀父,你们才不劝不成!"众人听这话不好听,知道气急了,忙又退出,只得觅人进去给信。王夫人不敢先回贾母,只得忙穿衣出来,也不顾有人没人,忙忙赶往书房中来,慌的众门客小厮等避之不及。王夫人一进房来,贾政更如火上浇油一般,那板子越发下去的又狠又快。按宝玉的两个小厮忙松了手走开,宝玉早已动弹不得了。

贾政惩罚贾宝玉,所用的就是古代家庭最严厉的家法——笞尻。那么,除了儿子,其他人会不会受此刑罚呢?会,如家里的男仆、女佣、丫鬟,甚至女儿、儿媳、妻妾,都有可能。区别是,打不打屁股(因为扒下裤子打屁股,不仅是体罚,更是精神上的侮辱,使其蒙羞)。

男仆、女佣、丫鬟,肯定是免不了笞尻的。男仆由一家之主施行,女佣、丫鬟则由一家之母施行(请注意,这和年龄无关,因为在古代中国,高等级的男人就是"父",低等级的男人就是"子";高等级的女人就是"母",低等级的女人就是"女")。至于女儿、儿媳、妻妾,通常不会笞尻,但仍会被笞——通常是笞背。女儿不孝,母笞其背。儿媳呢,如[宋]司马光《居家杂仪》所言:

> 凡子妇,未敬未孝,不可遽有憎疾。姑教之。若不可教,然后怒之。若不可怒,然后笞之。屡笞而终不改,子放妇出。

"子妇"(即儿媳)不孝敬公婆,不可任其进而憎恨公婆。"姑"(即婆婆)要教训儿媳。若教训没用,就怒斥。若怒斥没用,就"笞之"。若多次"笞之"仍没用,就让儿子休妻,把她赶出家门。

至于妻妾,若"笞之",今称之为"家暴"。这在古代屡见不鲜,故而历代律法都有律例予以定罪。如《唐律疏议·殴伤妻》曰:

> 诸殴伤妻者,减凡人二等;死者,以凡人论。殴妾折伤以上,减妻二等。

这是官律,不是民律,故而是对官员犯科而言的。其称:官员打伤"妻"(即大老婆),要受罚,但"减凡人二等"(比老百姓少罚"二等",如老百姓罚打一百大板,官员打八十大板)。若打死了"妻",则"以凡人论"(和老百姓一样论处,即"绞")。官员打伤"妾",也要受罚,但"减妻二等"(比打伤妻少罚"二等",如打伤妻罚打八十大板,打伤妾打六十四大板)。

但是,此条律例有注曰:

> 夫殴伤妻妾者,皆须妻妾告,乃坐。

就是说,丈夫打伤妻妾,要妻妾自己去告,官府才受理。否则,此乃家事也,官府不予置问。请想想,某妻、某妾若被丈夫打伤而去告官,丈夫因此而被打八十大板或六十四大板,今后日子还会好过吗?所以,妻妾们大凡都是忍辱负重,不会去告的。也就是说,此条律例,其实是没什么用的。

除了父笞子、主笞仆,还有师笞徒,即为师者笞挞为徒者,称作"杖责"。这不难理解,古人称为师者为"师父",称为徒者为"学子"。师与徒,等于父与子。父既可笞子,师也可笞徒。古人称"一日为师,终身为父",即此意也。

《尚书·舜典》云:

> 象以典刑,流宥五刑,鞭作官刑,扑作教刑,金作赎刑。

"象以典刑"意即:象(即法)以刑为典(法律以刑罚为基础)。"流宥五刑"意即:用流放宽宥五刑之人(死刑犯)。"鞭作官刑"意即:鞭打用作官府的刑罚。"扑作教刑"意即:扑(即笞尻)用作教训的刑罚。"金作赎刑"意即:金(即铜)用作赎罪的刑罚(即赎罪要罚铜钱)。

我们关注的是"扑作教刑"。显然,在古代中国,用体罚施教,上古就已有之,可谓源远流长,至今仍时有所见。实际上,汉字"教",从"攴[pū]",意思就是打(见《说文解字》:"攴,小击也。")。"攴"通"扑"。

古代私塾,先生打学童,理所当然,父母不应责怪。但也有做母亲的,生怕先生打坏自己的孩子,前去求情。如《聊斋志异》有故事云:一贡士家请一先生教其子,每当先生在书房责打其子,其母就到窗前去为子求情。一次,先生忍无可忍,手执竹尺,跑出书房,将其母按在地上打屁股。当然,这只是说说笑话。又如[清]《笑笑录》里一则说:某人老年得子,甚宠爱。一次,其子被先生责打,与父曰:"先生打人,我必打还。不然,有死而已。"此人怕儿子真寻短见,忙以重金贿赂先生,求先生让其子打一顿。这当然也是笑话。但是,从这两则笑话中可看出,古代中国人认为先生打学童是天经地义的,不应干涉。否则,不说可恶,也属可笑。

既然师笞徒天经地义,那么官笞民就更不用说了。官老爷坐公堂,惊堂木一拍,厉声道:"大胆刁民,打五十大板!"这场景,你在历代戏曲小说中肯定看到过,我在此也不必举例了。我想让你知道的是:一、戏曲小说中的"大胆刁民,打五十大板"是有法律依据的。如,按《唐书·刑法志》:

> 其用刑有五:一曰笞。笞之,为言耻也。凡过之小者,捶挞以耻之。

二、官府责打刁民,最初并不是笞尻(打屁股)。按[唐]刘餗《隋唐嘉话》:

> 太宗阅医方,见《明堂图》,人五脏之系,咸附于背,乃怆然曰:"今律杖笞,奈何令髀背分受?"乃诏不得笞背。

可见,在唐之前,所谓"杖""笞",打的不是屁股,而是背。唐太宗看医书,看到人的五脏都依附于背,怆然曰:"今律法上的杖刑和笞刑,是不是应该从打背改为打屁股?"于是下诏,不得打背。

若《隋唐嘉话》所说属实,那就是说,笞尻(打屁股)始于唐朝。那么,笞刑又始于何时呢?据[元]马端临《文献通考》:

> 鞭扑,在有虞之时为至轻之刑,在五刑之下。至汉文帝,除肉刑,始以笞代斩趾。而笞数既多,反以杀人。其后以为笞者多死,其罪不至死者,遂复不笞,而止于徒流。

"鞭扑",即《尚书·舜典》所云"鞭作官刑,扑作教刑"。汉文帝之前,有"笞",但只是"教",不是"刑"。汉文帝废除"肉刑"(即斩手、斩脚、割鼻、割耳之类的刑罚),以笞挞代替。可见,笞刑为汉文帝所立。但笞刑所笞数多了,反而会使受刑者当场死亡。所以,非死刑犯后来不再用笞刑,而是改为流放。可见,流放、发配

(即徒刑),也是始于汉文帝。

梳理一下,汉文帝之前,既无笞刑,也无徒刑,用的是"肉刑";汉文帝之后,用笞刑代替了"肉刑",但笞刑仍会使受刑者"多死",于是用徒刑代替笞刑。那是不是说,笞刑被废除了?显然没有,《隋唐嘉话》即是证明。连唐太宗都说"今律杖笞",可见杖笞一直是有的,而且是"笞背",稍不慎,受刑者会被活活打死。所以,唐太宗改"笞背"为"笞尻"。也就是说,打屁股乃唐太宗一大善举,后世不知有多少人因此而免于一死。

然而,正因为笞尻不大会死人,又很容易滥用。譬如,《五代史·刘铢[zhū]传》曰:

> 铢拜永兴军节度使,用法亦自为刻深。民有过者,问"其年几何",对曰"若干",即随其数杖之,谓之"随年杖"。每杖一人,必两杖俱下,谓之"合欢杖"。

你看这个刘铢,还是堂堂节度使,竟然如此荒唐,简直就像土匪、山大王!什么"随年杖"!什么"合欢杖"!他还有没有王法?

再譬如,《宋史·孝宗本纪》曰:

> 淳熙四年四月乙亥,参知政事龚茂良以曾觌从骑不避道,杖之。

参知政事龚茂良,因为曾觌不给他让道,竟然把曾觌打了一顿。曾觌当时官小,只好挨打。后来他权倾朝野,不知报复了没有。

既然官可笞官,君笞臣就不用说了。譬如,《旧唐书·本纪》曰:

> 十二年四月辛丑,驸马都尉于季友坐居嫡母丧,与进士刘师服宴饮。季友削官爵,笞四十,忠州安置。师服笞四十,配流连州。

这个于季友,还是驸马,唐宪宗的女婿,因居母丧时与刘师服一起喝酒而受罚——罢官,并打四十大板。刘师服也打四十大板,发配连州。又譬如,《金史·世宗本纪》曰:

> 大定十二年二月丙辰,户部尚书高德基滥支朝官俸钱四十万贯,杖八十。

堂堂户部尚书,因滥支官俸而被打八十大板。又譬如,《明史·刑法志》曰:

> 嘉靖三十一年,戎政兵部侍郎蒋应奎、左通政唐国相,以子弟寄名冒功,皆逮,杖之。

两个大官,一个是兵部侍郎,一个是左通政,皆因以假名为亲属请功而遭逮捕,并受杖刑。

当然,君笞臣不稀奇。稀奇的是臣笞君,有没有呢?还真有。据《吕氏春秋·真谏篇》:

> 荆文王得茹黄之狗,宛路之矰,以畋于云梦,三月不反;得丹之姬,淫,期年不听朝。葆申曰:"先王卜,以臣为葆吉,今王得茹黄之狗,宛路之矰,畋三月不反;得丹之姬,淫,期年不听朝。王之罪,当笞。"王曰:"不谷免衣,褓襁而齿于诸侯,愿请变更而无笞。"葆申曰:"臣承先王之令,不敢废也。王不受笞,是废先王之令也。臣宁抵罪于王,毋抵罪于先王。"王曰:"敬诺。"引席,王伏。葆申束细荆五十,跪而加之于背,如此者再,谓王起矣。王曰:"有笞之名,一也。"遂致之。申曰:"臣闻君子耻之,小人痛之,耻之不变,痛之何益?"葆申趋出,自流于渊,请死罪。文王曰:"此不谷之过也,葆申何罪?"王乃变更,召葆申,杀茹黄之狗,析宛路之矰,放丹之姬。后荆国兼国三十九,令荆国广大至于此者,葆申之力也,极言之功也。

文中"不谷"为荆文王自称,如后世皇帝自称"寡人"。荆文王声色犬马,葆申奉先王之旨,笞挞荆文王,令其痛改前非,荆国由此而得以强大。

这是历朝历代传为佳话的臣笞君。其实,葆申是以先王的名义笞挞荆文王,归根结底,仍是父笞子。

二、缠 足

缠足,也称"弓足""裹足",俗称"扎脚""裹脚",美称"金莲""香莲",即在女孩三四岁时用布条将其双脚缠裹,限制其生长,并使其变形。

缠足的目的,是使女孩长大后更为卑弱温驯,就如[元]伊世珍《琅环记》所言:

> 吾闻圣人立女而使之不轻举也,是以裹其足,故所居不过闺阁之内,欲出则有帏车之载,是以无事于足也。

又如[清]贺瑞麟《改良女儿经》所言:

> 为什事,裹了足?不因好看如弓曲,恐她轻走出房门,千缠万裹来拘束。

女子要卑弱温驯,乃[汉]班昭《女诫》所言,可谓古代中国人的女性理想,但缠足并非汉代所常见,虽《史记·货殖列传》曰:

> 临淄女子,弹弦、跕𡲰。

其中"跕𡲰",似乎是缠足,但《史记·滑稽列传》曰:

> 日暮酒阑,合尊促坐,男女同席,履舄交错,杯盘狼藉。

其中的"履舄[xì]"即鞋子。若女子缠足,是鞋不离脚的,怎会和男鞋交错杂陈?可见,缠足在汉代很少见,大概只有临淄地方才有,所以连史家也要记上一笔。

那么,后来的隋唐呢?好像也不多见有女子缠足。《唐内典·内宫尚服注》曰:

> 皇后、太子妃,青袜,加金饰。开元时,或着丈夫衣靴。

又《唐书·车服志》曰:

中宗时,后宫戴胡帽,穿丈夫衣靴。

又[唐]刘肃《大唐新语》曰:

天宝中,士流之妻,或衣丈夫服,靴衫鞭帽,内外一贯。

唐代皇后、太子妃、后宫、士流之妻,喜穿男装、男鞋,若缠足,怎能穿男鞋?那么,缠足始于何时?或者,准确地说,缠足多见于何时?[明]沈德符《万历野获编》曰:

妇人缠足不知始自何时,或云始于齐东昏,则以"步步生莲"一语也。然余向年观唐文皇长孙后《绣履图》,则与男子无异。友人陈眉公、姚叔祥,俱有说为证明。又见《则天后画像》,其芳跌亦不下长孙,可见唐初大抵俱然。惟大历中夏侯审《咏被中睡鞋》云:"云里蟾钩落凤窝,玉郎沈醉也摩挲。"盖弓足始见此。至杜牧诗云:"钿尺裁量减四分,纤纤玉笋裹轻云。"又韩偓诗云:"六寸肤圆光致致。"唐尺只抵今制七寸,则六寸当为今四寸二分,亦弓足之寻常者矣。因思此法当始于唐之中叶。今又传,南唐后主为宫嫔窅娘作新月样,以为始于此时,似亦未然也。向闻今禁掖中,凡被选之女一登籍入内,即解去足纨,别作宫样,盖取便御前奔趋无颠蹶之患,全与民间初制不侔。予向寓京师,隆冬遇扫雪军士从内出,拾得宫嫔敝履相示,始信其说不诬。

文中的"齐东昏"即南朝齐时的东昏炀侯萧宝。此处,沈德符说,初唐,唐文皇(即唐太宗李世民)的长孙皇后,还有武则天,肯定是不缠足的。但据夏侯审、杜牧等中唐诗人的诗句,缠足在中唐好像很多见。有人说缠足始于五代时的南唐后主李煜(就是写"落花流水春去也,天上人间"的那个倒霉皇帝)让宫女窅娘穿"新月样"(新月形的小鞋),但好像也不是。因为"向闻今禁掖中,凡被选之女一登籍入内,即解去足纨,别作宫样,盖取便御前奔趋无颠蹶之患"(早就听说过,宫女一入宫,就要换穿宫中的鞋子,以便在殿前殿后走来走去,不可能缠足)。他还曾拾到过宫女的鞋子,确实不是"新月样"。

不过,"南唐后主为宫婢窅娘作新月样",确有其事。据[元]陶宗仪《南村辍耕录》引《道山新闻》云:

> 《道山新闻》云:李后主宫嫔窅娘,纤丽善舞。后主作金莲,高六尺,饰以宝物、细带、缨络,莲中作品色瑞莲。令窅娘以帛绕脚,令纤小,屈上作新月状,素袜舞云中,回旋,有凌云之态。由是人皆效之,以纤弓为妙。以此知扎脚自五代以来方为之,如熙宁、元丰以前,人犹为者少,近年则人人相效,以不为者为耻也。

《道山新闻》应为北宋人所作,因文中所说"熙宁、元丰",均为宋神宗年号。其称"扎脚自五代以来方为之",其实不然,五代之前就有,只是很少见。不过,其称宋神宗之前还很少见,近年来,则"人人相效,以不为者为耻也",大概没错。

由此大致可以认定,女子缠足,自北宋中期后才成风气,才成习俗。《宋史·五行志》曰:

> 理宗朝,宫人束脚纤直。

宋理宗是南宋第五帝,此时连"宫人"也都缠足,民间就不用说了。此处的"宫人",应指嫔妃,不含"宫中女仆"——宫女(原因见前文沈德符所言)。

实际上,无论在宋代,还是后来的明清两代,缠足是淑女的标志,大凡只有官宦富豪人家的小姐才缠足,丫鬟、女仆是不缠的。还有乡野村姑,也不会缠。[宋]范致明《岳阳风土记》云:

> 江西妇人皆习男事,采薪负重,往往力胜男子,设或不能,则阴相诋诮。

试想,"采薪负重""力胜男子"的江西妇人,会缠足吗?

不过,在其他地方,有些小户人家生了女儿,也会缠足。为什么?因为他们早早地打算把女儿卖入青楼,而青楼女多是缠足的(貌似小姐,更讨雅客喜欢)。

正因为如此,所以,宋词中有许多"咏足词",也就不足为奇了。略举几例,以窥一斑。譬如,苏东坡《菩萨蛮·咏足词》云:

涂香莫惜莲承步,长愁罗袜凌波去。只见舞回风,都无行处踪。

偷穿宫样稳,并立双趺[fū]困。纤妙说应难,须从掌上看。

据称,这是"咏足词"中的杰作,我稍作注释,助你欣赏。涂:通"途",路。莲承步:《南史·废帝东昏侯》曰:"又凿金为莲花以贴地,令潘妃行其上,曰:'此步步生莲花也。'"后世称缠足为"金莲"。凌波:漂浮于波浪之上。宫样:宫廷样式,指缠足。趺:脚。据说,该词最后两句是名句——"纤妙说应难,须从掌上看。"(那双脚之纤妙真是难以言说,必须拿在手上看方才知道)。这缠足女,无疑是青楼女——要不然,谁家小姐会让一个男人捧着她的脚细细看?——即使在今天,大概也不行。

又譬如,赵令畤《浣溪沙·刘平叔家妓》云:

稳小弓鞋三寸罗,歌唇清韵一樱多。灯前秀艳总横波。

指下鸣琴清杳渺,掌中回旋小婆娑。明朝归路奈情何。

这是他在刘平叔家里看到一个乐妓后的感慨。第一句说到的就是那乐妓的脚——"稳小弓鞋三寸罗"。稳小:稳而小(喻其足)。弓鞋:即缠足女所穿的鞋(因缠足后脚背是隆起的,如弓形,故称"弓足""弓鞋")。罗:绫罗。后面又说,那乐妓不仅唱歌弹琴,还和他眉来眼去("灯前秀艳总横波"),于是想,明天就要走了(再也见不到那乐妓了),心里很是惆怅。

又譬如,欧阳修《南乡子·弓弓小绣鞋》云:

好个人人,深点唇儿淡抹腮。花下相逢忙走怕人猜,遗下弓弓小绣鞋。

刬[chǎn]袜重来,半軃[duǒ]乌云金凤钗。行笑行行连抱得相挨,一向娇痴不下怀。

人人:即"人儿"。刬袜:脱袜(刬:同"铲",除)。半軃:半垂。乌云:喻女子长发。行笑行行:边笑边走。该词虽然只有一句直接说到缠足——"遗下弓弓小绣鞋",其实全词几乎都在写这"人儿"的双脚多么纤小,走路都要你扶着。当然,这"人儿"还要你抱着,一路上还在你怀中撒娇——青楼女无疑,谁家小姐会这样!

宋代的缠足之风,至明代而成缠足之俗,即成了汉人的一种习俗。其后,你知道,宋明之间有将近一百年的元朝,乃蒙古人所建。蒙古人从不缠足,但元朝廷并不禁止汉人缠足。故而,到了明代,淑女缠足被视为理所当然。据[清]钱泳《履园丛话》:

> 元明以来,士大夫家以至编民小户,莫不裹足,似足之不能不裹,而为容貌之一助也。

不仅如此,甚至还有人建议把缠足习俗传给北方异族,这样可使边塞安宁而免遭入侵。据[明]瞿九思《万历武功录》:

> 虏之所以轻离故土远来侵掠者,因朔方无美人也。制驭北虏,惟有使朔方多美人,令其男子惑溺于女色。我当教以缠足,使效中土服妆,柳腰莲步、娇弱可怜之态。虏惑于美人,必失其凶悍之性。

"虏"即鞑虏,汉人称北方异族之谓。"朔方"即北方。此言意为:鞑虏每每来犯,是因为他们那里没有美人。所以,要制驭鞑虏,唯有使北方多美人,使那里的男人沉迷于女色。我们应该教会他们的女人缠足,并使他们的女人仿效我们的服饰,这样"柳腰莲步、娇弱可怜"的女人会使鞑虏沉迷于美色,必然也会使他们失去凶悍之性而不再来犯。

然而,这也太一厢情愿了,你认为缠足女人美得不得了,难道别人也会这么认为吗?实际是,鞑虏(满洲人)非但没学缠足,还打进关内,灭了大明,立了大清。

那么,大清朝廷有没有禁止缠足?据[清]钱泳《履园丛话》:

> 本朝崇德三年七月,奉谕旨有效他国裹足者,重治其罪。顺治二年禁裹足。康熙三年又禁裹足。

显然,大清禁止缠足,而且在尚未入关前的崇德年间,就禁止本国民众"效他国裹足"。此处"他国",即大明。入关后,顺治朝,"禁裹足";康熙朝,"禁裹足"。

为什么顺治禁了,到康熙,还要再禁?实话实说,禁不掉!那么,康熙再禁之后,是否禁掉?告诉你,康熙三年颁诏"禁裹足",到康熙七年,只好罢禁。为什么?因为早先清廷曾颁布"剃发令",汉族男子最初抗拒,最后还是屈服了,现在清廷又颁布"禁裹足令",汉族女子誓不服从,坚称"男降女不降"。最后,清廷妥协了,只规定,满族女子不得缠足。就这样,缠足成了汉民族可悲的民族标记、民族象征。

就这样,康熙七年后,原本在北方流行的缠足,在南方也开始盛行。到咸丰年间,大清国的汉族臣民,无论是富豪人家,还是小康之家,都纷纷缠足,甚至西北、西南的土邦蛮族,也开始仿效汉族的缠足习俗。作为女人,是否缠足、缠得如何,将影响她的终身大事。"三寸金莲"之说,为人津津乐道。缠足缠得越小越好,乃至如同残疾,要人抱进抱出的"抱小姐"尤为人欣赏,以为美不可及、妙不可言。小脚女人,如[清]李渔《闲情偶寄》称:

> 其用维何?瘦欲无形,越看越生怜惜,此用之在日者也。柔若无骨,愈亲愈耐抚摩,此用之在夜者也。……与之同榻者,抚及金莲,令人不忍释手,觉倚翠偎红之乐,未有过于此者。

今人难以认同,一双畸形如同残疾的脚,古人竟会觉得如此性感!但事实就是如此。一坨小脚,脚趾、脚背扭曲成一团,其实很容易发臭,然而古人却称之为"香莲",闻、吸、舔、咬、搔、捏、推,玩弄起来,据说"香艳欲绝、魂销千古"。

既然女人的小脚如此好玩,我想,一定会有人弄出许多玩法、许多花样来。确实,不仅花样繁多,而且还有人著书立说。你知道,品茶有《茶经》,品酒有《觞政》。那么,品脚呢?有《香莲品藻》。此书为清代自称"评花御史"的方绚所著,可谓"品脚经典",其序曰:

> 宋张功父著《梅品》一帙,疏梅花之宜称、憎疾,荣宠,屈辱凡五十八事。闲思莲足纤妍,花堪解语,更无凡卉得与追踪,至有历百折而不回,贯四时而不改,则唯寒梅、翠竹、苍松,差堪接武。乃或遇人不淑、有女忾离,空谷幽兰、不知凡几,在女子以缠足为容,譬之君子修身俟命,岂有怨尤?然读"采封采菲,无遗下体"之诗,能无三叹?因仿其意,纂香莲宜称、憎疾、荣宠、屈

辱,亦得五十八条,别疏香闺韵事,及步莲三昧所未及者,凡二十余类,总汇一卷,签曰《品藻》。愿因风寄语金屋主人,倘阿娇步步生莲,幸加意护持,万勿敝屣视之,庶几享香莲清福于无既也。

他不仅把品脚——哦,他称之为"品莲"——和品梅相提并论,还称"唯寒梅、翠竹、苍松,差堪接武(稍稍能与之相比)"。不仅仿南宋张镃(字功父)《梅品》,编纂"香莲宜称"等五十八条,还另撰"香闺韵事"等二十余类,又寄语"金屋主人"(金屋藏娇之人),"加意护持",即可无尽享受"香莲清福"。

至于此书内容,繁复驳杂,即便作一简介,也需不少篇幅。故而,仅将标题列出:

香莲宜称二十六事、香莲憎疾十四事、香莲荣宠六事、香莲屈辱十一事、香莲五式(莲瓣、新月、和弓、竹萌、菱角)、香莲三贵(肥、软、秀)、香莲十八名、香莲十友、香莲五容、香莲九品、香莲三十六格、香莲九锡、香莲十六景、香莲三影、香莲四印、香莲四宜赏、莲香四合、香莲三上三中三下、香莲五观、香莲二幸、香莲四忌

从标题即可看出,此书所列香莲事项,多么细腻、多么周全,却又多么猥琐、多么无聊!

殊不知,幼女缠足,多么痛苦、多么可怕。如[清]李汝珍《镜花缘》所言:

始缠之时,其女百般痛苦,抚足哀号,甚至皮腐肉败,鲜血淋漓。当此之际,夜不成寐,食不下咽,种种疾病,由此而生。

如[清]钱泳《履园丛话》所言:

今以江浙两省而言,足之大莫若苏松杭嘉四府,为其母者,先怜其女缠足之苦,必至七八岁方裹。是时两足已长,岂不知之,而不推其故,往往紧缠,使小女则痛楚号哭,因而鞭挞之,至邻里之所不忍闻者。

所以,自明代起,就有人反对缠足,如[明]谢肇淛《文海披沙》所言:

至于女装既异,则弯靴绣履,亦取其异于男矣,何以必其短小乎?乐天但言"跌如春妍",而不言"尖如春笋",谢灵运言素足之妇,而不及短足之姝。即东昏玉奴步生莲花,亦非以其小也。然女足不缠实佳。

至清代,如[清]袁枚《牍外余言》所言:

女子足小有何佳处,而举世趋之若狂?吾以为戕贼儿女之手足以取妍媚,犹之火化父母之骸骨以求福利也。悲夫!

如[清]钱泳《履园丛话》所言:

大凡女人之德,自以性情柔和为第一义,容貌端庄为第二义,至足之大小,本无足重轻。……天下事贵自然,不贵造作,人之情行其易,不行其难。惟裹足则反是,并无益于民生,实有关于世教。且稽之三代,考之经史,无有一言美之者,而举世之人,皆沿习成风,家家裹足,似足不小,不可以为人,不可以为妇女者,真所谓戕贼人以为仁义,亦惑之甚矣!

然而,此等声音,犹如隆隆雷声中的呻吟、呼呼狂风中的呜咽,太微弱了,几乎没人听见。即便听见了,也几乎没人理会——显然,欲使幼女不再受缠足之苦,还有待于未来。

下卷 养生·丧葬

第一章　德寿　修身

此卷欲言古代中国人的养生与丧葬。众所周知,儒、道、佛,乃古代中国人之信仰,故而其养生之道,虽名目繁多,并非杂乱无章,概言之,即三类:儒家养生之道、道家养生之道、佛家养生之道。至于古代中国人的丧葬,待此卷第五章后予以详说。本章所言,儒家养生之道,曰"德寿",曰"修身"。

一、德　寿

儒家养生之道,基于孔子"仁者寿"之说,也称"德寿"。《论语·雍也》曰:

> 子曰:知者动,仁者静。知者乐,仁者寿。

孔子说:"知者好动,仁者好静。知者常乐,仁者长寿。"那么,何谓"仁者"?《左传·定公四年》曰:

> 《诗》曰:"柔亦不茹,刚亦不吐。不侮矜寡,不畏强御。"唯仁者能之。

《诗经》说:"柔和但不软弱,刚强但不外露。不欺侮弱者,不畏惧强者。"这唯有仁者能做到。换言之,柔而不弱、刚而不露、不欺弱者、不畏强者之人,即仁者。

又《论语·子罕》曰:

子曰：知者不惑，仁者不忧。

孔子说：知者不困惑，仁者不担忧。换言之，不担忧之人，即仁者。那么，为何"仁者寿"？[汉]董仲舒《春秋繁露》曰：

仁人之所以多寿者，外无贪而内清净，心和平而不失中正，取天地之美，以养其身，是其且多且治。

又[汉]荀悦《申鉴》曰：

或问：仁者寿，何谓也？曰：仁者内不伤性，外不伤物，上不违天，下不违人，处正居中，形神以和，故咎征不至而休嘉集之，寿之术也。

又[宋]邢昺[bǐng]《论语注疏》曰：

仁者寿者，言仁者少思寡欲，性常安静，故多寿考也。

又[宋]司马光《稽古录》曰：

孔子曰：知者乐，仁者寿。盖言知夫中和者，无入而不自得，能无乐乎！守夫中和者，清明在躬，志气如神，能无寿乎！

那么，"心和平而不失中正""上不违天，下不违人""少思寡欲，性常安静""清明在躬，志气如神"的仁者，真能长寿吗？也许，但不一定。此话怎讲？请看下表(这是我查出的二十位儒家仁者的生卒年)：

颜回，孔子弟子	前521—前481	享年40岁
闵损，孔子弟子	前536—前487	享年49岁
仲由，孔子弟子	前542—前480	享年62岁

续　表

宰予,孔子弟子	前522—前458	享年64岁
端木赐,孔子弟子	前520—前456	享年64岁
言偃,孔子弟子	前506—前443	享年63岁
卜子夏,孔子弟子	前507—前420	享年87岁
曾子,孔子弟子	前505—前435	享年70岁
公冶长,孔子弟子	前519—前470	享年49岁
漆雕开,孔子弟子	前540—前489	享年51岁
梁鳣,孔子弟子	前522—前440	享年82岁
任不齐,孔子弟子	前545—前468	享年77岁
燕伋,孔子弟子	前541—前476	享年65岁
荀子,先秦大儒	约前313—前238	享年74岁
董仲舒,西汉大儒	前179—前104	享年75岁
扬雄,东汉大儒	前53—18	享年71岁
郑玄,东汉大儒	127—200	享年73岁
杜预,魏晋大儒	222—285	享年63岁
韩愈,唐代大儒	768—824	享年56岁
朱熹,宋代大儒	1130—1200	享年70岁

　　统计一下:这二十位仁者,享年四十岁以上的三位,五十岁以上的三位,六十岁以上的五位,七十岁以上的七位,八十岁以上的二位,平均寿命六十五岁。

　　这在古代算不算长寿?也许算。要知道,古人常说:"人过五旬,不算夭折。"(人过了五十岁,就不算短寿了。)但是,若较之于同等级的其他"非仁者",这二十位"仁者"可能并不特别长寿,可能差不多。为什么?因为这二十位仁者均非乡野村夫、劳苦小民,尤其是大儒,身居高位、养尊处优,故而寿命较长——这是生活条件所致,并非"仁者"之故。

由此言之,"仁者寿"不是很可疑吗?是的,从来就有人怀疑,如[宋]吕蒙正《寒窑赋》曰:

> 颜渊命短,原非凶恶之徒;盗跖[zhí]延年,岂是善良之辈?

颜渊,即颜回,人称"孔门七十二贤之首",无疑是仁者,但他并不长寿,享年仅四十岁。盗跖,即柳下跖,江洋大盗,人称"盗跖",无疑是恶人,但他却长命百岁,据说活到一百二十岁。这怎么说呢?"仁者寿"吗?"大德必得其寿"吗?

所以,[宋]苏轼《三槐堂铭》直言:

> 贤者不必贵,仁者不必寿。

有才之人不一定富贵,有德之人不一定长寿。换言之,富贵(或贫贱)与个人才识无关,长寿(或短命)与个人道德无关。

其实,早在汉代,就有人质疑和否定"仁者寿"。对此,当时就有徐干在其《中论·夭寿》中辩解曰:

> 或问:孔子称仁者寿,而颜渊早夭,积善之家,必有余庆,而比干、子胥身陷大祸,岂圣人之言不信而欺后人耶?故司空颍川荀爽论之,以为古人有言,死而不朽,谓太上有立德,其次有立功,其次有立言,其身殁矣,其道犹存,故谓之不朽。寿与不寿,不过数十岁,德义立与不立,差数千岁,岂可同日言也哉!颜渊时有百年之人,今宁复知其姓名耶?《诗》云:"万有千岁,眉寿无有害。"人岂有万寿千岁者,皆令德之谓也。由此观之,仁者寿岂不信哉!

大意是:颜渊、比干、伍子胥都是仁者、善人,但不是英年早逝,就是身陷大祸,难道孔子所称"仁者寿"是欺人之谈?对此,荀爽(颍川人,任职司空)曾有论述,他认为孔子所说的"寿"意为"死而不朽",并认为,最高有"立德",其次有"立功"、"立言",有此"三立"之人,死后"其身殁矣,其道犹存",这就是"不朽"。一个人长寿或短寿,最多相差几十年,而一个人立德或不立德,他的身后之名会相差千百年,两者岂可同日而语!和颜渊同时在世之人当中,有人活了一百岁,但如今有谁知道这个人的名字?《诗经》说:"万有千岁,眉寿无有害。"(千秋万载,老而无害)。其实,人怎么会活千秋万载,《诗经》说的是一个人的美德流传千古。如此看来,"仁者寿"不是很可信吗?

这是儒家对"仁者寿"的正宗解释。"仁者寿"的"寿",意即"不朽",即"名垂青史",即[宋]文天祥《正气歌》所言:"人生自古谁无死,留取丹心照汗青。"

徐干《中论·夭寿》又曰:

> 夫寿有三:有王泽之寿,有声闻之寿,有行仁之寿。《尚书》曰"五福,一曰寿",此王泽之寿也;《诗》云"其德不爽,寿考不忘",此声闻之寿也;孔子曰"仁者寿",此行仁之寿也。

"寿"有三种:有"王泽"(天然)之寿,有"声闻"(后世名声)之寿,有"行仁"(立德、立功、立言)之寿。《尚书》所说"五福,一曰寿"(人有五福,第一种福是长寿),即天然之寿;《诗经》所说"其德不爽,寿考不忘"(在世行善不止,死后众人不忘),即后世名声之寿;孔子所说"仁者寿",即立德、立功、立言之寿。

又曰:

> 孔子云尔者,以仁者寿,利养万物。万物亦受利矣,故必寿也。

意即:孔子所说的"仁者寿",是说仁者有利于万物。万物受益,所以仁者"必寿"(肯定会与世长存)。

其实,所谓"寿有三",仅为二:一为生前之寿,一为身后之寿。因为,所谓"声闻之寿",其实和"行仁之寿"是一回事——生前"行仁",身后"声闻"。而"行仁",即立德、立功、立言,也就是"利养万物"。不过,不管是"寿有三",还是仅为二,孔子所说的"仁者寿",指的是仁者的身后之寿,而非生前之寿,这是儒家的正宗解释——否则,若是指生前之寿,"仁者寿"显然与事实不符。

你或许会说,把"仁者寿"解释为仁者的身后之寿,解释为"不朽",解释为"名垂青史",似乎有狡辩之嫌。是的,我也认为,这是荀爽、徐干等人的"狡辩"。孔子当初说"仁者寿",肯定是他相信仁者会活得更长久。但他错了,而荀爽、徐干等人,为维护"圣人无谬",于是就辩称,孔子所说的"寿"另有深意——意为流芳百世。请问,孔子在世之时,"寿"字可用来指称身后之事吗?可用来指称一个人死后流芳百世吗?没见过!辞书里也无此种解释。

然而,正是由于荀爽、徐干等人的"狡辩",汉代儒家(简称"汉儒")竟由此而阐明了儒家的人生观,即:学儒之人的人生理想,就是追求死后"不朽",就是"名垂青史",就是"留取丹心照汗青"。

既然以"死而不朽""名垂青史"为人生理想,那你活着的时候,又如何为此而努力呢?那就是"修身",即修炼自己的身心,而如何修炼自己的身心,就是儒家的养生之道。

二、修　身

那么,儒家是如何"修身"的呢?说来话长,但我只能长话短说。所谓"修身",有两层含义:一是指"养生"(即身体保养),二是指"养性"(即道德修养)。为什么说"两层含义",不说"两个含义"?因为按儒家的说法,养生是为了养性,但养性却不是为了养生,而是为了"行仁"(即立德、立功、立言),以求名垂青史。也就是说,养生和养性并非二者并列,而是有层次的。

既然养生是为了养性,那么就要问:何为"性"?按《中庸》之言:

> 天命之为性,率性之谓道。

不要被"天命"一词吓唬住了,其实就是"天生"的意思,拉屎撒尿也属"天命"。不要被"道"一词吓唬住了,其实就是"道德"的意思。所以,此言可翻译为:天性就是性,合乎天性就是道德。

不过,按儒家的说法,人不仅有动物天性(拉屎撒尿就属此种天性),还有道德天性,即《孟子·告子》所谓:

> 恻隐之心,人皆有之;羞恶之心,人皆有之;恭敬之心,人皆有之;是非之心,人皆有之。

既然道德天性"人皆有之",为何还要"养性"?因为道德天性隐藏在人心中,没有发扬出来,"养"就是努力使自己的道德天性发扬出来,使自己更有"恻隐之心",更有"羞恶之心",更有"恭敬之心",更有"是非之心"。所以,《孟子·告子》继而曰:

恻隐之心,仁也;羞恶之心,义也;恭敬之心,礼也;是非之心,智也。仁义礼智,非由外铄我也,我固有之也,弗思耳矣。故曰:求则得之,舍则失之。

仁、义、礼、智,虽然人心固有,但需"求"而得之——此"求",于己而言,即"养"也。那么,如何"养"之?曰"守静",曰"存养",曰"自省",曰"定性",曰"治心",曰"慎独",曰"主敬",曰"谨言",曰"致诚",历代所说,不一而足。不过,此等养性之法,大多基于养生——须知,欲养性,先养生。

那么,儒家有何与其养性相应的养生之道?其实,《论语》中就有不少养生语录。譬如,《论语·乡赏》曰:

食不厌精,脍不厌细。食饐而餲,鱼馁而肉败,不食。色恶,不食。臭恶,不食。失饪,不食。不时,不食。割不正,不食。不得其酱,不食。肉虽多,不使胜食气。唯酒无量,不及乱。沽酒市脯,不食。不撤姜食,不多食。祭于公,不宿肉。祭肉不出三日,出三日,不食之矣。食不语,寝不言。

其中有些固然是出于礼仪,如"食不语,寝不言",但大多关乎养生,如"鱼馁而肉败,不食""唯酒无量,不及乱"(喝酒不限量,但不可醉)等。

又譬如,《论语·述而》曰:

饭疏食、饮水、曲肱[gōng]而枕之,乐亦在其中矣。

饭:(动词)吃。肱:手臂。此语意为:吃疏食、饮清水、枕臂而睡,乐在其中。意即:淡泊安逸,利于养生。

又譬如,《论语·季氏》曰:

> 君子有三戒。少之时，血气未定，戒之在色。及其壮也，血气方刚，戒之在斗。及其老也，血气既衰，戒之在得。

此即俗话所说"少年戒色、壮年戒骄、老年戒贪"的出典。确实，少年易色、壮年易骄、老年易贪，故而须"戒之"，方能养生。

除了《论语》，其他儒家经典中也多有养生之言，如《荀子·天论》曰：

> 养备而动时，则天不能使之病；养略而动罕，则天不能使之全。

意即：注意保养而适时活动，上天也不能使你得病；忽视保养而少有活动，上天也不能使你康健。

不过，儒家经典所言养生，都是只言片语。若要详知儒家养生之道，还需查阅一部上古医书，即《黄帝内经》。此书成于儒学兴起之时，后为历代"儒医"所尊奉，堪称"儒家养生经典"。

《黄帝内经》所述养生之道，其要义，如其开篇"上古天真论"所言：

> 上古之人，其知道者，法于阴阳、和于术数、饮食有节、起居有常、不妄作劳，故能形与神俱，而尽终其天年，度百岁乃去。

由此可知，儒家养生之道，可称"养生五法"：一曰"法于阴阳"，一曰"和于术数"，一曰"饮食有节"，一曰"起居有常"，一曰"不妄作劳"。

那么，何谓"法于阴阳"？《黄帝内经·素问·生气通天论》曰：

> 夫自古通天者，生之本，本于阴阳。天地之间，六合之内，其九州、九窍、五脏、十二节，皆通乎天气。其生五，其气三，数犯此者，则邪气伤人。此寿命之本也。

大意是：自古以来，以通于天为生之本，即本于阴阳。天地之间，六合之内，无论是地上的九州，还是人体的九窍、五脏、十二节，都与"天气"相通。"天气"生"五行"（金、木、水、火、土），生"三气"（风、湿、寒为阴气，燥、暑、火为阳气），如若冲犯

"天气",就有邪气伤人。这是人的寿命之本。

你知道,古代中国人的基本观念就是"阴阳五行说",无论是儒家、道家、法家、墨家,还是诸子百家,都以"阴阳五行说"为前提,都用"阴阳五行说"解释天地万物。《黄帝内经》当然也不例外,其所谓"法于阴阳",就是应顺"阴阳之气",因为它认为,人的寿命之本,在于"天气"(也称"天地之气"),而"天气"就是"阴阳之气"。所以,应顺"阴阳之气",乃养生之本。

这听上去是不是有点神秘?是的,"阴阳五行说"本身就是一种古老的神秘论,以此解释生老病死、解释人的寿命,怎么会不神秘?不过,古代中国人不像你我,他们对"阴阳五行说"是坚信不疑的,因为在他们看来,生老病死本身就很神秘,不可捉摸。

那么,何谓"和于术数"?先解释一下,何谓"术数"?"术数"即方术与气数。方术,即所谓"五术"——"山"(即秘术)、"医"(即医术)、"命"(即算命术)、"相"(即看相术)、"卜"(即占卜术)。气数,即寿数。古代中国人相信寿夭前定,所以,一个人活多久,他们称作"寿命",即"命"中注定的"寿"。但同时,他们又相信,作恶会减寿,行善能延寿。还有方术,也可以延寿。所以,所谓"和于术数",意思就是调和方术与气数(即用方术改变气数)。[明]马莳《黄帝内经·素问注证发微》曰:

> 术数者,修养之法则也。上古之人,为圣人而在上者,能知此大道而修之,法天地之阴阳,调人事之术数。

你看,既要"法天地之阴阳",又要"调人事之术数",看似矛盾,实质"狡猾",模棱两可。说句题外话,古代中国人也是深谙辩论之道的——譬如,一边说"人定胜天",一边又说"天定胜人";一边说"钱财于我如浮云",一边又说"有钱能使鬼推磨",等等,反正两边都能说,看情况而定——不过,还是回头说《黄帝内经》吧。

何谓"饮食有节"?大概不用多作解释。《黄帝内经·素问·藏气法时论》曰:

> 五谷为养,五果为助,五畜为益,五菜为充,合而服之,以补益精气。

这是说不要偏食,五谷(稻、黍、稷、麦、菽)、五果(栗、桃、杏、李、枣)、五畜(牛、犬、羊、猪、鸡)、五菜(葵、韭、藿、薤、葱)都要吃。不过,这在食物匮乏的古代中国,其实很难做到。五谷虽不昂贵,但产地不同,往往有这没那。至于五果、五畜,在古代中国是奢侈品,大多数人很少吃。五菜和五谷一样,也往往有这没那。所以,要五谷、五果、五畜、五菜"合而服之,以补益精气",非王公贵族、高官达人不可。

又《黄帝内经·素问·生气通天论》曰:

> 是故谨和五味,骨正筋柔,气血以流,腠理以密,如是则骨气以精。谨道如法,长有天命。

这是说五味(酸、甜、苦、辣、咸)要"谨和"(谨慎调和),不要太酸、太甜、太苦、太辣、太咸。这当然没错。但食物的味道调得好,会有那么大功效吗?会使人"骨正筋柔,气血以流,腠理以密"?这在今天看来,好像说得也太夸张了。但是,从秦汉到明清,从未有人质疑——要知道,《黄帝内经》在历朝历代都是不容置疑的。

又《黄帝内经·灵枢·师传》曰:

> 食饮者,热无灼灼,寒无沧沧,寒温中适,故气将持,乃不至邪僻也。

这是说不要吃得太烫,也不要吃得太冷,要"寒温中适"。这当然也没错,但就这点常识,竟然说"不至邪僻",好像也有夸张之嫌。

那么,何谓"起居有常"?大概也不用多作解释,但有一点仍需说明,它说的不是每天而是每年的"起居有常"。《黄帝内经·素问·四气调神大论》曰:

> 春三月,此谓发陈。天地俱生,万物以荣,夜卧早起,广步于庭,被发缓形,以使志生,生而勿杀,予而勿夺,赏而勿罚,此春气之应,养生之道也;逆之则伤肝,夏为寒变,奉长者少。
>
> 夏三月,此谓蕃秀。天地气交,万物华实,夜卧早起,无厌于日,使志无怒,使华英成秀,使气得泄,若所爱在外,此夏气之应,养长之道也;逆之则伤心,秋为痎疟,奉收者少,冬至重病。

秋三月,此谓容平。天气以急,地气以明,早卧早起,与鸡俱兴,使志安宁,以缓秋刑,收敛神气,使秋气平,无外其志,使肺气清,此秋气之应,养收之道也;逆之则伤肺,冬为飧[sūn]泄,奉藏者少。

　　冬三月,此谓闭藏。水冰地坼[chè],无扰乎阳,早卧晚起,必待日光,使志若伏若匿,若有私意,若已有得,去寒就温,无泄皮肤,使气亟夺。此冬气之应,养藏之道也;逆之则伤肾,春为痿厥,奉生者少。

有些什么"起居有常"呢?要之,它说春天三个月里,要"夜卧早起"(睡得晚,起得早);夏天三个月里,也要"夜卧早起";秋天三个月里,要"早卧早起"(睡得早,起得早);冬天三个月里,要"早卧晚起"(睡得早,起得晚)。也就是说,春天和夏天,要少睡;秋天和冬天,要多睡。理由是,春天"天地俱生,万物以荣",夏天"天地气交,万物华实"(所以要少睡);秋天"天气以急,地气以明",冬天"水冰地坼,无扰乎阳"(所以要多睡)。

睡眠时间多少,和季节有关吗?现代中国人大概都会说,没多大关系。但是,古代中国人相信"天人感应",看到春天和夏天日长夜短,便觉得应该少睡;看到秋天和冬天日短夜长,便觉得应该多睡,并认为这是应顺"天地之气",是养生之道。

那么,何谓"不妄作劳"?大概也不用我多作解释,就是不要劳累的意思。《黄帝内经·素问·宣明五气》曰:

　　久视伤血,久卧伤气,久坐伤肉,久立伤骨,久行伤筋,是谓五劳所伤。

为什么"久视伤血"?现代人可能看不懂。若说"久视伤眼",还有点道理,"伤血"是什么意思?血怎么"伤"法?但要知道,古代中国人所说的"血",不是我们现在所说的"血液",而是身体里的某种神秘兮兮的东西,常和"气"并用,称作"血气"。这"血气"究竟是什么,现代中国人是无法解释的,但古代中国人相信这种东西的存在。所以,它接着说"久卧伤气",我就不再深究了,因为我根本不知道这"气"到底是什么,当然也就不知道,为什么躺久了会"伤气"。至于它后面说"久坐伤肉""久立伤骨""久行伤筋",因为"肉""骨""筋"都是显而易见的东西,我也没什么可多说了,你自己看吧,到底有没有道理。

最后,关于"修身",当然要有一个总结。不过,不用我来说,可以让古人代劳。[明]洪基《摄生总要》曰:

> 夫所谓养生者,先知爱身,则可以修身。知修身,则可以治心。能治心,则可以养生。摄养之道,在乎戒暴怒、节嗜欲、时起居、省思虑、调饮食,则自然血气平和,而百病不生矣。

我唯一要说的是,"血气平和"真能"百病不生"吗?也许能,但如何测定"血气平和"?即:怎样才算"血气平和"?没人说得清。既然"血气平和"没人说得清,那又怎能保证"百病不生"?

第二章　炼丹　服饵

前章讲的是儒家养生之道,本章要讲的是道家养生之道。儒家养生之道,你已知道,平淡无奇。道家养生之道,你将看到,神奇之极。这是因为,儒家和道家,就如一枚双面镜,映照出古代中国人心灵的正反两面:一面映照出古代中国人的凡俗务实,一面映照出古代中国人的奇思异想。正因如此,道家养生之道,可谓形形色色、五花八门。然而,综其要义,一曰"炼丹",一曰"服饵"。

一、炼　丹

道家养生之道,基于老庄之说。然而,老庄之说,玄而又玄。老子《道德经》曰:

> 不失其所者久,死而不亡者寿。

"久"与"寿",长存之意,这没错,但"不失其所"的"所",是什么?没说,你自己猜。"死而不亡",什么意思?也没说,也要你猜。
又曰:

> 谷神不死,是谓玄牝[pìn]。玄牝之门,是谓天地根。

"谷神",按字面义,即谷之神。为什么"不死"?没说,信不信,随你便。"玄牝",按字面义,即玄妙的母兽。为什么谷之神称为"玄妙的母兽"?没说,你自己猜。"玄牝之门"是什么?母兽的阴户?也许。那"天地根"是什么?天地是不是像一棵树?是有"根"的?若是,证据何在?为什么母兽的阴户称为"天地根"?也没说,也要你自己猜(其实,这段话的意思很简单。不过,此处不说,到后面第七章再说)。

再来看《庄子》。《庄子·刻意》曰:

> 纯素之道,唯神是守。能体纯素,谓之真人。

大意是:"纯素之道",只有"神"能恪守。能体现"纯素"的,称为"真人"。那么,何为"纯素之道"?曰:

> 素也者,谓其无所与杂也。纯也者,谓其不亏其神也。

素,就是不掺杂物;纯,就是不损神性。也就是说,只有"神"才能恪守"不掺杂物、不损神性"之道。这似有同语反复之嫌,就如说"只有人才有人性"或"只有狗才有狗性"一样。不过,不必深究,这种同语反复在上古典籍中多的是。重要的是,他说"能体纯素,谓之真人"。注意,"能体纯素"是"神",但又称为"真人"。到底是"神",还是"人"?令人费解,而正因为令人费解,才高深莫测。所以,此语被猜测为,人只要能体现"纯素之道",就可成为"真人",而"真人",就是"神仙"。

现在,你大概知道了吧,老庄的人生理想,就是"不死",就是"死而不亡",就是"纯素真人",而老庄的人生理想,就是道家的人生理想,即"修炼成仙""长生不老"。

既然道家的人生理想是"修炼成仙""长生不老",那么,如何"修炼成仙""长生不老",就是道家的养生之道。此道称作"丹道"或"丹术",也就是"炼仙丹"。

为此,历代不知有多少道士,脑洞大开、呕心沥血。因而,道家养生之道的流派之多、秘法之繁,令人望而生畏。好在,我并非要写"道家养生史""道家炼丹史",你也并非想炼丹,想长生不老,所以,仅需简述即可。只是,我担心,即便是简述,你大概也会觉得太啰唆。

先解释一下,什么叫"丹"。《说文》曰:

> 丹,巴越之赤石也。

巴越:异邦之称。"丹"原本是指域外的一种红石。后来,这个字时而仅用作"红"意(如"碧血丹心"),时而仅用作"石"意,指石粒状坚硬的药丸(如"灵丹妙药")。"炼丹"之"丹",即为后者。

那么,"丹"是怎么炼的呢?有两种,如[宋]陈师道注苏东坡《送蹇道士归庐山诗》所言:

> 道家以烹炼金石为外丹,龙虎胎息、吐故纳新为内丹。

即:一种叫"外丹",一种叫"内丹"。炼外丹,称作"外丹术";炼内丹,称作"内丹术"。下面分而述之:

(一)外 丹

外丹是在炼丹炉里炼出来的。用什么东西炼呢?据《史记·孝武本纪》:

> 少君言于上曰:"祠灶则致物,致物而丹砂可化为黄金。黄金成,以为饮食器,则益寿。益寿而海中蓬莱仙者可见,见之以封禅则不死,黄帝是也。臣尝游海上,见安期生,食臣枣,大如瓜。安期生,仙者,通蓬莱中,合则见人,不合则隐。"于是,天子始亲祠灶,而遣方士入海求蓬莱安期生之属,而事化丹砂诸药,齐为黄金矣。居久之,李少君病死,天子以为化去不死也,而使黄锤史宽舒受其方,求蓬莱安期生莫能得,而海上燕齐怪迂之方士多相效,更言神事矣。

这大概是史书中最早、最详尽的关于炼外丹的记述。方士李少君对汉武帝说,用丹砂可以炼出黄金,用炼出的黄金做"饮食器",可以"益寿",可以去见神仙安期生,可以"封禅"而不死。于是,汉武帝亲自炼金,同时派方士到蓬莱去寻找神仙安期生。后来,丹砂等物果然炼成了黄金。后来,李少君生病死了,汉武帝认为他是"化仙"了,没有死,就派黄锤史宽舒到蓬莱去找神仙安期生。虽没找到,但山东、河北一带的"怪迂之方士"纷纷仿效,大谈神仙之事。

用丹砂炼黄金,这丹砂是什么?丹砂又称"朱砂",用现代地质学术语来说,就是汞(即水银)的硫化物,一种矿物。用这种矿物能炼出黄金吗?当然不能。如"事化丹砂诸药,齐为黄金矣"之说属实,其"黄金"也非今天所说的黄金,不知为何物。其可"益寿"吗?史载,汉武帝六十八岁而崩,寿并不长矣!

那么,除了丹砂,还有什么,可用来炼丹?还有铅、砷、雄黄、白矾、磁石等,都曾用来炼丹,因此还产生了不同的炼丹流派,如金砂派、硫汞派、铅汞派等。金砂派用黄金和丹砂炼丹,硫汞派用硫黄和汞炼丹,铅汞派用铅和汞炼丹。但是,不管是哪派炼出来的丹,其实都有毒。因而,历代因误食丹药而身亡者不在少数。对此,历代炼丹者并非不知道,那又为何要热衷于炼丹?一是坚信前人所说,如〔晋〕葛洪《抱朴子·内篇》所言:

> 余考览养性之书,鸠集久视之方,曾所披涉篇卷,以千计矣,莫不皆以还丹、金液为大要者焉。然则,此二事,盖仙道之极也。服此而不仙,则古来无仙矣。

你看,信誓旦旦,说若服"还丹、金液"而不成仙,那就"古来无仙矣"。事实上,确是"古来无仙矣",然而古代中国人不仅幻想出"仙",还坚信世上有"仙",并希望自己成"仙"。所以,他们明知丹药有毒,但出于成"仙"的强烈愿望,仍愿意冒险。

二是,有些丹药有剧毒,一服即死,但有些丹药只有微毒,服食者是慢性中毒,而慢性中毒的某些症状,如虚脱、亢奋、幻觉等,被误认为是飘飘欲仙,是成仙的先兆,如《列子·黄帝篇》所言:

> 不觉形之所倚,足之所履,随风东西,犹木叶干壳,竟不知风乘我邪,我乘风乎?

就这样,用铅、汞、硫黄等物炼丹,以求不死、以求成仙的幻想,从秦汉一直盛行到唐宋,至明清,仍余波不断。其间,外丹术名家辈出,如东汉魏伯阳、狐刚子、东晋葛洪、南北朝陶弘景、隋唐苏元朗、张果、孙思邈、清虚之、陈少微等,据称都是炼制灵丹妙药的高手。还有关于外丹术的著述,也是不一而足,如东汉《黄帝九鼎神丹经》《太清金液神丹经》、五代《铅汞甲庚至宝集成》《诸家神品丹法》、宋代《丹房须知》、明代《庚辛玉册》《乾坤秘韫》《造化钳鎚》《黄白镜》、清代《外金丹》《金火大成》等,据称都是炼丹秘笈、其妙无穷。

炼汞服丹,历代都有,但特别盛行于唐代。在唐代,上自帝王,下至臣民,几乎都热衷于炼汞服丹。下面是从《旧唐书》和《新唐书》中查出的关于大唐帝王服食丹药的记述。据《旧唐书·太宗本纪》:

> 贞观二十二年五月庚子,使方士那罗迩婆娑于金飙门造延年之药。

这是唐太宗李世民差遣异域方士那罗迩婆娑在长安金飙门炼丹。另据《新唐书·郝处俊传》:

> 时浮屠卢伽逸多治丹,曰"可以续年"。高宗欲遂饵之,处俊谏曰:"修短固有命,异方之剂,安得轻服哉?昔先帝诏浮屠那罗迩婆娑,寀案其方书为秘剂,取灵花怪石,历岁乃能就。先帝饵之,俄而大渐,上医不知所为,群臣请显戮其人,议者以为取笑夷狄,故法不得行。前鉴不远,惟陛下深察。"帝纳其言。

这是唐高宗时,有异域和尚卢伽逸多炼丹,号称可以益寿延年。唐高宗李治,想服食其丹,被郝处俊劝阻。注意,郝处俊所言"昔先帝诏浮屠那罗迩婆娑,寀案其方书为秘剂,取灵花怪石,历岁乃能就。先帝饵之,俄而大渐,上医不知所为"。此处"先帝"即唐太宗,因服食那罗迩婆娑炼制的丹药,"俄而大渐,上医不知所为"(很快就不行了,太医也没有办法)——可见,唐太宗因服丹中毒而崩。

继唐太宗之后,唐高宗因郝处俊劝阻,得以幸免,但唐宪宗又重蹈太宗覆辙。据《旧唐书·宪宗本纪》:

> 十五年春正月甲戌朔,上以饵金丹小不豫,罢元会……戊戌,上自服药不佳,数不视朝……庚子,是夕,上崩于大明宫之中和殿,享年四十三。

一个月内,唐宪宗李纯,先是"饵金丹小不豫"(服食丹药后稍感不适,天子有病,称"不豫"),"罢元会"(取消了元月宫廷聚会),后又"服药不佳"(服食丹药而不舒服),"数不视朝"(好几天不理朝政),到庚子那天晚上,便崩于大明宫中的中和殿。

接着,唐穆宗李恒,步其后尘。据《旧唐书·穆宗本纪》:

> 上饵金石之药……辛未,上大渐,诏皇太子监国。壬申,上崩于寝殿,时年三十。

也是"饵金石之药",没几天,"上大渐"(皇上不行了),"诏皇太子监国"(下诏,令皇太子监理国政),到壬申那天,唐穆宗崩于寝殿,年仅三十岁。

那么,皇太子几岁?十五岁,即后来的唐敬宗李湛。据《旧唐书·敬宗本纪》:

> 八月戊午,遣中使往湖南、江南等道及天台山采药。时有道士刘从政者,说以长生久视之道,请于天下求访异人,冀获灵药,乃以从政为光禄少卿,号升玄先生。

你看,一个十五六岁的少年,竟然也会听信道士之言,"求访异人,冀获灵药",可见他的父辈给了他怎样的教导!不过,这位大唐皇帝很惨,在位只有三年,还没等他误食"灵药"而崩,就被几个太监谋杀了,年仅十八岁。见《旧唐书·敬宗本纪》:

> 辛丑,帝夜猎还宫,与中官刘克明、田务成、许文端打球,军将苏佐明、王嘉宪、石定宽等二十八人饮酒。帝方酣,入室更衣,殿上烛忽灭,刘克明等同谋害帝,即时殂于室内,时年十八。

十八岁的皇帝死了,当然不会有什么皇太子来继位。于是,就有了唐文宗李昂,唐敬宗李湛的弟弟。李昂与李湛同龄,仅小几个月,肯定不是一母所生,但他和李湛一样,也是个倒霉皇帝,三十一岁时被几个太监软禁在宫中,不久便郁郁而亡。由那几个太监所立的"皇太弟"即李昂之弟李炎继位,即唐武宗。据《旧唐书·武宗本纪》：

> 三月壬寅，上不豫，制改御名炎。帝重方士，颇服食修摄，亲受法箓。至是药躁，喜怒失常，疾既笃，旬日不能言。宰相李德裕等请见，不许。中外莫知安否，人情危惧。是月二十三日，宣遗诏，以皇太叔光王柩前即位。是日崩，时年三十三。

这个唐武宗，继位六年后，因"不豫"（有病）而改名李炎（他原名李瀍[chán]）。你看，这个唐武宗，"重方士，颇服食修摄，亲受法箓"，又是个迷恋道术、嗜好丹药的帝王，堪比其祖父唐穆宗、曾祖父唐宪宗，真可谓"前赴后继、世代相传"。

既然大唐皇帝都这样笃信外丹术，这样喜欢吞金服砂，那么，大唐臣民又会如何呢？可想而知，只要你翻开《旧唐书》或《新唐书》，很容易看到像"杜伏威好神仙术，饵云母，被毒暴卒""李道古贬循州，终以服药，呕血而死"之类的记述——只是，你知道，史书极少记述民间之事，大唐黎民百姓是否也是这样嗜药成癖，那就不得而知了。不过，根据上行下效的原理，可以料想，上下绝不会反差很大。

然而，不管怎样，到了明清两代，不知何故，外丹术似乎声名狼藉了，常被人公开诟病。譬如，[明]谢肇淛《五杂俎》称：

> 金石之丹皆有大毒，即钟乳、朱砂，服久皆能杀人，盖其燥烈之性，为火所逼，伏而不得发，一入肠胃，如石灰投火，烟焰立炽，此必然之理也。唐时诸帝，如宪、文、敬、懿之属，皆为服丹所误。宋时张圣民、林彦振等，皆至发疡溃脑，不可救药。近代张江陵末年服丹，死时肤体燥裂，如炙鱼然。夫炼丹以求长生也，今乃不能延龄，而反以促寿，人何苦所为愚而恬，不知戒哉？盖皆富贵之人，志愿已极，惟有长生一途，欲之而不可得，故奸人邪术得以投其所好，宁死而不悔耳，亦可哀也。

再看明清小说，其中对炼汞服丹也多有嘲讽。随便举几例。譬如，《二刻拍案惊奇》卷十八"甄监生浪吞秘药　春花婢误泄风情"，开篇云：

却有一等痴心的人,听了方士之言,指望炼那长生不死之药,死砒死汞,弄那金石之毒到了肚里,一发不可复救。古人有言:"服药求神仙,多为药所误。"自晋人作兴那五石散、寒食散之后,不知多少聪明的人彼此坏了性命。臣子也罢,连皇帝里边药发不救的也有好几个。

意同《五杂俎》之言,只是用白话说的。又譬如,《红楼梦》第六十三回"寿怡红群芳开夜宴　死金丹独艳理亲丧"云:

正顽笑不绝,忽见东府中几个人慌慌张张跑来说:"老爷宾天了。"众人听了,唬了一大跳,忙都说:"好好的并无疾病,怎么就没了?"家下人说:"老爷天天修炼,定是功行圆满,升仙去了。"尤氏一闻此言,又见贾珍父子并贾琏等皆不在家,一时竟没个着己的男子来,未免忙了,只得忙卸了妆饰,命人先到玄真观将所有的道士都锁了起来,等大爷来家审问。一面忙忙坐车,带了赖升一干家人媳妇出城,又请太医看视,到底系何病。大夫们见人已死,何处诊脉来。素知贾敬导气之术,总属虚诞,更至参星礼斗,守庚申,服灵砂,妄作虚为,过于劳神费力,反因此伤了性命的,如今虽死,肚中坚硬似铁,面皮嘴唇烧的紫绛皱裂,便向媳妇回说:"系玄教中吞金服砂,烧胀而殁。"众道士慌的回说:"原是老爷秘法新制的丹砂吃坏事,小道们也曾劝说'功行未到,且服不得',不承望老爷于今夜守庚申时悄悄的服了下去,便升仙了。这恐是虔心得道,已出苦海,脱去皮囊,自了去也。"

你看,贾敬炼丹服砂,一命呜呼,众道士还狡辩:"这恐是虔心得道,已出苦海,脱去皮囊,自了去也。"——真是可笑之极!

再譬如,《儒林外史》第五十二回"比武艺公子伤身　毁厅堂英雄讨债"云:

凤四老爹看了壁上一幅字,指着向二位道:"这洪憨仙兄也和我相与。他初时也爱学几桩武艺,后来不知怎的,好弄玄虚,勾人烧丹炼汞。不知此人而今在不在了?"胡八公子道:"说起来竟是一场笑话,三家兄几乎上了此人一个当。那年勾着处州的马纯上,怂恿家兄炼丹,银子都已经封好,还亏家兄的运气高,他忽然生起病来,病到几日上就死了。不然,白白被他骗了去。"

你看,这位洪憨仙兄,好弄玄虚,勾引他人炼丹,胡八公子的三哥差点上当,多亏他"运气高",那年遇到马纯上,也想骗他炼丹,钱都准备好了,他突然一病死了,总算没有上当!——嘲讽得真是刻毒之极!

然而,尽管外丹术在明清两代声名狼藉,常被责为"骗钱""杀人",但你知道,执迷不悟者,世代有之;冥顽不灵者,世代有之;异想天开者,世代有之;上当受骗者,世代有之。所以,即便在明清两代,烧丹炼汞、吞金服砂,依然比比皆是、屡见不鲜。

(二) 内 丹

其实,所谓"炼内丹",就是后来所说的"气功"。炼内丹,就是炼"丹田之气"。那么,何谓"丹田"?据古老而神秘的"十二经络说",丹田是人体"十四经穴"中的一处经穴,在下腹部,前正中线上,脐下三寸。称为"丹田",是比喻,意为:此经穴犹如灵丹。据《难经》(此书据说是春秋时扁鹊所著,历代道医经典):

> 脐下肾间动气者,人之生命也,十二经之根本也。

又据《胎息经》(此书有"内丹真经"之称,作者不详,今存[唐]幻真注本):

> 常伏气于脐下,守其神于身内,神气相合而生玄胎。玄胎既结,乃自生身,即为内丹。

又据[元]丘处机《大丹直指》(此书作者有"长春真人"之称,此书是明清两代道家经典):

> 性者,天也,常潜于顶。命者,地也,常潜于脐。顶者性,根也。脐者命,蒂也。

据此三部道家经典所述,大体可知:一、脐下丹田是命根("人之生命也,十二经之根本也");二、运气于脐下丹田,可以益寿延年("玄胎既结,乃自生身");三、头顶,对应于天;肚脐,对应于地。头顶是人之性("顶者性,根也"),肚脐是人之命("脐者命,蒂也")。

你若稍有现代解剖学知识,就会觉得,这样解释人体真是太奇怪了!肚脐只是人出生时剪断脐带留下的残痕而已,那里并没有什么"丹田",更不是重要的人体器官(如心、脑、肝、肺等),而且,运气(即呼吸)也不可能把气吸到肚脐处(空气只吸入肺内,不会进入人体其他任何地方)。至于头顶,那里只有头皮和头发,除了天上的雨雪可能会落在上面,和天毫不相干,更不是人性潜藏之处,说"性者,天也,常潜于顶",纯属杜撰。至于肚脐,其实只是一个疤,和大地有何相干?更不是人命潜藏之处,说"命者,地也,常潜于脐",纯属想象。

不过,这不能责怪道家,因为在毫无现代解剖学知识的情况下,他们只能想象,只能这样解释人体、解释呼吸,而正是基于这样的解释,才有"气入丹田""龙虎胎息"之说,才有玄之又玄的内丹术,才有世代相传的所谓"气功"。

内丹术虽兴起于东汉末年(与道教兴起同步),但在西汉初年就有人炼内丹,以期养生延寿。如成书于西汉的《老子黄庭经》,后被道教奉为经典,其中曰:

> 服食芝草紫华英,头戴白素足丹田。沐浴华池生灵根,三府相得开命门。

这里不仅说到"服食芝草"(即服饵,我将在后面详说),还说到"丹田"。所谓"头戴白素足丹田",就是炼内丹(炼的时候要在头上扎一条白布。"足丹田"的意思就是"气入丹田")。后面的"灵根""命门",我不说你大概也能猜出什么意思。至于"三府",当然不是指官府,而是形容"三丹田",即上丹田、中丹田和下丹田,也即脐上、脐中和脐下。

其后,东汉的魏伯阳著《周易参同契》,其中曰:

> 内以养己,安静虚无。原本隐明,内照形躯。闭塞其兑,筑固灵株。

"内以养己"指的就是修炼内功,而其所谓"筑固灵株"。"灵株"喻丹田,意思就是"充实丹田之气"。

其后,在魏晋(北魏与两晋),道教盛行于世,道士被尊为"天师",念咒作法,似乎无所不能。故而,其内丹术也为朝野所信奉。其中最负盛名者,当推东晋道士

葛洪,其《抱朴子·内篇》(前文已有引述)称内丹术为"真人守身炼形之术"("真人"即仙人),并有口诀曰:

> 始青之下月与日,两半同升合成一。
> 出彼玉池入金室,大如弹丸黄如橘。
> 中有嘉味甘如蜜,子能得之谨勿失。
> 既往不追身将灭,纯白之气至微密。
> 升于幽关三曲折,中丹煌煌独无匹。
> 立之命门形不卒,渊乎妙矣难致诘。

不仅把内丹术喻为"日月同升",还用外丹术形容内丹术,如称丹田"大如弹丸黄如橘""中有嘉味甘如蜜",又称丹田之气为"纯白之气",还特别提到"中丹"(即中丹田),称其"独无匹"。可见,炼内丹的关键是炼"中丹"。

其后,在南北朝,内丹术层出不穷、五花八门。其中以"上清派"为正宗,其内丹术大师即陶弘景,所著《真诰》《登真隐诀》《养性延命录》等,述及"服气""内视""导引"等多种内丹术,为后世炼丹者必修之大法。

此外,有意思的是,在南朝,甚至连佛教僧人也修炼内丹,即所谓"引道入佛",理由如南朝高僧慧思所言,"为护法故求长寿命"。其实,这是有违佛教初衷的。佛教视肉体为累赘而求灵魂超度,养生、益寿之类,岂不反其道而行之?然而,佛教传入中原,"中国化"是必然的,较为典型的就是与道教的融合。尤其是佛教密宗,几与道教无异,念咒、作法、炼丹、服饵,应有尽有。至于后来的少林寺和尚习武、"少林功夫"之类,也与道教有着千丝万缕的关系(关于佛教养生,我将在下章详说,此处只是提一下)。

至唐宋,内丹术可谓登峰造极。此前,就有隋代道士苏元朗,著《龙虎通玄要诀》,以外丹术语讲授内丹术,以鼎炉比喻人体,以铅、汞、硫比喻精、气、神,以"火炼金丹"比喻"气入丹田",称内丹术为"归神丹于心炼",其说可谓深得人心。至唐代,又有道士司马承祯,著《服气精义论》《天隐子》《坐忘论》等,将儒家修身之道即所谓"收心""守静"等融入道家气功,融入内丹术,其说可谓别具一格。又有道士孙思邈,著《千金要方》《千金翼方》《摄养枕中方》等,讲行气、讲仙药、讲金丹、讲养性、讲修炼,其说可谓包罗万象。所以,一时间,道士大行其道,内丹术

"人才辈出",如刘知古、吴筠、罗公远、叶法善、张果、陶植、羊参微,"天师""大师",比比皆是。至于内丹书、气功书,更是不一而足,如《日月玄枢篇》《通幽诀》《上洞心经丹诀》《大还丹金虎白龙论》《元阳子金液集》《还丹金液歌》《龙虎还丹诀颂》《大还丹契秘图》《真元妙道修丹历验抄》《南统大君内丹九章经》《还金述》《真龙虎九仙经》《玄珠心镜注》,等等,数不胜数。

至宋代,内丹术之盛行,有过之而无不及。不过,我不想再列举那么多人名和书名了,仅以一人为例,免得你我都觉得厌烦。我要说的这个人,就是大名鼎鼎的苏东坡。

苏东坡?练气功?是的,苏东坡一生热衷于道术,本想做道士,不想做官,后因父亲所逼,才不得不去科考入仕。这是他自己说的,见其《与刘宜翁使君书》:

轼龀龀[chèn]好道,本不欲婚宦,为父兄所强,一落世网,不能自逭[huàn]。然未尝一念忘此心也。

你看,他"龀龀好道"(自换牙时就喜欢道术),"不欲婚宦"(不想结婚,不想做官),只是"一落世网"(一落入世俗之网),"不能自逭"(就不能逃避了),但他"未尝一念忘此心也"(仍然念念不忘道术)。

既然他"好道",当然喜欢读道家之书。他曾写《读道藏》一诗,其中云:

至人悟一言,道集由中虚。
心闲反自照,皎皎如芙蕖。

对"道术"的向往,溢于言表。他又曾写《王颐赴建州钱监求侍及草书》一诗,其中云:

丁宁劝学不死诀,自言亲受方瞳翁。
……
河车挽水灌脑黑,丹砂伏火入颊红。

"不死诀"即炼丹口诀。"方瞳翁"即仙人(见葛洪《抱朴子》:"《仙经》云:仙人目瞳皆方。")。"河车"系内丹术用语,指肾间动气,循"督任二脉"升降。"灌脑黑"意即丹田之气直冲脑颅而令人眩晕。"丹砂"即朱砂,炼丹之物。你看,内丹、外丹,他都深有体会。

在古代丹道家即"真人"中,苏东坡最崇拜的是东晋葛洪。他曾写《游罗浮山一首示儿子过》(其子名苏过)一诗,其中云:

东坡之师抱朴老,真契久已交前生。

"抱朴老"即葛洪(其大作名《抱朴子》,为其自称)。"真契"即真意、真情。"前生"犹前辈,亦指葛洪。此句意为他与葛洪心灵相通。正因如此,他还曾在梦中与葛洪谈论神仙道术。有诗为证,其诗名《十一月九日夜梦与人论神仙道术因作一诗八句》,其诗云:

析尘妙质本来空,更积微阳一线功。
照夜孤灯长耿耿,闭门千息自蒙蒙。
养成丹灶无烟火,点尽人间有晕铜。
寄语山神停伎俩,不闻不见我何穷。

显然,他与葛洪谈论的是外丹术——"养成丹灶无烟火,点尽人间有晕铜"——即鼎炉炼丹。他为何做梦也在谈论炼丹,很可能是因为他曾筑炉炼丹而不太成功——当然,这是我的猜想,并无实据。

不过,不管他炼外丹成功不成功,他对炼内丹、练气功好像还是胸有成竹、信心满满的。他不仅自有一套气功术,还颇为得意,常在人前津津乐道。譬如,他的《养生诀上张安道》一文,即其致书张安道,大谈"闭息却虑""纳心丹田"。此文较长,有一千多字,但出自文豪之手,当为名文,通读一遍,想必也不狂然,故而全文抄录如下:

近来颇留意养生,读书延纳方士多矣,其法数百,择其简而易行者,间或为之,辄验。今此法特奇妙,乃知神仙长生不死,非虚语也。其效初亦不甚觉,但积累百余日,功用不可量,比之服药,其力百倍。久欲献之左右,其妙

处非言语文字所能形容,然可道其大略,若信而行之,必有大益。其状如左:

每夜以子后三更三四点至五更以来,披衣起,只床上拥被坐亦可。面东若南,盘足叩齿三十六通,握固以两指指握第三,或第四指握拇指,两手挂腰腹间,闭息。闭息最是道家要妙处,先须闭息却虑,扫灭座相,使心澄湛,诸念不起,自觉出入息调匀,即闭定口鼻也。内观五脏,肺白、肝青、脾黄、心赤、肾黑。常求五脏图挂壁上,使心中熟识五脏六腑之形状。次想心为炎火,光明洞彻,下入丹田中,待腹满气极,即徐出气,不得令耳闻。惟出入均调,即以舌接唇齿,内外漱炼精液。若有鼻液,亦须漱,使不嫌其咸,炼久自然甘美,此是真气,不可弃之也。未得咽,复前法闭息内观,纳心丹田,调息漱津,皆依前法,如此者三,津液满口,即低头咽下,以气送入丹田。须用意精猛,令津与气谷谷然有声,径入丹田。又依前法为之,凡九闭息三咽津而止。然后以左右手热摩两脚心。此涌泉穴,上彻顶门气快之妙。及脐下腰脊间,皆令热彻。徐徐摩之,使微汗出不妨,不可喘促尔。次以两手摩熨眼面耳项,皆令极热,仍案捉鼻梁左右五七下,梳头百余梳而卧,熟寝至明。

右其法,至简易,在常久不废,而有深功。且试行一二十日,精神自已不同,觉脐下实热,腰却轻快,久而不已,去仙不远。但当习闭息,使渐能持久,以脉候之,五至为一息。近来闭得渐久,每闭百二十至而开,盖已闭得二十余息也。又不可强闭多时,使气错乱,或奔突而出,反为之害。慎之,慎之。又须常节晚食,令腹中宽虚,气得回转,昼日无事,亦时时闭目内观,漱炼津液咽之,摩熨耳目,以助真气。盖清净专一,即易见功矣。神仙至术,有不可学者,一忿躁,二阴险,三贪欲,公雅量清德,无此三疾,窃谓可学。故献其区区,笃信力行,他日相见,复陈其妙者。文章书口诀多枝辞隐语,卒不见下手径路,今且直指精要,可谓至言不烦,长生之根本也。幸深加宝秘,勿使庸妄窥之,以泄至道也。

尽管此文写于九百多年前,但今天读来并不怎么艰涩。所以,我也不多作解释,你也不必字字弄懂,知道其大意就可以了。

实际上,我之所以举苏东坡为例,一是因为他名气大,几乎尽人皆知;二是关于他的史料比较真实,并非他真是什么丹道家——其实,他只是个"业余爱好者"。然而,尽管他自认为他的气功术那么高超,那么"觉脐下实热,腰却轻快,久而不已,去仙不远";尽管他那么希望飘然成仙、长生不死,但事实是,他死于[北宋]建中靖国元年,年仅六十四岁。

那么,宋代有没有"专业"丹道家呢?当然有,很多,如陈希夷、张三丰等,都是赫赫有名的内丹大师、"真人仙祖"。那么,为何不以他们为例呢?一是因为他们的道术太芜杂、太虚玄,一时半会根本说不清楚;二是因为关于他们的史料大多是无凭无据的传说,甚至是神乎其神的胡说,如陈希夷"石室仙逝"、张三丰"百年升天",近似神话。此种东西用来写那种以胡编乱造为乐的神怪小说或武侠小说固然不错,但本书是要实实在在地讲述古代中国人的生与死,此种真假难辨的东西是不足为凭的。

至明清,随着所谓"三教合流",内丹术逐渐与武术、医术合流。与武术合流,即形成所谓"气功拳",如太极拳、八卦掌、形意拳、少林拳等。此等气功拳,主要用于打斗,但也用于健身(关于打拳养生,我将在后面第四章详述,此处仅提一下)。与医术合流,即形成所谓"气功推拿",也称"按摩""按跷"。据称,气功推拿有如针灸,用于疏通十二经络、十四经穴,既可治病疗伤,又可防病养生(关于推拿养生,我也将在后面第四章详述)。

以上,就是关于道家炼丹的简述,可能有点啰唆,但这是道家养生之道的"精华"所在,而其流派之多、秘法之繁,可谓述不胜述——所以,即使有点啰唆,也难免挂一漏万。

最后,关于道家炼丹,还有一事仍需啰唆几句,即:历代道家都有"房中"之说。所谓"房中",即房中术,又称"玄素之术""黄赤之道",即以女体为丹炉,以女精为丹砂,以体交为炉火,炼就阴丹,以补阳丹,即所谓"采阴补阳"。不过,此种丹术有效无效,姑且不论,就其往往流变为"以养生之名,行淫乐之实",也常为人诟病。

与房中术相似,还有一秘方,即"红铅方",也属道家养生法一大奇招。所谓"红铅",即女子初次月经所出经血,也称"天癸"。称作"红铅",即以女子经血为丹药("铅"在道家书中常与"丹"同义)。此秘方曾遭李时珍怒斥,见《本草纲目·红铅方》:

> 今有方士邪术,鼓弄愚人,以法取童女初行经水,服食谓之先天红铅,巧立名色,多方配合,谓"《参同契》之精华,《悟真篇》之首经"皆此物也。愚人

信之,吞咽秽滓,以为秘方,往往发出丹疹,殊可叹息。按萧了真《金丹诗》云:"一等旁门性好淫,强阳复去采他阴。口含天癸称为药,似凭沮[jù]洳[rù]枉用心。"呜呼,愚人观此,可自悟矣。

服食童女初行经血,以期采阴补阳、益寿延年,实属奇思异想、荒唐之极。不过,李时珍好像也有点言过其实。女子经血,即脱落的子宫充血黏膜,并非"秽滓",无毒,服之并不会"发出丹疹"——只是,吃这种东西,实在下流,令人恶心。

二、服 饵

所谓"服饵",通常称作"服饵辟谷",道家养生之法。服饵,即服食丹药;辟谷(字面义:避开谷物),即"不食五谷"(不吃饭)。

服饵(也称"服食")与前述外丹术是有所重复的,因为所服之饵中有一大部分就是"丹",或称"金丹",也就是常说的"灵丹妙药"中的"灵丹"。不过,有"灵丹",还有"妙药"。所以,服饵不仅仅是服"灵丹",还有服其他各种各样的"妙药"——所以,我把"服饵"从"外丹"一节中独立出来,另立一节。

你或许听说过,秦始皇曾派人入海求长生不老药。其实,早在春秋战国,就有人做过此事。据《史记·封禅书》:

> 自威、宣、燕昭,使人入海求蓬莱、方丈、瀛洲。此三神山者,其伏在勃海中,去人不远。患且至,则船风引而去。盖尝有至者,诸仙人及不死之药皆在焉。其物禽兽尽白,而黄金银为宫阙。未至,望之如云。及到,三神山反居水下。临之,风辄引去,终莫能至云。世主莫不甘心焉。

"威、宣、燕昭"(周威王、周宣王、周燕昭王)都曾派人到勃海上的蓬莱、方丈、瀛洲三神山去找仙人和不死之药,但三神山可望而不可即,无论怎样都无法到达。最后,这三位"世主"(天子)不得不作罢,"莫不甘心焉"。这大概是关于求长生不老药的最早记载。其后,也是《史记·封禅书》所载:

> 及至秦始皇并天下,至海上,则方士言之,不可胜数。始皇自以为至海

上而恐不及矣,使人乃赍[jī]童男女入海求之。船交海中,皆以风为解,曰未能至,望见之焉。其明年,始皇复游海上,至琅邪,过恒山,从上党归。后三年,游碣石,考入海方士,从上郡归。后五年,始皇南至湘山,遂登会稽并海上,冀遇海中三神山之奇药,不得,还至沙丘,崩。

这就是秦始皇求长生不老药的原始出处。秦始皇四次"至海上"(到海边),两次派人入海,到三神山去求"奇药",均未果。三神山依然可望而不可即,"曰未能至,望见之焉",于是只好回沙丘,死了。

周威王、周宣王、周燕昭王、秦始皇求长生不老药的遗愿,后来就由历代道士、天师、真人继承。不过,他们不再寻找虚无缥缈的三神山,而是:一、自己炼制"灵丹";二、自己尝试"妙药"。所以,历代关于炼丹食饵的道家著述,可谓汗牛充栋。炼丹经籍,前文已有所述。食饵经籍,撮其要,大体如下:

《汉书·艺文志》录《黄帝杂子芝菌》十八卷、《太乙杂子黄冶》三十一卷;《抱朴子·内篇》录《木芝图》《菌芝图》《肉芝图》《石芝图》《大魄杂芝图》各一卷、《服食禁忌经》一卷、《小饵经》一卷、《采神药治作秘法》三卷;《隋书·经籍志》录《神仙服食经》《神仙服食方》《论服饵》等二十余种;《旧唐书·经籍志》《新唐书·艺文志》录《太清神仙服食经》《神仙服食药方》《太清诸草木方集要》等十余种;《通志·艺文略》录《神仙长生药诀》《服饵保真要诀》《古今服食药方》《摄生服食禁忌》等四五十种;《道藏》录《神仙服食灵草菖蒲丸方》《神仙服饵丹石行药法》《太上肘后玉经方》各一卷。

抄这些书名很无聊,但又不能不让你知道,古代中国人为了长生不老,曾耗费了多少心血,曾有过多少奇思异想,曾赔上了多少人命?因为不仅"灵丹"有毒,他们找到的"妙药",所谓"灵芝仙草",也大多有毒,就如汉乐府《古诗十九首·驱车上东门》所言:

服食求神仙,多为药所误。

那么,所谓"灵芝仙草",究竟是什么呢?先说"灵芝"。按葛洪《抱朴子·内篇·仙药》:

> 五芝者,有石芝,有木芝,有草芝,有肉芝,有菌芝,各有百许种也。

这五类"芝",均属"灵芝"(当然,其"灵"有所不同)。那么,"芝"又是什么?其实,用现代植物学术语来说,"芝"是一种菌类植物,和蘑菇、木耳属同一类,但体积比蘑菇、木耳大许多,质地较硬,呈深紫色,且有花纹,通常生长于深山老林。

也许,因为这种菌类植物在中原地区极其少见(其实,在广东、云南等南方地区,是毫不稀罕的),其样子又很奇特,像葛洪这种当时尚不知广东、云南为何地的古代中国人(准确地讲,应为"古代中原人")便以为,这种菌类植物有"灵气",所以,不仅将其称为"灵芝",还将其当作"仙药"——无论是石芝、木芝、草芝,还是肉芝、菌芝,据称,食之均可益寿延年。如石芝,《抱朴子·内篇·仙药》曰:

> 石芝者……虽不得多,相继服之,共计前后所服,合成三升,寿则千岁。

意即:用石芝煮汤喝,虽不可多喝,但一点一点坚持喝,喝满三升,可活一千岁。

又如木芝,其曰:

> 木芝者……从生门上采之,于六甲阴干之,百日,末,服方寸匕,日三,尽一枚,则三千岁也。

意即:在朝阳的地方("生门上")采到木芝,适时阴干,百日后,磨成粉末,每次服一小勺("匕"即勺),每日三次,服完一株木芝,可活三千岁。

又如草芝,其曰:

> 草芝……得其大魁,末,服之,尽则得千岁。服其细者,一枚百岁。

意即:采得大株的草芝,磨成粉末,服完可活一千岁。细小的木芝,服一株,可多活一百岁。

又如肉芝,其曰:

> 肉芝者……以羊血浴之,乃刷取其甲,火炙,捣,服方寸匕,日三,尽一具,寿千岁。

意即:先用羊血把肉芝洗涤一下,然后削掉外面的硬壳,然后用火烤干,捣碎,每次服一小勺,每日三次,服完一株肉芝,可活一千年。

又如菌芝,其曰:

> 菌芝……当禹步往,采取之,刻以骨刀,阴干,末,服方寸匕,令人升仙,中者数千岁,下者千岁也。

意即:采菌芝,要"禹步"(即跛行)前往,采后用骨刀划开,阴干,磨成粉末,每次服一小勺,上者可以使人升天成仙,中者可以使人活几千岁,下者也可以使人活一千岁。

不知这位葛洪道长自己有没有服过灵芝,若服过其中的任何一种,那史书上说他八十而终就大错特错了,因为他至少应该活一千岁。要不然,就是他自己并没有服过灵芝,所以才活了八十岁? 但若这样,那他说灵芝可以使人"寿千岁",又根据何在? 因为在他之前,众所周知,从未有人活到一千岁,就是那个以长寿出名的神话人物彭祖,也才活了八百岁。那么,这位葛洪道长为何竟敢如此大胆,口出狂言? 难道不怕别人笑话?

我想,他不怕。为什么? 很简单,那时的中原人根本不知道灵芝为何物,只知道灵芝是传说中的"仙药",而葛洪的《抱朴子》,其中相当部分是根据传说写成的。既然他讲的东西根本没人见过,也就只能随他说了。换言之,正因为别人都没见过,又特别愿意相信、特别希望长生不老,所以,不管他说得多么离奇,别人都不会反驳他,更不会嘲笑他。当然,这是我的解释,或者说,推测——否则,何以解释他所说的"寿千岁"?

那么,后来呢? 如果说葛洪所在的东晋,那时的人还只知道传说中的灵芝,那么后来的人是不是真的弄到了灵芝? 是的,弄到了,但要到宋朝。那么,真见过并尝试过灵芝的宋朝人,是不是还相信葛洪所说? 告诉你,还真相信。不仅宋朝人相信,后来直至明清,人们始终相信灵芝是"仙药",食之可长生不老。如[明]李时珍《本草纲目》曰:

灵芝性平、味苦、无毒,主治胸中结、益心气、补中、增智慧、坚筋骨、利关节、好颜色、治痔,久服轻身不老,延年神仙。

注意,《本草纲目》是医书,不是传说之类的书;李时珍是医家,不是道家方士,但其曰"久服轻身不老,延年神仙",仍说灵芝是"仙药"——只是不像葛洪那样,说服食灵芝可以"寿千岁"。

你或许会觉得奇怪,既然从无验证,为何千百年来,人们还要对灵芝那么坚信不疑?这除了古代中国人心心念念想长生不老,还有一个原因是,你知道,历代朝廷几乎都是"以孝治天下",倡导孝道、强调尊老,即:后辈必须孝敬长辈、听从长辈,而其结果就是——不知你发现没有——古代中国人几乎不会轻易质疑前人所说,因为前人即长辈,甚至是长长辈。也就是说,对前人所说、长辈所说,古代中国人几乎从来就是"宁可信其有,不可信其无"。

所以,作为后辈的宋朝人,怎会质疑作为长辈的葛洪?作为后辈的李时珍,怎会质疑作为长辈的宋朝人?就这样,从葛洪到李时珍,从东晋到明清,历朝历代,人们始终相信灵芝是神奇的"仙药",即便不能"寿千岁",至少也能"轻身不老,延年神仙"。

讲过"灵芝",再说"仙草"。你知道,灵芝不是草,是菌类,和蘑菇、木耳差不多。那么,草类的仙药有哪些呢?按葛洪《抱朴子·仙药》,有茯苓、地黄、白术、麦门冬、木巨胜、重楼、黄连、石苇、楮实、枸杞、天门冬、黄精、甘菊、松柏脂、松实、菖蒲、胡麻、柠木实、槐子、远志、泽泻、五味子等。按其他医书,如[唐]孙思邈《千金要方》,还有人参、甘草、大枣、杏仁、桃仁、竹实、苁蓉、干姜、覆盆子等。

你或许会说,这些不都是中草药吗?是的,是中草药。不过,自古以来,药分三等。据[东汉]《神农本草经》:

上药令人身安命延,升天神仙,中药养性,下药除病。

能使人"身安命延,升天神仙"的"上药"(上等药),除了灵芝,还有鼎炉炼制的灵丹,如"玄元丹""灵魄丹""罗厄丹""浑天丹""洗骨丹""养魂丹"之类。"中药"(中等药),即上述"仙草",用以养生。"下药"(下等药),就是用以治病的草药——当然,有些"仙草",如黄连、远志、五味子、人参、甘草、覆盆子等,既是"中药",又是"下药",既可以养生,也可以治病。

那么多"仙草",我当然不能逐一道来,否则此节会写得长而又长。但有两种历代最被看重的"仙草",不能不说一下。这两种"仙草",一曰"黄精",一曰"人参"。

黄精和人参一样,都是草类植物的根茎,和萝卜、土豆之类相似。但不知何故,黄精似乎在上古就被古代中国人视为食之可长生不老的神药。据[西晋]张华《博物志》:

> 黄帝问天老曰:"天地所生,岂有食之令人不死者乎?"天老曰:"太阳之草名曰黄精,饵而食之可以长生。"

你知道,关于黄帝之类的记述,大多是传说。此则关于黄精的传说,不知起于何时,若非上古,至少也早于西晋。

如果说,[西晋]张华记述的只是传说,那么稍后[东晋]葛洪记述的"似乎"是真人真事,其《神仙传》曰:

> 王烈者,字长休,邯郸人也,常服黄精及铅,年三百三十八岁犹有少容,登山历险,行步如飞。尹轨者,字公度,太原人也,博学五经,尤明天文星气,河洛谶纬无不精微,晚乃学道,常服黄精,日三合,计年数,百岁后到太和山中,仙去。

你看,这两个人,一个叫王烈,邯郸人;一个叫尹轨,太原人,有名有姓,还有籍贯,好像真有其人。但是,一个服食黄精,活到三百三十八岁还行步如飞;一个常服黄精,百岁后成仙——你说,会真有其事吗?

葛洪《抱朴子·仙药》曰:

> 黄精一名菟竹,一名鸡格,一名岳珠,服其花胜其实。花生十斛,干之则可得五六升,服之十年,乃可得益寿。

姑且不说通常服食的不是黄精的果实,而是其根茎,反正他说,服食黄精的花,比服食黄精的"实"更有效。

这不是传说,而是药方,好像他还亲手配制、亲自服食过。十斛黄精花,晒干,得五六升,服用十年,即可益寿延年——当然,这无法证实,也无须证实,只要相信即可。

那么,后世之人相信不相信呢?当然相信。不但相信,还津津乐道。如[唐]杜甫《太平寺泉眼》诗中云:

三春湿黄精,一食生毛羽。

"生毛羽"即羽化成仙。你看,杜甫就相信,服食黄精可以成仙。
又如[唐]韦应物《饵黄精》诗中云:

灵药出西山,服食采其根。
九蒸换凡骨,经著上世言。

你看,韦应物也相信,服食黄精可以"换凡骨"(即成仙),因为这是"经著上世言"(上世经著所言,指的就是葛洪的《神仙传》和《抱朴子》)。

往后,又如[元]吾丘衍《张伯雨赠黄精》诗中云:

山中有灵草,乃云太阳精。
况闻天老言,饵之可长生。

显然,这是根据张华《博物志》中那则传说写成。也就是说,即便是张华《博物志》所言,即便在元代,人们也信以为真(尽管今天看来,《博物志》和《山海经》差不多)。

不仅在元代,即便到了明清,也同样如此。如[明]李时珍《本草纲目》曰:

黄精受戊己之淳气,故为补黄宫之胜品。土者,万物之母,母得其养,则水火既济、木金交合,而诸邪自去、百病不生矣。

文中"受戊己之淳气""补黄宫之胜品""水火既济、木金交合"之类,你不必认真,我也不想解释。这种故弄玄虚,是古代中国人惯用的修辞法,反正是溢美之词,好得不得了的意思。他说,黄精好得不得了,食之,"诸邪自去、百病不生"。

"诸邪"(各种邪气)到底是什么,也不用管它,反正古代中国人相信身体里有各种"邪气",只要把"邪气"清除了,病就好了。当然,你也不必追问,高血压是何种"邪气",因为古代中国人根本不知道什么是"血压"。反正,他们相信,只要服食黄精,什么病都不会生了。

还有人参,也一样,几乎包治百病,而且有病可治病,无病可养生。譬如,[东汉]《神农本草经》曰:

> 人参补五脏、安精神、定魂魄、止惊悸、除邪气,明目、开心、益智,久服轻身延年。

你看,人参安神除邪、开心益智、轻身延年,可谓"大补"。又譬如,[唐]段成式《酉阳杂俎》曰:

> 枸杞、茯苓、人参、白术,形有异,服之获上寿。或不荤血,不色欲,遇之,必能降真为地仙。

按其说法,服食茯苓、人参、白术,不仅可以益寿延年,如果不食荤腥、不贪色欲,还可以成仙。

又譬如,[唐]皮日休《友人以人参见惠因以诗谢之》诗中云:

> 神草延年出道家,是谁披露记三桠。

"三桠",人参别称。你看,他把人参称为"神草",称其可以"延年"。又譬如,[北宋]乐史《卓异记》曰:

> 骆琼采药北山,月夜见紫衣童子,歌曰:"涓涓兮树蒙蒙,明月愁兮当夜空。烟茂密兮垂枯松。"遂于古松下得参一本,食之而寿。

说得很神奇,骆琼(此人不详,或宋时一药师)经一紫衣童子指点,在一棵古松树下采得一株人参,食之而长寿。

不过,[明]李时珍《本草纲目》曰:

> 人参甘温助气。气属阳,阳旺则阴愈消,惟宜苦甘寒之药,生血降火。世人不识,往往服参耆为补,而死者多矣。

什么意思?他说,人参性温补气,属阳性,故而适宜和寒性的药同服,这样才能既"生血"又"降火"。一般人不懂,往往只知道吃人参补身体,结果很多人把自己吃死了。

也许,由于这样的提醒(其实,李时珍之前就有人说过),明清两代的人服食人参比较谨慎,通常会询问医家郎中,自己属体热,还是体寒——若体热,就不宜服食,或由医家、郎中配制寒性药同服。

然而,什么是体热?什么是体寒?为什么说人参性温补气?大概连医家、郎中自己也未必说得清楚,大凡是因为前人是这么说的,大家也就这么信了。这样,一传十、十传百,人云亦云,似乎成了无可置疑的"通识",即:人参是大补之药,只要稍加注意,服之即可百病不生、益寿延年。

除了"服饵",还有"辟谷",也是道家神奇的养生之法。"辟谷"也称"却谷""去谷""绝谷""绝粒""却粒""休粮"等,源于《庄子·逍遥游》之说:

> 藐姑射之山,有神人居焉,肌肤若冰雪,淖约若处子,不食五谷,吸风饮露,乘云气,御飞龙,而游乎四海之外。

注意,庄子说"不食五谷,吸风饮露",所以"辟谷"也称"辟谷食气"。道家所谓"食气术",就出自于此。

听来是不是很神奇?一个人不吃饭,只吃气,能活?但史书中确实有许多这样的记载,如《史记·留侯世家》称:

> 留侯性多病,即导引不食谷,杜门不出岁余。

"留侯"即张良。"导引"即导气,就是"食气术"。张良多病,于是食气不食谷,一年多不出门。言外之意,病就好了。又如《后汉书·方术传》称:

> 孟节能含枣核、不食,可至五年十年。

孟节即郝孟节,汉代一方士,他可以嘴里含一枣核,五年十年不吃饭。又如《南史·隐逸传》称:

> 南岳邓先生名郁,荆州建平人也,少而不仕,隐居衡山极峻之岭,立小板屋两间,足不下山,断谷三十余载,唯以涧水,服云母屑,日夜诵《大洞经》。

邓郁,南朝[梁]一道士,他隐居衡山,三十多年不吃饭,只用涧水服食一些云母屑,日夜诵读《大洞经》。又如《北齐书·由吾道荣》称:

> 由吾道荣,琅邪人,少好道法,与其同类相求,入长白、太山潜隐,具闻道术。……道荣仍归本部,隐于琅邪山,辟谷,饵松术、茯苓,求长生之秘。

由吾道荣,北齐一道士,后任谏议大夫,他曾隐居琅邪山,不吃饭,只吃松术、茯苓,以此求得长生不老的秘术。又如《旧唐书·隐逸传》称:

> 潘师正,赵州赞皇人也,少丧母,庐于墓侧,以至孝闻。……师正清净寡欲,居于嵩山之逍遥谷,积二十余年,但服松叶饮水而已。

潘师正,初唐道士,死后追封"太中大夫",谥号"体玄先生",他曾隐居嵩山逍遥谷二十多年,不吃饭,只吃松叶和清水。又如《宋史·隐逸传》称:

> 陈抟[tuán],字图南,亳州真源人……自言尝遇孙君仿、獐皮处士二人者,高尚之人也,语抟曰:"武当山九室岩可以隐居。"抟往栖焉,因服气辟谷历二十余年,但日饮酒数杯。

陈抟,即陈希夷,宋初道士,他说他曾遇到孙君仿、獐皮两位"处士",他们对他说:"武当山九室岩可以隐居。"他就去了,因而在那里辟谷食气二十多年,每天只喝几杯酒。

像这样的记述,在"二十四史"中多得数不胜数——"二十四史"可是正史啊!这些像是真实的历史吗?一个人含一颗枣核,竟能五年十年不吃饭?一个人住在衡山上,竟能三十年不吃饭,只喝一点水,吃一点石头屑?一个人住在琅邪山上,不吃饭,只吃松术、茯苓就能活?一个人住在嵩山上,竟能二十多年不吃饭,只吃松叶和清水?一个人住在武当山上,竟能二十多年不吃饭,每天只喝几杯酒?

当然,他们都"食气"。但你知道,气能食吗?首先,气只能"吸"入肺里,不会"吃"进胃里,而你知道,只有"吃"进胃里,才可称为"食"。其次,就算有"高人"可把气吞进胃里,你知道,气是没有任何营养的,远远不及松术或松叶,尽管松术或松叶也没有什么营养,甚至是不可食的。遗憾的是,古代中国人虽然知道肺和胃,但并不真正了解肺和胃的功能,因而常常混为一谈。

至于气被吸入肺里,你知道,那是为了给身体提供氧气,仅此而已。然而,古代中国人既不知氧气为何物,更不知人体需要氧气,只知道,人不停地呼吸着气,停下来就会死,于是就想,这气真是神奇,有它就活,没它就死,于是就有了"灵气""精气""元气""天地之气"之类的说法;于是就想,那"灵气""精气""元气""天地之气"的源头,一定在那衡山上、在那琅邪山上、在那嵩山上、在那武当山上,因为(恕我直言)古代中国人见识有限,看到几座山也会心生敬畏,口颂神山、对山朝拜。于是,就有人宣称,他们曾在那些神山里"辟谷",不吃饭,而是食天地之灵气,因此成了仙人、"真人"(这些人,譬如邓郁、由吾道荣、潘师正、陈抟,当然不能说他们是"骗子",但他们是否有狂想症,倒是可以考虑一下的)。于是,就有人将其传为美谈,口口相传、代代相传,因为,你知道,喜欢猎奇之人、喜欢夸夸其谈之人,世代有之。于是,就连史家也不敢无视这些美谈和奇谈;于是,就将其写入了史册。

我想,关于"二十四史"中记载的那些辟谷食气的"真仙神人",大概只能作此解释。否则的话,恕我不敬,我只能说那些写"二十四史"的人一个个都神志不清——要知道,写史怎能猎奇?怎能夸夸其谈?

那么,所谓"食气术"又是怎么回事呢?其实,"食气术"也属内丹术,也是一种"气功",即通过运气,消除饥饿感,就如[宋]张澡《元气论》所言:

> 内外安静,则神定气和,神定气和,则元气自至。元气自至,则五脏通润。五脏通润,则百脉流行。百脉流行,则津液上应,而不思五味饥渴,永绝三田。道成,则体满藏实、童颜长春矣。

我说,专注于运气,一时"不思五味饥渴",这是可能的,但能坚持多久?因为,谁都知道,只有靠食物和水才能消除饥渴。这是常识。靠意志、靠气功,至多只能暂时忘却饥渴,怎么可能长时间不吃不喝而活着呢?更不要说"体满藏实、童颜长春"了,那简直是天方夜谭。

所以,我想,所谓"食气术",不过是书上说说罢了,其实根本没人(或者说,极少有人)真这么做过,因为真这么做的话,结果只有一个——活活饿死。

然而,在古代中国,很奇怪,历朝历代都有各种各样辟谷食气的神奇传说。这些传说,往往由于某个大名家在某部大名作中予以复述,竟然被信以为真了。譬如,[东汉]陈寔[shí]《异闻记》里有这样一个辟谷食气的传说:

> 世平定,其闲三年,广定得还乡里,欲收家中所弃女骨,更殡埋之。广定往视;女故坐冢中,见其父母,犹识之,喜甚。而父母初疑其鬼也,入就之,乃知其不死。问从何得食,女言粮初尽时甚饥,见冢角有一物,伸颈吞气,试效之,转不复饥。日月为之,以至于今。父母去时所留衣被,自在冢中,不往来,衣服不败,故不寒冻。广定索女所言物,乃是一大龟耳。女出食谷,初小腹痛,呕逆,久许乃习。

大意是:战乱平定三年后,有个叫广定的人,回到乡里,想为当初弃于墓穴中的女儿收尸。没想到,朝墓穴里一看,见女儿坐在那里,还认出了父母,很高兴的样子。广定夫妇起初怀疑那是女儿的鬼魂,进去后和她相见,才知她没死。问她吃什么,女儿说断粮后很饿,见墓穴角落里有一只动物,正伸长脖子吞食空气,于是就学它那样吞气,接着就不饿了。这样日日为之,月月为之,直至今日。父母离开时留在墓穴中的被褥,仍在墓穴中,因为没出墓穴,衣服也没破,所以女儿也没受冻。广定去寻找女儿说的那只动物,原来是一只大乌龟。女儿出墓穴后开始吃饭,起初觉得小腹痛、呕吐,后来时间一久,也就习惯了。

陈寔的《异闻记》本不足为信,道听途说而已,但这一传说为[东晋]葛洪《抱朴子》所复述,竟然成了似乎是无可置疑的事实,后来历朝历代的人都信以为真。为什么?因为葛洪是"得道真人",《抱朴子》是道术经典——谁会怀疑"得道真人"的道术经典,可能是胡说八道?

第三章 茹素 坐禅

看题目,你大概就知道了,本章要讲的是佛家养生之道。但你也知道,佛家讲"生死轮回",讲寿夭天定、生死皆有定数,因而佛家视生为"苦海",视死为"解脱"。既然如此,既然佛家不惧死亡,又何必养生？是的,就通常所说的"养生"而言,佛家确实不讲仙术秘方,不讲益寿延年(因为在佛家看来,那是徒劳的)。但是,佛家也确有养生之道,只是佛家的养生不在于益寿延年,而在于超凡脱俗,在于苦修身心,使其无情无欲,从而得以超度,得以跳出轮回而成佛。当然,你要说这不是"养"生,是"虐"生,也可以。但是说"养"也好,说"虐"也好,只是用词不同,看法不同,其实一也。

一、茹 素

茹素,俗称"吃素",就是不吃肉。佛家茹素,不食荤腥,有经文为据,如《大乘入楞伽经》曰:

> 佛言:大慧！罗刹恶鬼常食肉者,闻我所说尚发慈心、舍肉不食,况我弟子行善法者,当听食肉？若食肉者,当知即是众生大怨,断我圣种。大慧！若我弟子闻我所说,不谛观察而食肉者,当知即是旃[zhān]陀罗种,非我弟子,我非其师。是故,大慧！若欲与我作眷属者,一切诸肉悉不应食。

"大慧"即佛祖释迦牟尼的弟子摩诃摩底。此段引文是佛祖对摩诃摩底说的一段话,要点是:"若欲与我作眷属者,一切诸肉悉不应食。"即:信佛之人,任何肉都不可吃。

那么,信佛之人,为何不可食肉?按《央掘摩罗经》:

> 一切众生,无始生死,生生轮转,无非父母、兄弟、姊妹,犹如伎儿,变易无常,自肉他肉,则是一肉,是故诸佛悉不食肉。

显然,不食肉与"生死轮回"有关,因为"一切众生"均"生生轮转",均如父母、兄弟、姊妹,即便是猪狗牛马、鸡鸭鱼虾,也是如此——猪今生为猪、来世或为人;鸡今生为鸡,来世或为人;鱼今生为鱼,来世或为人;虾今生为虾,来世或为人;同样,人今生为人,来世或为猪、或为鸡、或为鱼、或为虾,"犹如伎儿(戏子),变易无常"。既如此,食猪肉、食鸡肉、食鱼肉、食虾肉,又何异于食人肉?

那么,食了肉又如何?按《大佛顶首楞严经》:

> 以人食羊,人死为羊,羊死为人,如是乃至十生之类,死死生生,互来相啖,恶业俱生,穷未来际……以是因缘,经百千劫,常在生死。

食肉的后果是"互来相啖,恶业俱生"(相互吃来吃去,均身陷罪恶),"以是因缘"(以此因果报应),"经百千劫,常在生死"(经由百劫千劫,总跳不出生死轮回)。

当然,这些都是佛经上说的,也就是古代印度人说的,至于古代中国人,在接受佛教之初,其实并没有把"茹素"当一回事。

此话怎讲?因为佛教自汉代传入中原,至南北朝,我们知道,以佛法治国的南朝梁武帝颁布《断酒肉文》,同时下诏,令僧众一律"茹素",不得食用鱼肉——可见,在南朝梁之前,僧众并不全都理会佛经上说的"诸佛悉不食肉"。

梁武帝萧衍,其对中原佛教的影响远超玄奘、慧能、神秀等高僧。为什么?因为他是皇帝——你知道,在古代中国,皇帝历来是至高无上的,不管你是农、工、商,还是儒、道、佛,统统归皇帝管。所以,就"茹素"而言,后来为历代僧众所真正奉行的"佛经",其实是梁武帝的《断酒肉文》。既然如此,讲"茹素",就不可不讲一下《断酒肉文》。

此文两万余字,在古文中堪称鸿篇巨制,其开篇曰:

> 弟子萧衍,敬白诸大德僧尼、诸义学僧尼、诸寺三官:夫匡正佛法,是黑衣人事,乃非弟子白衣所急,但经教亦云:"佛法寄嘱人王。"是以弟子不得无言。

身为帝王,自称"弟子",可见其谦卑之心。"黑衣人"即僧侣、出家人。"白衣"即居士(即不出家、不剃度、居家修行之士)。"佛法寄嘱人王",语出《大般涅槃经》,意即:佛法要靠人间帝王来弘扬。

其后,他引《大乘入楞伽经》《央掘魔罗经》等大乘佛经称:黑衣人若不断酒肉,还不及白衣人,有负"僧宝之尊";黑衣人若不断酒肉,有悖"声闻法""辟支佛法""菩萨道",会有四十六种"孽障";黑衣人若不断酒肉,会有"魔行""地狱种""恐怖因"等一百一十六种"恶因";黑衣人若不断酒肉,会有至亲成怨敌的"果报",如此等等,其实佛经里都有,但从未这样集中予以强调。

最后,他还辩驳"菜蔬冷、鱼肉温"之言——尽管此言出自《黄帝内经》,也在所不惜:

> 凡不能离鱼肉者,皆云:"菜蔬冷,令人虚乏。鱼肉温,于人补益。"作如是说,皆是倒见。今试复粗言其事不尔。若久食菜人,荣卫(即气血)流通,凡如此人,法多患热。荣卫流通,则能饮食。以饮食故,气力充满,是则菜蔬不冷,能有补益。诸苦行人(即修行人)亦皆菜蔬,多悉患热,类皆坚强,神明清爽,少于昏疲。凡鱼肉为生,类皆多冷,血腥为法,增长百疾。所以食鱼肉者,神明理当昏浊,四体法皆沉重。甘鱼肉者,便谓为温、为补。此是倒见,事不可信。

你看,他称"菜蔬冷、鱼肉温"是"倒见"(颠倒之见),实际上是菜蔬"温"、鱼肉"冷"——"菜蔬不冷,能有补益""鱼肉为生,类皆多冷"。鱼肉不仅"冷",而且"血腥为法,增长百疾",致使"神明理当昏浊,四体法皆沉重"(神志当然昏浊,四体肯定沉重)。所以,即使就养生而言,亦当茹素而避鱼肉。

如此一来,茹素便深得人心了。既然茹素(止杀)既可以积功德,又可以养生,可以益寿延年,有谁不愿相信?于是,在梁武帝倡导下,南朝梁的臣民纷纷茹素,鱼肉之需顿时大减,朝廷、官府于是不必担忧"民间少有鱼肉可食"。不过,这是不是梁武帝颁布《断酒肉文》的本意,就不得而知了。还有,那时吃素的民众,体质究竟如何,也不得而知——想必,不会真的强壮而长寿吧?

南朝如此,北朝又如何呢?据[唐]释道宣《续高僧传·释僧稠》:

> 天保二年,(北齐宣帝)从受菩萨戒法,断酒禁肉,放舍鹰鹞,去官畋渔,郁成仁国。又断天下屠杀。月六年三,敕民斋戒,官园私菜,荤辛悉除。

北朝齐天保二年,即南朝梁大宝二年,也就是说,北朝齐宣帝和南朝梁武帝几乎同时皈依佛教,几乎同时下诏,断酒禁肉。北朝齐宣帝还于天保三年六月("月六年三")"敕民斋戒"(诏令民众吃素戒荤),"官园私菜"(官办食府、私家膳食),"荤辛悉除"(荤菜辛辣悉数去除)——这是否受了南朝梁武帝的启发?不得而知。

但不管怎样,自南朝梁、北朝齐之后,历朝历代,僧众都茹素。

至此,这"茹素"一节,本可以结束了。不过,在此之前,我还得说一说唐宋文人的所谓"素雅",即以茹素为高雅的风气,因为这种风气和唐宋两代佛教盛行不无关系,甚至可以说是佛家茹素的"文人化"。

此话怎讲?先看唐人王维《积雨辋川庄作》一诗:

> 积雨空林烟火迟,蒸藜炊黍饷东菑。
> 漠漠水田飞白鹭,阴阴夏木啭黄鹂。
> 山中习静观朝槿,松下清斋折露葵。
> 野老与人争席罢,海鸥何事更相疑。

诗中末句需稍作解释。"野老"即村野老人,王维自称。"海鸥何事更相疑",典出《列子·黄帝篇》:"海上之人有好鸥鸟者,每旦之海上,从鸥鸟游,鸥鸟之至者,百往而不止。其父曰:'吾闻鸥鸟皆从汝游,汝取来,吾玩之。'明日之海上,鸥鸟舞而不下也。"

佛家茹素,本是出自生死轮回之说,然而,此诗中的茹素("蒸藜炊黍饷东菑""松下清斋折露葵")却用以表述其山林隐居之意,而山林隐居,乃道家之为也,此可谓"文人化"一,即:佛道相杂。

再看宋人陆游《素饭》一诗:

> 放翁年来不肉食,盘箸未免犹豪奢。
> 松桂软炊玉粒饭,醯酱自调银色茄。
> 时招林下二三子,气压城中千百家。
> 缓步横摩五经笥,风炉更试新山茶。

同样,诗中的茹素("松桂软炊玉粒饭,醯酱自调银色茄")也与生死轮回无关,而是表述其与民同乐("气压城中千百家")和不忘古训之意("缓步横摩五经笥[sì]"),而与民同乐、不忘古训,乃儒家之为也,此可谓"文人化"二,即:儒佛相杂。

不仅诗文中如此,文人食谱中也是如此。为简便起见,仅以宋代两部文人素食谱为例。一部是陈达叟《本心斋疏食谱》,其自序曰:

> 本心翁斋居宴坐,玩先天易、对博山炉,纸帐梅花、石鼎茶叶,自奉泊如也。客从方外来,竟日清言,各有饥色,呼山童,供蔬馔。客尝之,谓无人间烟火气。

这和王维的那首诗可谓异曲同工。虽不在山林,但"玩先天易,对博山炉"(占卜卦,焚香炉),"自奉泊如"(自谨淡泊),"蔬馔"待客,"无人间烟火气",可谓"亦道亦佛"。

另一部是林洪《山家清供》,其八十八种素食,第一种"青精饭",其中曰:

> 青精饭首者,以此重谷也。……读杜诗,既曰:"岂无青精饭,令我颜色好。"又曰:"李侯金闺彦,脱身事幽讨。"当时才名如杜李,可谓切于爱君忧国矣。

这和陆游的那首诗可谓异曲同工。陆游诗曰:"松桂软炊玉粒饭。"此处曰:"青精饭首者,以此重谷也。"——都对米饭(最素的素食)大加赞美,而且,既推崇佛家茹素,又不忘"爱君忧国",可谓"亦儒亦佛"。

此类"亦道亦佛""亦儒亦佛"的文人"素雅",后传至明清两代。只是,到了明清两代,如[清]李渔《闲情偶寄》所言:

> 吾谓饮食之道,脍不如肉,肉不如蔬,亦以其渐近自然也。……吾辑《饮馔》一卷,后肉食而首蔬菜,一以崇俭,一以复古。

文人茹素,似乎仅为"渐近自然",仅为"崇俭"或"复古"。换言之,在明清两代的文人看来,似乎唯有僧人茹素,才为止杀,才为积德,才为超度,才为跳出轮回、脱离苦海,常人茹素,不过是"崇俭"或"复古"而已。

二、坐 禅

坐禅,也称"禅定""修禅",俗称"打坐",是佛家修养身心的首要法门。所谓"禅",是"禅那"的简称,"禅那"是梵文[拉丁拼音]dhyana(这是罗马字母注音,真正的梵文此处无法写出)的音译,意译为"思惟修"或"静虑"。

不过,梵文[拉丁拼音]dhyana一词,并非只有音译为"禅那"或半意译半音译为"坐禅",也有直观地译作"结跏[jiā]趺[fū]坐"(简称"趺坐"),如《妙法莲华经》(简称《法华经》,[后秦]鸠摩罗什译)曰:

> 尔时世尊,四众围绕,供养、恭敬、尊重、赞叹。为诸菩萨说大乘经,名无量义,教菩萨法,佛所护念。佛说此经已,结跏趺坐,入于无量,义处三昧,身心不动。

"世尊"即释迦牟尼,俗称"如来佛"。"结跏趺坐"的字面义是盘腿而坐,意即坐禅。"入于无量,义处三昧,身心不动"即《妙法莲华经》对坐禅的解释。"无量"即无限,与"梵"同义,指茫茫天界。"三昧"是梵文[拉丁拼音]Samadhayah的音译,"玄妙之境"的意思。

当然,梵文[拉丁拼音]dhyana一词,更多的是译作"坐禅",如《增一阿含经》([前秦]僧伽提婆译)曰:

> 常当念在树下空闲之处,坐禅思惟,莫有懈怠,是谓我之教敕。

此处译作"坐禅",生怕读者不解,还特意加了"思惟"二字。

那么,有没有专门讲坐禅的佛经? 有,即《坐禅三昧法门经》(简称《坐禅三昧经》,此经也为鸠摩罗什所译,但在此处,他未把梵文[拉丁拼音]dhyana一词译作"结跏趺坐",而是和僧伽提婆一样,也译作"坐禅")。这《坐禅三昧法门经》,顾名思义,就是以坐禅为法门,专治种种心病,如其总论曰:

> 若多淫欲人,不净法门治。若多瞋恚人,慈心法门治。若多愚痴人,思惟观因缘法门治。若多思觉人,念息法门治。若多等分人,念佛法门治。诸如是等种种病,种种法门治。

就是:"不净法门"专治"多淫欲","慈心法门"专治"多瞋[chēn]恚[huì]"(怨恨),"思惟观因缘法门"专治"多愚痴","念息法门"专治"多思觉"(多思多虑),"念佛法门"专治"多等分"(多自尊)。

那么,如何治呢? 此即《坐禅三昧法门经》所述。但是,太复杂了,所以,我难以在此逐一道来,只能举例说明。

譬如,用"不净法门"治"多淫欲",大概是这样的:静思默想,想你欲淫之人的"不净"。她年轻漂亮,你就想,过不了多少年,她就会老态龙钟、邋里邋遢;她艳若桃花,你就想,她若病了,就会面黄肌瘦、形同枯槁;她活泼可爱,你就想,她若死了,也是尸体一具、白骨一堆。这样,你的淫欲就会慢慢平息,就不会那么欲火中烧了。

我想,《红楼梦》里所说的"风月宝鉴",大概就出典于此。只不过,那个贾天祥没有反照"风月宝鉴",没有看到一个老态龙钟、邋里邋遢、面黄肌瘦、形同枯槁、尸体一具、白骨一堆的王熙凤,而是正照"风月宝鉴",看到的是一个年轻漂亮、艳若桃花、活泼可爱的凤姐,所以他才那么淫欲难忍、色胆包天。

那么,如何使你不分心而静思默想你欲淫之人的"不净"?《坐禅三昧法门经》曰:

> 系意五处,顶额眉间,鼻端心处。如是五处,住意观骨,不令外念。外念诸缘,摄念令还。常念观心,心出制持。若心疲极,住念所缘,舍外守住。……渐渐制心,令住缘处。若心久住,是应禅法。若得禅定,即有三相。身体和悦,柔软轻便。白骨流光,犹如白珂。心得静住,是为观净。

大意是：坐禅时，把注意集中在头顶、前额、眉间、鼻端和心胸处，同时念想白骨(死亡形象)，其他什么都不要想。若有其他念头出现，马上将其消除。即便坐禅时间长了，觉得疲倦，也要守住，念想白骨。这样久而久之，心存一念，就是禅定。若得禅定，即有三种感受：一是全身轻松自便；二是念想中的白骨熠熠生光；三是内心平静，无一杂念。有这三种感受，即是"观净"，即内心洁净，即无淫欲困扰。

其他法门，大略也是如此。不过，我说的只是大略，就历代佛家各宗各派而言，坐禅之法，可谓五花八门、述不胜述。故而，只能大体归纳，略说所谓"四禅八定"。

所谓"四禅"，即坐禅四阶段，分别为"初禅""二禅""三禅""四禅"，每阶段中又有若干小阶段，称为"支"。列表如下：

初禅 （有五支）	二禅 （有四支）	三禅 （有五支）	四禅 （有四支）
一、觉支：初心在缘，名为"觉"。	一、内净支：心无观觉之浑浊，名为"内净"。	一、舍支：离喜不悔，名为"舍"。	一、不苦不乐支：中庸之心，名为"不苦不乐"。
二、观支：细心分别，名为"观"。	二、喜支：欣庆之心，名为"喜"。	二、念支：念名爱念，名为"念"。	二、舍支：离乐不悔，名为"舍"。
三、喜支：欣庆之大毁心，名为"喜"。	三、乐支：怡悦之心，名为"乐"。	三、慧支：解知之心，名为"慧"。	三、念清净支：念者爱念也，名为"念"。
四、乐支：怡悦之心，名为"乐"。	四、一心支：心与定法一，名为"一心"。	四、乐支：怡悦之心，名为"乐"。	四、一心支：心与定法一，名为"一心"。
五、一心支：心与定法一，名为"一心"。		五、一心支：心与定法一，名为"一心"。	

所谓"八定"，即坐禅四阶段过程中的定神程度。对色界(可见世界)，有四定；对无色界(不可见世界，即意识界)，有四定，故云"八定"。列表如下：

一、初禅天定	此谓人欲界中修习禅定之时，忽觉身心凝然，运运而动，如云如影。又觉遍身毛孔气息，悉皆出入，入无积聚，出无分散，故名"初禅天定"。
二、二禅天定	此谓既得初禅天定已，心厌初禅，觉观动散。因摄心在定，淡然澄静，觉观即灭，乃发胜定之喜，如人从暗室中出，见日月光明，朗然洞彻，故名"二禅天定"。
三、三禅天定	此谓既得二禅天定已，而又厌二禅喜心涌动，定不坚固。因摄心谛观，喜心即谢，于是泯然入定，绵绵之乐，从内心发，乐法增长，遍满身中，于世间乐，最为第一，故名"三禅天定"。
四、四禅天定	此谓既得三禅天定已，又觉三禅乐法扰心，令不清净，一心厌离，加功不止。即得安隐，出入息断，空明寂静，如明镜离垢，净水无波，湛然而照，万象皆现，绝诸妄想，正念坚固，故名"四禅天定"。
五、空处天定	此谓既得四禅天定已，犹厌身色系缚，不得自在。乃转加功力，观察己身，犹如罗谷，内外通彻，一心念空，唯见虚空，无诸色相，其心明净，无碍自在，如鸟出笼，飞腾自若，故名"空处天定"。
六、识处天定	此谓既得空处天定已，即以识心，遍缘虚空，而虚空无边，以无边故，定心复散。于是即舍虚空，转心缘识，与识相应，心定不动，现在、过去、未来之识，悉现定中，与定相应，心不分散，此定安隐，清净寂静，故名"识处天定"。
七、无所有处天定	此谓离上空处识处，故名无所有处，得识处天定已，以心缘现在、过去、未来之识，无量无边，能坏于定。唯有无心识处，心无依倚，乃为安隐。于是即舍识处，专系心于无所有处，精勤不懈，一心内净，怡然寂静，诸想不起，故名"无所有处天定"。
八、非想非非想处天定	此谓前识处是有想，无所有处是无想，至此则舍前有想名非想，舍前无想名非非想。盖此天既得无所有处天定已，又知此处如痴如醉，如眠如暗，以无明覆蔽，无所觉了，无可爱乐。于是一心专精，即于非有非无，常念不舍，则无所有处定，便自谢灭。加功不已，忽然真实定发，不见有无相貌，泯然寂绝，清净无为，三界定相，无有过者，故名"非想非非想处天定"。

坐禅，即静坐、省思，即《妙法莲华经》所云：

若人静坐一须臾，胜造恒沙七宝塔。

> 宝塔毕竟化为尘,一念净心成正觉。

静坐、省思,即为净心,净心而成"正觉"。所谓"正觉",即梵文 sambodhi 的意译,音译为"三菩提"。《长阿含经》(卷二《游行经》)云:

> 佛昔于郁鞞罗尼连禅水边,阿游波尼俱律树下,初成正觉。

"郁鞞罗尼连禅"是印度一河名的音译,"阿游波尼俱律树"是菩提树的音译。释迦牟尼昔日在一条河的河边,在一棵菩提树下,"初成正觉",即圆寂而成佛。

可见,"成正觉"的意思就是成佛。也就是说,只要坐禅,静坐、省思、净心,即可"成正觉",即可跳出生死轮回,即可摆脱凡尘而成佛。这是佛经的承诺。

所以,历朝历代,信佛之人几乎无不坐禅。尤其是在魏晋南北朝,佛寺之兴盛,坐禅者之众多,可谓空前绝后。如《晋书·姚兴载记》云:

> 兴托意于佛道。公卿已下,莫不钦附。沙门自远而至者,五千余人。起浮图于永贵里,立波若台于中宫。沙门坐禅者,恒有千数。州郡化之,事佛者十室而九矣。

"兴"即姚兴,十六国时后秦国君。"托意",信奉。"公卿已下",公卿等下属。"沙门",梵文 Sramana 的音译,即修行者、出家人。"浮图",同"浮屠",梵文 Buddha 的音译,即佛塔。"永贵里",长安城一区域名。"波若台",同"般若台",庙宇别称。"中宫",即宫中——你看,皇帝信佛,京城里顿时佛塔林立,皇宫里也是庙宇轩昂,不仅"沙门坐禅者,恒有千数",而且各地"事佛者十室而九"——不知这是好事,还是坏事?

又如[东魏]杨衒之《洛阳伽蓝记》云:

> 景林寺,在开阳门内御道东。……静行之僧,绳坐其内,飡风服道,结跏数息。

"伽蓝",梵文 Samghārāma 的音译"僧伽蓝摩"的简称,即寺院、庙宇。"静行""绳坐""结跏""数息",皆指坐禅。又云:

> 一比丘,云是宝明寺智圣,坐禅苦行,得升天堂。……有一比丘,云是禅林寺道弘,自云:"教化四辈檀越,造一切经、人中金像十躯。"阎罗王曰:"沙门之体,必须摄心守道,志在禅诵,不干世事,不作有为。虽造作经像,正欲得他人财物。既得他物,贪心即起。既怀贪心,便是三毒不除,具足烦恼。"……自此以后,京邑比丘,皆事禅诵,不复以讲经为意。

"比丘":梵文 Bhiksu 的音译,即和尚。"云是":据说是。"檀越":施主别称。"造一切经":抄写所有经文。"(造)人中金像十躯":塑造镀金佛像十尊。"阎罗王":梵文 Yamaraja 的音译"阎摩罗王"的简称,佛经中掌管生死轮回的地狱神。"禅诵":坐禅与诵经。"三毒":即佛经所言"贪、嗔、痴"。"京邑":京城。

东魏已是南北朝,当时洛阳庙宇之多,成就了杨衒之的这部《洛阳伽蓝记》。注意文中称"自此以后,京邑比丘,皆事禅诵,不复以讲经为意",可见在此之前,至少在北朝,僧众都以讲经为主要功课,禅诵是后来居上的。只是,这个"后来"到底是何时,无法确定。因为那个禅林寺的道弘和尚究竟是何时之人,史无记载。

反正,在南北朝,沙门、比丘不仅多如牛毛,而且几乎人人都"摄心守道,志在禅诵",这是可以肯定的。而且,除了众多沙门、比丘日夜坐禅,还有众多达官贵人也热衷于此。譬如,《南史·陈书·王固传》云:

> 固清虚寡欲,居丧以孝闻。又崇信佛法,及丁所生母忧,遂终身蔬食,夜则坐禅,昼诵佛经。

王固是梁武帝的外甥。陈朝取代梁朝后,陈世祖陈霸先安抚前朝皇亲国戚,任王固为散骑常侍、国子祭酒,并以王固的女儿为皇太子妃。王固好佛,尤其是母亲死后("丁所生母忧"。丁忧:服父母之丧),终身茹素,晚上坐禅,白天诵经——这样也好,免得陈霸先起疑心。

又譬如,《南史·陈书·佛祖统纪》云:

> 陈永阳王伯智,字策之,文帝第八子。至德初,出为东阳刺史,请大师出镇开讲。致书至三师,遂往王与子湛,家人同禀菩萨戒,执弟子礼。昼聆讲说,夜习坐禅、讲事,立法名曰静智。

陈伯智,陈文帝第八子,封"永阳王"。至德初年,出任东阳刺史,请出寺院大师开讲佛经。他还写信给"三师"(即太师、太傅、太保),要"三师"到王府见他和儿子陈湛,并由"三师"见证,一家人受戒拜佛,行佛家弟子之礼。他白天听大师讲佛,晚上坐禅、讲经,并取法名"静智"——这位王爷,简直成了和尚。

再譬如,[五代]孙光宪《北梦琐言》云:

> 唐裴相公休,留心释氏,精于禅律。师圭峰密禅师,得达摩顿问。密师注《法界观禅诠》,皆相国撰序。常被毳[cuì]衲,于歌妓院,持钵乞食,自言曰:"不为俗情所染,可以说法为人。"

裴休,唐宣宗时的宰相,信奉佛教,精于坐禅法门,曾师从圭峰的密禅师,学得禅宗始祖达摩的顿问秘法。密禅师注《法界观禅诠》多部,皆由裴宰相作序。裴宰相还经常身披毛衲,手持陶钵,在歌妓院里乞讨饭食,自称是:"不为世情所染,可以说法为人。"

堂堂宰相,竟然去做苦行僧,真是奇了怪也!既然你"不为俗情所染",还做什么宰相?难道宰相不是管"俗情",而是管"禅律"、管"说法"的吗?不过,这也可能是做给唐宣宗看的,因为唐宣宗和先帝唐太宗、唐高宗一样,也笃信佛教——当然,这是我的猜测,可能是"以小人之心,度君子之腹"。

好像有点离题了,回头再来说坐禅。如前所述,坐禅是佛经所说的,佛祖释迦牟尼也坐禅。《阿毗昙毗婆沙论》(佛典解说,简称《毗婆沙》)甚至有言:

> 若有比丘,不肯坐禅,身不证法,散心读诵,讲说文字,辨说为能,不知,诈言知,不能,诈言能,高心轻视坐禅人,如是论师,死入地狱,吞热铁丸,出为猪、羊、鸡、狗等身。

若有出家人,不肯坐禅,不以身证法,只会死读经书、咬文嚼字、不懂装懂、自以为是,还看不起坐禅的人,这种只说不做的人,死后要入地狱,要吞烧红的铁丸,就是出地狱去投胎,也是做猪、做羊、做鸡、做狗——如此说来,出家人不坐禅,比平常人都不如。坐禅之必要,可见一斑。

然而,还真有出家人,对坐禅不以为然。而且,这个出家人还不是一般出家人,甚至不是一般的高僧,而是高僧中的高僧。此人就是六祖慧能。

六祖慧能,对坐禅不以为然?是的,一点不错。先看《六祖大师法宝坛经》(简称《六祖坛经》),其曰:

善知识,何名坐禅?此法门中,无障无碍,外于一切善恶境界,心念不起,名为坐;内见自性不动,名为禅。善知识,何名禅定?外离相为禅,内不乱为定。外若着相,内心即乱;外若离相,心即不乱。本性自净自定,只为见境,思境即乱。若见诸境心不乱者,是真定也。善知识,外离相即禅,内不乱即定。外禅内定,是为禅定。《菩萨戒经》云:"我本元自性清净。"善知识,于念念中,自见本性清净,自修自行,自成佛道。

"善知识"是慧能对听讲僧人的称呼(《六祖坛经》不是慧能的"著作",而是他讲经的记录,故称"坛经",即"讲坛经")。他先解释说,什么是坐禅?即:"心念不起,名为坐;内见自性不动,名为禅。"什么是禅定?即:"外离相为禅,内不乱为定。"但他又引《菩萨戒经》说:"我本元自性清净。"只要"自见本性清净""自修自行,自成佛道"。

什么意思?他的意思是:坐禅、禅定之类,我懂,说给你们听听也可以,不过嘛……这没啥意思。为什么?因为坐禅无非是要"心念不起""内见自性不动",而"我本元自性清净",所以,即便不坐禅,"自修自行"(自己搞一套修行法),只要"自见本性清净",也照样可以"成佛道"。

这里,他说得比较委婉,而据[北宋]释道原《景德传灯录》,他有一次就不那么委婉了,而是毫不客气地说坐禅"是病非禅"。不过,要读懂下面这段引文,先要说一点"禅宗史"常识。禅宗是古印度大乘佛教的一个宗派,因强调坐禅而得名"禅宗"。南朝梁武帝时,禅宗由印度僧人菩提达摩(简称"达摩")传至东土,故而达摩是禅宗的"东土始祖"。始祖之后有二祖(即达摩的弟子、河南人慧可),二祖之后有三祖,三祖之后有四祖,这样传至五祖弘忍,已是唐代。弘忍的众多弟子中,有两个高徒,即神秀和慧能,可传授衣钵。最后,弘忍在圆寂前把衣钵传给了慧能(故而,慧能是禅宗的"六祖",也是佛教中国化的关键人物)。之后,神秀去北方收徒传法,慧能去南方收徒传法。因神秀和慧能的禅法不同,于是就有了所谓"北禅宗"(简称"北宗")和"南禅宗"(简称"南宗")之分。

> 吉州志诚禅师者,吉州太和人也,少于荆南当阳山玉泉寺奉事神秀禅师。后因两宗盛化,秀之徒众,往往讥南宗曰:"能大师不识一字,有何所长?"秀曰:"他得无师之智,深悟上乘,吾不如也。且吾师五祖,亲付衣法,岂徒然哉!吾所恨不能远去亲近,虚受国恩(因神秀受封"国师",故有此言)。汝等诸人,无滞于此,可往曹溪(南宗别号,因慧能在曹溪宝林寺演法而得名)质疑,他日回复,还为吾说。"师闻此语,礼辞,至韶阳。随众参请,不言来处。时六祖告众曰:"今有盗法之人,潜在此会。"师出,礼拜,具陈其事。祖曰:"汝师若为示众?"对曰:"常指诲大众,令住心观静、长坐不卧。"祖曰:"住心观静,是病非禅。长坐拘身,于理何益?听吾偈[jì]曰:生来坐不卧,死去卧不坐,原是臭骨头,何为立功过?"

文中"后因两宗盛化",即指神秀和慧能分道扬镳,建北宗和南宗。"能大师不识一字",是说慧能不识字。是的,所有史书和佛书上都说,慧能出身贫苦,没读过书,"目不识丁"。这很奇怪。慧能聪明过人,又跟随弘忍多年,深谙佛法,竟然一直都不识字?识字那么难吗?为何弘忍不先教他识字?这真成了千古之谜。

不过,这和我们没啥关系,我们要注意的是后面,即:志诚禅师到了慧能那儿,见慧能正在讲经,也没通报,就坐下来听。没想到,慧能觉察到了,说:"今有盗法之人,潜在此会。"这下,志诚禅师不得不上前通报,说师父神秀要我等前来质疑解难。于是,慧能就问:"汝师若为示众?"(你们师父是如何示范于你们这些徒弟的?)志诚禅师说:"经常教诲我们,要我们住心观静、长坐不卧(即坐禅)。"对此,慧能说:"住心观静,是病非禅。长坐拘身,于理何益?"还给他一偈(警语)曰:"生来坐不卧,死去卧不坐,原是臭骨头,何为立功过?"——这就是慧能对坐禅的看法,是不是大不以为然?

既然南宗师祖对坐禅作如是观,南宗弟子会坐禅吗? 别人不说,就说慧能的高徒怀让禅师,据《景德传灯录》:

> 开元中,有沙门道一,住传法院,常日坐禅。师知是法器,往问曰:"大德坐禅图什么?"道一曰:"图作佛。"师乃取一砖,于彼庵前石上磨。道一曰:"师作什么?"师曰:"磨作镜。"道一曰:"磨砖岂得成镜耶?"师曰:"坐禅岂得成佛耶?"

"沙门道一"(道一和尚)即后来的马祖大师。不过,那时他还未成大师,住在传法院,常整天坐禅。怀让禅师"知是法器"(知道此种法门),就去问他:"大德(和尚间尊称)坐禅,想做什么?"道一和尚说:"想成佛。"于是,怀让禅师就拿了一块砖头,在庙前的石阶上磨。道一和尚很好奇,问:"禅师在做什么?"怀让禅师说:"把砖头磨成镜子。"道一和尚一愣,问:"砖头怎能磨成镜子?"怀让禅师反问道:"坐禅怎能成佛?"——把坐禅成佛比作磨砖成镜,意为白费工夫,可见怀让禅师深得六祖慧能的教诲。

第四章 药膳 方技

之前三章所述,儒、道、佛三家养生之道;此两章将述,古代民间养生之法。你知道,古代民间习俗,深受儒、道、佛三家影响,但于此三家,又多有歪曲、多有混杂,故而既可说,亦儒、亦道、亦佛;又可说,非儒、非道、非佛,可谓"大杂烩"。古代民间养生之法,即古代民间习俗之一,曰药膳、曰方技、曰食补、曰偏方。

一、药 膳

药膳,俗称"药补""进补"。"补"什么?这是古代中国人最神秘的观念之一,源于"阴阳五行说",即认为,"一身之中,阴阳运用,五行相生"([明]《遵生八笺》语),如此便生"元气"——"元气"越足,身体越好——所以,无论男女,若要健康长寿,就需补气,或补阴,或补阳,即所谓"滋阴补阳"。

那么,如何补气呢?既然有神秘的"元气",就有神秘的"补药"与之对应——即:吃补药,以增"元气"。这和前面第二章所说"服饵"很相似。不过,道家服饵,服的是"灵丹妙药",据说是可以长生不老而成仙的;民间吃补药,虽其灵感来自道家的服饵,但却只求不生病,多活几年——如此而已,并无长生不老之奢望。

那么,吃什么补药呢?多了去了!历朝历代,民间传说的和服用的补药,可谓数不胜数。先说传说中的补药,以《山海经》为例。你或许会问:传说的东西不足为凭,有何可说?答曰:传说往往是愿望的表达;荒诞不经的传说,表达的正是荒诞不经的愿望;荒诞不经的愿望固然荒诞,但终究还是愿望,你不能视其为无——所以,我有话可说。

《山海经·南山经》曰:

> 西次三经之首,曰崇吾之山,在河之南……有木焉,圆叶而白柎[fū],赤华而黑理,其实如枳,食之宜子孙。

这里说,有种树的果实,"食之宜子孙"。什么意思?就是说,吃了那种树的果实,能多子多孙。

可你知道,多子多孙是要女人一个个生出来的,而要女人一个个生出来,你就得一次次和女人(用个文雅一点的词吧!)"同房",而要一次次和女人"同房",你就得有足够的"阳力"(这个词是我生造的——没办法,说这种事情总是很别扭),也就是说,吃那种树的果实,可以使你有足够的"阳力",即"壮阳"。

这大概是古书中最早提到的"壮阳药"。尽管只是传说,但表达了古代中国人仅次于长命百岁的内心愿望——多子多孙。

《山海经·西山经》曰:

> 西南四百里,曰昆仑之丘……有草焉,名曰薲草,其状如葵,其味如葱,食之已劳。

说得有模有样,不仅说这种"薲草""其状如葵",还说"其味如葱"——好像他真吃过似的。但他真正要讲的是,吃这种"薲草"可"已劳"(不再劳顿)——这是人们向往的,因为无论古今,总有许多人活得很累很累。

又曰:

> 又西三百里,曰中曲之山,其阳多玉,其阴多雄黄、白玉及金。……有木焉,其状如棠,而圆叶赤实,实大如木瓜,名曰杯木,食之多力。

这也是人们向往的。这种叫"杯木"的"赤实"(红果),吃了可以"多力"(力大无穷)——人间哪有此等仙药?

《山海经·北山经》曰:

> 又东北二百里,曰龙侯之山,无草木,多金玉。决决之水出焉,而东流注于河。其中多人鱼,其状如䱱鱼,四足,其音如婴儿,食之无痴疾。

有人猜测,说这种"四足,其音如婴儿"的"人鱼"即娃娃鱼(大鲵),但不管是不是,他说这种鱼"食之无痴疾"(吃了不会痴呆)——要知道,医治智力低下的问题至今也没有好办法,所以,也就这么想想。

《山海经·东山经》曰:

> 又南三百里,曰枸[xún]状之山,其上多金玉,其下多青碧石。……水出焉,而北流注于湖水,其中多箴鱼,其状如儵,其喙如箴,食之无疫疾。

瘟疫是极其可怕的,这在古今都一样,而他说,吃这种"箴鱼",可以"无疫疾"(不得瘟疫)——这正是人们所向往的:要是有一神奇之物,可使人间不再有瘟疫,那就好了!

又曰:

> 又南三百八十里,曰葛山之首,无草木。澧水出焉,东流注于余泽,其中多珠蟞鱼,其状如肺而有目,六足有珠,其味酸甘,食之无疠。

不管这种"珠蟞鱼"长得多么古怪,吃起来还是又酸又甜,不管他怎么想象,反正他说,吃了这种鱼,"无疠"(不生病)。这是人人向往的。是啊,谁愿意生病?那么,要是有一种补药,吃了之后永不生病,你希望有这种补药吗?你一定会说,太希望了!——可惜,这种补药只有《山海经》里有!

说过古代中国人想象中的补药,再来说古代中国人实际服用的补药,以李时珍《本草纲目》为例。

实际上,所有的中草药都是"补药"。为什么?因为按"阴阳五行说",所有的病都是阴阳失调而致使"元气"亏损,服药就是"补气"——"补元气"。一旦"元气"得到"补充",病就好了。这是历代中医治病的"本意"(基本原理)。不过,此处所说的补药,却是一种特殊的药,服之不为治病,而为强身,即所谓"进补""调理"。

那么,《本草纲目》说到多少用以"进补""调理"的补药？除了前面第二章已经说过的灵芝、黄精和人参,还有不下百种。但限于篇幅,我不仅不能逐一道来,甚至只能挑选其中的七种,即：黄耆[qí]、枸[gǒu]杞、淫羊藿、菟丝子、何首乌、紫河车和人乳,略为一说。不过,我想,这大概也足够了,说多了你反而会觉得厌烦。

（一）黄耆。《本草纲目》曰：

> 李时珍曰：耆,长也。黄耆,色黄,为补药之长,故名。今俗通作"黄芪"或作"蓍"者,非矣。

注意,他说黄耆"为补药之长"。至于他说俗称黄耆为"黄芪"或"蓍"是错的,可惜没人听,后来就称"黄芪",至今如此。

此物似乎早在东晋时就被当作补药,见王献之《服黄耆帖》：

> 承服肾气丸,故以为佳,献之比服黄耆甚勤。

他说："自从服用'肾气丸',觉得很好,我比服用黄耆还勤快。"可见,他在吃"肾气丸"前,是以黄耆为补药的。

后[北宋]苏轼在给米芾的一封信中也提到黄耆,其《与米元章尺牍》曰：

> 昨日饮冷过度,夜暴下,旦复疲甚,食黄耆粥甚美。

他说他昨天喝冷水过多,夜里"暴下"（腹泻）,早上起来浑身乏力,喝黄耆粥还不错。

（二）枸杞。《本草纲目》曰：

> 孟诜曰：坚筋骨,耐老除风,去虚劳,补精气。李时珍曰：滋肾润肺,榨油点灯,明目。

孟诜[shēn],唐人,著有《食疗本草》等,他说枸杞可"坚筋骨,补精气"——显然,枸杞是补药。李时珍说,枸杞还可"滋肾润肺"。至于"明目",他说要把枸杞

"榨油点灯",很神奇——这一点,后人好像都做错了,都用枸杞泡茶喝,以为可以明目。

又[明]高濂《遵生八笺》曰:

> 枸杞子粥。用生者,研如泥,干者为末。每粥一瓯,加子末半盏,白蜜一二匙,和匀食之,大益。

把枸杞子碾碎晒干,放入粥里,加蜂蜜,拌匀,食之大补。

(三)淫羊藿。《本草纲目》曰:

> 陶弘景曰:服之,使人好为阴阳。西川北部有淫羊,一日百遍合,盖食此藿所致,故名淫羊藿。李时珍曰:豆叶曰藿,此叶似之,故亦名藿。仙灵毗、千两金、放杖、刚前,皆言其功力也。柳子厚文作《种仙灵毗》,人脐曰"毗"。此物补下,于理尤通。

陶弘景,南朝人,著有《本草经集注》等,他说,服淫羊藿"使人好为阴阳"("为阴阳"即男女交媾)——显然,他说淫羊藿是壮阳药。但李时珍说,淫羊藿也叫"仙灵脾""千两金""放杖""刚前","皆言其功力也"。什么功力?他以柳宗元(字子厚)作《种仙灵毗》为证,说人的肚脐固然称作"毗",但"补下"不是指"壮阳",而是指"健足"。

确实,柳宗元《种仙灵毗》一诗开头说:

> 穷陋阙自养,疠气剧嚣烦。
> 隆冬乏霜霰,日夕南风温。
> 杖藜下庭际,曳踵不及门。

他说,穷困不保养,疠气常困扰,冬天冒风寒,夏日受暑热,拄杖到庭院,迈不出大门——显然,是腿脚乏力。接着他说:

> 门有野田吏,慰我飘零魂。

> 及言有灵药，近在湘西原。
>
> 服之不盈旬，欻蹩[xiè]皆腾骞。

有个"野田吏"（乡间小吏）安慰他说，有一种灵药，就近在湘西，服食不到十天，就能健步如飞。这种"灵药"，就是淫羊藿。

于是，那个"野田吏"就为他弄来了淫羊藿的根；于是，他就在自己的院子里种淫羊藿。等淫羊藿长出来后，他就开始服用——果然有奇效！所以，他最后说：

> 神哉辅吾足，幸及儿女奔。

真是神奇啊，这种药帮他恢复了腿力，有幸还可以跟在儿子和女儿后面奔跑——虽然写诗不免夸张，但淫羊藿在唐代已与"淫"无关，这是千真万确的。

（四）菟丝子。《本草纲目》曰：

> 《本经》曰：续绝伤、补不足、益气力、肥健人。《别录》曰：养肌强阴，坚筋骨，久服、明目、轻身、延年。

《本经》即［东汉］《神农本草经》（作者不详），称菟丝子可补元气不足，可以使人身强力壮。《别录》为［东汉］刘向所编，称常服菟丝子可明目、健身、长寿。

菟丝子是菟丝的种子。那么，菟丝又是什么？菟丝在《诗经》里就曾出现，《诗经·桑中》曰"爰采唐矣，沫之乡矣"，其中的"唐"，即菟丝。汉乐府《古诗十九首》有云："与君为新婚，菟丝附女萝。"菟丝乃攀附于女萝的藤蔓植物。还有一讹传，源于《史记·龟策传》，称："下有伏灵，上有兔（菟）丝；上有捣蓍[shī]，下有神龟。所谓伏灵者，在兔丝之下，状似飞鸟之形。""伏灵"即茯苓。"捣蓍"即丛生蓍草。说菟丝和茯苓是同体，地上是菟丝，地下是茯苓，如《淮南子》所说："菟丝无根而生；茯苓抽，菟丝死。"其实是以讹传讹。后［元］朱震亨辨析曰："菟丝未尝与茯苓共类，女萝附松而生，不相关涉，皆承讹而言也。"女萝也称"松萝"，其实也是攀附于松树的藤蔓植物，并非与松树同体。不过，这些都是题外话，与补药菟丝子没啥关系。

（五）何首乌。《本草纲目》曰：

> 李时珍曰：何首乌，足厥阴少，阴药也。白者入气分，赤者入血分，肾主闭藏，肝主疏泄。此物气温，味苦涩，苦补肾、温补肝，能收敛精气，所以能养血、益肝、固精、益肾、健筋骨、乌须发，为滋补良药。

其实，何首乌在唐宋两代曾被视为壮阳妙药。[唐]李翱还著有《何首乌录》一文，其中曰：

> 有何首乌者，顺州南河县人，祖能嗣，本名田儿，天生阉，嗜酒，年五十八，因醉夜归，卧野中，及醒，见田中有藤两本，相远三尺，苗蔓相交，久乃解合。田儿心异之，遂掘根，持问村野人，无能名，曝而干之。有乡人袁良戏而曰："汝，阉也，汝老无子，此藤本异而夜合恐是神药，汝盍饵之？"田儿乃筛末酒服，经七宿，忽思人道。累旬，力轻健，欲不制，遂娶寡妇曾氏。田儿因常饵之，加飧两钱。七百余日，旧疾皆愈，反有少容，十年之内，遂生数男，乡人异之。忽有山老告田儿曰："此交藤也，服之可寿百六十岁，而古方《本草》不载，吾传于师，亦得之于河南。吾服之，遂有子。吾本好静，以此药害于静，因绝不服。汝偶饵之，乃天幸。"因为田儿尽记其功，而改田儿名。能嗣焉，嗣年百六十岁乃卒，男女一十九人。子延秀，亦年百六十岁，男女三十人。子首乌服之，年百三十岁，男女二十一人。

文中说，有个人叫何首乌，本名田儿，"天生阉"（天生性无能），夜见两株藤蔓，相距三尺而相交，于是挖其根。有人打趣说，你田儿不能交合，此藤蔓实是夜合之神药，何不试一试？于是，田儿便吃这种藤蔓的根，果然"忽思人道"（突然想要交合），于是娶了一个寡妇。就这样，田儿经常吃这种藤蔓的根，两年后，返老还童。有人说，这种东西叫"交藤"，吃了会生子，还能长寿。听其言，田儿改名叫"何首乌"。果真，田儿活了一百六十岁，生了十九个子女。其子延秀，也活了一百六十岁，生了三十个子女。其孙子也吃何首乌，活了一百三十岁，生了二十一个子女——真是神奇的何首乌！你信吗？

你若不信，反正唐人信，宋人也信，如[宋]许顗《彦周诗话》曰：

古诗云:"上山采交藤。"交藤,何首乌也,服之令人多生子,有"采采苤[fú]苜[yǐ]"之意。

"采采苤苜"(茂盛的车前草),引自《诗经·苤苜》,喻多子多孙。

(六) 紫河车(即胎盘)。《本草纲目》曰:

吴球云:儿孕胎中,脐系于母,胎系母脊,受母之荫,父精母血,相合而成。虽后天之形,实得先天之气,显然非他金石草木之类所比。其滋补之功极重,久服耳聪目明,须发乌黑,延年益寿。

吴球,明人,著有《诸症辨疑》等。"胎盘"是现代汉语用词,古汉语无此名称,而是称为"衣胞""胎衣""混沌皮""仙人衣""混沌衣""混元丹"等。那么,"紫河车"是什么意思?其实和"混沌衣""混元丹"差不多意思。"河车"之说,出自《周易·参同契》之"五金之主,北方河车",意指"真元""真气"就如河之流动、车之载物,故称"河车",喻其生生不息。胎盘因包裹胎儿和胞衣水,被认为是"真元""真气"之所在,又因胎盘呈深红色,略近紫色,故称"紫河车"。

《本草纲目》又曰:

吴球曰:紫河车,古方不分男女。近世男用男,女用女。

他说,古时,服用紫河车是不分男胎、女胎的;近来,男人服用男胎紫河车,女人服用女胎紫河车——显然,他认为这样效果更好。

那么,紫河车真能延年益寿吗?现在我们知道,胎盘里确实含有为人体所必需的球蛋白和白蛋白,但健康之人通常不会缺乏球蛋白和白蛋白,此其一。其二,胎盘里的球蛋白和白蛋白必须人工提取后用针筒注射,才能使病人获得球蛋白或白蛋白的补充,口服球蛋白或白蛋白提取液是无效的(不用说直接吃胎盘了),不会被肠胃吸收。

然而,古代中国人既不知道球蛋白和白蛋白为何物,更不知道提取和注射,他们吃胎盘只是出于一种信念,即以为,胎儿是"命"的开始,也就是刚刚离开"命源"(即真元),所以胎盘里一定带着"命";也就是说,吃胎盘就能吃到"命";

吃到了"命",你的"命"不就多了吗？你不是就能"长命"了吗？（为此,他们还真的吃过胎儿,因为按他们的臆想,胎儿里的"命"当然要比胎盘里还要多。不过,这种事毕竟偶尔发生,我也就不多说了）。换言之,古人把"命"看作是一种好像和钱差不多的东西,是可以转来转去的:"命"从存"命"的"真元"转到胎盘,就如钱从存钱的银行转到你的个人账户;"命"从胎盘转到吃胎盘者身上,就如钱从你的个人账户转到我的个人账户。

我想,只有这样设身处地想一想古人心目中的"命",你才能理解,他们为何会把胎盘当作延年益寿的"补药"。

（七）人乳。《本草纲目》曰:

> 弘景曰:汉,张苍年老无齿,妻外家百数,常服人乳,故年百岁余,身肥如瓠[hù]。

陶弘景所言,出自《史记·张丞相列传》,原文是:

> 苍之免相后,老,口中无齿,食乳。女子为乳母。妻妾以百数,尝孕者不复幸。苍年百有余岁而卒。

西汉文帝时的丞相张苍,年老食人乳,而且食的是女儿的乳水（"女子为乳母","女子"即女孩子,即女儿）。至于怀孕过的妻妾他为何"不复幸"（不再同房）,其中奥妙不得而知。反正,他活了一百多岁,后人将此归功于食人乳。

《本草纲目》又曰:

> 时珍曰:人乳无定性。其人和平,饮食冲淡,其乳必平;其人暴躁,饮酒食辛,或有火病,其乳必热。凡服乳,须热饮。若晒曝为粉,入药尤佳。

有意思,他说性情平和、饮食清淡的女人,"其乳必平"（其乳水肯定性平）;性情暴躁、喝酒吃辣的女人,"其乳必热"（其乳水肯定性热）,还说把人乳晒成奶粉作为药材,效果更好。

《本草纲目》又曰:

> 白飞霞《医通》云:服人乳,大能益心气、补脑髓、止消渴,治风火证,养老尤宜。每用一吸,即以纸塞鼻孔,按唇贴齿而漱,乳与口津相和,然后以鼻内引上吸,使气由明堂入脑,方可徐徐咽下。如此五七吸为一度。不漱而吸,何异饮酪?止于肠胃而已。

这里说得更玄乎,说"每用一吸"(看来是直接吮吸乳头),就用纸塞住鼻孔,抿紧嘴,使乳水和口水混合,然后用鼻子往上吸,使气由"明堂"(即上颚)进到大脑(这里有两个疑点:一、鼻孔不是塞住了吗?哪来气?二、就算有气,气能从上颚进到大脑吗?不过,他就是这么说的,你有什么办法?),然后再慢慢咽下。这样,每次吸五至七回。如果不这样"漱"(他把上述动作称为"漱")而只是吸,那跟喝牛奶有何区别?只是喝到肠胃里而已(没有吸到大脑里)。

《本草纲目》又曰:

> 《服乳歌》曰:仙家酒,仙家酒,两个壶卢盛一斗。五行酿出真醍醐,不离人间处处有。丹田若是干涸时,咽下重楼润枯朽。清晨能饮一升余,返老还童天地久。

人乳也称"仙家酒",历代被奉为养生上品。你看,这里说人乳是"五行酿出真醍醐"。"五行"即"阴阳五行"中的"五行",即被古代中国人视为"万物原素"的金、木、水、火、土。"醍醐"即酥油,这里代指人乳。这里还说到了"丹田"(你知道,"丹田"其实就是肚脐,但道家视其为"命根"),还把人乳喻为"重楼"(一种据说可起死回生的草药),说"丹田"若干涸,咽下人乳即可滋润。当然,这里说食人乳可以返老还童,是有点夸张的,但历朝历代,人们都相信人乳是极好的滋补药,食之可益寿延年,却是毫无疑问的。

所以,你若在史书中时不时读到皇家食用人乳,不必惊讶,而应视为平常——皇上要万寿无疆,区区人乳算得了什么?实际上,不仅是皇家,历代达官贵人、缙绅富豪人家,食用人乳也是平常事。譬如,《红楼梦》第六十回,宝玉的丫头芳官送柳五儿玫瑰露,柳嫂子给五儿的舅舅也送了一点,五儿的舅舅便回赠了茯苓霜：

> 说第一用人乳和着,每日早起吃一盅,最补人的。第二用牛奶子。万不得,滚白水也好。

你看,这五儿的舅舅还算不上什么达官贵人,动不动就说"用人乳和着"。又说,没人乳就用牛奶;要是人乳、牛奶都没有,用热开水也可以——似乎,人乳是和牛奶、热开水差不多的东西。

还有,《金瓶梅》第七十九回:

> (西门庆)到次日起来,头沉,懒待往衙门中去,梳头净面,穿上衣裳,走来前边书房中坐的。只见玉箫问如意儿挤了半瓯子奶,径到书房与西门庆吃药。

玉箫是西门庆家的丫鬟,如意儿是李瓶儿生下一子后西门庆雇来的奶娘。你看,西门庆吃药,用人乳,而且写得平平淡淡,像是家常便饭。

既然达官贵人、缙绅富豪时常服食人乳,你或许会问,哪来那么多人乳?——是啊,由此不难料想,有多少穷人家的婴儿,主要靠粥汤之类的东西喂养,因为原本属于他们的母乳需送去给老爷们吃。

二、方 技

除了药膳,古代中国人也以方技养生。所谓"方技",也称作"导引",即内丹术(气功)中的所谓"练形术"。"导引"的意思,就是把丹田之气导引至全身。既然要把丹田之气导引至全身,就要有肢体动作,所以,"导引"也称作"方技"或"体操"。

大体说来,从秦汉至明清,历代曾先后流行过五大方技,即所谓"汉魏五禽戏""隋唐按摩法""宋元八段锦""明清内家拳"。当然,这是"最简化"的说法,实际上这五大方技还有诸多分支,相互之间还有传承关系,要复杂得多。不过,此处既无篇幅、也无必要面面俱到,我说个大概、你听个大概,就可以了。

先说"汉魏五禽戏"。"汉魏"即汉末与魏晋,也就是"三国"前后。"五禽戏"据说为汉末华佗所创。不过,在华佗之前,应该已有"二禽戏",即《庄子·刻意》所言:

吹呴[xǔ]呼吸,吐故纳新,熊经鸟伸,为寿而已矣。

"熊经鸟伸"意为活动身体,就如熊打滚、鸟伸足。这大概是古书中最早说到的养生方技。

至于"五禽戏",初见于《后汉书·方术列传下·华佗传》:

广陵吴普、彭城樊阿,皆从佗学。普依准佗疗,多所全济。佗语普曰:"人体欲得劳动,但不当使极耳。动摇(活动)则谷气得销,血脉流通,病不得生,譬犹户枢,终不朽也。是以古之仙者,为导引之事,熊经鸱顾,引挽腰体,动诸关节,以求难老。吾有一术,名五禽之戏:一曰虎,二曰鹿,三曰熊,四曰猿,五曰鸟。亦以除疾,兼利蹄足,以当导引。体有不快,起作一禽之戏,怡而汗出,因以著粉,身体轻便而欲食。"普施行之,年九十余,耳目聪明,齿牙完坚。

文中所说"古之仙者,为导引之事,熊经鸱顾,引挽腰体,动诸关节,以求难老",即《庄子》所言"熊经鸟伸,为寿而已"之意——"熊经鸱顾"与"熊经鸟伸"只是字面不同,意思相同,都是指模仿熊和鸟的动作。由此可见,华佗的"五禽戏"是由"二禽戏"扩充而成,即:除了"熊戏"和"鸟戏",增加了"虎戏""鹿戏"和"猿戏"(顺便说一句,把虎、鹿、熊、猿称作"禽",似乎很怪,其实"禽"字原本不仅指鸟类,也指兽类。所以,不必见怪)。

那么,"五禽戏"怎么"戏"法?华佗没说,只说"体有不快,起作一禽之戏"。不过,我在[南朝]陶弘景的《养性延命录》中找到一段比较详细的解说,其曰:

虎戏者,四肢距地,前三踯,却二踯,长引腰,侧脚,仰天即返,距行,前却各七过也。鹿戏者,四肢距地,引项反顾,左三右二,伸左右脚,伸缩亦三亦二也。熊戏者,正仰,以两手抱膝下,举头,左擗地七,右亦七,蹲地,以手左右托地。猿戏者,攀物自悬,伸缩身体,上下一七,以脚拘物自悬,左右七,手钩却立,按头,各七。鸟戏者,双立手,翘一足,伸两臂,扬眉用力,各二七,坐伸脚,手挽足趾,各七,缩伸二臂各七也。夫五禽戏法,任力为之,以汗出为度,有汗以粉涂身,消谷食、益气力、除百病,能存行之者,必得延年。

遗憾的是,此段文字没法逐词逐句翻译,因为有些说法,如"长引腰,侧脚,仰天即返",那时的人可能知道,现在却无法知晓,具体是什么动作。所以,我只能说个大概。

所谓"虎戏",大概是:四肢着地,呈爬行状,然后仰头,身体向前一冲一冲,学老虎咆哮。所谓"鹿戏",大概是:四肢着地,然后蹬腿,一跳一跳,学麋鹿蹦跳。所谓"熊戏",大概是:仰卧,双手抱膝,弯腰低头,使身体呈球形,然后左右翻滚,学狗熊打滚。所谓"猿戏",大概是:双手握住横杆,使身体悬空,然后用力前荡,用脚背勾住横杆,使身体倒挂,然后再弯腰翻身,再用手握住横杆,即身体直挂,这样反复数次,学猿猴玩耍。所谓"鸟戏",大概是:垂手直立,然后一脚抬起,双臂展开,这样做数次后,坐地,双腿伸直,用手扳住脚趾,放开,再扳,这样做数次,学禽鸟伸足。

当然,"五禽戏"是不必全做的,你可以任选其一,或其二。反正,你只要做了,据说就可以"消谷食、益气力、除百病",若持之以恒,还能延年益寿。

"五禽戏"从东汉末流行至南北朝。至隋唐,"五禽戏"似乎为另一种养生方技——即"按摩法"——所取代。原因可能是,隋唐之人热衷于"西天取经",而"按摩法"源自天竺国(古印度),是由取经僧人学会后,带回东土大唐的。唐人可谓"崇佛迷梵",这你知道。既然如此,天竺国的"按摩法"很快取代本土的"五禽戏",可说是意料之中。

那么,所谓"隋唐按摩法",又怎么"按摩"法?据[唐]孙思邈《备急千金要方·养性》,有两种。一种是:

> 天竺国按摩。此是婆罗门法。两手相捉扭捩[liè],如洗手法。两手浅相叉,翻覆向胸。两手相捉,共按,左右同。以手如挽,此是开胸法,左右同。如拓石法,左右同。以手反捶背上,左右同。两手据地,缩身曲脊,向上三举。两手抱头宛转上,此是抽胁。大坐,斜身偏敧,如排山,左右同。大坐,

伸两脚,即以一脚向前虚掣,左右同。两手拒地,回顾,此虎视法,左右同。立地,反拗身,三举。两手急相叉,以脚踏手中,左右同。起立,以脚前后虚踏,左右同。大坐,伸两脚,用当相手勾所伸脚,着膝中,以手按之,左右同。上十八势,但是老人,日别能根据此三遍者,一月后百病除,行及奔马,补益延年,能食,眼明轻健,不复疲乏。

显然,这种按摩法是"进口的",有所谓"十八势"(十八种姿势),但孙思邈毕竟是道士,不是和尚,所以他又仿照"进口的",搞了个"国产的",即:

老子按摩法。两手捺,左右捩身二七遍。两手捻,左右扭肩二七遍。两手抱头,左右扭腰二七遍。左右挑头二七遍。两手托头三举之。一手抱头,一手托膝三折,左右同。一手托头,一手托膝,从下向上三遍,左右同。两手攀头下向,三顿足。两手相捉头上过,左右三遍。两手相叉,托心前,推却挽三遍。两手相叉,着心三遍。曲腕筑肋挽肘,左右三遍。左右挽,前右拔,各三遍。舒手挽项,左右三遍。反手着膝,手挽肘,覆手着膝上,左右亦三遍。手摸肩,从上至下使遍,左右同。两手空拳筑三遍,两手相叉反复搅,各七遍。外振手三遍,内振三遍,覆手振亦三遍。摩扭指三遍。两手反摇三遍。两手反叉,上下扭肘无数,单用十呼。两手上耸三遍。两手下顿三遍。两手相叉头上过,左右申肋十遍。两手拳反背上,掘脊上下三遍。掘,捔之也。两手反捉,上下直脊三遍。覆掌搦腕内外振三遍。覆掌前耸三遍。覆掌两手相叉交横三遍。覆掌横直,即耸三遍。若有手患冷,从上打至下,得热便休。舒左足,右手承之,左手捺脚耸上至下,直脚三遍,右手捺脚亦尔。前后捩足三遍。左捩足,右捩足,各三遍。前后却捩足三遍。直脚三遍。扭,三遍。内外振脚三遍。若有脚患冷者,打热便休。扭,以意多少,顿脚三遍,却直脚三遍。虎据,左右扭肩三遍。推天托地左右三遍。左右排山负山拔木,各三遍。舒手直前,顿申手三遍。舒两手两膝各三遍。舒脚直反,顿申手三遍。捩内脊外脊,各三遍。

当然,这"国产按摩法"也可能是孙思邈从别人的书里抄来的,但不管怎样,所谓"老子按摩法",其实和"婆罗门法"并没有多少区别,无非就是搓搓手、伸伸脚、扭扭腰、捶捶背,活动活动身体而已。说这样就可以"百病除,行及奔马,补益延年",那"百病"也太容易"除"了,"年"也太容易"延"了。然而,正因为他说得那么容易,人们才愿意相信——否则的话,不是要令人望而生畏吗?

大唐之后是大宋,道教再度兴起,但流行于宋代的所谓"宋元八段锦",却很可能由嵩山少林寺的"达摩十八式"演化而来,尽管无人知晓,何人何时把"达摩十八式"变成了"八段锦"。但不管怎样,称这种方技为"八段锦",即表明它姓"道",不姓"佛"。因为"八段"既指"八法",又有"八卦"之意。至于"锦",即挂图(如"锦旗",挂图式的旗),这是因为方技动作难以用文字准确描述,往往附有图像,故名之以"锦"。

其实,"八段锦"之名起于何时、何时传开,也无人知晓。现今所知"八段锦"之名,初见于[宋]洪迈《夷坚乙志卷》:

> 政和七年,李似矩弥大为起居郎……似矩素于声色简薄,多独止外舍,效方士熊经鸟申之术,得之甚喜。自是,令席于床下,正睡熟时,呼之无不应。尝以夜半时起坐,嘘吸按摩,行所谓八段锦者。

此处所记李似矩(字弥大),乃一"起居郎"(候补官员)。此人向来不喜声色,喜欢独居,而且喜欢效仿道士,行"熊经鸟伸之术"(即"五禽戏"),曾半夜起来,操练所谓"八段锦"——可见,在洪迈记述此人之际,"八段锦"已流行多时。

那么,"八段锦"怎么练法?据[宋]曾慥[hé]《修真十书·杂著捷径》,"宋元八段锦"似乎有四家:一是他自己的一家,即"曾慥八段锦",二是托唐代汉钟离之名的"钟离八段锦",三是"窦银青八段锦",四是"小崔先生八段锦"。后两家,今已佚。前两家,"曾慥八段锦"的练功口诀,大概是为了便于背诵,他将其写成一首《临江仙》词,如下:

> 子后寅前东向坐,冥心琢齿鸣鼍。托天回顾眼光摩。
> 张弓仍踏弩,升降辘轳多。
>
> 三度朝元九度转,背摩双摆扳拿。龙虎交际咽元和。
> 浴身挑甲罢,便可蹑烟萝。

什么意思？若不是他作了大量注释，谁也看不懂。所以，下面将该《临江仙》词及其注释一并引出(括号内即注释)：

子后寅前东向坐，冥心琢齿(三十六)鸣鼍(鸣天鼓三十通)，托天(三次，每次行嘻字气)回顾(握固按腿，左右各三。先右次左，左行嘘字气，右行呬字气也)眼光摩(挫挪手，摩眼七次，闭目转睛七次，以中指节捻太阳穴三十六)。

张弓(左右二三十挽，每次行呵字气)仍踏弩(左右各三次，每次三挽七踏，行呵字气)，升降辘轳多(左右运转辘轳三十六，行吹字气)。

三度朝元(三次，每次按腿、闭目、咽气，名为朝元。每次行吹字)九度转(想气自丹田转九交)，背摩(盘足，闭气，搓手热，摩擦肾俞上下，行吹字气)双摆(按腿，冥目闭气，左右摇摆身，不限数，名鳖鱼摆尾，行呵字气)扳(舒脚，以手低头扳脚，行呵字气)拿(跪膝反手，左右拿脚跟三次，每次行呼字气)，龙虎交际咽元和(以舌搅取津满口，漱三十六，一气分三回，想至丹田中，如此三遍，行吹字气)。

浴身(鼻引清气，闭住，搓按两手极热，遍身擦令微汗出)挑甲罢(左右臂举手齐发，遍挑十指甲，不限数)，便可蹑烟萝(凡行吹肾、呵心、嘘肝、嘻三焦、呬肺、呼脾六字气，不可令耳闻声，出气欲细而长。凡行持皆闭气，行持罢，方吐气出，呼所行字)。

有些词语，特别是气功用语，仍不易懂，只能由我再作注释。子后寅前：子时(深夜十一点到凌晨一点)后，寅时(凌晨三点到五点)前。鸣天鼓：两手掩耳，以第二指压中指上，用第二指弹脑后两骨做响声。行嘻字气：即行"行气六字诀"(吹、呼、嘻、呵、嘘、呬[xì])中的"嘻"气("行气六字诀"见陶弘景《养性延命录》，其曰："凡行气，以鼻纳气，以口吐气，微而行之名曰长息。纳气有一，吐气有六。纳气一者，谓吸也，吐气六者，谓吹、呼、嘻、呵、嘘、呬，皆为长息吐气之法。")，后文"行嘘字气""行呬字气"等，同此。运转辘轳：即双手握拳，一手置腰间，一手伸出，上下转动，如在井边打水时摇辘轳，故称。行吹肾、呵心、嘘肝、嘻三焦、呬肺、呼脾：即"行六气"：行"吹"气，养肾；行"呵"气，养心；行"嘘"气，养肝；行"嘻"气，养"三焦"(古人想象的脏腑，其实并不存在)；行"呼"气，养肺；行"呬"气，养脾。

同样，大概也是为了便于背诵，"钟离八段锦"的练功口诀，他将其写成三十六句五言诗，并作大量注释：

闭目冥心坐(冥心盘跌而坐),握固静思神。叩齿三十六,两手抑昆仑(叉两手向项后,数九息,勿令耳闻。自此以后,出入息皆不可使耳闻)。左右鸣天鼓,二十四度闻(移两手心掩两耳,先以第二指压中指,弹击脑后,左右各二十四次)。微摆撼天柱(摇头左右顾,肩膊随动二十四,先须握固),赤龙搅水浑(赤龙者,舌也,以舌搅口齿并左右颊,待津液生而咽)。漱津三十六(一云鼓漱),神水满口匀。一口分三咽(所漱津液分作三口作汨汨声而咽之),龙行虎自奔(液为龙,气为虎),闭气搓手热(以鼻引清气闭之,少顷,搓手令热极,鼻中徐徐乃放气出),背摩后精门(精门者,腰后外肾也。合手心摩毕收手握固)。尽此一口气(再闭气也),想火烧脐轮(闭口鼻之气,想用心火下烧丹田,觉热极即用后法)。左右辘轳转(俯首摆撼两肩三十六,想火自丹田透双关,入脑户,鼻引清气,闭少顷间),两脚放舒伸(放直两脚)。叉手双虚托(叉手相交,向上托空三次或九次),低头攀脚频(以两手向前,攀脚心十二次,乃收足端坐),以候逆水上(候口中津液生,如未生,再用急搅取水,同前法),再漱再吞津。如此三度毕,神水九次吞(谓再漱三十六,如前一口分三咽,乃为九也)。咽下汨汨响,百脉自调匀。河车搬运讫(摆肩并身二十四次,再转辘轳二十四次),发火遍烧身(想丹田火自下而上,遍烧身体,想时口及鼻皆闭气少顷)。邪魔不敢近,梦寐不能昏。寒暑不能入,灾病不能笭。子后午前后,造化合乾坤。循环次第转,八卦是良因。

诀曰:其法于甲子日夜半子时起首,行时口中不得出气,唯鼻中微放清气。每日子后午前各行一次,或昼夜共行三次。久而自知,蠲除疾疢,渐觉身轻。若能勤苦不怠,则仙道不远矣。

我想,你若是真的费神读了这两段引文,一定是头昏脑涨了。没关系!我之所以引出这两段文字,并非要教你练功,也不是要你相信,勤练此功,"仙道不远矣",只是想让你体会一下,这就是所谓的"宋元八段锦"——说得玄而又玄、神乎其神,其实,不过是盘腿而坐、吸气、呼气、叩齿、咽津、摩腰背、转肩胛、搓手摇臂、抬足扭腿而已。

宋元流行"八段锦",到了明清,又演化出"十二段锦""十六段锦"。然而,无论是"八段锦"也好,还是"十二段锦""十六段锦"也好,都是强弩之末。明清两代最流行的,是"拳术"。

为何明清之人热衷打拳?据说是从元代流传下来的习俗,原因是元朝廷禁止汉民舞刀弄枪,所以汉民打斗只能挥拳相击,于是各种"拳术"应运而生。不知这是真是假。但有一点是肯定的,即:明代有众所周知的"少林""武当""峨眉"三大拳法。

此外,明代还有"外家""内家"之说,即把拳术分为"外家拳"和"内家拳"——前者用以攻击,后者用以防守。"内家拳"较之于"外家拳"更注重修炼内功,更注重意静气沉,因而自明朝嘉靖年间起,民间就流行以习练"内家拳"作为养生法——也就是说,把武术"内家拳"变成了一种养生方术。

"内家拳"实为宋人张三丰所创,虽然宋时并无"内家拳"之称,但张三丰把道家内丹术(即气功)融入拳术,实开了"内家拳"之先河。至明成祖永乐年间,由张三丰几代传人所创"武当三丰派"拳术,名声大噪;至明世宗嘉靖年间,"武当三丰派"拳术传至浙江人张松溪,遂演化为偏重丹道和养生的"内家拳"。

张松溪在浙江四明山传道,故而其"内家拳"也称"四明内家拳"。四明山在宁波西南奉化、慈溪、余姚一带,为宁波府所辖,所以[清]雍正年间纂修的《宁波府志》载有"张松溪传",其曰:

> 张松溪,鄞人,善搏,师孙十三老,其法自言起于宋之张三丰。三丰为武当丹士,徽宗召之,道梗不前。夜梦玄帝,授之拳法。厥明,以单丁杀贼百余,遂以绝技名于世。由三丰而后,至嘉靖时,其法遂传于四明,而松溪为最著。

"夜梦玄帝,授之拳法"之说,肯定是张三丰当初为了使人相信他的拳法高明而编造的谎言,可笑的是竟然代代相传,连纂修《宁波府志》的人也信以为真——不过,这无所谓,古代中国人就喜欢神神道道,你我姑且听之吧。这里需要注意的是,他说张三丰的拳法"传于四明,而松溪为最著",即表明,明代民间用以养生的方术"内家拳",就是张松溪从"武当三丰派"拳法改变而来的"四明内家拳"。

至于"四明内家拳"如何打法,恕我不再赘述,因为其打法和我马上就要讲到的太极拳大同小异,而太极拳的打法,我想,你不仅听说过,甚至亲眼见过,不用我多言。

至清代,"四明内家拳"逐渐为太极拳、形意拳、八卦掌所取代。其实,太极拳、形意拳、八卦掌,大同小异,都是由"四明内家拳"演变而来的"内家拳",都属养生方术。其中,在清代,乃至后世,最为流行的是太极拳。

太极拳有诸多流派,大体说来,有五大派系,即所谓"五式太极拳":陈式太极拳、杨式太极拳、武式太极拳、吴式太极拳和孙式太极拳。这"五式太极拳"先后出现,但并不先后取代,而是共存并蓄、各有拥趸。"五式太极拳"的形成,其情形大概是这样的:

顺治、康熙年间,河南拳师陈王廷,据"四明内家拳"自创拳式,称"太极拳"。这是最初的太极拳,即"陈式太极拳"。其后,嘉庆、道光年间,河北拳师杨露禅,从学于陈王廷之孙陈长兴,后传于儿子杨健侯、孙子杨澄甫,杨健侯、杨澄甫父子据陈式太极拳自创新拳式,称"杨式太极拳"。其后,道光、咸丰年间,河北拳师武禹襄,精通杨式太极拳后,自创"武式太极拳"。其后,光绪、宣统至民国年间,满洲拳师吴鉴泉(满名爱绅),改变杨式太极拳打法,自成一体,称"吴式太极拳"。与此同时,河北拳师孙禄堂,以杨式太极拳为底本,加入形意拳和八卦掌拳式,合成新式,称"孙式太极拳"。

其实,"太极拳"一说,宋代就有,如张三丰就曾说到太极拳,后[明]王宗岳还将其所说辑为一册,题为《太极拳经》。但张三丰所说"太极拳",是泛指"气功拳",即以内功发力的拳道,而非某种拳法或拳式。真正的太极拳,应该至清代才有,即上述"五式太极拳"。

不过,太极拳虽有"五式",其旨一也,即[清]李亦畬[shē]《太极拳论》所言:

一曰心静,二曰身灵,三曰气敛,四曰劲整,五曰神聚。

也许,正因为太极拳以"心静""身灵""气敛""劲整""神聚"为宗旨,所以才被世人视为养生妙法,才有那么多人打太极拳,以期益寿延年。

第五章 食补 偏方

除了药膳和方技,古代中国人还以食补和偏方作为养生之法。何为食补?何为偏方?本章分而述之。

一、食 补

如果说,药膳是以补药为膳食,那么,食补就是以膳食为补药。但不管是药膳,还是食补,都出自"药食同源说"。那么,何谓"药食同源说"?即认为,药物和食物本为一物,同出一源;也就是说,某物若用来治病或养生,就是药物;若用来充饥或品尝,就是食物。那么,"药食同源说"又源于何处?源于"阴阳五行说",而"阴阳五行说",则是古代中国人对天地万物的一种最古老、最原始的解释。

根据"阴阳五行说",万物都有"阴""阳"两性,同时又分属"金""木""水""火""土"五行。至于何物属"金"、何物属"木",则是凭感觉而定的(譬如"五色",青、赤、白、黄、黑——青属"木"、赤属"火"、白属"金"、黄属"土"、黑属"水"),一旦定下,通常不会改变,但有的东西,时而说它属"金",时而说它属"木";这本书上说它属"水",那本书上说它属"土",这也完全可能。

根据"阴阳五行说","阴""阳"是"相辅相成"的;"金""木""水""火""土"是"相生相克"的。既然万物如此,可食之物当然也如此。不过,说到可食之物,古代中国人通常不说"阴阳五行",而是说"四气五味"。如《神农本草经》曰:

>药有酸咸甘苦辛五味,又有寒热温凉四气。

这里的所谓"四气",即:寒、热、温、凉,其实就是"阴阳"——寒、凉,即"阴";热、温,即"阳"。既然寒、热、温、凉就是"阴阳",那么寒、热、温、凉也是"相生相克"的。

这里的所谓"五味",即:酸、咸、甘、苦、辛,其实是对应于"五行"的。据《尚书·洪范》:

>水曰润下、火曰炎上、木曰曲直、金曰从革、土曰稼穑。润下作咸、炎上作苦、曲直作酸、从革作辛、稼穑作甘。

这是"五味"对应于"五行"的根据。既然"五味"对应于"五行",那么酸、咸、甘、苦、辛也是"相生相克"的。

同样,根据"阴阳五行说",人也有"阴阳"之分(女为"阴",男为"阳"),同时,人体"五脏",即肝、心、脾、肺、肾,则分属金、木、水、火、土,即:肝属"木"、心属"火"、脾属"土"、肺属"金"、肾属"水"。所以,《黄帝内经·素问·宣明五气论》曰:

>酸入肝、苦入心、甘入脾、辛入肺、咸入肾。

为何"酸入肝"?因为"五味"中的"酸"属"木","五脏"中的"肝"也属"木",同属相生,故曰"酸入肝"。为何"苦入心"?因为"五味"中的"苦"属"火","五脏"中的"心"也属"火",同属相生,故曰"苦入心"(其余"甘入脾""辛入肺""咸入肾",可依此类推)。

按此,凡是有酸味的食物,均"补"肝;凡是有苦味的食物,均"补"心;凡是有甜味的食物,均"补"脾;凡是有辛辣味的食物,均"补"肺;凡是有咸味的食物,均"补"肾。

当然,这种同属相生,是最简单的。稍复杂的是金、木、水、火、土之间的相生相克,即:"木生火、火生土、土生金、金生水、水生木""木克土、土克水、水克火、火克金、金克木"。按此,以"木"为例:酸属"木",心属"火",据"木生火",有酸味的食物不仅"补"肝,也"补"心;但是,据"木克土",脾属"土",有酸味的食物"伤"脾(其余"咸""甘""苦""辛",可依此类推)。

古代中国人的"食补",即由"木生火、火生土、土生金、金生水、水生木"的"五行相生"推算而来。随便举一例,如[元]忽思慧《饮膳正要》中的"犬肉",曰:

> 犬肉,味咸,温,无毒。安五脏、补绝伤、益阳道、补血脉、浓肠胃、实下焦、填精髓。黄色犬肉尤佳。不与蒜同食,必顿损人。九月不宜食之,令人损神。

之所以说犬肉可"安五脏、补绝伤、益阳道",是因为犬肉"味咸",而"咸入肾",即:犬肉"补"肾。又说"黄色犬肉尤佳",是因为"五色"中的黄,属土,犬肉"味咸",也属土,同属相生,故而"尤佳"。说"不与蒜同食"是因为蒜味辛,属金,"金生水",肾属水,即:蒜也"补"肾,而犬肉已"补"肾,双"补"肾,过分,故而会"损人"。说"九月不宜食之",是因为九月属土,按理犬肉也属土,同属相生,但是黄犬之黄与犬肉均属土,已是同属相生,再加同属相生,乃"相冲",故而"令人损神"。

当然,为何说"犬肉味咸"("羊肉味甘""猪肉味苦")、为何说"咸入肾"、为何说"蒜属金"、为何说"金生水"、为何说"九月属土",却没有过多的解释。

确实,古代中国人的"食补",是根据"木生火、火生土、土生金、金生水、水生木"的"五行相生"推算出来的,至于是否属实,鲜少有人怀疑。因为这很难验证。譬如,犬肉,他说"益阳道""补血脉""填精髓",你吃了,你的"阳"到底"壮"了没"壮"?你的"血脉"到底"补"了没"补"?你的"精髓"到底"填"了没"填"?那真是天晓得了,只有靠你相信不相信而定。

同样,根据"木克土、土克水、水克火、火克金、金克木"的"五行相克",古代中国人推算出所谓的"食忌"。不过,关于"食忌",我到后面再说。

"食补"既然源自"阴阳五行说",那么,可想而知,"食补"之说上古就有,如《黄帝内经》曰:

> 五谷为养(后人注:谓黍、稷、稻、麦、菽,以供养五脏之气)。五果为助(后人注:

谓桃、李、杏、枣、栗,以助其养)。五畜为益(后人注:谓牛、羊、犬、豕、鸡,为补益五脏者也)。五菜为充(后人注:谓葵、藿、葱、韭、薤,充实于脏腑者也)。

又曰:

谨和五味,骨正筋柔,气血以流,腠理以密,如是则骨气以精。谨道如法,长有天命。

《黄帝内经》之说,即为后世历朝历代的准则。如[宋]黄庭坚《士大夫食时五观》曰:

五谷五蔬以养人,鱼肉以养老。形苦者,饥渴为主病,四百四病为客病,故须以食为医药,以自扶持。是故,知足者举箸常如服药。

他说,"形苦者"(即体弱者)的"主病"是饥渴,"四百四病"(即四肢百体四时之病,泛指百病)是"客病"(次要的病),所以,必须"以食为医药",即"食补"。

我想,历朝历代,一定有许许多多人因饥渴而"形苦",这种"主病",黄庭坚说得没错(当然,他不会知道,这是营养不良)。用食物来医治这种"主病",即"以食为医药",黄庭坚说得也没错(当然,他也不会知道,这是补充营养)。但问题是,连目不识丁的村姑农夫也知道,没吃没喝的人会生病,又何必要满腹经纶的文人雅士来高谈阔论?黄庭坚此文,题为《士大夫食时五观》,士大夫怎会"饥渴"?这不是废话吗?但不要忘了,他说"知足者举箸常如服药",这里的"服药",不是服治病的药,而是服补药,意思就是用"食补"代替"药补",而且是"知足者"所为——还有点牢骚,说吃不起补药,就以食当药吧!

确实,历朝历代,总有文人雅士鼓吹食补,甚至还有"药补不如食补"之说。所以,历朝历代的"食补"著述,可谓"汗牛充栋"。其中被奉为"经典"的,汉代有《汤液经法》和《神农本草经》;魏晋南北朝有《食经》和《养性延命录》;隋唐有《食疗本草》和《食医心鉴》;宋元有《饮膳正要》和《饮食须知》;明清有《食物本草》和《随喜居饮食谱》等。不过,即便是这些"经典",其实也是大同小异,甚至是代代传抄、相袭而成的。所以,只要把其中的一部拿来看一看,即可大体知道,历代食补,"食"的是什么,"补"的是什么。

就以《食疗本草》为例(其实,此书因其为《本草纲目》所引用,在前章中已提到过)。该书为唐人孟诜所著,又名《补养方》,其中既有唐之前"食补方"的传抄,又有为后人所传抄的唐代"食补方"。只是,限于篇幅,我只能挑选几种至今仍常见的食材,引述如下:

> 藕,寒,主补中焦,养神、益气力、除百病。久服轻身耐寒,不饥延年。生食则主治霍乱后虚渴、烦闷、不能食。长服生肌肉,令人心喜悦。神仙家重之,功不可说。其子能益气,即神仙之食,不可具说。凡产后诸忌,生冷物不食,唯藕,不同生类也,为能散血之故。蒸食甚补益,令肠胃肥浓,益气力。亦可休粮,仙家有贮石莲子及干藕经千年者,食之不饥,轻身能飞,至妙,世人何可得之。

区区塘藕,不仅可以"养神、益气力",还能"除百病"(真的吗?),甚至还是"神仙之食",可以不吃饭,只吃"石莲子及干藕经千年者",便可"轻身能飞"。当然,他也知道,"世人何可得之",哪来储存了一千年的石莲子和干藕?——至于到底能不能"轻身能飞",也就无从验证了。

> 菠(菠菜),冷,微毒,利五脏,通肠胃热、解酒毒。服丹石人,食之佳。

这菠菜,他说的"冷",和"寒"差不多意思,还说"微毒",但又说"通肠胃热",大概是"冷"的缘故;还可"解酒毒",大概是以毒攻毒。至于"服丹石人"(即服食丹药之人,因丹药用铅汞炼成,也称"丹石")吃菠菜也有好处,大概也是因为丹药往往有毒。但是,根据现在的说法,菠菜中有草酸,过量食用,可能与人体中的钙发生反应,从而形成草酸钙,容易导致结石。

下面的韭菜、大蒜和葱,我想,不用我解释,你大概也能看出其神效。再说,这三种草类植物(还有姜),至今仍被不少现代中国人另眼相看,总以为它们有某种"药效",你应该很熟悉:

> 韭(韭菜),冷,气人,可煮,长服之。亦可作菹,空心食之,甚验。此物炸

> 熟,以盐、醋空心吃一碟,可十顿以上,甚治胸膈、咽气,利胸膈,甚验。初生孩子,可捣根汁灌之,即吐出胸中恶血,永无诸病。若值时馑之年,可与米同功,种之一亩,可供十口食。
>
> 葫(大蒜),热,除风、杀虫。又,蒜一升去皮,以乳二升,煮使烂,空腹顿服之,随后饭压之,明日依前进服,下一切冷毒风气。又,独头者一枚,和雄黄、杏人研为丸,空腹饮下三丸,静坐少时,患鬼气者当汗出,即瘥。
>
> 葱,温,葱白,平,主伤寒壮热、出汗、中风、面目浮肿、骨节头疼、损发鬓。葱白及须,平,通气,主伤寒、头痛。又,治疮中有风水、肿疼、秘涩,取青叶同干姜相和,煮作汤,浸洗之,立愈。又,止鼻衄、利小便。

这是果蔬类食补,除了藕、菠、韭、葫、葱,还有葵、苋、芹、荠、冬瓜、萝卜、菘菜、薄荷、蒲桃(葡萄)、樱桃、橄榄,等等,恕不赘述。

还有谷类食补。譬如:

> 小麦,平,养肝气,煮饮服之良,服之止渴。又,宜作粉,食之补中益气,和五脏、调经络、续气脉。

小麦煮汤喝,止渴——是小麦止渴,还是汤止渴?小麦磨成粉,做面食,吃了"和五脏、调经络、续气脉",也就是能活着——这当然没错,但不说也罢。

又譬如:

> 粳米,平,主益气,止烦止泄。江南贮仓人,皆多收火稻,其火稻宜人,温中益气,补下元。烧之去芒,舂米食之,即不发病耳。仓粳米,炊作干饭食之,止痢。又,补中益气,坚筋骨、通血脉、起阳道。北人炊之于瓮中,水浸令酸,食之暖五脏六腑之气。

吃粳米饭,"止烦止泄"?心烦和吃什么好像没什么关系,至于吃米饭止泄,那要看是哪种"泄",若是粥喝得太多而"泄",改吃米饭或许真能止泄,但若是肠胃炎而"泄",那吃再多的米饭,也是止不了的。江南火稻米煮饭吃,可"温中益气,补下元",也就是可以活着,这当然没错,但"舂米食之",即做成米糕,吃了

"不发病",真有这么神奇吗?至于仓粳米煮干饭吃,吃了"坚筋骨、通血脉、起阳道""暖五脏六腑之气",其实也没错:一个人吃饱了饭,当然会有力气,血脉通畅,五脏六腑正常,于是就"起阳道"——想干那事了。

除了小麦和粳米,可用以食补的谷类,还有荞麦、粱米、黍米、糯米、赤豆、绿豆,等等——反正,可以吃饱肚子的东西,都是"补"的。

不过,最"补"的,还是肉类。譬如:

> 羊肉,温,主风眩瘦病、小儿惊痫、丈夫五劳七伤、脏气虚寒。河西羊最佳,河东羊亦好。羊头肉,平,主缓中、汗出虚劳,安心止惊。羊肚,主补胃病虚损、小便数,止虚汗,以肥肚作羹,食,三五度,瘥[chài]。羊肝,性冷,治肝风、虚热、目赤、暗痛、热病后失明者,以青羊肝或子肝(小羊肝),薄切,水浸,敷之,极效,生子肝吞之,尤妙。羊心,补心肺,从三月至五月,其中有虫,如马尾毛,长二三寸已来,须割去之,不去令人痫。羊皮,去毛煮羹,补虚劳,煮粥食之,去一切风,治脚中虚风。羊骨,热,主治虚劳,患宿热人,勿食。羊髓,酒服之,补血,主女人风、血、虚、闷。

瘥:病除。痢:腹泻。风:伤风。古代中国人以"中邪、伤风"(简称"中风")解释许许多多疾病;譬如,此段引文中就有"脚中虚风"——脚也会"中风"。至于中的是什么"邪"、伤的是什么"风",那就只有天知道了。

又譬如:

> 豚(猪)肉,味苦,微寒,压丹石、疗热、闭血脉。虚人动风,不可久食,令人少子精,发宿疹。主疗人肾虚。猪舌,和五味煮,取汁饮,能健脾,补不足之气,令人能食。大猪头,主补虚、乏气力,去惊痫、五痔,下丹石。猪肠,主虚渴、小便数,补下焦虚竭。

文中"压丹石""下丹石"意为压低服食丹药后的体热(因猪肉"微寒")。"虚人动风"意为体虚者易伤风。"下焦":"三焦"之一("三焦"见前章"方技")。

显然,他说,羊肉、猪肉,食之大补。那么,牛肉呢?他好像不敢说了。为什么?因为在唐代(后来在宋、元和明、清也一样),朝廷明令禁止民间杀牛,原因是保护

耕牛、以利农事。所以,这位孟老先生在此书中也很配合,曰:

> 牛者稼穑之资,不多屠杀。自死者,血脉已绝,骨髓已竭,不堪食。黄牛发药动病,黑牛尤不可食。

他说,吃黄牛肉会"发药动病"(生病吃药),黑牛肉"尤不可食",弄不好会死,以此吓唬吓唬老百姓——看你们还敢不敢杀牛吃牛肉!

当然,除了猪、牛、羊这类常见肉类,还有不常见的虎、熊、豹,譬如:

> 虎肉,食之入山,虎见有畏,辟三十六种精魅。虎眼睛,主疟病、辟恶、小儿热、惊悸。虎胆,主小儿疳痢、惊神不安,研水服之。

吃了老虎肉,连老虎也会见你怕?不知有人试过没有。至于虎眼睛、虎胆都可治病,也不知是真是假——反正,无论是老虎肉,还是老虎眼睛、老虎胆,都是难得一见的东西,怎么说都无所谓。

又譬如:

> 豹肉,补益人,食之令人强筋骨、志性粗疏。食之,即觉也,少时消,即定。久食之,终令人意气粗豪。唯令筋健,能耐寒暑。

这真是吃豹像豹了。那为什么不说吃猪像猪呢?为什么不是吃了羊肉会咩咩叫,而偏是吃了豹肉会"意气粗豪"?不知道。

除了虎、熊、豹,还有马、驴、鹿、兔、狸、獐,等等,也都有一套说法,恕不赘述。

既然有肉类,当然也有鱼类。譬如:

> 鲤,白煮食之,疗水肿脚满,下气。

"水肿脚满"就是双脚浮肿,按现代医学,这可能是肾脏问题引起的症状,也可能是糖尿病的症状,但古人只看到症状,并不知晓此种症状由何种疾病引起,所以,往往把症状当作疾病本身。至于白煮鲤鱼能不能治肾病或糖尿病,我想,若真能治的话,那可以造福多少人啊!要知道,肾衰竭和糖尿病是至今难以治愈的两大顽疾。"下气"的意思,就是抑制邪气,与"驱邪"同义。

又譬如:

鲫,食之平胃气,调中,益五脏,和作羹食,良。

鲫,俗称"鲫鱼""河鲫鱼",在古今中国都是最常见的鱼类,而且,古今都一样,民间总有不少人,想解馋,就把鲫鱼当美味;想养生,就把鲫鱼当补品,可谓"随心所欲"。

又譬如:

蟹,主散诸热,治胃气、理经脉,消食。蟹脚中髓及脑,能续断筋骨。人取蟹脑髓,微熬之,令内疮中筋即连续。又,盐腌之作,有气味,和酢食之,利肢节,去五脏中烦闷气。其物虽恶形容,食之甚益人。蟹爪,能安胎。

先要纠正一下,"蟹脚中髓及脑"是古人的误会。蟹脚中的是蟹脚肉,不是"髓"(蟹无骨,当然也无骨髓)。蟹黄是雌蟹的卵巢,蟹膏是雄蟹的精囊,不是"脑"。不过,这无所谓,令人惊讶的是,他说蟹脚肉、蟹黄和蟹膏"能续断筋骨"(可以接活断裂的筋骨)。又说腌制过的咸蟹"和酢食之"(蘸醋吃),不仅"利肢节"(有利肢体关节),还能"去五脏中烦闷气"(消除五脏不舒畅)。甚至说,蟹爪有助孕妇"安胎"。也就是说,你若骨折了,吃几只螃蟹,折断的骨头就会长合;你若手脚僵硬、呼吸不畅、食欲不振,蘸醋吃几只咸螃蟹,就会手脚灵活、神清气爽、胃口大开;孕妇吃一些螃蟹爪子,就不必担心流产——这么神奇的螃蟹,你信吗?你可能不信,但古代中国人信,而且坚信不疑。

除了鲤、鲫、蟹,鱼类食补还有很多,但我只能提一下名称,如龟、鳖、虾、鳝、鳜、鲈,等等,不一而足。

还有禽类,也是食补佳品。譬如:

鸡,其肝入补肾方中,用冠血和天雄四分,桂心二分,太阳粉四分,丸服之,益阳气。乌雄鸡,主心痛,除心腹恶气,弱人取一只,治如食法:五味汁和肉一器中，封口，重汤中煮之，使骨肉相去即食之，甚补益。仍须空腹饱食之。肉须烂，生即反损。亦可五味腌，经宿，炙食之，分为两顿。乌雌鸡，温，味酸，无毒，主除风寒湿痹，治反胃、安胎及腹痛、折骨疼、乳痈。黄雌鸡，主腹中水癖水肿，以一只，理如食法：和赤小豆一升同煮，候豆烂即出，食之。其汁日二夜一，每服四合，补丈夫阳气，治冷气。

至今仍有许多人，炖老母鸡汤补身体——此举就出自此方。不过，古代中国人要"讲究"得多。你看，首先是鸡肝，可以补肾（请记住，在古方中，凡补肾，即壮阳——其实，这也是古代中国人的误会。现在，你我都知道，肾脏属于泌尿系统，和性功能并无直接关系。但是，古代中国人却以为肾脏是性器官，以为男性精液出自肾脏）。其次是乌雄鸡，可以"除心腹恶气"（这"心腹恶气"到底是什么，只能靠你自己意会了）。再次是乌雌鸡，可以"除风寒湿痹，治反胃、安胎及腹痛、折骨疼、乳痈"（没想到吧？同样是乌鸡，雌雄所补，区别竟然如此之大！）。再次是黄雌鸡（这大概就是现在许多人用来炖鸡汤的老母鸡），可以"补丈夫阳气，治冷气"（又是壮阳，女人还是不吃为妙！）。

又譬如：

鸭，寒，主补中益气、消食。九月以后，立春以前，即中食，大益病患，全胜家者，虽寒不动气，消十二种虫，平胃气、调中轻身。

鸭肉很"补"，可以"补中益气、消食"，还能"平胃气、调中轻身"，但奇怪的是，鸭蛋不仅不"补"，还有害：

鸭卵，小儿食之，脚软不行，爱倒。

小孩子吃鸭蛋，会"脚软"，容易摔倒。为什么？是不是因为看到小鸭子走路摇摇晃晃，于是就联想到小孩子吃鸭蛋会摔倒？那为什么不试一试呢？看看小鸭子走路和小孩子吃鸭蛋到底有没有关系。

还有鹅，正好相反：

鹅肉，性冷，不可多食，令人易霍乱。

多吃鹅肉会得霍乱,这太可怕了!但是,吃鹅蛋却又很"补":

> 鹅卵,温,补五脏,亦补中益气。

看来,古代中国人大凡养鹅,都是只吃鹅蛋,很少乃至从不吃鹅肉(这使我回想起我读过的古代食谱,其中鸡和鸭的吃法很多,鹅的吃法确实很少——这大概也可作一旁证)。

最有意思的是吃鸳鸯。是的,就是象征男女相爱、忠贞不渝的鸳鸯,古代中国人也抓来吃。为什么要吃鸳鸯?就是因为这种鸟不仅羽衣华丽,而且雌雄结伴、终身不离:

> 鸳鸯,其肉主疮,以清酒炙食之,则令人美丽。又,主夫妇不和,作羹,私与食之,即立相怜爱也。

他说,如果你脸上长痘痘,抓一只鸳鸯(我想,应该抓雄的,因为雄鸳鸯比雌鸳鸯更好看),抹上清酒,烤熟,吃了之后,你的脸就会变得清秀而美丽。还有,要是你和你妻子天天吵架,那就抓一对鸳鸯(我想,应该是一对,否则不会有效),炖汤后,你和你妻子悄悄地喝鸳鸯汤(千万不要让别人看到,否则无效),等汤喝完,你和你妻子就会变得恩爱无比,从此不再吵架。

请注意,我引用的是《食疗本草》,一部唐代医学经典,不是《搜神记》之类的志怪小说。一部医学经典,竟然开出"鸳鸯方",宣称可治夫妇不和,我起先大吃一惊,但后来想想,也不必大惊小怪,因为像这样的"意象派"疗法,其实在历代医书中比比皆是、屡见不鲜。究其原因,这和古人的思维方式有关。在古代中国人的思维方式中,"虚"(印象、想象、幻想)和"实"(事实、现实)往往是混在一起的,很少明确分开。所以,对他们而言,虚就是实、实就是虚,虚虚实实、实实虚虚,谓之玄;玄而又玄,谓之高深莫测;高深莫测,不由你不信。所以,即便真有一对冤家夫妻喝了鸳鸯汤而没有变得恩爱无比,那也一定有玄而又玄的理由说服他们,使他们服服帖帖地相信,不是鸳鸯汤没用,而是他们的冤孽太深、太重。

除了鸡、鸭、鹅、鸳鸯,禽类食补还有鹧鸪、雁、雀、山鸡、鹌鹑,等等,恕不赘述。不过,需要再说一遍:请记住,所有这些食补,无论是果蔬类、谷类、还是肉类、鱼类、禽类,都是根据"阴阳五行说"推算出来的。也就是说,只要你愿意,你也可以根据"阴阳五行说"推算出巧克力蛋糕(或澳洲大龙虾)是否"坚筋骨、通血脉""补中益气"。只是,不知道巧克力蛋糕(或澳洲大龙虾)是性冷呢,还是性温,是属水呢,还是属火,因为古书中查不到巧克力蛋糕,也查不到澳洲大龙虾。

既然食补是推算出来的,那么,毫无疑问,所谓"食忌",也是根据"阴阳五行说"推算出来的,即"木克土、土克水、水克火、火克金、金克木"。譬如,某种食物属"木"、某种食物属"土",这两种食物便不宜同食,因为"木克土"——此即"食忌"。

食忌说和食补说一样,上古就有,如《黄帝内经》曰:

> 春不食肝,夏不食心,秋不食肺,冬不食肾。

因为春属"木"、肝属"土",相克;夏属"水"、心属"火",相克;秋属"金"、肺属"木",相克;冬属"土"、肾属"水",相克。这是季节和食物相克,依此推算,春、夏、秋、冬四季,当然还有许多东西"不宜食"。不过,最多的"食忌",还是食物与食物的"相克"。

实际上,你只要背熟"木克土、土克水、水克火、火克金、金克木",同时又知道各种食物的属性——是属"木",还是属"水"?是属"土",还是属"火"?——你自己也能推算出,什么和什么"不宜同食"。但是,你知道,吃的东西实在太多,其属性,不要说平民百姓背不出,就是帝王将相也未必都知道。所以,历代医书和食谱往往会把不宜同食之物罗列出来,以供参阅。

历代医书和食谱虽多得不计其数,但其所列不宜同食之物,其实都大同小异。因而,只要取其中一部看看,即可知晓。譬如,[元]忽思慧《饮膳正要》,其卷二,题为"食物相反"(即食忌),所列"相反"食物近百种。限于篇幅,我只能挑几种你比较熟悉的食物,引述如下:

> 猪肉不可与牛肉同食。兔肉不可与姜同食,成霍乱。羊肝不可与猪肉同食。牛肉不可与栗子同食。

此是肉类。下面是禽类:

鸡肉不可与鱼汁同食,生症瘕。鹌鹑肉不可与猪肉同食,面生黑。鹌鹑肉不可与菌子同食,发痔。鸡子不可与鳖肉同食。鸡子不可与生葱、蒜同食,损气。鸡肉不可与兔肉同食,令人泄泻。鸭肉不可与鳖肉同食。

下面是鱼类:

鲤鱼不可与犬肉同食。鲫鱼不可与糖同食。鲫鱼不可与猪肉同食。黄鱼不可与荞面同食。虾不可与猪肉同食,损精。虾不可与糖同食。虾不可与鸡肉同食。

这些食忌在今人看来,多少有些可笑,但是在当时,基于"阴阳五行说",或者也有一些巧合的病症,对医疗条件差的古代中国人来说,这些就是"宁可信其有了"。

二、偏　方

先来解释一下,何谓"偏方"。"方"即方剂、处方、药方。历代流传的药方,共有五大类,称为"五方",即:经方、验方、时方、偏方、单方。实际上,历代医家的药方仅有两类,经方和验方。所谓"经方",即经典之方,指汉代(及汉代之前)各医家的药方;所谓"验方",即验证之方,指汉代之后历代名医的药方。其余三类,时方、偏方、单方,均指民间流传的非医家药方。

那么,时方、偏方、单方,有何区别?答曰:没什么区别,只是叫法不同而已。所以,我将三者合并,统称为"偏方",而且关注其中的养生偏方。至于其他各种各样治病疗伤的偏方,因与养生并非毫无关系,我也将有所提及。

然而,要关注养生偏方,历朝历代却并无一部有关养生偏方的专著。所以,要想找到养生偏方,就得查阅历代非医家所著医书,而此类医书,多得不计其数。譬如,宋代有苏轼、沈括《苏沈良方》、王衮《千金宝要》、史堪《史载之方》等;明代有张时彻《急救良方》、缪希雍《炮炙大法》、李士材《雷公炮制药性解》等;清代有吴世昌《奇方类编》、佚名《济世神验良方》、丁尧臣《奇效简便良方》、南极老人《神仙济世良方》、刘一明《经验奇方》、叶桂原《种福堂公选良方》等——这还是其中的一小部分。好在,这类医书,如同正统医家所著医书一样,大凡也是代代传抄、相袭而成,故而只要取其一二,便可知其大概。

先取一部宋代非医家所著医书——《苏沈良方》。苏轼、沈括,均大学士、大名人,但均非医家,却有一部医书传世。其实,此书是苏轼《苏学士方》(又名《医药杂说》)和沈括《沈氏良方》(又名《得效方》)的合编(编者疑为南宋人,佚名),其卷六,为养生篇,其中多为食饵养生,如"金丹诀""龙虎铅汞说""记丹砂""记松丹砂"等,但有一偏方,曰"秋石方"。

何为"秋石"?其实就是童男童女的尿液沉淀物,即尿碱,古人美其名曰"秋石""秋丹石""秋冰""淡秋石"等,并认为此物乃童男童女之精华,食之可延年益寿。

《苏沈良方》之"秋石方",原文如下(较长,须耐心阅读):

凡世之炼秋石者,但得火炼一法而已。此药须兼用阴阳二石,方为至法。今具二法于后。凡火炼秋石,阳中之阴,故得火而凝,入水则释然消散,归于无体。盖质去但有味在,此离中之虚也。水炼秋石,阴中之阳。故得水而凝,遇暴润,千岁不变。味去而质留,此坎中之实。二物皆出于心肾二脏,而流于小肠。水火二脏,蛇元武正气。外假天地之水火,凝而为体,服之还补太阳、相火二脏,为养命之本。具方如后:

阴炼法,小便三五石,夏月虽腐败,亦堪用。置大盆中,以新水一半以上相和,旋转搅数百匝,放令澄清。辟去清者,留浊脚,又以新水同搅,水多为妙。又澄去清者,直候无臭气,澄下秋石如粉即止。暴干,刮下,如腻粉光白,粲然可爱,都无气臭味为度。再研以乳男子乳,和如膏,烈日中暴干。如此九度,须拣好日色乃和,盖假太阳真气也。第九度即丸之,如梧桐子大,曝干。每服三十九,温酒吞下。

阳炼法,小便不计多少,大约两桶为一担。先以清水,拌好皂角浓汁,以布绞去滓。每小便一担桶,入皂角汁一盏,用竹篦急搅,令转百千遭乃止。直候小便澄清,白浊者皆碇底,乃徐徐撇去清者不用。只取浊脚,并作一满桶。又用竹篦子搅百余匝,更候澄清。又撇去清者不用,十数担,不过取得浓脚一二斗。其小便,须是先以布滤过,勿令有滓。取得浓汁,入净锅中煎干,刮下捣碎。再入锅,以清汤煮化。乃于筲箕内,丁淋下清汁,再入锅熬干,又用汤煮化,再依前法丁淋。如熬干色未洁白,更准前丁淋,直候色如霜雪即止,乃入固济砂盒内。歇炉火成汁,倾出,如药未成窝。更一两度,候莹白五色即止。细研入砂盒内固济,顶火四两,养七昼夜(久养火尤善)再研,每服二钱,空心温酒下,或用枣肉为丸,如梧桐子大,每服三十丸,亦得空心服。阳炼日午服,阴炼夜半服。

此段文字,出自大文豪苏东坡之手,你不觉得奇怪吗?他在说,如何从尿液中"炼"出"秋石",然后拌以枣肉,搓成药丸,中午服之,或午夜服之,可"还补太阳、相火二脏,为养命之本"(注:"太阳之脏"即心脏;"相火之脏"即肝脏)。难道大文豪也相信,"命"是某种东西,可以从某物中"炼"出来?甚至还相信,吃下"炼"出来的"命",可以使自己长"命"?是的,他不仅相信,而且热衷于此。不过,这不能怪他,因为这是古代中国人的"集体梦想"——即便是大文豪,也在所难免。

其实,关于"秋石",[汉]刘安《淮南子》就曾言及,称:

丹成,号曰秋石,色白质坚也。

苏东坡是从书里看来的。至于和"秋石方"同类的药方,据[明]李时珍《本草纲目·人部·秋石·附方》,在宋、明两代,至少有八种,分别是"秋石还元丹"(李时珍注:《经验方》)、"阴阳二炼丹"(李时珍注:叶石林《水云录》)、"秋冰乳粉丸"(李时珍注:《杨氏颐真堂经验方》)、"秋石丸"(李时珍注:《仁斋直指方》)、"秋石交感丹"(李时珍注:《郑氏家传方》)、"秋石四精丸"(李时珍注:《永类钤方》)、"秋石五精丸"(李时珍注:刘氏《保寿堂经验方》)——《本草纲目》包罗万象,其"附方"中有许多引自历代医书。由此可见,把童男童女的尿液当作养生补品,历朝历代都流行于民间。

至于"秋石方"的功效,李时珍在《本草纲目·人部·秋石·主治》中称:

滋肾水、养丹田、返本还元、归根复命、安五脏、润三焦、消痰咳、退骨蒸、软坚块、明目清心、延年益寿。

和苏东坡所说大体一致,可见医家也认同"秋石方"。至于"秋石方"的制作,《本草纲目·人部·秋石·释名》称:

> 秋石须秋月取童子溺,每缸入石膏末七钱,桑条搅,澄定,倾去清液。如此二三次,乃入秋露水一桶。搅,澄,如此数次,滓秽涤净,咸味减除,以重纸铺灰上,晒干,完全取起。轻清在上者,为秋石;重浊在下者,刮去。男用童女溺,女用童男溺,亦一阴一阳之道也。

和苏东坡所说也大体相同,只是多了"男用童女溺,女用童男溺"(即"男用秋石方"用女童尿液炼制;"女用秋石方"用男童尿液炼制),并称其为"一阴一阳之道"。

除了"秋石方",当然,历朝历代还有许多不那么怪异的养生偏方。所以,除了《苏沈良方》,还要取另一部非医家所著医书——[清]吴世昌《奇方类编》——看看历代有哪些流传下来的养生偏方。

《奇方类编》上下两卷,下卷有"保养门"与"补益门",均为养生偏方,如"长君长命丹""长生保命丹""延寿固本丹""延寿固精丸""太乙种子丸""敷阳固精丸""乌须种子丸""加味虎潜丸""天王补心丹""长生不老丹""斑龙百补丸""补天大造丸",等等,但限于篇幅,我只能引述几个比较简单的方子,以窥一斑。譬如,"长君长命丹":

> 白茯苓粉、甘草各四两,川椒、干姜各二两,共为末。白面六斤,真麻油二斤,蜜一斤。入前药面,拌捣为丸,弹子大。初服一日三丸,三日九丸。后一日一丸,饮凉水三口,一日不饥不渴。

其实,这"长君长命丹"就是拌有麻油、蜂蜜、白茯苓粉、甘草、川椒和干姜的生面团,用凉水吞服。他说,服此丹非但能不饥不渴,还能"长命"。

又譬如,"延寿固精丸":

> 菟丝子、肉苁蓉、熟地、蛇床子、川牛膝(去心,俱酒浸一宿)、柏子仁、桂心(去骨)、北五味子、远志(去心)、青盐。以上各一两,为细末,炼蜜为丸,桐子大。每空心温酒服三十丸。

用菟丝子、肉苁蓉等九味中药,加蜂蜜制成药丸,每天吞服三十颗,既可"延寿",又能"固精",即壮阳。

又譬如,"猪肚丸":

固精养血,瘦者肥胖,其益无穷,其理莫测。白术(饭上蒸,炒)八两、苦参六两(酒浸,晒七次)、牡蛎八两(透水沸),用大猪肚二个,洗净,煮烂,捣如泥,和药为丸,桐子大。每日服三次,每服三钱。

就是把猪肚煮烂捣成泥,拌入白术、苦参、牡蛎,制成药丸,每天吞服,每次三钱,即可"固精养血"。

又譬如,"多子酒方":

枸杞一斤、桂圆肉一斤、核桃肉一斤、白米糖一斤,共入绢袋内,扎口,入坛内,用好烧酒十五斤、糯米酒十斤,封口,窨[yin]三七日,取出。每日服三次。

此方就是把枸杞、桂圆肉、核桃肉、白米糖放在一个布袋里,再把布袋放在一坛子里,再倒入烧酒和糯米酒,封口,浸泡二十一天,然后取出,每日服三次,即可"多子"——壮阳而多生儿子。

又譬如,"怡神酒":

烧酒一坛、糯米糖二斤、绿豆二升、木香二钱(为末),久浸,饮为妙。

烧酒里加入糯米糖,再放入绿豆和木香,久久浸泡,这酒喝了可"怡神"。

其他还有如"天王补心丹,养心神、益智能、补精血、安睡卧,久服通神";"太乙种子丸,专治阳痿不起、精少无子,服之保养一月,自效";"敷阳固精丸,专治阳痿、虚惫、不固、不举、心肾不交";"长生不老丹,滋阴健脾、补气养血、须畅三焦、培补五脏、乌须发、固齿牙,其功不能尽述",等等,恕不赘述。

最后说几种防疫和治病的偏方,因为这和养生并非毫无关系。古代瘟疫肆虐,[晋]葛洪《肘后备急方》有"烧熏辟瘟疫方",也称"太乙流金方",即用药丸烧熏,"中庭烧,瘟病人亦烧熏之",据称可以避瘟疫。其配方是:

雄黄三两、雌黄二两、矾石一两半、鬼箭一两半、羚羊角二两。

还有[唐]孙思邈《备急千金要方》有"杀鬼烧药方":

雄黄一斤、丹砂一斤、雌黄一斤、羚羊角三两、芫荑三两、虎骨三两、鬼白三两、鬼箭羽三两、野丈人三两、石长生三两、猪屎三两、马悬蹄三两、青羊脂八两、菖蒲八两、白术八两、蜜蜡八斤。上为末,以蜜蜡和为丸,如弹许大。朝暮及夜中,户前微火烧之。

诸如此类的药方,有许多,如"辟瘟病粉身方""雄黄丸方""虎头杀鬼丸方""辟瘟杀鬼丸方",等等,几乎历代都有,而且历代都将其当作防疫良方。毕竟,古代"十年一大疫,五年一小疫",对于普通民众来说,这些药方除了"救命",更大的功效可能是壮胆。

治病的偏方,《苏沈良方》里也有许多,随便举几例。譬如,"头痛硫黄丸":

硫黄(细研)二两、硝石一两,上水丸,指头大,空心腊茶嚼下。

顾名思义,此偏方是治头痛的,但头痛只是症状,不是疾病本身,而有头痛症状的疾病,现在知道,有好多种。古人不知,用硫黄和硝石治头痛,其实是无效的。但有时,服用此丸后,头确实不痛了——这并非硫黄和硝石的作用,而是有些头痛是会自愈的。

又譬如,"治痢芍药散":

茱萸(炒)半两、黄连(炒)、赤芍药各一两,上三味,水煎服。

此偏方可能真有效,若"痢"(腹泻)是普通肠炎的话。你知道,黄连素能抑制大肠杆菌,但古人并不知道大肠杆菌,他们只是凭经验把茱萸、黄连和赤芍药配成一帖药,用以止泻。其实,茱萸和赤芍药是多余的,有效的是黄连。所以,此偏方应称为"治痢黄连散"。

又譬如,"治梦中遗泄茯苓散":

坚白茯苓为末,每服五钱,温水调下,空心食前临卧服,一日四五服。

其实,梦遗不是病。要说病,也是心病,因性压抑而梦中达成性满足。这一点,东坡先生也知道,其云:

　　又有少年气盛,或鳏夫、道人,强制情欲,因念而泄,此为无病。

但他又云:

　　予论之,此疾有三证:一者至虚,肾不能摄精,心不能摄念,或梦而泄,或不梦而泄,此候皆重,须大服补药。

你看,他还是把某些梦遗归因于肾虚而"不能摄精"(不能控制精液),而肾,如前所述,其实和"精"没啥关系——以为"精"出自肾,乃是古代中国人的一大误会。所以,他的"治梦中遗泄茯苓散"即便能补肾,也是无的放矢。

第六章　天命　不朽

本卷前五章为养生，后五章为丧葬。养生，基于人生观；丧葬，基于人"死"观。那么，古代中国人有怎样的人"死"观？主要有儒、道、佛三家，即：儒家人"死"观、道家人"死"观、佛家人"死"观。儒家人"死"观，曰"天命"、曰"不朽"；道家人"死"观，曰"气数"、曰"冲举"；佛家人"死"观，曰"投胎"、曰"解脱"。本章所言，即儒家人"死"观，曰"天命"、曰"不朽"。

一、天　命

说到"儒家天命论"，常有人引《论语·颜渊》中的"死生有命，富贵在天"为据，使人误以为这是孔子所言，"儒家天命论"的出处。其实，《论语·颜渊》中的原文是这样的：

> 司马牛忧曰："人皆有兄弟，我独亡[wú]。"子夏曰："商闻之矣，'死生有命，富贵在天。'君子敬而无失，与人恭而有礼，四海之内，皆兄弟也。君子何患乎无兄弟也？"

显然，"死生有命，富贵在天"并非孔子所言，而是子夏"听说"的。子夏，"孔门十哲"之一，姓卜，名商，字子夏。"商闻之矣"，意即"我听说"（"商"乃其自称）。也就是说，"死生有命，富贵在天"这一说法，在孔子之前早就有了，而且很流行。

是的，早在殷周两代，甲骨卜辞、彝器铭文中就有"受命于天"的字样。还有

《易经》,据信,成书于周代(故而也称《周易》),其曰:

> 乾道变化,各正性命。

又曰:

> 乐天知命,故不忧。

其中的"命",三国时期的王弼注曰:"命者,人所禀受,若贵贱夭寿之属也。"也就是"死生有命,富贵在天"之意。

由此可知,"天命论"是殷人、周人的生死观,可说是古代中国人最古老、最原始、最质朴的生死观(至于殷人、周人之前的夏人,后人几乎一无所知,姑且不计)。

那么,孔子是否说到过"天命"?你知道,孔子"述而不作",未有著作传世,其言论仅见于弟子的记述,《论语》即其中之一。《论语·尧曰》曰:

> 子曰:"不知命,无以为君子也。不知礼,无以立也。不知言,无以知人也。"

《论语·为政》曰:

> 子曰:"吾十有五而志于学,三十而立,四十而不惑,五十而知天命,六十而耳顺,七十而从心所欲,不逾矩。"

确实,孔子也说"知命"("不知命,无以为君子也。"),也说"天命"("五十而知天命")。但他从未解释过,他说的"命"或"天命"有何特殊含义,而后来孟子的解释,见《孟子·万章上》:

> 莫之为而为者,天也;莫之至而至者,命也。

也没有什么特别之处,无非是说"人不做而自成者,是天;人不求而自来者,是命",和《易经》所言"乾道变化,各正性命",意思差不多。可见,孔子、孟子对"天命"的理解,和殷人、周人并无不同;也就是说,在孔孟时代,儒家的"天命论"是从殷周两代继承而来的,仍是古代中国人最古老、最原始、最质朴的生死观。尤其是其对"死"的理解,就如[汉]刘熙《释名》所释:"人死气绝,曰死。死,澌也,就消澌也。""死"就是"澌"[sī],而"澌",按《说文解字》:"澌,水索也。索,尽也。"——死,就是尽也、去也、完也。

这不是连村姑田夫也知道的吗?是的,所以我说,孔孟时代的"儒家天命论"仍是古代中国人最古老、最原始、最质朴的生死观。所以,《论语·述而》曰:

> 子不语怪力乱神。

所以,《论语·先进》曰:

> 季路问事鬼神。子曰:"未能事人,焉能事鬼?"曰:"敢问死。"曰:"未知生,焉知死?"

对于同样古老、同样原始的"鬼神说",孔子从未反对过,但也从未附和过,而是折中——不谈,即:不置可否。所以,不谈鬼神,后来就成了儒家传统。

譬如,西汉大儒董仲舒,引"阴阳五行说"入儒学,创"天人感应说",其论生死,比附于阴阳、比附于四季,如其《春秋繁露·阴阳义》曰:

> 天地之常,一阴一阳。阳者,天之德也;阴者,天之刑也。……是故天之道以三时成生,以一时丧死。死之者,谓百物枯落也;丧之者,谓阴气悲哀也。天亦有喜怒之气、哀乐之心,与人相副、以类合之,天人一也。春,喜气也,故生;秋,怒气也,故杀;夏,乐气也,故养;冬,哀气也,故藏。四者,天人同有之。

以今视之,董仲舒"天人感应说"可谓"儒家神秘论",但充其量,也只是把死比附于冬天的"百物枯落",并无鬼神出没于生死之间。

不过,不管怎么说,董仲舒论生死,总不免有点神秘兮兮("阴阳五行说"本是神秘论），而与董仲舒截然不同，另一位汉代大儒，即［东汉］王充，其论生死，则要直白得多，可谓"儒家定命论"。譬如，其《论衡·论死》曰：

> 人之所以生者，精气也。死而精气灭。能为精气者，血脉也。人死血脉竭，竭而精气灭，灭而形体朽，朽而成灰土。

人之所以活着，是因为有精气，精气来自血脉。血脉枯竭，精气消散，人体腐朽。人体腐朽而为尘土，这就是死。又曰：

> 人之死也，其犹梦也。梦者，殄（［tiǎn］昏迷）之次也；殄者，死之比也。人殄不悟，则死矣。

人死就如入梦，入梦就如昏迷，昏迷而不醒，就是死。又曰：

> 人之死者，犹火之灭也。火灭而耀不照，人死而知不惠，二者宜同一实，论者犹谓死者有知，惑也。人病且死，与火之且灭何以异？火灭光消而烛在，人死精亡而形存，谓人死有知，是谓火灭复有光也。

人死就如火灭。火灭而无光，蜡烛犹在；人死而无知，躯体犹在。若说人死而有知，就如说火灭而有光，岂不谬哉！

王充所说"精气"，与"灵魂"同义。但他称，灵魂就如火光——火灭了，光也就没了；人死了，灵魂也就消散了，不会变成鬼魂，而是化为乌有。其《论衡·论死》曰：

> 世谓人死为鬼，有知，能害人。试以物类验之，人死不为鬼，无知，不能害人。何以验之？验之以物。人，物也；物，亦物也。物死不为鬼，人死何故独能为鬼？

这可说是两千年前的"儒家唯物论"和"儒家无神论"。这里顺便说一下，儒家自身是"无神论"的，但它并不否定"有神论"（即便是王充，其实也没有完全否定"有神论")。所以,就出现了一种奇特现象——也许,这才是古代中国人真正的"特色"——即:自秦汉起,古代中国人在朝政和伦理道德等方面更倾向于无神论,从来都不以鬼神崇拜来维护朝政和伦理道德(即从来没有"政教合一"),至于历代君王所说的"受命于天",更多的也是为了强调正统性、合理性,而非相信鬼神。因为在这些方面,古代中国人遵循的是儒家传统。但是,除了朝政与伦理道德,在其他几乎所有方面,古代中国人又从来都是敬神拜鬼的有神论者,原因就在于儒家仅以朝政和伦理道德为重,因而在其他方面,古代中国人遵循的是道家和佛家传统,而道家和佛家是有神论的——这就是古代中国人的奇特之处:既是无神论者,又是有神论者;谈朝廷、谈官府、谈政事,无神;谈世事、谈俗事,有神。也就是说,由于儒、道、佛的同时存在、同时产生影响,古代中国人的精神世界从来就是不统一的。也许,正因为如此,历史上总有人(有时还是朝廷)致力于所谓的"三教合流"——但谁都知道,从来没有成功过。

再来说王充。王充虽不信鬼神,但他和所有古代中国人一样,相信天命——不仅相信生死有天命,还相信富贵也有天命。其《论衡·命禄》曰:

> 有死生寿夭之命,亦有贵贱贫富之命。……命当贫贱,虽富贵之,犹涉祸患矣;命当富贵,虽贫贱之,犹逢福善矣。故命贵,从贱地自达;命贱,从富位自危。

你命中注定是贫贱之人,就是富贵了,也会大祸临头;你命中注定是富贵之人,就是贫贱了,也会福从天降;所以,人人要"安身立命"——其实,这才是"儒家天命论"的要点,即孔子所谓的"知命",亦即"安于现状"。因为,最古老、最原始的生死观——"死生有命",或许还有点道理(生死之谜,确实令人困惑),但最古老、最原始的贫富观——"富贵在天",却显然有悖常理(有些人大富大贵,不是明明白白吗?巧取豪夺。为何说"在天"?),而儒家的使命,从孔子起,就旨在于维护现状,不是改变现状。所以,儒家必须重申最古老、最原始的贫富观,强调贵贱贫富乃上天之意,非人力所能改变,以此教诲人们,死心塌地、安分守己。

实际上,汉代儒家不仅以"天命论"解释贵贱贫富,还以此确立了"君君臣臣、父父子子"的等级体系,并强调这一切都"受命于天"。对此,我不必再生枝节,引用《白虎通义》之类的"官方文件",只要再引用一次董仲舒的《春秋繁露》

就可以了。《春秋繁露·顺命》曰：

> 人于天也，以道受命，其于人，以言受命。不若于道者，天绝之；不若于言者，人绝之。……天子受命于天，诸侯受命于天子。子受命于父。臣妾受命于君。妻受命于夫。诸所受命者，其尊，皆天也，虽谓受命于天，亦可。

人对于天，是遵道受命，人对于人，是听言受命。不遵天道，天罚之；不听人言，人罚之。……天子(皇帝)服从上天，诸侯服从天子。儿子服从父亲。众臣、嫔妃服从君主。妻子服从丈夫。所有人都尊崇上天，所以也可以说，所有人都服从上天。

对于这样的"推论"，你或许会说："这也太不讲逻辑了！就算人人都要遵守天道，也不能就此说，儿子要服从父亲、妻子要服从丈夫、人人都要服从天子——这是类比，不是推理。你把天子比喻成天，难道他就是天了？所以，这不是在讲理，而是在命令，反正就是服从、服从、服从！所依仗的其实并非天道，而是权力，而权力的背后，是武力、是暴力！"——是的，你现在确实可以这么说，但是古代中国人并不知道什么逻辑推理，他们相信类比，他们的思维大多就是类比。譬如，看到天上只有一个太阳，就说："天无二日，国无二君。"对此，你或许会说："难道天上只有一个太阳，一个国家就应该一个人说了算？这算什么理由？太阳是一个天体，国君是一个人，两者之间能直接构成因果关系吗？"但是，别忘了，这是董仲舒的"天人感应说"，是古代中国人世世代代深信不疑的"天理"。你可以指责他们、嘲笑他们，但我只是在谈论他们，并无与之辩论之意。

反正，不管怎样，儒家的"天命论"不是虚玄的，而是功利的，很实际，而且，正因为儒家的"天命论"是功利的，很现实，儒家赋予死亡的意义也是功利的，很实际——那就是所谓的"不朽"。

二、不　朽

何谓"不朽"？字面义不用我解释你也知道，就是"不腐朽"。当然，你也知道，人死后尸体都会腐朽——其实，这才是真正的"天命"。不过，儒家所说的"不朽"，并非要违抗这真正的"天命"，寻求尸体的不腐朽(你知道，把死人做成木乃伊,以期"不朽",那是古埃及人的所为,古代中国人从未有过那么愚蠢的想法)。儒家所说的"不朽",其实只是一个比喻,以"不朽"比喻"不被后人遗忘"。因为一个人死后,尸体必然会腐朽,但其名声却有可能"不朽"——不被后人遗忘。

其实,说穿了,儒家圣贤明知死后一场空,但又不能承认,于是就以死后名声"不朽"作为死者生前"行仁义"的补偿或支撑——你看,其苦衷仍在于关注世道人心,是不是功利的,很实际?

只是,这似乎有"哄骗"之嫌。为什么?因为你生前的名声,就像你生前的财产一样,只要你一死,就不属于你了,再怎么"不朽",也与你无关,因为"你"已不复存在。也就是说,相信身后名声"不朽"的人,大凡是出于一种错觉,好像人死后仍然有"知",而这就如王充所言,"谓人死有知,是谓火灭复有光也"。

不过,儒家的"不朽"之说,即便有"哄骗"之嫌,也是善意的"哄骗",旨在激励儒家信徒以"行仁义"为终身追求,从而赋予人生以某种意义——要知道,赋予死亡以某种意义,即赋予人生以某种意义。这大概就是孔子说"未知生,焉知死"的真意所在。

那么,如何才能"不朽"?要回答这一问题,就要返回到孔子之前的春秋时代。据《春秋左传·襄公二十四年》:

> 二十四年春,穆叔如晋。范宣子逆之,问焉,曰:"古人有言曰'死而不朽',何谓也?"穆叔未对。宣子曰:"昔丐之祖,自虞以上为陶唐氏,在夏为御龙氏,在商为豕韦氏,在周为唐杜氏,晋主夏盟为范氏,其是之谓乎?"穆叔曰:"以豹所闻,此之谓世禄,非不朽也。鲁有先大夫曰臧文仲,既殁,其言立,其是之谓乎!豹闻之,太上有立德,其次有立功,其次有立言。虽久不废,此之谓不朽。若夫保姓受氏,以守宗祊,世不绝祀,无国无之,禄之大者,不可谓不朽。"

这是儒家"不朽说"的最早出处——穆叔与范宣子的一段对话。这穆叔何许人也?即春秋时鲁国大夫叔孙豹,死后谥号为"穆",故而史称"穆叔"。这范宣子何许人也?即春秋时晋国大夫范丐,死后谥号为"宣",故而史称"范宣子"。春秋时的大夫都是贤人,喜欢高谈阔论。穆叔到晋国去,范宣子来迎接他,见了面就问穆叔:"古人说'死而不朽',什么意思?"穆叔没有回答。于是,范宣子就说:"我的祖上,在虞舜之前是陶唐氏,在夏朝是御龙氏,在商朝是豕韦氏,在周朝是唐杜氏,晋国成为中原盟主后是范氏,这大概称得上'不朽'吧?"穆叔说:"据我所知,这称作'世禄',不是'不朽'。鲁国早先有个大夫叫臧文仲,死后,他所立之言,后人都记着,这才称得上'不朽'!我听说,最了不起的是立德,其次是立功,其次是立言。若死后能被世人代代铭记,这才称得上'不朽'。至于存姓保氏、继祖守业、传宗接代,这在哪国都有,世禄大族而已,不可称为'不朽'。"

显然,按穆叔所言,"不朽"不是指家族繁衍,而是指个人品行被后人铭记和仿效。那么,何种个人品行?他说有三种:"立德""立功""立言"。此"三立",即儒家"不朽说"之核心。

那么,何谓"立德""立功""立言"?按[唐]孔颖达《春秋左传正义》:

> 立德,谓创制垂法、博施济众;立功,谓拯厄除难、功济于时;立言,谓言得其要、理足可传。

所谓"立德",就是以身作则、感化众人;所谓"立功",就是临危解难、济世益民;所谓"立言",就是著书立说、传之后代。

立德者,定有身后之名,堪称"不朽";立功者,定有身后之名,堪称"不朽";立言者,定有身后之名,堪称"不朽"。故而,儒家"不朽说",亦称"三不朽"。

"三不朽"的核心是立德。那么,何谓"德"?《中庸》曰:

> 智、仁、勇三者,天下之达德也。

又《论语·子罕》曰:

> 子曰:"智者不惑,仁者不忧,勇者不惧。"

那么,何谓"仁者"?何谓"智者"?《孟子·离娄下》曰:

> 仁之实,事亲是也。义之实,从兄是也。智之实,知斯二者弗去是也。

"仁义"其实就是"孝悌"。"仁者"就是忠孝之人。"智者"就是懂得仁义而不背离仁义之人。那么,何谓"勇者"?《论语·为政》曰:

> 子曰:"见义不为,无勇也。"

也就是说:"见义而为,勇也。"(成语"见义勇为",即出典于此)这里的要点是"见义"(出于正义),若非义(不是出于正义),不可谓之"勇",而谓之"莽"(鲁莽、莽撞)。

又《孟子·滕文公下》曰:

> 居天下之广居,立天下之正位,行天下之大道。得志,与民由之。不得志,独行其道。富贵不能淫,贫贱不能移,威武不能屈,此之谓大丈夫。

意思和孔子一样,也即"见义勇为"。称做人要堂堂正正,居广居、立正位、行大道,若"得志"(若有广居可居、正位可立、大道可行),则"与民由之"(与民同居、与民同立、与民同行),若"不得志"(若无广居可居、无正位可立、无大道可行),那就"独行其道"(自行其是,绝不与世同流合污),不贪图富贵、不逃避贫贱、不害怕权贵,这就是"勇者"(大丈夫)。

那么,史上有哪些"三不朽"人物呢?其实,并没有定数,不同的朝代,有不同的"三不朽"人物。但是,随着朝代越来越多,"三不朽"人物也越来越多,这是肯定的。

譬如,按[东汉]服虔《春秋左氏解谊》,他列出的立德者仅伏羲、神农;立功者仅大禹、后稷;立言者仅史佚、周任、臧文仲——这很自然,那是在东汉,连孔子、老子也是"近人",很难说他们到底能不能"不朽"。所以,他列出的"三不朽"人物都是远古的圣人贤者。

再按[魏晋]杜预《春秋左氏经传集解》,立德者:黄帝、尧、舜;立功者:大禹、后稷;立言者:史佚、周任、臧文仲。与服虔《春秋左氏解谊》所列差不多,仅以相对稍近的黄帝、尧、舜替换了远不可及的伏羲、神农。原因是魏晋距东汉并不遥远,他提不出新的"三不朽"人物。

然而,到了唐代,按[唐]孔颖达《春秋左传正义》,"三不朽"人物却一下子增加了许多。下面是其原文:

> 立德，谓创制垂法、博施济众。圣德立于上代，惠泽被于无穷，故服虔以伏羲、神农，杜预以黄帝、尧、舜当之，言如此之类乃是立德也。《礼运》称"禹、汤、文、武、成王、周公"，后代人主之选，计成王非圣，但欲言周公，不得不言成王耳。禹、汤、文、武、周公与孔子，皆可谓立德者也。立功，谓拯厄除难、功济于时，故服虔、杜预皆以禹、稷当之，言如此之类乃是立功也。《祭法》云："圣王之制祭祀也，法施于民则祀之，以死勤事则祀之，以劳定国则祀之，能御大菑则祀之，能捍大患则祀之。"法施于民，乃谓上圣，当是立德之人。其余勤民定国、御灾捍患，皆是立功者也。立言，谓言得其要、理足可传。记传称史佚有言，《论语》称周任有言，及此臧文仲既没，其言存立于世，皆其身既没、其言尚存，故服虔、杜预皆以史佚、周任、臧文仲当之，言如此之类乃是立言也。老、庄、荀、孟、管、晏、杨、墨、孙、吴之徒，制作子书；屈原、宋玉、贾逵、杨雄、马迁、班固以后，撰集史传及制作文章，使后世学习，皆是立言者也。

可见，孔颖达没有换掉服虔和杜预的"三不朽"人物，他除了把大禹从立功者变为立德者，还增加了立德者"汤、文、武、周公与孔子"（汤：即成汤，商朝开国君主。文、武：即周文王、周武王）。这里总算出现了孔子。虽然孔子"其生亦晚矣"，但是距孔颖达所在的大唐贞观年间，已有一千一百多年，足以表明其"不朽"了。

还有立言者，孔颖达增加了"老（子）、庄（子）、荀（子）、孟（子）、管（子）、晏（子）、杨（子）、墨（子）、孙（子）、吴（起）"，理由是"制作子书"，即将其均视为"诸子"。但请注意，其中的孟子，后来是和孔子并列的，所谓"孔孟之道"，即儒家的代名词。可见在大唐贞观年间，还尚无"孔孟之道"一说，否则的话，孟子应和孔子一样列入立德者名单，而不是和孙子、吴起并列（此两位被视为立言者是因为他们都著有兵书，即《孙子兵法》与《吴起兵法》）。除了"诸子"，孔颖达还增加了立言者屈原、宋玉、贾逵、杨雄、司马迁、班固，理由是"撰集史传及制作文章，使后世学习"。其中距唐代最晚近的班固，与服虔同朝代的东汉人，竟然也入选"三不朽"行列。不过，从东汉初（班固所在年代）到大唐初（孔颖达所在年代），相距也有六百多年，其《汉书》在唐人眼里可说是老而又老的古书。

至于立功者，孔颖达除了承认服虔和杜预所说的后稷（大禹已被他移入了立德者名单），没有说到具体的人名，因为在他看来，历代的立功者太多了——"勤民定国、御灾捍患,皆是立功者也"。

请记住,古代中国人极少推翻前人所言,大凡都是重床叠架、垒积堆砌。所以,当你在[清]曾国藩《家书》中读到下列文字时,不要以为他重新提出了一套"三不朽"人物:

> 古人称立德、立功、立言为三不朽。立德最难,自周汉以后,罕见德传者。立功如萧、曹、房、杜、郭、李、韩、岳,立言如马、班、韩、欧、李、杜、苏、黄,古今曾有几人?

他说"自周汉以后,罕见德传者",意思就是,仅有"周汉"(周代与汉代)以前有立德者,也就是服虔、杜预和孔颖达所说,伏羲、神农、黄帝、尧、舜、禹、汤、文、武、周公与孔子。他说"立功如萧(何)、曹(参)、房(玄龄)、杜(如晦)、郭(子仪)、李(光弼)、韩(世忠)、岳(飞)",说的也是大禹、后稷以后的立功者。其中,房玄龄、杜如晦、郭子仪、李光弼是唐人,韩世忠、岳飞是宋人,他们在清代即被视为"不朽"(如曾国藩能代表清人的话)。同样,他说"立言如(司)马(迁)、班(固)、韩(愈)、欧(阳修)、李(白)、杜(甫)、苏(轼)、黄(庭坚)",也是在孔颖达的立言者名单后面增加了韩愈、欧阳修、李白、杜甫、苏轼、黄庭坚。

所以,我说,史上的"三不朽"人物,并无定数,我这里引述的服虔、杜预、孔颖达、曾国藩四家,他们所列的,其实是他们各自朝代所认为的"三不朽"人物——如此而已。

最后再说一句,儒家的"不朽说"在历朝历代都属"庙堂之说",是帝王将相、文人才子对死后的憧憬,至于黎民百姓,不要说工匠农夫,就算士绅商贾,也不敢妄想立德、立功、立言,妄想名垂千古!

那么,他们对死后有何期待?且听下回分解。

第七章 气数 冲举

儒家言必称"仁义"、称"忠孝",并以"治国、平天下"为己任,故而其生死观曰"天命"、曰"不朽"。那么,道家呢?道家言必称"清静"、称"无为",并以"得道升天、飘然成仙"为夙愿,故而其生死观曰"气数"、曰"冲举"。如果说,儒家的"不朽说"是"庙堂之说",迎合的是帝王将相、文人才子,那么,道家的"冲举说"则是"山林之说",信奉的多为属僚小吏、士绅商贾。

一、气 数

其实,道家的"气数论"亦即"天命论",而且,最初也称"天命"。何以见得?有道家的两大祖师为证。老子《道德经》曰:

> 夫物芸芸,各复归其根。归根曰"静",是谓复命。复命曰"常",知常曰"明"。不知常,妄作,凶。知常,容。容,乃公。公,乃王。王,乃天。天,乃道。道,乃久,殁身不殆。

《道德经》犹如天书,往往语焉不详,要你自己去猜,但这里不用猜,他说的就是天命,而且,"天"和"命"两个字,是直接出现的。譬如,"是谓复命"("复"即循复、遵循之意),"王,乃天""天,乃道"(意即:王者,天也;天者,道也)。是不是说,芸芸众生,均有天命?既如此,人之生死,亦当如此。

《道德经》又曰:

> 道之尊,德之贵,夫莫之命而常,自然。……生而不有,为而不恃,长而不宰,是谓玄德。

意思和前面说得差不多,无非是说,"道"也好,"德"也好,"莫之"(不过是)"命而常"(遵天命而守寻常),是"自然"(自然而然)。至于"生而不有,为而不恃,长而不宰",其实是常识。生来没人拥有、没人挂念、没人主宰的东西,谁都知道,那是天然之物。他说"是谓玄德"("玄"即天,"德"即行为,天所为,即天命),今天看来,似有故作高深之嫌,但体谅他是两千多年前所言(《道德经》很可能汉初才成书),姑且不予计较。

再来看道家的第二位祖师——庄子。《庄子》一书,道家称为《南华经》或《南华真经》。《庄子·大宗师》曰:

> 死生,命也,其有夜旦之常,天也。

明明白白,他说,生与死、日与夜,都出于天命。

不过,道家虽和儒家一样,也称"天命",但和儒家不一样的是,道家试图对天命做出解释。你知道,儒家虽说"尊天命",但从未解释过什么是"天命"。为什么?因为不用解释,因为儒家所说的"天命",其实就是指现状,"尊天命"就是安于现状——你现在怎样,是贫是富、是贵是贱,那是天命,你要安身立命,不求改变(因为那不是你能改变的);如若将来有变,或贫变富、富变穷,或贵变贱、贱变贵,那也是天命,你也只要安身立命就是了;也就是说,儒家的"天命论"是百分之百的"宿命论"。但是,道家的"天命论"却只是百分之五十的"宿命论"。

此话怎讲?因为道家既承认天命,同时又试图干预天命、改变天命——不然的话,为什么算命、占卜、念咒、画符之类的法术,历朝历代都是道家方士(简称"道士")所长,而非儒家书生(简称"儒生")所为?因为算命、占卜、念咒、画符之类的法术都旨在预测天命、改变天命,尽管这是自相矛盾的——既然是天命,就是不可预测、不可改变的;如若可以预测、可以改变,那就不是天命了。

那么,道家是如何解释天命的?简而言之,道家把天命解释为"气"或"气运"。仍以道家的两大祖师为证,老子《道德经》曰:

> 万物负阴而抱阳,冲气以为和。

什么意思?他说,万物外阴内阳,气相冲而得以平衡。这里的"气",也称"元气",即阴气和阳气,也称"天气"(阳)和"地气"(阴),简称"天地之气"或"天地之元气"。这天地之元气,就是"生"与"命"的本源。

那么,人是如何获取天地之元气而得以有"生"、有"命"的?《道德经》曰:

> 谷神不死,是谓玄牝。玄牝之门,是谓天地根。绵绵若存,用之不勤。

天书!不知所云,是不是?是的,但我不便解释,因为我的解释你可能不信。所以,我找来一段权威解释,即道教经典、[南北朝]陶弘景《养性延命录》所言:

> 老君《道经》曰:"谷神不死。"河上公曰:谷,养也,能养神不死。神为五脏之神,肝藏魂、肺藏魄、心藏神、肾藏精、脾藏志。五藏尽伤,则五神去矣。"是谓玄牝",言不死之道,在于玄牝。玄,天也,天于人为鼻;牝,地也,地于人为口。天食人以五气,从鼻入,藏于心。五气清,为精神、聪明、音声、五性。其鬼,曰魂。魂者,雄也。出入人鼻,与天通,故鼻为玄也。地食人以五味,从口入,藏于胃。五味浊,为形骸、骨肉、血脉、六情。其鬼,曰魄。魄者,雌也。出入于口,与地通,故口与地通,故口为牝也。"玄牝之门,是谓天地根。"根,元也,言鼻口之门,乃是天地之元气所从往来也。"绵绵若存",鼻口呼吸喘息,当绵绵微妙,若可存,复若无有也。"用之不勤",用气当宽舒,不当急疾勤劳。

这不是天书,可以看懂,是怎么说的?其实,无论是那位"老君"(道教对老子的尊称),还是这位"河上公"(陶弘景自称),他们说的是两件最简单的事情,连小孩子也知道。那就是:人活着,要吃饭,要呼吸。只是,他们是反过来说的,而且说得神乎其神,说什么"谷神不死""谷,养也,能养神不死",等等。天天吃的饭,有必要这么大惊小怪吗?好像发现了什么天大的秘密似的(至于这位河上公说的"肝藏魂、肺藏魄、心藏神、肾藏精、脾藏志",那纯粹是想象而已,因为魂啦、魄啦、神啦、精啦、志啦,都是没法指认的东西,藏在哪里也就由他说了算——信不信由你)。还有我们在此关注的

"气",即呼吸,那位"老君"说得也很神奇——"玄牝之门,是谓天地根"——以至于这位"河上公"不得不解释说:"玄"即天、"牝"即地,移到人身上,"玄"即鼻、"牝"即口;所以,"玄牝之门"就是鼻与口,而说鼻与口是"天地根",是因为鼻与口"乃是天地之元气所从往来也",而"天地之元气",即性命之所在。

简单归纳一下,那位老君和这位河上公要告诉你的,无非是:五谷杂粮从嘴巴里进来,养活你的身体;天地之元气从鼻子里进来,给了你性命。当然,他们不会不知道,即使有天地之元气,若没有五谷杂粮,人也会饿死。但是,在他们的头脑中,吃五谷杂粮而活着和吸天地之元气而有性命,我想,可能是两回事。所以,此处仅仅是类比(这是古代中国人的惯常思维),即:就如吃五谷杂粮而活着,吸天地之元气而有性命。

既然天地之元气是从鼻子里吸入的,"老君"的忠告便是"绵绵若存,用之不勤",即:呼吸要缓慢而宽舒,不要快速而急促。为什么?因为每个人所获天地之元气是有定数的,你呼吸得慢,你的命就长;你呼吸得快,你的命就短——这就是"气数"(气运和定数的合称)。

再来看道家的第二位祖师——庄子(道教尊称其为"南华真人")。《庄子·知北游》曰:

> 人之生,气之聚也,聚则为生,散则为死。若死生为徒,吾又何患!故万物一也。……故曰:通天下,一气耳。

这不用我多做解释,这位南华真人明明白白地说,生死就是"气"(天地之元气)的聚散——气聚则生、气散则死。所以,他说"若死生为徒,吾又何患"(既然生与死都是徒然,我又何必担忧)——这是其著名的"一死生、齐彭殇"之说的依据所在——因为"通天下,一气耳"(普天之下,只有气而已),虚幻得很。

又《庄子·至乐》曰:

> 庄子妻死,惠子吊之,庄子则方箕踞,鼓盆而歌。惠子曰:"与人居,长子老身,死不哭亦足矣,又鼓盆而歌,不亦甚乎?"庄子曰:"不然,是其始死也,我独何能无慨!然察其始而本无生;非徒无生也,而本无形;非徒无形也,而本无气。杂乎芒芴[hū]之间,变而有气,气变而有形,形变而有生。今又变

而之死,是相与为春秋冬夏四时行也。人且偃然寝于巨室,而我嗷嗷然随而哭之,自以为不通乎命,故止也。"

此段文字,其大意是:庄子的妻子死了,惠子去吊丧,庄子则盘腿而坐、击盆而歌。惠子说:"夫妻共居,生养子女而衰老,一人死,一人不哭,也就算了,你还要击盆而歌,那不是太过分了吗?"庄子说:"不是的,她刚死之时,我怎会无动于衷!但仔细想想,她本来就不曾有生,不但不曾有生,还不曾有形;不但不曾有形,还不曾有气。后来,混沌朦胧之间,她变而有气,气变而有形,形变而有生。现在,她又变而为死,这和春夏秋冬的变化一样,很自然。我看别人都安静地睡在屋子里,而我在这里号啕大哭,这是不知天命,所以我就不哭了。"

此段文字虽不是直接出自"南华真人"之手,而是旁人所记,但录有"南华真人"的言论。其要点是:"其始而本无生;非徒无生也,而本无形;非徒无形也,而本无气。杂乎芒芴之间,变而有气,气变而有形,形变而有生。今又变而之死,是相与为春秋冬夏四时行也。"——这是"南华真人"对生与死的理解,也即道家的生死观,即:生与死,乃一气之差。

显然,"老君"和"南华真人"都看到了一个严峻的事实(其实,古代中国人应该都知道这一事实,但绝大多数人只是接受这一事实,并不想解释它)——这一事实就是:人活着,必须不断地吸气和呼气,只要这动作一停止,人就死了。于是,他们("老君"和"南华真人"以及后来的道家高人)就想,这"气"真是神奇,有它就活,没它就死;这么看来,"气"或者"气运"(气的运行,即呼吸),就是"生",就是"命"。

接着,他们又想,这"气"一定是从哪个地方出来的,那个地方一定有无穷无尽的"气",也就是说,有无穷无尽的"生"、无穷无尽的"命";所以,只要找到那个地方,你就能长生不老,就能成仙(他们把长生不老的人称作"仙人"或"真人")。实际上,他们还真以为找到了那个地方。好像是在几座山里,如武当山、龙虎山、齐云山、青城山,即道家的所谓"四大仙山"。但是,真到那几座山里去"修道"以求长生不老的人寥寥无几,因为那里没吃没穿,单靠神奇的"天地之元气"能不能活,谁也没有把握。

于是,他们又想,如果能把平时吸入的"元气"储存起来,慢慢用,你的"命"不就长了吗?因为他们知道,人吸入"元气"后,又总要呼出来,所以就想,若多吸入,少呼出,你的"元气"不就多了吗?"元气"多了,你的"命"不也就多了吗?

（我想，在他们的心目中，"命"就像钱一样，是可以储存的，还可以省着用，甚至还可以借来借去）。于是，他们想出了许许多多储存元气的法术，即历代道家形形色色的所谓"内丹""气功"之类；还想好了储气之处，即肚脐下面俗称"小肚皮"的那个地方，他们称作"丹田"。

你或许会说："是的，人确实需要呼吸才能存活，但人吸入的是氧气，呼出的是二氧化碳，根本不是什么'天地之元气'。而且，氧气存在于整个大气层内，根本没有什么'仙山'。氧气吸入人体后仅进入肺部，由肺部溶入血液，输至全身，转化为二氧化碳，再输回肺部，呼出。根本不存在可储存'元气'的所谓'丹田'。"但是，要知道，不管"老君"也好、"南华真人"也好，还是后来的道家高人也好，他们哪里知道什么氧气？什么二氧化碳？什么大气层？什么血液循环？他们看到人要呼吸才能活，只能凭想象，对这一神奇现象做出解释，并且据此，又思考出一套超然于呼吸之外的关于"气"的理论。只不过，如此一来，不是越说越清晰，而是越说越玄乎了。

按理，以道家两大祖师之言，说明道家"气数论"，已经足够了。只是，后来的道家高人，如"淮南子""抱朴子"等人，据老庄之说，演绎出种种"气运说"。故而，还需稍作说明。

"淮南子"，即西汉皇亲刘安（刘邦的曾孙），其著《淮南子》，意将老庄"气数论"与董仲舒"天人感应说"合二为一，堪称"天人气运说"，如《淮南子·精神训》曰：

> 夫精神者，所受于天也；而形体者，所禀于地也。故曰：一生二，二生三，三生万物。万物背阴而抱阳，冲气以为和。故曰：一月而膏、二月而胅、三月而胎、四月而肌、五月而筋、六月而骨、七月而成、八月而动、九月而躁、十月而生。形体以成，五脏乃形。是故肺主目、肾主鼻、胆主口、肝主耳，外为表而内为里，开闭张歙，各有经纪。故头之圆也，象天；足之方也，象地。天有四时、五行、九解、三百六十六日，人亦有四支、五藏、九窍、三百六十六节。天有风雨寒暑，人亦有取与喜怒。故胆为云、肺为气、肝为风、肾为雨、脾为雷，以与天地相参也，而心为之主。是故耳目者，日月也；血气者，风雨也。

其中的"一生二，二生三，三生万物。万物背阴而抱阳，冲气以为和"，是直接引自《道德经》。其余，就是天人对应，如"一月而膏、二月而胅[dié]……"是把胎儿十个月的生长对应于一年中十个月的天气；还有如"头之圆也，象天；足之方也，象地"（"象"即象征），是把人的头和脚对应于天和地。至于"胆为云、肺为气、肝为风、肾为雨、脾为雷，以与天地相参也"，则是把人的内脏对应于天气。这里的"气"，对应于肺，若是指呼吸，还有点道理，但是说"胆为云、肝为风、肾为雨、脾为雷"，那就莫名其妙了——你"淮南子"这么说，我若自称"淮北子"，说"胆为鸡、肝为鸭、肾为牛、脾为羊"，又怎样？你若说我"胡扯蛋"，那你呢？

如果说，"淮南子"说的"气"主要是指天气的话，那么，"抱朴子"所说的"气"，就更玄了。"抱朴子"，即东晋道士葛洪，其著《抱朴子·辨问》曰：

《玉铃经·主命原》曰：人之吉凶，制在结胎受气之日，皆上得列宿之精。其值圣宿，则圣；值贤宿，则贤；值文宿，则文；值武宿，则武；值贵宿，则贵；值富宿，则富；值贱宿，则贱；值贫宿，则贫；值寿宿，则寿；值仙宿，则仙。又有神仙圣人之宿，有治世圣人之宿，有兼二圣之宿，有贵而不富之宿，有富而不贵之宿，有兼富贵之宿，有先富后贫之宿，有先贵后贱之宿，有兼贫贱之宿，有富贵不终之宿，有忠孝之宿，有凶恶之宿，如此不可具载，其较略如此。为人生本有定命，张车子之说是也。苟不受神仙之命，则必无好仙之心。未有心不好之而求其事者也，未有不求而得之者也。自古至今，有高才明达而不信有仙者，有平平许人学而得仙者。甲虽多所鉴识而或蔽于仙，乙则多所不通而偏达其理，此岂非天命之所使然乎？

《玉铃经》即《素书》，又名《黄石公素书》，旧题"秦末黄石公著"。但是，现存《素书》中并无"主命原"一章，故而也无此处所引之文——这无所谓，反正古书中伪造引文或出处错误之事多得是，不足为奇！

这里的要点是"结胎受气"。"结胎"即受精，胎儿形成的第一步，但"受气"是什么？不知道，大概就是指接受"天地之元气"。还说"受气"之时"皆上得列宿之精"——原来，使女人受孕的，是"列宿（众先辈）之精"。至于哪位"宿"之"精"，则是随机的，凭你的运气；譬如，"值圣宿"（正好遇到圣人先辈），生出来的孩子将来就是圣人；又譬如，"值贫宿"（正好遇到穷人先辈），生出来的孩子将来肯定是穷光蛋，如此等等。也就是说，在这里，"气数论"成了"宿命论"，而且是一种——怎么说呢？一种自以为是的、狂妄自大的"宿命论"。因为，你既然是"宿命论",承认一切都是天定,承认天命不可违,那也就是承认天命不可知——譬如,儒家的"天命论"就是如此——但是,这个"抱朴子"、这个叫葛洪的东晋道士,一面说"为人生本有定命",一面又说,这"定命"就是"上得列宿之精"。我想问他:你怎么知道的?你是谁?难道你是天的同谋?知道天命?既然连你都知道了,那还是天命吗?不过,我这么问他,是把他当"人",而实际上,那些道教高人往往不是"人",往往自封为"神"、自封为"仙"——葛洪就是其中之一。

你知道,"老君"和"南华真人"的"气数论"本来就玄乎,现经"淮南子"和"抱朴子"添油加醋,更是玄而又玄。再加上东汉末年兴起的"道教"(即对道家的民间崇拜,就如对关羽的民间崇拜也可称为"关教")对道家的虚幻化和神魔化,所谓"气",几乎成了天界神灵、地府魔祇的代名词,而且,烦琐而芜杂,一会儿说"二气"、一会儿说"三气"、一会儿说"六气"、一会儿说"五气",任意杜撰、胡编乱造。譬如,据[唐]徐坚《初学记·道释部》,有"二气"和"三气":

《龟山元录经》曰:高上玉皇上圣帝君九天玉真,皆德空洞以为字,合二气以为名。《明威经》曰:天道善贷,贷以三气。上气曰"始",其色正青。中气曰"元",其色正白。下气曰"玄",其色正黄。《玄妙内篇经》曰:三气八十一万亿岁后化生玄妙玉女。女生后八十一万亿岁,三气变化,五色玄黄,玄妙玉女即吞之。又八十一万亿岁后,乃化,从玄妙玉女左腋而生。生而白首,故号为老子。

这里所引《龟山元录经》《明威经》和《玄妙内篇经》,均系南北朝时流行的道书,作者不详。"高上玉皇上圣帝君九天玉真"即"玉皇大帝"的全称。他说,"玉皇大帝"字"皆德空洞",名"合二气"(姓什么,他没说)。这"二气",应该是指天地(阴阳)二气,但又说"天道善贷,贷以三气"(《说文》:贷,施也),又说"三气"化生出"玄妙玉女",后"三气"又为"玄妙玉女"所吞,因此而从左腋生出老子。

你看,道教通过"造谣"(此词原意为"编造歌谣")硬生生地把老子从人变成了神,说老子是"三气"的化身,是"玄妙玉女"从左腋所生。

再据[宋]沈括《梦溪笔谈·象数》,又有"五运六气":

医家有五运六气之术,大则候天地之变,寒暑风雨、水旱螟蝗,率皆有法;小则人之众疾,亦随气运盛衰。

"五运"即"五行",即金、木、水、火、土相生相克。"六气"呢?原本是指六种天气,见《左传·昭公元年》:

天有六气,曰:阴、阳、风、雨、晦、明也。

后在汉代,"天人感应说"盛行,于是便以为,与六种天气相对应,人有六种体征,即:寒、热、燥、湿、风、火。这六种体征,也称"六气",即历代医家(大多是道士)诊断病人病情的依据,或体寒、或体热、或体燥、或体湿、或伤风、或上火;然后,就按"五运",即金、木、水、火、土相生相克,开方治病——治好了,当然无话可说;治不好,就说病人"气数已尽、无力回天"。反正,"五运六气"是不会错的。

当然,我说得简而又简,实际上"五运六气"复杂得令人望而生畏。下面有一幅"五运六气图",据称,只要按图推算,既可看病,又可算命(可惜,只有道士会推算,你只能听他们说出结果,而你既然请他们看病或算命,也就不会不信)。

实际上,所谓"六气",就是用天空中的阴晴风雨"类比"人体中的冷热痛痒。对此,你不必问:"人体和天空是一样的吗?"因为古代中国人从来就相信,人体和天空都按"阴阳五行"运行,当然是一样的。

再据[清]褚人获《坚瓠集》,又有所谓"道家五气":

> 道家有五气。东方九气,木德星君;西方七气,金德星君;南方三气,火德星君;北方五气,水德星君;中央一气,土德星君。《七修类稿》云:此庚子数也,以纳音五行之子,就天干上数起,遇庚字在第几,即其位也。如:壬子桑柘木,自壬至庚数,第九,故东方九气也。甲子海中金,自甲至庚数,第七,故西方七气也。戊子霹雳火,自戊至庚数,第三,故南方三气也。丙子涧下水,自丙至庚数,第五,故北方五气也。庚子壁上土,数第一,故中央一气也。盖庚为土,土为受气之始,故五方之气,以数加焉。

这里的"五气",又成了东、西、南、北、中,而且"东方九气"(属木)、"西方七气"(属金)、"南方三气"(属火)、"北方五气"(属水)、"中央一气"(属土),实为二十五气。为何"东方九气""西方七气""南方三气""北方五气""中央一气"?据[明]郎瑛《七修类稿》,这是从天干(甲、乙、丙、丁、戊、己、庚、辛、壬、癸)上数出来的。譬如,东属木,即壬,由壬数至庚(即:壬、癸、甲、乙、丙、丁、戊、己、庚),是第九,故而有九气。又譬如,西属金,即甲,由甲数至庚(即:甲、乙、丙、丁、戊、己、庚),是第七,故而有七气。依此数法,南、北、中分别是第三、第五、第一,故而分别有三气、五气、一气。那么,为何要数到庚呢?因为庚属土,"土为受气之始",故而庚在第几,就有几气。至于这里的"气"究竟是什么,他没说,我也不便猜测,反正是神乎其神的东西。

在道家看来,天地万物均为"阴阳五行"之组合,即"天干所临,地支所盛;形中含气,蓄精化育,孕生万物。形与形交,气与气媾,冲气以为和",其中的"气与气媾,冲气以为和",即"气数",即生死之兆。所以,道家的道术,就旨在掐指一算,算出"气数",然后借助天地之元气,延续"气数",乃至长生不老、飞升成仙。

二、冲 举

冲举,即飞升成仙,即所谓"得道升天"(也就是"一人得道,鸡犬升天"中的"得道"

和"升天")。道家称,无论是炼内丹,还是炼外丹,只要炼丹得法,便能"元神出窍"。"元神"即人之魂魄,"窍"即洞孔。《庄子·应帝王》曰:

> 人皆有七窍,以视听食息。

"七窍"即七个洞孔,即用以"视、听、食、息(呼吸)"的两眼、双耳、二鼻孔和嘴,即人体和外界之间的七个通道,而在道家的想象中,"元神"就是从这七个洞孔中离开人体的,即所谓"灵魂出窍"。

其实,还有肛门和尿道,女人还有阴道,也是"窍"(洞孔),也是人体和外界之间的通道,但道家对此故意视而不见,因为把这些"窍"包括进去的话,会很尴尬——若说灵魂从肛门或尿道中"出窍",马上使人想起拉屎撒尿——这会"玷污"灵魂。还有,灵魂并无"形体",其实无须洞孔也能出来(若真有可离开人体的灵魂的话),但道家在想象灵魂出窍时,却无意间把灵魂想象成了似乎是有"形体"的,这不能不说是一大疏忽。

那么,道家的所谓"冲举"、所谓"元神出窍",有些什么名堂,或者说,有何讲究呢?这说来话长,因为成仙、升天从来就是古代中国人的梦想。早在西周时,就有许多神仙传说,后来在战国时记录成册,题为《列子》(道教称为《冲虚经》)。还有在《楚辞》里,如《离骚》《九歌》《九章》等,也是神女出没、仙气缭绕。实际上,远古史所录,伏羲、女娲也好,黄帝、尧舜也好,无一不是神仙。那是神话时代,后因儒家的兴起,才转入理性时代。儒家不言鬼神,但儒家关注的是伦理与朝政,民间俗界仍是道家(尤其是道教)的天下——至少,在外来佛教普及于民间之前,是如此;之后,道教和佛教平分天下。其实,道家要比儒家古老得多,其生死观要比儒家原始得多,所以,其"冲举说"比儒家的"不朽说"更合乎民众对死后"生活"的期待。

不过,道家的"冲举说"一开始就有人怀疑——这很自然,任何一说都会有人怀疑,而对"冲举说"的怀疑,则从《抱朴子·论仙》中即可看出。《抱朴子·论仙》曰:

> 或问曰:"神仙不死,信可得乎?"抱朴子答曰:"虽有至明,而有形者不可毕见焉。虽禀极聪,而有声者不可尽闻焉。虽有大章、竖亥之足,而所常

> 履者未若所不履之多。虽有禹益齐谐之智,而所尝识者未若所不识之众也。万物云云,何所不有?况列仙之人,盈乎竹素矣,不死之道,曷为无之?"

葛洪之所以写"论仙"一章,就是因为有人怀疑"神仙不死"之说。那么,他是怎么说的?他说:"有人问:'神仙不死,这可信吗?'我回答他们说:'虽有视力极佳之人,但有形之物也是他们不能全看清的。虽有听力极佳之人,但有声之物也是他们不能全听清的。虽有大章、竖亥这样行走如飞之人,他们常去之处也不及他们未到之处之多。虽有大禹、伯益、齐谐这样见多识广之人,他们所见识的也不及他们未见识的之多。万物驳杂纷纭,何物无有?况且,关于众多成仙之人,书上写得满满当当,怎么能说世上没有不死之法?'"

显然,他是说,未见过的东西不等于没有,未见过神仙不等于没有神仙——是的,或许有,或许没有。但若真有,你就得让人家见一见,是不是?否则的话,你无非是说:你们不信,反正我信——这能使人信服吗?至少,现在的人大概是不会相信的。

但是,古代中国人很容易相信,因为他们习惯于联想和类比——他们的头脑里预先就有"天人感应"甚至"万物感应"的观念。所以,当他们听到葛洪先生振振有词地说"虽有禹益齐谐之智,而所尝识者未若所不识之众也""不死之道,曷为无之"时,就会想:是啊,神仙不死,虽然谁也没见过,但还是"宁可信其有,不可信其无"(他们从小就是这样被教导的)。他们不会反过来想:既然连大禹、伯益、齐谐这样的智者也不识的神仙,这位葛洪先生怎么就识了呢?难道葛洪先生比智者还要智者?

好了,说完"冲举说"的一些背景,现在回过头来说"冲举说"有些什么名堂,或者说,有何讲究。按葛洪《抱朴子·论仙》:

> 按仙经云,上士举形升虚,谓之天仙。中士游于名山,谓之地仙。下士先死后蜕,谓之尸解仙。

他说,有三种"仙",一曰"天仙",一曰"地仙",一曰"尸解仙"。天仙是"上士举形升虚",就是高人得道升天、飘然成仙;地仙是"中士游于名山",就是隐士入山修炼、羽化成仙;尸解仙是"下士先死后蜕",就是道士死后修道,尸体蜕变、化蝉(或化蝶)成仙(故曰"尸解")。

关于高人得道升天、飘然成仙的"天仙",以及隐士入山修炼、羽化成仙的"地仙",我想,你在历代诗文小说中一定读到过不少,无须我多作解释。有意思的是"尸解仙",我想,你大概还是想听我啰唆几句的。

所谓"尸解仙",也称"蝉蜕",即道士死后在墓中得道,遗弃肉体而仙去,或不留遗体,只假托于一物(如衣、杖、剑)遗世而升天。关于尸解仙,甚至在正史中也能读到,如《后汉书·王和平传》曰:

> 北海王和平,性好道术,自以当仙。济南孙邕少事之,从至京师。会和平病殁,邕因葬之东陶。有书百余卷,药数囊,悉以送之。后弟子夏荣言其尸解,邕乃恨不取其宝书仙药焉。

[明]李贤注曰:

> 尸解者,言将登仙,假托为尸以解化也。

意即王和平尸体化解而登仙。但这是听王和平的弟子夏荣说的,他有没有开过棺、验过尸?这里没说——反正,信不信由你。

至于在历代道书中讲到的"尸解",更是不计其数。如[汉]《九都龙真经》云:

> 得仙之下者,皆先死,过太阴中炼尸骸,度地户,然后乃得尸解去耳。

又如[南北朝]《洞真藏景灵形神经》云:

> 尸解之法,有死而更生者;有头断已死,乃从旁出者;有死毕未殓而失骸者;有人形犹存而无复骨者;有衣在形去者;有发既脱而失形者。

又如[北周]《无上秘要·尸解品》云:

夫尸解者,形之化也,本真之练蜕也,躯质之遁变也。如蝉留皮换骨,保气固形于岩洞,然后飞升成于真仙。

又如[唐]《仙苑编珠》云:

倩平者,沛人也,汉高卫卒也。得道,至光武时,不老。后托形尸,假百余年却还乡里。

这最后一条最为神奇。这个倩平,从汉高祖时活到光武帝时,两百多岁,后又成"尸解仙",回到家乡。

道家不仅有"尸解说",还有"尸解法"。如[宋]《云笈七签·太一守尸》云:

夫解化之道,其有万途。……或坐死空谷,或立化幽岩,或髻发但存,或衣结不解,乃至水火荡炼,经千载而复生,兵杖伤残,断四肢而犹活。

而据《云笈七签·王嘉兵解》称,《无上秘要》所载尸解法,有十种以上。如"火解法",即:

以药涂火炭,则他人见形而烧死,谓之火解。

如"水解法",即:

段季正,隐士也,晚从司马季主学道,渡秦川溺水而死,盖水解也。

如"兵解法",即:

以一丸和水而饮之,抱草而卧,则他人见已伤死于空室中,谓之兵解。

如"杖解法"(也称"尸解神杖法"),即:

当取灵山阳向之竹,令长七尺有节,作神杖,使上下通直,甘竹乃佳。书黑帝符著下第二节中,白帝符第三节中,次黄帝符第四节中,次赤帝符第五节中,次青帝符第六节中。空上一节以通天,空下一节以立地。蜡封上节,穿中印以元始之章,又蜡封下节,穿中而印以五帝之章。绛文作韬,长短大小足容杖。卧息坐起常以自随……当叩齿三十六通,思五帝直符吏各一人,衣随方色,有五色之光流焕杖上,五帝玉女各一人,合共卫杖左右。微祝曰:"太阳之山,元始上精;开天张地,甘竹通灵……"毕,引五方气各五咽,合二十五咽,止。行此道九年,精谨不慢,神真见形,杖则载人空行。若欲尸解,杖则代形,倏歘之间,已成真人。

如"剑解法"(也称"修剑尸解之道"),即:

以曲晨飞精书剑左右面。先逆自托疾,然后当抱剑而卧。又以津和飞精作丸如大豆,于是吞之。又津和作一丸如小豆,以口含缘,拭之于剑镮,密呼剑名字。祝曰:"良非子干,今以曲晨飞精相哺,以汝代身,使形无泄露……"祝毕,因闭目咽气九十息。毕,开目忽见太一以天马来迎于寝卧之前,于是上马,顾见所抱剑已变,成我之死尸在彼中也。

那么,历代有多少人成仙呢?很难统计。据[汉]刘向《列仙传》,其所录成仙之人七十个,多为上古之人,如黄帝、老子、关令尹、彭祖、介子推、范蠡,等等。据[晋]葛洪《神仙传》,其所载成仙之人八十四个,多为上古、秦汉之人,如广成子、墨子、王远、张道陵、淮南子、李少君、左慈、刘根,等等。后有[南唐]沈汾所撰《续神仙传》,增三十六个成仙之人,多为唐人,如张志和、司马承祯、孙思邈等。后又有[前蜀]杜光庭所撰《集仙录》,载女仙一百零九人,此书已佚,但据《道藏》选录,有圣母元君、金母元君、上元夫人、昭灵李夫人等女仙三十七人。此外,还有《后仙传》《洞仙传》《上真记》等,也录有上百个成仙之人。

当然,除了此类"正宗神仙传",还有历代史书、道书、笔记中所记述的仙人、真人,多得不计其数。至于民间,神仙更是多得泛滥成灾。实际上,只要某人做过点好事,如某个知县一生清廉、某个知府断案公正,老百姓就会建祠祭拜,将其奉为神人、仙人——甚至像诸葛亮、关云长这种纯粹由说书先生胡乱吹嘘出来的神人,老百姓也会奉若神明、磕头礼拜。

那么,是否真有人飞升成仙?这在历朝历代,大多数古代中国人都是信以为真的,但在历朝历代,也总有人不以为然。譬如韩愈,就曾写《谢自然诗》,对当时(即唐德宗贞元十年)震惊朝野的"谢自然白日飞升"一事大不以为然。

所谓"谢自然白日飞升",据《太平广记》(卷六十六):

> 谢自然,女道士也,果州人,居大方山顶,常诵《道德经》《黄庭》《内编》,于开元亲授《紫虚宝经》于金泉山,一十三年昼夜不寐,两膝上忽有印,四埂若朱,有古篆六字,粲若白玉。忽于金泉道场,有云气遮匝一山,散漫弥久,仙去。

就是说,有个叫谢自然的女道士,修炼得道后,在光天化日、众目睽睽之下,升天而去。此事据说连朝廷也被惊动,唐德宗还下了《敕果州女道士谢自然白日飞升书》,称:"女道士超然高举,抗迹烟霞。斯实圣祖光昭,垂宣至教,表兹灵异,流庆邦家。"(但不知何故,无论是《旧唐书》,还是《新唐书》,都无此记载。)

那么,"谢自然白日飞升"之事,到底是真是假?据韩愈《谢自然诗》题注:

> 果州谢真人上升,在金泉山,贞元十年十一月十二日,白昼轻举,郡守李坚以闻,有诏褒谕。

好像真有其事,至少韩愈并不否认,而且在《谢自然诗》的前半部分,他还描述了此事:

> 果州南充县,寒女谢自然。
> 童呆无所识,但闻有神仙。
> 轻生学其术,乃在金泉山。
> 繁华荣慕绝,父母慈爱捐。
> 凝心感魑魅,慌惚难具言。
> 一朝坐空室,云雾生其间。
> 如聆笙竽韵,来自冥冥天。

> 白日变幽晦，萧萧风景寒。
> 檐楹暂明灭，五色光属联。
> 观者徒倾骇，踯躅讵敢前。
> 须臾自轻举，飘若风中烟。
> 茫茫八纮大，影响无由缘。
> 里胥上其事，郡守惊且叹。
> 驱车领官吏，氓俗争相先。
> 入门无所见，冠屦同蜕蝉。

但是，即便是真的，他也认为，那不过是妖法邪术而已。所以，他在诗的后半部分说：

> 皆云神仙事，灼灼信可传。
> 余闻古夏后，象物知神奸。
> 山林民可入，魍魉莫逢旃。
> 逶迤不复振，后世恣欺谩。
> 幽明纷杂乱，人鬼更相残。
> ……
> 人生有常理，男女各有伦。
> 寒衣及饥食，在纺绩耕耘。
> 下以保子孙，上以奉君亲。
> 苟异于此道，皆为弃其身。
> 噫乎彼寒女，永托异物群。

韩愈毕竟是唐朝人，要他全然不信鬼神，显然是不可能的。因为，即便是儒家，也只是"敬鬼神而远之"——并非不信鬼神。但不管怎样，就如后来[宋]葛立方《韵语阳秋》所言：

> 白日升天之说，上古无有也。老子为道家之祖，未尝言飞升。后之学道者，稍知清虚寡欲，则好事者必以白日上升归之。见于仙记者，抑何多

耶？……《韩退之集》(韩愈,字退之)载《谢自然诗》曰:"须臾自轻举,飘若风中烟。"人多以为上升,而不知为魅所着也。故其末云:"噫乎彼寒女,永托异物群。"

所谓"谢自然白日飞升",在韩愈看来,其实是谢自然中邪着魔,托于"异物"(鬼魅)而已。换言之,韩愈相信有人为鬼魅所惑,但不相信有人飞升成仙。也就是说,在他看来,道家的"冲举说""尸解法"都是妖言邪说、鬼魅伎俩,于人有害、于世无益,因为他相信"人生有常理,男女各有伦""苟异于此道,皆为弃其身"——我想,作为这样一个古代中国人,已经够"明智"、够"先进"了。

第八章　投胎　解脱

据传,早在西汉末年,古印度佛教就已传入东土,而且为古代中国人所接受。此后,世代相传,佛教成了古代中国"三教"之一。佛教言必称"前世"、称"报应",并以"修得来世、终成善果"为希冀,故而其生死观曰"投胎"、曰"解脱"。如果说,儒家的"不朽说"是"庙堂之说",迎合的是帝王将相、文人才子;道家的"冲举说"是"山林之说",信奉的多为僚属小吏、士绅商贾;那么,佛家的"投胎说"则是"田舍之说",信奉的多为村夫乡民、下里巴人。

一、投　胎

投胎是"轮回"的俗称,也称"转世"。"轮回",梵文 samsāra 的意译,也称"生死轮回""六道轮回"。

不过,"轮回"一词虽在佛经中经常出现,却没有一部佛经详细解释过轮回。为什么？因为轮回一说并非佛教所创,而是佛教之前的古印度婆罗门教就有的,佛教只是继承了此说而已。换言之,佛教无须解释轮回,因为在佛教产生之前,古印度人早就知道轮回一说。

所以,佛经中说到轮回时,将其视为理所当然。譬如,[唐]般剌密谛译《大佛顶首楞严经》曰:

阿难白佛:"我见如来三十二相,胜妙殊绝,形体映彻,犹如琉璃,常自思惟:此相非是欲爱所生。何以故？欲气粗浊,腥臊交遘,脓血杂乱,不能发生胜净妙明,紫金光聚。是以渴仰,从佛剃落。"佛言:"善哉阿难!汝等当知,一切众生从无始来,生死相续,皆由不知常住真心性净明体,用诸妄想。此想不真,故有轮转。汝今欲研无上菩提真发明性,应当直心酬我所问。……"

这是一个叫"阿难"的僧徒和"佛"(即释迦牟尼)的对话。阿难说:"我看见'如来'三十二相,胜妙殊绝,形体映彻,犹如琉璃,心里常常想:此相并非(男女)欲爱所生。为什么?因为(男女)欲爱粗俗恶浊,腥臊交遘,脓血杂乱,不可能这样胜净妙明,紫金光聚。我因此仰慕'如来',所以信佛而削发为僧。"释迦牟尼说:"汝等当知,一切众生从无始来,生死相续,皆由不知常住真心性净明体,用诸妄想。此想不真,故有轮转。"——注意,他说到了生死轮回,但将此当作常理,意即"这你们都知道",所以,你们"应当直心酬我所问"(应该坦率回答我的问题)。

这里插一点注释:文中所说"如来",是诸佛的总称,不是单指释迦牟尼——阿难在和释迦牟尼说话,那时释迦牟尼还未成佛,怎么会称其为佛呢?后来,当这部《大佛顶首楞严经》成书时,释迦牟尼已成佛,所以,文中的"佛言"是经书作者所称。要知道,在古印度,除了释迦牟尼,还有许多佛,都称作"如来"(其意在[后秦]鸠摩罗什所译《金刚般若波罗蜜经》中释为"无所从来,亦无所去,故名如来")。这在古印度是没人会弄错的,但不知何时,不知怎么一来,古代中国人误把"如来"当成了释迦牟尼的名字,称其为"如来佛"——真是个大乌龙!譬如在《西游记》里,就称释迦牟尼为"如来"。

继续来讲佛经。和《大佛顶首楞严经》一样,其他佛经说到轮回,也视为常理,不做解释。譬如,[唐]般若译《大乘本生心地观经》曰:

有情轮回生六道,犹如车轮无始终。

又曰:

众生没在生死海,轮回五趣无出期。

又如[宋]求那跋陀罗译《过去现在因果经》曰:

> 贪欲、嗔恚及以愚痴,皆悉缘我根本而生。又此三毒,是诸苦因,犹如种子能生于芽,众生以是轮回三有。

又如[后秦]鸠摩罗什译《妙法莲华经》曰:

> 以诸欲因缘,坠堕三恶道,轮回六趣中,备受诸苦毒。

不过,佛经虽不做解释,我还是要稍做解释:何谓"因缘"、何谓"六道"。当然,我所依据的是古印度高僧为阐释佛经而写的律论,如《四分律》《十诵律》《俱舍论》《大智度论》《十二门论》《成唯识论》《大乘起信论》等——只是,我不多作引证(免得使你厌烦),而是释其大意。

所谓"因缘",也称"十二因缘",即:无明、行、识、名色、六入、触、受、爱、取、有、生、老死,也就是把人从生到死的过程想象为十二种"缘由"(或十二个"环节")的因果循环,即:老死缘于生、生缘于有、有缘于取、取缘于爱、爱缘于受、受缘于触、触缘于六入、六入缘于名色、名色缘于识、识缘于行、行缘于无明、无明缘于老死……见下图:

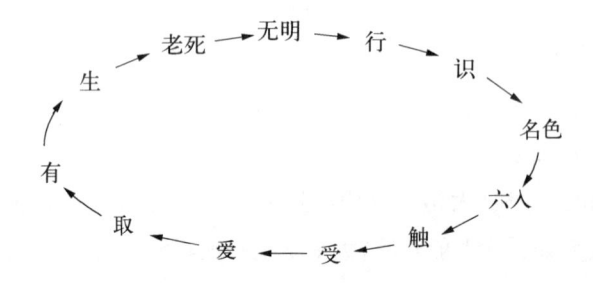

生 → 老死 → 无明 → 行 → 识 → 名色 → 六入 → 触 → 受 → 爱 → 取 → 有 → 生

这是古代印度人特有的想象力,即把生与死想象为循环往复的——人不仅从生到死,还会从死到生。这就是生死轮回,古代印度人的一个非常非常古老的传说。后来,古印度佛教全盘继承了这一传说。再后来,随着古印度佛教传入东土,古代中国人也接受了这一传说。

那么,何谓"六道"?何谓"六道轮回"?"六道"即天道、人间道、阿修罗道、畜生道、饿鬼道、地狱道。其中,天道、人间道、阿修罗道,是"善道";畜生道、饿鬼道、地狱道,是"恶道"。这也是出自古印度人的想象,即把世间众生的栖居之地想象成六条道,世间众生(人畜、飞鸟、爬虫,一切有生之物)都在这六条道上走,而无论走哪条道,是善、是恶,都有报应。也就是说,世间众生在这六条道之间也是轮回的,即"因果报应"。与此同时,世间众生又都在生死轮回之中。所以,所谓"六道轮回",就是:生死轮回+因果报应;或者说,就是因果报应中的生死轮回。

那么,这因果报应中的生死轮回,具体是怎样的呢?按《大佛顶首楞严经》,是这样的:

> 想爱同结,爱不能离,则诸世间,父母子孙相生不断,是等则以欲贪为本。贪爱同滋,贪不能止,则诸世间,卵化湿胎,随力强弱,递相吞食,是等则以杀贪为本。以人食羊,羊死为人,人死为羊,如是乃至十生之类,死死生生,互来相啖,恶业俱生,穷未来际,是等则以盗贪为本。汝负我命,我还汝债,以是因缘,经百千劫,常在生死。汝爱我心,我怜汝色,以是因缘,经百千劫,常在缠缚。唯杀、盗、淫三为根本,以是因缘,业果相续。

原来,觅食谋生、繁衍后代就是因果报应。

古印度佛教的有些说法很神奇。譬如,投胎之说。你知道,按古代印度人的说法,"十二因缘"是"生死轮回"中的十二种"缘由",其中有"无明"和"行",而且"行"缘于"无明",也就是"阿赖耶识"从"无明"(混沌)中显现。"阿赖耶识"(梵文 ālaya-vijñāna 的音译)也称作"一切种子识"(梵文 sarvabījaka-vijñāna 的意译),一种很玄乎的东西。据[宋]求那跋陀罗译《解深密经》言:

> 于六趣生死,彼彼有情,堕彼彼有情众中,或在卵生,或在胎生,或在湿生,或在化生,身份生起。于中最初一切种子心识成熟,展转和合,增长广大。……此识亦名阿陀那识,何以故,由此识,于身随逐执持。亦名阿赖耶识,何以故,由此识,于身摄受藏隐,同安危义故。亦名为心,何以故,由此识,色、声、香、味、触等积集滋长故。

说得啰里啰唆,其实无非是说,有一种神奇的东西会变成有生之物,这种东西叫"阿陀那识",也叫"阿赖耶识",也叫"心"(为什么既叫这、又叫那?因为他找不到确切的说法)。

"阿赖耶识"从"无明"中显现之际,就是投胎之时。这已经够神奇了,但更为神奇的是,有些佛教论书竟然还一五一十地讲述投胎经过,好像不怕有人问:"你是怎么知道的?"

下面就来看看,佛教经典论书《瑜伽师地论》是怎样讲述投胎经过的(译文出自大名鼎鼎的[唐]玄奘,但实在不怎么样,译得疙疙瘩瘩,姑且将就,看个大概吧):

> 阿赖耶识得入母胎,彼即于中有处,自见与己同类有情为嬉戏等,于所生处,起希趣欲。彼于尔时见其父母共行邪行所出精血而起颠倒。起颠倒者,谓见父母为邪行时不谓父母行此邪行,乃起倒觉,见己自行。见自行已,便起贪爱。

这是"阿赖耶识"刚入母胎时的情形,写得就像小说,而且是以第三人称全知全能角度叙述的。这个阿赖耶识,一进母胎就得安身之处,还觉得自己正在和同类一起嬉戏玩耍,而且玩得兴趣盎然。这是不是很像小说?——接着往下看:

> 若当欲为女,彼即于父会便起贪。若当欲为男,彼即于母起贪亦尔。乃往逼趣,若女于母,欲其远去,若男于父,心亦复尔。生此欲已,或唯见男,或唯见女。如如渐近彼之处所,如是如是渐渐不见父母余分,唯见男女根门,即于此处便被拘碍。死生道理,如是应知。

这是决定胎儿性别时的情形。如若是女胎,这时的阿赖耶识就是恋父;如若是男胎,这时的阿赖耶识就是恋母。以后的趣向也是这样——若是女的,就会疏远母亲;若是男的,就会疏远父亲。有了这种欲念,它不是只知男,就是只知女(性别就此决定)。如此这般,渐渐地,它便无视父母还有其他什么区别,眼里不是只有男人的阳具,就是只有女人的阴户,而且像被拴住一样,牢牢盯着那里。生与死的道理,从这里应可得知——这点说得倒没错,古代中国圣人也说:"饮食男女,人之大欲存焉。"——接着往下看:

> 若薄福者,当生下贱家。彼于死时及入胎时,便闻种种纷乱之声,及自妄见入于丛林、竹苇、芦荻等中。若多福者,当生尊贵家。彼于尔时,便自闻

> 有寂静、美妙可意音声,及自妄见升宫殿等,可意相现。

这是决定胎儿贵贱时的情形,说得太形象了,好像他亲眼见过似的。他说,如若胎儿是"薄福者",就会出生的下贱人家,而且在它的前世身亡之际和它的阿赖耶识入胎之时,就已听到杂乱之声,它还发现,自己好像走进了树林或草丛。如若胎儿是"多福者",就会出生的尊贵人家,而且在它的前世身亡之际和它的阿赖耶识入胎之时,就已在静谧中听到美妙的乐声,它还发现,自己好像登上高台、进了宫殿,眼前一片欢乐景象。

贫富贵贱、命中注定,这和古代中国人的"天命论"如出一辙;不同的是,他还描述了天命注定时的情形。接着往下看:

> 尔时父母贪爱俱极,最后决定各出一滴浓厚一精一血,二滴和合,住母胎中合为一段,犹如熟乳凝结之时。当于此处,一切种子异熟所摄,执受所依,阿赖耶识和合依托。

这是阿赖耶识依附于父母精血时的情形。这时,"一切种子识"(即阿赖耶识)已在胎中待命,于是就与凝结的精血"和合依托",合成一体。

也就是说,古代印度人认为——或者说,想象——胎儿由父精、母血和阿赖耶识三合一而成:父精、母血合成胎儿的"肉身"(肉体),阿赖耶识化为胎儿的"灵身"(灵魂);其后,胎儿经"十二因缘",出生、长大、衰老;最后,"肉身"死亡,"灵身"还原为阿赖耶识,再次投胎、再次轮回。

那么,一次次死亡、一次次投胎、一次次轮回,是不是像驴推磨一样,一圈又一圈,简单重复?当然不是。因为是"六道轮回",阿赖耶识在轮回过程中是会"变道"的,即从"善道"变为"恶道",或从"恶道"变成"善道";譬如,从"人间道"变为"畜生道"、从"地狱道"变成"阿修罗道",等等,而"变道"的依据,就是你这一生的善恶。譬如,你前世作恶造孽,死后入"畜生道"投胎,所以,你现世受尽苦难,但你一生行善,死后将入"人间道"投胎,来世幸福安康。这就是"因果报应"。常言道:"善有善报、恶有恶报,不是不报,时候未到,时候一到,一切全报。"其中的"时候",即指来世。

不过,我说的可能不算数,你未必相信。故而,再引[唐]释道世《法苑珠林·送终篇》所言：

> 舍命部云：如《十二品生死经》云，佛言人死有十二品，何等十二？一曰，无余死者，谓"阿那含"，不复还也；二曰，学度死者，谓"那那含"，不复还也；三曰，有余死者，谓"斯陀含"，往而还也；四曰，学度死者，谓"须陀洹"，见道迹也；五曰，无欺死者，谓八等人也；六曰：欢喜死者，谓行一心也；七曰，数数死者，谓恶戒人也；八曰，悔死者，谓凡夫也；九曰，横死者，谓孤独苦也；十曰，缚著死者，谓畜生也；十一曰，烧灼死者，谓地狱也；十二曰，饥渴死者，谓饿鬼也。比丘当晓知是，勿为放逸也。又《净土三昧经》云：若人造善恶业，生天堕狱，临命终时，各有迎。人病欲死时，眼自见来迎。应生天上者，天神持天衣伎乐来迎；应生他方者，眼见尊人为说妙言；若为恶堕地狱者，眼见兵士持刀盾矛戟索围绕之。所见不同，口不能言。各随所作，得其果报。天无枉滥，平直无二。随其所作，天网治之。又《华严经》云：人欲终时，见中阴相若。行恶业者，见三恶受苦，或见阎罗持诸兵杖，囚执将去，或闻苦声。若行善者，见诸天宫殿，伎女庄严，游戏快乐，如是胜事。

他说到"人死有十二品"，说到"人造善恶业""临命终时，各有迎"，说到"各随所作，得其果报"，说到"行恶业者，见三恶受苦""若行善者，见诸天宫殿"——其实，就是前世、现世、来世的"因果报应"。

前世、现世、来世，即所谓"三世"（也称"三生"，即前生、今生、来生），即"六道轮回"，或者，准确地说，是"六道轮回"中的三次轮回（一次轮回称"一劫"，成语"难逃一劫""万劫不复"中的"劫"，即指此），而按佛经所言，"六道轮回"是无休无止、无穷无尽的。但是，寻常之人，哪顾得上无休无止、无穷无尽？能顾上三次，就已经是深谙佛性、上上大吉了。

二、解　脱

那么，"六道轮回"真的无休无止、无穷无尽？是的，对芸芸众生而言，确实如此。但是，对佛而言，对菩萨而言，却并非如此。按佛经，佛、菩萨，已"跳出三界外，不在五行中"，已脱离"六道轮回"。脱离"六道轮回"，即"解脱"——修佛参悟的最高境界。

"解脱"一词,梵文nirvana的意译,也译为"灭度""寂灭""圆寂"等,音译为"涅槃"。所谓"解脱",就是脱离"六道轮回"而入无生无灭之境;用俗话说,就是化为乌有。也就是说,按佛经,佛也好、菩萨也好,其实就是"无"、就是"空",因为只有"无"、只有"空",才能不入"六道轮回";否则,就是"生",就是"死",就是生生死死,就是"因果报应",就是"六道轮回"。

不过,按佛经,此种"解脱",称作"无余涅槃",如《金刚般若波罗蜜经》曰:

> 佛告须菩提、诸菩萨摩诃萨曰:"应如是降伏其心。所有一切众生之类,若卵生、若胎生、若湿生、若化生,若有色、若无色,若有想、若无想,若非有想、非无想,我皆令入无余涅槃而灭度之。如是灭度无量、无数、无边众生,实无众生得灭度者。何以故?须菩提,若菩萨有我相、人相、众生相、寿者相,即非菩萨。"

所谓"无余涅槃",就是彻底的、"无余"的解脱,就是彻底化为乌有、化为"无"、化为"空"。佛说"所有一切众生之类""我皆令入无余涅槃而灭度之",意即"普度众生",即:使众生全部脱离"六道轮回",全部入无生无灭之境。也就是说,"普度"众生,就是"消灭"众生;所以,佛说"如是灭度无量、无数、无边众生,实无众生得灭度者"(全部"灭度",直到无众生需"灭度"为止)。但是,在此之前,先解脱、先灭度、先"无余涅槃"的是菩萨(梵文bodhisattva的音译"菩提萨埵"的简称,意即功德圆满者);所以,佛说:"若菩萨有我相、人相、众生相、寿者相,即非菩萨。"意思就是:菩萨不是"人",乃是"无",乃是"空"。

换言之,修佛参悟,最终目的就是要把自己修炼成"非人",修炼成"无",修炼成"空"——因为,按佛经教义,不仅"色即是空、空即是色""四大皆空",就是佛、佛法、佛性,也是"空"、也是"无"。因为唯有"空无",才是真正的永恒;因为唯有在"空无"中,才不会有劳苦、不会有忧愁、不会有哀痛、不会有生离死别,才会像《红楼梦》里所说,"白茫茫大地真干净"。佛教,其实是一种崇拜"空无"的宗教,称为"空无教"似乎更为合适。

继续讲"无余涅槃"。既然有"无余涅槃",就有"有余涅槃"。何谓"有余涅槃"?《妙法莲华经》曰:

> 我等长夜修习空法,得脱三界苦恼之患,住最后身,有余涅槃。

"修习空法"即参悟佛法,"脱三界苦恼之患"即摆脱世间一切烦恼,"住最后身"即最后还留有肉身(即身未死,仍在世),此即"有余涅槃"。

又[前秦]昙摩蜱、竺佛念译《摩诃般若波罗蜜经释论》(即《大智度论》)曰:

> 谓见思烦恼已断,尚余现受色身未灭,是名"有余涅槃"。

"见思烦恼已断"即《妙法莲华经》所言"脱三界苦恼之患"。"尚余现受色身未灭"即《妙法莲华经》所言"住最后身"。

又[唐]玄奘译《阿毗达磨发智论》曰:

> 云何"有余依涅槃界"?答:若阿罗汉,诸漏永尽,寿命犹存,大种造色,相续未断;依五根身,心相续转,有余依故。诸结永尽,得获触证,名"有余依涅槃界"。

"有余依涅槃界"即"有余涅槃"(译名不同而已)。"阿罗汉"(梵文 arhat 的音译,简称"罗汉")乃参悟佛法之高僧名。"诸漏永尽,寿命犹存"等语,意即《大智度论》所言"尚余现受色身未灭"。"诸结永尽,得获触证"(诸种心结永远消除,获得感触与证悟),意即《大智度论》所言"见思烦恼已断"。

大致说来,所谓"有余涅槃",就是内心已得解脱,已入"四大皆空"之境,但"现受色身"(肉身)仍遗留俗界,即"有余依"(仍有所依)。为何"有余依"?[唐]玄奘译《大毗婆沙论》曰:

> 有余依故者,依有二种:一、烦恼依,二、生身依。此阿罗汉,虽无烦恼依,而有生身依。复次,依有二种:一、染污依;二、不染污依。此阿罗汉,虽无染污依,而有不染污依,故所得诸结永尽,名"有余依涅槃界"。

什么意思?他说,"有余依"有两种:一种是"烦恼依",即为人世间的忧愁烦恼所牵绊;一种是"生身依",即为自己的肉身所牵绊,即:仍有俗念而未能舍身弃世。也就是说,"有余依"有两种:一种是"染污依",即受世俗所污的牵绊;一种是"不染污依",即不受世俗所污的牵绊。阿罗汉的"有余依",不是"染污依",而是"不染污依",即:种种俗念纠结,他都已解决,故而称为"有余涅槃"。

"烦恼依""生身依"容易理解,"染污依""不染污依"其实也不难理解,就是:你若仍有种种俗念的"染污",如仍在关心家庭啦、朋友啦、子女啦、父母啦、工作啦、收入啦,等等,那你根本不配谈什么解脱、谈什么涅槃,而所有这一切"染污",阿罗汉都已统统舍弃,唯一未舍弃的仅是他自己的肉体,所以,他是"不染污依",才称得上"有余涅槃"。

其实,说白了,"有余涅槃"也好,"无余涅槃"也好,要想参悟佛法、要想解脱,无非就是舍弃、舍弃、再舍弃,直至舍弃肉身、舍弃性命,直至无声无息、无影无踪、空空如也、空空荡荡,即成菩萨、即成佛——因为,不仅"色即是空,空即是色",而且"佛即是空,空即是佛"。

那么,哪些人最愿意看空一切、舍弃一切?答曰:一无所有者。道理很简单,一无所有者本来就一无所有,对他们来说,一切本来就都是空,而且,他们也不惧舍弃一切,因为他们本来就没什么可以舍弃。那么,哪些人是一无所有者?答曰:穷人——天下最多的一种人。

不过,说穷人最容易相信"四大皆空"、相信佛教,当然是相对而言的。任何宗教,都有穷人相信,也有富人相信,但相对来说,佛教更合穷人心愿。为什么?因为佛教给予穷人更多希望——不是"有余涅槃",更不是"无余涅槃"(没人真想做阿罗汉,更没人真想成佛),而是"因果报应""六道轮回""转世投胎",使穷人有所指望——指望"来世"能得善报,不再穷困潦倒。

在古代印度,佛教有多少信徒,我等不甚了了,但佛教传入东土后,在古代中国,历朝历代,信徒越来越多,而且多为乡间农人、市镇小民,却是不争的事实。

第九章　殡葬　居丧

前面三章,讲述古代中国人的生死观——儒家生死观、道家生死观和佛家生死观。有怎样的生死观,就有怎样的丧葬方式。所以,本章要讲述的是古代中国人的殡葬和居丧。

一、殡　葬

人死了,尸体要么埋了,叫"土葬";要么烧了,叫"火葬"。当然,还有其他各种各样的葬法,如树葬、天葬、海葬,等等,但最多的是土葬和火葬。

这两种葬法,在古代中国都有——只是,较之于火葬,更多是土葬。火葬大多用于中毒而亡或死于瘟疫之人,还有和尚、僧徒,因视肉身为"臭皮囊",死后也大多火葬,一烧了之。除此之外,古代中国人,不论是帝王将相,还是黎民百姓,全都是土葬,号称"入土为安"。因为他们相信,人死就是灵魂离开躯体,若躯体不入土,离开躯体的灵魂就不得安宁。

离开躯体的灵魂,称作"鬼魂"或"鬼";灵魂离开后的躯体,称作"尸体"或"尸首"。至于尸体不入土,鬼魂不得安宁,不知是谁说的;为什么尸体不入土,鬼魂不得安宁,也从来没人解释过。反正,自古以来就是这么说的,历朝历代也就这么相信了——如此而已。

除了相信土葬,古代中国人还相信厚葬。所谓"厚葬",就是下葬时在棺木或墓穴中放入尽可能多的陪葬品——即死者生前拥有的东西,因为古人相信人有"死后生活",相信死人也需要各种东西,而且和生前一样,多多益善——甚至,也需要女人和仆人。所以,他们甚至把死者生前拥有的女人和仆人也当作陪葬品(那就是"人殉",我将在后面一章详说)。这种行为,也许你知道,是"万物有灵"观念的表现,而"万物有灵"观念,是原始人类共有的。

当然,除了人类共同性,古代中国人的厚葬还有其民族性。那就是,古代中国人首推的"孝"和"孝道",助长了厚葬之风。所谓"百行孝为先""以孝治天下",致使古代中国人唯父母是从、唯父母是命,活着就是为了做孝子,并以此为荣。所以,当父母亡故时,孝子往往会不惜一切,让父母"带走"其生前拥有之物,也就是尽可能多地把陪葬品放入父母的棺木或墓穴中,以示其"孝"——这样一来,其"葬"岂能不"厚"?

除了在棺木或墓穴中放入尽可能多的陪葬品,厚葬还有一层意思,就是殡葬之礼极其隆重,而所谓"隆重",除了吊丧之人络绎不绝,还有更重要的是,丧仪和葬礼的程序之多、之烦琐,今天看来,实在令人惊讶。但古代中国人却乐此不疲,因为在他们看来,程序越多,越隆重,越令人肃然起敬。

那么,古代中国人的殡葬之礼,到底有多烦琐?下面,我就根据"儒家十三经"之一的《仪礼》,让你领略一下古代中国人的殡礼——注意,仅仅是殡礼,不包括葬礼;也就是说,走完这些程序,死者仅仅被装进棺材,还未入土。

《仪礼》中有"士丧礼"一章。何谓"士"?你是知道的,古代中国人自分为五等(我说"自分为",意即:这不是强迫的,而是自愿的、公认的):天子、诸侯、大夫、士、庶人。这五等人,生有贵贱之分,死有尊卑不同,就是"死"本身,也有五种叫法,按《礼记·曲理下》:

天子死曰崩,诸侯曰薨,大夫曰卒,士曰不禄,庶人曰死。

既然连死的叫法都不同,这五等人的殡葬之礼当然也大不相同。所以,《仪礼·士丧礼》所说,仅为"士"若"不禄",应该行何种殡礼;或者说,"士"死了,家人办丧事,该怎么做——注意,在古代中国,一个人死了,家人如何办丧事,历代都有明文规定,要按死者的等级,照章办事,既不可越级,也不可降级;否则,就是犯法,是要问罪的。

那么,一个士,"不禄"了,他的家人该怎么做呢?《仪礼·士丧礼》用了好几千字,细致周到地定了许多规矩——要知道,整部《论语》也就一万两千字,而据说,半部《论语》即可治天下,现在死了个"士",竟然要用几千字定下一大堆程序,最后也只是把这个"士"装进棺材而已,这是不是太夸张、太啰唆了?为什么要这样?其中道理,我到后面再说,现在先让你看看,《仪礼·士丧礼》的第一段是怎么说的:

> 死于适室,幠[hū]用敛衾。复者一人,以爵弁服,簪[zān]裳于衣,左何之,扱[jí]领于带,升自前东荣、中屋,北面招以衣,曰"皋某复"三,降衣于前,受用篚。升自阼[zuò]阶,以衣尸。复者降自后西荣。

这古文,比《论语》还难读。好在,你只要知道个大概就可以了,不必逐字逐句弄懂它。大概什么意思呢?它说,士要死在正室里("死于适室"即"寿终正寝","适室"即"正室""正寝",即今所说"主卧室"),要盖上被子。"复者"(招魂者)一人,穿纯衣纁裳,上下衣裳的左边打个结,领口上系一根带子,从东面的前屋檐("东荣")爬上屋顶,站到屋脊中央("中屋"),挥动死者的一件衣服,面向北,喊三声"某某(死者名)回来",接着就把衣服扔下来。下面有个箩筐接着,把箩筐拿到台阶上,把里面的衣服拿去盖在死者身上。这之后,"复者"才从西面后屋檐上爬下来。这是第一程序,称作"复"(即"招魂",我将在下一章详说)。

那么,其后呢?其后是所谓"楔齿缀足",就是用木棒撬开死者双颚、用矮凳垫高死者双足。为何要撬开死者双颚?因为要让死者"含饭"。何为"含饭"?据《白虎通义·崩薨》:

> 所以有含饭,何也?缘生食,今死,不欲虚其口,故含。用珠宝物,何也?有益死者形体,故天子饭以玉、诸侯饭以珠、大夫以米、士以贝也。

原来,这是为了"不虚其口",因为口是用来吃饭的,即便死了,也不能空着。而且,天子、诸侯、大夫、士,所含之"饭"各不相同——天子含玉、诸侯含珠、大夫含米、士含贝(含一个贝壳)——以示尊卑。那么,为何要垫高死者双足?很遗憾,不知道(当然,是我不知道,因为我查遍资料,找不到有关解释)。不管怎样,这是第二程序——"楔齿缀足"。

那么,其后呢?其后是"奠":

> 奠脯醢、醴酒。升自阼阶，奠于尸东。帷堂。

用干肉、肉酱、甜酒祭奠。从东面台阶上堂，把祭品放在尸体的东面。同时，堂上要设幕帐。这是第三程序。

其后呢？其后是"命赴"，也就是报丧：

> 乃赴于君。主人西阶，东南面，命赴者，拜送。

一个"士"死了，也要报于国君，可想而知，那时的"国"多么小，说不定只有几千人，和现在稍大的"厂"差不多，国君相当于"厂长"。至于丧主（通常是长子）必须站在西面阶台，面朝东南嘱咐报丧者，还要"拜送"——这种繁文缛节，后面多的是，恕我不再一一说明。反正，你知道就可以了，古代中国人对东、南、西、北非常讲究，因为在他们看来，东、南、西、北，不仅和地位有关，还和祸福有关，而现代人呢，住在城市里，往往连东、南、西、北也搞不清楚，还有什么地位、什么福祸？这是第四程序。

其后呢？其后可想而知——既然你报了丧，别人就要来吊丧：

> 有宾，则拜之。入，坐于床东。众主人在其后，西面。妇人侠床，东面。亲者在室。众妇人户外北面。众兄弟堂下北面。

吊丧的规矩很多，这里说到的仅是丧家接待吊丧者的规矩，不外就是东啦、西啦、北啦，就是人有贵有贱——东即贵、北即贱（因为东、南、西、北，东排第一、北排最后）。"亲者在室"，即："士"的妻（丧主之母）在内室，是不见客的。"妇人侠床"，即：丧主的妻妾要隔着灵床与吊唁者相见。后面的"众妇人"，则是指家里的其他女人，她们只能站在外面，而且要面朝北，因为她们是家里地位最低之人，也就是最贱之人。比她们稍好一点的是"众兄弟"，他们可以在"堂下"，但也要面朝北。这是第五程序，称作"吊唁"。从这里即可得知，为什么死了个"士"，《仪礼·士丧礼》要用几千字来说明一大堆程序——因为人的贵贱尊卑，必须不断重申，才会被视为天经地义、理所当然。

那么，其后呢？其后是"建铭"，就是为死者树一块招牌：

为铭,各以其物。书铭于末,曰:"某氏某之柩。"竹杠长三尺,置于宇西阶上。

其实,所谓"铭",就是在一块长一尺、宽三寸黑布下面缝上一块长二尺、宽三寸红布,成三寸宽、三尺长的布条,然后在红布上写"某某某之柩",然后把这布条挑在一根长三尺的竹竿上,就如一面旌旗,然后把这面旌旗插在西面屋檐下的台阶上。这是第六程序,称作"建铭"。

那么,其后呢?其后是"陈袭",就是陈列死者的衣物:

陈袭,事于房中,西领,南上,不绮[qiàn]。明衣裳,用布。笄,用桑,长四寸,纼[qiú]中。布巾,环幅,不凿。掩,练帛广终幅,长五尺,析其末。瑱[tiàn],用白纩[kuàng]。幎[mì]目,用缁,方尺二寸,䞓里,著,组系。握手,用玄,纁[xūn]里,长尺二寸,广五寸,牢中旁寸,著,组系。决,用正王棘,若檡[zhái]棘,组系,纩极二。冒,缁质,长与手齐,䞓杀,掩足。爵弁服、纯衣、皮弁服、褖衣、缁带、韎[mèi]韐[gé]、竹笏。夏葛屦,冬白屦,皆繶[yì]缁絇[qú]纯,组綦[qí]系于踵。庶襚[suì]继陈,不用。

这段话,一般人没法读,我也没法逐字逐句解释——反正,烦琐之极。不过,大致可以翻译出来,你若不嫌麻烦,不妨一读:

"陈列衣服于房中,衣领向西,自南至北排列,不必两行。贴身之衣裳用帷幕之布。插发髻之笄用桑木制成,长四寸,绕于髻之中央以固发。为饭而设以覆尸面的布巾不凿孔。裹头的练帛宽二尺,长五尺,末端撕开以打结。塞两耳用新丝绵。蒙面,外用黑布,内用红布,一尺二寸见方,以絮充入缁表之中,并打上结。握手,外用黑色布,里用橙色布,长一尺二寸,宽五寸,中间手握部分一寸见方,也以絮充入其中,并打上结。钩弦用玉制指套,放弦用两个丝绵指套,亦打上结。套尸体,上身用黑布套,长与手齐,下身用红布套,直至遮住两足。死者穿生前所穿衣服三套:纯衣浅黄裳,白布衣素裳,有红色镶边的黑衣裳。黑带,赤黄色皮袜,竹制笏板。若是在夏天,就穿白色葛屦,若是在冬天,则穿白色皮屦。而屦(鞋)带、屦头饰和屦的周边皆用黑布,屦带系于屦后跟。其他众多亲属及庶兄弟赠送的衣物,只陈放在房中,不用。"

这是第七程序——"陈袭"。那么,其后呢? 其后是"沐浴":

> 管人汲,不说繘[jú],屈之。祝淅米于堂,南面,用盆。管人尽阶,不升堂,受潘,煮于垼[yì],用重鬲[gé]。祝盛米于敦,奠于北。外御受沐,入。主人皆出,户外北面。乃沐,栉,挋[zhèn]用巾,浴,用巾,挋用浴衣。

取水人从井里汲水,不能解去水桶上的绳子,要绕在手上。巫师面向南,用盆在堂上淘米。取水人上台阶,不能上堂,从巫师那里接过淘米水,用大锅在炉灶上烧。巫师把淘过的米放在小锅中,面向北,祭奠。佣人进主室,用取水人烧热的淘米水给死者洗头。这时丧主和其他人都要出去,在外面朝北而立。佣人在室内为死者洗头、梳头,用洗头巾拭干,再用浴巾洗身,用浴衣拭干。这是第八程序,用淘米水为死者沐浴。

其后呢? 其后是"小殓",即为死者穿衣。这已经是第二天了:

> 厥明,陈衣于房,南领,西上,绮,绞横三缩一,广终幅,析其末。缁衾,赪[chēng]里,无紞[dǎn]。祭服次,散衣次,凡十有九称,陈衣继之,不必尽用。……布席于户内,下莞上簟。商祝布绞衾、散衣、祭服。祭服不倒,美者在中。士举迁尸,反位。设床第于两楹之间,衽如初,有枕。卒敛,彻帷。主人西面冯尸,踊无算。主妇东面冯,亦如之。

第二天一早,陈列死者衣物于室内——这在前面已经说过,要点是把死者的衣物都陈列出来,但不必全用。至于为死者穿衣,因那时的衣服宽大而简单(其实都是长袍),所以其过程是:在死者床前铺一张席子,把死者要穿的外衣铺在席子上,再把死者要穿的内衣铺在外衣上,然后把死者(应是"沐浴"后赤身裸体的)搬到内衣上,把死者双臂套入衣袖,衣襟裹住死者躯体,即为死者穿好寿衣——其实,和用裹尸布裹尸差不多。然后,把死者搬回床上,撤去堂上幕帐。然后,丧主站在死者西面("西面冯尸"),跺脚大哭("踊"),哭的时间要尽可能长;主妇站在死者东面,也要跺脚大哭。这是第九程序——"小殓"。

其后呢? 其后是"大殓":

  主人奉尸敛于棺,踊如初,乃盖。众主人复位。妇人东复位。设熬,旁一筐,乃涂。踊无算。卒涂,祝取铭置于□(此处缺一字)肂。主人复闲位,踊,袭。

  这已经是第三天了。丧主和众兄弟抬死者入棺材,然后,像小殓时一样,跺脚大哭,要哭足够长时间,才盖上棺盖。然后,众兄弟回原处。丧主妻妾回到东面位置。然后,有人在棺材的前后左右各放一筐黍稷,并在棺材上涂泥。这时,丧主和众兄弟,以及妻妾,都要跺脚大哭,而且哭的时间要尽可能长。等棺材涂完泥,巫师把早先插在台阶上的"铭"放在棺材头上。这时,丧主回到东面台阶的原位上,再次跺脚大哭,然后穿上丧服。这是第十程序——"大殓"。

  按理,死者已装进棺材,所谓"殡礼",不就到此结束了吗?且慢!还有两道程序。一是所谓"朝夕哭",即"大殓"后,丧主和家人每天早上和晚上都要痛哭于停柩之处(灵堂):

  朝夕哭,不辟子卯。妇人即位于堂,南上,哭。丈夫即位于门外西面,北上。外兄弟在其南,南上。宾继之,北上。主人即位,辟门。妇人拊心,不哭。主人拜宾,旁三,右还,入门,哭。妇人踊。

  什么意思?他说,朝夕哭,不避忌日,即:无论哪一天,都可以朝夕哭。怎么哭法?先是妇人(即丧主之妻,亦即死者的长媳)到灵堂前,最好面朝南而立,哭。此时,丈夫(即妇人之夫,即丧主,死者的长子)到灵堂门外的西面,最好面朝北而立。外兄弟(即丧主的堂兄弟,亦即死者的侄子)在灵堂的南面,最好面朝南而立。继而,宾客到,最好面朝北而立。等丧主即位后,开灵堂门。此时,妇人捶胸示哀,但不哭。与此同时,丧主拜谢宾客,要三拜,然后右转,入灵堂门,哭。此时,妇人跺脚大哭。这是第十一程序——"朝夕哭"。

  二是所谓"卜葬",顾名思义,就是占卜决定何时下葬:

  卜日,既朝哭,皆复外位。卜人先奠龟于西塾上,南首,有席。……乃旅占,卒,不释龟,告于莅卜与主人:"占曰某日从。"授卜人龟。告于主妇,主妇哭。告于异爵者。使人告于众宾。卜人彻龟。宗人告事毕。主人绖,入,哭。宾出,拜送。

卜葬之日,先行朝哭之礼。然后,众人在灵堂外入座。卜人早先已在灵堂门西边的桌上放好龟甲,甲头向南,即成卜席。……于是占人开始占卜,占毕,不放下龟甲,即告知监占人和丧主说:"占曰某日可葬。"随后把龟甲交与卜人。丧主把占卜所知下葬之日告知主妇(即其母,死者妻),主妇哭。再告知官府派来之人,并叫人告知在座众人。这之后,卜人撤去龟甲。族长宣布卜葬之事完毕。丧主披麻戴孝,入灵堂,哭。这之后,宾客告辞,丧主拜送。这是第十二程序——"卜葬"。

以上就是《仪礼》所言之"士丧礼"的大概程序。为何说"大概"?因为这十二道程序是我归纳的,并非原文所有,而且我在归纳时还省略了许多小程序,如"再奠""三奠""东方之馔""君若有赐""陈鼎于寝门",等等——试想,死了一个"士",五等人中的第四等,其丧礼已如此烦琐,那要是死了"天子"或"诸侯"呢?第一等或第二等,其丧礼又会怎样?可想而知,肯定还要烦琐,因为古代中国人的"礼",讲究的就是烦琐——越烦琐、越隆重。

那么,一个"士"死了,而且已装进棺材,又该如何埋葬他呢?遗憾的是,《仪礼》中没有"士葬礼",仅言道:"死三日而殡,三月而葬。"(死后三天装进棺材,死后三月埋入地下。)也就是说,装在棺材里的他,要在地面上停留三个月,然后才能"入土"——那么,按"入土为安"的说法,他的鬼魂在这三个月里不是就不得安宁吗?不就要到处游荡吗?怪不得,古代中国人那么相信鬼。原来,那时有那么多鬼,而有那么多鬼,又是他们自己搞出来的——为什么不让死去的人快点"入土",非要等三个月?真是令人费解。也许,古代中国人喜欢鬼,因为有些鬼,曾是他们的亲人……

离题了,打住!回头来说,《仪礼》中没有"士葬礼"。所以,我只能找其他典籍,以查明古代中国人比较典型的葬礼是怎样的。但是,所有典籍说到葬礼,都是强调五等人的葬礼应有何种区别,至于葬礼本身,往往不置一词。譬如,先秦时的《周礼》曰:

> 天子葬,同轨毕至;诸侯葬,明盟至;大夫、士葬,同位至;庶人葬,族党相会。

这是强调出席葬礼的宾客应有区别。天子葬礼,所有诸侯必须到场;诸侯葬礼,结盟的诸侯必须到场;大夫、士葬礼,同等级的人必须到场;庶人葬礼,族人都要到场。

又譬如,[汉]戴圣《礼记》曰:

> 君大棺八寸,属六寸,椑[bēi]四寸;上大夫大棺八寸,属六寸;下大夫大棺六寸,属四寸,士棺六寸。君里棺用朱绿,用杂金鐕[zān];大夫里棺用玄绿,用牛骨鐕;士不绿。君盖用漆,三衽三束;大夫盖用漆,二衽二束;士盖不用漆,二衽二束。君、大夫鬊[shùn]爪;实于绿中;士埋之。君殡用輴[chūn],攒至于上,毕涂屋;大夫殡以帱,攒置于西序,涂不暨于棺;士殡见衽,涂上帷之。熬,君四种八筐,大夫三种六筐,士二种四筐,加鱼腊焉。饰棺,君龙帷三池,振容。黼[fǔ]荒,火三列,黼三列。素锦褚,加伪荒。纁[xūn]纽六。齐,五采五贝。黼翣[shà]二,黻[fú]翣二,画翣二,皆戴圭。鱼跃拂池。君纁戴六,纁披六。大夫画帷二池,不振容。画荒,火三列,黻三列。素锦褚。纁纽二,玄纽二。齐,三采三贝。黻翣二,画翣二,皆戴绥。鱼跃拂池。大夫戴前纁后玄,披亦如之。士布帷布荒,一池,揄绞。纁纽二,缁纽二。齐,三采一贝。画翣二,皆戴绥。士戴前纁后缁,二披用纁。君葬用辁,四绰[fú]二碑,御棺用羽葆。大夫葬用辁,二绰二碑,御棺用茅。士葬用辁车。二绰无碑,比出宫,御棺用功布。凡封,用绰去碑负引,君封以衡,大夫士以咸。君命毋哗,以鼓封;大夫命毋哭;士哭者相止也。君松椁,大夫柏椁,士杂木椁。棺椁之间,君容祝[zhù],大夫容壶,士容甒[wǔ]。君里椁虞筐,大夫不里椁,士不虞筐。

这是不厌其烦地强调棺椁、棺饰、柩车、下棺等应有区别,烦琐之极,读来令人头晕。不过,大致可以翻译出来,你若不嫌麻烦,可以读一下(可能和读原文一样令人头晕):

"诸侯的棺有三重:最外边的大棺厚八寸,中间的属厚六寸,贴身的椑厚四寸。上大夫的棺有两重:大棺厚八寸,属厚六寸。下大夫的棺两重:大棺厚六寸,属厚四寸。士棺一重,厚六寸。诸侯的里棺内壁用朱色的缣作衬里,用金钉、银钉、铜钉钉牢。大夫的里棺用玄色的缣作衬里,用牛骨钉钉牢。士的棺不用衬里。诸侯的棺盖与棺身的接缝要用漆涂合,而且每边有三处接桦,再用三条皮带捆紧。大夫的棺盖与棺身的接缝也要用漆涂合,但每边只有两处接桦,再用两条皮带捆紧。士的棺盖与棺身的接合部不用漆涂合,但每边也有两处接桦,再用两条皮带捆紧。从国君、大夫遗体上梳下来的乱发和剪下的指甲,要盛放在小囊里,塞到衬里中;士棺不用衬里,所以就埋在两阶间的坑里。诸侯的殡是将灵柩放在𬨎车上,在𬨎车的四周堆积木材,上面堆成屋顶形状,最后用泥加以通体的涂抹。大夫的殡是用棺衣罩在棺上,棺放在西序下,一边靠着西序,其他三面堆积木材,但上面不堆成屋顶形状。涂泥时只涂外面堆积的木材,不涂棺。士的殡是掘个坑将棺浅埋,露出接桦以上部分,将露出部分用泥涂抹。无论贵贱,停殡期间都要用布幔围起来。炒熟的谷物放在殡的两旁:国君是黍、稷、稻、粱四种,分装八筐;大夫是黍、稷、粱三种,分装六筐;士是黍、稷二种,分装四筐、每筐还要加上干鱼、干肉。出葬时的棺饰:诸侯的棺材四周挂着画龙的帷幔,荒下三面设池,池下悬有振容。棺上的篷顶部分。其边缘画有黼形花纹,其中央有三行半环形花纹,三行黻形花纹。先用素锦做的棺罩,罩在棺上,再在棺罩的四周加上帷幔,在棺罩上方加上荒。帷和荒用六条绛色纽带系连在一起。荒顶的齐,由一串球形物组成,共五个,每个一色,另外还挂有五串贝壳。画有𪓐形花纹的翣两面,画有黻形花纹的翣两面,画有云气的翣两面。每面翣的上边两角都悬圭为饰。池下挂着铜鱼,随着柩车的行进而上下跳动。用六条绛色帛带把灵柩捆紧到柳上。设置六条绛色披带。大夫的棺材四周挂着画有云气的帷幔,荒下前后设池,池下不设振容。荒的边缘画有云气花纹,其中央有三行半环形花纹,三行黻形花纹。素锦做的棺罩。帷、荒之间用两对绛色、两对玄色的纽带连接。荒顶的齐,由一串三个球形物组成,颜色分别为朱、白、苍,另外还挂有三串贝壳。画有黻形花纹的翣两面,画有云气的翣两面,每面翣的上边两角都用五彩羽毛作装饰。池下挂着铜鱼,随着柩车的行进而上下跳动。大夫的用来把灵柩捆紧到柳上的带子,前边两条是绛色,后边两条是玄色。披带的数目与颜色也是如此。士的棺材四周挂的是白布帷,上面罩的是白布荒,荒下前方设池,池下设揄绞。帷、荒之间用两对绛色、两对黑色的纽带连接。荒顶的齐,由一串三个球形物组成,颜色分别为朱、白、苍,另外还挂有一串贝壳。画有云气的翣两面,每面翣的上边两角都用五彩羽毛作装饰。士的用来把灵柩捆紧到柳上的带子,前边两条是绛色,后边两条是黑色。每边的两条披带都是绛色。诸侯出葬途中用辁车载柩,下棺入圹时用四条绳子和两座安置有辘护的碑,用羽葆来指挥送葬队伍。大夫出葬途中用轮车载柩,下棺入圹时用两条绳子和两座安有辘护的碑,用旗帜指挥送葬队伍。士出葬途中用栓车载柩,下棺入圹时用两条绳子,不用碑;从起灵以后,用木棍挑着一块大功孝布指挥送葬队伍。凡是下棺入圹,拉绳子的人都是背对碑,向离开碑的方向牵拉,使棺徐徐下落。诸侯下棺时,用一根大木棍穿在束棺的革带下,再将绳子系在木棍两端;大夫、士下棺时,都是将绳子直接系在束棺的革带上。诸侯下棺时,指挥的人命令众人不要喧哗,听着鼓点逐渐松绳下棺。大夫下棺时,指挥的人不用鼓点,只是命令停止哭泣。士下棺时,没有专人指挥,正在哭泣的亲属互相劝告停止哭泣。诸侯用松木作椁,大夫用柏木作椁,士用杂木作椁。棺椁之间的空隙,诸侯要容得下柷,大夫要容得下壶,士要容得下瓶。诸侯的椁,其内壁有衬里,其外壁也经过精心加工;大夫的椁,其内壁没有衬里;士的椁,其外壁也不经加工。"

又譬如,[汉] 班固《白虎通义》曰:

> 天子七月而葬,诸侯五月而葬,何? 尊卑有差也。天子七月而葬,同轨必至;诸侯五月而葬,同会必至,所以慎终重丧也。

这是强调葬期应有区别。他说,天子死后,过七个月才能下葬;诸侯死后,过五个月下葬,这是尊卑有别。至于他说天子下葬时"同轨必至",诸侯下葬时"同会必至",显然,是从《周礼》中抄来的(见前引文)。

反正,无论是《周礼》《礼记》,还是《白虎通义》,都未讲到葬礼程序,因而都看不出古代中国人比较典型的葬礼是怎样的。不过,我在一本外国书中看到一段关于古代中国人葬礼的描述,倒是典型的古代中国人的葬礼——当然,是以我之见。

这本书就是《马可·波罗游记》。书中,十三世纪意大利商人马可·波罗讲述他在元世祖至元十二年到至元二十八年间在"大朝"(即元朝)的亲身经历,其中讲到他所知道的古代中国人的葬礼:

> 任何达官显贵和富人大户死后,都必须遵守以下的仪式,这也是他们的风俗。所有死者的家属及亲友都必须穿起粗麻布衣服,伴送死者直到坟地。送葬的队伍伴以乐队,沿途吹吹打打,还有僧侣之类的人高声念颂经文。到

达坟地后,人们把许多纸制的男女仆人、马、骆驼,金线织成的绸缎,以及金银货币投入火中。他们相信死者在阴间也可以享受这些东西,并且相信那些假人与贡物都会在阴间恢复原来的状态,即使货币、绸缎等也是如此。等这些东西烧完后,他们立刻奏响所有乐器,声音宏大喧嚣,经久不息。他们认为这样的仪式可以使他们信奉的神灵接纳死者的亡魂。

是的,古代中国人的葬礼,大抵就是如此。不过,仍需说明,并非所有古代中国人死后都是如此。许许多多穷苦贫困的"庶人",有的也许根本没有什么葬礼,只是掘土埋棺、草草了事;有的,也许连棺材也没有,只有一张草席裹尸;有的,也许连"入土"的资格也没有,只能弃之郊外、曝尸荒野。

二、居 丧

现在,葬礼结束了。丧事办完了吗?不,还没有,后面的事还多着呢。还有啥事?还要"居丧"。

何为"居丧"?"居丧"也称"丁忧",就是父或母死,子女在三年内要"守丧""值丧"。如何"守丧""值丧"?历朝历代都有明文规定,虽有所不同,但大同小异,因为历朝历代所依据的,就是那几部儒家礼仪经典——不是《周礼》,就是《仪礼》;要不,就是《礼记》,或《白虎通义》。所以,只要看看其中的一两种,你就能大致明了,古代中国人是如何"守丧""值丧"的。

先看《礼记》。你或许知道,《礼记》是一本"专题论文集",即[汉]戴圣写的几十篇与"礼"有关的文章。因此,关于居丧,其中的《杂记》《檀弓》《曲礼》《丧大记》《间传》《丧服小记》《问丧》《三年问》等都有论及,而且多有重复。所以,即便以《礼记》为例,也只要注意其中的两三篇就可以了。先看《礼记·三年问》,其曰:

三年之丧,二十五月而毕。

居丧三年,其实是二十五个月(两年一个月),号称"三年"。那么,为何要居丧三年?其曰:

孔子曰:"子生三年,然后免于父母之怀,夫三年之丧,天下之通丧也。"

因为你出生后,父母曾怀抱你三年(四岁才让你下地走路),所以,父母死,你要为父母居丧三年,可谓天经地义。

那么,在这三年里,要做些什么?饮食、穿戴,都要与平时不同。怎么不同?先说饮食,看《礼记·丧大记》,其曰:

君之丧,子、大夫、公子、众士,皆三日不食;子、大夫、公子食粥,朝一溢米,暮一溢米,食之无算;士疏食水饮,食之无算;夫人、世妇、诸妻,皆疏食水饮,食之无算。大夫之丧,主人、室老、子姓,皆食粥,众士疏食水饮,妻妾疏食水饮。士亦如之。

这是说诸侯、大夫、士死,在下葬前(诸侯五月而葬,大夫、士三月而葬),家人及下属的居丧饮食(居丧其实从人死的那天就已开始)。为什么只说诸侯、大夫、士,而掐头去尾,省略了天子和庶人?因为天子只有一人,而且至高无上,其居丧礼仪特殊,另议。庶人呢?你知道,"礼不下庶人",所以,《礼记》不言庶人。那么,诸侯、大夫、士死后的五个月或三个月里,其他人应吃什么、喝什么?他说,诸侯(即国君)死,子(即世子)、大夫、公子(即庶子)、众士,"三日不食"(言下之意,天子不必,庶人也不必)——三天不吃饭?不要饿昏?其实,这"不食"不是说什么都不吃,而是说不正式进食,即不再一日三餐。那么,吃什么?他说,子、大夫、公子,"食粥",早上一把米、晚上一把米,而且"食之无算"(饿了吃一点,不按顿)。众士呢?"疏食水饮"(吃糙米饭,喝清水),也是"食之无算"。诸侯的夫人、世妇、诸妻,也一样,也是"疏食水饮,食之无算"。那么,大夫死,怎么样?他说,大夫死后三天,主人(丧主,通常是长子)、室老(管家)、子姓(小辈),"皆食粥",众士"疏食水饮",大夫的妻妾和众士一样,也是"疏食水饮"。那么,士死呢?他说,"士亦如之"(和大夫一样),儿孙、管家"食粥",其他人"疏食水饮"。

这是死后三天,也就是大殓前,家人要"食粥"或"疏食水饮"。但从大殓到下葬,你知道,诸侯要长达五个月,大夫、士也要三个月,这么长时间里,家人一直要"食粥"或"疏食水饮"?是的,按《礼记·丧大记》,就应该这样。不过,书上是这么说的,实际怎样,那就天知道了。

那么,下葬后呢? 答曰:

> 既葬,主人疏食水饮,不食菜果,妇人亦如之。

下葬以后,丧主"疏食水饮"(不再"食粥"),但仍"不食菜果"(不吃菜肴和瓜果),"妇人"(丧主的妻妾)也一样(言下之意,家里的其他人可以"食菜果"了)。

那么,丧主及其妻妾,何时能吃菜、吃肉? 答曰:

> 练而食菜果,祥而食肉。

练祭(一周年祭奠)后可"食菜果",大祥(两周年祭奠)后可"食肉"。同时,又曰:

> 食粥于盛,不盥;食于篹者,盥。食菜以醯酱。始食肉者,先食干肉;始饮酒者,先饮醴[lǐ]酒。

用"盛"(碗)喝粥,不洗手;用"篹[zhuàn]"(盘)吃饭,可洗手。吃菜可用"醯[xiān]"(醋)和酱。刚开始吃肉,要先吃干肉;刚开始喝酒,要先喝"醴酒"(甜酒)。这很奇怪。为什么? 我没找到。

那么,亲属居丧,有何讲究? 答曰:

> 期之丧,三不食,疏食水饮,不食菜果。三月既葬,食肉饮酒。

居丧一年的亲属(如死者的兄弟、侄子等),"三不食"(不食三餐),"疏食水饮,不食菜果",这和家人一样。不同的是,等三个月,死者下葬后,即可食肉饮酒。这是"期之丧"(一年居丧)。还有"九月之丧":

> 九月之丧,食饮,犹期之丧也。食肉饮酒,不与人乐之。

居丧九个月的亲属(如死者的姐妹、外甥等),饮食和居丧一年的亲属相同,可以食肉饮酒,但不可聚餐取乐。这是"九月之丧"。还有"五月之丧"和"三月之丧":

> 五月、三月之丧,壹不食、再不食,可也。比葬,食肉饮酒,不与人乐之。

居丧五个月或三个月的亲属(即远亲),只要第一天的第一顿饭不吃,第二顿饭也不吃,就可以了。在下葬前,可以食肉饮酒,但不可聚餐取乐。

> 叔母、世母、故主、宗子,食肉饮酒。

辈分比死者高的人,如叔母、世母、故主、宗子(族长),吃肉饮酒,照常——也就是说,这些人居丧,无饮食限制。还有,如有人情况特殊,可以通融:

> 不能食粥,羹之以菜,可也。有疾,食肉饮酒,可也。

有人不能食粥,可以用菜羹代之。有人有病在身,需要食肉饮酒,也不必强求。还有:

> 五十不成丧,七十唯衰[cuī]麻在身。

五十岁以上的人居丧,可随其意;七十岁以上的人居丧,只要"衰麻"("披麻")就可以了。

说到"衰麻",接着就来讲居丧人的穿戴,即"服丧"。据《仪礼·丧服经传》,居丧人所穿丧服,共有五等,即:"斩衰[cuī]""齐[zī]衰""大功""小功""缌[sī]麻",称作"五服",由重至轻,分别用于和死者关系由近到远的五等人,大致如下:

"斩衰",即用粗麻布缝制而成的丧服,不锁边,故称"斩衰"。此种丧服最为粗糙、最不讲究,以示服丧人悲痛之极、无心穿戴,故而,通常是儿子为父亲服丧、妻子为丈夫服丧,或男子、未婚女子为亲兄弟、未婚亲姐妹服丧所穿。

"齐衰",即用生麻布缝制而成的丧服,锁边,故称"齐衰"。此种丧服较"斩衰"稍讲究一点,故而,通常是继子为继母服丧、孙子为祖父母服丧、丈夫为妻子服丧所穿。

"大功",即用熟麻布缝制而成的丧服,较"齐衰"稍讲究一点,但做工仍很粗糙,故称"大功"("功"同"工")。此种丧服通常是男子为堂兄弟、未婚堂姐妹服丧,或已婚女子为伯父、叔父、兄弟、姐妹服丧所穿。

"小功",即用熟麻布缝制而成的丧服,较"大功"稍讲究一点,故称"小功"。此种丧服通常是为本宗的曾祖父母、堂姑母、已婚堂姐妹服丧,或为外祖父母、母舅、母姨服丧所穿。

"缌麻",即用细麻布缝制而成的丧服,较"小功"稍讲究一点,故称"缌麻"("缌"即"细")。此种丧服通常是为本族的高祖父母、族兄弟、未婚族姐妹服丧,或为外孙、外甥、岳父母服丧所穿。

再说一遍,大致如此。若要细究,所谓"五服"、所谓"服丧",复杂而烦琐,附带有许多"注意事项"、许多规矩、许多禁忌。如《礼记·间传》(此文专论"五服")曰:

> 斩衰,貌若苴[jū];齐衰,貌若枲[xǐ];大功,貌若止;小功、缌麻,容貌可也。此哀之发于容体者也。

穿"斩衰"者,脸色要像"苴"(直麻,深黑色);穿"齐衰"者,脸色要像"枲"(枲麻,灰黑色);穿"大功"者,脸色要像"止"(白芷,灰白色);穿"小功""缌麻"者,脸无表情即可。这是哀痛之情表现于面容。

又曰:

> 斩衰之哭,若往而不反;齐衰之哭,若往而反;大功之哭,三曲而偯;小功、缌麻,哀容可也。此哀之发于声音者也。

穿"斩衰"者哭,要哭个不停;穿"齐衰"者哭,要哭哭停停;穿"大功"者哭,要时高时低;穿"小功""缌麻"者,哀容满面即可。这是哀痛之情表现于哭声。

又曰:

> 斩衰,唯而不对;齐衰,对而不言;大功,言而不议;小功、缌麻,议而不及乐。此哀之发于言语者也。

穿"斩衰"者,(若有人与之说话)点头而不答话;穿"齐衰"者,答而不问;穿"大功"者,问而不议;穿"小功""缌麻"者,议而不乐。这是哀痛之情表现于言语。

又曰:

> 父母之丧,居倚庐,寝苫枕块,不脱绖带;齐衰之丧,居垩室,苄[xià]翦不纳;大功之丧,寝有席,小功缌麻,床可也。此哀之发于居处者也。

父母之丧,即穿"斩衰"者,要住偏室内,睡干草上、枕石块,不解衣带;穿"齐衰"者,要住陋室内,睡茅草席上;穿"大功"者,睡坐席上;穿"小功""缌麻"者,可睡床上。这是哀痛之情表现于起居。

又曰:

> 斩衰三升;齐衰四升、五升、六升;大功七升、八升、九升;小功十升、十一升、十二升;缌麻十五升,抽其半,有事其缕,无事其布,曰缌。此哀之发于衣服者也。

做"斩衰",用麻三升(织成布);做"齐衰",用麻四升、五升、六升;做"大功",用麻七升、八升、九升;做"小功",用麻十升、十一升、十二升;做"缌麻",用麻十五升,一半纺纱染色("有事其缕"),一半织布无色("无事其布"),所以称"缌"(细麻)。这是哀痛之情表现于衣服。

又曰:

> 斩衰三升,既虞卒哭,受以成布六升、冠七升。为母疏衰四升,受以成布七升、冠八升,去麻服葛,葛带三重。期而小祥,练冠縓[quán]缘,要绖[dié]不除。男子除乎首,妇人除乎带。男子何为除乎首也?妇人何为除乎带也?男子重首,妇人重带。又期而大祥,素缟麻衣。中月而禫[dàn],禫而纤,无所不佩。

"斩衰"用麻三升,虞祭(葬后祭奠)、卒哭(百日祭奠,这之后止无时之哭,改为朝夕一哭,故名"卒哭")后,丧衣用麻六升,丧冠用的麻七升。为母服丧,"齐衰"用麻四升,虞祭、卒哭后,改麻为葛,丧衣用葛七升,丧冠用葛八升,葛腰带用三股葛绳制成。

小祥(周年)之后,改戴练冠(粗布帽),衣领镶红边,但腰带不能去掉。男子除去丧服,要从头部开始;妇人除去丧服,要从腰部开始。为何男子要从头部开始除丧?为何妇人要从腰部开始除丧?因为男子重在头,妇人重在腰。到了大祥(两周年),内穿白衣、外穿麻衣。到了禫祭(三周年祭奠)之月,要禫祭之后,方可脱去丧服,佩戴各种饰物。

你看,是不是很复杂、很烦琐?实际上,《仪礼》《礼记》所讲,还是比较简单的上古居丧之礼。后来的历朝历代,除了遵循上古之礼,又增加了许多居丧禁令。譬如,不可婚嫁、不可贸易、不可寻师访学、不可进京赶考。已经做官的人,如有"丁忧"(父亡或母亡),也要辞官居丧,称为"丁忧去职"。如《晋书·袁悦之传》曰:

> 悦之始为谢玄参军,为玄所遇,丁忧去职。

袁悦之原在谢玄属下任参军,深受谢玄重用,但因"丁忧"而离职。又如《新唐书·吴兢传》曰:

> 兢累迁起居郎,寻以母丧去官。服除……有诏拜谏议大夫……以父丧解,宰相张说用赵冬曦代之。

这个吴兢,真是倒霉,先是做"起居郎",却"以母丧去官"(因居母丧而离职),等"服除"(脱去丧服),皇帝下诏,拜为"谏议大夫",却又"以父丧解"(因居父丧而解职),宰相张说不得不让赵冬曦代替他。

其实,母丧或父丧,若他自己不报,朝廷未必知晓。但他不敢。为什么?因为"匿不举哀",乃是重罪。据《唐律疏议》:

> 诸闻父母若夫之丧,匿不举哀者,流二千里。丧制未终,释服从吉,若忘哀作乐,徒三年。

如果闻知父母之丧而隐瞒不报,流放两千里。如果居丧期未过,脱下丧服而改穿平时服饰,视同忘却丧亲之哀而寻欢作乐,判处徒刑三年。

你看，做官的人如果隐瞒父母之丧，或者居丧不周，要判流放或徒刑。那么，不做官的人呢？不做官的人虽无必要隐瞒父母之丧，但居丧期内也有诸多禁忌。除了不可婚嫁、不可娱乐、不可设宴、不可赴宴，甚至探亲访友，或寄宿他家，也有忌讳。譬如，在［清］沈复《浮生六记》中，可读到下面这一段：

> 一日，忽有向余索逋者，登门饶舌，余出应曰："欠债不还，固应催索，然吾父骨肉未寒，乘凶追呼，未免太甚。"中有一人，私谓余曰："我等皆有人招之使来，公且避出，当向招我者索偿也。"余曰："我欠我偿，公等速退！"皆唯唯而去。余因呼启堂（其弟）谕之曰："兄虽不肖，并未作恶不端，若言出嗣降服，从未得过纤毫嗣产，此次奔丧归来，本人子之道，岂为产争故耶？大丈夫贵乎自立，我既一身归，仍以一身去耳！"言已，返身入幕，不觉大恸。叩辞吾母，走告青君（其女），行将出走深山，求赤松子于世外矣。青君正劝阻间，友人夏南熏字淡安、夏逢泰字揖山两昆季，寻踪而至，抗声谏余曰："家庭若此，固堪动忿，但足下父死而母尚存，妻丧而子未立，乃竟飘然出世，于心安乎？"余曰："然则如之何？"淡安曰："奉屈暂居寒舍，闻石琢堂（其友）殿撰（进士）有告假回籍之信，盍俟其归而往谒之？其必有以位置君也。"余曰："凶丧未满百日，兄等有老亲在堂，恐多不便。"揖山曰："愚兄弟之相邀，亦家君意也。足下如执以为不便，四邻有禅寺，方丈僧与余交最善，足下设榻于寺中，何如？"余诺之。

你看，他回家奔丧，其弟生怕他要分家产，暗中叫人来索债。他知道其弟用意，明确说，我回家奔丧，乃人子之道，岂是为了分家产？于是，决定出走深山、隐居世外。这时，他的两个朋友——夏南熏（字淡安）、夏逢泰（字揖山），兄弟俩——正好来访。见状，劝他不该这样。他问："那叫我怎么办？"夏淡安说："你暂时住到我们家去，等进士石琢堂回来，他总有办法。"于是他说："凶丧未满百日，兄等有老亲在堂，恐多不便。"（我丧父未满百日，你们家又有老父在，恐怕这不太方便）——你看，在古代，居丧之人是不便寄宿他人家里的，尤其是他人家里有老人，会被认为不吉利。但是，夏揖山却说："愚兄弟之相邀，亦家君意也。"（我们兄弟俩邀请你住到我们家去，也是家父的意思。）——你看，在古代，也有不在乎禁忌、不在乎什么吉利不吉利的人。

第十章　招魂　人殉

这是最后一章,是前一章的补遗,因为在古代中国人的丧仪和葬礼中,有一种丧仪特别怪异,有一种葬礼特别恐怖;所以,我特意把它们分离出来,另立一章。这种特别怪异的丧仪,就是"招魂";这种特别恐怖的葬礼,就是"人殉"。

一、招　魂

所谓"招魂",就是把"魂"招回来。那么,何谓"魂"?《易经·系辞上传》曰:

> 精气为物,游魂为变,是故知鬼神之情狀。

什么意思?汉代的人解释说,这句话的意思是:"阴精阳气聚而成物,神之伸也。魂游魄降,散而为变,鬼之归也。"就是说,"阴精阳气"是"精神"(活着的意思),"魂游魄降"是"鬼魅"(死了的意思)。宋代的程颢解释说:"魂,谓精魂,其死也,归乎天,消散之意。"意思差不多。反正,古代中国人认为,人身上有一种东西叫"魂",人死之际,"魂"会"出窍",变成鬼,即"鬼魂"。招魂,就是要把刚"出窍"的"魂"招回来,以期死而复生,就如《礼记·檀弓》所言:

> 复,尽爱之道也。有祷祠之心焉,望反诸幽,求诸鬼神之道也。

"复"即招魂。他说,招魂是尽家人爱心,就如祈祷、祭祀一样,希望死者从阴间返回,是求之于鬼神之道。

那么,招魂是怎么招的呢?我在前章已经说过,就是一人爬上屋顶,挥动死者的一件衣服,大声喊:"某某回来啊!"喊三次后,从屋顶上下来,把那件衣服盖在死者身上,看看魂有没有招回来。

当然,"魂"是招不回来的——人死怎能复生?这个,古代中国人也知道。那他们为何还要招魂?告诉你,有时、偶然,还真能把"魂"招回来——死者复生了。真有此事吗?真有此事。那是不是招魂真有灵验?哪里!不是招魂有灵验,而是那人没死!怎么会没死?是的,是误以为死了,其实没死。怎么会呢?会的。你看,古代中国人通常是怎样确定人死的?看《礼记·丧大记》:

> 疾病,外内皆扫。君大夫彻县,士去琴瑟。寝东首于北牖下。废床。彻亵衣、加新衣、体一人。男女改服。属纩[kuàng]以俟[sì]绝气。

这是在国君、大夫或士弥留之际,家人一阵忙乱。"疾病"即病疾、病重。这时,家人要做什么?竟然要大扫除,要"外内皆扫"。若是国君或大夫,要撤掉家里悬挂的东西;若是士,要拿走琴瑟等乐器(这是为什么?不知道)。然后,把弥留之人搬到北墙下,让他头朝东躺在地上。不能躺在床上,同时要脱掉他身上的衣服,换上从未穿过的衣服(即寿衣),由四人按住他四肢(这是为什么?不知道)。家里男男女女都要改穿丧服。然后——注意!——"属纩以俟绝气"。什么是"属纩"?"纩"就是绵絮,"属纩"就是放上绵絮。放在哪里?放在弥留之人的鼻子下面。为什么?"以俟绝气"("俟"即伺,等待断气)。你看,古代中国人是用绵絮来确定人死的,即:放在鼻子下面的绵絮不动了,即确定此人断气了——死了。然后,就去招魂。

但是,绵絮不动,真能百分之百确定人已断气?有时、偶然,有人病得气息奄奄,鼻孔里呼出的气太弱,吹不动绵絮,但并未断气。等一会儿,可能一两个小时,他可能会稍稍好一点,又缓缓呼吸,绵絮又有点动,而此时,正好招魂结束。于是,家人欣喜若狂,庆贺招魂真把他招回来了。

大概就是因为事有侥幸,在五千年前的远古时代——那时确定人死的方法可能更为原始,更不确定——招魂成了人死后家人首先要做的事。后来,上古礼仪书(如《仪礼》)又将其仪式化,招魂便成了丧仪中的第一程序。当然,招魂也不再被解释为指望死者复生,而是被解释为召唤死者的亡魂不要远游而成游魂——游荡的鬼魂,俗称"野鬼"。

所以,你在战国时的《楚辞》中就能读到《招魂》一辞。《招魂》据说是屈原所作,应该没错。屈原是楚国的"三闾大夫",也就是大祭司,作《招魂》乃是"本职",作《离骚》倒是"业余"。《招魂》很长,这里只能引两段,大概看看:

……
魂兮归来!东方不可以托些。
长人千仞,惟魂是索些。
十日代出,流金铄石些。
彼皆习之,魂往必释些。
归来兮!不可以托些。
……
魂兮归来!北方不可以止些。
增冰峨峨,飞雪千里些。
归来兮!不可以久些。
……

他说,亡魂啊,归来!不可托身于东方啊,那里的"长人"(巨人)千仞长(一仞八尺),专门寻索亡魂;那里有十个太阳轮番出,金石也被熔化;那里的人习惯了,亡魂去那里必定消散("释")。他说,亡魂啊,归来!不可停留在北方啊;那里的冰厚得如山峦,那里的雪飞舞千里远;归来啊,不可以久留啊!

东方有千仞巨人?还有十个太阳?当时的楚国人确实这么认为,连大祭司、大诗人屈原也这么认为。

其后,招魂逐渐仪式化、简单化,不必像屈原那样念长长的招魂辞,只要一人爬上屋顶,喊几声"某某回来"即可,就如《礼记·礼运》所言:

及其死也,升屋而号,告曰:"皋某(即某某)复。"

为何要"升屋"(爬上屋顶)?郑玄注曰:

> 所以升屋者，以魂气之在上也。欲招此魂，令其复合体魂。如是而不生，乃行死事。

大意是：因为亡魂在天上，所以要"升屋"。之所以要招魂，是要使亡魂返回躯体。如果招魂之后死者仍不复生，再办丧事。

后来，历朝历代，都行此种招魂之礼，只是做法稍有不同。如《新唐书·礼乐》曰：

> 复于正寝。复者三人，以死者之上服左荷之，升自前东荣(东面屋檐)，当屋履危，北面西上。左执领，右执腰，招以左。每招，长声呼"某复"，三呼止，投衣于前，承以箧[qiè]，升自阼阶，入以覆尸。

几乎和《仪礼》所言一模一样(参见前章)，只是《仪礼》说"复者一人"，此处说"复者三人"。

唐之后，如[宋]司马光《书仪》曰：

> 侍者一人，以死者之上服，左执领，右执腰，就寝庭之南，北面招之，呼曰"某人复"。凡三呼，毕，卷衣入，覆于尸上。

此处又说"一人"，但并不"升屋"，只是"就寝庭之南，北面招之"(在死者卧房南面，朝北面招魂)。

又[宋]朱熹《朱子家礼》曰：

> 复，侍者一人，以死者之上服尝经衣者，左执领，右执要，升屋中荣，北面招以衣，三呼曰："某人复。"毕，卷衣，降，覆尸上。

和司马光所说几乎一模一样，就一点不同，要"升屋"——看来，宋人招魂，可以"升屋"，也可以不"升屋"。

宋之后，如《大明会典·丧礼四·品官》曰：

> 复者,以死者之上服,左荷之,升自前东荣。当屋履栋,北面西上,左执领,右执腰,招以左,每招曰"某人复",三呼而止。

这里既没说几人招魂,也没说招魂后要不要把招魂衣"覆尸上"(盖在尸体上)——看来,越来越马虎了。

但不管怎样,从上古至明清,历朝历代,古代中国人死后都要招魂,这大概是可以确定的。而且,不仅是刚死之际要招魂,在汉魏及后来的隋唐,还有所谓"招魂葬",即人在外地或在战场上死了,不得其尸,即用死者生前所穿戴的衣冠,招魂而葬之。譬如,[北魏]郦道元《水经注·济水篇》曰:

> 沛公起兵野战,丧皇妣于黄乡。天下平定,乃丧葬,使使者以梓[zǐ]宫招魂幽野,因作寝,以宁神也。

沛公,即汉高祖刘邦,当初起兵,忙于征战,其母死于黄乡。等刘邦平定天下后,正式葬母,派人抬着棺材("梓宫",敬称皇帝、皇太后之枢)到荒野招魂,然后下葬,以安其母亡魂。此即"招魂葬"。

又譬如,《后汉书·邓晨传》曰:

> (建武)二十五年(邓晨)卒,诏遣中谒[yè]者,备公主官属礼仪,招迎新野主魂,与晨合葬于北芒。

东汉光武帝刘秀未称帝时,其姊刘元,嫁于邓晨,后死于战乱。刘秀称帝后,追封刘元为"新野公主"。后邓晨死,刘秀下令,招刘元亡魂,与邓晨合葬。此亦"招魂葬"。

西汉、东汉,两个开国皇帝,刘邦、刘秀,一个招魂葬母,一个招魂葬姊,原因都是战乱,死者尸骨未存,只能葬其亡魂,真是令人悲哀!

所以,当你读到[唐]张籍《征妇怨》诗云"万里无人收白骨,家家城下招魂葬"时,你当想到,当时有多少人家,亲人战死塞外而无尸可葬。同样,当你读到[唐]司空图《歌者十二首》诗云"年年认得酺歌处,犹恐招魂葬故山"时,你当想到,游子在外,即便夜夜歌舞,仍惶惶不安,深恐自己客死他乡而家人只能招魂葬之。

除了招魂葬,还有招魂祭,即招魂祭奠死在外地的亲人。这好像流行于明清两代,因为我仅在明清小说中看到这种招魂祭。譬如,《三国演义》第七十八回"治风疾神医身死　传遗命奸雄数终"中说到关羽死讯传到蜀国,刘备痛哭不已:

> 众官又再三劝谏,玄德方才进膳,传旨川中大小将士,尽皆挂孝。汉中王亲出南门招魂祭奠,号哭终日。

《三国演义》是《三国志》的"演义"(想象发挥),其虚构部分,因作者是元明之人,多为元明习俗。

还有如《醒世恒言》第三十八卷"李道人独步云门"中说道,老翁李清独自往深山学道,进入一洞穴连跌两跤,昏了过去,家里人不知他是死是活:

> 子孙辈只是向着穴中放声大哭,埋怨道:"我们苦苦谏阻,只不肯听,偏要下去。七十之人,不为寿夭,只是死便死了,也留个骸骨,等我们好办棺椁葬他。如今弄得尸首都没了,这事怎处?"那亲眷们人人哀感,无不洒泪。内中也有达者说道:"人之生死,无非大数。今日生辰,就是他数尽之日,便留在家里,也少不得是死的。况他志向如此,纵死已遂其志,当无所悔。虽然没了尸首,他衣冠是有的,不若今晚且回去,明早请几个有法力的道士,重到这里,招他魂去。只将衣冠埋葬,也是古人一个葬法。我闻轩辕皇帝得了大道,已在鼎湖升天去了,还留下一把剑、两只履,装在棺内,葬于桥山。又安知这老翁不做了神仙,也要教我们与他做个空冢[zhǒng]。只管对看穴口啼啼哭哭,岂不惑哉!"子孙辈只得依允,拭了眼泪,收拾回家。到明日重来山顶,招魂回去。一般的设座停棺,少不得诸亲众眷都来祭奠。过了七七四十九日,造坟不葬,不在话下。

这既是招魂葬,又是招魂祭。又如[清]徐珂《清稗类钞》记述颜习斋寻父之事:

> 颜习斋名元,幼鞠于蠡县朱翁,长归宗,至关东寻亲。时为明崇祯戊寅,大兵直薄近畿,元之父被掠,果得其踪于沈阳,殁矣。寻其墓,哭奠如初丧

礼,招魂题主,奉而归,遂弃诸生,终三年丧。

颜习斋寻父至沈阳,知父已死,便在其墓前招魂祭奠,后捧先父牌位还乡,居丧三年,可谓孝子。

除了招魂祭,还有招魂术。这种道家方术,据说可招回死者的亡魂,让亲属一见。最初尝试的是汉武帝,据《史记·孝武本纪》:

> 其明年,齐人少翁以鬼神方见上。上有所幸王夫人,夫人卒,少翁以方术盖夜致王夫人及灶鬼之貌云,天子自帷中望见焉。

怎么回事?[清]汪汲《事物原会·招魂》解释称:

> 汉武帝李夫人亡,思念无已。有方士李少翁言能致其魂,上使致之,少翁夜为方帷,张灯烛,帝坐他帐,身帷中望之。遂仿佛见夫人,后世招魂始此。

《史记》所说"齐人",即方士(道士);所言"鬼神方",即招魂术。汉武帝宠妃王夫人死,思念不已(此处汪汲《事物原会》称作"李夫人",有误,见下文)。方士李少翁施以招魂术,让汉武帝坐在帷幕中,隔着帷幕"仿佛"看到了王夫人的身影。

此事不仅《史记》有记,《汉书》也有所书。据《汉书·外戚传》:

> 及夫人卒,上以后礼葬焉。其后,上以夫人兄李广利为贰师将军,封海西侯,延年为协律都尉。上思念李夫人不已,方士齐人少翁言能致其神。乃夜张灯烛,陈酒肉,令上居他帐,遥望好女如李夫人之貌,还幄坐而步,又不得就视,上愈益相思悲感。

事情差不多,但《汉书》把王夫人说成了"李夫人",是"王"冠李戴(汪汲《事物原会》显然是依据《汉书》,故而也误称"李夫人")。汉武帝确有妃子李夫人,即武将李广利之妹,后来也死了,但方士李少翁招魂,招的不是李夫人之魂,而是王夫人之魂,因为据其他史料,李少翁招魂时,李夫人还健在。

不过,不管她是王夫人,还是李夫人,反正你会问:"那魂到底招来了没有?"怎么说呢?汉武帝也许相信,王夫人的亡魂真被李少翁招来了,但在别人看来,很可能是李少翁的一种伎俩,使汉武帝模模糊糊真以为看到了王夫人的身影。据〔清〕王嘉《拾遗记》称:

> 汉武帝嬖李夫人("嬖"即宠妃)。死后,常思梦之。帝欲见夫人,乃召李少君(即李少翁),与之语曰:"朕思李夫人,其可得乎。"少君曰:"可遥见不可同于帷幄。"帝曰:"一见足矣,可致之。"少君曰:"黑河之北,有暗海之都也。出潜英之石,其色青,质轻如毛羽,寒盛则石温,暑盛则石冷。刻之为人像,神悟不异真人。使此石像往,则夫人至矣。此石人能传译人言语,有声无气,故知神异也。"帝曰:"此石可得乎。"少君曰:"愿得楼船百艘,巨力千人。能浮水登木者,皆使明于道术,赍不死之药,乃至暗海。经十年而还,昔之去人,或升云不归,或托形假死,获反者四五人,得此石。"即命工人,依先图刻作夫人形。刻成,置于轻纱幕中,宛若生时。帝大悦,问少君曰:"可得近乎。"少君曰:"譬如中宵忽梦,而昼可得近观乎。此石毒,宜远望,不可逼也。勿轻万乘之尊,惑此精魅之物。"帝乃从其谏。见夫人毕,少君乃使人舂此石人为丸,服之,不复思梦,乃筑灵梦台,岁时祀之。

此处也是依据《汉书》,也作"李夫人"——不去管它!需注意的是,他说,李少君"即命工人,依先图刻作夫人形。刻成,置于轻纱幕中,宛若生时"——你看,他说那不过是在石头上刻了个人形,哪有什么招魂之术?当然,王嘉所说,纯属猜测,并无史料依据。但这种猜测不无道理——否则的话,如何解释招魂?要知道,人死后有灵魂出窍,原本就是想象。想象中的东西,岂能招回?

汉武帝之后八百多年,据说,又有道士为帝王招宠妃之魂,那就是临邛道士为唐玄宗招杨贵妃之魂。其实,无论是《旧唐书》,还是《新唐书》,均无此事。民间传说均源自野史稗说。但是,因为白居易据此作《长恨歌》,后世又据《长恨歌》演绎出无数戏文诗赋,讲述唐明皇(即唐玄宗)与杨贵妃的故事。

虚构之事,本不足为凭,但从中至少可看出,人们到底信不信招魂术。白居易是唐明皇与杨贵妃故事的"始作俑者",他信不信呢?好像不信。《长恨歌》诗云:

> ……
> 临邛道士鸿都客,能以精诚致魂魄。
> 为感君王辗转思,遂教方士殷勤觅。
> 排空驭气奔如电,升天入地求之遍。
> 上穷碧落下黄泉,两处茫茫皆不见。
> ……

你看,"升天入地求之遍""两处茫茫皆不见",哪有什么魂?不过,白居易不信招魂术,唐诗中却常见招魂——也就是说,唐代诗人大多相信,人死有魂,而且可招。仅以杜甫为例,其《得弟消息二首》诗云:

> 不知临老日,招得几人魂。

又其《散愁二首》诗云:

> 老魂招不得,归路恐长迷。

又其《寄高适》诗云:

> 楚隔乾坤远,难招病客魂。

又其《乾元中寓居同谷县作歌七首》诗云:

> 呜呼五歌兮歌正长,魂招不来归故乡。

又其《返照》诗云:

> 不可久留豺虎乱,南方实有未招魂。

又其《追酬故高蜀州人日见寄》诗云:

> 长笛谁能乱愁思,昭州词翰与招魂。

又其《有悲往事》诗云:

> 至今残破胆,应有未招魂。

既然诗人都相信招魂术,民众就不用说了。不仅如此,古代中国人还相信人死后会"还魂"。特别是明清两代,对此津津乐道。别的不说,就说"还魂戏",明清两代就有三十多部,如明传奇《风流梦》《画中人》《牡丹亭》《焚香记》《袁文正还魂记》、清传奇《雨花台》《五义凤》《芙蓉楼》等,讲述的都是戏中人"死后还魂"的故事。其中要数《牡丹亭》最为有名,该传奇据宋代话本《杜丽娘慕色还魂记》改写而成,也称《还魂记》。剧中人杜丽娘不仅"死后还魂",而且还因"前世姻缘"而"还魂",所以,特别有"戏剧性",特别令人浮想联翩。

不过,即便在明清两代,人们对"死后还魂"的态度也是矛盾的,既希望死者"还魂",能得一见,又忌讳阴阳相犯,为邪气所害。这种既希望、又惧怕的情形,我觉得,〔清〕沈复在《浮生六记》中描述得最为真切,不妨一读:

(那是他与妻子陈芸流落在外一年后,陈芸因病而死,他独自安葬亡妻后,想在"回煞之期",再见妻子一面。)

回煞之期(即还魂期,死后第九至第十八天),俗传是日魂必随煞而归,故房中铺设一如生前,且须铺生前旧衣于床上,置旧鞋于床下,以待魂归瞻顾。吴下相传谓之"收眼光";延羽士(请道士)作法,先召于床而后遣之,谓之"接眚"(〔shěng〕,同"省")。邗江俗例,设酒肴于死者之室,一家尽出,谓之"避眚";以故有因避被窃者。芸娘(即陈芸)眚期,房东因同居而出避,邻家嘱余亦设肴远避。余冀魂归一见,姑漫应之。同乡张禹门谏余曰:"因邪入邪,宜信其有,勿尝试也。"余曰:"所以不避而待之者,正信其有也。"张曰:"回煞犯煞不利生人。夫人即或魂归,业已阴阳有间,窃恐欲见者无形可接,应避者反犯其锋耳。"时余痴心不昧,强对曰:"死生有命。君果关切,伴我何如?"张曰:"我当于门外守之。君有异见,一呼即入可也。"余乃张灯入室,见铺设宛然,而音容已杳,不禁心伤泪涌。又恐泪眼模糊,失所欲见,忍泪睁目,坐床而待。抚其所遗旧服,香泽犹存,不觉柔肠寸断,冥然昏去。转念待魂而来,何遽睡耶!开目四视,见席上双烛青焰荧荧,缩光如豆,毛骨悚然,通体寒栗。因摩两手擦额,细瞩之,双焰渐起高至尺许,纸裱顶格几被所焚。余正得借光四顾间,光忽又缩如前。此时心舂股栗,欲呼守者进观;而转念,柔魂弱魄,恐为盛阳所逼,悄呼芸名而祝之,满室寂然,一无所见。既而烛焰复明,不复腾起矣。出告禹门,服余胆壮,不知余实一时情痴耳。

要不是亲身经历,很难描述得如此真切,但他的亡妻陈芸真的"还魂"了吗?没有。因为他"悄呼芸名而祝之,满室寂然,一无所见"。至于他此前"开目四视,见席上双烛青焰荧荧,缩光如豆""细瞩之,双焰渐起高至尺许""借光四顾间,光忽又缩如前",很可能,只是他"柔肠寸断,冥然昏去"而又猛一睁眼时的一阵错觉而已。真是呜呼哀哉!等亡妻"还魂"乃是他的一厢情愿!实际上,亡妻根本无"魂"可"还"。

既然死者无"魂"可"还",那么,升屋招复、招魂葬、招魂祭、招魂术也都是招魂人的一厢情愿?——我想,大概也只能作如是观!

二、人 殉

人殉,就是用活人作为陪葬品,也称"殉葬""从死"。这是古代中国人相信厚葬的一种极端表现,有史以来,屡见不鲜,直至近代,方才灭绝。

人殉的早期记述,见于《春秋左传·文公六年》,其曰:

> 秦伯任好卒,以子车氏之三子奄息、仲行、针虎为殉,皆秦之良也。国人哀之,为之赋《黄鸟》。

"秦伯"即秦穆公,春秋时秦国国君,名"任好",其薨时,以子车家族的三人(奄息、仲行、针虎)为人殉,这三人都是秦国的良臣。秦人哀悼,为此而作《黄鸟》(即《诗经·国风·秦风·黄鸟》)。

此事《史记·秦本纪》亦载,且稍有不同:

> 穆公卒，从死者百七十七人。秦之良臣，子车氏三人名曰奄息、仲行、针虎，亦在从死之中。秦人哀之，为作歌《黄鸟》之诗。

这里除了说秦穆公以"子车氏三人"为殉，还说"从死者百七十七人"（殉葬者一百七十七人）。

其实，秦国国君以人殉葬，秦穆公并非第一人，而是始于秦武公。《史记·秦本纪》曰：

> 二十年，武公卒，葬雍平阳。初以人从死，从死者六十六人。

秦武公二十年，秦武公薨，葬于雍邑平阳。最初以人殉葬，殉葬者六十六人。《史记·秦本纪》又曰：

> 献公元年，止从死。

秦献公继任第一年，废止"以人从死"。可见，从秦武公至秦献公，"以人从死"乃是秦国的惯例——否则，何必"止"？

那么，秦献公"止从死"后，秦国是不是从此不再有"从死者"？非也。秦献公后，有秦孝公、秦惠文王、秦武王、秦昭襄王、秦孝文王、秦庄襄王，这几位国君，也许没有"以人从死"（我说"也许没有"，是因为《史记》未记不等于没有，只是不知道而已）。但继秦庄襄王之后的秦始皇，其崩之后，肯定是"以人从死"的。见《史记·秦始皇本纪》：

> 七月丙寅，始皇崩于沙丘平台。……太子胡亥袭位，为二世皇帝。九月，葬始皇郦山。……二世曰："先帝后宫非有子者，出焉不宜。"皆令从死，死者甚众。

秦始皇崩，太子胡亥继位。在葬秦始皇时，胡亥说："先帝嫔妃中未生育者，放出宫外实属不宜。"于是令其"从死"，死者甚多。

此处有两点值得注意：一是，"以人从死"并非秦始皇本人所嘱，而是秦二世胡亥之意(注意：后世帝王"以人从死"，也大多如此，大多是太子所为，以示其对先帝之"孝")；二是，"从死者"是先帝嫔妃中未生育者(注意：后世帝王"以人从死"也大多如此，"从死者"大多是未生育的嫔妃——为什么是未生育的嫔妃？我到后面再作解释)。

那么，在春秋战国，除了秦国，其他诸国呢？是否也是如此？可能不像秦国那么严重，但也不可能全然不知"从死"为何事——同一民族、同一时代，怎么可能截然不同？——只是，《史记》未记(大概是因为秦国的"从死"特别显眼吧，所以他才记了一笔)。但是，若仔细查阅其他史料，肯定也能查出不少。譬如，我仅草草读了一下《吴越春秋》，就在《阖闾内传》中读到：

> 吴王有女滕玉，因谋伐楚，与夫人及女会蒸鱼。王前尝半而与女，女怒曰："王食鱼辱我，不望久生。"乃自杀。阖闾痛之，葬于国西阊门。外凿池积土，文石为椁，题凑为中，金鼎玉杯、银樽珠襦之宝，皆以送女。乃舞白鹤于吴市中，令万民随而观之，还使男女与鹤俱入羡门，因发机以掩之。

很奇怪，一家三口吃一条鱼，父亲吃了半条再给女儿吃，女儿生气了，竟然自杀，而且，父母也不加阻止。但是，等女儿死后，父亲又大肆张罗，又是"凿池积土"、又是"文石为椁"、又是"金鼎玉杯"、又是"银樽珠襦"，还要设以机关、施以计谋，"舞白鹤于吴市中"，叫民众前来观看，然后骗他们进"羡门"(墓门)，然后触发机关，把成百上千人关在墓穴中，为女儿殉葬——我想，这算什么历史！天下哪有这种事？简直就像一群神经病！但是，我又从中看出，那时的吴国是流行从死、讲究殉葬的——否则，即便是神话，也不会这么写。

此外，我在《墨子·节葬》中读到：

> 天子杀殉，众者数百，寡者数十。将军、大夫杀殉，众者数十，寡者数人。

墨子是战国初的宋国人，他说"天子"(应指东周天子)"杀殉"(杀人殉葬)，多者几百，少者几十。不仅天子，就是将军、大夫死了，也要"杀殉"，多者几十，少者几个——既然如此，诸国国君死了，难道会不"杀殉"？

还有，我在[汉]刘歆《西京杂记》中读到：

幽王冢甚高壮,羡门既开,皆是石垩[è]。拨除丈余,乃得云母,深尺余。见百余尸,纵横相枕藉,皆不朽。唯一男子,余皆女子,或坐或卧,亦犹有立者,衣服形色,不异生人。

幽王即周幽王,西周天子,就是那个"烽火戏诸侯"的家伙。刘歆说(也许,他也是听来的),幽王的陵墓高大而壮观,打开墓门,全是"石垩"(石灰),挖开一丈多深的"石垩",可看到"云母",也有一尺多深。"云母"下面,可看到一百多具尸体,横七竖八、相互枕藉,但都未腐烂。其中只有一个是男人,其余都是女人,有坐着的、有躺着的,还有站着的,身上的衣服、脸上的表情,就像活人一样。

那唯一的男尸,应是周幽王,其余一百多具女尸,应是"从死"的嫔妃宫女。至于说她们像活人一样,那肯定是瞎说。但是,若不说她们像活人一样,别人会问:"你怎么知道那些是女人?"所以,除非是周幽王死后不久,他的陵墓就被人挖开。否则的话,刘歆《西京杂记》中的这一记,整个就是胡说八道。

但不管怎么说,从这里至少能看出,在汉代就有传说,周幽王死后有一百多嫔妃宫女从死、殉葬——要知道,周幽王比孔夫子还要年长二百四十四岁——也就是说,从死、殉葬这种事情,在汉朝人看来也是很古老、很古老的。

那么,汉代有没有人殉?好像没有。至少,我在《汉书》和《后汉书》里没有查到此类记述。这大概和汉武帝"罢黜百家、独尊儒术"不无关系,因为儒家反对人殉。譬如,《孟子·梁惠王》曰:

仲尼曰:"始作俑者,其无后乎!"为其像人而用之也。

你看,孔子诅咒"始作俑者"会断子绝孙。孟子解释说,因为陶俑做得像活人,是代替活人殉葬的。

又譬如,《礼记·檀弓》曰:

孔子谓"为明器者,知丧道矣,备物而不可用也",哀哉!死者而用生者之器也,不殆于用殉乎哉!

你看,孔子说,用"明器"(冥器)陪葬的人,懂得丧礼,"备物"(常备用品)是不可用来陪葬的。《礼记》作者解释说,因为人死了还用活人的东西,这不亚于用活人殉葬啊,实属可悲!

但是,到了东汉末,据《三国志·陈武传》:

> 建安二十年,从击合肥,奋命战死。权哀之,自临其葬。《江表传》曰:权命以其爱妾殉葬。

东吴大将陈武战死,孙权念其战功,不仅"自临其葬"(亲自出席其葬礼),还"命以其爱妾殉葬"(命令陈武的爱妾为其殉葬)。

这是怎么回事?难道人殉旧俗死灰复燃?还不至于。这仅是"个案",可能是当时的东吴地处东南,蛮族之风犹存。中原之地并无此事,不说汉代历朝帝王没有人殉,就是权重一时的"奸雄"曹操,也没听说他死后有人为他殉葬。

那么,如《晋书·列女传》曰:

> 张天锡有妾阎氏、蒋氏,皆有宠。天锡病寝,谓之曰:"汝二人将何以报我?吾死后,岂可为人妻乎?"皆曰:"尊若不讳,妾请效死,借洒扫地下,誓无他志也。"及其疾笃,二姬皆自刎。天锡疾瘳,追悼之,以夫人礼葬焉。

又是怎么回事呢?这虽是以死明志,但也算是从死、殉葬,因为当时张天锡"疾笃"(病重),似乎必死无疑。只是,很可笑,从死者死了,死者却未死,"疾瘳"(病好了)——真是老天开了大玩笑,这种事也弄出个"喧宾夺主"。不过,这两个小妾自刎从死,且被《晋书》写入"列女传",可说是开了后世"贞女殉夫"的先河。

那么,如《北史·魏书·叔孙健传》曰:

> 长子俊,字丑归,少聪敏……泰常元年卒,时年二十八。太宗甚痛悼之,亲临哀恸。朝野无不追惜。赠侍中、司空、安城王,谥孝元。赐温明秘器,载以辒[wēn]辌[liáng]车,卫士导从,陪葬金陵。子蒲,袭爵。后有大功及宠幸贵臣薨,赙[fù]送终礼,皆依俊故事,无得逾者。初,俊既卒,太宗命其妻桓氏曰:"夫生既共荣,没宜同穴,能殉葬者可任意。"桓氏乃缢而死,遂合葬焉。

又是怎么回事？叔孙健之子叔孙俊死，北魏太宗拓跋嗣，大肆张罗，又是"亲临哀恸"，又是"谥孝元"，又是赐"温明秘器"，又是让其子叔孙蒲"袭爵"（继承爵位）。为何？因为北魏乃鲜卑人所建（皇室拓跋氏），欲笼络汉臣。后来，凡有功或受皇室宠幸的大臣，其葬礼，均按照叔孙俊的规格办理，但不可高于这一规格。除此之外，当初叔孙俊死，北魏太宗对叔孙俊妻桓氏说："夫贵妻荣，夫死妻当同穴，能殉葬者可自愿决定。"于是，桓氏自缢而死，与叔孙俊合葬。

何谓"能殉葬者"？就是没有子女的妻妾。至于"可任意"，那不过是委婉语——皇上开了口，谁敢"任意"？所以，桓氏自缢了。不过，更可怕的是，"后有大功及宠幸贵臣薨，赙送终礼，皆依俊故事"——也就是说，后来的大臣死，其妻妾"能殉葬者"，均要殉葬。既然大臣的妻妾要殉葬，那么，皇帝的妻妾（即皇后与嫔妃）呢？皇子的妻妾（即皇子妃）呢？不言而喻，当然也要殉葬。

由此可知，从死、殉葬，是北魏皇室的惯例。那么，这是不是上古殉葬旧俗的死灰复燃？也不是。为什么？因为北魏是鲜卑人所建朝代，鲜卑人从来就有殉葬之俗，而非中原上古旧俗死灰复燃。

那么，后来呢？后来是南北朝，也基本未见从死、殉葬。这可能和南北朝佛教盛行有关。佛教相信"生死轮回"。你皇帝死了，也要去投胎，让那些嫔妃和你一起死，有什么意思？她们也是去投胎，又不会再做你的嫔妃，何必呢？所以，大概这个缘故吧，信佛的南北朝皇室打消了令嫔妃从死、殉葬的念头。

那么，后来呢？后来是隋唐，虽然偶有王妃从死，但并非皇室惯例。譬如，《隋书·列女传》曰：

> 襄城王恪[kè]妃者，河东柳氏女也。……炀帝嗣位，恪复徙边。帝令使者杀之于道。恪与辞诀，妃曰："若王死，妾誓不独生。"于是相对恸哭。恪既死，棺敛讫，妃谓使者曰："妾誓与杨氏同穴。若身死之后得不别埋，君之惠也。"遂抚棺号恸，自经而卒。

襄城王爷杨恪的妃子，是河东柳家女。……隋炀帝继位后，杨恪再次被充军边关。不仅如此，隋炀帝还派使者在半路上处死杨恪。杨恪和柳妃诀别，柳妃说："若王爷死了，我决不会一人活着。"于是两人面对面痛哭。杨恪死后，装入棺材，柳妃对使者说："我发誓要和杨恪同葬一墓。若我死后你不要把我埋在别处，你也算做了件好事。"说完,手抚棺材号啕大哭,随后自缢身亡。

再譬如,《新唐书·后妃列传》曰:

> 武宗贤妃王氏,邯郸人,失其世。年十三,善歌舞,得入宫中。穆宗以赐颍王。性机悟。开成末,王嗣帝位,妃阴为助画,故进号"才人",遂有宠。状纤頎,颇类帝。每畋[tián]苑中,才人必从,袍而骑,校服光侈,略同至尊,相与驰出入,观者莫知孰为帝也。帝欲立为后,宰相李德裕曰:"才人无子,且家不素显,恐诒天下议。"乃止。帝稍惑方士说,欲饵药长年,后寝不豫。才人每谓亲近曰:"陛下日燎丹,言我取不死。肤泽消槁,吾独忧之。"俄而疾侵,才人侍左右。帝熟视曰:"吾气奄奄,情忖耗尽,顾与汝辞。"答曰:"陛下大福未艾,安语不祥?"帝曰:"脱如我言,奈何?"对曰:"陛下万岁后,妾得以殉。"帝不复言。及大渐,才人悉取所常贮,散遗宫中。审帝已崩,即自经幄下。

这段引文,只要稍作注释,即可读懂。武宗:唐武宗李炎。失其世:不知其身世。穆宗:唐穆宗李恒,唐武宗李炎之父。颍王:即唐武宗,继位前为"颍王"(历代皇子皇孙均封王)。助画:谋划。才人:正五品妃子。后寝:代指帝王起居(宫城有"前朝后寝",前为朝堂,后为寝宫)。不豫:天子身体不适的讳称。疾侵:有病。大渐:病危。审:确认。幄下:代指卧室(古代卧室有帐幕,称作"幄")。唐武宗崩,王才人殉,和前面的那个柳妃一样,也是贞女殉夫。王才人是唐代唯一"从死"的妃子。

不过,唐朝最初几位帝王,如唐太宗、唐高宗、唐中宗、唐睿宗等,似有嫔妃(或大臣)"陪葬"的惯例。此"陪葬",并非从死殉葬,而是某帝的嫔妃(或大臣)死后,葬入某帝的陵墓内作陪,故称"陪葬"——这仍是表示,某帝死后仍"拥有"他的嫔妃(或大臣),但应该说,"文明"了许多——所以,考古发掘若发现某帝陵内不止一具遗骸,需慎重,不要马上认为有人殉葬,很可能是"陪葬"。

那么,后来呢?后来是大宋,似乎也没听说有人殉葬。至少,《宋史》里没有此类记述——不仅《宋史·后妃列传》里无一嫔妃"从死",《宋史·列女传》里也无一"殉夫女"。

上古殉葬旧俗的死灰复燃,是在明朝。为何会在明朝?不要忘了,明朝前,有个蒙古人建立的朝代——元朝。实际上,辽、金、蒙古,两宋时的北方蛮族,从来就有殉葬习俗。譬如,据《辽史·列传第一》(即"皇后传"):

> 太祖崩,后称制,摄军国事。及葬,欲以身殉,亲戚、百官力谏,因断右腕,纳于柩。

辽太祖(耶律阿保机)崩,皇后(述律氏)"称制"(行使职权),统管军国大事(这在中原汉地是不可想象的)。辽太祖下葬时,皇后欲以身殉葬(中原从无皇后殉葬之事)——这怎么行!谁来统管军国大事?所以,亲戚、百官肯定要竭力劝阻。于是,皇后砍下自己的右手,放在太祖的棺材里,以示殉葬。为什么她要这么做一做?因为丈夫死、妻子殉,乃辽人祖传习俗,不这么做一做,有违祖宗之法。不过,皇后虽未殉葬,她下令处死百余大臣为太祖殉葬,乃是辽人惯例。

和辽人一样,蒙古人也有夫死妻殉的习俗。尽管不是所有妻子都会殉夫,但殉夫是受鼓励、受表彰的。如《元史·文宗本纪》曰:

> 顺德马奔妻胡闰奴、真定民妻周氏、冀宁民妻魏益红,以夫死自缢殉葬,并旌其门。

又曰:

> 大宁和众县何千妻柏都赛儿,夫亡,以身殉葬,旌其门。

这是元文宗(孛儿只斤·图帖睦尔)在位时表彰的"殉夫女"马奔妻胡闰奴、真定民妻周氏、冀宁民妻魏益红、何千妻柏都赛儿,都"旌其门"(一家受表彰)——我想,亲属受朝廷表彰,一定倍感荣耀!

至于元朝大汗(皇帝)驾崩,其葬礼,既怪异,又野蛮。据十三世纪意大利人马可·波罗所著《马可·波罗游记》称:

> 所有大汗和成吉思汗——他们的第一个主人——死后,都必须葬在一座叫阿尔泰的高山上。无论他们死在什么地方,哪怕相距有一百日的路程,

也要把灵柩运往该处,这已经成为皇室一种不可改变的传统惯例。

还有一项惯例,就是在运送灵柩的途中,护送的人要将途中遇到的所有的人杀死作为殉葬者,并对他们说:"离开现世到阴世去服侍你们驾崩的主人吧。"他们确信,这样被杀死的人在阴间还会成为大汗的奴仆。他们又把最好的马匹也杀死供主人在阴间享用。当蒙哥汗的尸体运往阿尔泰山时,护送的兵马沿途杀死了将近两千人。

不过,元朝殉葬盛行,是蒙古人带入的风俗,并非上古殉葬旧俗的死灰复燃。但受其影响,到了明朝——汉人朝代——殉葬之风依然盛行,这才是上古殉葬旧俗的死灰复燃。因为明朝殉葬和元朝殉葬,可谓"无缝对接",就开始于明太祖朱元璋。此即表明,上古殉葬旧俗的死灰复燃,和蒙古人直接有关。据《明史·后妃传》:

> 初,太祖崩,宫人多从死者,建文、永乐时,相继优恤,若张凤、李衡、赵福、张璧、汪宾诸家,皆自锦衣卫所试百户、散骑、带刀舍人进千百户,带俸世袭,人谓之"太祖朝天女户"。历成祖,仁、宣二宗,亦皆用殉。景帝以郕[chéng]王薨,犹用其制,盖当时王府皆然。至英宗遗诏,始罢之。

当初,明太祖朱元璋死的时候,有诸多宫人从死,后来到了建文帝(朱允炆)和永乐帝(朱棣)时,对这些从死宫女的家族相继予以"优恤"(优厚抚恤),如张凤、李衡、赵福、张璧、汪宾等家族,都由"锦衣卫"(明朝廷特设官府)所认定的"百户"(中等户)、"散骑"(军士)、"带刀舍人"(侍卫)提升为"千百户"(上等户),有俸禄而且世代相袭,有人称之为"太祖朝天女户"。继明太祖之后,明成祖朱棣、明仁宗朱高炽、明宣宗朱瞻基,也都用人殉葬。明景帝朱祁钰被废黜后以"郕王"身份"薨"(死),也按惯例用人殉葬,因为当时的王府都是这么做的。直到明英宗朱祁镇在遗诏中说,今后不得用人殉葬,此惯例才被废除。

此可谓"总论",明皇室的人殉惯例,大抵如此,即从明太祖朱元璋起,到明英宗朱祁镇止,其间大约六十年,历太祖、惠宗(即景帝)、成祖、仁宗、宣宗、英宗,共六代帝王,其从死殉葬者人数多少?据[明]沈德符《万历野获编》(卷三):

孝陵在南京,高皇帝之葬,帝后以下袝[fù]葬者,妃嫔共四十人。其在北葬天寿山者,如太宗长陵,则帝后以下有十六妃袝;仁宗献陵,则帝后以下有七妃袝;宣宗景陵,帝后以下有八妃袝。以上三陵,俱主上升遐时,殉节从葬者。

孝陵:即朱元璋墓。高皇帝:即明太祖朱元璋。帝后:即皇后。袝葬:即殉葬。天寿山:即明十三陵。太宗:即明成祖朱棣。升遐:即升天(帝王去世婉辞)。按沈德符所说,孝陵"妃袝"四十、长陵"妃袝"十六、献陵"妃袝"七、景陵"妃袝"八,共有七十一妃"袝葬"。

不过,这七十一妃是皇帝的"妃袝",还有许许多多皇叔、皇子、皇孙(即皇亲),其薨时,也有"妃袝"。查《明史·诸王传》:

洪武二十八年,秦愍王(朱樉)薨,王妃殉。

永乐十二年,郢靖王(朱栋)薨,王妃郭氏……遂自经。

宣德元年,唐靖王(朱琼烃)薨,妃高氏未册,自经以殉,诏封靖王妃。

宣德五年,蜀靖王(朱友堉)薨,妃李、侍姬黄,皆自经以殉。

正统三年,卫恭王(朱瞻埏)薨,妃杨氏殉。

正统四年,越靖王(朱瞻墉)薨,妃吴氏殉。

正统四年,周宪王(朱有墩)薨,妃巩氏、夫人(小妾)施氏、欧氏、陈氏、张氏、韩氏、李氏皆殉。

共有十四王妃、妃、夫人或侍姬,从死殉葬。鉴于《明史·诸王传》所载"诸王"并不全,肯定不止这些。

另据[明]王世贞《朝弇山堂别集》卷十八之"烈妇俱妾媵"所记,从洪武七

年至景泰二年,还有十三个侯爷(即国戚)和官员的姬妾,自经从死:

> 洪武七年九月,中书平章政事李思齐卒,妾郑氏,自经死。十七年正月,安陆侯具复卒,妾杨氏,自经死,俱赠淑人(封为"淑人"),谥贞烈(谥号"贞烈")。又,燕山中护卫指挥使费愚卒,妾朱氏,自经死,赠德人,谥贞烈。德人,即恭人也。

> 永乐二十一年正月,成安侯郭亮卒,妾韩氏,自经死,赠淑人。

> 宣德四年二月,中军左都督马聚卒,妾陈氏,自经死。左军右都督冀杰卒,妾王氏,自经死,俱赠淑人。三月,陕西都指挥使王俨战殁,妾时氏,自经死,赠淑人,谥贞烈。八年三月,忠义右卫镇抚李寿卒,妾赵氏,自经死,赠宜人。八年四月,大同左卫指挥使范安卒,妾杨氏,自经死,赠恭人。九年二月,武安侯郑亨卒,妾张氏,自经死,赠淑人。

> 正统六年五月,中军都督佥事胡荣卒,妾陈氏,自经死,赠淑人。

> 景泰二年九月,昌平侯杨洪卒,妾葛氏,自经死,赠淑人。三年正月,丰城侯李贤卒,妾余氏,自经死,赠淑人。

大致估算,从明太祖到明英宗,大约六十年间,因天子崩、王爷、侯爷薨、官员卒而从死的嫔妃、姬妾,有一百多人。

那么,皇家从死者,为何都是妃子?因为,就如秦二世胡亥所说,"先帝后宫非有子者,出焉不宜",因为妃子本是为皇上生子的,而现在,皇上驾崩了,你妃子还未生子,怎么办?在宫里养着你?有什么用?没了皇上,你一生一世也不会生子。放你出去?你去为别人生子?那皇上算什么?所以,只能让你随皇上而去——从死。

那么,英宗遗诏之后(以及那些无人殉的朝代)是如何处置先帝遗孀的呢?没有史料提及此事——至少,我没读到过。但我想,无非两种可能:一是养,即把先帝的少数贵妃(高级嫔妃)养在宫中,直到老死;二是放,即把先帝的多数嫔妃(低级嫔妃)放回原籍,由朝廷给予津贴,但不得出嫁。

那么,那些从死、殉葬的嫔妃又是怎么死的呢?也无史料提及——至少,在吾国史料中,我没读到过。但我想,无非两种可能:一是毒死,二是勒死。砍头之类是不可能的,因为殉葬最好是全尸。

不过,吾国史料虽无提及,高丽国(今朝鲜和韩国)史料《李朝世宗庄宪大王实录》中却有记述,可资印证。为何要扯到高丽国?因为明成祖朱棣在位时,高丽国君曾把一美女连同她的乳母一起作为贡品,上贡大明朝廷。这位高丽美女在朱棣宫中被称为"韩丽妃"。朱棣驾崩时,她无子。所以,刚登基的明仁宗朱高炽,把她列入了从死者名单。

此事本属平常,大明朝廷只要知会一下高丽国君即可,怎么会被高丽史官记入史册?他们是怎么知道的?我想,大概是韩丽妃的乳母后来获赦免,回国了。高丽史官可能是从她口中得知韩丽妃是怎么死的。下面这段引文,是高丽史官的记述:

> 及帝之崩,宫人殉葬者三十余人。当死之日,皆饷之于庭。饷撤,俱引升堂,哭声震殿阁。堂上置小木床,使立其上,挂绳围于其上,以头纳其中。遂去其床,皆雉颈而死。韩氏临死,顾谓金黑(韩氏乳母)曰:"娘,吾去!娘,吾去!"语未竟,旁有宦者去床,乃与崔氏(另一妃子)俱死。

显然,为明成祖朱棣殉葬的嫔妃是勒死的,但不是自缢,而是处以绞刑。当然,这次是绞刑,不等于次次是绞刑。其他殉葬的嫔妃是怎么死的,就不得而知了。

那么,明英宗真有废止宫妃殉葬的遗诏吗?其实,《明史·英宗后纪》虽曰:

> 八年春正月乙卯,帝不豫。己未,皇太子摄事于文华殿。己巳,大渐,遗诏罢宫妃殉葬。庚午,崩,年三十有八。

但正式颁布的《英宗遗诏》中并无"罢宫妃殉葬"语,而相传英宗遗诏说"用人殉葬,吾不忍也,此事宜自我止,后世勿复为",都出自野史稗说,并非可靠证据。所以,"罢宫妃殉葬"是否真是英宗遗愿,还是皇太子(即明代宗朱祁钰)等人之意,还真不好说。

然而,《明史·英宗后纪》不仅称英宗"遗诏罢宫妃殉葬",还称此为英宗"盛德",赞曰:

> 至于上恭让后谥,释建庶人之系,罢宫妃殉葬,则盛德之事可法后世者矣。

既然如此,"罢宫妃殉葬"之功也只好归于英宗了,因为《明史》毕竟是正史,尽管它也没有拿出什么证据。

不管怎样,英宗之后,大明皇室确实不再有宫妃殉葬。但是,民间殉夫女仍屡见不鲜。别的不说,仅《明史·列女传》为之立传的殉夫女,就有数十个。譬如:

> 陈谏妻李氏,番禺人。谏,嘉靖十一年进士,为太平推官,两月卒。其弟扶榇(棺)归,李曰:"吾少嫠(年少寡妇)也,岂可与叔万里同归哉!"遂不食死。

> 李氏,东乡何璇妻。璇客死。李有殊色,父迫之嫁,遂以簪(发钗)入耳中,手自拳之至没,复拔出,血溅如注。姑(婆婆)觉,呼家人救,则已死矣。

> 颍州卢氏,王瀚妻。家贫,春织终岁。崇祯十四年大饥,夫患疫,氏语夫曰:"君死,我当从。"及夫死,时溽暑,氏求亲戚,敛钱以葬,曰:"我当死,但酷热无衣棺,恐更为亲戚累,迟之秋爽耳。"闻者咍[hāi](惊异)之。及秋,尽粜其新谷,置粗布衣,余买酒蔬,祀夫墓。归至家,市(买)梨数十进姑,并贻妯娌,语人曰:"我可死矣。"夜半自缢。

那么,后来呢?后来是大清,满洲人的朝代,而满洲人从来就有殉葬习俗,大清皇室当然不会背离传统。据[清]王先谦《九朝东华录》,清太祖努尔哈赤崩,皇太极继位,下诏令大妃乌拉纳喇氏(多尔衮之母)、庶妃阿吉根、代因扎殉葬:

> 天命十一年八月庚戌未刻,上崩……辛亥辰刻,大妃以身殉焉,年三十

有七,遂同时殓……又有二妃殉焉。

后来,清太宗皇太极崩,不仅有嫔妃殉葬,还有两名军士"请殉":

> 崇德八年八月庚午,太宗文皇帝宾天时,章京(军士)敦达里、安达里二人愿殉。敦达里,满洲人,幼事太宗……及太宗宾天后,敦达里以幼蒙恩养、不愿永离,遂以身殉。诸王、贝勒等,甚义之,以敦达里志不忘君、忠忱足尚,赠"甲喇(特等)章京",子孙永免徭役,倘犯重典,应赦者,即与开释,不应赦者,应减等,官爵世袭勿替。安达里,叶赫人,自来归时,先帝怜而养之,由微职沐殊恩、受官职,亦请殉。诸王、贝勒等,亦甚义之,予衣一袭,豫议恤典,加赠"牛彔(头等)章京",子孙世袭,其免徭、宥罪,一如敦达里例。

清世祖福临(即顺治)定鼎中原后,帝王崩、亲王薨,仍有人殉惯例,如清世祖福临驾崩时:

> 顺治十八年二月壬辰,谕礼部:"妃董鄂氏,赋性温良,恪共内职,当皇考上宾之日,感恩遇之素深,克尽哀痛,遂尔薨逝……追封为贞妃。"

这是康熙刚登基时致礼部的手谕,称董鄂妃在"皇考"(先帝,即顺治)"上宾之日"(驾崩之日),"遂尔薨逝"(从死殉葬)。其实,除了董鄂妃,还有侍卫傅达理为顺治殉葬:

> 顺治十八年夏四月壬午,以一等阿达哈哈番(军衔)侍卫傅达理随殉世祖,予祭葬,谥忠烈。

又如顺治六年三月丁丑,豫亲王多铎薨,两"福晋"(亲王妻)"请殉":

> 是日暮,驰入京师临丧。豫亲王二福晋请殉。摄政王再三慰解,请益力,遂许之。

摄政王多尔衮劝两位福晋"益力"(保重,即不必殉葬),但多尔衮自己薨时,却有侍女殉葬:

> 顺治八年二月癸巳,睿王薨于出猎之所,侍女吴尔库尼殉葬。

"睿王"即睿亲王,即摄政王多尔衮。又如[清]谈迁《北游录》曰:

> 辛卯,是日辅政王卒,勒嬖姬五人殉焉。

辅政王(济尔哈朗)死,(其子)勒令(父亲生前)五个宠妃殉葬。

这样,直至康熙十二年,汉将朱斐上疏曰:"好生恶死,人之常情,捐躯轻生,非盛世所宜有。"请求皇家中止殉葬惯例。也许是考虑到前朝曾"罢宫妃殉葬",康熙皇帝也想一展"盛德",以抚慰汉民,于当年下诏:

> 禁止八旗包衣(满人家奴)、佐领下(官员属下)奴仆随主殉葬。王(亲王)以下,至于细民(小民)妇人,从死之事,当永严禁之。

就这样,以奴婢殉葬之事,从此杜绝。但是,很奇怪,变相的人殉——殉夫、殉父、殉母等——不仅不在被禁之列,反而受朝廷表彰、官府奖励。尤其是贞妇殉夫,被视为"从一而终""不事二夫"的至上美德。所以,仅《清史稿·列女传》里,就有五十九个受朝廷表彰的殉夫女。至于各地官府所奖励的殉夫女,则是不计其数。正因如此,清人笔记中常记有贞妇殉夫之事,如[清]王士禛《池北偶谈》云:

> 闽县旌表孝子王鉴,女慧贞,年十六,许字(许配)儒士杨俨。夫死,谋以身殉,家人防之,因请奔丧,遂自缢。

> 林氏清玉,武平县人,许字钟廷楷。楷以康熙十八年四月自京回,中途病亡。清玉闻讣痛哭,竟往夫家,拜灵慰姑(婆婆),候丧葬事毕,解金耳环吞之而绝。

又如[清]徐珂《清稗类钞》云：

钱谦益值顺治乙酉五月南都之变，其姬人柳如是尝劝之死。不从，如是奋身投池，谦益反持之，不得入。谦益既降，仍官宗伯（任职为官），如是乃削发入道。谦益死，即投缳以殉。

钱谦益、柳如是，乃当时名人，后世也知其名。柳如是原是名妓，后从良，嫁钱谦益为妾。钱谦益原为南明廷臣，南明亡，柳如是劝钱谦益自尽殉国。钱谦益不听，柳如是欲投池自尽，被钱谦益阻拦。后来，钱谦益降清，做了一官半职，柳如是"削发入道"（入道观做女道士）。钱谦益死，柳如是"投缳以殉"（上吊殉夫）。

《清稗类钞》所云其他殉夫女，虽不像柳如是那样有名，但也都传为美谈：

顺治初，吴江陈裕容死于兵，妻徐氏哀号半年。忽寂然，以一子一女托大姆（保姆）曰："我暂归宁（回娘家），幸为我善视之。"问舟人以夫棺厝［cuò］处（停棺处）之所在。既至，乃恸哭曰："果是乎？"即赴水死。

上海凌贞，父名康，顺治时人，字（嫁）嘉定金维骊。年十七，维骊死，贞誓志守贞。岁余，议婚者踵至，贞赋绝命词以自见，其词曰："鞠育恩难报，此身愧实多。红颜原薄命，浪静莫生波。"遂自经而死。

同安闺秀洪汝敬，小字许娘，七岁，许字碣石镇总兵东宁林黄彩子世芳为妻。世芳弱冠（二十岁）补弟子员（补为生员），未婚而殁。许娘闻讣，勺饮不入，卧五日而殁。

吴江生员吴炎妻为张氏，潘柽章妻为沈氏。康熙癸卯，炎与柽章俱以"庄廷鑨史案"牵连坐死，家属北徙。张偕其子就道，至京师齐化门，仰药（吞药）自尽。沈以有身（有孕）不即死，赍（怀）药自随，既免身（分娩），至广宁，子不育，亦仰药自尽。

这些女人为何要殉夫？且看[清]吴敬梓《儒林外史》第四十八回"徽州府烈

妇殉夫 泰伯祠遗贤感旧"。老秀才王玉辉到了女婿家,见女婿果然病重,而且没过几天,就死了:

> ……王玉辉恸哭了一场,见女儿哭的天愁地惨,候着丈夫入过殓,出来拜公婆和父亲道:"父亲在上,我一个大姐姐死了丈夫,在家累着父亲养活,而今我又死了丈夫,难道又要父亲养活不成?父亲是寒士,也养活不来这许多女儿!"王玉辉道:"你如今要怎样?"三姑娘道:"我而今辞别公婆、父亲,也便寻一条死路,跟着丈夫一处去了!"

这是殉夫的理由一:"父亲是寒士,也养活不来这许多女儿!"(在古代,做媳妇的未生育就死了丈夫,要离开婆家,回娘家。)三姑娘的公婆来劝阻,还答应让她留在婆家,但她坚持要殉夫:

> 三姑娘道:"爹妈也老了,我做媳妇的不能孝顺爹妈,反累爹妈,我心里不安,只是由着我到这条路上去罢。只是我死还有几天工夫,要求父亲到家替母亲说了,请母亲到这里来,我当面别一别,这是要紧的。"

这是理由二:"我做媳妇的不能孝顺爹妈,反累爹妈,我心里不安。"对此,王玉辉表示赞同:

> 王玉辉道:"亲家,我仔细想来,我这小女要殉节的真切,倒也由着他行罢。自古'心去意难留'。"因向女儿道:"我儿,你既如此,这是青史上留名的事,我难道反拦阻你?你竟是这样做罢。我今日就回家去,叫你母亲来和你作别。"

这是理由三:"这是青史上留名的事。"就这样,三姑娘开始绝食自尽:

> 饿到六天上,不能起床。母亲看着,伤心惨目,痛入心脾,也就病倒了,抬了回来,在家睡着。又过了三日,二更天气,几把火把,几个人来打门,报道:"三姑娘饿了八日,在今日午时去世了!"老孺人(婆婆)听见,哭死了过

去,灌醒回来,大哭不止。王玉辉走到床面前说道:"你这老人家真正是个呆子!三女儿他而今已是成了仙了,你哭他怎的?他这死的好,只怕我将来不能像他这一个好题目死哩!"因仰天大笑道:"死的好!死的好!"大笑着,走出房门去了。

这是理由四:"三女儿他而今已是成了仙了。"所以,王玉辉仰天大笑道:"死的好!死的好!"

《儒林外史》是讽刺小说,其对殉夫女的讽刺表明,即使在古代,也有人认为,殉夫之举既可悲,又可笑!

图书在版编目(CIP)数据

古代中国人的生与死 / 刘文荣著. -- 上海：文汇出版社, 2025.3. -- ISBN 978-7-5496-4419-3

Ⅰ. K892

中国国家版本馆 CIP 数据核字第 2025BS7581 号

古代中国人的生与死

刘文荣　著

策划编辑 / 陈今夫
责任编辑 / 陈　屹
封面装帧 / 薛　冰

出版发行 / 文匯出版社
　　　　　上海市威海路 755 号
　　　　　（邮政编码 200041）
经　　销 / 全国新华书店
排　　版 / 南京展望文化发展有限公司
印刷装订 / 启东市人民印刷有限公司
版　　次 / 2025 年 3 月第 1 版
印　　次 / 2025 年 3 月第 1 次印刷
开　　本 / 720×1000　1/16
字　　数 / 537 千字
印　　张 / 33

ISBN 978-7-5496-4419-3
定　　价 / 128.00 元